다윗의 하나님을 향한 삼중주
다윗의 수금

홍림의 마음

넓고 붉은 숲이라는 중의적 의미를 닮고 있는 <홍림>은, 세상을 향해 그리스도인들이 추구해야할 사유와 그리스도교적 행동양식의 바람직한 길을 모색하고자 노력하고 있습니다. 폭넓은(汎) 독자층(林)을 향해 열린 시각으로 이 시대 그리스도인의 역할 고민을 감당하며, 하늘의 소망을 품고 사는 은혜 받은 '붉은 무리'(紅林:홍림) 로서의 숲을 조성하는데 <홍림>이 독자 여러분과 함께하고자 합니다.

다윗의 하나님을 향한 삼중주

다윗의 수금

지은이 김재구
펴낸이 김은주

초판 1쇄 인쇄   2017년 01월 02일
초판 1쇄 발행   2017년 01월 10일

펴낸곳 홍　림
등록번호 제312-2007-000044호
등록일자 2007.10.12
주소 서울특별시 서대문구 거북골로 14길 60
전자우편 hongrimpub@gmail.com
전화 070-4063-2617
팩스 070-7569-2617
전자우편 hongrimpub@gmail.com
블로그 http://blog.naver.com/hongrimpub
페이스북 https://www.facebook.com/hongrimbook
트위터 http://mobile.twitter.com/@hongrimpub
카카오스토리 https://story.kakao.com/#hongrimbook

값은 표지에 있습니다.
ISBN 978-89-6934-011-5 (93230)

이 책은 저작권법에 의하여 한국 내에서 보호를 받는 저작물이므로 무단전재와 복재를 금합니다.

국립중앙도서관 출판도서목록(CIP)

다윗의 수금 : 왕이자 시인이며 예배자였던 다윗의 하나님을
향한 삼중주 : 사무엘서, 시편, 역대기에서 퍼 올린 다윗 /
지은이: 김재구. ─ 서울 : 홍림, 2017
　　p. ;　cm

ISBN 978-89-6934-011-5 93230 : ₩33000

다윗[David]
성경 인물[聖經人物]

233.099-KDC6
221.92-DDC23　　　　　　　　　　　　　　CIP2016031805

왕이자
시인이며 예배자였던
다윗의 하나님을 향한 삼중주

다윗의 수금

사무엘서, 시편, 역대기에서 퍼 올린 다윗

김재구 지음

kinnor
David

이 책을 사랑하고 존경하는
아버님 심혁달 집사님과 어머님 임화식 권사님께
드립니다.

두 분의 기도와 사랑, 격려로
하나님의 뜻 안에서 사역하는
기쁨을 누립니다.

일러두기

1. 이 책은 개역한글 성경을 사용하는 것을 원칙으로 하되, 필요할 시에는 원어 성경에 비추어 일부 개역개정을 참고하였고, 때로 사역을 제공하였다.
2. 히브리어와 헬라어 단어와 문장을 원어로 표기할 때는 한글 음역을 제공하여 원어를 모르는 독자들도 읽을 수 있게 하였다.
3. 참고자료에 대한 인용은 미주로 처리하여, 각 장별로 정리하여 제시하였다.
4. 이 책에 사용한 어미 표기는 '–하다'체를 원칙으로 하되 필요에 따라서는 '–합니다'체를 혼용하였다.

들어가는 말

먼저 쓴 책인 『리더모세』에서는 모세라는 인물이 살았던 시대와 그를 통해 나타난 리더십의 모습을 되살리려 애썼다.[1] 모세라는 한 인물로 인해 가능하게 된 세상, 그것에 매료되어 그의 삶을 샅샅이 추적하였다. 그리고 모세는 단지 과거의 한 인물이 아닌 우리의 삶 속에서 필히 재현 되어야만 할 숭고한 소명 그 자체란 점을 강조했다. 구약성경을 배우고, 가르치며, 묵상하는 중에 또 한 명의 인물 앞에 고개를 숙이게 된다. 바로 다윗이다. 어느 누구에게나 낯선 사람이 아닌 다윗, 그의 삶 전체가 이미 낱낱이 드러나 숨길 것이 없는 이 마당에 무슨 더 쓸 것이 있느냐고 반문할 수도 있을 것이다. 그래도 쓰고 싶은 갈망이 용솟음치는 것은 아직도 그는 우리에게 할 말이 있는가보다.

다윗을 쓰는 것은 모세의 이야기와는 사뭇 다르다. 모세의 시대와 다윗의 시대는 확연히 다른 하나님의 역사를 보여준다. 두 시대 다 동일한 하나님께서 함께하시며, 그 걸음을 인도하셨던 시대들이었다(출 3:12; 삼상 16:13). 하지만 모세의 시대는 놀라운 하나님의 이적과 기적이 막힘없이 펼쳐지던 시대였다면, 다윗의 시대는 이상하리만치 단 한 번의 기적도 나타나지 않았던 시대였다.[2] 그렇다고 이스라엘 역사 속에서 다윗이라는 인물이 모세라는 인물과 비교해서 턱 없이 저울이 기우는 것은 아니다. 이스라엘은 모세를 추앙하듯이, 다윗을 기린다. 출애굽의 대 과업이 성취된 모세의 시대는 하나님의 놀라운 구원사의 전형적인 모범이 되어 대대에 재현되어야만 하는 것이라면, 다윗의 시대는 이 땅에 오실 메시아의 시대와 그의 통치를 인간 왕을 통해 미리 맛보는 시간이었다. 이것은 모세의 이야기를 통해 보여주고자 했던 것이 있었듯이, 분명 다윗의 삶을 통해 드러내고자 하는 바가 있다는 것을 시사하는 것이다.

그 영광의 팔을 모세의 오른손과 함께하시며 **그(여호와)의 이름을 영영케 하려 하사** 그들 앞에서 물로 갈라지게 하시고(사 63:12).

다윗을 왕으로 세우시고 증거하여 이르시되 내가 이새의 아들 다윗을 만나니 내 마음에 합한 사람이라 **내(여호와) 뜻을 다 이루게 하리라** 하시더니(행 13:22; 삼상 13:14).

모세의 시대는 여호와가 누구신지와 그의 이름의 위대함을 알려주기 위하여 여호와의 '강한 손과 편 팔' (출 6:1; 7:4, 5; 9:3; 13:9; 신 4:34; 7:19; 9:26; 11:2)이 나타나는 이적과 기적의 시대였다. 이에 반해 다윗의 시대는 하나님의 마음의 갈망을 인간이 삶으로 실현해 내야 하는 시절이었다(삼상 2:35; 13:14). 모세가 하나님의 위대하심과 만왕의 왕 되심을 이 땅에 증거 하는 사명을 담당했다면(출 15:17-18), 다윗은 그 위대하신 만유의 주 하나님 앞에서 이 땅을 다스리는 왕으로 살아가는 특권을 부여받은 한 인간의 삶을 제시하고 있다(삼하 7:8-16). 즉, 하나님의 통치와 인간의 통치가 모세와 다윗을 통하여 조화를 이루게 된 것이다. 하늘의 뜻이 모세를 통해 이 땅에 옮겨지고, 다윗을 통해 그 뜻이 이 땅에서 실현되는 길이 열리는 것이다.

이것이 바로 이 책에서 다윗을 그리는 이유이다. 이 땅을 살아가는 단순한 한 사람의 이야기가 아니다. 하나님 앞에서 왕으로 살아갔던 사람의 이야기이다. 왕이라는 단어나 직책의 위상 때문이 아니라, 이 땅에서 다스리는 삶을 살아갔던 사람의 이야기이기에 다윗의 삶은 중요하다. 이것은 또한 태초에 하나님께서 인간을 창조하시고 그들에게 주셨던 태고의 사명이기에 그 중요성이 더욱 부각된다.

> 하나님이 자기 형상 곧 '하나님의 형상'(צֶלֶם אֱלֹהִים 쩰렘 엘로힘)대로 사람을 창조하시되 남자와 여자를 창조하시고 하나님이 그들에게 복을 주시며 그들에게 이르시되 생육하고 번성하여 땅에 충만하라 땅을 정복하라 바다의 고기와 공중의 새와 땅에 움직이는 모든 생물을 '다스리라'(רדה 라다) 하시니라(창 1:27-28).

여기서 '하나님의 형상'과 '다스림'은 뗄 수 없는 함수관계를 가지고 있다. '형상'(צֶלֶם 쩰렘)이라는 단어는 구약성경에서 추상적이지 않은 항상 구체적인 형상을 의미한다. 그 예로 고대 근동지역에서는 제국의 왕이 광대한 영토를 통치할 때 통치권이 미치기 힘든 지역에 대해서는 왕 자신의 형상을 세워 통치영역을 표시한데서도 살펴볼 수 있다. 그렇다면 하나님의 형상인 인간은 이 땅에서 하나님의 통치권을 드러내는 존재라고 할 수 있다.

실제로 메소포타미아 지역에서 발굴되는 문서들에는 바벨론 왕을 지칭하여 바벨론 최고신인 '마르둑(Marduk) 신의 형상'이라고 부르기도 하고, 또한 태양신 '샤마쉬(Shamash) 신의 형상'이라고 부르기도 하며, 때로는 '벨(Bel) 신의 형상'이라고도 부르기도 한다. 고대 이집트의 기록을 보면 이집트 왕 바로도 신의 형상이라 불리는데 태양신 '레(Re)의 형상' 또는 '오노프리스(Onophris) 신과 이시스(Isis) 신의 형상'이라고 동시에 불리는 기록도 발견된다. 바로가 남신인 오노프리스와 여신인 이시스의 형상을 동시에 갖고 있다는 확언 속에 '신의 형상'은 외양보다는 왕권에 포함된 권위를 강조하는 표현이라 할 수 있다. 주전 14세기의 기록에 의하면 이집트의 최고신인 '아몬-레(Amon-Re) 신'이 바로 아메노피스 III세(Amenophis III, 1403-1364 BC)를 향해 다음과 같이 말했다고 전한다: "너는…내가 세상에 세워준 나의 형상이다. 나는 세상을 평화롭게 통치하게 하기 위해서 너를 세웠다." 그리고 로제타 석비(the Rosetta Stone)에는 헬라시대의 바로인 프톨레미 5세 에피파네스를 '살아있는 제우스의 형상'(eikōn zōsa tou Dios)이라고 칭하고 있다.[3]

이상에서 볼 수 있듯이 고대 근동세계에서 '신의 형상'이라는 말은 곧 왕을 지칭하는 말로 통할 수 있다. 그에 덧붙여 창세기의 인간창조 목적에서 '하나님의 형상'이라는 표현과 '다스리다'(רדה 라다)라는 명령형 동사가 밀접하게 연관되어 있다는 것은 결코 우연이 아닐 것이다. 이 단어가 주로 왕의 통치와 관련되어 사용된다는 점에서 더욱 그렇다(레 26:17; 민 24:19; 왕상 4:24; 시 72:8; 110:2; 사 41:2; 렘 5:31). 이와 같이 하나님의 인간창조는 인간을 왕과 같은 존재로 창조하셨고, 하나님이 창조하신 다른 피조물들을 통치하고 다스리게 하려는 것이 그 근본 목적임을 살펴볼 수 있다.[4]

그렇다면 이러한 하나님의 목표를 다윗이라는 인물을 통해서 구현해 볼 수 있지 않을까를 질문해 본다. 이는 다윗이라는 인물을 통하여 창세기가 꿈꾸고 있는 보편적 인간의 소명을 제왕적인 특권으로 돌리려는 것이 아니라, 오히려 그 반대로 하나님께서 찾으시는 올바른 인간상을 다윗이라는 제왕의 이야기를 통하여 찾으려는 시도이다. 이스라엘에 제왕과 평민을 가르는 구별선 자체가 용납되지 않기에 이 목표는 충분히 실현 가능한 것이다. 그 첫째는 인간창조 때 보인 것처럼 모든 인간에게 주어진 하나님의 형상인 왕권(kingship)의 민주화요, 그 다음은 이스라엘 지고의 법인 신명기 법령에 나타난 이스라엘 왕도에 대한 평등의식을 그 예로들 수 있다.

네가 네 하나님 여호와께서 네게 주시는 땅에 이르러서 그 땅을 얻어 거할 때에 만일 우리도 우리 주위의 모든 열국 같이 우리 위에 왕을 세우리라는 뜻이 나거든 반드시 네 하나님 여호와께서 택하신 자를 네 위에 왕으로 세울 것이며 네 위에 왕을 세우려면 <u>네 형제</u> 중에서 한 사람으로 할 것이요 <u>네 형제</u> 아닌 타국인을 네 위에 세우지 말 것이며 왕된 자는 말을 많이 두지 말 것이요…그가 왕위에 오르거든 이 율법서를 레위 사람 제사장 앞에서 책에 기록하여 평생에 자기 옆에 두고 읽어서 그의 하나님 여호와 경외하기를 배우며 이 율법의 모든 말과 이 규례를 지켜 행할 것이라 그리하면 그의 마음이 <u>그의 형제</u> 위에 교만하지 아니하고 이 명령에서 떠나 좌로나 우로나 치우치지 아니하리니(신 17:14-20).

이 구절에서 강조되는 것은 계속해서 나타나는 '형제'라는 용어이다. 왕은 백성들과 구별되는 특권을 누리는 위치가 아니라 여호와를 경외하고 섬기는데 앞장서서 형제들을 인도하는 사람이다. 여호와께서는 다윗을 왕으로 세우시며 "네가 내 백성 이스라엘의 목자가 되며 네가 이스라엘의 주권자가 되리라"고 선언하셨다(삼하 5:2b). 여기서 '목자가 되다'

를 의미하는 히브리어 단어는 '라아'(רָעָה)로 가축을 '치다, 풀을 뜯기다, 기르다, 먹이다'라는 뜻으로 해석되며, '인도와 보살핌'이 강조된다. 그리고 '주권자'(נָגִיד 나기드)는 군림하는 왕을 뜻하기 보다는 '지도자, 인도자, 방백' 등으로 해석되며, 앞장서서 이끄는 사람을 의미한다. 그러므로 이스라엘에서 '다스림'은 군림이나 지배, 억압이 아닌 백성을 섬기는 도(道)가 될 수 있다. 위의 신명기 구절처럼 태생이 왕이 아닌 다윗, 형제들 중의 한 명이었던 사람, 그가 우여곡절 끝에 이스라엘의 왕이 되어 40년의 세월을 통치했다. 그 다윗에게서 인간됨의 향취를 맡으려 함이 결코 욕심은 아닐 것이다. 이것은 그의 이야기가 펼쳐져 나감에 따라 증명되리라 본다.

다윗의 이야기는 단면적이 아닌 입체적인 그림을 가지고 있다. 한 인간을 이해하기 위해서 단면적인 선만으로는 결코 그의 인물됨을 바르게 그려낼 수 없기 때문이다. 다윗의 이야기가 구약성경의 중요한 세 부분에서 각기 독특한 모습으로 나타나고 있다는 것은 그의 '진실'(truth)[5]을 살펴볼 수 있는 좋은 도구가 될 수 있다. 신명기 역사신학이라고 불리는 사무엘상·하 그리고 열왕기상 1-2장, 역대기 역사신학인 역대기상 11-29장 그리고 다윗의 이름이 붙어 있는 73개의 시편들이 그의 모습을 비추고 있고, 특히 13개의 시편은 사무엘서에 기록된 다윗의 삶과 밀접하게 연관된 제목을 가지고 있기도 하다.[6]

그 첫 번째로 신명기 역사 신학(사무엘상·하)은 다윗의 과거의 모습을 숨김없이 드러내고 있다. 어린 목동에서 왕으로 기름부음을 받고, 사울 왕의 궁전에서 수금을 타는 소년으로서의 그의 궁정 생활이 시작되었다. 그리고 골리앗을 쓰러뜨리면서 장수로의 발돋움이 시작되고, 결국 사울 왕의 질투에 쫓겨 광야를 떠도는 용병으로 그의 청년시절을 다 보내기도 했다. 마침내 왕으로 등극하여 주변의 열방을 평정하는 정복자로 그의 인생의 정점을 찍었다. 하지만 치명적인 범죄인 간음과 살인은 그의 인생에 하향 곡선을 긋게 했고, 그에 따른 하나님의 심판이 쉴 틈 없이 빼곡히 다윗의 생의 후반부를 장식했다. 이처럼 사무엘상·하는 다윗의 과거를 사정없이 파헤쳐버린다. 화려하고 영광스러운 다윗의 상승이 박진감 넘치게 전개되는가 하면, 억울하고 절망적이기까지 한 도망자의 삶이 길게 연결되기도 하고, 죄로 인한 징계로 모든 영광을 잃어보기도 한다. 왕으로서의 삶과 하나님의 영원한 약속은 다윗이라는 한 인간의 미래를 보장하는 벅찬 희망이 되기도 하지만, 그의 범죄는 모든 것을 뒤바꾸어 놓으며, 그의 후반부의 삶을 송두리째 허공에 날려버리기도 한다. 이것이 죄와 그 결과이다. 마틴 노트는 이러한 신명기 역사가의 손길을 인식하고 이 역사가는 현재의 포로기라는 절망적인 상황의 이유를 설명하기 위해 과거의 죄악을 낱낱이 들추어내어 기록하고 있다고 주장하기도 한다.[7] 물론 미래의 희망에 대한 제시가 없는 노트의 너무나 비관적인 역사해석에 대하여 반기를 드는 학자들이 많지만 그럼에도 과거의 죄악에 대한 상기는 신명기 역사가에게 필수적인 것이었음은 틀림없다. 그리고 유다 왕국의 멸망의 선두에는 다윗의 죄악이 서려 있음 또한 간과할 수 없다. 이와 같이 사무엘서는 다윗의 과거를 면밀하게 파악해 볼 수 있는 좋은 자료를 제공해 주고 있다. 하지만 과거를 들추어내어 나열하는 것만으로는 한 사람을 바르게 파악할 수 없다. 그 과거의 사건들 속에 그 사람 자신의 독백과 고백이 드러나야만 한다. 그 사람이 그 때 그 순간에 가졌을 미묘한 감정의 변화까지도 느낄 수 있을 때 우리는 그 사람을 이해할 수 있다. 그래서 화석화 되지 않고 살아서 역동적으로 숨쉬는 다윗을 만나기 위해 시편으로의 여행은 필수적인 것이다.

시편은 다윗의 생생한 부르짖음을 있는 그대로 보여주고 있다. 그 날카롭고 절망적인 부르짖음은 과거의 이야기인 사무엘서 속에서는 찾아

보기 힘들다. 그래서 유진 피터슨은 "시편은 사무엘상·하가 보여 주는 '외면적' 이야기에 대한 '내면적' 이야기를 제공한다"고 단언한다.[8] 그 증거로 우리는 시편을 읽으며 사무엘서 속에는 나타나지 않은 다윗의 감정을 읽을 수 있다. 한 인간의 감정 속에 깊이 파고들지 않고 어떻게 그 사람을 느낄 수 있을까! 그러므로 시편은 살아있는 인간 다윗을 만날 최고의 장소이다. 이것은 다윗의 이름이 붙은 모든 시편들을 다윗이 직접 썼다는 것을 증명하려는 것이 아니라, 대다수의 시편들이 다윗의 영적인 스타일을 따라 기록되었다는 점에 그 강조점이 있다.[9] 메이스는 다윗의 이름과 연관된 시편은 하나님을 의지하는 경건한 신앙인으로서의 다윗의 모범과 공로를 기리기 위한 것으로, 특별히 기도의 사람으로서의 다윗의 신앙을 부각시키고 있다고 한다. 이와 같이 다윗은 시편에 나타난 경건의 모범이자 스승이 되었으며, 시편 본문을 오늘날 우리의 삶에까지 연결시키는 고리의 역할을 한다.[10] 시편은 여기에서 멈추지 않는다. 시편 속에서 생동감 넘치는 최고조의 찬양은 물론이요, 외마디의 탄식까지도 생생하게 살아나는 이유는 모든 것이 현재 이 순간에 이루어지는 것이기 때문이다. 시편은 지금 이 순간에 살아서 탄식하고, 부르짖고, 기도하며, 찬양하는 사람들의 현재의 이야기이다.[11] 그래서 시편은 과거시제로 고백되는 법이 없이 모두다 현재시제로 이루어진다. 다윗의 시편들은 바로 다윗의 현재의 부르짖음을 보여주며, 새로운 미래를 향한 현재의 발돋움이 된다. 어느 누구든지 다윗과 함께 시편으로 지금 이 순간 진심으로 탄식하고, 기도하며, 회개하고 하나님 앞에 나아갈 때 감사 찬양으로 향하는 새로운 미래가 그의 눈앞에 펼쳐지게 되는 것이다. 사무엘서에 나타난 다윗의 과거가 시편의 고백과 탄식, 찬양 속에서 현재화 되며 새로운 미래를 향한 역동적 발판이 되었다. 이제 역대기의 다윗은 바로 현재가 생동감 있는 신앙으로 회복되고, 살아날 때 이루어질 영광스런 미래상이 될 것을 기대해 볼 수 있다.

　역대기 속에서 다윗은 새로운 모습으로 거듭난다. 삶에서 다른 사람들과 뒤얽힌 갈등을 제거해 보라. 그리고 자신이 저지른 죄까지도 한번 제거해 보라. 어떤 인생이 만들어질 것인지 궁금하지 않은가? 신앙의 삶에 쓸모없는 이야기들은 사라지고, 필수적인 요소들이 제 자리를 차지하게 될 것이다. 물론 사울과의 갈등의 흔적들은 남아 있으나(대상 12:1, 19, 23, 29) 그것들이 결코 다윗이 가야 할 방향에 어떤 걸림돌도 되지 못한다. 사무엘서에는 다윗이 저질렀던 치명적인 죄악들이 여과 없이 드러난다. 그것이 바로 과거이다. 그러나 역대기서에는 그 모든 사악한 죄악들이 자취를 감춘다. 다윗의 삶에서 죄악이 제거된 것이다. 밧세바도 사라지고, 헷 사람 우리아는 자신의 자리를 지키며 충직한 다윗의 용사로 남아있다(대상 11:41). 모든 사람들이 제 자리에서 제 역할을 올바르게 수행하고 있는 질서가 잡힌 세계가 그려진다. 그리고 다윗은 자신의 총력을 다 하여 하나님을 예배하는 자가 된다. 역대기 사가가 신명기 역사서의 다윗의 이야기를 무단으로 개작하여 다윗의 죄와 난처한 점을 깨끗한 이야기로 대체하고 있다는 비난을 받음에도 이 역사가는 마땅히 해야 할 일을 하고 있다. 왜냐하면 역대기의 다윗은 새로운 미래상이기 때문이다. 역대기 역사가는 다윗을 미화하고픈 열망이 아닌 다윗을 통한 성전과 성전에서의 예배 회복을 최고의 이상으로 그리고 있다.[12] 즉, 성전 예배의 창시자이며, 예배하는 자 이것이 다윗이 회복해야 할 미래이며, 또한 우리의 미래라는 점을 부각시키기 위한 것이다. 그러므로 역대기는 이미 이루어진 일(과거)을 기록한 것이 아니라, 이제 이루어져야 할 일(미래)을 기록한 것이다. 그래서 미래의 소명이 되고, 소망이 되며 또한 책임이 되는 것이다.

　이러한 과거(사무엘서), 현재(시편), 미래(역대기서)의 상관관계는 이 세 권의 책에 대한 기록연대의 비교에서도 추론될 수 있다. 신명기 역사신학은 그 마지막에 기록된 사건인 여호야긴 왕이 바벨론의 감옥에서 풀려나는 보도로 보아 BC 550년 직후로 추정할 수 있다(왕하 25:27-30). 즉, 포로지에서 돌아보는 과거의 역사에 대한 반성이라고 추론할 수 있다. 물론 반성은 비관적인 것으로 끝나는 것이 아닌 미래를 기대하는 소망이 담겨있는 것이기에 낙관적인 것이다. 시편과 역대기는 이러한 신명기 역사서에 나타난 다윗의 삶을 인용하고 있다는 점에서 시기적으로 그 뒤를 따른다. 먼저 역대기의 연대 추정은 상세한 족보와 시편에 대한 인용으로 인해 쉽게 판별해 볼 수 있다. 역대상 16장 7-36절까지는 다윗의 입을 통해 시편 몇몇 부분들을 인용하고 있다. 그것을 도표로 살펴보면 아래와 같다.

	역대상 16:7-36	시편
1	16:7-22절	105:1-15절
2	16:23-33절	96:1-13절
3	16:34절	106:1절(시작)
4	16:35-36절	106:47-48절(끝)

이 인용들과 시편의 신학과의 연관관계를 밝히는 것보다는 연대기적인 틀을 마련하는 것이 주요한 목적이므로 그것에 집중하도록 한다. 시편 106편은 시편 제4권(90-106편)의 마지막 시편인데 최종적인 편집적 후렴구인 106편 48절인 "여호와 이스라엘의 하나님을 영원부터 영원까지 찬양할지어다 모든 백성들아 아멘할지어다"까지도 역대상 16장 36절에 인용되어 있다. 이러한 시편 각권의 후렴구(1권-41:13; 2권-72:19; 3권-89:52; 4권-106:48)는 분명 원저자의 것이 아니라 시편을 현재 형태로 묶은 사람들의 최종적인 편집 용어가 틀림없다고 여겨진다. 이를 통해 볼 때 역대기 기자는 이미 시편이 현재 형태로 묶여진

것을 알고 있으며, 그렇게 결집된 시편에서 역대기로 인용하고 있음이 틀림없다. 이것은 역대기가 현재 형태로 묶여지기 전에 이미 시편은 현재의 형태를 가지고 있었을 것이라는 추론이 가능해진다.[13]

역대기의 족보의 틀을 보면 역대기상 3장 10-24절이 최종적인 족보의 흐름을 보이고 있는데, 그것은 솔로몬의 후손들의 역사를 보여주며 왕권의 직계가 어떻게 흘러가는지를 보여준다. 역대기상 3장 19절에 스룹바벨이 나오는데 분명 포로에서 풀려나 성전을 건축하는 바로 그 인물이다. 역대기는 여기에서 멈추는 것이 아니라 "스룹바벨-하나냐-스가냐-스마야-느아랴-에료에내-(그리고 그의 일곱 아들인) 호다위야, 엘리아십, 블라야, 악굽, 요하난, 들라야, 아나니"와 같이 그 이후로 6대를 거쳐 가며 거의 헬라의 알렉산더 시절까지 거슬러 내려가고 있다. 이를 통해 역대기의 최종형태가 BC 350년 이후에 이루어졌다고 볼 수 있다. 그렇다면 시편의 현재 형태는 BC 350년 전에 이미 형성되어 있었을 것이다. 그럼 시대적인 범위를 추정해 보면 신명기 역사신학은 BC 550년경의 바벨론 포로기 때, 역대기 역사신학은 BC 350년 이후의 어떤 시기에 완성되었을 것이며, 시편의 현재 형태는 BC 550-350년 사이의 어느 시점이었을 것이다.

이와 같이 신명기 역사신학은 다윗의 과거를 돌아보며, 반성을 통하여 미래를 향한 행보를 시작하고 있다. 그리고 그 미래는 시편이라는 현재의 삶 속에서 나타나는 탄식, 회개, 용서, 구원, 감사, 찬양이라는 예배하는 다윗을 통해 가능해 진다. 마침내 최종적인 희망찬 미래는 역대기에서 보이듯이 과거의 역사를 다시 쓰는 다윗에 의해 가능해 지는 것이다. 이렇게 신명기역사, 시편, 역대기 역사라는 세 개의 관점에서, 그리고 한 인간의 모든 삶을 지칭하는 과거, 현재, 미래라는 세 개의 시점에서 다윗을 살펴볼 때 우리는 한 사람을 이해할 수 있을 것이다.

그가 연주하는 수금은 이처럼 세 가지의 독특한 음색을 가지고 있다. 각기 독특한 선율을 지닌 이 세 권의 책은 하나님을 향한 다윗의 삼중주(三重奏)가 되어 하나님 앞에 서 있는 대표적 인간상(a man for all humans and ages)을 제시해 줄 수 있을 것이다. 그리고 그의 삶에 하나님께서 기름 부으시고 적극적으로 개입하심으로 성령의 영감이 가득 찬 완전한 화음인 사중주로 나아갈 것이다.[14] 또한 다윗은 현재를 살아가는 우리를 포함하여 그의 뒤를 잇는 모두를 그 연주의 무대로 초청함으로 하나의 웅장한 오케스트라를 기대하고 있다. 그의 이야기가 마침내 우리의 이야기가 되는 것이다.

이 책이 생명을 얻기 까지는 결코 한 사람만의 힘으로는 이루어질 수 없다는 것을 고백하며, 먼저 늘 함께하시며 말씀의 의미를 해석해 주시는 하늘 아버지께 감사와 찬양을 올려 드린다. 베풀어주시는 은혜가 없었다면 한 줄을 써내려가는 것조차 힘겨웠을 것이며, 삶조차 버거웠을 것이다. 그리고 긴 세월을 말씀을 나누며 함께해 주신 수많은 신앙의 동역자들에게도 감사를 드린다. 또한 이 글의 원고를 먼저 읽고 교정은 물론 많은 소중한 제안으로 내용이 풍성할 수 있도록 도움을 주신 라마나욧 공동체의 채문태, 김행자, 김현주, 유재창, 석은실 전도사님들께 감사를 드리고, 동일한 도움을 주신 기둥교회 정정녀 권사님께도 감사를 드린다. 그리고 사무엘서를 통하여 다윗에 관해 강의할 수 있는 기회를 제공해 주신 선한목자교회 유기성 목사님께 감사드리고, 늘 기쁜 마음으로 환대해 주시고 이 책이 출판될 수 있도록 여로 모로 애써주신 정한영 목사님의 노고에도 감사드린다. 부족한 글을 세상에 빛을 볼 수 있도록 기꺼이 출판해 주신 홍림 출판사의 김은주 편집장님께도 깊은 감사를 드린다.

함께하는 가족을 향한 감사는 아무리 많이 전해도 부족할 것이다. 연로하신 어머니 (황복란 권사)의 기도와 장인어른과 장모님(심혁달 집사, 임화식 권사)의 기도는 가장 소중한 믿음의 자산이며 사역의 힘이기에 감사가 저절로 나온다. 또한 어머니를 모시고 신앙의 길을 아름답게 걸어가는 형님과 형수님(김재율 권사, 손기숙 집사)께 감사하고, 여동생 가족(우희복, 김재향) 그리고 동서와 처제(조상욱, 심희복)의 사랑에도 감사를 전한다. 마지막으로 사랑하는 아내(심희엽)의 기도와 정성스런 내조는 늘 마음을 가다듬고, 삶을 추스릴 수 있는 도전이 되었기에 지친 몸을 다시 일으켜 세울 수 있었다. 꼭 맞는 배필을 허락하신 하나님께 감사하고, 어렵고 힘겨운 시간들을 믿음으로 함께하는 아내에게 진심으로 감사의 마음을 전한다. "이 책의 절반은 당신으로 인해 가능했다"고 전하고 싶다. 가족의 삶에서 가장 행복한 시간 중의 한 가지를 들라고 한다면 단연 사랑하는 딸과 아들과의 대화일 것이다. 더 많은 대화를 나누지 못한 사랑하는 딸 연주에게 미안하고, 사랑하는 아들 영훈이에게 미안함을 느낀다. 하지만 이 지면을 빌어서 연주와 영훈이에게 정말 많이 사랑한다고 전하고 싶고, 바람이 있다면 이 책이 미래에 연주과 영훈이가 하나님을 알아가는데 조금의 보탬이 되는 것이다.

2016년 10월
원종동 작은 골방에서
김재구

주석

1) 김재구, 『리더모세: 하나님의 종』(인천: 홍림, 2015).
2) 유진 피터슨(Eugene H. Peterson), 『다윗: 현실에 뿌리박은 영성(*Leap Over a Wall: Earthy Spirituality for Everyday Christians*)』(이종태 역)(서울: IVP, 1999), 21쪽. 피터슨은 다윗의 이야기 속에 단 한 번의 기적도 없다는 사실을 통해 다윗의 이야기는 '다윗의 인간됨'을 통해 '우리의 인간됨'의 현세성에 뛰어드는 것이라고 말한다.
3) 박준서, 『구약세계의 이해』(서울: 한들출판사, 2001), 21-28쪽; Jon D. Levenson, *Creation and the Persistence of Evil: The Jewish Drama of Divine Omnipotence* (New Jersey: Princeton University Press, 1988), 144쪽. 로제타 석비는 BC 196년에 이집트에서 제작된 것으로 프톨레미 5세 에피파네스 왕이 사제들에게 베푼 큰 은덕을 칭송하는 내용이다. 이 석비는 동일한 내용을 세 개의 다른 언어인 이집트 상형문자, 이집트 민중문자 그리고 그 당시의 통용어인 고대 그리스어로 기록하여 상형문자를 해독할 수 있는 열쇠를 제공했다는 점에서 그 가치가 크다.
4) 박준서, 『구약세계의 이해』, 32쪽.
5) '진실'(truth)이란 단어의 의미는 '다윗의 성공과 실패' 모두를 포괄하는 것이다. 좋은 면만이 아니라 숨기고 싶은 치부까지도 다 드러내는 것을 의미한다.
6) 그 열세 편의 시편들은 3, 7, 18, 34, 51, 52, 54, 56, 57, 59, 60, 63, 142편들이다.
7) Martin Noth, *The Deuteronomistic History* (JSOTSup. 15; Sheffield: Sheffield Academic Press, 1981), 97-99쪽. '신명기 역사신학'은 독일학자 마틴 노트가 만들어 낸 용어로 신명기 신학인 순종하면 축복, 불순종하면 저주라는 역사해석방식으로 그 이후의 역사인 여호수아부터 열왕기하까지를 해석하고 있기에 붙여진 이름이다. 노트는 이 신명기 역사서의 맨 마지막 이야기인 바벨론에 포로가 된 여호야긴 왕이 감옥에서 풀려나는 이야기(왕하 25장 27-30)까지도 희망이 아닌 포로기의 마지막 정보를 제공하는 것뿐이라고 본다.
8) 피터슨, 『다윗: 현실에 뿌리박은 영성』, 271쪽.
9) 트램퍼 롱맨 III(Tremper Longman), 『어떻게 시편을 읽을 것인가?(*How to Read the Psalms*)』(한화룡 역)(서울: IVP, 1989), 49-50쪽. 다윗의 이름으로 된 시편들

이 진정 다윗의 저작이냐는 것에 대해서는 아직도 학자들 간에 합일점이 없다.
10) 제임스 L. 메이스(James L. Mays),『시편(Psalms)』(신정균 역)(Interpretation; 서울: 한국장로교출판사, 2002), 41, 94쪽.
11) P. D. Miller, *Interpreting the Psalms* (Philadelphia: Fortress Press, 1986), 22-24쪽; 롱맨,『어떻게 시편을 읽을 것인가?』, 114-115쪽. 롱맨은 동일한 사건에 대한 다른 문학적인 표현인 출애굽기 14장의 산문과 15장의 시 형태의 비교를 통해서, 시는 이야기 체인 산문에 비해 "전인에 더 직접적으로 호소하고, 우리의 상상력을 불러일으키고, 우리의 감정을 자극하며, 우리의 지성을 만족시키고, 우리의 의지에 말을 한다"라고 강조한다.
12) 스티븐 S. 투엘(Steven S. Tuell),『역대상하(*First and Second Chronicles*)』(배희숙 역)(Interpretation; 서울: 한국장로교출판사, 2007), 26쪽. 다윗의 인구조사(대상 21:1-27)와 피를 흘렸다는 이유로 성전 건축이 거부된 것(대상 22:8)은 투엘이 주장한 것처럼 다윗을 폄하하는 것이라기보다는 '속죄와 평화'라는 성전의 이상을 보여주는 그림이라 여겨진다.
13) E. L. Curtis, *The Books of Chronicles* (ICC VII; Edinburgh: T&T Clark, 1910), 221쪽.
14) 음악에서 삼중주(三重奏)는 세 악기가 동시에 연주하는 실내악의 한 형태이다. 바이올린, 비올라, 첼로로 구성된 현악삼중주나 피아노, 바이올린, 첼로로 구성된 피아노삼중주가 있다. 넓은 음역과 순수한 음색의 바이올린, 그 아래 음역인 어둡고 둔한 소리를 만드는 비올라, 그리고 침착하고 차분한 음색을 내는 첼로 이 세 개의 악기들이나 혹은 비올라가 빠지고 다양한 음색을 자랑하는 피아노가 조화롭게 어우러져 화음을 만들어 낸다. 이와 같이 다윗의 삶도 독특한 음색을 자랑하는 세 개의 악기로 구성된다(사무엘서, 시편, 역대기서). 그리고 여기에 하나님의 선율이 어우러져 완벽한 화음을 자랑하는 사중주(四重奏)가 되는 것이다.

축약어 (Abbreviations)

AB	Anchor Bible
ABD	*The Anchor Bible Dictionary*
ACSup	Amsterdamse Cahiers Sup.
BI	*Biblical Interpretation*
Bib	*Biblica*
BR	*Bible Review*
BibRes	*Biblical Research*
BS	*Bibliotheca Sacra*
BTB	*Biblical Theology Bulletin*
BucR	Bucknell Review
BWANT	Beiträge zur Wissenschaft vom Alten und Neuen Testament
BZAW	Beihefte zur Zeitschrift f? die Alttestamentliche Wissenschaft
CBC	Cambridge Bible Commentary
CBQ	*Catholic Biblical Quarterly*
CTM	*Concordia Theological Monthly*
DS	*Dominican Studies*
DSB	Daily Study Bible
EI	*Eretz-Israel*
EvQ	*Evangelical Quarterly*
ExpTim	*The Expository Times*
HBT	Horizons in Biblical Theology
HSM	Harvard Semitic Monographs
HTR	*Harvard Theological Review*
HUCA	*Hebrew Union College Annual*
ICC	International Critical Commentary
IDB	*The International Dictionary of the Bible*
Int	*Interpretation*
JAOS	*Journal of The American Oriental Society*

JBL	*Journal of Biblical Literature*
JBQ	*Jewish Bible Quarterly*
JETS	*Journal of the Evangelical Theological Society*
JJS	*Journal of Jewish Studies*
JPS	Jewish Publication Society
JSOT	*Journal for the Study of the Old Testament*
JSOTSup	Journal for the Study of the Old Testament, Supplement Series
NAC	The New American Commentary
NICOT	The New International Commentary on the Old Testament
OBT	Overtures to Biblical Theology
OTL	The Old Testament Library
OTS	Old Testament Studies
SBEC	Studies in the Bible and Early Christianity
SBT	Studies in Biblical Theology
SJOT	*Scandinavian Journal of the Old Testament*
SR	*Studies in Religion/Sciences Religieuses*
ST	*Studia Theologica*
TynBul	*Tyndale Bulletin*
TD	*Theology Digest*
TDOT	*Theological Dictionary of the Old Testament*
TOTC	Tyndale Old Testament Commentaries
TZ	*Theologische Zeitschrift*
VT	*Vetus Testamentum*
VTSup	Vetus Testamentum, Supplement
WBC	Word Biblical Commentary
ZAW	*Zeitschrift f? die Alttestamentliche Wissenschaft*

목 차

들어가는 말 ___ 7
축약어(Abbreviations) ___ 22

제1부 | 다윗의 수금 연주를 고대함

제 1 장 _ 사사들, 왕에 대한 환상곡을 연주하는 사람들

  1. 영웅을 기다리며(삿 1:1-3:6) ___ 32
  2. 영웅에서 배교자로(삿 3:7-16:31) ___ 39
  3. 영웅들이 남긴 후유증들(삿 17-21장) ___ 53
  4. 시편으로 회복하는 정체성(시 1편) ___ 66
  5. 역대기가 꿈꾸는 새로운 이스라엘을 향하여(대상 1-9장) ___ 71

제 2 장 _ 사무엘과 사울, 누구를 위한 전주곡인가?

  1. 사무엘의 진실(삼상 1:1-8:5) ___ 84
  2. 왕에 대한 진실(삼상 8:6-12:25) ___ 99
  3. 사람들이 구한 왕 사울(삼상 13:1-15:35) ___ 103
  4. 시편이 꿈꾸는 왕(시 2편) ___ 119
  5. 역대기로 사울을 보고 다윗을 기대하다(대상 10장) ___ 125

제2부 | 다윗의 수금이 내는 천상의 선율

제 3 장 _ 다윗이 수금을 들다: 다윗의 첫연주

  1. 다윗, 그 중심이 다른 사람(삼상 16:1-17:54) ___ 138
  2. 다윗, 새 시대를 여는 사람(삼상 17:56-18:30) ___ 151
  3. 다윗, 하나님이 세운 왕 ___ 163
  4. 시편이 다윗의 간구가 되다(시 59편) ___ 173
  5. 역대기에서 이스라엘의 목자 다윗을 만나다(대상 11장) ___ 178

제 4 장 _ 광야에서 다윗이 수금을 조율하다

1. 다윗이 광야에서 길을 찾다(삼상 21, 23, 24장) ___ 189
2. 토라가 왕도를 말하다(창 12-22장; 37-50장) ___ 196
3. 다윗이 광야에서 길을 만들다(삼상 19-23장) ___ 210
4. 시편으로 밟아가는 다윗의 광야 여정(시 56편) ___ 222
5. 역대기의 다윗, 광야에서 하나님의 군대 장관이 되다(대상 12장) ___ 227

제 5 장 _ 다윗이 연주하는 용서의 앙상블

1. 사울 살려주기(삼상 24장) ___ 243
2. 나발 살려주기(삼상 25장) ___ 251
3. 사울 또 살려주기(삼상 26장; 삼상 27-삼하 5장) ___ 262
4. 시편으로 다윗과 함께 용서하기(시 109, 139편) ___ 281
5. 역대기에서 연합을 연주하는 다윗(대상 12장) ___ 291

제 6 장 _ 다윗이 켜는 법궤를 향한 행진곡

1. 웃사를 위한 장송곡(삼하 6:1-11) ___ 307
2. 베레스웃사에서 바알브라심으로(삼하 5:17-25) ___ 315
3. 다윗의 제사장 나라를 향한 춤사위(삼하 6:12-23) ___ 329
4. 시편이 법궤를 갈망하다(시 132편) ___ 335
5. 역대기에서 만나는 웃사와 다윗(대상 13-16장) ___ 340

제3부 | 다윗의 수금이 내는 불협화음

제 7 장 _ 다윗이 연주하는 영원의 선율

1. 다윗의 성전건축 의도 표출(삼하 7:1-7) ___ 364
2. 다윗에게 허락하신 영원한 약속(삼하 7:8-29) ___ 373
3. 시내 산과 시온 산의 만남 ___ 381

4. 시편으로 바라보는 시온(시 15편) ___ 389
    5. 역대기, 성전을 바라보다(대상 17장) ___ 393

제 8 장 _ 다윗과 밧세바, 그 잘못된 화음

    1. 밧세바와 깨어지는 왕도(8:1-11:27) ___ 407
    2. 폭로되는 다윗의 진실 ___ 426
    3. 당신이 그 사람이다(삼하 12장) ___ 436
    4. 시편으로 다윗과 함께 회개하기(시 51편) ___ 446
    5. 역대기가 보여주는 회복의 길(대상 20장) ___ 454

제 9 장 _ 다윗이 연주하는 징계의 길

    1. 하나님 앞에서, 하나님과 함께, 하나님 없이(삼하 13-14장) ___ 470
    2. 암논과 압살롬, 다윗의 욕망의 분출과 소멸(삼하 13-16장) ___ 480
    3. 욕망에서 다시 순종으로(삼하 17-20장) ___ 495
    4. 시편이 말하는 의인(시 32편) ___ 508
    5. 역대기에서 형벌이 예배로(대상 22-29장) ___ 513

제 10장 _ 다윗이 힘의 연주를 시도하다

    1. '한나의 기도'가 '다윗의 노래'가 되다(삼상 2장; 삼하 22장) ___ 523
    2. 인구조사의 진실(삼하 21-24장) ___ 533
    3. 다윗의 선택(삼하 24장) ___ 545
    4. 시편과 함께 다시 은혜로 돌아가기(시 18편) ___ 552
    5. 역대기, 인구조사를 성전으로 대체하다(대상 21, 22-27장) ___ 557

제4부 | 다윗의 수금을 이양함

제 11장 _ 다윗이 수금을 놓다: 다윗의 고별연주

1. 다윗의 마지막 시간(왕상 1) ___ 573
2. 이스라엘의 왕도와 선악을 아는 것 ___ 582
3. 수금을 넘겨주는 다윗(왕상 2:1-9) ___ 592
4. 시편으로 끝맺는 다윗의 기도(시 72편) ___ 601
5. 역대기가 꿈꾸는 다윗 왕위 계승 신학(대상 28-29장) ___ 608

제 12장 _ 다윗의 수금을 들고: 미래의 오케스트라를 향하여

1. 다윗의 수금을 들다(왕상 2-왕하 23장) ___ 624
2. 토라로 새 역사를 조율하다(왕하 24-25장; 창 1-15장) ___ 631
3. 토라가 또 왕도를 말하다(창 44장) ___ 639
4. 시편이 토라로 성도의 길을 만들다(시 78-79편) ___ 643
5. 역대기, 다윗으로 민족의 정체성을 만들다(대하 1-9장) ___ 653

나가는 말 ___ 665
참고문헌 ___ 676

제 1 장 _ 사사들, 왕에 대한 환상곡을 연주하는 사람들

1. 영웅을 기다리며**(삿 1:1-3:6)**
2. 영웅에서 배교자로**(삿 3:7-16:31)**
3. 영웅들이 남긴 후유증들**(삿 17-21장)**
4. 시편으로 회복하는 정체성**(시 1편)**
5. 역대기가 꿈꾸는 새로운 이스라엘을 향하여**(대상 1-9장)**

제 2 장 _ 사무엘과 사울, 누구를 위한 전주곡인가?

1. 사무엘의 진실**(삼상 1:1-8:5)**
2. 왕에 대한 진실**(삼상 8:6-12:25)**
3. 사람들이 구한 왕 사울**(삼상 13:1-15:35)**
4. 시편이 꿈꾸는 왕**(시 2편)**
5. 역대기로 사울을 보고 다윗을 기대하다**(대상 10장)**

PART 1
다윗의 수금 연주를 고대함

제 1 장 사사들,
왕에 대한 환상곡을 연주하는 사람들

> 미가가 그 은을 그의 어머니에게 도로 주었으므로 어머니가 그 은 이백을 취하여 은장색에게 주어 한 신상을 새기며 한 신상을 부어 만들었더니 그 신상이 미가의 집에 있더라 이 사람 미가에게 신당이 있으므로 또 에봇과 드라빔을 만들고 한 아들을 세워 그의 제사장으로 삼았더라 그 때에 이스라엘에 왕이 없으므로 사람마다 자기 소견에 옳은 대로 행하였더라
> (사사기 17:4-6).

    이스라엘에서 왕의 이야기는 다윗과 함께 시작하지 않는다. 다윗이 태어나기 오래 전에 이미 이스라엘은 왕에 대한 실험이 이루어졌었다. 기드온의 아들 아비멜렉은 70명이나 되는 형제들을 살해하고 자신의 외가 쪽인 세겜과 밀로 족속들을 중심으로 '스스로 왕'(self-claimed king)으로 등극한다(삿 9:1-6). 그는 결국 파괴와 분열만 조장했던 그의 통치 3년을 비참한 종말로 마감하고, 왕정에 대한 실험은 실패한 것으로 일단락된다. 그리고 이미 이스라엘은 자신보다 더욱 오랜 역사를 가지고 있는 나라들을 통하여 왕이 어떤 존재이며, 왕정이 무엇을 의미하는지에 대해서도 익히 잘 알고 있는 터였다. 그럼에도 사사기는 이스라엘 백성들이 왕을 요청하게 되는 계기를 선명하게 보여주고 있다. 이것은 사사기의 전체적인 흐름 속에서 논의 되어야 할 부분이다.

사사기 하게 되면 일반적으로 영웅들의 이야기로 평가될 때가 많다.[15] 그렇다면 왜 이런 위대한 영웅들의 시대가 왕의 시대로 넘어가야 하는 것인가라는 의구심이 들게 된다. 진정한 영웅들이 역사를 만들어 가던 시절이었다면 백성들이 왕에 대한 상상력을 키워가지는 않았을 것이기 때문이다. 하지만 역사의 수레바퀴는 사사에서 왕으로의 전이가 일어났다는 사실에 한 치의 거짓이 없음을 증명하고 있다. 왜인가? 이스라엘은 이미 왕 밑에서 살아가는 삶이 무엇인지를 뼈저리게 체험한 민족이 아닌가? 이집트의 바로 왕 밑에서 수백 년의 종살이를 경험한 그들이다. 비록 사사시대를 살아갔던 자신들은 아닐지라도 선조들의 경험이 그것을 이야기하고 있으며, 자신들의 역사를 담고 있는 하나님의 말씀이 그것을 끊임없이 강조하고 있다. "우리는 이집트에서 바로의 종이었다"(출 13:14)라는 수치스런 선언이 왕과 함께 살아갈 때 가졌던 그들의 정체성이었다. 이러한 위험성을 내포하고 있음에도 불구하고 왜 이들은 또 다시 왕에 대한 향수를 가지게 되었을까? 단순히 그들의 기억력에 문제가 있다고 보기에는 납득하기 어려운 요소들이 있다. 결국 그 해답은 사사기 안에 있을 것이다. 사사들이 치리하는 시절보다는 비록 위험요소가 팽배해 있을지라도 차라리 왕들이 다스리는 것이 낫겠다는 결론까지 갈 수밖에 없었던 그 요인을 밝혀볼 필요가 있다. 이를 통해 최소한 왕을 요청하는 백성들의 진의를 파악해 볼 수 있을 것이기 때문이다.

사사기의 결론에 이르면 후렴구처럼 네 번씩이나 동일한 표현이 나타난다: "그 때에 이스라엘에 왕이 없었다"(17:6; 18:1; 19:1; 21:25). 그리고 두 번은 "사람마다 각기 자기의 소견(눈)에 옳은 대로 행하였다"(אִישׁ הַיָּשָׁר בְּעֵינָיו יַעֲשֶׂה 이쉬 하야사르 베에나이브 야아세)(17:6; 21:25)라는 말을 덧붙이고 있다. 이것은 각 사람들이 자기가 보기에 좋은 대로 행동했다는 의미이다. '옳다, 바르다'를 뜻하는 단어 '야사르'(יָשָׁר)는 '의인'이라는 의미로 사용될 정도로 긍정적인 뜻을 내포하고 있다. 그러나 인간 스스로 보기에 옳다는 것은 그 반대적인 의미를 내포하고 있음을 시사한다. 이것은 결론부에 자주 등장하는 "사람이 자기 소견(눈)에 옳은 대로 행했다"라는 표현이 사사기의 전반부에 자주 등장하는 "이스라엘 자손이 여호와의 목전(눈)에 악을 행했다"(בְּנֵי־יִשְׂרָאֵל אֶת־הָרַע בְּעֵינֵי יְהוָה יַעֲשׂוּ 야아수 베네-이스라엘 에트-하라 베에네 야훼)(2:11; 3:7, 12; 4:1; 6:1)라는 표현과 일맥상통한다는 점이 이를 입증한다. 결국 '사람이 보기에 옳은 것'은 '하나님이 보시기에 악한 것'이 되기 십상이기 때문이다. 그렇다면 사사기는 하나님의 면전에서 악을 행하던 이스라엘이 마침내는 악을 옳은 것으로 착각하며 그것을 삶의 전형적인 방식으로 만들어가는 이야기일 것이라는 추측을 가능케 한다.[16] 이것은 사사기 전체의 의미를 되짚어 보면 그 원인까지도 자연스레 드러나게 될 것이다.

1. 영웅을 기다리며(삿 1:1-3:6)

사사기가 현재의 형태가 되기까지 어떠한 과정을 거치게 되었는지에 대해서는 이미 많은 학자들의 연구를 통하여 상세하게 논의 되어 왔다.[17] 여기서는 그러한 논의에 대한 관심 보다는 사사기의 현재 형태가 전하고자 하는 신학적인 메시지에 중점을 두고 사사기 전체의 흐름을 파악하는 것이 주 목표이다. 이를 통해 영웅시대에서 왕정시대로의 전이가 이루어질 수밖에 없었던 그 시대적인 요청을 밝히고자 한다.

사사기는 크게 세 부분으로 나누어진다. 첫째, 개개의 사사들의 이야기가 본격적으로 펼쳐지기 전의 상황을 보여주는 서론 부분(the prologue, 1:1-3:6), 둘째, 대사사 6명과 소사사 6명의 이야기를 다루고 있는 본론부분(the main body, 3:7-16:31), 그리고 마지막으로 그 과정들의 결과를 다루고 있는 결론부분(the epilogue, 17:1-21:25)이다.[18] 특별히 사사기의 서론과 결론에는 전체적인 흐름을 암시하는 동일한 질문과 답이 나타난다. 이스라엘의 질문과 하나님의 응답은 사사기 전체를 감싸는 신학적인 테두리를 형성하고 있으며, 극적인 반전을 보여주고 있다(삿 1:1-2; 20:18).[19]

⊙ 1:1-2 우리 중 누가 먼저 올라가서 <u>가나안 족속</u>과 싸우리이까
   여호와께서 가라사대 <u>유다</u>가 올라갈지니라

⊙ 20:18 우리 중에 누가 먼저 올라가서 <u>베냐민 자손</u>과 싸우리이까
   여호와께서 가라사대 <u>유다</u>가 먼저 갈지니라

이 두 부분에서 눈여겨보아야 할 부분은 싸움의 대상이 바뀌고 있다는 사실이다. 시작부분에서는 이스라엘 백성이 약속의 땅을 완전히 정복하기 위해 가나안 잔류민들과 대결하고 있다면, 마지막부분에서는 이스라엘의 동족인 베냐민 지파와 동족상잔의 비극을 일으키고 있다는 것이다. 똑같은 이스라엘의 질문과 하나님의 응답이 누구를 향하여 칼날이 겨누어지고 있는가가 바로 사사기가 가고 있는 방향이다. 이방인들을 향한 정복 전쟁이 왜 결국에는 동족을 향한 전쟁으로 탈바꿈되고 있는가? 그리고 이스라엘이 이렇게 자멸의 길을 걷는 이유는 무엇인가라는 질문이 일어난다. 그 이유는 중심에 위치한 본론(삿 3:7-16:31)에까지 도달해야만 찾아볼 수 있을 것이다.

유다에서 단까지

먼저 서론(삿 1:1-3:6)은 사사기 전체를 열어가는 역할을 하고 있으

며, 여호수아의 죽음에 관한 반복적인 진술을 따라 두 부분으로 나눌 수 있다(삿 1:1; 2:6). 첫 번째 부분(1:1-2:5)은 여호수아 이후에 유다지파를 선두로 최남단에서부터 최북단까지(유다, 베냐민, 요셉[므낫세와 에브라임], 스불론, 아셀, 납달리, 단) 각각의 지파들이 자신들에게 분배된 땅을 놓고 가나안 족속들과 전쟁을 벌이는 것을 나열하고 있다. 하지만 안타깝게도 예외 없이 유다로부터 단까지 한 지파도 가나안 족속을 완전히 물리치지 못했다는 보도로 정복 이야기를 마감하고 있다.[20] 가장 이상적인 모습의 유다지파까지도 철병거를 가진 골짜기 거민을 쫓아내지 못했다고 보고한다(삿 1:19). 마지막의 단 지파는 정복은커녕 오히려 그 반대 현상인 가나안 인들에게 쫓겨 분배받은 땅으로 내려오지도 못하고 산지로 도망가는 비운을 맞이한다(삿 1:34). 유다와 단은 지리적으로 이스라엘의 시작과 끝이다. 결국 이스라엘의 지리적 축약인 유다부터 단까지(브엘세바부터 단까지) 모두 한결같이 실패했다는 선언이 사사기의 시작부터 경고음처럼 울려 퍼지고 있다.

가나안족속을 완전히 몰아내려는 호기로 시작한 전쟁이 결국은 그들을 몰아내지 못하고 그들의 제단 또한 허물지 못한 것에 대한 여호와의 질책으로 인해 통곡하는 것으로 그 끝에 이른다(삿 2:1-5).

너희는 이 땅 거민과 언약을 세우지 말며 그들의 단들을 헐라 하였거늘 너희가 내 목소리를 청종치 아니하였도다 그리함은 어쩜이뇨 그러므로 내가 또 말하기를 내가 그들을 너희 앞에서 쫓아내지 아니하리니 그들이 너희 옆구리에 가시가 될 것이며 그들의 신들이 너희에게 올무가 되리라 하였노라(삿 2:2-3).

여호수아가 죽기 전에 이스라엘 민족에게 유언과도 같이 선언하였던 그 권면과 경고가 하나도 지켜지지 않았다. 결국 한 사람이 천 명을 쫓아

낼 것이라는 약속(수 23:10)은 공허한 말이 되어 버렸다. 그리고 가나안 족속들과 섞여 혼인하며 피차 왕래하면 그들이 올무와 덫이 되고, 옆구리에 채찍, 눈에 가시가 될 것이라는 경고는 한 세대 만에 현실이 되었다(수 23:13a). 여호수아의 그 절박하고 간절한 호소의 메아리가 채 사라지기도 전에 신앙적 퇴보는 이미 그 열매까지 맺을 준비가 되어 있었다. 그리고 더 심각한 한 가지 운명이 그 실행을 기다리고 있다: "너희가 마침내 너희의 하나님 여호와께서 너희에게 주신 이 아름다운 땅에서 멸하리라"(수 23:13b). 이 불길한 운명을 이미 알고 있었기에 이들은 통곡한 것일까? 그들이 통곡한 장소의 이름이 바뀌었다. 그 전의 이름이 무엇이었든지 간에 그 곳은 '보김'(בכים), 즉 '우는 자들'이라는 이름으로 변했다. 그러나 장소의 이름은 변했으나 정작 그곳에서 통곡한 그들은 바뀌지 않았다. 그 통곡만큼, 이름이 바뀐 장소만큼 그들이 변화되었다면 사사기의 악순환은 이스라엘의 역사 속에서 결코 없었을 것이다.

이스라엘 역사 속에 한 위대한 인물인 요시야 왕은 동일한 하나님의 심판 선언 앞에서 이들과 같이 동일하게 통곡했다. 그러나 그의 통곡은 마음을 겸비하고 삶을 바꾸는 것이었다.

내가 이곳과 그 거민에게 대하여 빈 터가 되고 저주가 되리라 한 말을 네가 듣고 마음이 연하여 여호와 앞 곧 내 앞에서 겸비하여 옷을 찢고 통곡하였으므로(בכה 바카; '보김'과 같은 어원) 나도 네 말을 들었노라 여호와가 말하였느니라(왕하 22:19).

그리고 요시야는 자신의 시대에는 재앙을 보지 않을 수 있는 한 세대의 유예기간을 하나님께 부여 받았다(왕하 22:20). 이것이 진심어린 통곡의 가치이다. 그것은 하나님의 긍휼하심을 자극하기 때문이다. 하지만 사사기의 이스라엘은 계속되는 경고음에도 귀를 기울일 줄을 몰랐다.

암울한 순환의 늪

서론의 두 번째 부분(삿 2:6-3:6)은 이로 인해 발생하는 이스라엘의 신앙적인 변질을 암울한 순환적인 모습으로 강조하고 있다: 악-심판-부르짖음-구원-평화-더한 악. 이스라엘이 저지른 악의 전형은 그들의 창조자요 구원자이신 여호와를 버리고, 바알과 아스다롯으로 대표되는 가나안 족속들의 신들을 따르는 것이었다. 그리고 여호와의 징계는 이방인에 의한 정복과 억압의 세월이며, 이로 인해 이스라엘은 하나님께 부르짖게 된다. 하나님은 사사를 세우셔서 이들을 구원해 주시지만, 그 평화도 잠시뿐이다. 이스라엘은 다시 악으로 빠져 가는데 이 때는 더한 악으로 치닫는다는 것이다(삿 2:19). 그 원인은 여호수아의 죽음 이후에 나타난 세대들로 인한 것이다. 사사기 2장 10절은 그들의 특징을 의미심장한 두 가지 상태로 요약하고 있다.

후에 일어난 다른 세대는 <u>여호와를 알지 못하며</u>
(לֹא־יָדְעוּ אֶת־יְהוָה 로-야드우 에트-야훼)

여호와께서 이스라엘을 위하여 <u>행하신 일도 알지 못하였더라</u>
(לֹא־יָדְעוּ אֶת־הַמַּעֲשֶׂה 로-야드우 에트-함마아세)

먼저 "여호와께서 행하신 일을 알지 못 한다"는 것은 이미 과거의 기억을 상실해 버린 백성을 상징하며, "여호와를 알지 못 한다"는 것은 그들 자신의 미래를 잃어버렸다는 것을 의미한다. 즉, 하나님 안에 있을 때 자신들의 근본을 밝혀주는 정체성은 물론이요, 삶의 방향인 미래가 명확해 진다. 그러나 이스라엘의 새로운 세대들은 반드시 알아야 할 이 두 가지를 전적으로 상실해 버리고 말았다. 하나님의 백성은 사라지고 근본도 없고 미래도 없는 정체불명의 한 종족만 남아 있는 것이다.

이스라엘은 이미 이런 특징을 가진 사람과 함께 살아간 경험을 가지고 있다. 출애굽기는 이집트 바로 왕의 통치 논리를 단순히 '모른다'라는 단어로 정의하며, '무지'가 이집트 바로 왕의 특징이라고 폭로한다. 그 실례는 두 곳에서 발견되는데 바로가 이스라엘을 억압하기 시작하는 이유와 여호와께서 파견한 모세가 신탁을 전함에도 불구하고 이스라엘을 보내지 않겠다고 선언하는 곳에서도 나타난다.

요셉을 알지 못하는(יָדַע־לֹא 로-야다) 새 왕이 일어나 애굽을 다스리더니(출 1:8).

나는(바로) 여호와를 알지 못하니(יָדַעְתִּי לֹא 로 야다티) 이스라엘을 보내지 아니하리라(출 5:2b).

먼저 "요셉을 알지 못한다"는 의미는 이스라엘이 그 곳에 있게 된 경위를 모른다는 것이며, 요셉이라는 인물로 인해 이집트가 구원을 받았다는 사실을 모른다는 것이다. 그것은 그들에 대한 과거를 모른다는 것이다.[21] 이것이 일부러 외면하는 것이든 정말 모르는 것이든 그 의도는 동일하다. 바로 과거에 근본 바탕을 둔 이스라엘의 정체성을 전적으로 무시하는 것이다. 그리고 여호와를 알지 못한다는 것은 하나님께서 창세 전에 세우신 이스라엘을 향한 계획을 모른다는 사실이다. 즉 이스라엘의 미래를 모른다는 것이다. 결국 남는 것이라고는 과거도 없고, 미래도 없는 무수히 많은 숫자를 가지고 있는 한 무리의 잡족뿐이다. 이제 이 정체불명의 무리가 바로 왕의 손 안에서 그의 업적을 치장하는 도구로 전락하는 것은 시간문제일 것이다.[22]

아무것도 모르는 인생이 주인 노릇을 하게 되면 발생하는 일들을 이스라엘은 이미 그들의 역사 속에서 이렇게 심각하게 경험한 바가 있다. 이제 이스라엘 전체가 무지하니 그 땅에 어떤 일이 벌어지겠는가? 예배가 아닌 범죄, 불의, 부정의 등이 판을 칠 것이다. 더욱 심각한 것은 "여호와를 모른다"라고 선언한 바로 왕이 겪었던 일들이다. 바로가 여호와를 모르기 때문에 하나님의 말씀을 따를 수 없고, 이스라엘을 보낼 수 없다고 했기에, 해답은 하나가 있었다. 즉, 여호와가 누구이신가를 알려주는 것이었다. 바로는 10번의 순환적인 재앙의 반복을 통하여 그것을 배웠고 결국 두 손을 들고 말았다. 이제 동일한 운명이 '여호와를 모르는' 이스라엘 앞에 펼쳐질 것이라는 사실을 짐작해 볼 수 있다. 무지, 무관심, 기억상실은 삶의 음울한 순환적인 반복을 가져온다. 삶 속에 동일한 일이 반복되고 있는가? 그렇다면 자신의 삶을 돌아보라. 분명 무언가 중요한 요소가 무시되고 있을 것이다.

서론의 첫 번째 부분은 이방인을 진멸하지 못하는 것으로 시작하여, 두 번째 부분은 이들과 어울려 결국 이들의 삶의 방식인 우상숭배를 배우게 되는 것으로 나아간다. 만약 중심에서 이러한 악행이 해결된다면 서론의 문제는 결론에서 모두 해결점에 이르게 될 것이다. 그러나 이 잘못된 흐름을 끊어내지 못한다면 죄악에 대한 쓰디쓴 열매를 결론에서 맛보게 될 것이 분명하다. 사사들은 바로 이러한 악순환을 끊고, 하나님의 백성 이스라엘에게 새로운 역사를 가져올 책임과 사명으로 부름 받은 사람들이다. 누가 시대를 바꾸는 영웅적인 사명을 완수해 낼 것인가? 이제 이들을 통해서 어떤 역사가 펼쳐져 가는지를 살펴볼 필요가 있겠다.

2. 영웅에서 배교자로(삿 3:7-16:31)

서론에서 보이는 이러한 두 가지 주제인 정복의 실패와 신앙적 타락은 사사기의 본론(삿 3:7-16:31)에서 펼쳐질 사건을 그대로 예시해 주고 있다. 먼저 유다로부터 시작해서 단까지의 분배된 땅을 취하는 전쟁에서 보여준 점층적인 실패의 모습은 실제 사사들의 이야기에서도 그대로 나타나고 있다. 가장 먼저 유다 지파의 사사로부터 시작해서 마지막 단 지파까지의 사사가 남으로부터 북까지 활동을 하지만 그 결과는 점진적인 실패를 강조하는 동일한 패턴을 보인다.[23] 최남단의 유다 지파의 옷니엘(삿 3:7-11)을 시작으로, 그 다음은 유다와 이웃한 베냐민 지파의 에훗(삿 3:12-30)으로 넘어간다. 그 후에 이스라엘 중부지역을 차지한 에브라임 지파의 드보라와 바락(삿 4-5장), 그리고 므낫세 지파의 기드온(삿 6-8장)/아비멜렉(삿 9장)으로 연결된다. 그 다음은 요단 동편 지역인 길르앗의 입다(삿 11-12장)가 등장한다. 마지막에는 단 지파의 삼손이 길고 화려한 이야기를 펼치며 활동하는 것으로 사사들의 이야기가 막을 내린다(삿 13-16장). 지리적으로 이스라엘 전체에 빠진 지역이 없다. 이제 이들의 이야기를 간략하게 살펴보는 것이 필요하다.

긍정적인 시작: 옷니엘, 에훗과 드보라-바락

처음 세 번에 걸쳐서 나타난 사사들은 그런대로 공감할 수 있을 만큼의 역량을 발휘했다. 비록 그들의 모습 속에 조금씩의 미진한 부분과 의문점은 남지만 그럼에도 제 역량을 발휘하며, 이루고자 하는 목표를 달성했다는 점에서 칭찬할 만 하다. 첫 번째 사사인 옷니엘은 가장 짧고 간결한 이야기를 가지고 있지만 어느 모로 보나 전형적인 사사의 모습을 그대로 갖추고 있다. 그의 이야기 속에는 그 어디에서도 사족(蛇足)으로 보이는 군더더기를 찾아볼 수 없다. 단 5절을 활용하여 완벽하게 전형적인 사사의 모습을 재현해 놓고 있다(삿 3:7-11): (1) 이스라엘이 여호와의 목전에서 악을 행함-우상숭배, (2) 여호와께서 이방인의 손에 8년을 파심, (3) 이스라엘이 여호와께 부르짖음, (4) 여호와께서 한 구원자를 세움-옷니엘, (5) 여호와의 신이 옷니엘에게 임함, (6) 이방인의 손에서 이스라엘을 구원함, (7) 40년 동안의 평화. 어느 하나 빠진 부분이 없이 온전하다. 그 다음 사사인 에훗은 흡사 여호와의 신탁이 있는 것처럼 속여서 모압 왕 에그론을 살해했다는 점(삿 3:20)에서 의문점이 남지만 제 역할을 잘 수행했다. 드보라와 바락의 이야기에서는 드보라가 바락에게 여호와의 출전 명령을 전달함에도 바락은 주저하며, 드보라의 동행이 없으면 전장에 나서지 않겠다고 고집을 부린다. 이로 인해 바락은 자신의 승리의 영광을 다른 이에게 돌려야 했다는 점(삿 4:9)을 제외한다면 좋은 결과로 그 결론에 이른다.

긍정과 부정 사이에서: 기드온

그러나 이러한 상황의 극적인 전환점에 기드온이 서 있다. 기드온의 이야기는 두 부분으로 나뉜다. 첫 번째 부분은 우상숭배를 척결하여 여호와의 신앙을 회복하고, 이스라엘에 구원을 가져오는 긍정적인 모습이다. 그러나 두 번째 부분에서 기드온은 요단강을 건너면서 동족을 해하고, 우상숭배를 조장하는 인물이 되며, 그의 말년을 배교자로 보낸다. 이 구조를 나열하면 다음과 같은 '교차대칭구조'(chism)가 된다.[24]

       a. 오브라에 우상을 척결하고 사사로 부름 받음(6:1-32)
        b. 미디안을 상대로 전쟁을 수행함(6:33-7:25)
        b'. 숙곳과 브누엘 성읍 동족들을 죽임(8:1-21)

a'. 오브라에 에봇을 만들어 음란히 섬기게 함(8:22-32)

이러한 정 반대의 삶의 모습을 만들어내는 원인이 분명히 있을 것이다. 그것을 가려내지 못한다면 그 이후의 역사는 희망이 없다. 긍정과 부정 그 갈림길이 무엇인지를 구별하는 것은 새 역사를 쓸 수 있는 비결이기 때문이다. 먼저, 긍정의 길을 살펴보자. 기드온 이야기에는 하나님께서 의도적으로 인간의 힘과 영향력을 제거하시는 것을 볼 수 있다. 그럴 때마다 두려워하며 주저하는 기드온의 모습이 부각되며 강조된다. 기드온은 여호와를 제물로 시험하고, 양털로 시험하며 전장에 나서는 것을 꺼려한다. 마지막에 군사들이 300명밖에 남지 않았을 때는 아예 전의를 상실하기도 했다. 결국 미디안 진중에 정찰 나가 미디안 초병들의 꿈 이야기를 듣고서야 전투에 임한다. 여호와께서 군인의 수를 300명으로 줄이신 것은 이스라엘이 자신의 능력으로 구원하였다고 자랑할까봐 염려하셨기 때문이다(삿 7:2, 4). 그리고 그 승리도 여호와께서 그 적들끼리 서로 칼날로 치게 하셔서 미디안 군대를 물리치셨다(삿 7:22). 기드온은 분명히 깨달았을 것이다. 자신의 힘이 아닌 여호와의 능력으로 되어진 승리임을 말이다. 이와 같은 철저한 하나님의 은혜 체험은 그 다음의 삶을 다르게 만들 수 있다.

뒤늦게 나타난 에브라임이 미디안 방백 오렙과 스엡을 죽인 후에 그들 특유의 불만을 토로하며 미디안과 싸우러 갈 때 왜 부르지 않았느냐고 기드온에게 시비를 건다(삿 8:1). 이것은 어처구니가 없는 일이다. 다 된 밥에 숟가락만 얹겠다는 심보가 아니겠는가! 목숨을 걸고 싸운 게 누군데 최소한 미안한 마음은 가져야 하는 것이 정상일 것이다. 그럼에도 기드온은 미디안 두 방백을 잡아 죽인 에브라임을 한껏 칭찬하며 그들을 높여주고 모든 공로를 에브라임에게 양보했다(삿 8:2-3): "내가 이제 행한 일이 너희가 한 것에 비교되겠느냐 에브라임의 끝물 포도가 아비에셀의 맏물 포도보다 낫지 아니하냐"(삿 8:2). 이 말은 너희가 전쟁의 최고의 수훈 감이라고 추켜세우며 기드온 자신의 공로를 다 넘긴 것이다. 그의 승리는 결코 자신의 것이 아니라 하나님의 은혜라는 것을 알기 때문이다. 이로써 그는 에브라임의 노여움을 풀었다. 노여움이 풀렸다는 것이 중요한 것이 아니라 이로 인해서 '동족상잔'의 비극이 발생하지 않았다는 것이 획기적으로 중요하다. 자신이 모든 영광을 다 차지하고, 최고가 되려고 한다면 결코 맛볼 수 없는 결과이다. 서로를 높여주고 인정해 줄 수 있는 길 그것은 바로 하나님의 절대적인 은혜의 체험 밖에는 없다. 그리고 그 은혜를 잊지 않고 기억하여 삶에 그대로 적용하는 것이다. 이 땅에서의 영광은 다른 사람과 나누어도 괜찮다. 모든 것이 하나님의 은혜로 된 것이기 때문이다. 기드온은 온 이스라엘이 "당신이 우리를 미디안의 손에서 구원하셨으니"라고 하며 자신에게 구원의 영광을 돌리며 지속적인 왕권(삿 8:22)을 부여하려 할 때에도, 단호하게 거절할 수 있었다: "내가 너희를 다스리지 아니하겠고 나의 아들도 너희를 다스리지 아니할 것이요 오직 여호와께서 너희를 다스리시리라"(삿 8:23). 그 이유는 간단하다. 자신이 아닌 하나님께서 하셨다는 것을 너무도 분명하게 알고 있기 때문이다.

    그러나 기드온의 눈이 가려지는 순간이 있다. 대대적인 승리를 이루었고, 미디안 방백들도 죽이며, 에브라임과의 화해도 이루어 내었다. 그러나 기드온은 피곤에 지친 300명의 용사들을 거느리고 요단을 건너서까지 미디안 두 왕 세바와 살문나를 쫓는다. 숙곳과 브느엘을 지나며 먹을 것을 구하자 그들이 조롱하며 주기를 거절한다. 이유인 즉은 아직 세바와 살문나를 죽이지도 못했는데 무엇을 믿고 먹을 것을 제공하느냐는 것이다(삿 8:6). 결국 기드온이 미디안 두 왕을 사로잡고는 보란 듯이 동족인 숙곳과 브누엘 사람들을 징벌하고 죽이는 살육을 감행한다. 이방인을 대항해서 싸우던 전쟁이 마지막에 가서는 동족을 죽이는 사건으로 일단락된다. 그 이유가 불길하다. 기드온이 세바와 살문나를 미친 듯이 쫓아간 이유가 자기 가족의 개인적인 원수를 갚으려는 사사로운 것이었기 때문이다.

이에 그가(기드온) 세바와 살문나에게 묻되 너희가 다볼에서 죽인 자들은 어떠한 자이더뇨 대답하되 그들은 너와 같아서 모두 왕자와 같더라 그가 가로되 그들은 내 형제들이며 내 어머니의 아들들이니라 내가 여호와의 살아 계심으로 맹세하노니 너희가 만일 그들을 살렸더면 나도 너희를 죽이지 아니하였으리라 하고(삿 8:18-19).

기드온의 이야기 속에는 이와 같이 두 가지의 요소가 충돌을 일으키고 있다. 하나님의 뜻 가운데서 얻는 은혜의 선물이 있고, 자신의 개인적인 욕망을 충족시키는 복수심이 있다. 전자를 따라가면 평화와 화해를 이루어 내고, 후자를 따라가면 동족간의 분열과 죽음을 불러온다는 사실이다. 그리고 자신의 욕망을 향하는 삶은 마침내 무너뜨렸던 우상의 제단을 다시 일으켜 세우는 우상숭배의 길을 열어간다. 기드온은 에봇을 만들어 이스라엘이 음란에 빠지게 만들었다. 결국 우상숭배와 인간의 욕망은 결코 무엇이 먼저랄 것도 없이 분리할 수 없는 상관관계가 있는 요소들임에 틀림없다. 이러한 현상은 이제 자신의 욕망에 사로잡혀 하나님의 뜻과는 관계없이 머리(왕)가 되려고 목숨을 건 기드온의 아들 아비멜렉과 또 다른 사사인 입다의 이야기 속에 더욱더 실체가 되어 나타난다. 특히 입다의 이야기는 우상숭배에서 항시 가장 선두에 나타나는 바알로 대표되는 대가를 요구하는 우상 숭배적 풍요신앙이 만들어 내는 결말을 보여주고 있다.[25]

부정적인 결말: 입다와 삼손

입다의 이야기를 정확하게 분석해 보면 이러한 정황을 면밀하게 파악해 볼 수 있으며, 어떤 신관이 지배하고 있는지를 분명히 드러낼 수 있다. 우선 긴 서론(삿 10:6-16)을 살펴보면 사건의 정황은 그 이전의 사사들의 이야기와 유사하게 시작하나 도중에 급반전이 일어난다. 이스라엘이 다시 여호와의 목전에서 악을 행하여 "바알들과 아스다롯과 이방의 여러 신들을 섬기고 여호와를 버려 그를 섬기지 아니하였다"고 한다(삿 10:6). 여호와께서 진노하사 이스라엘을 암몬과 블레셋에 넘기셔서 18년 동안 압제를 당하게 하신다. 그리고 이스라엘은 또다시 여호와께 부르짖는다. 이제 이쯤이면 늘 그렇듯이 여호와께서 사사를 한명 세우시는 사건이 시야에 들어와야 한다(삿 3:9, 15; 4:4; 6:11). 그러나 그런 일은 발생하지 않는다. 여호와께서 예전 같지 않으시다. 단호하게 거절하시며, "내가 다시는 너희를 구원하지 아니하리라 가서 너희가 택한 신들에게 부르짖어 너희의 환난 때에 그들이 너희를 구원하게 하라"(삿 10:13-14)고 선언하신다. 그럼에도 이스라엘이 이방신들을 제하고 더욱 간구하며 매달리자 "여호와께서는 이스라엘의 곤고로 인해 마음에 근심하신다"(삿 10:16).

반전은 거기에서 멈추지 않는다. 암몬이 쳐들어와 길르앗에 진을 쳤고, 이스라엘도 궁여지책으로 미스바에 진을 치긴 쳤다. 그러나 전쟁을 지휘할 사사가 없다. 이에 길르앗 백성들과 방백들은 누구든지 이 전쟁에 앞장서는 자가 길르앗 모든 백성들의 머리(왕권), 즉 통치권을 부여받는 다는 것에 합의한다. 그리고는 자신들이 쫓아낸 기생의 아들 입다를 찾아가서 장관이 되어서 전쟁을 싸워줄 것을 요청한다. 입다가 과거에 자신을 쫓아낸 일을 들먹이며 빌미로 삼자, 그들은 이 싸움을 싸워주면 길르앗 모든 거민의 머리가 되리라고 제안한다. 이에 변두리로 밀려나 있던 입다는 이 거래에 적극 호응하여 머리가 된다는 확답을 받고 전쟁터로 나서게 된다. 결국 입다는 하나님께서 세운 사사가 아니라, 인간의 거래에 의해서 사사가 되었다. 이 서론적인 이야기는 권력다툼에서 주변을 맴돌던 입다가 어떻게 주권을 부여잡을 수 있었는지를 변질된 여호와 신앙을 통해 살펴볼 수 있다. 입다의 이야기는 크게 다음과 같이 세 가지의 주요한 사건들로 나누어 질 수 있다.

* 서론: 이스라엘의 상황(죄악, 징계, 부르짖음, 여호와의 근심)
(삿 10:6-16)
(i) 입다와 암몬의 대결 - 입다의 승리(삿 10:17-11:33)
(ii) 입다의 집의 몰락 - 입다의 외동딸의 희생제(삿 11:34-40)
(iii) 입다와 에브라임의 대결 - 입다의 승리(삿 12:1-7)

딸을 바치는 인신희생제를 중심으로 두 번의 전쟁이 양 옆자리를 차지하고 있다.[26] 전반부(i)는 이방인과의 전쟁이지만, 후반부(iii)는 동족상잔의 비극이 일어나고 있다. 흡사 사사기 전체 구조의 축소판(miniature) 같다. 모든 사건들이 전부 '통치권'을 차지하는 것과 관계가 있다. 암몬과의 전쟁, 딸을 희생으로 바치는 것, 그리고 왜 부르지 않았느냐고 불평하는 에브라임과의 전쟁도 결국은 주도권 다툼이기 때문이다. 이와 같이 입다의 이야기는 결코 이스라엘적이지 않다는 것을 살펴볼 수 있다. 그렇다면 이러한 요소들은 어디에서 개입해 들어온 사고방식인가를 살펴볼 필요가 있겠다.

이 모든 사건의 정황이 사사기 전체를 지배하는 죄악인 우상숭배, 그 중에서도 바알신앙이 극도의 위력을 발휘하기 때문으로 나타난다. 입다의 이야기 전체는 바알신화의 구성과 같이 이루어지며, 전체적인 흐름이 모두다 머리(왕)가 되기 위한 투쟁으로 집중된다. 이것은 바알신화에 얽혀 있는 이념을 면밀히 살펴보면 그 유사성을 쉽게 비교해 볼 수 있다.

우가릿에서 발견된 바알에 대한 신화를 살펴보면 그 종교의 정신을 분명하게 파악해 볼 수 있다. 흥미롭게도 바알 신화는 입다의 이야기처럼 사건의 상황을 설정하는 서론 부분과 크게 세 개의 사건으로 구성된다.[27] 그리고 세 가지 다 바알이 자신의 주도권을 세우고 왕권을 부여잡는 것과 밀접하게 연관이 있다.

* 서론: 신들의 상황(얌의 득세로 근심하는 엘)
    (i) 바알과 얌(바다의 신)의 대결 – 바알의 승리
    (ii) 바알의 집을 건축(궁전/성전) – 딸들의 안위를 공고히 함
    (iii) 바알과 모트(죽음의 신)의 대결 – 바알의 부활

서론에서는 신들의 어지러운 상황이 펼쳐지며 왕위를 차지하고자 하는 주도권 다툼이 벌어진다. 어느 누가 보아도 그 힘의 균형에서 바다의 신 얌은 상대가 없을 정도로 강력해 보이며, 그 얌이 모든 것을 휘두르며 위협을 가하고 있다. 결국 얌은 왕권을 놓고 권력의 주변에 머무르고 있던 바알과의 정면 대결이 불가피해 진다. 그 대강의 이야기는 다음과 같다.

바다와 강물의 신인 얌이 신들의 최고 실력자로 부상하게 된다. 그리고 명맥상의 주신인 엘 신에게 가서 자신의 신전을 지을 것을 요구한다. 그러나 바다와 강물의 신인 얌이 대지까지 주관하려는 것에 분노를 느낀 비와 땅의 풍요를 책임진 폭풍의 신 바알이 얌의 권위에 도전하게 된다. 얌은 이에 심부름꾼을 보내어 바알을 내어 놓으라고 으름장을 놓는다. 이렇게 해서 바알과 얌의 대결이 이루어진다. 바알은 전쟁터에 나서면서 얌을 물리치고 돌아오게 되면 신들의 의회에서

영원한 왕권이 부여 된다는 약속을 받는다. 그리고 결국 얌을 물리치고 "바알이 왕이라는 선포"가 이루어진다.[28]

바알은 얌을 물리치고, 거룩한 산 '짜폰'(צפון 북방)[29]에 자신의 집인 궁전, 즉 성전을 세우고, 신들의 축제를 벌이고, 자신의 왕권을 선포하며, 적들로부터 딸들의 안전을 공고히 한다.[30] 그러나 그것이 끝이 아니다. 바알은 왕권을 놓고 또 한 명의 적과 싸워야 한다. 바로 죽음의 신 '모트'가 바알의 왕권에 정면대결 하여 나선 것이다. 바알은 자신의 생명을 걸고 쟁취한 왕권을 아무도 넘보지 못하게 할 것이며, 아무에게도 자신의 자리를 내 주지 않을 것을 선언하며 지하세계로 내려간다. 기나긴 우여곡절 끝에 죽음의 신인 모트의 위력을 물리치고 살아나 신들의 왕좌를 차지한다.

바알신화나 입다의 이야기나 모두 다 동일하게 머리가 되기 위한 투쟁이다. 최고의 자리를 차지하기 위해서라면 무엇이든 바칠 수 있고 희생할 수 있는 준비가 되어있는 자들의 이야기이다. 이것은 종국에 값없이 누리는 은혜가 아닌, 힘이 지배하는 세상을 만들고 말 것이다. 입다는 왕이 되기 위해 나선 전쟁에서 승리가 결코 여호와의 은혜의 선물이 되지 않게 하기 위해 안간힘을 쓴다. 여호와의 신이 그에게 임했음에도 불구하고 바로 그 순간에 그는 '하나님과 거래'를 한다(삿 11:29-31). 그 자신이 '인간의 거래'로 사사가 되었기에, 그의 승리도 거래로 성사되어야만 한다. 그는 결국 자신의 딸을 번제로 바치는 인신 희생제로 결말이 난 서원으로 '승리의 대가' 즉 '왕이 되는 대가'를 지불했다. 입다에게 가장 소중한 딸은 입다 자신이 머리가 되기 위해 희생할 수 있는 수단일 뿐이다. 이러한 바알신앙의 원리를 따라갈 때 힘이 지배하는 세상이 되고, 그것을 지키기 위해 어떠한 희생도 감수할 수 있는 공의와 정의가 무너진 세상을 만들게 될 것임은 불을 보는 듯이 뻔한 이치이다. 특히나 더 큰 대가를 치르고 얻은 자리일수록 더욱 그렇다. 이렇게 얻은 자리는 결코 어느 누구에게도 양보할 수 없는 자신만의 전리품이 되는 것이다.

동족인 에브라임과의 전쟁은 그 당연한 결과로 나타나는 주도권을 지키려는 몸부림이다. 이전의 기드온은 모든 승리가 자신의 능력으로 된 것이 아닌 하나님의 은혜라는 것을 안다. 하지만 입다는 다르다. 그는 너무도 엄청난 값을 치르고 승리를 일구어 내었다. 그는 그 전쟁에 자신의 목숨을 걸었고, 거기에 덧붙여 무남독녀 외동딸을 희생제물로 바쳤다. 사사기는 그의 자손에 대한 더 이상의 이야기가 없다. 미래를 상징하는 유일한 혈육이 끊어졌다. 즉, 자신의 미래를 다 바쳐 왕권을 얻었다. 희생된 딸을 향한 애곡도 아직 끝나지 않았고, 슬픔의 고통이 그의 가슴속에 메아리치고 있었다(삿 11:40). 그런데 에브라임이 습관대로 그 영광을 빼앗으려고 슬쩍 손을 집어넣는다. 입다는 결코 양보할 수 없다. 어떤 대가를 치른 자리인데 감히 탐을 낼 수 있단 말인가?

내가 너희의 구원치 아니하는 것을 보고 내 생명을 돌아보지 아니하고 건너가서 암몬 자손을 쳤더니 여호와께서 그들을 내 손에 붙이셨거늘 너희가 어찌하여 오늘 내게 올라와서 나와 더불어 싸우고자 하느냐 하니라(삿 12:3).

흥미롭게도 "에브라임 사람들이 모여 '북으로'(צָפוֹנָה 짜포나) 가서 입다에게 이르렀다"고 한다(삿 12:1). 입다와 관련해서는 늘 '길르앗, 돕, 미스바'라는 지명들이 등장했고 방향을 가리키는 단어는 전혀 나타나지 않았다. 여기서 의도성이 있는 '북쪽'이라는 히브리어 단어인 '짜폰'(צָפוֹן 북방/바알의 신전이 있는 산의 이름)이 암시적이다.31) 홉사 입다가 이 곳에서 딸을 희생으로 바치고, 바알처럼 머리로 등극하고 있는 듯하다. 에브라임 사람들은 입다의 승리가 기드온의 것과 다르다는 것을 알지 못했다. 결국 동족상잔의 비극이 일어나고 에브라임 사람 42,000명이 죽임을 당한다. 입다가 아무리 많이 여호와의 이름(7번-삿 11:9, 21, 23, 24, 31, 35; 12:3)을 부를지라도 그의 신앙은 여호와의 신앙을 떠났으며, 바알신앙을 자신의 삶으로 그대로 실천하고 있다. 입다의 시대에 여호와라는 이름은 껍질만 남고, 본질인 알맹이는 이미 바알신앙으로 변해 버린 것이다. 결국 입다의 이야기는 어느 누구도 평화를 누리지 못했고, 단지 입다의 6년의 통치기간만 나타난다(삿 12:7). 고작 6년을 최고가 되어 호령하겠다고 무남독녀 외동딸을 희생시킨 것이다. 이러한 입다 이야기를 통해 사사기의 흐름이 가나안 족속과의 전쟁에서 동족상잔의 비극으로 바뀐 것이 바로 우상숭배의 원흉인 바알을 따르는 이스라엘로 인한 것임을 추론해볼 수 있다. 이제 사사들은 더 이상 영웅의 모습이 아닌 배교자의 모습으로 변해가기 시작한다.

마지막 사사인 삼손의 이야기는 사사들 중에서 가장 긴 이야기 구성 중의 하나라 할 수 있다(삿 13:1-16:31). 삼손의 무용담은 무려 4장에 걸쳐 96절로 구성된 단편소설까지 될 수 있는 분량이다. 이것은 첫 번째 사사이며 가장 짧은 이야기를 통하여 가장 전형적인 사사의 모습을 보여주고 있는 옷니엘의 이야기와는 극적인 대조를 이루고 있다. 양뿐만 아니라 삼손은 사사들 중에 유일하게 비범한 탄생이야기를 가지고 있다. 구약성경 속에서 그 어느 누구도 따라갈 수 없을 만큼의 놀랄만한 시작을 가진 것이다. 이것은 거대한 기대감을 고취시킨다. 이 아이만 태어나면 세상이 달라질 것이라는 희망을 제시하고 있는 것이다. 그러나 그의 긴 이야기 속에는 불필요한 것은 너무 많고, 정작 필수적인 요소는 결여되어 있다: (1) 끊임없이 악을 행하는 이스라엘은 여전하다, (2) 하나님의 징계도 살아있다-블레셋이 40년 동안 압제, (3) 그러나 이스라엘은 더 이상 하나님께 부르짖지 않는다, (4) 그럼에도 하나님께서 그 탄생부터 준비한 사사를 보내시고 그에게 하나님의 영이 임하신다, (5) 그러나 삼손은 자신의 욕망을 따라 행동하며, 이스라엘의 구원은 이루어지지 않는다. 오히려 유다 지파는 사사로 인해 생기는 불안감으로 삼손을 붙잡아 블레셋에 넘기려 한다(삿 15:9-13), (6) 하나님의 영이 삼손에게서 떠나고, 삼손은 구원은커녕 오히려 이방인에게 잡혀서 죽게 되고, 평화는 임하지 않는다. 그가 죽을 때 블레셋의 신전 기둥을 잡고 마지막으로 힘을 달라고 기도하며 그 신전을 무너뜨림으로 살아있을 때에 죽인 숫자보다도 더 많은 수의 블레셋 인들을 죽인다. 그러나 삼손이 그렇게 한 진의를 파악한다면 그가 이스라엘의 사사라는 의식이나 있었는지에 대해 의문을 가지게 된다.

삼손이 여호와께 부르짖어 가로되 주 여호와여 구하옵나니 나를 생각하옵소서 하나님이여 구하옵나니 이번만 나를 강하게 하사 블레셋 사람이 나의 두 눈을 뺀 원수를 단번에 갚게 하옵소서 하고(삿 16:28).

삼손은 민족의 구원이나, 하나님의 뜻을 세우는 데는 전혀 관심이 없었던 사람이다. 처음부터 끝까지 자신의 만족을 채우는데 만 급급했던 사람이 바로 삼손이었다. 여호와의 신의 능력을 남용하는 삶이었다. 어린 사자를 죽이는 일(14:6), 수수께끼 푼 자들에게 주기 위한 옷을 위해 블레셋 사람 30명을 죽인 일(14:19), 성 문짝들과 두 문설주와 문빗장을 빼서 어깨에 메고 헤브론 앞산 꼭대기까지 간 일(16:3) 등은 사사로서의 역할과 하등 관계없는 자신을 위한 앞가림이었을 뿐이다. 삼손은 대사사들 중에 가장 치명적인 기록을 남긴 사람이다. 유일하게 여호와의 신이 떠난 사사, 유일하게 이스라엘 군대를 이끌지 않은 사람, 유일하게 이스라엘을 구원하지 못한 사사, 유일하게 이방인에게 붙잡혀 죽임을 당하는 사사가 바로 그다.

부정적인 결말의 열매를 향하여

사사기에서 마지막 사사 삼손의 실패는 그의 고향이기도 하며, 단 지파가 본래 분배받았던 중부지역인 소라와 에스다올 지역(수 19:40-41; 삿 13:25; 16:31)에서 쫓겨나서 최북단인 라이스 지역까지 올라가게 되는 원인을 제공한다(삿 18:1-2, 11-14). 이것은 이미 서론에서 단 지파가 가나안 주민인 아모리 족에게 쫓겨 산지로 밀려났다는 보도의 실제적인 이야기를 보여주고 있다(삿 1:34). 그리고 이스라엘의 전체 지리를 나타내는 '브엘세바에서 단까지'라는 표현은 사사기에서 삼손을 대표로 하는 단 지파의 전적인 실패로 인해 유래하게 된 불명예스러운 기원을 가진 것임을 알 수 있다(삿 20:1; 삼하 3:10; 17:11; 24:2, 15; 왕상 4:25). 이와 같이 사사기의 본론은 계속되는 죄악의 순환과 이스라엘의 실패를 보여준다. 그리고 이스라엘이 저지르는 그 악은 다름 아닌 서론에서 경고한 이방인들의 신들을 섬기는 것이라는 사실이 거듭 강조된다(삿 3:7; 6:25, 28-32; 8:33; 10:6, 10). 이러한 배교에 사사들이 앞장서 나가고 있다는 사실은 시대의 암울함을 역력히 보여주는 증거가 된다.

한 눈에 보기에는 6명의 대사사들이 펼치는 이야기들이 '악-심판-부르짖음-구원-평화-더한 악'이라는 동일한 순환 고리의 계속적인 반복처럼 보일지 모르겠지만 실상은 그렇지 않다. 더 자세히 살펴보면 악의 순환이 서론에서 강조된 것처럼 더한 악으로 치달으며, 이 순환의 틀도 점점 깨어져 간다. 기드온부터 정형적인 틀을 서서히 탈피하며 내부적인 분열의 조짐이 보이기 시작한다. 입다에 이르러서는 여호와께서 사사를 세우시는 것이 아니라 사람들에 의해서 세워지고, 동족상잔의 비극이 일어나며, 평화를 누렸다는 기간이 사라진다. 그리고 삼손에 이르러서는 이방인의 압박과 억압에 대해서 이스라엘 백성들은 더 이상 여호와께 부르짖을 생각도 하지 않는다(삿 13:1). 그것이 삶의 당연한 형태가 되어 있고, 심지어 유다 지파 사람들은 사사인 삼손을 붙잡아서 "너는 블레셋 사람이 우리를 다스리는 줄을 알지 못하느냐"고 꾸짖으며 블레셋인들에게 넘겨주려고까지 한다(삿 15:9-13). 그리고 더 이상 놀라운 구원도 없고, 평화도 없는 것으로 사사들의 이야기가 마감된다(삿 16:31).[32] 중간 중간에 나타나고 있는 소사사들의 활동 또한 사사기의 이런 흐름을 막지 못한다는 것은 안타까운 일이다. 이들의 출현은 숫자의 점층적인 형태로 나타난다: 한 명(삿 3:31), 두 명(삿 10:1-5), 세 명(삿 12:8-15). 이들의 삶에는 또한 수적인 암시가 들어있다. 특히 마지막 세 명의 소사사들에게는 30, 40, 70이라는 숫자가 지배적이며, 의미 있게도 이들의 통치를 모두 합하면 70년이라는 기간이 된다: 삼갈(0), 돌라(23년), 야일(22년), 입산(7년), 엘론(10년), 압돈(8년). 이들이 완전수의 기간을 채워가며 다스림에도 불구하고 구원은 처음의 두 사사들인 삼갈과 돌라만이 가져왔고, 나머지 사사들은 자신들의 삶을 누리며 통치한 것 밖에는 나타나지 않는다.[33] 소사사들의 수가 점차적으로 증가함에도 불구하고 변화는 없으며, 이스라엘의 악은 사라지지 않는다.

이렇게 이스라엘이 점층 되는 악으로 치닫자 여호와의 인내심도 그 한계상황에 다다르고 있음을 분노를 표출하시는 것에서 느껴볼 수 있다. 기드온이 사사로 부름 받을 때 이스라엘이 미디안으로 인해 부르짖자 한 선지자를 보내셔서 "내가 또 너희에게 이르기를 나는 너희의 하나님 여호와니 너희의 거주하는 아모리 사람의 땅의 신들을 두려워하지 말라 하였으나 너희가 내 목소리를 듣지 아니하였느니라"고 질책하신다 (삿 6:10). 입다가 사사로 설 때에는 이스라엘이 암몬과 블레셋으로 인한 고통을 호소하자, 여호와께서는 직접 "너희가 나를 버리고 다른 신들을 섬기니 그러므로 내가 다시는 너희를 구원하지 아니하리라 가서 너희가 택한 신들에게 부르짖어 너희의 환난 때에 그들이 너희를 구원하게 하라"(삿 10:13-14)고 하신다. 심지어 마지막 사사인 삼손의 경우에는 그의 무분별한 행동으로 인해 사사를 세우실 때 마다 늘 함께 하셨던 (삿 2:18) 그 여호와께서 아예 삼손에게서 떠나 버리신다(삿 16:20). 사사기의 결말은 이미 이것으로 예고되어 있는 것이다. 하나님께서 이스라엘의 삶 속에서 떠나시면 어떤 일이 벌어질 것인가? 마지막 사사의 운명이 그들의 미래가 아닐까를 생각해 볼 수 있다. 이제 이 영웅적인 배교자들로 인해 이스라엘이 어떻게 변해갈 것인가는 결말의 이야기들이 잘 보여주고 있다.

3. 영웅들이 남긴 후유증들(삿 17-21장)

사사기의 결론(삿 17:1-21:25) 또한 두 부분으로 나뉘는데 이것은 의도적으로 서론과 균형을 맞추고 문학적인 대칭을 이루기 위한 목적을 가지고 있다.[34] 결문의 두 이야기는 공통적으로, 물론 의도적이겠지만, 한 레위인이 등장하며, 지극히 부정적인 모습으로 나타난다. 첫 번째 이야기(삿 17:1-18:31)는 한 레위인이 이스라엘의 한 사람에게, 나중에는 이스라엘의 한 지파에게 우상숭배의 영향을 끼치는 것으로 나타나고, 두 번째 이야기(삿 19:1-21:25)는 한 레위인이 이스라엘 전체에 그 우상숭배의 치명적인 열매를 거두게 하는 악영향을 끼친다는 점에서 점층적이다.

한 레위인과 미가 이야기: 유다에서 에브라임을 거쳐 단까지

첫째 이야기(삿 17:1-18:31)는 이방인의 우상숭배를 따라가던 입장에서 이제는 직접 자신의 우상을 제조하는 단계로까지 나아가고 있는 이스라엘의 모습을 신랄하게 보여주고 있다. 에브라임 산지에 미가라는 사람이 있었고, 그는 몰래 자신의 어머니의 은 일천 일백 개를 훔쳤다. 그는 어머니가 그 도둑을 저주하는 소리를 전해 듣기도 하고 직접 듣기도 하였다. 이에 두려움을 느껴 그 은을 그대로 어머니에게 돌려준다. 미가의 어머니는 아들에게 여호와의 복을 축원하며 그 은들을 모두 여호와께 구별하여 드린다. 그리고 그 일부로 은 신상을 새겨 만든다. 미가는 거기에 덧붙여 에봇과 드라빔을 만들고 자신의 아들을 제사장으로 세워 자신이 만든 신당에서 일하게 한다(삿 17:1-5). 여기서 볼 수 있는 것은 구원의 하나님의 이름인 '여호와'라는 신명을 부르지만 그 뜻과는 정반대로 살아가는 백성들의 모습이다. 그리고 에봇은 기드온 때에 나타났던 것인데 여기서 또다시 부활하고 있다. 그 씨가 싹이 나서 꽃을 활짝 피우고 있는 것이다. 이제 그 열매를 거두어야 할 때가 올 것이다.

사건의 전개는 한 레위인의 출현으로 더욱 심각해진다. 유다지파의 베들레헴에 거하며 생활하던 한 레위인이 그곳을 떠나 에브라임 산지 미가의 집에 이르렀고, 미가는 괜찮은 연봉을 제안하여 그를 자기 집안의 제사장으로 고용했다. 그리고는 "레위인이 내 제사장이 되었으니 이제 여호와께서 내게 복 주실 줄을 아노라"고 흡족해 한다(삿 17:13). 이들이 부르는 '여호와'라는 이름과 이들의 삶은 전혀 공통점이 없다는 것이 아이러니하다. 그런데 이때 분배받은 땅인 소라와 에스다올에서 쫓겨나 최북단으로 향하던 600명 남짓한(삿 18:11, 16, 17) 단 지파 사람들이 에브라임 땅의 미가의 집을 지나다가 그 집의 신상을 훔치고 그 레위인을 데리고 올라가 제사장으로 삼고 자신들의 땅에 그 새긴 신상을 두었다.[35] 이 레위인은 한 집안의 제사장에서 한 지파의 제사장이 되는 더 나은 조건에 만족해 하며 그들을 따랐다. 한 가족의 새긴 우상이 한 지파의 우상숭배로 확장된 것이다. 그런데 경악할 일은 그 레위인이 모세의 손자라는 사실이다. 그리고 그 후손들까지 계속해서 단 지파의 제사장이 되어 그들이 사로잡히는 날까지 이르렀다고 전한다.

단 자손이 자기들을 위하여 그 새긴 신상을 세웠고 모세[36]의 손자 게르손의 아들인 요나단과 그의 자손은 단 지파의 제사장이 되어 이 땅 백성이 사로잡히는 날까지 이르렀더라(삿 18:30).

이제 이스라엘의 우상숭배는 우상을 직접 제조하는 단계로 나아가고, 여호와의 이름은 계속해서 백성들의 입에 있지만 그들의 신앙은 다른 방향을 향하고 있다. 여기에는 이스라엘 땅 전체에 흩어져서 하나님의 뜻을 펼치고, 여호와의 율법을 가르쳐서 백성들을 바르게 이끌어야 할 레위인이 오히려 그 우상숭배를 묵인하고 장려하는 자가 되어 있다는 사실이 불길한 전조가 된다(민 35:1-8; 신 31:9-13). 지리적으로도 이 레위인의 행보는 암울한 현실을 보여준다. 최남단인 유다 땅의 베들레헴으로부터, 중부지역인 에브라임을 거쳐 최북단인 단까지 연결되는 이스라엘 전체를 휩쓰는 타락한 레위인의 발걸음은 이스라엘 전체가 여호와를 떠난 우상숭배에 빠져들었음을 시사하는 것이기 때문이다. 이와 같이 결론의 첫 번째 이야기는 우상숭배, 즉 여호와 하나님을 향한 신앙을 떠난 모습을 보이며, 하나님과의 관계가 단절된 백성의 이야기를 보여준다. 그리고 이 이야기 속에 두 번에 걸쳐서 나타나고 있는 "그 때에 이스라엘에 왕이 없었다"(삿 17:6; 18:1)는 선언은 아쉬움과 안타까움을 나타내는 것임을 느껴볼 수 있다. 언젠가 한 왕이 나타나면 유다부터 단까지 이러한 우상숭배의 죄악을 끊고, 자신이 가진 것을 다 동원하여 우상을 제조하기 위해 거룩히 구별하는 것이 아니라(삿 17:3) 진정한 예배가 드려질 하나님의 성전을 위하여 거룩히 구별하여 드리는 시대를 꿈꾸고 있는지도 모른다. 그러나 그렇지 않다면 이제 활짝 핀 우상숭배의 꽃을 통해 열매를 거두어야 할 것이다.

한 레위인과 이스라엘 이야기: 유다에서 길르앗을 거쳐 단까지

두 번째 이야기(삿 19:1-21:25)도 역시 한 레위인이 연루되어 있다. 그는 에브라임 산지에 거주하는 레위인으로 유다 베들레헴에서 첩을 취했다(삿 19:1). 또다시 나타나는 유다 베들레헴이라는 지명과 에브라임, 레위인이라는 단어들이 불길한 암시를 던지고 있다. 레위인의 첩이 행음하고 떠나서 유다 베들레헴에 있는 그녀의 아버지 집으로 돌아가 넉 달을 보냈다. 이에 그 남편이 장인의 집으로 가서 그 여인을 다독여서 데려오려 한다. 베들레헴 장인의 집에 도착하여 극진한 환대를 받으며 며칠을 묵었다. 더 있으라는 환대를 겨우겨우 뿌리치느라 저녁 느지막이 해질 때쯤 출발할 수밖에 없었다. 해가 뉘엿뉘엿할 때 다다른 곳이 이방인 여부스 족이 아직도 거하는 예루살렘이었고, 동족인 베냐민 지파가 거하는 기브아는 조금 더 가야하는 거리에 있었다. 여부스 족의 마을에서 묵고 가자는 사환의 말을 뿌리치고 그 레위인은 그래도 동족인 베냐민의 땅 기브아에서 묵는 것이 더 낫다고 걸음을 재촉하여 기브아에 도착하니 해가 졌다. 그런데 이제부터의 이야기는 등장인물, 사건의 전개과정이 흡사 제2의 소돔과 고모라 이야기를 펼쳐나가고 있는 듯하다.[37] 여행하는 한 레위인과 그의 첩 그리고 그를 영접하지 않는 기브아의 베냐민 사람들과, 그를 환대하는 그곳에 거류하는 에브라임 출신의 노인이 등장하며 아득한 과거의 사건을 상기시키고 있다. 그 비교는 아래와 같다.

	소돔과 고모라(창 19장)	베냐민의 기브아(삿 19장)
1	나그네들(천사들)이 성내에 들어옴	나그네들(천사들)이 성내에 들어옴
2	롯은 소돔과 고모라에 거류하는 자(1절)	그 노인은 에브라임 사람으로 기브아에 거류하는 자(16절)
3	거리에서 유숙하려는 나그네들을 간청하여 집으로 들임(2-3절)	나그네에게 거리에서 유숙하지 말라하며 집으로 들임(20절)
4	나그네들이 발을 씻고, 먹고 마심(2-3절)	나그네들이 발을 씻고 먹고 마심(21절)
5	먹고 마실 때 그 마을 사람들이 들이닥쳐 그 집을 에워쌈(4절)	먹고 마실 때에 기브아 성읍의 불량배들이 들이닥쳐 그 집을 에워쌈(22절)
6	그들이 나그네를 상관(성관계)하겠다고 함(5절)	베냐민 불량배들이 나그네를 상관(성관계)하겠다고 함(22절)
7	롯이 그들에게 "청하노니 이러한 악을 행하지 말라"고 종용함(7절)	집주인이 그들에게 "청하노니 이러한 악을 행치 말라"고 종용함(23절)
8	롯이 두 딸을 그들에게 내어 주겠다고 제안함(8절)-거절당함	집주인이 자신의 딸과 나그네의 첩을 내어 주겠다고 제안함(24절)-거절당함
9	천사들이 롯을 집으로 끌어 들이고 소돔과 고모라 거민들의 눈을 어둡게 만듦(10-11절)	나그네가 자신의 첩을 붙잡아 그들에게 밖으로 끌어냄(25절)
10	롯과 가족들은 위험을 피함	베냐민 불량배들이 그 첩을 밤새도록 윤간하고 죽음으로 방치함(25-26절)
11	다음날 나그네들이 그 집을 떠남(15-22절)	다음날 나그네가 죽은 첩을 싣고 떠남(26-28절)
12	하나님께서 소돔과 고모라를 심판하심(12-29절)	이스라엘 연합군이 베냐민의 기브아를 총공격하여 멸족의 단계까지 감(삿 20장)

이것은 이스라엘 땅, 베냐민의 도시 기브아가 가장 악명 높은 죄악의 도시인 이방의 소돔과 고모라에 비교되며, 이스라엘이 이러한 악으로 치

닿고 있음을 폭로하고 있는 것이다. 이러한 유사점들에 비교해서 거대한 차이점은 소돔과 고모라에서는 하나님의 간섭으로 롯과 그의 가족들은 무사히 구원되지만, 기브아 사건에서는 하나님의 손길은 사라지고 레위인의 첩이 성적인 학대와 희생을 당한다는 것이다. 홉니 삼손에게서 여호와의 신이 떠나신 것처럼 여호와의 구원사건이 펼쳐지지 않는다. 입다의 이야기에서처럼 여호와께서 외면하는 곳에 인간의 계획만이 난무한다. 그 레위인은 자신의 터전인 에브라임 땅에 돌아와 그 죽은 첩의 몸을 열두 덩이로 나누어 이스라엘 사방에 보내어 극악한 베냐민의 행위를 알린다. 어쩌면 이 여인의 소름끼치는 조각난 몸은 하나님의 백성이라고 자부하는 이스라엘 열두 지파의 철저한 해체를 상징하고 있는 것인지도 모른다.[38] 그에 대한 지파들의 반응은 경악 그 자체였다: "이스라엘 자손이 애굽 땅에서 올라온 날부터 오늘까지 이런 일은 일어나지도 아니하였고 보지도 못하였도다"(삿 19:30). 마침내 레위인의 첩을 윤간으로 살해한 베냐민에 대하여 온 이스라엘이 일체가 되어 총공격을 감행하고 베냐민은 단지파와 마찬가지로 600명 정도만 겨우 살아남는 멸족의 단계에까지 이른다(삿 20:47). 그런데 이렇게 동족을 치는 일에 이스라엘 자손이 단에서부터 브엘세바까지와 요단강 동편인 길르앗 땅에서까지 합세하여 연합한다. 사사기의 역사 속에서 이렇게 이스라엘이 총연합을 했던 적은 유래를 찾아볼 수 없다. 가나안 족속과의 전쟁에서 수행되어야 할 일이 같은 동족을 향해서 실행되고 있는 것이다. 한 가정의 문제가 국가적인 불화로 성장했다. 하나님께서 유다가 먼저 올라가서 전쟁을 수행하라는 응답을 주셨음에도 이것을 결코 하나님께서 원하시는 최선이 아니라는 것이다. 응답은 하셨지만 하나님께서 그 결과에 대해서 망설이시고 계시다는 것이다. 자신의 백성을 향해서는 어떻게든 심판의 칼날보다는 회개를 통한 회복을 원하시기 때문이다. 두 번이나 베냐민을 치는 것에서 패하게 만드신 것은 어쩌면 어느 쪽도 "옳다"라고 손을 들어 줄 수 없는 상황 때문이라고 할 수도 있다. 지금 이스라엘 전체는 베냐민 지파와 비교해서 더 나을 것도 없기 때문이다.

결국 전쟁은 끝까지 진행되었고 베냐민은 장정 600명밖에 남지 않게 되었다. 그리고 이런 잔혹한 살육에 대한 돌이킴이 일어나고, 베냐민의 잔류자 600명을 위해 이스라엘은 더욱 잔혹한 생존전략을 실행한다. 그들의 아내를 얻어주기 위해 동족을 죽이는 전쟁에 참여하지 않았다는 이유로 또 다른 동족인 야베스 길르앗 주민을 어린아이부터 노인까지 진멸하고 400명의 처녀들을 살려서 베냐민 사람들에게 넘겨준다. 그러나 아직도 200명의 여인이 부족하다. 그 부족함은 해마다 열리는 실로의 포도원 축제 때 춤추는 처녀들 중에 200명을 베냐민 사람들이 납치하는 것을 허용함으로 해결한다. 베냐민 기브아의 성적 폭행에 대한 심판을 단행한 연합 이스라엘이 오히려 베냐민에게 또 다른 성적인 폭행에 대한 합법적 권한을 부여하는 것이다. 동족을 향한 악행이 꼬리에 꼬리를 물고 연쇄적으로 자행되고 있는 것이다.

사사기는 이와 같이 하나님의 백성이 어떻게 해체되고 있는지를 역력히 보여준다. 이 두 번째 이야기의 흐름 속에서 강력하게 부각되는 것은 율법의 후반부를 장식하는 사람과 사람사이의 관계가 철저하게 부서진 상황이다. 하나님께서 머뭇거리시며 결정을 고민하고 있는 상황 속에서도 인간들은 서로를 치기에 혈안이 되어 하나님께 독촉한다. 하나님께서 응낙하셨지만 이스라엘 연합군은 두 번씩이나 패한다. 그리고 세 번째에 가서야 그들에게 승리를 허락하신다(20:18, 23, 28). 이러한 형제 살해의 비극이 벌어지는 상황 속에서 또 하나의 족보가 등장한다. 이번에는 모세의 족보가 아니라 그의 형 아론의 족보가 등장하고 있다.

이스라엘 자손이 여호와께 물으니라 그 때에는 하나님의 언약궤가 거기 있고 아론의 손자 엘르아살의 아들 비느하스가 그 앞에 모셨더라 이스라엘 자손이 묻자오되 내가 다시 나가 나의 형제 베냐민 자손과 싸우리이까 말리이까 여호와께서 가라사대 올라가라 내일은 내가 그를 네 손에 붙이리라(삿 20:27-28).

모세의 손자 요나단처럼, 아론의 손자 비느하스가 여기에 등장하는 것은 시대적인 착오일 수도 있다. 여섯 명의 대사사, 기드온의 아들 아비멜렉 그리고 여섯 명의 소사사가 지나갔던 모든 기간을 다 합한다면 무려 400년이 넘는 세월이다. 이 기간 동안에 출애굽의 신세대였던 모세와 아론의 손자들이 이때껏 살아있다는 것은 논리적인 설명이 불가능하다.[39] 하지만 사사기에서 이스라엘의 타락상을 강조하는데 이보다 더 좋은 방법은 없을 것이다. 단 한 세대 만에, 심지어는 가나안 정복의 마지막 세대가 살아 있는 그 순간에, 그것도 모세와 아론의 후손이 버젓이 활동하는 시대에 이스라엘은 하나님을 버리고 우상을 따라가며, 동족을 해치는 하나님의 법이 철저히 무너진 세상을 만들어 가고 있다는 것이다.[40]

왕에 대한 환상적인 고대

이와 같이 마지막의 두 이야기는 결국 두 가지의 중요한 이념이 부서진 세계를 보여주고 있다. 첫 번째는 우상숭배를 통해 하나님과의 관계가 무효화되고, 두 번째는 그 결과로 사람사이의 관계가 파괴된 상황을 날카롭게 비춰주고 있다. 우상숭배가 활짝 핀 꽃이라면, 그 열매는 곧 동족상잔의 비극인 것이다. 그것은 은혜가 상실된 잔혹한 세상이다. 하나님의 은혜의 발자취가 인간의 삶 속에서 사라져가며 인간은 자신의 진정한 정체성을 상실하고 점점 더 잔혹해진다. 수많은 영웅적인 사사들이 오고가지만 바뀐 것은 없고 어두운 혼란만 가중될 뿐이다. 이러한 혼란의 와중에 네 번씩이나 나타나는 "그 때에 이스라엘에 왕이 없었다"는 말은 이제 거대한 희망으로 사람들의 마음속에 자리 잡는다. 왕이라면 이렇게 잘못 굴러가는 역사의 수레바퀴를 멈추어, 바른 방향으로 굴러가게 할 수 있지 않을까라는 기대를 가져보는 것이다.[41] 그렇다면 이스라엘이 기다리는 왕의 역할은 무엇인가? 그것은 사사기의 상황을 바로잡는 것이다. 언젠가 그가 나타나 '하나님 보시기에 의로운 행동'으로 하나님과의 관계를 회복하고, 그리고 '고아와 과부와 나그네'까지도 그들의 성심을 다해 보살핌으로 사람과의 관계를 회복하는 것이어야 한다.[42] 왜냐하면 이것이 바로 하나님의 백성의 정체성이며 그들의 존재의 이유이기 때문이다.

사사기에서 진행되고 있는 이러한 하나님의 백성이 해체되어 가는 상황의 심각성은 결코 사사기 자체만의 문제가 아니다. 사사기까지의 역사적인 과정을 천지창조에 나타난 도식으로 도표화하면 다음과 같은 그림이 만들어질 수 있을 것이다.

■ 천지창조와 노아홍수의 비교

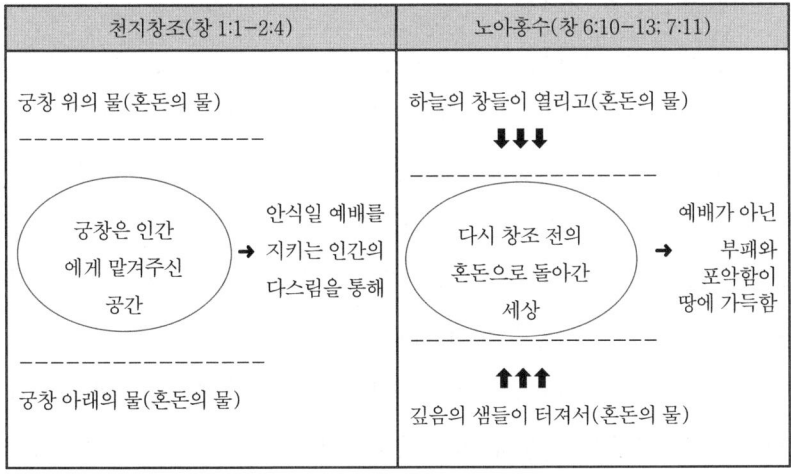

천지창조는 흑암의 깊은 물이 세상을 뒤덮어 혼돈으로 가득 찬 세상을 하나님께서 그 물들을 가르시고, 사람에게 공간을 마련해 주시는 이야기이다. 그리고 그 혼돈의 물을 궁창 위와 궁창 아래로 밀어내셨다. 이 물들이 공간을 침범하지 못하도록 막아 두신 것이다. 이것은 사람의 소명선언서이다.[43] 그 사명은 공간을 지키고 확장해 나가는 것이다. 막아두신 물들이 무엇인가에 대해서는 노아의 홍수를 살펴보면 분명하게 알 수 있다. 노아의 시대에 인간의 부패와 포악함은 극에 달했고 어느 누구도 하나님의 뜻과 예배에는 관심이 없었다. 그때 막아두었던 물들이 인간에게 맡겨진 공간으로 거세게 밀고 들어온다. 결국, 흑암의 깊은 물은 악의 세력을 상징하는 성경적 용어임을 확인할 수 있다. 그러므로 인간의 책임과 소명은 이 공간을 하나님을 예배하는 장소로 만들고, 이것을 확장시켜 나가는 것이라는 것이 분명해 진다.

여호수아서는 이 공간을 다시 확보 하시는 하나님의 천지창조의 대과업이 현실의 역사 속에서 펼쳐지고 있는 것이다. 인간이 에덴동산을 잃어버린 이래로 땅의 회복은 하나님의 백성에게 약속이면서 희망으로 남아있다. 하나님께서 아브라함에게 약속하시기를 "네 자손이 이방에서 객이 되어 그들을 섬기겠고 그들은 사백 년 동안 네 자손을 괴롭게 하리니 그들이 섬기는 나라를 징벌할지며 그 후에 네 자손이 큰 재물을 이끌고 나오리라"고 하셨다. 그리고 이렇게 긴 세월이 필요한 이유는 "아모리 족속의 죄악이 아직 가득 차지 않았기 때문"이라고 하신다(창 15:13-16). 그렇다면 가나안 땅은 천지창조의 그날을 기다리고 있는 것이다. 죄악의 물결을 갈라내고 그 곳에 공간을 만드시고 자신이 창조하신 백성을 두시고 그들이 그 공간을 지키며 확장시켜 나가게 하시려는 것이 하나님의 계획이다. 그러므로 출애굽기부터 여호수아서까지는 바로 하나님의 천지창조가 한 백성의 역사 속에서 이루어지는 것이며 여호수아서는 그 완성을 보여주는 것이다. 악으로 물들어 버린 아모리 족속으로 가득 찬 가나안 땅, 그 땅은 흡사 "땅이 혼돈하고 공허하며 흑암이 깊음 위에 있는"(창 1:2) 혼란과 혼돈의 죄악으로 가득 찬 창조전의 세상이다. 하나님께서는 흡사 빛이 어둠을 가르듯이 자신의 백성들의 앞에서 행하시며 가나안 족속들을 멸하시고, 분리하시며 공간을 구별하신다. 그리고는 결코 가나안 족들과 분리된 그 선을 파괴하지 말 것을 강력하게 명령하신다(수 23:5-13). 천지창조 때 혼돈의 물이 분리만 되어졌지 그대로 존재하고 있던 것처럼, 가나안 땅이 정복되었지만 가나안 원주민은 분리만 되었지 그대로 존재하고 있다. 이들로부터 오염되지 않고 그 땅을 지키는 길로 하나님께서는 "모세의 율법(תורה 토라) 책에 기록된 것을 다 지켜 행하라"(수 23:6)고 하신다. 여호수아 마지막 장인 24장에는 그에 덧붙여 그 공간에서 마땅히 해야 할 일을 지시하시고 있는데 그것은 다름 아닌 '섬김의 예배'이다. '섬기다'(예배하다)라는 단어가 여호수아 24장에 16번이나 쏟아져 나온다는 것은 결코 우연이 아닐 것이다. 이와 같이 여호수아서는 하나님의 약속이 완성된 책이지만 그와 더불어 천지창조 때 하나님께서 보여주셨던 것처럼 새로운 시작의 책이다. 모든 것을 다시 시작할 수 있는 출발선에 가져다 놓은 것이다. 천지창조가 하나님의 끝을 이어서 사람의 사명이 시작되는 것이듯이, 땅 정복 또한 하나님의 끝을 이어 이스라엘의 사명이 시작되는 것이다.

하지만 사사기는 이 모든 이상이 한꺼번에 무너진 세상을 보여주고 있다. 가나안족들과의 혼합은 이 모든 구별 선을 무너뜨리는 죄악의 시작이다. 이것은 조만간 그들의 신을 따라가게 될 터이고, 결국 여호와 하나님과의 관계의 단절을 가져올 것이다.

이스라엘 자손은 마침내 가나안 사람과 헷 사람과 아모리 사람과 브

리스 사람과 히위 사람과 여부스 사람 가운데에 거주하면서 그들의 딸들을 취하여 아내로 삼으며 자기 딸들을 그들의 아들들에게 주고 또 그들의 신들을 섬겼더라(삿 3:5-6).

■ 여호수아서와 사사기의 비교

여호수아	사사기
가나안 족속들(죄악을 상징) ------ 가나안은 이스라엘에게 맡겨주신 공간 → 율법을 지키며 섬김의 예배를 통해 ------ 가나안 족속들(죄악을 상징)	가나안 족속들(죄악을 상징)과의 혼합 ↓↓↓ ------ 가나안족과 뒤섞여 죄악으로 가득 찬 공간 → 여호와를 버리고 이방신을 섬기며 포악으로 가득참 ------ ↑↑↑ 가나안 족속들(죄악을 상징)과의 혼합

결국 사사기는 서론에서 시작된 죄악이 해결되지 않고 결론에서 그 쓰디쓴 열매를 맛보는 것으로 종국에 이르렀다는 것을 보여준다. 서론에서는 첫째가 이방인들을 제대로 진멸하지 못하고 섞여 살게 된 것이 시작이 되고(삿 1:1-2:5), 둘째는 그로 인해 가나안 족과 어울려 언약을 맺고 그들의 우상을 숭배하는 죄악에 빠지게 되었다는 것이다(삿 2:6-3:6). 이러한 시작의 징조가 결론에 와서는 첫째가 우상을 스스로 만들어 숭배하는 것이 전혀 문제가 되지 않는 상황이 되었고(삿 17:1-18:31), 결국에는 우상숭배의 치명적인 결론인 죽음에 이르게 되었다는 것이다(삿 19:1-21:25). 그 죽음은 하나님의 심판이 아닌 서로를 죽이는 동족상잔의 비극이란 점에서 우상숭배의 독소가 그대로 드러나는 것

이다. 이것을 식물성장의 네 단계와 비교하면 싹이 나고(이방인을 남겨 두고), 줄기가 나며 가지가 자라고(이방인과 어울리며, 우상숭배를 배우고), 꽃이 활짝 피고(이방화 되어 우상을 만들고 - 하나님과의 관계 단절), 마침내 열매를 거두는 것이다(멸망으로 가는 것-사람과의 관계 단절).

우상숭배라는 하나님과의 관계의 단절은 급속하게 그 다음 단계로 전진하게 한다. 그것은 바로 사람에게 무정한 세상이다. 사람이 사람을 해롭게 하는 세상인 것이다. 이렇게 사사기는 하나님의 백성으로서 가져야 할 정체성 자체를 상실한 과거를 강조한다. 사사기의 마지막은 이스라엘이 자신의 정체성을 철저하게 상실했다는 것을 역력하게 드러낸다. 그 구체적인 예가 바로 이름의 상실이다. 사사기 19-21장에는 마침내 이름 없는 사람들의 이야기가 펼쳐진다. 사건의 주인공들은 한 레위인, 그의 이름 없는 첩, 그녀의 아버지, 그리고 그들을 영접하는 기브아에 우거하는 이름 없는 에브라임 출신의 한 노인이다. 어느 누구에게서도 이름을 찾아볼 수 없고, 근원도 추적해 볼 수 없다. 이름은 이스라엘에서 한 사람의 본질을 그대로 드러내 주는 그 사람 자신이 된다. 그러나 그 이름의 상실은 그 사람의 소멸과 동일한 것이다.[44] 드보라(꿀벌), 바락(번개 불), 기드온(찍어 넘어뜨리는 자), 아비멜렉(나의 아버지는 왕이다), 입다(그가 연다), 그리고 삼손(태양의 사람) 등 모두는 각기 독특한 의미를 가진 이름을 소유하고 있다. 그러나 그들의 활동 후에 이스라엘은 이름을 잃어가고 있다. 자신의 정체성을 상실해 가는 것이다.

여기서 사사기의 익명성 혹은 무명성(anonymity)은 하나님의 부재와 밀접한 연관이 있고, 결국은 이스라엘의 해체를 상징한다. 그 해체는 이름의 상실과 더불어 가족, 지파, 그리고 국가적 총체성이 파괴되며, 마침내 신적 소명의 상실로 연결되는 것이다.[45] 그 해결점은 어디에 있는가? 하나님과의 회복은 결국 잃은 것을 회복하는 것을 통해 가능할 것이다. 그것은 다름 아닌 사사기가 잃어버린 여호수아서의 시작과 끝일 것이다.

시작 (수 1:8)	이 (모세의) 율법 책을 네 입에서 떠나지 말게 하며 주야로 그것을 묵상하여 그 가운데 기록한대로 다 지켜 행하라 그리하면 네 길이 평탄하게 될 것이라 네가 형통하리라
끝	(수 23:6) 그러므로 너희는 크게 힘써 모세의 율법 책에 기록된 것을 다 지켜 행하라 그것을 떠나 좌로나 우로나 치우치지 말라

여수아서는 모세의 뒤를 잇는 새 지도자 여호수아의 율법 묵상으로 시작하여 이스라엘 백성 전체의 율법 묵상으로 연결되고 있다는 점에서 하나님의 백성이 나가야 할 방향이 제시되어 있다. 사사기가 잃은 것이 이것이며, 현재 이러한 삶의 회복이 절실히 요구된다.

이제 정체성을 잃어버린 과거의 사건에서 이것을 회복하기 위한 현재의 몸부림으로 시선을 돌려야 한다. 무엇이 창조의 새 역사를 가져올 것이며, 하나님의 백성이라는 정체성 회복을 가능케 할 것인가? 이를 위해 사사기라는 과거사에서 시편이라는 현재로 시간과 공간 이동을 해볼 필요가 있다. 그 이유는 사사기가 왕을 기다리듯이, 시편 또한 왕의 노래를 기다리고 있다는 점에서 동일하기 때문이다.

4. 시편으로 회복하는 정체성(시1편)

시편은 이런 혼란한 세상 속에서 우리에게 어떤 가치가 있는 것일까? 시편이 전통 그대로 다윗의 이름으로 헌정된 것이라면 다윗은 이런 세상에서 무엇을 할 수 있을까? 시편에는 탄식이 내용의 거의 70퍼센트 이상을 차지한다. 탄식의 원인 중에 상징적인 것으로 자주 등장하는 것이 있다면 그것은 바로 물이다. 많은 물, 혹은 큰물 혹은 홍수가 온통 세상을 뒤덮고, 인간 삶을 익사시키고 있다. 흡사 창조 때에 분리되었던 흑암의 깊은 물이 다시 세상을 뒤덮은 것처럼 그렇게 혼돈의 세상이 된 것이다. 다윗이 살았고, 부르짖었던 세상은 바로 그런 곳이었다. 그리고 그 동일한 장소에 우리 또한 살아가고 있다.

- 시 18:4 사망의 줄이 나를 얽고 불의의 창수가 나를 두렵게 하였으며
- 시 32:6 이로 인하여 무릇 경건한 자는 주를 만날 기회를 타서 주께 기도할지라. 진실로 홍수가 범람할지라도 그에게 미치지 못하리라
- 시 46:3 바닷물이 흉용하고 뛰놀든지 그것이 넘침으로 산이 요동할지라도 우리는 두려워 아니하리로다
- 시 69:1 하나님이여 나를 구원하소서 물들이 내 영혼에까지 흘러 들어왔나이다
  69:2 내가 설 곳이 없는 깊은 수렁에 빠지며 깊은 물에 들어가니 큰물이 내게 넘치나이다
  69:15 큰물이 나를 엄몰하거나 깊음이 나를 삼키지 못하게 하시며 웅덩이로 내 위에 그 입을 닫지 못하게 하소서
- 시 88:17 이런 일이 물같이 종일 나를 에우며 함께 나를 둘렀나이다
- 시 93:3 여호와여 큰물이 소리를 높였고 큰물이 그 소리를 높였고 큰물이 그 물결을 높이나이다
- 시 124:4 그 때에 물이 우리를 휩쓸며 시내가 우리 영혼을 삼켰을 것이며
  124:5 그 때에 넘치는 물이 우리 영혼을 삼켰을 것이라 할 것이로다
- 시 144:7 위에서부터 주의 손을 펴사 나를 큰물과 이방인의 손에서 구하여 건지소서

이것은 흡사 천지창조 전의 세상을 그대로 보여주는 것처럼 보인다.

흑암의 깊은 물이 온 세상을 가득 메우고 그 어떤 것도 숨쉴 수 없도록 만들어 죽음의 수렁 속으로 몰아가는 상태를 나타낸다. 시편은 바로 그런 세상 속에서 살아가는 사람들의 이야기이다. 시편 속에서 물은 구체적으로 그 실체가 드러나기도 하는데, '강한 원수와 미워하는 자'(18:17; 69:4, 14), '악'(32:5), '이방의 소요와 왕국의 흔들림'(46:6), '주의 진노'(88:16), '공격하는 대적들'(124:2-3), 그리고 '이방인들'(144:7, 11)을 상징한다. 이것은 흡사 사사기의 시대를 방불케 한다. 악이 난무하며, 이방인들의 공격은 드세고, 주의 진노 또한 만만치 않으며, 원수들로 가득 찬 세상, 심지어는 동료, 친구, 가까운 벗이며 하나님의 집에도 같이 다니며 예배했던 자들이 원수로 돌변하는 세상이다(시 55:12-14). 이런 세상에서 어떻게 살아야 할 것인가? 시편은 바로 여기에 응답하고 있다. 우리가 다윗과 함께 시편으로 기도한다는 것은 이런 세상에서 신앙인으로 올바르게 살아가는 법을 배우기 위함이다. 사사기의 그 암울한 시기, 그 때에 왕이 있었다면 그 시대가 그렇게 까지는 되지 않았을 것이라는 안타까움을 가지고 시편 속에서 다윗의 기도를 만나면 그를 통해 그 시대를 바꾸어 갈 수 있는 길을 열 수 있으리라 확신하기 때문이다.

시편은 분명한 출발선을 가지고 있다. 다윗과 함께 기도하기 위하여 올바른 출발선을 갖는 것은 반드시 필요한 일이다. 시편이 다윗의 부르짖음으로 그 시작을 열고 있지 않다는 것은 의미가 있다. 물론 왕의 이야기인 과거사도 다윗과 함께 시작하지 않는다. 긴 서론인 사사기가 왕의 이야기를 먼저 이끌고 있다. 다윗의 이름으로 제목이 붙여진 기도는 시편 3편(다윗이 그 아들 압살롬을 피할 때에 지은 시)에 가서야 비로소 나타나고 있는데, 이것은 기도의 올바른 방향을 제시하기 위해 시편 1, 2편을 그 앞에 두고 있기 때문이다. 즉, 시편 1, 2편은 사람의 기도가 하나님의 뜻을 이루기 위해 반드시 필요한 요소를 알려주고 있다.

이곳에서는 시편 1편이 제시해 주는 상실한 정체성 회복을 향한 발돋움을 살펴보는 것이 주목표이다. 시편 1편은 '복 있는 사람'이라는 말로 시작한다. 이것은 시편 전체가 복된 삶을 영위하는 지침서라는 것을 우리에게 일깨워주기 위함이라는 사실을 느껴볼 수 있다.

[시1편]
<u>복 있는 사람</u>은 악인들의 꾀를 좇지 아니하며
죄인의 길에 서지 아니하며
오만한 자의 자리에 앉지 아니하고
오직 여호와의 율법을 즐거워하여
그 율법을 주야로 묵상하는 자로다
저는 시냇가에 심은 나무가 시절을 좇아 과실을 맺으며
그 잎사귀가 마르지 아니함 같으니
그 행사가 다 형통하리로다
악인은 그렇지 않음이여
오직 바람에 나는 겨와 같도다
그러므로 악인이 심판을 견디지 못하며
죄인이 의인의 회중에 들지 못하리로다
대저 의인의 길은 여호와께서 인정하시나
악인의 길은 망하리로다

시편 1편은 위와 같이 구별 선을 제공해 준다. 물과 공간이 분리되는 것처럼, 선과 악, 의인과 악인이 분명하게 분리되어야만 한다는 것을 강조한다. 가나안 원주민과 하나님의 백성이 철저하게 구별되어야 하는 것과 마찬가지다. 그리고 '하나님의 사람' 대 '악인의 대조'를 보이며 그 차이점을 나열하고 있다. 선과 악을 가르는 구별 선은 멀리 있거나 결코 추상적이지 않다. '여호와의 율법'(תורה 토라), 즉 '하나님의 말씀'에 대한 진심어린 열정이 내포되어 있다. '여호와의 율법'은 히브리어 '토라'(תורה)로 작게는 '모세오경'을 지칭하고, 광범위하게는 '하나님의 말씀' 전체를 의미한다. 그리고 이 '토라'는 하나님의 백성에게 삶의 방향과 지침, 교훈을 제시하고 진정한 행복으로 이끄는 최상의 길이다. 의인과 악인은 '여호와의 율법'을 주야로 묵상하는 자와 그렇지 않은 자의 차이이다. 여호와의 율법을 주야로 묵상할 때 생각이 바뀌고, 기도가 바뀌며, 삶의 길이 변함으로 결국은 그 결과도 다를 수밖에 없다. 이러한 삶은 자연스레 악인들과 구별되는 삶으로 이끌며, 혼돈의 많은 물이 의인의 삶의 영역 밖으로 밀려감으로 새로운 공간이 만들어지는 길을 열어갈 수 있다. 이는 결국 여호수아서의 시작과 끝을 그대로 이어가고 있는 것이다(수 1:8; 23:6).

그러나 사사기의 이스라엘이 잊었던 것이 바로 이러한 삶의 모습이다. 여호수아서가 '여호와의 율법'을 주야로 묵상하며 지켜 행할 것을 시종일관 강조함으로 창조의 원형을 회복하고 있듯이, 시편 또한 혼돈의 세상 속에서 동일한 창조의 질서를 이루려는 목표를 드러내고 있다.

이와 같이 시편 1편은 의인과 악인이 섞여 사는 세상 속에서(신앙의 영역) 하나님의 백성이 어떤 존재인가를 보여준다. 그 사람은 바로 여호와의 율법과 동행하는 사람이다.[46] 이것은 기도하는 사람의 정체성을 세워준다. 기도하는 사람들의 상황이 강조되는 것이 아니라 그들이 어떤 사람인가라는 것에 더욱 초점을 맞추고 있다. 그들이 오직 '여호와의 말씀'에 자신의 전폭적인 신뢰를 두는 사람들인가? 그리고 이 질문에 대해 "그렇다!"라는 확신에 찬 응답은 새로운 창조로 나아갈 수 있는 지름길이 된다. 왜냐하면 우리가 신뢰하는 그 높이 계신 여호와의 능력은 많은 물소리와 바다의 큰 파도보다 크시기 때문이다(시 93:4). 그리고 여호와께서 꾸지람과 콧김으로 물 밑이 드러나게 하시며 세상의 터가 다시 나타나게 하시고, 높은 곳에서 손을 펴사 우리를 붙잡아 주시고 결국은 많은 물에서 건져 내실 것이기 때문이다(시 18:15-16).

이처럼 다윗과 함께 시편으로 기도하기 시작할 때 우리에게 의도된 정체성은 회복되기 시작한다. 그리고 하나님의 백성으로서의 새로운 출발이 가능해 진다. 바야흐로 새 창조의 역사가 일어나는 것이다. 이렇게 현재가 하나님의 말씀으로 바르게 살아남으로 미래를 기대해 볼 수 있다. 다가올 미래는 시편에서 역대기로 눈을 돌리면 찾아볼 수 있다. 왜냐하면 역대기의 시작은 새 창조의 역사를 이끌고 나갈 새로운 하나님의 백성이 누구인가를 영광스럽게 선포하고 있기 때문이다.

5. 역대기가 꿈꾸는 새로운 이스라엘을 향하여(대상 1-9장)

말씀을 잃어버린 백성은 하나님을 잃어버리고, 정체성을 상실하게 된다. 그 구체적인 예가 사사기의 마지막에 이름을 잃은 사람들의 이야기를 통해 드러났다. 한 사람의 이름 속에는 그 사람의 일생의 소명이 들어있을 정도로 중요하다. 우리는 시편의 기도를 통과하며 모든 것이 파괴되고, 상실된 혼돈의 상황에서 어떻게 서 나가야 할 것인가를 배웠다. 오직 여호와의 말씀에 전폭적인 신뢰를 두며 하나님 안에 거하는 삶이다. 이것이 이루어 질 때 잃어버렸던 이름을 회복할 수 있을 것이다. 하나님께서 자신이 택하신 백성의 삶의 중심에 돌아오실 때 이름은 다시 회복될 것이 분명하다.

구약성경 속에서 가장 많은 분량의 이름이 나타나는 책을 두 권 들라고 한다면 그 첫째는 창세기일 것이고, 둘째는 분명 역대기일 것이다. 특히 역대기상 1-9장은 이름들의 물결이다.[47] 창세기가 히브리어 성경에서 첫 번째 책이라면, 역대기가 맨 마지막 책이라는 점에서 의미가 크다.[48] 즉, 처음과 끝이 대화를 하고 있는 것이다. 창세기가 인류의 역사를 아담부터 계수하며 기록하고 있다면, 역대기도 역시 아담부터 그 시작을 열어가며 역사를 다시 서술하고 있다. 그렇다면 역대기는 다시 쓰는 역사라고 해도 과언이 아니다. 포로 후기 공동체의 고민은 하나님께서 아직도 자신들에게 관심을 가지고 계신가라는 질문일 것이다. 거기에 대해 역대기 기자는 창조로부터 현재까지의 흐름을 다시 나열하며 "그렇다!"라고 대답한다. 족보는 인물들의 사회적 지위, 군사적 의무, 땅의 분배, 상속권의 문제라는 실제적인 기능만을 담당하는 것이 아니라 하나님께서 이스라엘을 회복시키시는 진정한 이유는 창조 때부터 시작된 하나님의 목적이 현재까지 끊임없이 연결되고 있음을 보이는 목적도 가지고 있다.[49]

역대기상 1장은 창세기를 반복하고 있는데, 오로지 족보의 이름들만 발췌하여 정리하고 있다. 이 족보 안에는 창조와 이스라엘의 선택이라는 두 가지 주제가 공존하고 있다. 창조라는 의미는 "하나님은 천지 만물의 창조주이시다"라는 신앙이 들어있다. 그렇다면 이 세상에 존재하는 것은 결코 무의미한 것이 없다는 사실이다. 이를 통해 첫 번째 강조점이 드러나는데 그것은 1장의 족보 안에 나타나는 열방들(함과 야벳의 후손들, 이스마엘의 후손들, 에서의 후손들 등) 또한 하나님의 원대한 목적 밖에 있는 것이 아니라 그 안에 있다는 사실이다. 세계 모든 열방이 하나님의 창조의 목적 안에 있으며, 결국은 하나님의 주권 앞에 순복해야 할 사람들이라는 것이다. 그렇다면 그 일은 어떻게 일어날 수 있는가? 간단하다. 바로 하나님의 창조의 중심에 놓여있는 이스라엘을 통해서이다. 아담의 세 아들들 중에 셋을 통하여, 노아의 세 아들들 중에 셈을 통하여, 데라의 세 아들들 중에 아브라함을 통하여, 그 아들 이삭을 통하여, 그리고 마침내 야곱, 즉 이스라엘로 넘어가며 새로운 국면으로 들어간다. 이스라엘로 내려와서는 이제 더 이상 퍼지지 않으며, 역대기의 족보는 그 초점을 오직 이스라엘에만 맞추고 기나긴 과정을 통과하며 끝내 포로기를 견뎌내고 돌아온 그 사람들의 현재와 연결된다(대상 9장). 이 거대한 족보 모음집은 결국 과거의 뿌리로부터 출발해서 현재까지 연결하는 전 과정의 역사를 그대로 보여 주고 있다. 1장부터 9장까지의 족보나열의 구조를 분석해 보면 아래와 같다.

1:1-2:2	2:3-4장	5장	6장	7장	8장	9장
아담부터 이스라엘 열두지파의 탄생까지	유다 시므온	르우벤 갓 므낫세 반	레위	잇사갈 베냐민 납달리 므낫세 반 에브라임 아셀	베냐민	포로에서 돌아온 회복된 이스라엘 공동체
(과거)	(남유다)	(북이스라엘) 요단동편	(중심)	(북이스라엘) 요단서편	(남유다)	(현재)

특징적으로 유다, 베냐민, 레위 지파의 족보가 전체의 대부분을 차지하고 있다. 이것은 이 족보의 관심이며 이들의 중요성을 강조하는 것이다. 단, 스블론 지파는 생략되어 있다. 아마도 이미 흩어져 버린 지파였는지도 모른다. 유다(시므온은 유다에 흡수된다)와 베냐민이 요단 동편과 서편의 북이스라엘 전체를 감싸고 있으며 그 가운데 레위지파가 위치하고 있다. 이것은 이스라엘의 가장 전형적인 지리적, 신앙적 삶의 형태를 보여주는 모습이다. 삶의 중앙에 위치해 있으면서도 땅의 전체에 흩어져 살아가는 레위인들을 중심으로 뭉친 공동체의 모습을 상징하고 있다. 역대기상 6장 54-81절은 이스라엘 전체 지파들 속에 흩어져서 자신의 역할을 감당하는 레위인의 삶의 모습을 잘 보여주고 있다. 이것은 민수기 35장 1-8절에서도 강조되는 바이지만 이미 사사기의 마지막 부분에서

는 그 이상이 산산이 부서졌음을 고발하고 있다. 사사기의 결론의 두 이야기는 유다의 베들레헴부터 에브라임 산지를 거쳐 단까지 이스라엘 전체를 이 레위인들이 잘못된 길로 인도하고 있음을 강조한다. 그러나 역대기는 이들이 다시 이스라엘의 전국에 퍼져 중심적인 역할을 담당하는 미래상을 제시하고 있는 것이다.

남유다를 형성하는 유다, 베냐민이 요단 동편과 서편의 북이스라엘을 감싸고 유다와 베냐민, 레위 지파만이 그 시작부터 포로 후기인 현재까지의 족보를 연결시키고 있다. 그 외의 지파들은 포로전기의 어느 시점까지만 나열하고 과거에서 단절시키고 있다. 그 중에서도 특히 유다의 다윗 가문과 레위 지파의 가문들은 중단 없이 연결 되는 과정을 낱낱이 나열하고 있다. 결국 이것은 이 두 가문과 이들의 사역이 이스라엘의 미래 생존의 기초가 됨을 암시하고 있는 것이다. 이제 이스라엘은 하나님의 약속을 전달하는 목적을 달성해야만 한다. 과연 어떻게 이 사명을 감당할 수 있을까? 야곱의 후손들의 족보에서 그 힌트를 얻을 수 있으며, 역대기의 주제의 흐름을 통해서 알 수 있다. 역대기의 족보는 아담, 아브라함, 이삭, 야곱 그리고 그의 열 두 아들을 거쳐서 이스라엘 백성으로 성장하고, 기나긴 과정을 거치고(대상 1-8장) 마침내 포로 후기 공동체까지(대상 9장) 연결된다.

온 이스라엘이 그 보계대로 계수되고 이스라엘 열왕기에 기록되니라 유다가 범죄함으로 인하여 바벨론으로 사로잡혀 갔더니 먼저 그 본성으로 돌아오서 그 기업에 거한 자는 이스라엘 제사장들과 레위 사람들과 느디님 사람들이라 유다 자손과 베냐민 자손과 에브라임 자손과 므낫세 자손 중에서 예루살렘에 거한 자는(대상 9:1-3).

그러나 역대기상은 포로에서 돌아온 공동체의 이름을 나열한 후에 그들의 새로운 삶과 신앙의 이야기로 역사를 시작하지 않는다. 그들의 이름은 곧바로 왕들의 이야기로 연결된다. 그리고 회복된 공동체의 모범이 될 수 있는 왕을 찾으려 한다. 간단한 사울의 이야기를 시작으로(대상 10장) 곧바로 다윗으로 넘어간다(대상 11-29장). 사울의 이야기는 분명 여호와의 말씀을 버린 것이 강조될 것이며(대상 10:13), 다윗의 삶은 말씀의 회복이 주가 될 것임을 미리 예상해 볼 수 있다(대상 13-16장의 언약궤 옮김). 역대기 신학에서 다윗의 이야기가 가장 길다는 것은 그의 삶은 이제 회복공동체가 따라가야 할 모범적인 미래상이 됨을 의미한다.

사사기의 마지막에 나타난 이스라엘의 해체는 사사라는 지도자들은 물론이요, 하나님의 법을 중계해야 할 레위인들의 타락이 그 중요한 요인으로 나타나고 있다. 그러나 이제 역대기에서는 레위인들이 다시 제 자리를 찾아감으로 모든 사람들이 이름을 찾아간다. 상실되었던 모든 이름들이 그 근원부터(아담) 현재까지(포로에서 돌아온 공동체) 다시 되살아나며, 그 정체성을 회복하고 있다. 정체성의 회복은 곧 하나님의 백성 이스라엘의 회복이요, 또한 사명의 회복이다. 남유다가 북이스라엘을 감싸며 레위지파가 중심이 된 가장 이상적인 이스라엘의 회복이 하나님의 말씀과 함께 시작하고 있다는 것은 우리에게 은혜이다.

> **바사의 고레스 왕 원년에 여호와께서 예레미야의 입으로 하신 말씀을 응하게 하시려고 바사 왕 고레스의 마음을 감동시키시매 저가 온 나라에 공포도 하고 조서도 내려 가로되 바사 왕 고레스가 이같이 말하노니 하늘의 신 여호와께서 세상 만국을 내게 주셨고 나를 명하사 유다 예루살렘에 성전을 건축하라 하셨나니 너희 중에 무릇 그의 백성 된 자는 다 올라갈지어다 너희 하나님 여호와께서 함께 하시기를 원하노라 하였더라(대하 36:22-23).**

주석

15) 조관호, 『영웅으로 살았던 사람들 1, 2』(서울: 그리심, 2006).
16) 예언자들을 이렇게 변해 버린 이스라엘을 강력하게 질책하고 있다: 이사야 5:20; 미가 3:2.
17) 그 상세한 과정은 다음을 참고하시오.: Barry G. Webb, *The Book of the Judges: An Integrated Reading* (JSOTSup. 46; Sheffield: JSOT Press, 1987), 13-40쪽; R. H. O'Connell, *The Rhetoric of the Book of Judges* (VTSup. 63; Leiden: Brill, 1996), 345-68쪽; R. G. Boling, *Judges* (AB; Garden City, NY: Doubleday, 1975), 29-31쪽. 여기서는 볼링(Boling)이 제시하는 네 단계의 과정을 선보이는 것으로 충분하리라 본다: 1) 각각의 이야기 군의 성립과 초기 이스라엘 전승의 형성, 2) 8세기에 이루어진 이야기들의 교훈적인 결집, 3) 7세기 신명기 역사가에 의해 신명기부터 열왕기하까지의 이야기가 이루어질 때 여러 교훈적인 결집들의 연합, 그리고 4) 동일한 책들에 대한 6세기의 포로기 신명기 역사가에 의한 최종적인 재편집으로 현재의 형태를 갖춤.
18) Boling, *Judges*, 30쪽; B. S. Childs, *Introduction to the Old Testament as Scripture* (Philadelphia: Fortress Press, 1979), 254-62쪽; D. W. Gooding, "The Composition of the Book of Judges," *EI* 16 (1982), 70-79쪽; Marc Zvi Brettler, "The Book of Judges: Literature as Politics," *JBL* 108 (1989), 395-418쪽.
19) D. A. Dorsey, *The Literary Structure of the Old Testament: A Commentary on Genesis-Malachi* (Grand Rapids, Michigan: Baker Books, 1999), 105쪽, 특히 각주 1번을 참고하라; G. J. Wenham, *Story as Torah: Reading the Old Testament Ethically* (Edinburgh: T&T Clark, 2000), 47쪽.
20) 이러한 부정적인 땅 정복과 분배에 대한 사사기의 보도는 흡사 대대적이고 완전에 가까운 정복과 분배의 성공을 보여주고 있는 여호수아서와 대립관계에 있다고 인식하는 경우가 대부분이다. 하지만 여호수아서도 역시 마찬가지로 아직 정복하지 못한 지역과 가나안 족속들이 남아있음을 부인하지 않는다(수 11:22; 13:1; 15:63; 16:10; 17:12-13, 16; 23:12-13). 단지 차이점이 있다면 여호수아서는 이루어진 부분인 긍정에 강조점을 두고 있고, 사사기는 이루지 못한 부분인

부정에 강조점을 두고 있다는 것이다.

21) 윌리엄 F. 올브라이트(William F. Albright),『간추린 이스라엘 역사(*The Biblical Period From Abraham to Ezra*)』(김정훈 역)(서울: 기독교문서선교회, 1998), 22쪽. 올브라이트는 힉소스 족이 이집트를 지배할 때(1650-1542 BC)에 요셉이 이집트에서 정치적인 지위를 획득했을 것이라 여긴다. 그리고 그 힉소스 족을 몰아내고 다시 이집트인의 왕조를 회복한 신왕조 시대인 이집트 18왕조의 창시자인 아모시스 I세(Amosis, 1552-1527 BC) 때를 이스라엘이 이집트에서 핍박을 받은 "요셉을 모르는 왕"의 시대로 이해한다. 왜냐하면 이 때에 분명히 이집트 신왕조가 외부적인 요소를 다 제거하려고 애를 썼을 것이라 여겨지기 때문이다.

22) Martin Buber, *Moses: The Revelation and the Covenant* (New York: Harper & Brothers, 1958). 이 책에서 부버는 애굽과 바로를 'I-It'관계인 동료 인간을 도구화하는 '비인격적 문명'으로 그리고 이스라엘과 모세는 'I-Thou'의 관계인 '인격적 실존'으로 두 사고를 대립시키고 있다.

23) Wenham, *Story as Torah*, 56쪽; W. J. Dumbrell, "'In Those Days There was no King in Israel: Every Man Did What was Right in his own Eyes,' The Purpose of the Book of Judges Reconsidered," *JSOT* 25 (1983), 25쪽.

24) Gooding, "The Composition of the Book of Judges," 78쪽; Webb, *The Book of the Judges*, 153쪽; Dorsey, *The Literary Structure of the Old Testament*, 110쪽.

25) Wolfgang Bluedorn, *Yahweh versus Baalism: A Theological Reading of the Gideon-Abimelech Narrative* (JSOTSup. 329; Sheffield: Sheffield Academic Press, 2001), 179-181, 277쪽. 블루돈은 기드온 이야기와 동전의 양면처럼 붙어 있는 그의 아들 아비멜렉의 이야기를 야훼신앙과 바알신앙의 극명한 대조로 그려나가고 있다. 물론, 기드온 또한 개인의 복수심으로 동족인 숙곳과 브누엘 사람들을 해치고, 말년에는 에봇을 만들어 음란하게 섬겼던 과오가 있다.

26) 입다의 딸의 인신희생제에 대한 원인에 대한 분석은 다음을 참조하시오. 김재구, "입다의 딸, 누구를 위한 희생인가?"「한국기독교신학논총」64 (2009), 29-51쪽.

27) John Day, "BAAL(DEITY)[Heb ba'al]," D. N. Freedman (ed.), *ABD*, vol. 1 (New York: Doubleday, 1992), 545쪽.

28) 장일선,『구약세계의 문학』(서울: 대한기독교출판사, 1981), 374-428쪽;

Michael David Coogan ed. & trans. *Stories from Ancient Canaan* (Louisville: Westminster Press, 1978), 75-115쪽.

29) 시편 48편은 여호와의 성이 있는 거룩한 산인 시온산이 바로 이 '짜폰'(북방)에 있다고 노래하고 있다: "여호와는 위대하시니 우리 하나님의 성, 거룩한 산에서 극진히 찬양받으시리로다 터가 높고 아름다워 온 세계가 즐거워함이여 큰 왕이 성 곧 북방(צָפוֹן 짜폰)에 있는 시온 산이 그러하도다."

30) 장일선,『구약세계의 문학』, 408, 410쪽.

31) Hector Avalos, "ZAPHON, MOUNT(PLACE)," D. N. Freedman ed. *Anchor Bible Dictionary*, vol. 6 (New York: Doubleday, 1992), 1040쪽; 장일선,『구약세계의 문학』, 387, 410, 414쪽. 어떤 우가릿 본문(*CTA* 6.6.12-34)에는 '짜폰'(צָפוֹן 북방)이 바알과 죽음의 신인 '모트'가 우주적 전쟁을 벌인 장소이기도 하다.

32) J. Cheryl Exum, "The Center Cannot Hold: Thematic and Textual Instabilities in Judges," *CBQ* 52 (1990), 411-12. 엑숨은 이러한 정형적인 틀이 깨어진 것은 부주의한 편집자로 인한 것이 아니라 이스라엘 민족의 점진적인 해체를 보여주는 증거(sign)라고 본다.

33) Alexander Globe, "'Enemies Round About': Disintegrative Structure in the Book of Judges," V. L. Tollers & J. Maier (eds.), *Mappings of the Biblical Terrain: The Bible as Texts* (BucR 33; Lewisburg: Bucknell University Press, 1990), 243-44쪽.

34) Exum, "The Center Cannot Hold," 425쪽.

35) Wenham, *Story as Torah*, 67쪽. 웬함은 미가와 단 지파가 동일한 방식과 운명으로 살아가는 모습을 보인다. 둘 다 다른 사람의 것을 훔쳐서 신상을 만들고, 레위인을 고용하고, 자신들의 행동을 정당화하며 마침내 자신들의 신전의 파괴를 경험한다는 것이다.

36) 히브리어 단어의 발음이 혼돈을 주기도 한다. 그 표기인 'מְנַשֶּׁה'('므세' 혹은 '므나세')가 의문을 제공하기 때문이다. 두 번째 음절을 나타내는 'נ'(나)가 발음되느냐 아니냐에 따라 다른 이름이 될 수 있다.

37) Susan Niditch, "The 'Sodomite' Theme in Judges 19-20: Family, Community, and Social Disintegration," *CBQ* 44 (1982), 365-78쪽; Stuart Lasine, "Guest and Host in Judges 19: Lot's Hospitality in an Inverted World," *JSOT* 29 (1984), 37-59쪽; V. H. Matthews, "Hospitality and Hostility in Gen. 19 and Judg. 19," *BTB* 22 (1992),

3-11쪽.

38) Niditch, "The 'Sodomite' Theme in Judges 19-20," 371쪽; Don Michael Hudson, "Living in a Land of Epithets: Anonymity in Judges 19-21," *JSOT* 62 (1994), 62쪽. 이 이름 없는 레위인의 첩과 이스라엘의 동일화는 흥미롭게도 사사기에서 이 둘만이 음행(זנה 자나)을 행했다는 강조에서 엿볼 수 있다(이스라엘-2:17; 8:27, 33; 레위인의 첩-19:2).

39) 이것을 극복하기 위해 학자들은 단지 시대착오적인 기록이라고 하거나, 혹은 문학적인 비평으로 원래 사사기의 서론(1:1-3:6)과 결론(17:1-21:25)은 이음매 없이 연결되어져 있었는데 본론(3:7-16:31)의 내용이 가운데 끼어들며 시간적인 틈이 벌어지게 되었다고 본다.

40) Hudson, "Living in a Land of Epithets: Anonymity in Judges 19-21," 64-65쪽.

41) J. P. U. Lilley, "A Literary Appreciation of the Book of Judges," *TynBul* 18(1967), 100쪽; A. E. Cundall, "Judges-An Apology for the Monarchy?" *ExpTim* 81(1969-70), 178-81쪽; Brettler, "The Book of Judges: Literature as Politics," 418쪽.

42) Hudson, "Living in a Land of Epithets: Anonymity in Judges 19-21," 65쪽.

43) 김재구, "창세기에 나타난 믿음,"「그말씀」240호(2009년 6월), 8-10쪽.

44) B. S. Childs, *Memory and Tradition in Israel* (London: SCM Press, 1962), 71쪽. 이름에 대한 언급이나, 그 기억을 없앤다는 것도 동일한 의미를 내포하고 있다: 출 17:14; 신 25:19; 32:26; 사 26:14; 시 34:16; 109:15; 112:6; 전 9:5; 에 9:28.

45) Hudson, "Living in a Land of Epithets: Anonymity in Judges 19-21," 54-65쪽. Eugene Rosenstock-Hussey, *I Am an Impure Thinker* (Norwich, VT: Argo Books, 1970), 44쪽. 로젠스톡-허쉬는 단순한 단어와 고유한 이름을 비교하며 단어는 분류하고, 일반화시키지만, 이름은 방향을 가리키고, 인격화시킨다고 한다. 단어는 살아있는 존재를 대상화 시키지만, 이름은 의사소통이 이루어지는 관계로 본다. 이것은 흡사 상대방에 대한 '너'(이름)와 '그것'(단어)의 관계를 연상시킨다.

46) 김이곤,『시편 시문학의 신학』(서울: 한들출판사, 2006), 173-182쪽; J. 클린튼 매칸(J. Clinton McCann),『새로운 시편여행(A Theological Introduction to the Book of Psalms: The Psalms as Torah)』(김영일 역)(서울: 은성, 2000), 19-62쪽; 유진 피터슨(Eugene H. Peterson),『응답하는 기도(Answering God: The Psalms as Tools for Prayer)』(서울: IVP, 2003), 37-49쪽.

47) R. R. Wilson, Genealogy and History in the Biblical World (New Haven: Yale University Press, 1977), 137쪽.
48) 유대인들의 히브리어 성경은 토라(오경), 느비임(예언서), 케투빔(성문서)의 순서로 이루어지고 토라는 창세기부터 신명기까지, 느비임은 이사야부터 말라기까지, 그리고 성문서는 시편부터 역대기상.하까지이다. 이와 같이 히브리어 구약성경은 그 시작은 창세기이고 그 마지막은 역대기이다.
49) 김지은,『포로와 토지소유: 토지소유와 포로기 이후의 유다사회』(서울: 한들출판사, 2005), 134-37쪽; 김영진, "에스라-느헤미야서에 나타난 유다 백성의 야웨 신앙,"「구약논단」10(2001년 4월), 103-21쪽. 성서학의 분야에 각 사람의 이름을 분석하여 그 이름 소유자의 신분 및 종교적 성향을 밝히는 '프로소포그라피'(Prosopography)라는 분야가 있다. 때로 '오노마스티카'(Onomastica)라고 불리는 이 방법은 성서만이 아니라 고고학적인 자료들 속에 나타난 사람들의 이름을 통하여서도 그 시대의 종교적 사회적 성향을 분석할 수 있다. 포로기 이후의 귀환 공동체의 이름을 조사할 때 지도자들과 귀환자들의 이름에 하나님의 칭호인 '여호와(야)'나 '엘로힘(엘)'의 요소를 가진 이름들이 65% 이상임을 살펴볼 수 있다.

제2장 사무엘과 사울, 누구를 위한 전주곡인가?

> 이스라엘 모든 장로가 모여 라마에 있는 사무엘에게 나아가서 그에게 이르되 보소서 당신은 늙고 당신의 아들들은 당신의 행위를 따르지 아니하니 열방과 같이 우리에게 왕을 세워 우리를 다스리게 하소서
> (사무엘상 8:4-5).

사사기는 왕에 대한 기대로 그 끝을 마감하고 있다. 왕이 나타나면 이러한 혼란은 곧 사라질 수 있다는 암시를 가득 풍기며 그 끝을 흐리고 있는 것이다. 그러나 백성들의 입에서 왕을 세워 달라는 함성이 쏟아져 나올 때까지는 이스라엘은 여러 명의 사사들을 더 거쳐 가야만 한다. 엘리와 그의 아들들 그리고 사무엘과 그의 아들들이다. 사무엘상 1장부터 8장 3절까지는 아마도 최소한 백여 년의 세월은 족히 흘러갔을 것이라 사려 된다. 백여 년의 세월, 그리고 두 가문이 교차하며 하나님은 무엇을 하시기를 원하셨을까? 사람들 가슴 속에 자리 잡기 시작한 왕에 대한 환상을 모르실리 없으셨을 것이나, 사무엘서에서 하나님은 보란 듯이 계속해서 왕이 아닌 사사들을 세우신다.[50]

심지어는 사람들의 마음속에 불안감을 조장할 수도 있는 사사기 속

에 나타났던 암시적인 단어들을 재사용하기까지 하신다. 사사기에 두 번 오직 입다의 이야기에만 나타났던(삿 11:30, 39) '서원'(נֶדֶר 네데르)이라는 단어가 한나의 기도에서 다시 나타난다(삼상 1:11). 여호수아부터 열왕기하까지 이 단어가 한 사람의 일생의 헌신이나 희생과 관련된 경우는 오직 입다의 딸과 한나의 서원을 통한 사무엘의 경우 밖에는 없다.[51] 그리고 또다시 나실인 서원과 관련된 탄생 이야기가 나타난다. 한나가 기도하며 "아들을 주시면 내가 그의 평생에 그를 여호와께 드리고 삭도를 그 머리에 대지 아니하겠나이다"라고 서원한다(삼상 1:11b). 그리고 한나 자신 또한 "포도주나 독주를 마시지 않았다"고 엘리에게 말한다(삼상 1:15). 이러한 표현들은 삼손의 탄생 이야기에서 나타난 나실인 서원과 정확하게 일치하고 있다(삿 13:4, 5, 7, 14).[52]

왕에 대한 상상력을 키워가는 사람들을 향하여 하나님은 무엇을 하시고 계시는 것인가? 이미 섣부른 서원(입다)도 실패했고, 대단한 나실인(삼손)도 무용지물이 아니었던가! 실패한 사람들의 이야기를 다시 시작하시려는 것인가? 인간의 실패를 뼈저리게 체험하셨음에도 또다시 동일한 길을 통해서 회복하시려는 하나님의 의지가 엿보인다. 하나님께서 먼저 가차 없이 계획을 바꾸신다고 상상해보라. 사사들이 실패했을 때, 그들을 한 순간에 제하시고, 왕정으로 바꾸시고, 또 왕들이 실패하는 그 순간에 또 다른 제도로 바꾸신다면, 이 세상은 어찌 되겠는가? 아마도 이스라엘 민족은 하나님의 백성이 되기는커녕 시내 산에 당도하기도 전에 모두 사라지고 말았을 것이다. 인내하시는 하나님, 무너진 인생과 함께 다시 시작하시는 하나님을 찬양할 수 있음은 우리에게 커다란 축복임에 틀림없다. 여기 또다시 한 여인의 작은 태를 통하여 세상을 구원하기를 원하시는 하나님을 만날 수 있다(출 2:1-2; 삿 13:2; 삼상 1:5).

하나님께서 계획하신 새로운 시대가 고통 받는 한 여인의 절박한 기도로 시작하고 있다는 것은 의미가 있다. 사사기의 결론에서 한 레위인의 이름 없는 첩의 열두 조각난 몸이 이스라엘의 철저한 해체를 상징했다면, 사무엘서에는 조각나 산산이 흩어진 그 몸을 하나로 연합할 사람이 없어 부르짖는 이스라엘의 울부짖음이 한 여인의 부르짖음으로 승화된다. 사람들은 왕을 기다리고, 하나님은 헌신된 한 사람을 기다리신다. 한나의 기도는 그래서 의미가 있다. 한나의 부르짖음 안에 이스라엘의 왕을 향한 갈망과 사람을 찾으시는 하나님의 염원이 하나가 되어 만나고 있기 때문이다. 한나의 기도는 "여호와께서 그에게 임신하지 못하게 하시므로"(삼상 1:5, 6)라는 동기와 "여호와께서 그를 생각하신지라 한나가 임신하고"(삼상 1:19-20)라는 결과 사이에 나타난다. 이와 같이 한나의 간구는 이미 그 시작과 결론에서 하나님의 개입하심과 밀접하게 연관되어 있다. 한나의 기도는 간구와 서원의 두 가지로 이루어져 있다. 간구는 "고통을 돌아보시고, 생각하사, 잊지 아니하시고, 아들을 주시면" 속에 들어 있고, 그 다음 서원은 "내가 그를 평생에 여호와께 드리고 삭도를 그 머리에 대지 아니하겠나이다"에 나타난다(삼상 1:11). 일이 진행되는 상황을 통해 추론해 볼 수 있는 것은 흡사 여호와께서 한나의 서원을 기다리고 계셨다는 느낌을 피할 수 없다.

고대 근동에서 여인은 늘 남성의 그늘에서 산다. 어릴 때는 아버지의 권위 아래서, 결혼 후에는 남편의 그늘에서, 그리고 나이 들어 남편의 사후에는 아들의 보호 아래서 살아가는 것이 여인들의 삶이었다.[53] 그러므로 여인에게 아들이 없다는 것은 결국 이스라엘에서 가장 불안정한 삶의 대표적인 경우인 '객과 고아와 과부'(신 14:29; 16:11; 24:20, 21)의 범주에 속하게 되는 것이다. 거기에 덧붙여서 사회적인 비난과 조롱, 고립, 착취 또한 만만치 않았을 것을 추측해 볼 수 있다. 이러한 정황 속에서 하나님께서 한나의 태를 닫으셨다는 것이 그녀의 간구를 더욱 절박하게 만들었을 것이다. 그리고 마침내 그 절박한 간구의 절정에 태어날 아들에 대한 '나실인 서원'이 한나의 입에서 쏟아져 나온다. 그리고 그 순간에 하나님께서는 그 서원을 통해 자신의 계획을 열어갈 한 인물을 탄생시키신다.

이를 통해 볼 때 한나의 기도가 하나님의 뜻과 일치하는 그 순간까지 하나님은 한나의 간구를 만들어 가고 계셨다는 사실을 추측해 볼 수 있다. 단지 한 아들이 아니라, 그 아들이 이루어갈 자신의 계획까지를 보시는 분이 바로 하나님이시다. 여기서 우리의 삶 속에 한나의 기도를 적용해 볼 때 우리의 결핍이 클수록, 간구의 골이 깊어질수록 하나님께서는 더 큰 결핍이 있음을 상기하는 것이다. 아무도 하나님의 뜻을 분별하지 못했던 사사시대의 막바지에, 한나에게 아들이 없었던 것처럼, 우리 하나님께도 쓸 사람이 없었음을 돌아보는 것이다.[54] 그렇다면 우리 또한 우리의 기도에 한나처럼 하나님의 계획과 뜻이 담긴 서원을 만들어 낼 수 있을 것이다. 한나의 아들을 달라는 간구의 기도는 한 인물이 절실히 필요하셨던 하나님의 뜻과 일치하여 사무엘을 탄생시켰다. 한나는 자신의 욕심에 머물지 않고, 하나님께 올린 서원을 철저히 이행하여 그 귀한 아들을 젖을 뗀 후에 하나님의 전에 나실인으로 드린다. 하나님은 이 서원으로 헌신된 아들인 사무엘을 통하여 무엇을 하시려고 이렇게도 긴 시간을 공을 들이셨을까?

1. 사무엘의 진실(삼상 1:1-8:5)

사무엘상 1장을 살펴보면 한나가 아들이 없어 부르짖는다는 것을 제외하고는 별다른 문제를 느껴볼 수 없다. 신실한 엘가나는 해마다 실로의 성소를 향한 순례를 계속하고, 제사장 엘리도 건재하고 그의 뒤를 잇는 두 아들 홉니와 비느하스도 별 문제가 없는 듯이 서술되고 있기 때문이다: "이 사람이 매년 자기 성읍에서 나와서 실로에 올라가서 만군의 여호와께 예배하며 제사를 드렸는데 엘리의 두 아들 홉니와 비느하스가 여호와의 제사장으로 거기에 있었더라"(삼상 1:3). 블레셋으로부터 40년의 압박을 받고 있던 당시에 태어난 삼손과 비교한다면 무척이나 평화로운 모습이다. 굳이 나실인 서원까지 필요한 상황은 아니라는 생각이 든다. 그러나 이렇게 하나님께 서원된 한 인물이 필요한 그 절박한 이유는 사무엘이 탄생하고 그가 실로 성소에 드려진 이후에야 분명하게 드러난다. 사무엘의 탄생의미를 더욱 선명하게 하는 것은 그의 '탄생과 성장'이 이스라엘 역사의 가장 위대한 인물이라 할 수 있는 모세의 '탄생-성장'과 유사하다는 점이다.

모세의 탄생-성장과 사무엘의 탄생-성장 비교

모세의 탄생과 성장 그리고 사무엘의 탄생과 성장의 다양한 유비 관계의 비교는 다음 도표로 요약될 수 있다.

	모세	사무엘
사건 발생	* 인간: 고통으로 탄식하며 부르짖음. * 하나님: 들으시고, 기억하시고, 돌보심(출 2:23-25; 3:7, 9; 4:31).	* 인간: 고통으로 기도하고 통곡함. * 하나님: 들으시고, 기억하시고, 돌보심(삼상 1:10-11).
해결점	하나님의 섭리로 모세의 탄생 (출 2:1-2).	하나님의 섭리로 사무엘의 탄생 (삼상 1:19-20).
젖 뗄 때	젖 뗄 때까지 어머니 품에서 자람 (출 2:3-9).	젖 뗄 때까지는 어머니 품에서 자람 (삼상 1:21-23).
젖 뗀 후	그 후에는 다른 사람의 집에서 성장함(바로의 궁)(출 2:10).	그 후에는 다른 사람의 집에서 성장함 (엘리, 하나님의 집, 성막) (삼상 1:24-28).

자란 후	자기를 돌봐준 바로의 아들인 다른 바로를 대항하는 심판을 전달하는 사명과 이스라엘 자손을 애굽에서 인도하는 사명을 감당함(출 3:10; 5:1).	자신을 키워 준 엘리의 아들들에게 대항하여 심판을 전달하는 사명과 이스라엘 자손을 타락한 가문에서 인도하는 사명을 감당함(삼상 3:10-14).

이 비교를 통해 분명히 드러나는 것은 모세와 사무엘은 잘못 굴러가고 있는 역사의 수레바퀴 속에서 이스라엘을 구원하는 사명을 부여받은 존재라는 것이다. 하지만 이렇게 역사를 잘못된 방향으로 돌리고 있는 존재들은 계속되는 경고에도 결코 자신들의 기득권을 놓으려 하지 않는다. 바로가 그랬고, 홉니와 비느하스가 그랬다. 이집트의 바로도, 홉니와 비느하스도 여러 차례의 엄중한 훈계를 들었으나 그 마음을 완강히 하여 그 삶의 방향을 고치지 않는다. 이들이 이와 같이 완악한 이유가 있을 것이다. 그것은 모세와 사무엘이 태어난 시대를 비교해 보면 알 수 있다.

모세의 시대와 사무엘의 시대 비교

한나와 엘가나가 서원한 대로(삼상 1:22-23; 민 30:10-16) 아이 사무엘을 실로 성소 엘리의 수하에 두고 라마의 자기 집으로 돌아가고, 사무엘은 제사장 엘리 앞에서 여호와를 섬기기 시작할 때 드디어 엘리의 아들들의 심각한 상태가 폭로된다(삼상 2:11).

엘리의 아들들은 불량자라 여호와를 알지 못하더라(삼상 2:12).

"여호와를 알지 못한다"라는 표현은 구약성경에서 불행한 상황이 벌어질 때면 늘 신문의 헤드라인처럼 어김없이 등장한다.[55] 물론 이 말은 단지 신에 관한 철학적인 사색을 의미하는 것이 아니다. 이것은 실천적인 삶으로 연결되기 때문에 중대한 위험요소를 갖고 있다. 엘리의 두 아들 홉니와 비느하스는 여호와를 알지 못함으로 하나님이 안 계신 것처럼 살아가고 있다. 하나님께 제물로 바치는 고기를 제 맘대로 취하고, 심지어는 하나님께 먼저 드리기도 전에 자신들이 가장 좋은 부분을 취하려 하고, 백성들이 만류하면 폭력적인 방법으로 빼앗기도 한다. 그들의 죄는 바로 여호와의 제사를 멸시하는 단계로까지 나가는 것이다.

바로가 "나는 여호와를 알지 못하니 이스라엘을 보내지 아니하리라"(출 5:2)고 큰소리쳤고, 여호수아 후에 태어난 세대가 "여호와를 알지 못하는" 기억상실의 세대였다(삿 2:10). 그로 인해 그들이 겪은 것은 연쇄적인 재앙의 늪이었다. 바로는 '열 가지 재앙'으로 여호와를 알아갔고, 사사기의 이스라엘은 이방인들의 반복적인 침공과 억압을 통해 무지의 대가를 치러야했다. 이제 엘리 가문 또한 예외는 아닐 것이다. 흡사 모세가 여호와를 모르는 바로에게 하나님의 심판을 전달하듯이, 이곳에서는 사무엘이 여호와를 모르는 엘리 가문에 심판을 전하는 전령으로서의 역할을 담당하고 있다(삼상 3장).

이렇게 모세와 사무엘은 여호와를 알지 못하는 동일한 시대적인 상황 속에서 탄생하고 자란다. 그렇다면 이들이 맡은 사명 또한 유사할 것을 예상해 볼 수 있다. 차이점이 있다면 여호와를 알지 못하는 대적이 이방인(바로)인가, 동족(엘리 가문)인가라는 점뿐이다. 안타까운 것은 과거에는 이방인이 문제였으나 이제는 여호와를 모르는 이스라엘이 문제가 되는 시절이 되었다는 것이다.[56]

이로 인해 극단의 조치가 취해지며 하나님께서 그들의 마음을 완악한 대로 내버려 두심으로 징계의 길을 걷게 하신다.

출 8:19	술객이 바로에게 고하되 이는 하나님의 권능이니이다 하나 바로의 마음이 완악하게 되어 그들을 듣지 아니하였으니 여호와의 말씀과 같더라

> **삼상 2:25** 그들이 자기 아버지의 말을 듣지 아니하였으니 이는 여호와께서 그들을 죽이기로 작정하셨음이었더라

이제 바로에게도, 엘리의 아들들인 홉니와 비느하스에게도 재앙이 쏟아질 시간이 왔다. 이들을 통하여 발생한 사건의 비교는 역사의 동일한 반복의 비극을 절감하게 할 것이다.

열 가지 재앙과 법궤 이야기의 비교

열 가지 재앙 이야기, 그리고 사사기의 순환적인 이방의 압박 이야기에서 강조되는 것은 '징계의 심판'과 '여호와의 권능'이다. '여호와를 모르기'에 여호와가 누구이신가를 분명하게 알려줄 필요가 있는 것이다. 이제 우리는 블레셋이 갑작스럽게 들이닥치는 이유를 알 수 있다. 이것은 죄로 물든 엘리 가문을 심판하시기 위한 하나님의 계획하심이 틀림없다.[57] 사무엘상 4장은 징계를 위한 전쟁의 이야기이며 이 속에서 강조되는 것은 '엘리 가문의 죽음'과 '여호와의 언약궤를 빼앗겼다'는 사실이다. 언약궤가 이스라엘 진영에 들어왔음에도 전쟁에 패했다는 사실은 여호와의 능력에 심각한 오점을 남길 수도 있다. 하지만 '엘리 가문의 죽음'과 더불어 거론될 때 그 정당성을 입증할 수 있다. 타락한 한 가문을 심판으로 멸하기 위해 법궤의 빼앗김도 불사하셨다는 것이다.[58] 홉니와 비느하스가 죽고(삼상 4:11, 17, 19, 21), 엘리도 죽고(삼상 18, 19, 21), 비느하스의 아내도 아기를 낳다 죽는다(삼상 4:20). 일가족 네 명이 한 날 동시에 죽은 것이다. 그리고 여호와의 언약궤는 빼앗긴다(삼상 4:11, 17, 19, 20, 21, 22). 심판은 이루어졌다. 하지만 언약궤를 둘러싼 살아계신 여호와 하나님의 권능은 아직 증명되지 않은 채로 남아있다.

살아서 역사하시는 여호와의 권능은 블레셋 진영에서 벌이는 법궤의

활약을 통해 유감없이 드러난다. 이 이야기는 일반적으로 '법궤 이야기'로 불려지고 있다(삼상 4:1b-7:2). 이 법궤 이야기 속에는 많은 부분에서 이집트에 내려졌던 '열 가지 재앙' 사건과의 유사성이 발견된다.[59] 이것을 비교하며 전개하면 다음과 같다.

첫째, 두 이야기 다 여호와 하나님과 적들의 신들과의 대결구도를 그리고 있다. 즉, 이집트의 신들과 블레셋의 신인 다곤과의 대결이 그 핵심에 자리 잡고 있다.

① 출 12:12 애굽 땅의 모든 처음 난 것을 다 치고 애굽의 모든 신을
  내가 심판하리라
② 삼상 5:4 다곤이 여호와의 궤 앞에서 엎드러져 그 얼굴이
  땅에 닿았는지라

둘째, 두 곳에서 공통적으로 하나님께서 내리신 심판을 광범위하게 '재앙'(מַגֵּפָה 막게파)이라고 명명한다. 그리고 '치다, 공격하다'라는 뜻을 가진 '나카'(נָכָה)라는 동사를 동일하게 사용하고 있다.

① 출 9:14 내가 이번에는 모든 <u>재앙</u>을 너와 네 신하와 네 백성에게
  내려
  출 9:25 우박이 애굽 온 땅에서 사람과 짐승을 막론하고 밭에 있는
  모든 것을 <u>쳤으며</u>
② 삼상 6:4 너희와 너희 통치자에게 내린 <u>재앙</u>이 같음이니라
  삼상 5:12 죽지 아니한 사람들은 독한 종기로 <u>치심</u>을 당해
  성읍의 부르짖음이 하늘에 사무쳤더라

셋째, 바로 왕이 재앙을 해결하기 위해 현인들과 마술사들과 요술사

들을 부르고, 블레셋인들도 제사장들과 복술자들을 불러서 재앙을 해결할 길을 모색한다. 바로 왕과는 다르게 블레셋의 조언자들은 바로처럼 결코 '마음을 완악하게' 하지 말 것을 권면한다.

① 출 7:11 바로도 현인들과 마술사들을 부르매
그 애굽 요술사들도 그들의 요술로
출 7:14 바로의 마음이 완악하여
백성 보내기를 거절하는 도다(8:19, 32)
② 삼상 6:2 블레셋 사람들이 제사장들과 복술자들을 불러서 이르되
우리가 여호와의 궤를 어떻게 할까…우리에게 가르치라
삼상 6:6 애굽인과 바로가 그들의 마음을 완악하게 한 것 같이
어찌하여 너희가 너희의 마음을 완악하게 하겠느냐
그가 그들 중에서 재앙을 내린 후에 그들이
백성을 가게 하므로 백성이 떠나지 아니하였느냐

넷째, 여호와께서 모세에게 이집트에서 나갈 때에 '빈손으로'(רֵיקָם 레쾀) 가지 않을 것이라고 말씀하시고, 블레셋은 이스라엘의 신의 궤를 보내려면 '거저 보내지'(빈손으로; רֵיקָם 레쾀) 말라고 권면한다. 그리고 양쪽 다 금으로 만든 것들이 이에 해당된다.

① 출 3:21 내가 애굽 사람으로 이 백성에게 은혜를 입히게 할지라
너희가 나갈 때에 빈손으로 가지 아니하리니
… 금 패물을 구하여 … 애굽 사람들의 물품을 취하라
② 삼상 6:3 그들이 이르되 이스라엘 신의 궤를 보내려거든
거저(빈손으로) 보내지 말고 그에게 속건제를 드려야
할지니라…금 독종 다섯과 금 쥐 다섯 마리라야 하리니

이 외에도 여러 가지 공통점이 더 발견되는데, 두 경우 다 하나님께 속한 것을 보내지 않고, 억류하고 있음으로 발생하는 사건이며, 결국은 보냄으로 해결된다(이스라엘 백성과 법궤).[60] 그리고 열 가지 재앙에서는 하나님께서 함께하심의 상징인 '모세의 지팡이'가 그 매개체가 되고, 법궤 이야기에서는 여호와의 임재의 상징인 '법궤'가 매개체가 된다. 두 이야기에서 재앙으로 인한 고통의 부르짖음이 동일하게 울려 퍼지고(출 11:6; 12:30; 삼상 5:10-12), '하나님의 손'이 승리를 가져오게 했다는 고백이 양쪽에 똑같이 나타난다(출 7:4; 9:3; 14:31; 삼상 5:6, 9, 11; 6:3, 5, 9).

그러나 법궤 이야기에서 한 가지 의문스러운 점은 사무엘이 전혀 나타나지 않는다는 사실이다. 이것은 그가 무대에서 사라짐으로 인해 패배와 고통을 겪는 이스라엘을 보이고, 사무엘상 7장 3절부터 그가 다시 등장하자마자 위기가 해결되는 것을 보이며 사무엘의 존재가치를 강조하기 위한 목적일 수 있다.[61] 그리고 또한 사무엘상 4장 1절에서 "사무엘의 말이 온 이스라엘에 전파되니라"를 끝으로 모세 같은 선지자(신 18:15)의 신탁이 사라지며 고통의 나락으로 빠지지만 다시 그 말씀을 회복함으로 위기에서 빠져나오는 의도적인 문학적 구성으로 본다: "사무엘이 이스라엘 온 족속에게 말하여 이르되"(삼상 7:3).[62] 즉, 사무엘상 4장 2절부터 7장 2절까지의 법궤 이야기는 사무엘의 선포가 사라진 기간이 되는 것이다.

홍해 사건과 미스바 사건의 비교

이상의 비교를 통해서 내릴 수 있는 결론은 비록 법궤가 빼앗김을 당했을지라도 여호와의 권능에는 아무런 흠이 없음을 확인해 볼 수 있다. 그리고 출애굽기와의 유사성은 여기에서 멈추지 않는다. 이제 적들에 대한 마지막 일격이 남아 있다. 이집트의 바로는 여호와의 권능에 두 손을 들고 이스라엘을 보낸다. 그러나 바로 왕은 이스라엘이 빠져 나갔다는 소식을 듣고, 후회하며 곧바로 전 군을 다 소집해 그 뒤를 추격한다(출 14:5). 그리고 사무엘서는 블레셋 사람들이 이스라엘이 미스바에 집결해 있다는 정보를 듣고 이스라엘을 치러 올라온다(삼상 7:7). 이 두 사건은 동일한 단어로 이스라엘의 두려움(יָרֵא 야레)과 부르짖음(צָעַק 짜아끄)을 표현하고 있다.[63]

출 14:10	바로가 가까이 올 때에 이스라엘 자손이 눈을 들어 본즉 애굽 사람들이 자기들 뒤에 미친지라 이스라엘 자손이 심히 <u>두려워하여 여호와께 부르짖고</u>
삼상 7:7-8	이스라엘 자손이 미스바에 모였다 함을 블레셋 사람이 듣고 그들의 방백들이 이스라엘을 치러 올라온지라 이스라엘 자손이 듣고 블레셋 사람을 <u>두려워하여</u> 사무엘에게 이르되 당신은 우리를 위하여 우리 하나님 여호와께 쉬지 말고 <u>부르짖어</u> 우리를 블레셋 사람의 손에서 <u>구원 하시게</u> 하소서

이 두 사건의 중심에 각각의 위대한 인물이 서 있다는 것이 하나의 희망으로 제시되고 있다. 홍해 앞에 가로막힌 이스라엘에게는 모세라는 인물이 있었다면, 이제 피할 곳 없는 미스바에는 사무엘이 서있다. 그리고 이들의 중재를 통해 하나님의 능력의 손이 동일한 방식으로 역사한다.

출 14:24	새벽에 여호와께서 불과 구름 기둥 가운데서 애굽 군대를 보시고 애굽 군대를 '어지럽게 하시며'(הָמַם 하맘)
출 14:30	그 날에 여호와께서 이같이 이스라엘을 애굽 사람의 손에서 구원하시매

> **삼상 7:10** 그 날에 여호와께서 블레셋 사람에게 큰 우레를 발하여 그들을 '어지럽게 하시니'(המם 하맘) 그들이 이스라엘 앞에서 패한지라

이 비교는 동일한 사건의 진행을 보여주며 이스라엘의 올바른 행동을 촉구하고 있다. 사무엘의 시대에 이스라엘은 올바른 행위 없이 미신적으로 법궤를 의지하는 것은 아무런 도움을 얻을 수 없다는 것을 깨닫는다. 오로지 사무엘상 7장 3절의 사무엘의 선언처럼 전심으로 여호와께 돌아가는 것 그 길만이 살길임을 밝혀준다.

사무엘이 이스라엘 온 족속에게 일러 가로되 만일 너희가 전심으로 여호와께 돌아오려거든 이방 신들과 아스다롯을 너희 중에서 제하고 너희 마음을 여호와께로 향하여 그만을 섬기라 그리하면 너희를 블레셋 사람의 손에서 건지시리라

이에 이스라엘 자손이 바알들과 아스다롯을 제거하고 여호와만 섬긴다. 그리고 이스라엘은 홍해에서의 구원처럼 하나님의 놀라운 구원의 손길을 경험한다. 이제 이쯤 되면 역사의 정점에 도달할 때가 된 것이다. 하나님께서 쓰시고자 하시는 역사는 바로 이런 것이기 때문이다. 모세의 시대라는 과거의 이야기를 되짚어 보면 하나님께서 가기를 원하시는 방향이 어디인지를 분명하게 볼 수 있다.

역사의 정점에서의 반전

홍해에서의 놀라운 구원의 체험이 이스라엘을 어떤 길로 인도했는가는 이제 사무엘의 시대가 그대로 재현해 내야 할 역사의 과제가 되는 것이다. 두 말 할 필요도 없이 홍해에서의 구원체험은 이스라엘을 찬양의

예배로 이끌었다. 그들은 기뻐 춤추고, 찬양하며 감격의 예배로 하나님께 응답했다.

> **이때에 모세와 이스라엘 자손이 이 노래로 여호와께 노래하니 일렀으되 내가 여호와를 찬송하리니 그는 높고 영화로우심이요 말과 그 탄 자를 바다에 던지셨음이로다 여호와는 나의 힘이요 노래시며 나의 구원이시로다 그는 나의 하나님이시니 내가 그를 찬송할 것이요 내 아비의 하나님이시니 내가 그를 높이리로다(출 15:1-2).**

> **아론의 누이 선지자 미리암이 손에 소고를 잡으매 모든 여인도 그를 따라 나오며 소고를 잡고 춤추니 미리암이 그들에게 화답하여 가로되 너희는 여호와를 찬송하라 그는 높고 영화로우심이요 말과 그 탄 자를 바다에 던지셨음이로다(출 15:20-21).**

찬양은 여기에서 멈추지 않는다. 하나님의 놀라운 손길로 구원을 체험한 사람들의 찬양과 예배는 이 최상의 고백과 간청으로 가기 위한 전주곡에 불과하다. 그것은 바로 "여호와께서 영원무궁 하도록 다스리시도다"(출 15:18)라는 소망의 표현이다. 이것은 더 정확하게 "여호와께서 영원무궁 하도록 왕이십니다"(יְהוָה יִמְלֹךְ לְעֹלָם וָעֶד, 야훼 임로크 레올람 와아드)라는 뜻이다.[64] 여기에 사용된 동사 '말라크'(מָלַךְ)는 "왕이 되다"라는 뜻이며, 왕을 뜻하는 명사형 단어인 '멜레크'(מֶלֶךְ)가 여기에서 유래된다. 물론 주어인 '야훼'(יְהוָה, 여호와)가 먼저냐 동사인 '말라크'(מָלַךְ)가 먼저냐의 차이가 해석상의 약간의 차이를 낳지만 기본적인 의미인 "여호와가 왕이시다"라는 점에서는 일치한다.[65] 이러한 출애굽기와 사무엘서의 비교에 대한 일련의 과정을 도표화 하면 다음과 같다.[66]

모세의 탄생	여호와를 모르는 바로	열 가지 재앙	홍해사건	여호와의 왕권이 선포됨(예배)
사무엘의 탄생	여호와를 모르는 엘리의 아들들	법궤 이야기	미스바 사건	?

모세는 자신의 삶을 통해 여호와가 왕이 되시는 시대를 이루어 내었다. 사람들은 모세를 통해 살아계신 하나님의 능력을 보았다. 그리고 백성들의 삶 속에서 여호와 하나님은 왕으로 통치하신다. 그렇다면, 하나님께서 왕에 대한 환상을 꿈꾸며 상상력을 키워가고 있는 이스라엘에게 왕을 주시는 것이 아니라 계속해서 사사들을 세우시고, 끝내 사무엘을 탄생시키시며 하시고자 계획하셨던 것이 무엇인지를 짐작해 볼 수 있다. 바로 모세의 시대를 재현하는 것이다. 사사들이 이루어내지 못한 것, 그 사명이 사무엘의 양 어깨에 놓여져 있는 것이다.[67] 미스바에서 홍해 사건의 재현을 경험한 이스라엘에게 이제 남은 것은 단 하나 '여호와의 왕권이 울려 퍼지는 찬양과 예배'의 회복이다. 그러나 이러한 일련의 동일한 과정에도 불구하고 아이러니한 대 반전이 일어난다. 놀라운 하나님의 손길의 결과는 이스라엘 민족의 응답 속에 정 반대의 방향으로 나아가기 때문이다.

이스라엘 모든 장로가 모여 라마에 있는 사무엘에게 나아가서 그에게 이르되 보소서 당신은 늙고 당신의 아들들은 당신의 행위를 따르지 아니하니 열방과 같이 우리에게 왕을 세워 우리를 다스리게 하소서(삼상 8:4-5).

이것은 말 그대로 돌발 상황이다. 사무엘은 백성들의 이 요청에 대해 매우 당혹스러워한다. 그가 자신의 소명을 분명하게 깨닫고 있었다면 이것은 자신의 실패를 의미하기에 받아들이기가 더욱 고통스러웠을 것이다. 왕을 달라는 백성들의 말에 "사무엘이 그것을 기뻐하지 아니하였다"(삼상 8:6)는 것은 왕조가 결코 하나님의 주요한 회복 프로그램에 속하는 것이 아님을 직감해 볼 수 있다. 이것은 사무엘의 기도를 들으신 하나님의 반응에서도 역력히 드러나고 있다.

> **여호와께서 사무엘에게 이르시되 백성이 네게 한 말을 다 들으라 이는 그들이 너를 버림이 아니요 나를 버려 자기들의 왕이 되지 못하게 함이니라(삼상 8:7).**

반전의 원인

왜 이런 반전이 이스라엘 역사 속에 분출되어 나타나는가? 위에 공백으로 남겨져 있던 빈칸은 다음과 같이 정반대의 응답으로 채워져 버린다.

모세의 탄생	여호와를 모르는 바로	열 가지 재앙	홍해사건	**여호와의 왕권이 선포됨(예배)**
사무엘의 탄생	여호와를 모르는 엘리의 아들들	법궤 이야기	미스바 사건	**인간 왕을 요구 (예배의 파괴)**

그 이유는 무엇인가? 이유 없는 결과가 없듯이, 사무엘서는 '미스바의 구원사건'과 '백성들의 왕 요구' 사이에 그 이유를 삽입해 놓고 있다.

> **사무엘이 늙으매 그 아들들로 이스라엘 사사를 삼으니 장자의 이름은 요엘이요 차자의 이름은 아비야라 그들이 브엘세바에서 사사가 되니라 그 아들들이 그 아비의 행위를 따르지 아니하고 이익을 따라 뇌물을 받고 판결을 굽게 하니라(삼상 8:1-3).**

사무엘의 아들들의 이름은 시대를 바꾸고자 하는 사무엘의 염원이 담겨있음에 틀림없다. 요엘(יוֹאֵל)은 "여호와는(혹은, 만이) 하나님이시다"라는 뜻을 가지고 있고, 아비야(אֲבִיָּה)는 "여호와는(혹은, 만이) 나의 아버지이시다"라는 장중한 의미를 내포하고 있다. 그러나 이들의 삶은 정반대의 방향을 향하고 있다. 일생의 소명이 포함된 이름이 주어졌음에도 이름 따라 사사로서의 삶을 살지 않고, 사사로운 이익을 따라 하나님의 뜻을 굽히고 있는 것이다. 이 속에는 또한 사무엘의 실패가 암시되어 있다. 사무엘이 자식들의 부정을 들었음에도 강력한 조치를 취하지 않았다는 것은 엘리 가문과 같은 길을 걷고 있다는 사실을 보여주고 있는 것이다.[68]

인간을 왕으로 세우고자 하는 사람들의 마음은 이런 것이다. 사사들을 믿는 것도, 제사장을 따르는 것도, 또 특별히 구별된 나실인을 따르는 것도 불안하고 위험스럽기는 마찬가지로 느껴진다. 왜냐하면 사람들의 어떠함에 따라 상황이 현저히 달라지기 때문이다. 지도자들이 신실하면 백성들은 하나님의 살아계신 능력을 체험할 수 있었으며, 그 열매를 맛보았고, 외부의 적들도 문제가 되지 않았고, 놀라운 구원을 경험했다. 그러나 그 반대 유형의 지도자를 만나게 되면 철저한 절망만이 보증되어 있다. 하나님의 손은 오히려 적들의 오른손과 함께하며(삿 3:8, 12; 4:2; 6:1; 13:1), 이스라엘의 지도자는 안전을 위하여 차라리 수단과 방법을 가리지 않고 제거해야 할 골칫거리가 되고 만다(삿 15:9-12).

이러한 불안은 이스라엘이 지파체제라는 독립적인 삶의 방식을 채택하는 한 사라지지 않을 것이다. 위기가 닥칠 때마다 카리스마적인 리더십에 의지해서 민병대를 조직하여 왕정으로 정예화 된 이방의 군대와 맞선다는 것은 이미 시대에 뒤떨어진 발상이 된지 오래다. 그리고 승산도 없어 보인다. 이것이 이들이 바라보는 현실이라면 이제 선택은 하나뿐이다. 지도자의 상태에 따라 좌우 되는 하나님의 불안정한 안전에 기대기 보다는, 늘 상비군을 보유하고, 언제든지 전장에 나설 수 있는 인간적인 힘과 능력이 탁월한 한 인물(왕)에게 의지하는 편이 낫다는 결론에 다다른다. 사무엘이 아무리 왕정의 부당성을 꾸짖을지라도 이 역행을 막을 수는 없었다.

여호와께서 여룹바알과 베단과 입다와 나 사무엘을 보내사 너희를 너희 사방 원수의 손에서 건져내사 너희에게 안전하게 살게 하셨거늘 너희가 암몬 자손의 왕 나하스가 너희를 치러 옴을 보고 너희의 하나님 여호와께서는 너희의 왕이 되심에도 불구하고 너희가 내게 이르기를 아니라 우리를 다스릴 왕이 있어야 하겠다 하였도다(삼상 12:11-12).

이와 같이 이스라엘에서 왕정은 쉬운 방법, 안전한 방법을 선택하는 인간의 간사함과 동시에 '하나님의 왕 되심'을 증거 하는데 실패한 지도자들의 무능함에 기인한 것임을 살펴볼 수 있다. 지도자들이 앞장서서 하나님의 영광을 드러내지 못한다면 신앙공동체는 물론이요 세상 또한 희망이 없는 것이다. 사람들은 처음에는 하나님 대신 왕을 달라 할 것이고, 그래도 만족스럽지 않다면 그 다음에는 왕을 바꾸라 할 것이다. 하나님의 영광이 나타나지 않는 곳에는 항상 이런 악순환이 벌어질 것이다. 그리고 사건이 이렇게 돌아가는 것에 대한 비난은 사무엘도 결코 피해갈 수 없다. 모세가 자신의 뒤를 이을 후계자로 여호수아를 훈련시켜 세움으로 대과업을 완수할 수 있었는데 반해, 사무엘은 후계자를 바로 세우지 못했기 때문이다. 누구의 잘잘못을 가리기 전에 이제 하나님께서 하실 수 있는 마지막 카드는 백성들이 오해하고 있는 '왕에 대한 환상'을 깨는 것 밖에는 없다.

2. 왕에 대한 진실(삼상 8:6-12:25)

하나님은 백성들의 말을 전폭적으로 무시하시지 않으신다. 그렇다고 전적인 수용을 의미하는 것도 아니다. 하나님께서 사무엘에게 "그러므로 그들의 말을 들으라"고 말씀하신다. 이 말은 "그들의 목소리를 들으라"(שְׁמַע בְּקוֹלָם 쉐마 베콜람)는 것으로 히브리적인 해석에 따르면 "그들의 말에 순종하라"는 의미가 들어 있다.[69] 하나님께서 양보하실 의사가 있으시다. 그러나 모든 것이 가하다고 모든 것이 유익한 것도 아니고, 덕을 세우는 것도 아니다(고전 6:12; 10:23). 마지막으로 스스로 돌이킬 수 있는 길이 제시되고 있다.

왕이란?

하나님께서 사무엘에게 '왕에 대한 진실,' 즉 '왕정제도'를 있는 그대로 백성들에게 전하고 엄히 경고하라고 명하신다. 내용은 다음과 같다.

가로되 너희를 다스릴 왕의 제도가 이러하니라 그가 너희 아들들을 취하여(לָקַח 라콰흐/ 빼앗다, 데려가다) 그의 병거와 말을 어거케 하리니 그들이 그 병거 앞에서 달릴 것이며 그가 또 너희의 아들들을 천부장과 오십부장을 삼을 것이며 자기 밭을 갈게 하고 자기 추수를 하게 할 것이며 자기 무기와 병거의 장비도 만들게 할 것이며 그가 또 너희의 딸들을 취하여(לָקַח 라콰흐) 향료 만드는 자와 요리하는 자와 떡 굽는 자로 삼을 것이며 그가 또 너희의 밭과 포도원과 감람원에서 제일 좋은 것을 취하여(לָקַח 라콰흐) 자기의 신하들에게 줄 것이며 그가 또 너희의 곡식과 포도원 소산의 십일조를 취하여(לָקַח 라콰흐) 자기의 관리와 신하에게 줄 것이며 그가 또 너희의 노비와 가장 아름다운 소년과 나귀들을 취하여(לָקַח 라콰흐) 자기 일을 시킬 것이

며 너희의 양떼의 십분의 일을 <u>취하리니</u>(קָלַח 라콰흐) 너희가 그의 종이 될 것이라 그 날에 너희는 너희가 택한 왕으로 말미암아 부르짖되 그 날에 여호와께서 너희에게 응답하지 아니하시리라(삼상 8:11-18).

이 본문 속에는 히브리어 단어 '라콰흐'(קָלַח 취하다)가 여섯 번이나 집중적으로 나타나고 있다. 이 단어를 반복적으로 쓰는 이유가 분명히 있을 것이기 때문이다. 이 단어는 가장 부드럽게 번역하면 '취하다,' 혹은 '데려오다,' '가져가다' 등으로 쓰이고, 이 선포의 강조점을 그대로 살리면 '빼앗다, 탈취하다'는 뜻으로 의미가 확장될 수 있다(창 27:36).[70] 그렇다면 왕에 대하여 단 한마디로 축약하라고 한다면 단연 '취하는 자' 더 정확하게 '탈취하는 자' 혹은 '빼앗는 자'이다. 이것은 왕과 함께 살아가기를 택한다면 당연히 모든 것을 빼앗길 각오를 해야 하고, 그 결국은 노예가 되고 말 것이며, 그 땐 아무리 부르짖어도 여호와께서 응답지 않을 것이라는(삼상 7:9의 반대) 엄중하고 심지어 위협적이기까지 한 경고가 들어가 있는 선언문이다. 하나님께서 "자기 왕에게 힘을 주시며 자기의 기름 부음을 받은 자의 뿔을 높이리로다"(삼상 2:10)라는 왕에 대한 간절한 소망이 담긴 한나의 기도가 있었음에도 불구하고 그 응답을 가장 마지막까지 미루려고 하셨던 이유가 바로 여기에 있다. 너무도 분명한 결말을 이미 예상하고 계시기 때문이다. 자신의 백성이 왕으로 인해 결국 다 수탈당하고 마침내는 종으로 전락하고 말 것이라는 사실 때문이다.

거부당하는 진실

그러나 그 결과는 하나님의 참패이다. 하나님은 백성들의 말을 수용할 준비가 되어 있으나, 백성들은 단호하게 하나님의 대표자인 "사무엘의 말 듣기(שְׁמַע בְּקוֹל 샤마 베콜)를 거절한다." 그리고 다른 나라들 같이 반드시 왕이 있어야 하며, 그 왕이 자신들을 다스리고, 자신들 앞서 나가서 싸움을 싸워야 할 것이라고 강력히 주장한다(삼상 8:19-20). 하나님 안에서 누리는 자유를 버리고, 다 빼앗기면서 얻게 되는 안전을 택하는 것이다. 이것은 결국 출애굽을 통한 해방의 자유를 다시 반환하고, 이집트의 노예로서의 안전을 취하는 것과 같은 형국이다.[71] 이미 이스라엘이 인간 왕을 택하는 그 순간에 이와 같은 역전된 여정은 시작된 것이다.

그러나 그럼에도 희망은 있다. 하나님께서 사무엘에게 백성들의 말을 듣고 그들의 원대로 왕을 세우라는 말씀 속에는 체념이나 포기보다는 또 다른 결심이 들어가 있음을 발견해 볼 수 있기 때문이다. 이것은 왕을 세우는 일에 적극적으로 개입하시는 하나님의 활동으로 쉽게 파악해 볼 수 있다. 사울이라는 한 청년을 택하시고, 사울이 사무엘에게 오기 전 날에 여호와께서 미리 사무엘에게 언질을 주시고 사울이 나타났을 때 알려주신다. 그리고 사울을 소개하는 하나님의 말씀 속에는 왕을 향한 자신의 뚜렷한 계획과 뜻이 선명하게 비쳐지고 있다.

> **내일 이맘때에 내가 베냐민 땅에서 한 사람을 네게로 보내리니(שָׁלַח 샬라흐) 너는 그에게 기름을 부어 내 백성 이스라엘의 지도자를 삼으라 그가 내 백성을 블레셋 사람의 손에서 구원하리라 내 백성의 부르짖음이(צְעָקָה 쩨아콰) 내게 상달하였으므로(בּוֹא 보) 내가 그들을 돌보았노라(רָאָה 라아) 하시더니(삼상 9:16).**

하나님의 계획은 멸망이 아닌, 구원을 향하고 있다. 분노가 아닌 긍휼을 향하고 있는 것이다. 이스라엘이 여호와의 왕권을 거부하고 인간을 왕으로 택하는 안전장치를 채택하였음에도 불구하고 여호와께서는 그

악을 통하여 최선을 만들려는 뜻을 실행하시고 계신다. 그런데 초대 왕 사울의 소명이 심상치 않다. 어디에선가 본 듯한 어구들이 그의 사명 속에 넘쳐나고 있기 때문이다. 다음의 본문과 비교해 보면 그 유사성을 쉽게 파악할 수 있을 것이다.

> 이제 가라 이스라엘 자손의 부르짖음이 (צְעָקָה 쩨아콰) 내게 달하고(א בֹּא 보) 애굽 사람이 그들을 괴롭히는 학대도 내가 보았으니 (רָאָה 라아) 이제 내가 너를 바로에게 보내어 (שָׁלַח 샬라흐) 너로 내 백성 이스라엘 자손을 애굽에서 인도하여 내게 하리라 (출 3:9-10).

그렇다. 모세의 소명과 이스라엘 초대 왕 사울의 소명이 다르지 않다.[72] 이것이 희망이다. 사람들은 근시안적이며, 절망적인 안전을 택하지만, 하나님은 축제의 구원을 바라보신다. 가장 영광스러운 그 날, 그 때를 다시 이루는 것이 하나님의 가슴 속에는 늘 한스러움으로 남아 있다. 사람들은 늘 미래지향적인 것을 좋아하지만 하나님은 과거지향적인 특성이 있으시다. 신제도, 신기술, 신인, 그리고 왕정도 미래지향적이다. 그러나 하나님이 왕이셨던 그 과거를 잊어버리면 근본 없이 떠도는 부랑자가 되고 만다. 그러므로 인간 왕에 대한 마지막 경고가 여호와의 왕권에 대한 정확한 인식을 심어줌으로 그 결론에 이르고 있다는 것은 논리적인 순서일 것이다.

> 이제 너희의 구한 (שָׁאַל 사알) 왕, 너희의 택한 왕을 보라 여호와께서 너희 위에 왕을 세우셨느니라 너희가 만일 여호와를 경외하여 (יָרֵא 야레) 그를 섬기며 (עָבַד 아바드) 그의 목소리를 듣고 여호와의 명령을 거역하지 아니하며 또 너희와 너희를 다스리는 왕이 너희의 하나님 여호와를 좇으면 좋으니라마는 너희가 만일 여호와의 목소리를 듣

지 아니하고 여호와의 명령을 거역하면 여호와의 손이 너희의 열조를 치신 것 같이 너희를 치실 것이라 … 만일 너희가 여전히 악을 행하면 너희와 너희 왕이 다 멸망하리라(삼상 12:13-15, 25).

3. 사람들이 구한 왕 사울(삼상 13:1-15:35)

백성들이 요구한 대로 인간이 왕으로 섰다. 그러나 이제 왕에게 요구되는 것이 있다. 바로 하나님의 왕권 아래에서 자신의 역할을 담당하는 것이다. 하나님께서 염려하시는 바인 "내가 자기들의 왕이 되지 못하게 하는 것이라"(삼상 8:7)는 우려를 기우로 돌릴 수 있는 삶의 자세가 필요하다. 이스라엘의 초대 왕인 사울에게는 이러한 지고의 과업이 놓여져 있다. 그의 시작은 무척이나 희망적이다. 비록 그의 왕권을 멸시하며 그의 능력에 의문을 갖고 비웃는 무리도 있었지만 사울은 아랑곳 하지 않는다(삼상 10:27). 그에게 임하신 성령의 충만함은 가히 그를 선지자의 반열까지 올려놓을 수도 있는 속담까지 생기게 했다: "사울도 선지자들 중에 있느냐?"(삼상 10:11-12). 그리고 사울의 출중함은 암몬 족이 쳐들어 왔을 때 명백하게 드러난다. 남과 북의 대군을 이끌고 전쟁터에 나서서 암몬 족을 완전히 섬멸하고 나서 그에 관한 비웃음이 사라지기 시작한다. 심지어 열광적인 그의 마니아(mania)들은 "사울이 어찌 우리를 다스리겠느냐"라고 조롱한 자들을 끌어내어 죽이려고까지 한다(삼상 11:12). 이 때 사울은 "이 날에는 사람을 죽이지 못하리니 여호와께서 오늘 이스라엘 중에 구원을 베푸신 귀한 날"임을 강조하며 관대하고 너그럽게 대처한다. 하나님의 승리 그리고 사람들 사이에 평화가 누려진다. 그러나 이것은 사울이 '하나님의 영'에 크게 감동할 때에 벌어지는 일들이었다. 하지만 이러한 성령으로 충만한 삶을 지키는 것은 결코 쉽지 않은 일이다.

사울이 품어야 할 왕의 정신

일반적으로 사울을 생각하면 다윗과 비교조차 할 수 없는 무능한 인물로 생각할 때가 많다. 그만큼 그에 대한 오해가 있다. 물론 그의 신앙적인 측면을 생각할 때 충분히 가능한 발상이기 때문이기도 하다. 그러나 왕이라는 위치와 그의 업적으로 따진다면 사울도 결코 다윗에 뒤지지 않을 만큼의 대단한 인물이라는 사실도 간과되어서는 안 된다. 사울의 위용을 자랑하는 문구가 성경에 기록되어 있다는 것이 이를 입증한다.

사울이 이스라엘 왕위에 나아간 후에 사방에 있는 모든 대적 곧 모압과 암몬 자손과 에돔과 소바의 왕들과 블레셋 사람을 쳤는데 향하는 곳마다 이겼고 용맹 있게 아말렉 사람을 치고 이스라엘을 그 약탈하는 자의 손에서 건졌더라(삼상 14:47-48).

아마 이 내용은 '사울 왕 역대지략' 쯤에서 발췌한 것이 아닐까 추측해 본다.[73] 그런데 이런 대단한 위용도 아무 쓸데없는 배설물 밖에 되지 않는 길이 있다. 이 내용이 위치해 있는 자리를 살펴보면 그 이유를 분명히 알 수 있다. 사울의 왕위가 단명할 수밖에 없다는 심판과 사울을 버려 왕이 되지 못하게 하셨다는 심판 사이, 즉 하나님 앞에서의 두 불순종 사이에 사울의 이 위대한 업적들이 자리를 차지하고 있는 것이다(삼상 13:1-14:46; 15:1-35). 하나님을 떠난 인간의 대단한 위용이 무슨 의미가 있는가? 단지 자신을 과시하는 도구밖에는 되지 않을 것이 너무도 분명하기 때문이다.

a. 첫 번째 불순종: 블레셋과의 전투(13:1-14:46)
 b. 사울의 업적과 집안(14:47-52)
a'. 두 번째 불순종: 아말렉과의 전투(15:1-35)

첫 번째 불순종은 블레셋과의 전투에서 드러난다. 블레셋이 이스라엘과 싸우려고 모였는데 병거가 삼만, 마병이 육천, 그리고 백성들은 해변의 모래 같이 많았다. 가히 상상을 초월하는 총공격이다. 이것은 생사를 건 싸움이다. 블레셋은 그들의 영토를 해변지역에서 점점 내륙으로 확장하는 단계에 있는데 이스라엘의 왕권은 그것을 위협하는 것이었기에 조기에 뿌리 뽑아야한다는 심산이다. 지파체제와 왕권체제는 이미 그 기동력에서 차이가 있다는 계산이기 때문이다. 이스라엘의 왕권이 공고해지기 전에 근절하는 것이 화근을 없애는 것이라는 생각이 블레셋 인들에게 팽배했을 것이다. 그러나 하나님이 생각하시는 것은 이와 다르시다. 이스라엘의 초대 왕 사울에게서 보시고 싶은 것이 있으시기 때문이다. 그가 왕으로서 기름부음을 받고 소명을 받을 때의 그 정신을 살피시고 싶으신 것이다.

사울이 기름부음을 받고 소명을 받을 때 사무엘은 사울에게 세 가지의 징조가 그의 삶에 이루어질 것인데 그러면 하나님께서 함께하신다는 표식이니 기회를 따라 행하라고 지시를 내린다(삼상 10:7). 그 세 가지의 징조는 다음과 같다. 첫째, 어떤 사람들이 암나귀를 찾았으나 아버지가 너희를 염려한다는 전갈을 줄 것이며, 둘째, 하나님께 예배하러 가는 세 사람에게서 예물로 가져가는 떡 두 덩이를 받을 것이며, 마지막은 선지자 무리를 만날 터인데 그들과 함께 여호와의 영이 임하여 예언하리라는 것이다. 사울에게 이루어질 이 세 가지의 징조들은 그의 미래를 예견하고 있으며, 또한 경고하고 있다. 암나귀는 이미 찾았으나, 너희를 오히려 염려하고 있다는 소리를 통해 사울의 미래가 예고된다. 도망간 암나귀를 찾아 나선 사울이다. 이 속에 상징이 들어있다면 암나귀가 의미하는 것이 하나님의 왕권을 떠나 방황하는 이스라엘이라고 보는 것도 무리는 아니다. 그리고 그렇게 방황하는 암나귀를 사울이 안전하게 찾아와야 하듯이 이스라엘이 그를 통해 길을 발견해야 하는 것이다. 그러나 사울의 이야기에서 계속해서 들려오는 소리는 그가 해야 할 일이 암나귀를 찾는 것임에도 그는 그것을 해내지 못했다는 것이다(삼상 9:3, 5, 20; 10:2, 14, 16). 사울은 이렇게 덩치 큰 짐승들도 찾지 못하는 무능한 목자로 묘사된다.[74] 이 속에 사울이 방황하는 이스라엘을 잘 이끌 수 있을 것인가에 대한 의문이 들어가 있다. 그리고 마침내 암나귀를 찾는 것은 고사하고 오히려 그가 가족의 걱정거리가 되듯이 그렇게 이스라엘의 걱정거리가 되지 않을까에 대한 염려가 배어있다. 두 번째 세 사람이 벧엘에 있는 하나님의 집으로 순례여정을 가며 제물로 드리려는 염소 새끼들과 떡덩이들 그리고 포도주 중에서 떡 두 덩이를 사울에게 준다는 점에서 사울이 필요로 하는 것은 하나님의 몫 중에서 분명하게 주어질 것이라는 공급의 의미가 보여진다. 하나님께서 사울의 필요를 채우실 것이다. 그가 탐욕을 부릴 하등의 이유가 없다는 점을 강조한다. 그리고 마지막은 하나님의 영이 크게 임하여 그도 예언할 것이라고 한다. 사울이 일개 작은 자일뿐이라 할지라도 하나님의 영이 임하시면 그도 예언자의 반열에 들 수 있다는 것이다. 즉, 하나님의 뜻을 그대로 받들어 그 말씀을 전하고, 행하는 도구로 살아갈 수 있다는 것이다. 그러나 하나님의 영이 떠나면 그의 삶에서 예언의 말씀이 사라질 것이며, 결국은 처참하게 무너지고 말 것이라는 암시가 들어 있다. 사람들의 입에서 "사울도 선지자들 중에 있느냐?"는 비록 의문스럽지만 놀라움의 탄성이 사라지지 않는 한 사울과 이스라엘은 안전할 수 있다는 의미가 내포되어 있는 것이다.

이 모든 징조들이 사울에게 임했을 때 그가 지켜야 할 한 가지 명령이 있다. 그것은 바로 블레셋 영문(צָבָא 네찌브/수비대; 삼상 10:5; 13:3-4)이 있는 하나님의 산에서 블레셋과 결전을 치르기 위해 사울이 지켜야 할 전쟁의 방법이다. 그것은 다름 아닌 사무엘보다 먼저 길갈로 내려가서 사무엘이 와서 번제와 화목제를 하나님께 드리기까지 칠 일 동안을 기다리는 것이다(삼상 10:8; 13:8). 사울의 일생에서 가장 치명적인 칠 일의 시험이다. 그런데 이 칠 일의 기다림은 사울의 이야기에서 커다란 의문을 제공해 주고 있다. 사무엘상 9-10장에서 사무엘을 만나 소명 받을 때의 칠 일이 13장의 블레셋과의 전투의 칠 일로 연결이 되고 있는데 그 사이에 무척이나 긴 시간이 흘러갔기 때문이다. 사울이라는 인물만 살펴보아도 소년 사울(삼상 9:2)에서 벌써 중년 사울(삼상 13:1-4)로 변해 있다.

삼상 9-10장	삼상 11-12장	삼상 13장
소년(בחור 바후르/청년) 사울 (삼상 9:2)이 기름 부음 받고 소명을 받음 (칠 일을 기다리라)	암몬과의 전투와 왕의 제도 설립	중년 사울 아들 요나단이 청년장수로 천부장이 되어 있음 (칠 일을 기다림)

사무엘상 13:1절의 히브리어 본문이 사울의 나이가 40세로 명확하게 제시하고 있지는 않지만, 그의 통치가 최소한 2년 이상의 세월이 흘렀음은 보여주고 있다. 10장에서 비밀리에 기름 부음 받고, 세 가지의 징조들이 나타나고, 길갈에서 사무엘이 번제와 화목제를 드릴 때까지 칠 일을 기다리라고 한 것으로부터 꽤나 세월이 흘렀다는 것을 느껴볼 수 있다. 칠 일을 기다리라는 명령과 기다리고 있었던 사건들 사이에 사울이 블레셋이 아닌 암몬과의 전투를 치르는 이야기가 삽입되어 있다. 그리고 암몬의 왕 나하스와의 전쟁 때 이스라엘이 구원자를 찾는데 만 해도 이미 일주일은 지나가 버렸다(11:3).

삼상 10:8	삼상 11:3	삼상 13:8
블레셋과의 전투 칠 일 기다리라	암몬과의 전투 칠 일 동안 구원자 기다림	블레셋과의 전투 칠 일을 기다림

소년 사울에서 중년 사울이 되었음에도 칠 일의 시험은 계속되고 있다. 그렇다면 사울의 삶에서 칠 일은 일생에 한 번만 지켜야 하는 일회성의 순종이 아니라는 것을 느낄 수 있다. 분명 이 세 가지 사건의 관계성 속에 칠 일의 의미가 있을 것이다. 블레셋과의 전투를 위하여 칠 일을 기다리라는 명령과 실행 사이에 의도적으로 암몬과의 전투에서 칠 일 동안 구원자를 찾는 이야기가 등장하고 있다는 것은 분명 블레셋과의 전투를 풀어갈 수 있는 열쇠가 있을 것이다. 또한 블레셋과의 전투가 사울이 왕이 된지 2년 뒤라는 상황 설정에 대한 시간적인 모순까지도 해결할 수 있는 키를 가지고 있을 것이다.

사울이 기름부음 받고 칠 일의 소명을 받는 것과 그것을 블레셋과의 전투에서 실행에 옮기는 사건들 사이에 이스라엘의 왕이 따라야 할 왕도가 제시된다(삼상 10:17-12:25). 그 왕도는 이스라엘의 과거, 현재, 미래를 통과하며 왕과 백성이 걸어야 할 길을 보여준다. 그리고 과거, 현재, 미래를 통해 주어진 교훈은 왕으로 기름부음 받은 사울이 소년 사울부터 중년과 그 이후로 계속해서 지켜야 할 왕도인 것이다.

과거, 현재, 미래가 공존하는 이야기들 속에서 현재에 과거의 영광이 실현되는 길 그리고 미래 또한 승리의 길을 걸을 수 있는 길이 제시되고 있다. 바로 현재 벌어지고 있는 암몬족과의 전쟁이 과거의 재현과 미래의 승리를 현재화 시키는 동력이 됨을 보이고 있다. 이 속에는 동일한 칠 일 동안이라는 기다림의 기간이 나타나며 그 기다림은 암몬 족으로 인한 극심한 공포 가운데 기다리는 시간이 된다. 누가 구원자가 될 것인가를

과거	현재	미래
삼상 10:17-27	삼상 11:1-15	삼상 12:1-25
* 백성을 미스바로 부름-블레셋 무찌른 과거에 대한 상기(삼상 7:5-14) * 하나님께서 이집트와 압제하는 모든 나라에서 구원한 과거 역사를 상기 * 여호와의 왕권과 인간 왕권의 비교 * 인간 왕이 섰지만, 하나님이 왕이었던 과거의 영광을 강조하며 바른 길을 교훈함	* 암몬 왕 나하스의 침공으로 길르앗 야베스가 위기에 빠짐 * 칠 일 동안에 구원자를 찾음 * 그 칠 일을 하나님을 향한 믿음으로 기다리면 여호와께서 구원의 길을 여심 * 사울이 여호와의 영에 감동하매, 여호와의 두려움이 백성들에게 임해 백성들이 모임(333,000명) * 사울이 자신이 아닌 여호와께서 오늘 이스라엘 중에 구원을 베푸셨다고 고백함	* 여호와를 경외하여, 섬기며 그의 목소리를 듣고 여호와의 명령을 거역하지 아니하면 좋겠지만 * 만일 여호와의 목소리를 듣지 아니하고 여호와의 명령을 거역하면 여호와의 손이 조상들을 치신 것처럼 치실 것이라 * 여호와께서 백성들을 위하여 행하신 그 큰 일을 생각하여 오직 그를 경외하며, 섬기라 그렇지 않고 여전히 악을 행하면 왕과 백성이 다 망하리라

바라고 있는 것이다. 그런데 구원의 시작은 여호와의 영으로 가능케 된다. 그리고 여호와의 영의 활동에 의해, 백성들의 마음에 여호와의 두려움이 가득 차게 되고 백성들이 전쟁터로 한 사람 같이 나오며, 모두 순종의 마음으로 전쟁을 치르게 된다. 그리고 그 전쟁의 승리 또한 여호와께서 구원을 베풀어 주심으로 가능하게 되었다. 사람을 모으는 것도 결코 인간의 힘으로 되는 것이 아님을 알 수 있다. 하나님의 영이 함께 할 때

여호와를 경외하는 사람들이 그 사람 주변으로 모여들고, 하나님으로부터 벗어나는 순간부터 하나님의 경외하는 사람들이 떠나가고, 악한 무리들이 몰려들게 되어 있다. 암몬과의 전투는 기름 부음 받은 왕이 백성들과 함께 하나님을 경외하며 그 뜻에 순종하며 살아간다면 그 어떤 위험 속에서도 구원의 손길이 하나님께로부터 나온다는 확신을 심어주고 있는 것이다. 인간 왕이 구원을 주는 것이 아니라, 오직 하나님께서 구원의 길을 가능케 한다는 것을 기억해야 할 필요가 있다는 교훈을 심어주고 있다. 칠 일 동안이라는 것은 오직 하나님의 뜻을 바라며, 하나님께 전폭적인 신뢰를 두고 하나님의 구원을 바라는 완전한 신앙을 의미하는 것이다.

이제 왕과 백성들이 마땅히 해야 할 것이 있다. 그것은 다름 아닌 인간 왕이 서 있을지라도 하나님이 왕이시라는 신념이다. 바로 여호와 경외와 여호와만 섬기는 삶의 자세이다. 하나님의 백성이 이러한 정신을 지키며 살아간다면 하나님을 바라며 기다리는 칠 일은 늘 승리로 가득 찰 것이라는 메시지가 이 안에는 들어 있다. 그러므로 사울의 이야기 속에 나타나는 기다려야만 하는 칠 일은 결코 일회적인 사건을 이야기하는 것이 아니다. 사울이 왕으로 다스리고, 하나님의 백성이 이 땅에서 살아가는 모든 삶의 기간 동안에 이루어져야 할 신앙의 자세를 이야기하고 있는 것이다. 사울과 백성들의 이야기 속에서 이들의 초창기는 왕과 함께 이러한 순종의 일주일을 이루어간 것으로 볼 수 있다. 그러나 이러한 신앙의 지속성에 금이 가기 시작하는 것이 2년째부터 시작된다. 그리고 그 시간은 실로 무시간적이다. 사울이 소년(청년)으로 기름부음을 받고 왕이 되며 여러 징조가 나타나고, 일주일을 기다리라는 명령을 받는다. 그런데 일주일을 기다리는 사건 속에서는 이제 사울은 나이가 들어 있고, 그의 아들이 그가 기름부음 받을 때의 나이에 도달해 있는 것이다.

요나단이 천 명의 군사를 이끄는 청년 장수로 성장해 있는 것이다(삼상 13:1-2). 그렇다면 신앙의 일주일은 계속되는 삶의 소명인 것이며, 평생을 이루어야 할 왕의 길인 것이다. 이러한 삶의 자세는 존 스튜어트 밀(J. S. Mill)의 글에도 잘 나타나 있다.

> **세상에 태어나서
> 한 번도 좋은 생각을 갖지 않은 사람은 없다.
> 다만 그것이 계속되지 않을 뿐이다.
> 어제 맨 끈은 오늘 허술해지기 쉽고,
> 내일 풀어지기 쉽다.
> 나날이 다시 끈을 여며야 하듯,
> 사람도 자신이 결심한 일은
> 나날이 거듭 여며야 변하지 않는다.**

온 우주를 창조하는 능력의 말씀은 단 일주일만이 아니라 사울이 왕으로서 다스리는 모든 기간 동안 지속적으로 지켜야 할 말씀인 것이다. 즉, 창조의 말씀에 귀를 기울이는 것은 일회성이 아니라 지속적으로 지켜야 할 정신인 것이다. 그것이 바로 여호와를 경외하며, 섬기는 삶이기 때문이다.

사울의 왕권을 향한 백성들의 반응은 양분되지만 칠 일을 이렇게 하나님만 바라보는 순종의 시간으로 보내면 이 모든 분열을 막고 하나님의 뜻이 이루어지는 신정통치의 세상이 이루어질 수 있다.

삼상 10:25-26	삼상 10:27
마음이 하나님께 감동된 유력한 자들이 사울과 함께하고	불량배들은 이 사람이 어떻게 우리를 구원하겠느냐고 빈정거림

사울이 "이 사람이 어떻게 우리를 구원하겠느냐?"고 조롱하는 말에 잠잠하고 그 어떤 분노도 표출하지 않는다. 그리고 전쟁의 승리를 통해서 그 불만을 잠식시킨다. 사울이 전쟁에서 대대적인 승리를 이루었을 때, 사울 파는 반대파들을 숙청하려고 한다. 그러나 여호와의 영이 함께하는 사울은 이 모든 분열을 극복한다.

삼상 11:12	삼상 11:13
백성이 사무엘에게 이르되 사울이 어찌 우리를 다스리겠느냐 한 자가 누구니이까 그들을 끌어내소서 우리가 죽이겠나이다	사울이 이르되 이 날에는 사람을 죽이지 못하리니 여호와께서 오늘 이스라엘 중에 구원을 베푸셨음이니라

이처럼 사울이든 어떤 왕이든 여호와의 영에 크게 감동되어 있을 때는 결코 어느 누구도 죽지 않는다. 모든 것이 인간의 힘이 아닌 하나님의 은혜로 이루어진 구원이기 때문이다. 그러나 여호와의 영이 떠나는 그 순간에 모든 것이 변하고, 뒤틀리게 되는 것이다. 우리의 삶에서도 이것을 피해야 하는 것이다.

사울의 무너지는 정신

사울은 길갈에서 블레셋과 전투를 하기 전에 이와 같은 신뢰의 일주일을 기다려야 했다. 그리고 사무엘이 와서 제사를 드린 후에 전투를 시작할 수 있다(삼상 10:8; 13:8). 기한이 있든, 무기한이든 간에 기다림 그것은 가장 힘든 믿음의 예술이다. 블레셋 군대의 그 일사불란하고 웅장한 위용을 보고 이스라엘 백성들은 공포감에 굴이든 수풀이든 바위틈이든 혹은 요단강을 건너서든 가리지 않고 숨고 도망가기에 급급하다. 그리고 일주일이라는 기다림 속에 사울의 군대 또한 동요하기 시작한다.

날이 지날수록 탈영자의 수가 눈에 띄게 늘어나며 군대의 수는 현저하게 줄어들고 있다. 사울은 초조하다. 지금의 숫자로도 상대가 될 것 같아 보이지 않는데 더 이상 줄어든다면 승산은 없어 보였기 때문이다. 그에게 있어 전쟁은 전폭적으로 사람에게 속한 것이다. 결국 일주일의 마지막 날, 마지막 순간에 그는 무너지고 만다. 가장 위급한 순간, 사람의 생명이 경각에 달려 있는 그 순간에 필요한 것이 있다면 하나님을 향한 신뢰이다. 하나님의 말씀을 믿고 그대로 행하는 것이 필요하다. 그는 사무엘을 기다리지 못하고 제사를 집전함으로 자신이 직접 때를 조종하려는 주권을 휘두른다. "제사를 누가 집전했느냐?"라는 정통성의 문제가 아니라 "하나님의 말씀을 전폭적으로 신뢰하는가?"의 문제였다. 결국 사울이 들은 말은 "왕이 왕의 하나님 여호와께서 왕에게 내리신 명령을 지키지 아니하였도다"라는 질책과 "지금은 왕의 나라가 길지 못할 것이라 여호와께서 왕에게 명령하신 바를 왕이 지키지 아니하였다"(삼상 13:13-14)라는 심판으로 연결된다. 계속되는 강조점은 "여호와의 명령을 지키지 아니하였다"는 사실이다. 이것은 왕에 대한 마지막 경고에서 울려 퍼졌던 동일한 그 내용이다(삼상 12:14-15).

이제 자신의 전쟁을 치러야하는 사울은 절박감에 블레셋과의 전투에서 승기를 잡기위해 섣부른 서원까지 한다. 사울은 "저녁 곧 내가 내 원수에게 보복하는 때까지 아무 음식물이든지 먹는 사람은 저주를 받을 것"(삼상 14:24)이라고 맹세하고 백성들에게 경계시킨다. 그리고 그 맹세로 인해 백성들을 지치게 만들고, 그의 맹세와 전혀 상관이 없는 아들 요나단의 생명까지도 위협하게 된다. 요나단은 사울의 맹세를 들은 바도 없기 때문이다. 요나단은 적들을 쫓으며, 허기가 져서 지팡이로 꿀을 찍어 먹고 눈이 밝아 새 힘을 얻어 적들을 쳤다. 그러나 불완전한 승리에 만족하지 못한 사울은 그 원인이 요나단에게 있음을 알고, 자신의 맹세대로 요나단의 생명을 희생시키려고 한다. 그러나 백성들이 기어이 사울을 만류하여 요나단을 구해낸다(삼상 14:24-46). 이 이야기는 흡사 입다의 이야기를 연상케 한다. 하나님의 명령을 떠나, 불순종의 길을 걸어가는 이스라엘의 초대 왕 사울을 통해 또다시 암울했던 그 시대가 살아나고 있음은 아이러니한 역사의 비정함이다. 사울이 왕이 될 때가 40세였고, 그리 오래지 않은 2년째부터 이렇게 그의 신앙에 금이 가기 시작하고 있다(삼상 13:1). 하나님과의 관계에 금이 가며, 사울 주변으로부터 사람들이 떠나가고 있다. 사울은 백성들의 신임을 잃었고, 황태자인 요나단을 죽이려고 함으로 그의 아들과도 소원해 진다.

두 번째 불순종은 아말렉과의 전투에서 나타난다. 사무엘이 사울에게 "여호와께서 나를 보내어 왕에게 기름을 부어 그의 백성 이스라엘 위에 왕으로 삼으셨은즉 이제 왕은 여호와의 말씀을 들으소서"라는 신탁을 전한다. 그 명령인 즉은 "아말렉을 쳐서 그들의 모든 소유를 남기지 말고 진멸하되(חרם 하람) 남녀와 소아와 젖 먹는 아이와 우양과 낙타와 나귀를 죽이라"는 '완전한 진멸'인 '헤렘'(חרם)75)의 명령이다. 역시 가장 강력하게 대두되는 것은 '하나님의 말씀,' 즉 '하나님의 명령'이다. 사울에게 만회의 기회가 주어진 것이다. 그러나 사울과 그를 따르는 백성들의 행동은 다른 방향을 향하고 있다.

사울과 백성이 아각과 그의 양과 소의 가장 좋은 것 또는 기름진 것과 어린 양과 모든 좋은 것을 남기고 진멸하기를 즐겨 아니하고 가치 없고 하찮은 것은 진멸하니라(חרם 하람)(삼상 15:9).

"그 나물에 그 밥"이라는 우리 속담이 있다. 서로 격이 어울리는 것끼리 짝이 된 것을 표현할 때 쓰는 말이다. 왕과 백성이 한통속이 되어 있다. 이들은 쓸모없는 것들만 진멸했다(חרם 하람). 즉, 자신들에게도 필요 없는 것은 하나님께 돌리고, 자기들이 보기에도 좋은 것은 자신들의 몫으로 챙긴다. 그리고 두 의견이 대립된다.

하나님이 사무엘에게 (삼상 15:11)	진실(15:12)	사울이 사무엘에게(15:13)
사울을 왕 삼은 것을 후회하노니 그가 돌이켜서 나를 따르지 아니하며 내 명령을 행하지 아니하였음이니라	사울이 갈멜산에 자신을 위한 기념비(손)를 세움	당신은 여호와께 복을 받으소서 내가 여호와의 명령을 행하였나이다

하나님은 'No'를 사울은 'Yes'를 이야기 한다. 분명 한 쪽은 거짓임에 틀림없다. 그 진실은 사울이 갈멜산에 세운 자신의 '기념비'(יָד 야드/손)에서 드러난다. '손'은 능력의 상징을 나타낸다.[76] 모세를 비롯한 이스라엘의 지도자들은 승리를 통하여 '여호와의 손'을 드러내는 삶을 살았다.[77] 그러나 사울은 '자신의 손'을 세움으로 백성들이 원했던 것과 같이 '열방의 왕들이 하는 행동'으로 나아가고 있는 것이다. 그들은 승리의 장소마다 자신들의 업적을 자랑하는 승전비를 세웠고, 매우 자주 패배한 뒤에도 승리한 것처럼 승전비를 세웠다. 사울은 이처럼 자신을 위한 일을 했을 뿐이다.

그럼에도 사울의 변명은 가장 좋은 것으로 여호와 하나님께 제사지내려고 하였다는 입에 발린 거짓말로 가득하다. 결국 사울의 불순종으로 인해 사무엘의 입에서 쏟아져 나온 말은 믿음의 본질인 예배를 설명하는 정수가 되었다: "여호와께서 번제와 다른 제사를 그의 목소리를 청종하는 것(שָׁמַע 쉐모아/듣는 것)을 좋아하심 같이 좋아하시겠나이까 순종(שָׁמַע 쉐모아/듣는 것)이 제사보다 낫고 듣는 것이 수양의 기름보다 나으니"(삼상 15:22). 그리고 불신앙의 본질을 설명한다. 거역하는 것은 점치는 죄와 같고 완고한 것은 사신 우상에게 절하는 죄와 같다는 것이다. 즉, 하나님을 향한 불신앙은 우상숭배와 같다는 것이다. 하나님의 말씀을 따르지 않는다는 것은 곧, 다른 무언가를 따라가고 있다는 결론이기 때문이다. 이는 이스라엘 지고의 정신인 '쉐마 이스라엘'(שְׁמַע יִשְׂרָאֵל 들으라 이스라엘아!)이라는 정신을 버린 것이다: "이스라엘아 들으라 우리 하나님 여호와는 오직 유일한 여호와이시니 너는 마음을 다하고 뜻을 다하고 힘을 다하여 네 하나님 여호와를 사랑하라."[78] '들으라'는 말은 곧 '순종하라'는 말과 일맥상통한다. 이와 같이 이스라엘은 하나님의 음성을 듣기 위하여 부름 받은 민족이다. 이 정신이 상실되면 존재의미가 없다. 사울을 향한 최종적인 심판은 "왕이 여호와의 말씀을 버렸으므로 여호와께서도 왕을 버려 이스라엘 왕이 되지 못하게 하셨다"라는 것이다(삼상 15:26). 그럼에도 사울의 마지막 변명은 왕에 대한 이념은 물론 하나님의 백성이 마땅히 나아가야 할 길을 완전히 무너뜨리고 있다.

사울이 사무엘에게 이르되 내가 범죄 하였나이다 내가 여호와의 명령과 당신의 말씀을 어긴 것은 내가 백성을 두려워하여(יָרֵא 야레/경외하다) 그 말을 청종하였음이니이다(שָׁמַע 샤마/순종하다) 청하오니 지금 내 죄를 사하고 나와 함께 돌아가서 나로 여호와께 경배하게 하소서(삼상 15:24-25).

왕에 대한 이념은 분명히 마지막 경고에서 울려 퍼지고 있다. 왕과 그 백성은 "여호와를 경외하고(יָרֵא 야레/두려워하다) 그 명령을 청종하는 것이다"(삼상 12:14-15). 그런데 왕이 여호와의 말씀을 경외하는 것이 아니라 사람을 경외(두려워)하여 그들의 말을 따른다.[79] 그리고 자신이 비록 범죄하였을지라도 그 사람들 앞에서 자신을 높여 달라고 사울은 사무엘에게 부탁하기까지 한다(삼상 15:30). 이제 더 이상 기대할 것이 무엇인가? 사울은 이처럼 중심이 상실된 사람, 정신이 무너진 사람이 되어 버렸다.

사울의 정신이 무너진 결과

그 결과는 심각한 현상으로 나타나기 시작한다. 하나님과의 관계가 무너졌을 때 발생하는 일이 연쇄적으로 벌어지는 것이다. 사울은 상실된 자신의 왕위를 지키기 위해 하나님의 영이 함께하는 새로운 인물인 다윗을 죽이려고 그의 후반부의 삶 전체를 낭비한다.[80] 그리고 그 다윗을 도왔다는 이유로 놉에 있는 제사장 가문을 멸족시킨다. 아이러니 한 것은 이방인 아말렉 족속에게는 하나님의 명령을 거역하고 완전한 진멸인 '헤렘'(חרם)을 실천하지 않고, 오히려 자신의 동족 제사장들에게는 잔혹하게 '헤렘'을 실천하는 악행을 저지른다: "제사장들을 쳐서 그 날에 세마포 에봇 입은 자 팔십 오명을 죽였고 제사장들의 성읍 놉의 남녀와 아이들과 젖 먹는 자들과 소와 나귀와 양을 칼로 쳤더라"(삼상 22:18-19). 이것은 사울의 추락을 더욱더 강조하는 요소가 되기도 한다. 그리고 무고한 기브온 거민 또한 살해한 것으로 보인다(삼하 21:1). 이방인과의 전쟁을 주도하기 위해 백성들에 의해 요구된 왕 사울은 하나님을 떠남으로 형제 살해의 길로 나아가고, 동족상잔의 비극을 일으키는 주범으로 변질되어 간다. 그리고 마침내 하나님께서 엘리 가문을 징계하신 것처럼 또다시 블레셋을 아벡으로 모으신다(삼상 4:1; 29:1). 엘리 가문처럼 (네 사람이 한 날에 죽음) 그 전투에서 사울과 그의 세 아들, 요나단, 아비나답, 말기수아가 한 날에 죽임을 당한다(삼상 31:2).[81] 그리고 그들의 죽음이 목표인 것처럼 죽었다는 단어가 수차례 강조되어 나타난다(사울 가문-삼상 31:2, 5, 6, 7, 8; 엘리 가문-삼상 4:11, 17, 18, 20, 21). 블레셋은 여전히 위협으로 남아있고, 사사시대는 아직도 진행 중이며 그것을 끊을 새로운 사람을 고대하고 있다.

사울의 실패가 모두다 전쟁터에서 벌어지고 있다는 사실은 우리가 깊이 숙고해야 할 부분이다. 승리를 장담할 수 없는 블레셋과의 전투 그리고 많은 이득이 눈앞에 펼쳐져 있는 아말렉과의 전투 이 두 가지는 우리 삶의 정황이기도 하다. 우리의 삶은 흡사 전쟁터 같으며 이 전쟁터가 바로 우리가 어떤 사람인가를 분별해 볼 수 있는 최적의 장소이다. 즉, 극렬한 믿음의 시험장인 것이다. 힘을 의지할 것인가? 하나님만 신뢰할 것인가? 사람들이 요구한(שאל 사알) 왕(삼상 12:13, 17, 19)인 '사울'(שאול)의 이름은 '사알'(שאל 요구하다)이라는 단어의 수동 분사형으로 '요구된 사람'이란 뜻을 가지고 있다.[82] 사울은 하나님께 물어도(שאל 사알) 응답지 않으시자(삼상 14:37; 28:6), 자신의 길을 사람들에게 묻는다(삼상 17:56; 19:22; 20:6). 심지어는 금지된 신접한 자를 찾아 죽은 자에게 묻기까지 한다(삼상 28장). 사람들에 의해 요구된 왕 사울은 결국 사람들의 요구에 맞추다가 그렇게 끝이 났다. 사사기는 아직도 진행 중이고 하나님은 아직도 자신의 마음에 맞는 사람을 찾고 계신다.

이렇게 이스라엘의 초대 왕 사울이 얽힌 과거의 이야기는 왕에 대한 수많은 교훈을 남기고 그 끝에 이르렀다. 이제 이런 불행한 과거는 새로운 미래에 길을 비켜 주어야 한다. 다시 쓰는 미래는 현재가 완전히 달라져야만 기대해 볼 수 있다. 그러므로 영원한 현재형인 시편으로 눈을 돌려볼 차례이다. 시편이 왕을 향한 간절한 기다림과 기도를 품고 있다는 점에서 달라질 미래를 기약해 볼 수 있다. 시편은 다윗이라는 왕의 이름이 등장하기 전에 왕이 걸어가야 할 길을 미리 강조하고 있다. 이점에서 사울의 실패를 극복할 수 있을 것이란 기대를 가져볼 수 있기도 하다. 그렇다면 시편이 고대하는 인간의 대표자인 왕은 어떤 사람인가?

4. 시편이 꿈꾸는 왕(시 2편)

사무엘서는 왕의 시작을 전하며, 왕조가 이스라엘 역사 속에 침투해 들어온 경로를 보여준다. 이것은 말 그대로 예기치 않은 불청객이었다. 엘리 가문, 사무엘 가문 그리고 사울 가문까지 연결되며 사사시대에서 왕정시대로의 전이가 일어났다. 사무엘은 모세의 시대를 재현하는 소명으로 출발했지만 결국에는 왕정으로의 요구를 막아내지 못하고, 새로운 인물을 기름 부어 왕으로 세우는 역할로 자신의 사명을 마감한다. 하나님은 사사들과 왕에게서 무엇을 기대하고 계신 것일까? 그것은 엘리 가문과 사울 가문에게 주어진 기대와 그 기대의 좌절에서 분명하게 드러나고 있다. 이 두 가문을 비교해 보면 하나님의 뜻을 선명하게 느껴볼 수 있다. 먼저, 엘리의 아들들이 죄악의 길을 걸어가며 권면과 경고 속에서도 돌이키지 않자 하나님의 사람을 통하여 다음과 같은 심판 선언이 주어진다.

그러므로 이스라엘의 하나님 나 여호와가 말하노라 내가 전에 네 집과 네 조상의 집이 네 앞에 영영히 (עוֹלָם 올람) 행하리라 하였으나 이제 나 여호와가 말하노니 결단코 그렇게 아니하리라 나를 존중히 여기는 자를 내가 존중히 여기고 나를 멸시하는 자를 내가 경멸히 여기리라(삼상 2:30).

이 영원함에 대한 약속은 엘리의 선조인 아론의 손자 비느하스가 우상숭배의 죄악에 빠진 이스라엘 사람들 앞에서 여호와의 열심을 드러냄으로 주어진 것이었다(민 25:10-13). 그러나 이제는 그 약속이 파기되었다는 것을 선언하신다. 그리고 하나님께서 기다리시는 인물이 어떤 사람인지를 말씀하신다.

> 내가 나를 위하여 충실한 제사장을 일으키리니 그 사람은 '내 마음, 내 뜻대로'(אֲשֶׁר בִּלְבָבִי 카아세르 빌바비) 행할 것이라 내가 그를 위하여 견고한 집을 세우리니 그가 나의 기름 부음을 받은 자 앞에서 영구히 행하리라(삼상 2:35).

하나님께서 세우시길 원하는 사람은 '그의 마음, 그의 뜻대로 행하는 사람'이다. 이것을 히브리어 원문 그대로 복원해 보면 '하나님의 마음을 따라서 사는 사람'이다. 즉, 하나님의 마음과 같은 마음을 가지고 행하며 살아가는 사람을 의미한다. 이것은 첫째로 하나님의 마음속에 있는 그 뜻이 무엇인지를 모른다면 결코 이루어 낼 수 없는 사명이다. 둘째로 그 하나님의 마음의 갈망을 자신의 갈망으로 받들지 못한다면 결코 행동할 수 없다. 엘리 가문은 이것에 실패한 것이다.

사울은 어떠한가? 사울이 불순종의 죄악을 저질렀을 때 하나님께서 사무엘을 통하여 심판의 말씀을 선언하신다.

> 사무엘이 사울에게 이르되 왕이 망령되이 행하였도다 왕이 왕의 하나님 여호와께서 왕에게 내리신 명령을 지키지 아니하였도다 그리하였더면 여호와께서 이스라엘 위에 왕의 나라를 영영히 (עוֹלָם 올람) 세우셨을 것이어늘(삼상 13:13)

여기서도 동일하게 '영원'이라는 말이 나타난다. 사울의 순종여부에 따라 영원한 언약이 내정되어 있었다. 즉, 사울이 엘리 가문의 선조인 비느하스처럼 하나님의 영원한 언약을 가능케 하는 기스 가문의 선조가 될 뻔한 것이다(삼상 9:1). 그러나 그의 실패는 영원으로 향하는 길목에서 장애에 부딪치고 만다. 그리고 다시 한번 하나님의 갈망이 표출된다.

지금은 왕의 나라가 길지 못할 것이라 여호와께서 왕에게 명령하신 바를 왕이 지키지 아니하였으므로 여호와께서 '그의 마음에 맞는 사람'(אִישׁ כִּלְבָבוֹ 이쉬 킬바보)을 구하여 그의 백성의 지도자로 삼으셨느니라 하고(삼상 13:14).

여기서도 역시 '하나님의 마음'이 등장하며, '그의 마음에 맞는 사람,' 즉 '그의 마음 같은 사람'을 찾으신다.[83] 이와 같이 하나님께서 찾으시는 사람은 언제나 동일했다. 하나님 마음에 맞는 사람이며, 하나님의 영원한 약속의 의미가 무엇인지를 분명히 깨달아서 그것을 이 땅위에서 현실이 되게 만드는 사람이다. 여기에서 '영원'이란 단어는 결코 '시간의 무한정한 연속'을 의미하는 것이 아니다. 인간이 영원하지 않다는 것은 자명한 사실이다. 그런 유한한 인간에게 영원한 약속을 주신다는 것은 하나님께서 그 가문에 계속적인 은총으로 함께하시겠다는 선언임에 틀림없다. 즉, 이것은 영원하신 하나님께서 함께하시는 것을 의미하는 표현일 것이다. 영원하신 하나님의 마음에 맞추는 사람, 그를 통해 드디어 무의미했던 일상이 영원에 일치되는 것이다. 하나님께는 그 사람이 사사이든, 제사장이든, 선지자이든 혹은 왕이든 상관이 없다. 그런데 인간의 생각은 이와 달라서 그들은 그 일을 이룰 사람이 반드시 왕이어야만 한다고 고집을 부린다. 하지만 그가 왕이든 한 사람의 자연인이든 상관없이 그 사람은 하나님의 중심(中心)을 따르는 사람이 되어야만 한다. 그렇다면 우선순위는 분명 그 중심의 갈망이 무엇인지를 아는 것이 될 것이다. 이제 새로운 미래를 향하여 나아가는 시편은 그 시작부터 여호와께서 세우시기를 원하는 왕이 어떤 존재인지를 분명하게 보여준다. 그리고 그와 함께 이루기를 원하는 미래를 제시하고 있다.

150편으로 이루어진 시편이 다윗의 기도로 시작하지 않는다는 점은 이미 언급하였다. 다윗이라는 이름이 들리기까지 우리는 두 편의 시편을 만나야 한다. 다윗과 함께 기도하기 위하여 필수적인 관문이기 때문이다. 시편 1-2편은 하나의 시편으로 볼 수도 있는데 그 이유는 '고리구조'(ring structure) 혹은 '인클루시오'(inclusio)를 통해 설명할 수 있다.[84] 시편 1편이 '복 있는 사람'이라는 말로 시작하고 있다는 것은 이미 살펴본 바이다. 이에 짝 맞추어 시편 2편은 '사람은 복이 있도다'라는 표현으로 그 결론에 이른다. 첫 번째의 복된 길은 여호와의 율법을 주야로 묵상하는 자의 삶이었다. 이제 다윗을 만나기 전 두 번째의 시편을 통해 복 있는 사람으로 마무리 할 수 있는 길을 살펴볼 필요가 있다.

[시 2편]
어찌하여 열방이 분노하며 민족들이 허사를 경영하는고
세상의 군왕들이 나서며 관원들이 서로 꾀하여
여호와와 그의 기름 받은 자를 대적하며
우리가 그 맨 것을 끊고 그 결박을 벗어 버리자 하도다
하늘에 계신 자가 웃으심이여 주께서 저희를 비웃으시리로다
그 때에 분을 발하며 진노하사 저희를 놀래어 이르시기를
내가 나의 왕을 내 거룩한 산 시온에 세웠다 하시리로다
내가 여호와의 명령을 전하노라
 여호와께서 내게 이르시되 너는 내 아들이라 오늘 내가 너를 낳았도다
내게 구하라 내가 열방을 네 유업으로 주리니
네 소유가 땅 끝까지 이르리로다
네가 철장으로 그들을 깨뜨림이여 질그릇 같이 부수리라 하시도다
그런즉 군왕들아 너희는 지혜를 얻으며
세상의 관원들아 너희는 교훈을 받을지어다
<u>여호와를 경외함으로(ירא 야레) 섬기고(עבד 아바드) 떨며 즐거워할지어다</u>

그 아들에게 입 맞추라
그렇지 아니하면 진노하심으로 너희가 길에서 망하리니
그의 진노가 급하심이라
여호와께 피(의지)하는 모든 <u>사람은 다 복이 있도다</u>

    시편 2편은 '하나님의 나라' 대 '세상 나라들' 그리고 '하나님의 왕권과 그가 세운 왕' 대 '세상 나라들의 왕들'의 대조를 보이며 진정한 왕권이 어디에 있는지를 보이고 있다. 이 시편이 보여주는 세상은 사무엘의 시대에 이스라엘 백성이 느꼈음직한 그 위기감을 동일하게 드러내는 듯 느껴진다. 세상의 힘은 너무 거대하게 다가오고, 하나님의 백성은 미약해 보이기만 하는 세상이 바로 그것이다. 이것은 시편 1편의 의인과 악인의 대조라는 개인적인 차원을 넘어서 이제는 집단과 집단, 나라와 나라라는 거대 공동체로 그 범위가 확대된 것이다. 세상의 군왕들과 관원들이 여호와와 그 기름부음 받은 자(왕)를 대적한다. 그리고는 그 맨 것을 끊고 그 결박을 벗어 버리자고 결탁한다. 하나님의 규율 아래 사는 것을 싫어하는 악인들이 이제 힘을 합하여 자신들의 힘을 내세우며 연합한 것이다. 이렇게 충돌하는 긴장관계 속에서 우리가 깨달아야 할 것은 우리에게는 어떤 해결점이 없고 오직 '여호와 하나님께 대한 배타적이고 전폭적인 신뢰의 경건'만이 유일한 대안이라는 점을 시편 2편은 말한다. 그 결론은 바로 "여호와께만 피난처를 두는 것"이다. 이 일을 가능케 하는 인물로 이 시편은 왕을 제시하고 있다.
    여기에 하나님께서 세우시기를 원하시는 왕에 대한 이념이 새롭게 살아나고 있다. 여호와께서 왕을 세우신다. 백성들의 동요나, 요청에 의해서 왕이 서는 것이 아니라 오직 하나님의 주권에 의해 왕이 선다. 이것이 올바른 시작이다. 아무리 사람에 의해 요청된 왕일지라도 "내가 나의 왕을 세웠다"라는 여호와의 주권이 가슴속에 살아 숨쉬는 사람은 하나님 앞에서 바르게 서있는 왕으로서의 역할을 감당할 수 있다. 그의 역할은 여호와 하나님의 마음의 소리를 듣고 그 명령을 바르게 전달하는 것이다. 그는 여호와의 말씀을 듣고 세상을 향하여 외친다: "(들으라) 내가 여호와의 명령을 전하노라." 그리고 자신의 정체성을 '하나님의 아들'로 당당하게 선포한다. 또한 이방 나라들을 포함한 이 세상 모든 것이 다 '자신의 소유'임을 전한다. 사울이 고작해야 아말렉에게서 빼앗은 수백 마리 짐승 떼에 눈이 멀어 이러한 고귀한 왕의 지위를 상실했다는 것은 통탄할 일이다. 이 시편은 사무엘서에서 사울을 왕으로 세우신 후에 여호와께서 왕도에 관하여 경고하셨던 것을 그대로 이루어 내는 삶을 강조한다.

보라 여호와께서 너희 위에 왕을 세우셨느니라 너희가 만일 <u>여호와를 경외하여 (ירא 야레) 그를 섬기며(עבד 아바드) 그의 목소리를 듣고 여호와의 명령을 거역하지 아니하며 또 너희와 너희를 다스리는 왕이 너희의 하나님 여호와를 따르면 좋겠지마는</u>(삼상 12:13-14).

시편 2편은 온 세상을 향하여 "여호와를 경외함으로(ירא 야레) 섬기라고(עבד 아바드)" 명령한다. 그런데 이 명령이 여호와께서 세우신 왕의 입을 통하여 이루어지고 있다는 것이 희망이다. 왕이 먼저 여호와를 경외함으로 섬기고, 나아가서는 세상을 향하여 동일한 길을 따를 것을 강력하게 선포하는 것이다. 그렇지 않으면 하나님의 진노하심이 급하심으로 길에서 망할 것이라고 경고한다. 이것은 왕의 소명과 사명이 살아나고 지켜지는 세상을 노래한다. 이런 왕이 선다면 세상은 또다시 새로운 희망을 가질 수 있다는 기대를 심어준다. 왜냐하면 그 왕과 함께 모든 사람들이 여호와께만 피하는 복을 누릴 수 있기 때문이다. 이렇게 시편 2편은 그 결론으로 '여호와께만 피하는 자,' 즉 '여호와만 의지하는 자'는 다 '복 있는 사람'이라고 한다. 이것은 세상의 힘이 더 강해 보이는 현실 속에서도(역사의 영역) 오직 여호와께만 자신의 신뢰를 두고 여호와 안에서 피난처를 찾는 사람 바로 그가 복 있는 사람이라는 것이다.

다윗이란 인물의 존재 의미를 이해하기 위해 사사시대를 이해해야 하듯이 다윗의 기도와 찬양을 바르게 이해하기 위해서는 시편 1, 2편의 이해는 필수적이다. 다윗의 삶과 사명의 길에 대한 고뇌와 간구는 시편 1, 2편을 통해 바른 방향을 향한다. 그러나 다윗이 필요한 시절이 되게 만든 사사시대는 시편 1, 2편에 역행하는 시대였을 것이 분명하다. 그러므로 사사시대의 암울한 상황은 다윗의 기도의 바탕이 된 시편 1, 2편을 통해 해결의 길로 갈 수 있다.

시편 1, 2편이 시편 전체의 얼굴로써 제시한 복된 삶을 사는 사람의 이미지는 다음과 같다. 첫째, 여호와의 율법, 즉 말씀과 동행하는 사람 그리고 둘째, 오직 여호와에게로만 피하는 사람의 이미지다.[85] 이 두 가지는 왕뿐만 아니라 하나님의 백성 어느 누구든지 지키고 이루어 나가야 할 사명인 것이다. 물론 그 선두는 왕이 이끌어야 하는 것이다. 이 두 가지가 선행될 때 우리는 다윗과 함께 기도하며 미래를 꿈꿀 수 있다.

5. 역대기로 사울을 보고 다윗을 기대하다(대상 10장)

사무엘서는 사울의 악한 행적이 삼상 13장에서 31장까지 거쳐 가며 기나긴 파노라마를 형성한다. 그러나 역대기서는 사울의 비참한 최후를 전하고 있는 사무엘상 31장을 각색한 단 한 장으로 그의 생을 축약해 버린다(대상 10장). '죄-심판-전쟁-죽음'이 한순간에 이루어진다. 마치

시편 2편의 경고가 현실이 된 듯한 인상을 풍긴다: "여호와를 경외함으로 섬기고…그의 아들에게 입 맞추라 그렇지 아니하면 진노하심으로 너희가 길에서 망하리니 그의 진노가 급하심이라"(시 2:12). 역대기는 결코 죄악 된 이야기를 길게 서술하지 않는다. 죄악과 그 죄에 대한 징벌이 신속하고, 철저하게 이루어짐으로 새 역사로의 사건의 전개가 역동성 있게 펼쳐진다.86)

역대기에서 사울은 블레셋과의 마지막 격전지인 길보아 산 위에 있다. 우리는 이 장소가 사울의 생명이 끊어지는 곳임을 이미 알고 있다. 하지만 이 곳에는 사울의 죽음을 알리는 것보다 반드시 전달해야 할 더욱 중요한 신학적인 요소가 있다. 사울의 죽음은 바로 이것을 강조하기 위하여 도입된 전주곡일 뿐이다. 때 이른 죽음이나 치유할 수 없는 질병에는 분명히 이유가 있다는 것이 역대기의 신학이기 때문이다. 그 이유는 다음과 같다.

사울이 죽은 것은 여호와께 '범죄하였기'(מעל 마알) 때문이라 그가 여호와의 말씀을 지키지 아니하고 또 신접한 자에게 가르치기를(דרש 다라쉬) 청하고 여호와께 묻지(דרש 다라쉬) 아니하였으므로 여호와께서 그를 죽이시고(대상 10:13-14a).

이 두 절도 안 되는 내용의 글이 한 사람의 일생이었다고 한다면 참으로 허탈한 것이다. 이스라엘의 초대 왕 사울 그의 묘비명은 안타깝게도 '범죄자'라는 문구로 치장된다. 자신이 세운 기념비(삼상 15:12)는 사라지고 범죄자란 낙인만이 남아있다. 역대기에서 어느 누구이건 범죄(מעל 마알)가 간과된 적은 결코 없다(대상 9:1; 대하 12:2; 26:18; 29:6; 30:7; 36:14). 이런 강력한 잣대는 이스라엘 초대 왕의 범죄가 결국 북이스라엘과 유다가 멸망한 원인과 동일하다는 점에서 더욱 그렇다. 그러므로 이러한 죄악은 새 시대를 위하여 신속하고, 가차 없이 제거되어야만 하는 것이다.

> 온 이스라엘이 그 계보대로 계수되어 그들은 이스라엘 왕조실록에 기록되니라 유다가 '범죄함으로'(מעל 마알) 말미암아 바벨론에 사로잡혀 갔더니(대상 9:1).

> 너희 조상들과 너희 형제(북이스라엘)같이 하지 말라 그들은 그의 조상들의 하나님 여호와께 '범죄하였으므로'(מעל 마알) 여호와께서 멸망하도록 버려두신 것을 너희가 똑똑히 보는 바니라(대하 30:7).

사울에게 있어서 그 구체적인 예는 두 가지로 축약된다. 첫째는 여호와의 말씀을 지키지 않은 것이고, 둘째는 여호와께 묻지 않고, 신접한 자에게 물었다는 것이다. '묻다'라는 뜻으로 쓰인 히브리어 동사 '다라쉬'(דרש)는 '구하다, 찾다, 조사하다'는 의미 또한 가지고 있다.[87] 즉, 여호와께 나아가는 것이며, 의지하는 삶을 뜻하는 것이다. 결국 이 두 가지는 이스라엘 왕도의 가장 기초가 되는 이념이기도 하다. 하나님의 명령을 따르는 것, 그리고 어떠한 역경 속에서도 하나님만을 신뢰하는 삶, 이것이 왕도이며, 백성들을 이끌어야 할 길이다. 시편 1편과 2편에서도 역시 동일한 것을 이야기하고 있다. 그것은 여호와의 율법을 지켜 행하는 것과 여호와께만 피하고 의지하는 것이다. 그러나 사울은 여호와의 말씀을 버렸고, 하나님이 아닌 신접한 자에게 피하여 의지하는 불신앙의 전형적인 모습을 보인다. 징계는 신속하고 눈 깜짝할 사이에 이루어졌다. 그리고 역사는 새로운 방향을 향하여 눈을 돌린다.

저를 죽이시고 그 나라를 이새의 아들 다윗에게 돌리셨더라(대상 10:14b).

드디어 기나긴 전주곡을 끝내고 마침내 우리는 이새의 아들 다윗이라는 이름을 듣는다. 흡사 시편 2편에서 "내가 나의 왕을 내 거룩한 산 시온에 세웠다"(2:6)라는 말씀처럼 이제 시온에서 여호와의 명령이 쏟아져 나올 그 시간을 기대하고 있다. 이는 그 왕의 입에서 선포되는 "내가 여호와의 명령을 전하노라 여호와께서 내게 이르시되"(시 2:7)라는 선언을 통해 입증된다. 이처럼 이새의 아들 다윗, 그는 하나님의 갈망과 사람들의 염원을 이룰 그 사람이 되어줄 것이라는 기대가 세상을 가득 메운다. 그에게 다다르기까지 얼마나 긴 시간이며, 긴 여정이었는지, 이미 기다림에 지쳐버렸는지도 모른다. 하지만 이제 또다시 지친 몸과 마음을 부여잡고 그와 함께 새로운 순례를 떠나는 것이 우리가 해야 할 최선의 길이다.

주석

50) Peter Miscall, "Moses and David: Myth and Monarchy," J. C. Exum and D. J. A. Clines (eds.), *The New Literary Criticism and the Hebrew Bible* (Pennsylvania: Trinity Press, 1993), 189쪽. 미스콜도 출애굽기는 구원사를 열어갈 인물인 모세의 탄생으로 시작하고 있는데 왜 사무엘서는 새 시대, 즉 왕조를 열어가는 인물인 다윗과 함께 시작하지 않는가에 의문을 제기하고 있다. Rolf Rendtorff, "The Birth of the Deliverer: 'The Childhood of Samuel' Story in Its Lireary Framework," *Canon and Theology: Overtures to an Old Testament Theology* (Edinburgh: T&T Clark, 1993), 141쪽. 렌트토르프는 왕으로의 전이를 바라보며 사무엘은 이스라엘이 기다렸던 그 리더가 아니었다고 본다.
51) '서원'(נֶדֶר 네데르)이란 단어는 사무엘하 15장 7-8절에 압살롬과 관련해서 두 번 더 나타나지만 일생의 헌신이나 희생과는 거리가 있는 듯하다.
52) '나실인 서원'(נֶדֶר נָזִיר 네데르 나지르)은 '나실인'을 뜻하는 '나지르'(נָזִיר)라는 단어가 '헌납하다, 봉헌하다, (신에게) 바치다, 구별하다 혹은 몸을 드리다'라는 뜻으로 사용되는 히브리어 동사 '나자르'(נָזַר)에서 유래된 것으로 보아 '신에게 바쳐진 사람 혹은 구별된 자'라는 헌신의 서원을 의미하는 것으로 보인다. 그 구체적인 서원의 규례는 민수기 6장에 나타나 있다: "포도나무에서 난 것은 아무것도 먹지 말 것, 머리카락을 깎지 말 것 그리고 죽은 자로 인해 몸을 더럽히지 말 것 등이다."
53) Susan Niditch, "The Wronged Woman Righted: An Analysis of Genesis 38," *HTR* 72 (1979), 143-149쪽.
54) 한나의 애절한 부르짖음이 우리 하나님의 탄식의 울부짖음이라고 생각하는 것은 불경스러운 것일까? 예레미야서 속에는 예언자 예레미야의 탄식과 여호와의 탄식이 분리할 수 없을 정도로 일체화 되어서 나타난다(렘 4:19-22; 8:18-22).
55) David Damrosch, *The Narrative Covenant: Transformations of Genre in the Growth of Biblical Literature* (Ithaca, New York: Cornell University, 1987), 189쪽, n. 7. "여호와를 알지 못한다"라는 표현은 창세기-열왕기하까지에서 오직 출애굽기의 바로왕과 사사기의 여호수아 이후세대인 이스라엘, 그리고 엘리의 두 아

들들에게만 적용되는 표현이다.

56) James Nohrnberg, *Like Unto Moses: The Constituting of an Interpretation* (Bloomington & Indianapolis: Indiana University Press, 1995), 342쪽.

57) John T. Willis, "Anti-Elide Narrative Tradition from a Prophetic Circle at the Ramah Sanctuary," *JBL* 90(1971), 288-308쪽; Klass A. D. Smelik, "Hidden Messages in the Ark Narrative: An Analysis of ISamuel iv-vi," K. A. D. Smelik (ed.), *Coverting the Past: Studies in Ancient Israelite and Moabite Historiography* (Leiden: Brill, 1992), 57쪽.

58) 이와 유사한 사건은 이스라엘 역사 속에서 여호와께서 자신의 도성인 예루살렘과 그의 성전이 이방인에 의해 짓밟히게 하실 때에도 동일하게 발생한다. 에스겔 선지자는 이를 여호와의 거룩한 이름이 여러 나라에서 더럽혀 졌다고 표현한다. 그리고 여호와께서는 자신의 더럽혀진 거룩한 이름을 위해서 회복을 이루실 것이라고 선언한다(겔 36:16-27). 이를 통해 볼 때 이러한 여호와의 패배는 의도적인 것으로 자신의 백성을 심판하기 위한 방편임을 살펴 볼 수 있다. 십자가 또한 인간의 죄로 인해 하나님께서 조롱과 멸시, 핍박을 받는다는 점에서 동일한 신학의 연결이라 볼 수 있다. 그리고 주의 부활은 짓밟힌 이름의 회복이요, 승리인 것이다.

59) John E. Harvey, "*Tendenz* and Textual Criticism in 1Samuel 2-10," *JSOT* 96(2001), 74-76쪽; Joseph Bourke, "Samuel and the Ark: A Study in Contrasts," *DS* 7(1954), 96-97쪽.

60) Nohrnberg, *Like Unto Moses*, 343쪽. 논버그는 블레셋에 억류된 법궤를 이집트에 강제로 억류되어 있는 이스라엘과 동일시 하기도 한다.

61) J. T. Willis, "Samuel versus Eli," *TZ* 13 (1979), 201-12쪽.

62) Frank Anthony Spina, "A Prophet's 'Pregnant Pause': Samuel's Silence in the Ark Narrative(1Sam. 4:1-7:2)," *HBT* 13 (1991), 59-73쪽.

63) Harvey, "*Tendenz* and Textual Criticism in 1Samuel 2-10," 76-77쪽.

64) Moshe Garsiel, *The First Book of Samuel: A Literary Study of Comparative Structures, Analogies and Parallels* (Ramat-Gan: Revivim Publishing House, 1985), 47쪽; Harvey, "Tendenz and Textual Criticism in 1Samuel 2-10," 77-78쪽. 이들은 사무엘서에 나타난 여호와의 왕권 거부를 민수기 11장에서 보여지는

이스라엘의 광야에서의 불평과 연계시켜 공통점을 연구한다.
65) 이은애, "시 93-100편의 야훼-왕 찬양시편의 구조와 역할,"「구약논단」 33 (2009), 73쪽. 주어가 앞서는 "야훼 말라크"(מָלָךְ יהוה)는 왕이신 여호와께 강조점이 들어가며 지속적인 의미인 "여호와는 왕이시다"라는 뜻으로 해석될 수 있고, 동사가 앞서는 "말라크 야훼"(יהוה מָלָךְ)는 어떤 행위의 시작을 강조하므로 "왕이 되셨다"라는 의미가 강하다.
66) Jae Gu Kim, *The Primary History(Genesis-Kings): A Two-Part Deuteronomistic Historiography* (Seoul: Emerging Books, 2008), 263-67쪽.
67) Garsiel, *The First Book of Samuel*, 45쪽. 가르시엘은 사무엘은 그의 전임자들인 모세, 아론, 여호수아 그리고 사사들이 보여주었던 여러 가지 다양한 리더십이 혼합된 형태를 취하고 있다고 본다: 선지자(삼상 3:7, 20-21), 사사(7:6, 15-17), 제의주관자(7:9, 17; 9:12-13; 10:8; 13:8-14), 종교적 리더(7:3-7; 12:23) 그리고 국가적이며 군사적인 리더(7장; 11:7; 12:11). John T. Willis, "Cultic Elements in the Story of Samuel's Birth and Dedication," ST 26(1972), 40-54쪽; John L. McKenzie, "The Four Samuels," *BibRes* 7(1962), 3-18쪽.
68) George W. Ramsey, "SAMUEL(Person)," D. N. Freedman (ed.), *ABD*, vol. 5 (New York: Doubleday, 1992), 956쪽. 사무엘 2장 35절에 "충실한 제사장을 일으키고 그를 위하여 견고한 집을 세우리라"는 말씀에도 불구하고 사무엘이 그 약속된 제사장이 되지 못한 이유가 바로 자식들을 바로세우지 못한 때문이라 본다.
69) 히브리어에는 '순종하다'라는 뜻의 단어가 없다. '말을 듣다'라는 숙어적 표현인 'שְׁמַע בְּקוֹל'(샤마 베콜)과 'שְׁמַע לְקוֹל'(샤마 레콜)이 히브리어 단어에는 없는 '순종하다'라는 뜻으로 자주 사용된다. 그리고 이스라엘 신앙의 정수인 '쉐마 이스라엘'(들으라 이스라엘; 신 6:4)은 하나님의 음성을 듣는 것이나 이제 인간의 말을 들으라는 반대의 길로 가고 있는 것이다.
70) "아내를 삼다"는 표현 속에 부드러운 뜻이 내포되어 있다: "자기들의 좋아하는 자로 아내를 삼는지라(לָקַח 라콰흐)"(창 6:2). 그리고 야곱에게 장자권과 축복권을 잃은 에서의 외침 속에 강력한 의미가 나타난다: "전에는 나의 장자의 명분을 빼앗고(לָקַח 라콰흐) 이제는 내 복을 빼앗았나이다(לָקַח 라콰흐)"(창 27:36).
71) 월터 브루거만(W. Brueggemann),『사무엘상·하(*First and Second Samuel*)』(차종순 역)(Int.; 서울: 한국장로교출판사, 2000), 110-11쪽. 브루거만은 인간왕권은

하나님의 유용성을 인간적 권력으로 대체하고, 심지어 하나님이 기능을 발휘할 수 없는 환경마저 발생시킬 위험이 있다고 본다(비교, 삼상 7:9 vs 8:18).

72) Garsiel, *The First Book of Samuel*, 47쪽; Dale C. Allison, Jr., *The New Moses: A Matthean Typology* (Minneapolis: Fortress Press, 1993), 31쪽.

73) 브루거만,『사무엘상·하』, 161쪽. 브루거만은 사무엘서가 다윗편향적인(pro-David) 책으로 묶여지기 전에는 사울편향적인(Saulide) 문서였을 가능성이 있다고 본다.

74) 송병현,『엑스포지멘터리 사무엘상』(서울: 국제제자훈련원, 2012), 200쪽.

75) '헤렘'(חרם)은 전시에 전리품을 하나도 남김없이 사람에서부터 짐승, 물건에 이르기까지 모조리 다 태워서 하나님께 올려 드리는 방식이나 혹은 개인적인 사용은 금지되고 하나님께만 구별되어 사용되어지는 물건을 뜻한다.

76) 김영진, "하나님의 손의 신학적 의미,"「구약논단」 15 (2003), 241-259쪽.

77) 이사야 63:12-13절에는 "그의 영광의 팔이 모세의 오른손을 이끄시며 그의 이름을 영원하게 하려 하사 그들 앞에서 물을 갈라지게 하시고 그들을 깊음으로 인도하시되 광야에 있는 말 같이 넘어지지 않게 하신 이가 이제 어디 계시냐"라는 구절이 등장한다. 여기서 '모세의 오른손'은 '여호와의 영광의 팔'이 드러나는 통로의 역할을 한다. 그러나 사울은 '여호와의 손'이 아닌 '자신의 손,' 즉 '자신의 능력'만을 과시한다.

78) Patrick D. Miller, *Deuteronomy* (Interpretation; Louisville: John Knox Press, 1990), 97쪽. 신명기에서 '쉐마 이스라엘'은 하나님의 직접 음성으로 십계명이 주어진 이후(5장) 모세에 의해 처음으로 이루어진 명령이며 그 이후에는 십계명을 지키는 구체적인 예들이 제시된다(12-26장). '쉐마 이스라엘'의 중요성은 신명기에서 '쉐마 정신'의 반복적 강조에 의해 잘 입증된다(신 6:12-15; 7:8-10, 16b; 8:11, 15, 19; 9:1; 10:12-13; 11:1, 13, 16, 18-22, 28b; 13:2-5, 6, 10, 13; 18:9; 26:16-17; 29:26; 30:2b, 6, 8, 10, 16-17).

79) Amos Frisch, "'For I Feared the People, and I Yielded to Them' (lSam 15,24)-Is Saul's Guilt Attenuated or Intensified?" *ZAW* 108(1996), 100쪽.

80) 랍비 조셉 텔루슈킨(Joseph Telushkin),『승자의 율법(*Jewish Wisdom*)』(김무겸 역) (서울: 북스넛, 2010), 123쪽. "사울이 '왕좌에 오르십시오.'라는 말을 들었을 때, 그는 숨어버렸다…반면, 사울이 '왕좌에서 내려오십시오.'라는 말을 들었을

때, 그는 자신의 뒤를 잇게 될 다윗을 살해하기 위해 그를 추적했다." 사람은 왕좌에 오르기 전에는 겸손과 두려움을 가지고 있었을지라도, 높은 지위에 오른 지금 누군가 "이제 그만 그 자리에서 내려오시오"라고 말한다면 참기 힘들 것이다. 오르는 것도 힘들지만, 그 지위를 포기하는 것은 훨씬 더 힘들기 때문이다. 이것이 인간적인 권력의 마력이다.

81) Garsiel, *The First Book of Samuel*, 102-106쪽.
82) Garsiel, *The First Book of Samuel*, 59쪽.
83) Garsiel, *The First Book of Samuel*, 101쪽
84) '고리구조'(ring structure)는 시작과 끝이 일치하는 것으로 출발선에서 보여주었던 사건이나 정황이 마지막 결론에서 다시 등장하며 해결국면을 이루는 구조를 뜻한다.
85) 김이곤,『시편 시문학의 신학』, 173-182쪽; 클린튼,『새로운 시편여행』, 19-62쪽; 피터슨,『응답하는 기도』, 37-49쪽.
86) Roddy Braun, *1Chronicles* (WBC 14; Waco, Texas: Word Books, 1986), xxxvii-xxxix. 다윗의 솔로몬을 향한 유언에 이미 응보에 대한 신학이 들어있다: "네가 만일 그를 찾으면 만날 것이요 만일 네가 그를 버리면 그가 너를 영원히 버리시리라"(대상 28:9). 그리고 이 유언의 효력은 곳곳에서 나타난다(대하 12:5; 15:2; 24:20). 특히 므낫세의 이야기는 유명하다. 그의 죄악에 대한 즉각적인 보응으로 그는 바벨론으로 끌려간다. 그리고 회개한 후에 다시 돌아와 왕위를 회복한다(대하 33:10-13).
87) 역대기에서 이 단어 '다라쉬'(דרשׁ)는 하나님을 따르는 삶을 평가하는 기준이 되기도 한다: 대상 21:30; 22:19; 대하 12:14; 14:4; 15:12; 18:7; 19:3; 20:3; 26:5(2번); 30:19; 31:21; 32:31; 34:3, 26.

제 3 장 _ 다윗이 수금을 들다: 다윗의 첫연주

1. 다윗, 그 중심이 다른 사람(**삼상 16:1-17:54**)
2. 다윗, 새 시대를 여는 사람(**삼상 17:56-18:30**)
3. 다윗, 하나님이 세운 왕
4. 시편이 다윗의 간구가 되다(**시 59편**)
5. 역대기에서 이스라엘의 목자 다윗을 만나다(**대상 11장**)

제 4 장 _ 광야에서 다윗이 수금을 조율하다

1. 다윗이 광야에서 길을 찾다(**삼상 21, 23, 24장**)
2. 토라가 왕도를 말하다(**창 12-22장; 37-50장**)
3. 다윗이 광야에서 길을 만들다(**삼상 19-23장**)
4. 시편으로 밟아가는 다윗의 광야 여정(**시 56편**)
5. 역대기의 다윗, 광야에서 하나님의 군대 장관이 되다(**대상 12장**)

제 5 장 _ 다윗이 연주하는 용서의 앙상블

1. 사울 살려주기(**삼상 24장**)
2. 나발 살려주기(**삼상 25장**)
3. 사울 또 살려주기(**삼상 26장; 삼상 27-삼하 5장**)
4. 시편으로 다윗과 함께 용서하기(**시 109, 139편**)
5. 역대기에서 연합을 연주하는 다윗(**대상 12장**)

제 6 장 _ 다윗이 켜는 법궤를 향한 행진곡

1. 웃사를 위한 장송곡(**삼하 6:1-11**)
2. 베레스웃사에서 바알브라심으로(**삼하 5:17-25**)
3. 다윗의 제사장 나라를 향한 춤사위(**삼하 6:12-23**)
4. 시편이 법궤를 갈망하다(**시 132편**)
5. 역대기에서 만나는 웃사와 다윗(**대상 13-16장**)

PART 2
다윗의 수금이 내는 천상의 선율

kinnor
David

제3장 다윗이 수금을 들다
: 다윗의 첫연주

여호와의 영이 사울에게서 떠나고 여호와께서 부리신 악령이 그를 번뇌케 한지라 사울의 신하들이 그에게 이르되 보소서 하나님께서 부리시는 악령이 왕을 번뇌케 하온즉 원컨대 우리 주는 주의 앞에 모시는 신하에게 명하여 수금 잘 탈줄 아는 사람을 구하게 하소서 하나님의 부리신 악령이 왕에게 이를 때에 그가 손으로 타면 왕이 나으시리이다 하는지라 사울이 신하에게 이르되 나를 위하여 잘 타는 사람을 구하여 내게로 데려오라 소년 중 한 사람이 대답하여 이르되 내가 베들레헴 사람 이새의 아들을 본즉 수금을 탈줄 알고 용기와 무용과 구변이 있는 준수한 자라 여호와께서 그와 함께 계시더이다(삼상 16:14-18).

    다윗의 등장은 사울의 통치가 끝난 후에 그 뒤를 이어서 나타나는 왕위계승의 절차를 따라 시작되지 않는다. 오히려 이미 기름 부음을 받고 통치의 절정을 달리고 있는 사울의 삶 속에, 새롭게 기름 부음 받은 자인 다윗이 끼어든 것이다. 이것이 다윗의 이야기의 많은 부분이 사울의 이야기와 서로 엉킬 수밖에 없으며, 심각한 갈등을 초래할 수밖에 없는 이유이다. 오직 하나님과 사무엘만이 다윗의 기름 부음의 진정한 의미를 알고 있으며, 역사의 방향을 보고 있다. 정작 사울은 자신의 왕위가 양도되어야 한다는 당위성을 받아들일 수 없었고, 다윗 또한 자신의 기름 부음 받음이 왕권을 위한 것이라는 사실은 까마득히 모르고 있다. 어쩌면 모르는 것이 자신의 삶을 살아가는데 더 나았을지도 모른다. 하지만 왕을 세우는 자에 의해서 새로운 왕으로 인준 받은 사람과 이미 왕권이 무효화 되었음에도 그 왕좌를 지키려고 안간힘을 쓰는 사람과의 기나긴 소모전은 시작되었다. 다윗의 출현은 이렇게 위험스런 정치적 긴장을 초래한다. 이것은 왕을 세우는 권위를 가진 사무엘조차도 두렵게 만드는 일이었다.

여호와께서 사무엘에게 이르시되 내가 이미 사울을 버려 이스라엘 왕이 되지 못하게 하였거늘 네가 그를 위하여 언제까지 슬퍼하겠느냐 너는 기름을 뿔에 채워 가지고 가라 내가 너를 베들레헴 사람 이새에게로 보내리니 이는 내가 그의 아들 중에서 한 왕을 예선하였음이니라 사무엘이 이르되 내가 어찌 갈 수 있으리이까 사울이 들으면 나를 죽이리이다(삼상 16:1-2a).

이 사실이 더욱 안타까운 이유는 '하나님의 나라'라는 숭고한 이상을 실현해야 할 사명을 지고 세움 받은 왕을 그 반대의 이유로 폐위해야만 한다는 사실 때문이다. 사람을 고르시고 그를 버리셔야만 하는 하나님의 아픔을 성경은 날카롭게 표현하는 법이 없다. 그로 인해 때로 하나님은 신랄한 오해의 대상이 되기도 하신다. 인간에 대한 연민과 사랑이 가득하신 분인데 그 감정표현의 절제 이유는 무엇일까? 감히 추측해 보기는 자신의 가치를 오용하는 인간의 교만을 염려하심이 아닐까! 하나님의 그 부모애마저 자신의 통제 아래 두려는 인간의 간악함을 익히 아시기 때문이라 여겨진다(창 4:24; 렘 3:4-5). 그럼에도 하나님의 숨겨진 아픔은 그의 마음을 대변하는 예언자를 통해 절규와 슬픔이 되어 이 땅에 분출된다. 하나님의 후회하심과 사무엘의 슬픔이 늘 하나 되어 나타나는 것이 그 증거이다.

내가 사울을 세워 왕 삼은 것을 후회하노니 그가 돌이켜서 나를 좇지

아니하며 내 명령을 이루지 아니하였음이니라 하신지라 사무엘이 근심하여 온 밤을 여호와께 부르짖으니라(삼상 15:11).

사무엘이 죽는 날까지 사울을 다시 가서 보지 아니하였으니 이는 그가 사울을 위하여 슬퍼함이었고 여호와께서는 사울로 이스라엘 왕 삼으신 것을 후회하셨더라(삼상 15:35).

하나님의 이 후회(ロҭ; 나함) 속에는 '슬픔, 탄식, 동정, 연민, 돌이킴'까지 들어가 있다. 그러나 이제는 마음을 돌려세워 다른 결심을 하여야만 하신다. 한 인간의 실패는 그의 실패로만 끝나는 것이 아니라, 결국 하나님의 실패로 연결될 것이기 때문이다. 모든 것이 끝장나지는 않았지만 또 다른 시작을 해야 한다는 안타까움이다. 그렇게 하나님의 계획은 다시 원점으로 돌아왔다. 끝내는 하나님의 계획이 이 땅에 서고야 말 것인데(렘 44:28) 그것을 늦추는 인간의 욕심과 어리석음이 무엇인지를 뼛속 깊이 되새겨볼 필요가 있다. 그리고 사울에서 다윗으로 넘어가는 왕권의 전이를 살피며 우리가 보아야 할 또 하나의 중요한 요소는 하나님의 계획안에 서 있는 사람의 모습이다. 그 사람에게 가장 우선적으로 요구되는 모습을 찾아내야 하는 것이다. 이것은 그 때에나 지금이나 동일하게 하나님 나라를 위하여 요구되는 삶의 길이기에 중요하다.

1. 다윗, 그 중심이 다른 사람(삼상 16:1-17:54)

이스라엘에 새로운 왕을 세우는 대단한 일이 비밀리에 행해진다. 아무도 알아서는 안 된다. 사울은 곳곳에 첩보원을 세워놓을 만큼 치밀한 인물이다(삼상 19:19; 22:6, 9; 23:13, 19; 24:1). 어느 누구도 그 자리를 넘볼 수 없고, 탈취할 수 없다. 이런 삼엄한 경계망 사이로 하나님의 섭리가 움직인다. 왕을 세우고 폐하는 것은 오직 하나님의 고유한 권한이다. 이스라엘 백성들에게 인간 왕을 세우는 것은 비록 '허용되었지만 승인할 수는 없는'(permitted-but-disapproved) 것임에도 불구하고 하나님은 직접 후보자를 물색하셨고, 지명하셨다.[88] 이제 사울이 그 정통성을 잃은 시점에서 하나님께서 다시 한 적임자를 찾으셨다. 바로 베들레헴 이새의 아들 중에서 한 왕을 보신 것이다. 사울 때에는 분명하게 한 사람을 지목해서 사무엘에게 데려오시고, "이가 내가 네게 말한 사람이다"(삼상 9:17)라고 지적해 주셨다. 이번에는 하나님께서 사무엘에게 이새와 그의 아들들을 제의 행사에 초청하라고 하신다.

스펙인가, 중심인가?

일곱 명의 아들들이 이새와 함께 참석하였고, 사무엘은 한 사람씩 앞으로 지나게 한다. 그러나 그 일곱 중에는 기름 부을 자가 없었다. 그럼에도 사무엘은 거의 하나님의 뜻을 거스를 실수를 저지를 뻔 하였다. 그는 이새의 장자인 엘리압을 보자마자 탄성을 내지른다: "여호와의 기름 부으실 자가 과연 주님 앞에 있도다"(삼상 16:6). 엘리압(אֱלִיאָב)은 첫째 아들답게 그 이름의 뜻인 "나의 하나님은 아버지시다"만으로도 가히 출중함이 느껴진다. 하지만 그는 왕의 그릇이 아니다. 이처럼 하나님의 예언자도 하나님과의 깊은 교제가 없다면 여느 사람과 다름없이 하나님의 뜻을 벗어나는 존재가 되고 말 것이다.

하지만 그 순간에 하나님의 음성이 사무엘에게 이른다. 들을 수 있는 귀가 있다는 것, 그리고 들은 것을 실천하는 용기가 바로 선지자와 대중을 가르는 갈림길이다. 우리는 여기서 사무엘과 함께 두 번째 왕을 세우시는 하나님의 비장한 결심을 깊이 새겨볼 필요가 있다.

그의 용모와 신장을 보지 말라 내가 이미 그를 버렸노라 나의 보는 것은 사람과 같지 아니하니 사람은 외모를 보거니와 나 여호와는 중심(לֵבָב 레바브/마음)을 보느니라(삼상 16:7).

"내가 이미 그를 버렸다"라는 말씀 속에는 단지 엘리압만 포함되는 것은 아닐 것이며, 분명 사울을 염두에 둔 선언이기도 할 것이다. 용모와 키는 이미 질리도록 보았다. 사울을 소개할 때면 어김없이 나타나는 것이 바로 이것이었기 때문이다. 다른 이들보다 머리 하나가 더 큰 위용으로 인해 외양이 출중한 사람, 그가 바로 사울이었다(삼상 9:2; 10:23). 그러나 그 겉모습이라는 것은 그보다 더 당당한 풍채를 자랑하는 사람 앞에서는 위축되고야 마는 그런 약점을 가진 것이다. 사울의 키가 그렇게 컸지만, 자신보다 더 큰 골리앗(여섯 규빗 한 뼘-약 280-290cm) 앞에서는 위축되고 두려워 떨며 숨을 수밖에 없었다(삼상 17:4). 이것이 바로 외양만 화려한 자가 안고 있는 한계이다. 그럼에도 우리가 살아가는 21세기는 이러한 외모지상주의가 더욱 기승을 부리고 있다. 우리 믿는 자들이 하나님의 말씀을 통해 경각심을 가져야 할 부분이 바로 이런 점이다. 겉을 치장하는 삶의 허점을 깨닫는 것이다. 어느 누구든지 자신의 외양의 화려함과 수려함을 자랑하며, 자부심을 드러내는 자는 결국 그보다 더한 미모 앞에서 무릎을 꿇고 마는 수모를 당할 때가 온다. 그로 인해 자존심 상하고 열등의식까지 느낄 수 있다. 그럼에도 외모를 꾸미는 것은 여기서 멈추지 않고, 사람의 삶 전체를 포장하기까지 한다. 결국 이것은 경쟁사회를 더 한층 가속화시키는 도구가 되기도 한다. 우리의 성공에 대한 개념도 마찬가지인데 화려한 스펙(spec)을 자랑하고 잘난 척 하지만 그 보다 더한 스펙을 자랑하는 사람 앞에 서면 또 초라해지고 만다. 이것이 겉만 화려한 삶의 종국이다.

그렇다고 성공과 성취를 무가치한 것으로 폄하하거나, 무시해서는 결코 안 된다. 우리가 주의해야 할 것은 성공과 성취에 너무 집중함으로 삶의 진정한 의미를 상실하는 어리석음이다. 성공과 성취에 현혹되지 말라. 우리 하나님은 그 보다는 중심, 즉 마음을 보신다. 눈에 보이는 결과보다는 비록 눈에 띄지는 않을지라도 과정을 더욱더 귀하게 여기신다. 즉, "하나님은 우리 삶으로 드러나는 구체적인 결과보다는 우리가 어떤 마음을 가지고 살아가는 가에 대해 더 관심을 가지고 계신다는 것을 뜻한다."[89] 이와 같이 겉으로 드러나는 모습의 허점과 약점을 아는 사람들은 마음, 즉 중심의 의미를 이해한다. 그래서 잠언서도 "무릇 지킬만한 것보다 더욱 네 마음을 지키라 생명의 근원이 이에서 남이니라"(4:23)고 강조하고 있는 것이다.

사람들은 사울의 위용에 놀랐다. 그리고 그것이 그의 자랑거리요 장점이 되었다. 열방을 대항해 전쟁을 치르기 위해서는 인간적 위용은 필수적이었을 것이다. 그러나 하나님께서 보시는 것은 마음이다. 사울은 겉모습과 속마음이 일치하지 않는 사람이었다. 이제 이새의 아들에게 모든 미래가 옮겨간다. 그런데 이새의 일곱 명의 아들들이 사무엘 앞을 차례차례 지나감에도 계속해서 울려 퍼지는 소리는 "이도 여호와께서 택하지 아니하셨다"(삼상 16:8, 9, 10)라는 거부이며, 그로 인해 긴장감은 더욱 고조된다. 더 이상 선보일 아들이 그 곳에는 없었다. 그러나 한 명의 아들이 더 있다는 사실에 사무엘은 안도의 한숨을 내쉰다. 막내아들, 아무도 눈여겨보지 않는 아이 그가 사무엘에게 인도되어 왔을 때 하늘의 음성이 들려온다: "이가 그니 일어나 기름을 부으라"(16:12b). 마침내 그 소년에게 기름이 부어지고 드디어 그의 이름이 이스라엘 역사 속에 처음으로 소개 된다: '다윗, 여호와의 영에 크게 감동된 사람'(16:13). 다윗은 이렇게 파란 많은 역사 속에 그의 모습을 드러낸다.

그런데 이런 일련의 상황들을 연속필름처럼 나열하면 한 가지 흥미로운 사실을 발견할 수 있다. 다윗이 기름 부음을 받는 상황이 사울의 그것과 너무도 흡사하다는 사실에 놀라게 된다.

	소년 사울(삼상 9-10장)	소년 다윗(삼상 16장)
1	내일 이맘때에 내가 베냐민 땅에서 한 사람을 네게 보내리니(9:16)	내가 너를 베들레헴 사람 이새에게로 보내리니 이는 내가 그의 아들 중에서 한 왕을 보았느니라(16:1)
2	그보다 더 준수한(טוב 토브) 자가 없고, 키가 모든 백성보다 어깨 위만큼 컸다(9:2)	그의 빛이 붉고 눈이 빼어나고 얼굴이 아름답다(טוב 토브) (16:12a)
3	암나귀들을 찾으러 갔다(9:3-4)	양을 지키고 있었다(16:11)
4	제사 지낼 때에 초청된다(9:12)	제사 지낼 때에 초청된다(16:5)
5	여호와께서 "이는 내가 네게 말한 사람이다"(9:17)	여호와께서 "이가 그이다"(16:12b α)
6	그에게 기름을 부으라(9:16)	일어나 기름을 부으라(16:12b β)
7	여호와의 영이 크게 임함(10:10)	여호와의 영에 크게 감동(16:13)
* 16:13 이 날 이후로 다윗이 여호와의 영에게 크게 감동되니라 * 16:14 여호와의 영이 사울에게서 떠나고 여호와께서 부리시는 악령이 그를 번뇌케 한지라		

모든 상황과 여건들이 섬뜩할 만큼 유사하다. 그렇다, 하나님은 늘 동일하게 역사하신다. 그 계획과 목적이 변함이 없으시기 때문이다. 그 과정이야 사명을 수행하는 각 사람에 따라 개인차가 존재하겠지만 그럼에도 목적이 변하는 법은 없기 때문이다. 늘 대두되는 질문은 그 동일하신 하나님께 누가 마음을 맞출 것인가라는 사실이다. 사울을 부르셨던 그 방

법 그대로 여호와께서 다윗을 세우셨다. 이 상징 속에 이미 다윗의 사명이 농축되어 있다. 하나님의 영에 속할 것인가, 아니면 악령에 끌려갈 것인가? 흡사 바울이 말한 '영에 속한 사람'(갈 5:22-23)과 '육에 속한 사람'(갈 5:19-21)의 갈림길이 바로 눈앞에 주어져 있는 것이다. 이 비교에서 비록 다윗의 외양이 사울처럼 설명되고 있긴 하지만 그것은 구체적인 그의 모습의 설명이라기보다는 그에게서 풍겨 나오는 이미지를 기술하고 있는 것이다. 이것은 또한 그의 내면으로 향하는 여행의 전초작업일 뿐이다.

양을 먹는 자인가, 양을 지키는 자인가?

한 가지 눈여겨보아야 할 비교 거리는 바로 그들이 무엇을 하고 있을 때 하늘의 인준을 받느냐는 사실이다. 사울은 "나귀들을 찾고 있을 때"이고 다윗은 "양들을 지키고(רעה 라아) 있을 때"이다. 이것 또한 우연은 아닐 것이다. 사울은 도망간 나귀를 찾다가 왕권을 찾았다. 그에 비해 양을 지키는 목자의 이미지가 백성을 이끄는 지도자나 왕도를 지칭할 때 자주 쓰인다는 사실이 다윗의 시작을 밝혀주고 있다. 이스라엘이라는 나라의 시작을 열어갔던 모세가 양을 치는 목자로서 양떼를 이끌고 하나님의 산 호렙에 이르렀다가 가시떨기 불꽃 가운데 임재하신 하나님을 만난다(출 3:1-6). 이것은 모세의 사명을 그대로 보여주고 있는데, 미래에는 그 양떼가 하나님의 백성인 이스라엘로 바뀌어 동일한 하나님의 산에서 자신이 만난 하나님을 그 백성들이 만날 수 있도록 중재하는 것이다. 비록 자신의 것이 아닌 맡겨진 양들이지만 어떻게든 더 좋은 풀밭으로 이들을 이끌며 자신의 책임을 다하는 자세는 사람들을 이끄는 지도자로서 반드시 갖추어야 할 자세이기 때문이다.[90] 에스겔서는 양 무리는 먹이지 않고 그 양을 잡아서 자신만 살찌우는 목자들, 즉 이스라엘의 지도자들을 강도 높게 비판하며, 그들을 징계하고 하나님 자신이 친히 그 목자 없는 양떼의 목자가 되실 것을 천명하신다(겔 34:1-16; 참조, 슥 10:2; 미 3:1-4). "여호와는 나의 목자시니 내게 부족함이 없으리로다"로 시작하는 시편 23편은 그 확실한 증거라 할 수 있다. 이사야서 또한 동일한 탐욕스런 목자들을 비판하고 있으며(사 56:11), 여호와께서는 타락한 이스라엘의 목자들을 버리고, 심지어 이방의 왕인 페르시아의 고레스를 '나의 목자'(사 44:28)로 부르시며 소명을 주신다. 예수님의 탄생은 이 모든 왕도의 완성이요 정점인 진정한 '이스라엘의 목자'(마 2:6)가 되시기 위함이며, 목자 없이 떠도는 양떼를 측은히 여기시고 그 품에 모으심으로 이 소명을 성취하신다(마 9:36; 요 10:11-16). 이처럼 양떼를 이끄는 목자의 이미지는 이스라엘의 왕도를 설명하는 최고의 비유이다. 이것은 양을 지키는(רעה 라아) 목동으로 자신의 책임을 다하고 있을 때 왕으로 기름 부음을 받은 다윗이(삼상 16:11-13) 마침내 이스라엘의 목자(רעה 라아)가 되며 이스라엘의 주권자가 되는 것(삼하 5:2)에서 명백하게 살펴볼 수 있다.[91] 이 모든 비교 속에서 다윗에 대한 기대감을 살펴볼 수 있다.

    기름 부음을 받은 후에 다윗이 드디어 공적인 삶에 그 모습을 드러낸다. 성경은 다윗이 어떻게 사울의 사람들에게 그 이름이 알려지게 되었는지에 대해서는 침묵하고 있다. 그렇지만 다윗의 명성은 숨길 수 없는 것이 되기 시작한다. 사울의 연소한 신하 중에 한 명이 다윗을 적극적으로 사울에게 추천하고 있는 말 속에서 우리는 다윗의 면모를 파악해 볼 수 있다: "내가 베들레헴 사람 이새의 아들을 본즉 수금을 탈 줄 알고 용기와 무용(איש מלחמה 이쉬 밀함마/전쟁의 사람)과 구변이 있는 준수한 자라 여호와께서 그와 함께 계시더이다"(삼상 16:18). 이 모든 용어들이 목동인 소년 다윗에게는 상당히 생소한 용어들임에 틀림없다. 그러나 이 속에는 다윗의 모든 미래가 다 들어가 있음을 살펴볼 수 있다. 악기를 연주하며 영적인 시를 읊는 사람, 전쟁에서도 물러서지 않는 용맹과 무용이 남다른 사람, 말로 사람들을 움직일 줄 아는 사람, 사람들이 그에게로 모여드는 준수한 사람, 그러나 그 근본은 자신이 아닌 하나님께 있는 사람, 바로 그가 다윗이다. 그는 목자에서 수금연주자로 그렇게 사울의 궁정에 첫 발을 내디뎠다. 다윗이 양떼를 치는 목자에서 이스라엘을 이끄는 왕으로 가는 그 선상에서 수금을 연주하는 것이다. 이처럼 수금은 다윗을 목동에서 왕으로 전환시키는 도구가 된다. 수금을 연주하며 시를 짓고, 찬양하며, 예배하는 다윗은 이스라엘을 동일한 길로 인도할 것이기 때문이다. 그리고 그것이 왕이 가야 할 길이다. 목자로서의 다윗은 양떼를 지키기 위해 사나운 짐승들을 몰아냈었다(삼상 17:34-35). 이제 수금연주자로서의 다윗은 악한 영에 사로잡힌 사울을 지키기 위해 악령을 몰아낸다. 그리고 이 소명이 이스라엘을 위해 발휘될 날을 기다리고 있다. 사람을 지키고 보호하는 것이 무기에 의한 것이 아니라 수금을 타는 것이라는 사실이 우리를 놀라게 한다. 하나님의 영이라는 선율에 자신을 맞추는 사람, 그를 통해 하늘의 곡조가 이 땅에서 완성되는 것이다. 이렇게 다윗은 혜성처럼 나타나 사울의 왕실에 이름을 드러내기 시작한다. 이러한 일련의 과정 또한 사울과의 비교에서 다윗이 가야 할 길이 비춰지고 있다는 점을 주시할 필요가 있다.[92]

	사울의 삼중적인 소개	다윗의 삼중적인 소개
1	비밀스러운 기름부음 (9:1-10:16)	비밀스러운 기름부음(16:1-13)
2	대중적인 환호(10:17-27)	대중들 앞에 모습이 나타남(16:14-23)
3	군사적인 승리(11:1-15)	?

사울이 이스라엘 백성들에게 공개적으로 소개되고 난 후에 즉각적으로 암몬족과의 전투가 벌어진다(삼상 11장). 이 전투는 사울이 왕으로서의 적법성을 지니고 있는지 아닌지를 판가름하는 중요한 사안이었다. 다윗 또한 그 과제 앞에 놓여져 있다는 것만큼은 너무도 분명하다. 그러나 다윗에게는 대중들에게 왕권을 인정받는 것이 아니라, 하나님 앞에서 그의 중심을 평가 받는 시점이라는 면에서 중요성이 있다. 이렇게 다윗도 사울처럼 전쟁의 한 복판에 서게 된다.

* 사울: "암몬 사람 나하스가 올라와서 길르앗 야베스를 대하여 진 치매"(삼상 11:1).

* 다윗: "블레셋 사람들이 그 군대를 모으고 싸우고자 하여 유다에 속한 소고에 모여 소고와 아세가 사이의 에베스담밈에 진 치매"(삼상 17:1).

그렇다면 위에 물음표(?)로 남겨둔 빈칸은 분명 '군사적 승리'일 것이다. 두 군사적인 접전은 암몬과 블레셋이라는 이스라엘 동과 서에 위치한 나라들이다. 그에 덧붙여 사울에게는 명성과 치욕을 안겨준 전투들이기도 하다. 사울이 암몬족과의 전투에서 대대적인 승리를 얻고 왕으로서의 정통성을 부여받지만, 그가 블레셋 앞에 부딪쳤을 때는 다른 모습을 보였다.[93] 긴장하고, 떨었으며, 스스로 제의를 집행하며, 성급하게 행동한다. 결국 블레셋을 진압하는데 실패하고, 하나님으로부터 왕으로서의 정통성까지 박탈당한다. 그 블레셋 앞에 지금 다윗이 서있다. 엄밀하게 이것은 다윗의 전쟁이 아니었다. 사람들이 열방과 같이 전쟁에 앞서 나가게 하기 위해 뽑은 왕인 사울이 치러야 할 전쟁인 것이다. 그러나 정작 사울은 이 전쟁에 얼굴도 내밀지 못하고 있다. 자신보다 더 큰 키를 자랑하며 장대한 외모를 과시하는 골리앗 앞에 사울은 모습조차 드러내지 못한다. 골리앗의 외모는 과히 위협적이다.

> **그 이름은 골리앗이요 가드 사람이라 그의 신장은 여섯 규빗 한 뼘이요 머리에는 놋 투구를 썼고 몸에는 어린갑(비늘 갑옷)을 입었으니 그 갑옷의 중수가 놋 오천 세겔이며 그의 다리에는 놋 각반을 쳤고 어깨 사이에는 놋 단창을 메었으니 그 창 자루는 베틀 채 같고 창 날은 철 육백 세겔이며 방패 든 자가 앞서 행하더라(삼상 17:4-7).**

골리앗, 오직 그의 겉모습 밖에는 알 수 없는 거인, 그리고 스스로 자신을 개로 폄하하는 아이러니를 지닌 인물(삼상 17:43), 끝내 자신의 칼에 목이 잘리고 마는 치욕적인 최후를 맞는 사람(삼상 17:51), 골리앗은 그렇게 껍질만 화려한 사람이다. 그가 40일을 조석으로 나와 이스라엘을 조롱한다(삼상 17:16). 40이라는 숫자가 사용된 것을 보면 아마도 더 이상 조롱할 수 없을 만큼 수치의 나락으로 떨어진 사울과 그 군대를 생각해 볼 수 있다. 그럼에도 사울과 이스라엘은 놀라고 두려워하며 그 앞에서 도망할 뿐이다(삼상 17:11, 24). 골리앗은 중심을 상실하고 껍질만 남은 이스라엘의 빈속에 엄청난 공포심을 쑤셔 넣고, 그 속에서 계속 울리게 한다. 하지만 여기 오직 한 가지 일념으로 가득 찬 사람이 있다. 하나님을 향한 열정과 질투심으로 가득한 다윗이다. 그의 속에는 오직 여호와의 말씀만이 공명(共鳴)하기에 골리앗의 폭력적이고 위협적인 언어가 들어갈 틈조차 없다. 오히려 골리앗의 오만방자한 조롱의 폭언을 들은 다윗은 "이 할례 받지 않은 블레셋 사람이 누구이기에 살아 계시는 하나님의 군대를 모욕하느냐"(삼상 17:26)라고 분노한다.

양을 지키는 목자 다윗

사울에게 불려갔을 때 다윗은 "그로 말미암아 사람이 낙담하지 말 것이라 주의 종이 가서 저 블레셋 사람과 싸우겠습니다"(삼상 17:32)라고 사울을 위로한다. 그러나 사울의 입에서는 정반대의 비교만이 흘러나오며 다윗이 그와 싸울 수 없다고 만류한다. 그 이유인 즉은 "너는 소년(נער 나아르)이요 그는 어려서부터 용사(איש מלחמה 이쉬 밀함마/전쟁의 사람)"이기 때문이다(삼상 17:33). 이것은 사울다운 비교이다. 그 속에 들어있는 것에 관계없이 겉으로 드러나는 것으로 모든 것을 판단해 버리는 어리석음이다. 하지만 다윗은 겉은 소년으로 보일지 모르지만 그 속내는 이미 골리앗에 버금가는 용사(איש מלחמה 이쉬 밀함마/전쟁의 사람, 무용)라고 소문이 자자하다(삼상 16:18). 그 다윗이 자신의 속에 있는 것에 관해 이야기 한다.

내가	주의 종이 아비의 양을 지킬 때에 사자나 곰이 와서 양떼에서 새끼를 움키면 내가 따라가서 그것을 치고 그 입에서 새끼를 건져 내었고 그것이 일어나 나를 해하고자 하면 내가 그 수염을 잡고 그것을 쳐죽였나이다 주의 종이 사자와 곰도 쳤은즉 살아 계시는 하나님의 군대를 모욕한 이 할례 받지 않은 블레셋 사람이리이까 그가 그 짐승의 하나와 같이 되리이다(삼상 17:34-36).
여호와께서	또 다윗이 이르되 여호와께서 나를 사자의 발톱과 곰의 발톱에서 건져내셨은즉 나를 이 블레셋 사람의 손에서도 건져내시리이다(삼상 17:37a).

'내가'라는 단어로 시작하지만 끝내는 '여호와께서'라는 뚜렷한 정체성이 드러난다. 자신의 힘과 능력으로 그리 된 것이 아니라 사건의 모든 순간

마다 여호와의 보호하시는 손길로 인하여 자신이 존재하고 있다는 자각이다. 이것은 다윗의 정체성뿐만 아니라 우리의 정체성이기도 하다. 다윗의 속은 이렇게 '여호와의 구원능력'으로 가득하다. 그리고 이런 그의 충만함으로 인하여 마침내 사울의 입에서 "가라 여호와께서 너와 함께 하시기를 원하노라"(삼상 17:37b)는 공명(共鳴)이 울리게 한다. 두려움도 공명되지만, 용기도 공명된다. 어떤 사람과 함께 있느냐에 따라 울리는 내용이 달라진다. 사울은 두려움을 공명시키고, 다윗은 용기와 담대함을 공명시킨다. 그 중심에 다른 것이 있기 때문이다.

이제 골리앗과의 맞대결이 초읽기에 들어갔다. 다윗은 모르지만 우리는 그 승부의 결과를 분명하게 알고 있다. 다윗이 이겼고, 골리앗이 죽었다. 그러나 그 결과보다 더욱 중요한 것이 있다. 그 결과가 있게 한 요인이다. 사울의 외관을 꾸며주었던 군복과 놋 투구, 갑옷과 칼 따위는 다윗에게 어울리지 않는다. 적에게 과시하려고 남의 것을 빌려 쓸 수야 없지 않은가? 막대기와 물맷돌 다섯 개, 여호와께서 사자와 곰의 발톱에서 다윗을 구하는데 늘 유용하게 쓰셨던 도구들, 그것이면 족하다. 각 사람의 체질 따라 역사하시는 하나님을 찬양할 뿐이다(시 103:14). 다윗의 손에 쥐어진 칼이 아닌 막대기를 본 골리앗은 늘 하던 대로 비웃으며 저주한다. 그러나 다윗의 입에서는 이 땅에 발을 디뎌본 신앙인이라면 반드시 가슴에 품어야 할 바로 그 신앙고백이 쏟아져 나온다.

> 다윗이 블레셋 사람에게 이르되 너는 칼과 창과 단창으로 내게 오거니와 나는 만군의 여호와의 이름 곧 네가 모욕하는 이스라엘 군대의 하나님의 이름으로 네게 가노라 오늘 여호와께서 너를 내 손에 붙이시리니 내가 너를 쳐서 네 머리를 베고 블레셋 군대의 시체로 오늘 공중의 새와 땅의 들짐승에게 주어 온 땅으로 이스라엘에 하나님이 계신 줄 알게 하겠고 또 여호와의 구원하심이 칼과 창에 있지 아니함

을 이 무리에게 알게 하리라 전쟁은 여호와께 속한 것인즉 그가 너희를 우리 손에 붙이시리라(삼상 17:45-47).

다윗의 하나님을 향한 고백 속에는 계속해서 잊지 말아야 할 표현이 들어가 있다. 그것은 바로 '살아 계시는 하나님'이다(삼상 17:26, 36). 인생을 살아가며 수시로 잊고 사는 것이 바로 이 부분이다. 흡사, 하나님이 안 계신 것처럼, 음부의 세계에 묶여 계신 것처럼, 그렇게 오직 고통의 문제만 바라보며 절망할 때가 많다. 그러나 다윗은 '살아 계시는 하나님'을 고백했고, 확신했다. 그 결정체가 바로 이러한 절대적 신앙고백인 것이다. 전투의 결과인 골리앗의 패배, 죽음은 단 한 절뿐이다(삼상 17:49). 그러나 하나님께 대한 신앙고백은 전체의 이야기를 감싸고 있다. 그 고백의 결정체는 바로 자신의 삶으로 오직 "온 땅으로 이스라엘에 하나님이 계신 줄 알게 하겠다"는 신념, 바로 그것이다. 다윗은 칼과 창의 위력을 결코 무시하는 것이 아니다. 그는 살아계신 하나님의 구원하심이 칼과 창에 있지 않으며, 전쟁은 오직 여호와께 속했다는 믿음과 신뢰의 우선권을 선언하고 있는 것이다.

이것이 사울과 다윗의 차이점이다. 블레셋과의 접전에서 백성들이 흩어지자 일주일을 기다리지 못하고 성급히 나서는 사울, 그에게 전쟁은 사람의 숫자에 속한 것이었으며, 무기의 첨단화에 속한 것이었다(삼상 13:11, 19-22). 사울과 다윗, 그들은 청동기문명에서 철기문명 시대로 나아가는 세계사의 대전환기에 서 있었다. 인간이 추구하는 철기문명 시대의 첨단화에 사울은 앞장서 나간다. 그러나 그는 여호와를 잃었다. 하지만 다윗은 그 공간을 오직 살아계신 여호와로 가득 채우고, 하나님께서 주신 것을 손에 잡는다. 막대기와 물맷돌이 비록 보잘 것 없지만 최첨단 무기로 중무장한 골리앗을 칼 한번 뽑아보지 못하게 하고 쓰러지게 만든 하나님의 도구였다: "다윗이 이같이 물매와 돌로 블레셋 사람을 이기고 그를 쳐 죽였으나 자기 손에는 칼이 없었더라"(삼상 17:50). 이렇게 다윗은 자신의 중심을 하나님의 중심에 맞추는 사람이었다. 즉, 문명사의 발전에 맞추는 것이 아니라 믿음에 맞추는 삶이었다. 그러할 때 보잘 것 없던 이스라엘 군대가 '만군' 즉, 하나님이 최고 지휘관이 되시는 천군이 되는 것이다.

세 단계에 걸친 다윗의 등장, 즉 비밀스런 기름 부음, 사울의 궁정에서의 나타남, 그리고 군사적인 승리를 통한 인정, 이 세 곳에서 공통적으로 나타나는 다윗의 모습이 있다. 그것은 바로 목자로서의 그의 역할이다(삼상 16:11, 19; 17:15, 34-36).[94] 기름 부음 받을 때 그는 양을 치고 있었고, 사울이 궁정으로 부를 때에도 이새에게 양 치는 다윗을 자신에게로 보내라고 명령하고, 마지막으로 블레셋과의 전쟁터로 갈 때에 다윗은 베들레헴에서 그의 아버지의 양을 치고 있었다. 다윗은 양을 지키기 위해 사자와 곰을 때려 눕혔던 것을 기억하며 골리앗이 반드시 쓰러질 것을 확신한다. 결국 골리앗은 하나님의 양떼인 이스라엘을 괴롭히는 한 마리 포악한 들짐승처럼 다윗의 손에 그렇게 죽어갔다. 왕으로 기름 부어 세워질 때, 수금을 탈 때, 전시의 상황 속에서도 다윗은 목자의 삶을 계속하고 있다. 이것은 왕은 어떤 상황 가운데서도 양 떼를 돌보는 목자라는 사실을 결코 잊지 말라는 교훈일 것이다. 이 다윗을 통하여 분명 새로운 일이 이루어질 것임을 짐작해 볼 수 있다.

2. 다윗, 새 시대를 여는 사람(삼상 17:56-18:30)

성경을 읽노라면 때로 이해할 수 없는 상황이 전개된다. 내용이 어려워서가 아니라 문맥의 연결과 흐름에서 분명히 무언가 잘못되었다는 느낌, 그것이 읽는 이의 심정을 답답하게 할 때가 있다. 사울과 다윗의 삶이 복잡하게 뒤얽혀 있는 이야기 속에 이러한 모순 된 사건이 하나 펼쳐진다. 사울이 다윗을 인식하지 못하는 사건이 바로 그것이다.

사울의 망각인가, 의도적 부인인가?

이 사건 전에 사울과 다윗은 이미 깊은 친밀감과 유대감을 가지고 있었다. 사울은 소년 다윗을 만나 골리앗과의 전투에 임하는 그의 신념을 들었으며, 또한 자신의 투구, 갑옷과 칼까지 다윗에게 맞추어 보았다(삼상 17:38-39). 그것뿐인가? 이미 그 전에 사울은 다윗을 자신의 정신적인 발작을 멈추게 하는 영적인 수금 연주자로 발탁하였고, 그가 맘에 들어 자신의 생명까지 내맡길 수 있는 병기 든 자를 삼았었다(삼상 16:14, 21). 장수와 그의 병기 드는 자와의 밀접한 관계는 성경의 곳곳에서 나타나는 이야기를 통해 분명하게 드러난다(삿 9:54; 삼상 14:1-15;31:4; 삼하 18:15;23:37).⁹⁵⁾ 그런데 다윗이 골리앗을 무찌른 뒤부터 사울은 이 끈끈한 관계를 뒤로하고, 모든 기억이 상실된 듯이 다윗을 한 번도 부딪힌 적조차 없는 생면부지(生面不知)의 사람처럼 대한다.

> 다윗이 블레셋 사람을 향하여 나감을 사울이 보고 군장 아브넬에게 묻되 아브넬아 이 소년이 뉘 아들이냐 아브넬이 이르되 왕이여 왕의 사심으로 맹세하옵나니 내가 알지 못하나이다 하매 왕이 이르되 너는 이 청년이 누구의 아들인가 물어보라 하였더니 다윗이 블레셋 사람을 죽이고 돌아올 때에 블레셋 사람의 머리가 그의 손에 있는 채 아브넬이 그를 사울 앞으로 인도하니 사울이 그에게 묻되 소년이여 누구의 아들이뇨 다윗이 대답하되 나는 주의 종 베들레헴 사람 이새의 아들이니이다(삼상 17:55-58).

어느 누가 보아도 모순일 것 같은 이런 상황을 영감 받은 저자가 몰랐다고 볼 수는 없다.[96] "그가 모르는 것을 우리는 안다"라는 현학적인 자만은 금물이다. 명백한 모순 속에 숨어있는 깊이 있는 섭리 그것이 하나님의 말씀이 가진 신비이다. 그러나 그것을 올바르게 풀기까지 이렇게 뒤얽힌 문맥들은 의문점으로 남아있다. 다윗이 골리앗을 죽이는 사건, 이것은 단순한 대결의 승리나 전쟁의 승리 정도가 아니다. 두 사람의 인생이 교차되는 역전의 순간이다. 한나의 기도처럼 높은 자가 낮아지고, 낮은 자가 높아지는 순간이다(삼상 2:8). 한 사람은 앎의 세계로 다른 사람은 무지의 세계로 향하고 있다. 역사의 새로운 국면이 펼쳐지고 있는 것이다. 그런데 그 새로운 역사를 무지로 장식함으로써 무효화시키려는 움직임이 있다. 이 소년이 하나님께서 새롭게 세우신 사울 자신보다 나은 이웃이 될 인물이라면(삼상 15:28) 사울 자신의 시대는 끝난 것이다. 사울은 모든 것을 모르는 것으로 치부하려 한다. 그리고 사울과 다윗의 삶에 갈림길이 펼쳐진다.

'안다'와 '모른다'라는 관계의 차이로 인해 야기되는 결과에 대하여 이스라엘은 이미 전형적인 경험을 가지고 있다. 그것은 이집트와 출애굽이라는 대사건과 깊이 연루되어 있다. 이집트에서의 이스라엘은 바로 왕의 '안다'와 '모른다'로 인한 뼈아픈 경험이 있다. 먼저 출애굽은 요셉이라는 인물과 긴밀한 관계가 있다. 용모가 준수하고(האר 토아르/빼어나고; 창 39:6), 하나님의 영(אלהים רוח 루아흐 엘로힘; 창 41:38)에 감동되고, 지혜로운(חכם 하캄; 창 41:39) 그의 존재로 인해 이스라엘이 이집트에 거주하게 되었고, 또 그의 부재로 인해 이스라엘은 고통의 나락에 빠지기도 한다. 이 극적인 기쁨과 고통의 대립선상에 바로 왕이 서 있다. 그리고 이스라엘뿐만 아니라 이집트는 물론이요 세계가 동일한 기쁨과 고통의 상반된 체험을 하게 된다.

◼ 요셉을 아는 바로(창 41:38-45)

바로가 그 신하들에게 이르되 이와 같이 하나님의 영(רוּחַ אֱלֹהִים 루아흐 엘로힘)이 감동한 사람을 우리가 어찌 얻을 수 있으리요 하고 요셉에게 이르되 하나님이 이 모든 것을 네게 보이셨으니 너와 같이 명철하고 지혜 있는 자(חָכָם 하캄)가 없도다 너는 내 집을 치리하라 내 백성이 다 네 명을 복종하리니 나는 너보다 높음이 보좌뿐이니라 바로가 또 요셉에게 이르되 내가 너를 애굽 온 땅의 총리가 되게 하노라 하고 자기의 인장 반지를 빼어 요셉의 손에 끼우고 그에게 세마포 옷을 입히고 금 사슬을 목에 걸고 자기에게 있는 버금 수레에 그를 태우매 무리가 그의 앞에서 소리 지르기를 엎드리라 하더라 바로가 그에게 애굽 전국을 총리로 다스리게 하였더라 바로가 요셉에게 이르되 나는 바로라 애굽 온 땅에서 네 허락 없이는 수족을 놀릴 자가 없으리라

(바로와 이집트가 구원을 받음; 창 47:23-26)

요셉이 백성에게 이르되 오늘날 내가 바로를 위하여 너희 몸과 너희 토지를 샀노라 여기 종자가 있으니 너희는 그 땅에 뿌리라 추수의 오분 일을 바로에게 상납하고 사분은 너희가 취하여 토지의 종자도 삼고 너희의 양식도 삼고 너희 집 사람과 어린 아이의 양식도 삼으라 그들이 이르되 주께서 우리를 살리셨사오니 우리가 주께 은혜를 입고 바로의 종이 되겠나이다 요셉이 애굽 토지법을 세우매 그 오분의 일이 바로에게 상납되나 제사장의 토지는 바로의 소유가 되지 아니하여 오늘날까지 이르니라

◼ 요셉을 모르는 바로(출 1:8-10)

요셉을 알지 못하는(לֹא־יָדַע 로-야다) 새 왕이 일어나 애굽을 다스리더니 그가 그 백성에게 이르되 이 백성 이스라엘 자손이 우리보다 많고

강하도다 자, 우리가 그들에게 대하여 지혜롭게 하자 두렵건대 그들
이 더 많게 되면 전쟁이 일어날 때에 우리 대적과 합하여 우리와 싸
우고 이 땅에서 나갈까 하노라

물론 요셉을 '인식하는 바로'와 '모르는 바로'는 각각 정확한 이름이 미지수로 남아 있으며, 시대적으로도 현저하게 차이가 있는 왕들이다. 그럼에도 그들의 명칭이 동일하게 바로로 통칭되며 요셉이라는 인물에 대한 견해차로 인해 역사의 갈림길에 선다는 의미에서 이 비교는 중요성을 가지고 있다. '하나님의 영'(רוּחַ אֱלֹהִים 루아흐 엘로힘)이 함께하는 요셉의 탁월함을 알고 인정한 바로는 자신의 권위를 상징하는 인장반지까지 요셉에게 맡긴다(세마포 옷, 금 사슬, 버금수레 또한 동일한 권위를 상징).[97] 그로 인해 자신은 물론, 자신의 집안, 신하들, 그리고 이집트 전역 심지어는 근동 지역의 모든 사람들은 물론이요 짐승들까지 생명을 이어갈 수 있는 삶의 길이 열렸다. 그러나 그 요셉으로 인하여 이집트에 존속하게 된 이스라엘이 자신에게 공포의 대상이 된다는 것을 간파한 또 다른 바로는 요셉과의 관계를 청산한다. 그것이 무지에서 기인한 것이든, 혹은 애써 외면하는 것이든지, 그 결과는 동일하다.[98] 두려움이 외면이 되고, 관계를 더욱 더 단절의 세계로 몰아간다. 결국 모른다는 사실로 인해 이집트는 점점 파멸의 길로 향하게 된다. 그런데 이 길을 사울 왕이 그대로 따라가고 있다.

사울 왕과 다윗의 관계 또한 끈끈한 만남으로 시작하여, 점점 소원한 단절의 관계로 나아간다. 사울 왕은 물론 온 이스라엘까지 용모가 준수하고(תֹּאַר 토아르; 삼상 16:18), 여호와의 영(רוּחַ־יְהוָה 루아흐-야훼; 삼상 16:13)이 함께하며, 지혜롭게 행하는(שָׂכַל 사칼; 삼상 18:5) 다윗의 존재로 인하여 유익을 얻는다.[99] 그러나 그의 부재는 사울과 이스라엘을 고통

의 나락에 떨어지게 한다.

■ 다윗을 아는 사울(삼상 16:18, 21-23)
내가 베들레헴 사람 이새의 아들을 본즉 수금을 탈 줄 알고 용기와 무용과 구변이 있는 준수한(תאר 토아르) 자라 여호와께서 그와 함께 계시더이다 하더라…다윗이 사울에게 이르러 그 앞에 모셔 서매 사울이 그를 크게 사랑하여 자기의 병기 든 자를 삼고 이새에게 사람을 보내어 이르되 청컨대 다윗으로 내 앞에 모셔 서게 하라 그가 내게 은총을 얻었느니라 하니라 하나님께서 부리신 악령이 사울에게 이를 때에 다윗이 수금을 들고 와서 손으로 탄즉 사울이 상쾌하여 낫고 악령이 그에게서 떠나더라

(사울과 이스라엘이 구원을 받음; 삼상 17:51-52)
다윗이 달려가서 블레셋 사람을 밟고 그의 칼을 그 집에서 빼어내어 그 칼로 그를 죽이고 그의 머리를 베니 블레셋 사람들이 자기 용사의 죽음을 보고 도망하는지라 이스라엘과 유다 사람들이 일어나서 소리 지르며 블레셋 사람을 쫓아 가이와 에그론 성문까지 이르렀고 블레셋 사람의 상한 자들은 사아라임 가는 길에서부터 가드와 에그론까지 엎드러졌더라

■ 다윗을 모르는 사울(삼상 17:55; 18:7-8, 12-15)
사울은 다윗이 블레셋 사람을 향하여 나감을 보고 군사령관 아브넬에게 묻되 아브넬아 이 소년이 누구의 아들이냐 아브넬이 이르되 왕이여 왕의 사심으로 맹세하옵나니 내가 알지 못하나이다(אם־ידעתי 임-야다티)

여인들이 뛰놀며 창화하여 이르되 사울의 죽인 자는 천천이요 다윗은 만만이로다 한지라 사울이 이 말에 불쾌하여 심히 노하여 이르되 다윗에게는 만만을 돌리고 내게는 천천만 돌리니 그의 더 얻을 것이 나라 밖에 무엇이냐 하고

여호와께서 사울을 떠나 다윗과 함께 계시므로 사울이 그를 두려워한지라 그러므로 사울이 그로 자기를 떠나게 하고 그를 천부장으로 삼으매 그가 백성 앞에 출입하며 다윗이 그의 모든 일을 지혜롭게 (שׂכל 사칼) 행하니라 여호와께서 그와 함께 계시니라 사울은 다윗이 크게 지혜롭게(שׂכל 사칼) 행함을 보고 그를 두려워하였으나

    사울은 '여호와의 영'(רוּחַ־יְהוָה 루아흐-야훼)이 함께하는 다윗을 통하여 자신의 고통이 완화되며, 다윗을 깊이 사랑하고 아끼기 시작하고, 그의 옆을 떠나는 것조차 꺼려하며 붙들어 두려한다. 그리고 자신의 권위를 상징하는 군복, 투구, 갑옷, 칼까지 다 내어 줄 수 있었던 다윗을 통하여 그 자신은 물론, 그의 집안, 그의 백성들까지 생명을 지키는 큰 구원을 경험하게 된다. 그러나 다윗이 자신의 정치적인 행보에 걸림돌이 될 정도의 두려움을 가져다주는 존재가 되는 전환점에 이르자 관계는 단절되기 시작한다.[100] 강대해져가는 이스라엘로 인해 자신의 나라, 왕위의 안전을 두려워했던 바로처럼, 사울 또한 날로 대단해져 가는 다윗으로부터 자신의 자리를 지키기 위해 다윗과의 관계를 청산한다.

사울의 관계 청산 이유

    이처럼 바로와 사울이라는 인물의 비교를 통해서 얻을 수 있는 결론은 여러 가지가 있다. 먼저, 어떤 사람에게 하나님께서 함께 하신다는 것을 알아보는 안목이 있을 때 우호적인 만남의 관계로 접어든다. 그리고

자신이 그 만남에서 힘과 권위에서 우위를 점하고 있고, 전적으로 도움을 받을 때는 쉽게 친밀함이라는 '앎의 관계'로 나아가지만, 자신이 상대방으로 인해 위축되고, 공포로까지 나아갈 수 있는 두려움이 촉발되기 시작하면 '안다'라는 관계를 청산하고 '모른다'로 전향한다(아브넬의 '모르는 상태'가 바로 사울의 상태이다). 심지어 오히려 안면이 없었을 때보다 더 잔혹하게 그를 대하기 시작한다.

요셉을 아는 바로 (창 39:6; 41:38-45)	다윗을 아는 사울 (삼상 16:18, 21-23; 17:51-52; 8:14-15)
① 창 39:6 요셉 용모가 빼어나고 (תֹּאַר 토아르) ② 창 41:38 하나님의 영에 감동 ③ 창 41:39 지혜가 있는 자	① 삼상 16:18 다윗 준수한 자 (תֹּאַר 토아르) ② 삼상 16:13, 18 여호와의 영에 감동 ③ 삼상 18:5, 14-15 지혜로움
바로, 이집트 구원(창 47:23-26)	사울, 이스라엘 구원 (삼상 16:23; 17:51-52)
요셉을 모르는 바로 (출 1:8-10)	다윗을 모르는 사울 (삼상 17:55; 18:7-8, 12-15)
① 출 1:8 바로, 요셉을 알지 못하는 새 왕 ② 출 1:9 우리보다 많고 강하도다 ③ 출 1:10 지혜롭게 하자, 두렵건대 우리와 싸우고, 나갈까 하노라(나라의 파경에 대한 두려움)	① 삼상 17:55 사울, 다윗을 알지 못함 ② 삼상 18:7 사울은 천천, 다윗은 만만 ③ 삼상 18:8 불쾌하고 노하여 그가 더 얻을 것이 나라 말고 무엇이냐(두려워함; 삼상 18:12, 15)
대결과 경쟁으로 나감	대결과 경쟁으로 나감

이러한 출애굽적인 요소에 대한 유비관계는 친밀함이 아닌 두려움의 대상이 되어버린 존재를 제거하려는 방법론에서 바로와 사울이 같은 길

을 걸어가고 있다는 점에서 더욱 분명하게 드러난다. 바로는 수적으로 날로 번성해가며 강대해지는 이스라엘로 인해 두려움을 느끼기 시작하고 자신의 지혜(חכם 하캄)를 동원해 이 성장을 막으려 한다(출 1:10). 이스라엘과 이집트의 수적비교인 "이 백성 이스라엘 자손이 우리보다 많고 강하도다"(출 1:9)는 바로의 두려움을 잘 표현하고 있으며, 심지어 공포심이 되어 이스라엘의 씨를 근절시키려는 동기로 작용한다. 사울 또한 자신과 다윗의 수적 비교인 '천천이요 만만'이라는 비교와 더불어 날로 그 명성이 상승하고 있는 다윗으로 인해 불쾌감을 넘어서는 두려움을 느끼고, 그를 제거하려는 계획을 진행해 나간다.[101] 이들의 계획은 각기 세 단계를 취하고 있는데 그 유사성 또한 현저하다.

	바로의 계획	사울의 계획
첫째	○방법: 개인적인 시도(출 1:11) 감독들을 그들 위에 세우고 그들에게 무거운 짐을 지워 괴롭게 하여 그들에게 바로를 위하여 국고성 비돔과 라암셋을 건축하게 함 ● 결과(출 1:12) 그러나 이스라엘은 학대를 받을수록 더욱 번성하여 퍼져나감으로 이집트인들이 이스라엘 자손으로 말미암아 근심함	○방법: 개인적인 시도(삼상18:10-15) 사울이 다윗을 죽이려고 두 번이나 창을 던지고 실패하자 자신의 면전에서 떠나게 하여 백성의 천부장을 삼고 백성 앞에서 행하게 함 ● 결과(삼상 18:16) 온 이스라엘과 유다가 자신들 앞에서 출입하며, 지혜롭게 행하는 다윗을 보고 점점 더 사랑하게 됨
둘째	○방법: 비밀스럽게 타 민족을 통해 (출 1:15) [102] 애굽 왕이 히브리 산파 십브라와 부아에게 해산을 도울 때 아들이면 죽이고, 딸이면 살리라고 명령함	○방법: 비밀스럽게 타 민족을 통해 (삼상 18:17-30) 사울이 다윗을 블레셋 사람들의 손을 이용해 죽이려고 다윗에게 자신의 사위가 되려면 신부 지참금으로 블레셋 사람 포피 백 개를 원한다고 함

	● 결과(출 1:19) 산파들이 히브리 여인은 애굽 여인과 같지 않고 건장하여 산파가 가기 전에 해산하였다 함 * 산파들이 여호와를 두려워함(אֵרָ 야레)	● 결과(삼상 18:27, 30) 다윗은 오히려 블레셋 사람 이백을 죽이고 포피 이백 개를 가져다주고 사울의 사위가 된다. 그리고 블레셋 사람들이 싸우러 나올 때마다 다윗이 사울의 신하보다 더 지혜롭게 행함으로 그의 이름이 심히 귀하게 됨 * 사울이 다윗을 더욱 두려워함(אֵרָ 야레)
셋째	○ 방법: 온 백성을 동원(출 1:22) 바로가 모든 백성에게 명령하여 아들이면 나일 강에 던지고 딸이면 살리라고 함	○ 방법: 온 백성을 동원(삼상 19:1) 사울이 그의 아들 요나단과 모든 신하에게 다윗을 죽이라고 말함
	● 결과(출 2:1-10) 모세가 탄생하고, 결국은 바로 자신의 딸에 의해 나일 강에서 구원되어, 자신의 왕궁에서 이스라엘의 구원자가 자라게 됨	● 결과(삼상 19:2-17) 다윗을 구원하기 위하여 사울의 아들 요나단과 딸 미갈이 적극적으로 나서게 되고, 결국 미갈이 다윗의 탈출을 돕는다.
이러한 시도의 결과로 모세와 다윗이 궁중에 당당하게 입성하게 된다는 공통점이 이야기의 아이러니이다. 모세는 바로의 왕자로, 다윗은 사울의 사위로, 그렇게 자신들을 제거하려는 사람의 품속으로 더 깊숙이 파고든다.**103)**		

이상의 비교를 통해 하나님께서 세운 사람이나 혹은 하나님의 계획을 인식하느냐, 그렇지 않느냐에 따라서 벌어지는 상반되는 역사의 흐름을 뚜렷이 살펴볼 수 있다. 다윗이 골리앗이라는 블레셋 사람을 죽이는 사건, 이것은 단순한 대결의 승리나, 전쟁의 승리 정도가 아니다. 다윗과 사울, 두 사람의 인생이 상승과 추락이라는 상반된 길을 걷는다는 점에

서 삶이 교차되는 역전의 순간이다.[104] 사무엘서 전체를 떠받치고 있는 '한나의 기도'(삼상 2:1-10)처럼 "높은 자가 낮아지고, 낮은 자가 높아지는 순간"이다(삼상 2:8).[105] 이 거시적 구조(사무엘서 전체)와 미시적 구조(사울과 다윗)의 극적인 교차점에서 모순 같은 이 이야기는 사울과 다윗의 관계의 단절을 미리 암시하고 있는 본문으로 작용하고 있으며, 두 사람의 운명이 뒤바뀌는 시점을 표시하는 의도적인 문학적 기교인 것이다. 한 사람은 '앎의 세계'(순종)로, 다른 사람은 '무지의 세계'(불순종)로 향하며, 역사의 새로운 국면이 펼쳐지고 있는 것이다. 그런데 사울은 이 새로운 역사를 무지로 위장하여 무효화 시키려 한다. 모든 것을 모르는 것으로 묻어 버리려는 것이다. 그리고 마치 바로가 요셉과의 관계에 따라 생명이나 파멸로 나아가듯이, 다윗과 사울의 삶에 갈림길이 펼쳐지며 각각 생명과 죽음이라는 길로 향하여 나아간다.

사울에서 다윗으로

사울이 다윗을 인식하지 못하는 사건이 보여주는 이러한 이념적인 의미는 이 사건이 차지하는 중심적인 역할에서도 분명히 드러난다. 이 사건을 가운데 두고 한 쪽에는 사울의 불순종이 다른 쪽에는 사울의 죽음을 향하고 있다. 다윗을 부정하는 사울의 의미는 곧 하나님의 심판과 징계라는 뜻을 철저하게 무시하겠다는 사울의 거부권이라 할 수 있다. 사울은 불순종으로 하나님에 의해 왕좌에서 폐위되었음이 선포되었다. 그러나 그는 이러한 자신의 운명을 받아들일 생각이 없다. 즉, 하나님의 심판을 받을 생각이 전혀 없는 것이다. 그 증거가 바로 중심에서 다윗을 죽이려고 하는 행동이며, 그 행동은 다윗을 모르는 존재로 치부하는 것으로부터 시작된다.

블레셋의 골리앗과의 전투가 사울과 다윗의 이러한 갈림길의 출발선이 된다. 사울은 블레셋과의 전투에서 비록 부분적이지만 승리를 얻었음에도 전쟁의 이념에 실패함으로 사울의 나라가 길지 못할 것이란 심판을 받았다. 이제 다윗이 블레셋과의 전쟁에서 이념적인 승리를 이루어냄으로 사울의 나라에서 다윗의 나라로의 전이가 시작된다. 이에 대한 분명한 증거는 수수께끼 같은 한 구절을 통해 더욱 선명하게 드러난다. 소년 다윗이 블레셋의 맹장 골리앗을 죽이고 승리의 함성 소리가 높이 울려 퍼질 때 그 마감으로 "다윗은 그 블레셋 사람의 머리를 예루살렘으로 가져가고 갑주는 자기 장막에 두니라"(삼상 17:54)는 구절이 등장한다. 분명 시대착오적인 발상이다. 아직 예루살렘은 여부스 족의 수하에 있고, 이스라엘은 여호수아 시대부터 이때까지 예루살렘을 점령한 적이 없다. 이 도성은 다윗이 남과 북을 통일한 후 온 이스라엘의 왕으로 기름 부음을 받고 나서야 자신의 용사들을 거느리고 탈환한 곳이다(삼하 5:6-10). 그런데 다윗이 골리앗의 머리를 전리품으로 예루살렘에 두었다는 것은 온 이스라엘의 왕으로 나라를 다스릴 미래를 현재로 투영한 것이 될 것이다. 그러므로 골리앗을 죽이고, 블레셋을 쳐부순 이 전투는 단순한 전쟁 이야기가 아니라 사울과 다윗의 운명이 갈라지며, 사울의 나라에서 다윗의 나라로 전이되는 역사의 분기점이라는 것이다. 바로 이러한 역사적 전환점에서 사울이 다윗을 인식하지 못하는 사건이 전개되고 있다는 것은 이 두 사람의 운명의 갈림길을 선명하게 보여주기 위한 문학적인 방식이 된다. 이것을 기점으로 사울은 다윗과의 관계를 경쟁과 대립의 관계로 규정하고 그를 척박한 광야로 몰아간다.

위에서 제시된 '바로 왕-모세'와 '사울 왕-다윗'의 비교는 인간의 지혜와 하나님의 지혜의 대결구도를 그대로 간직하고 있는데 하나님의 뜻과 관계없이 살아가는 왕들로 인해 겪게 되는 수난을 보여주고 있다. 안타까운 현실은 계속해서 이스라엘은 이방인에 의해서가 아닌, 동족에 의해서, 심지어는 자신들이 세운 왕에 의해서 고통의 나락으로 빠진다는 점이다. 하지만 삶의 아이러니는 이러한 수난이 결국은 새로운 시대로의 전환을 위한 해산의 진통이었음을 살펴볼 때 고통과 수난의 새로운 가치를 발견할 수 있다. 다윗의 수난은 이렇게 절망이 아닌 새 시대를 향하고 있다. 특히 사울이라는 거대한 걸림돌이 버티고 있을지라도 그 시대가 희망이 있는 것은 지금 모세의 시대가 재현될 그 순간에 와 있기 때문이다. 다윗은 이런 우주적인 희망을 양어깨에 짊어진 사람이다.

3. 하나님이 세운 왕 다윗

다윗은 가깝게는 사울을 대신한다. 그의 부름과 소명, 그리고 이스라엘 앞에 나타나기까지의 과정은 사울이 걸어갔던 길을 그대로 차근차근 밟아가고 있다. 그러나 그에게서 풍겨 나오는 향취는 사울의 그것과는 다르다. 다윗은 사울이 남겨둔 공백을 하나씩 메워가며 새로운 출발을 향하여 나아간다. 그리고 그것은 결국 모세의 시대를 재현하는 것이라는 거대한 과업 앞으로 그를 인도하고 있다. 이것은 다윗이 사울로 인해 겪는 일련의 고난들이 모세라는 인물을 탄생시키기 위한 여정과 동일함을 살펴볼 때 더욱 분명해진다.

이스라엘 왕의 우선적 과제: 블레셋과 아말렉

모세는 두 가지의 거대한 과제를 남겨두었다. 원래는 사울이 풀어야 할 숙제였으나, 그에게는 그것을 해결 할만한 중심이 없었다. 이제 그 숙제가 고스란히 다윗에게로 넘겨졌다. 이것을 풀어가는 그의 태도가 이스라엘의 미래를 좌우할 것이며, 그를 사람이 세운 왕이 아닌 하나님이 세우신 왕이 되게 하는 길을 열어줄 것이다. 모세의 출애굽 시대에 미래의 과제로 남겨둔 두 과제 중 그 첫 번째는 다음과 같다.

바로가 백성을 보낸 후에 블레셋 사람의 땅의 길은 가까울지라도 하나님이 그들을 그 길로 인도하지 아니하셨으니 이는 하나님이 말씀하시기를 이 백성이 전쟁을 보면 뉘우쳐 애굽으로 돌아갈까 하셨음이라(출 13:17).

하나님께서는 출애굽 한 이스라엘의 상태를 아셨기에 블레셋과의 대결을 피하게 하셨다. 이것은 언젠가 어느 누군가는 이 블레셋과 결전을 벌여야 하며 이들에게 승리를 얻지 못하고는 결단코 약속의 땅을 제대로 차지할 수 없으리라는 것을 짐작케 한다. 이는 블레셋이라는 이름이 계속적으로 약속의 땅과 연결되어 나타나는 것을 통해서 쉽게 알 수 있다(출 23:31; 수 13:2, 3). 그리고 사사기에 계속적으로 나타나는 블레셋이라는 명칭으로 이들과의 전투가 얼마나 치열한 공방전인지를 살펴볼 수 있다(삿 3:3, 31; 10:6, 7; 13:1, 5). 심지어 삼손은 이들에게 죽임을 당하고 단 지파는 그 땅에서 쫓겨난다(삿 14-16장). 엘리와 사무엘, 사울의 시대에 이 블레셋은 더욱 기승을 부린다. 그리고 여호와께서 사무엘을 통해 사울을 기름 부어 지도자로 세우신 이유가 바로 블레셋으로부터의 구원이다: "너는 그에게 기름을 부어 내 백성 이스라엘의 지도자를 삼으라 그가 내 백성을 블레셋 사람들의 손에서 구원하리라 내 백성의 부르짖음이 내게 상달되었으므로 내가 그들을 돌아보았노라"(삼상 9:16). '출-애굽'은 이제 '출-블레셋'으로 대체되었고, 이 과업은 사울을 넘어 또 다른 인물을 기다리고 있다.[106]

두 번째 과제로 넘어가면 우리는 이스라엘 역사 속에 끈질기게 그 자리를 차지하고 있는 또 다른 한 종족과 부딪친다.[107]

여호와께서 모세에게 이르시되 이것을 책에 기록하여 기념하게 하고 여호수아의 귀에 외워 들리라 내가 아말렉을 도말하여 천하에서 기억함이 없게 하리라…여호와께서 맹세하시기를 여호와가 아말렉과 더불어 대대로 싸우리라 하셨다 하였더라(출 17:14, 16).

너희가 애굽에서 나오는 길에 아말렉이 네게 행한 일을 기억하라 곧 그들이 하나님을 두려워하지 아니하고 너를 길에서 만나 너의 피곤함을 타서 네 뒤에 떨어진 약한 자들을 쳤느니라 그러므로 네 하나님 여호와께서 네게 기업으로 주어 차지하게 하시는 땅에서 네 하나님 여호와께서 사방에 있는 모든 적군으로부터 네게 안식을 주실 때에 너는 천하에서 아말렉에 대한 기억을 지워버리라 너는 잊지 말지니라(신 25:17-19).

아말렉을 쳐야 하는 이유는 하나님을 두려워하지 않고, 약한 사람들을 약탈하는 야비한 이들의 속성을 심판하기 위한 것이다. 이 아말렉은 사사 시대에도 계속해서 이스라엘을 괴롭히는 종족으로 그 악명을 높였다(삿 3:13; 5:14; 6:3, 33; 7:12; 10:12). 그리고 사울에게 아말렉이란 이름을 천하에서 그 기억조차 못하게 하라는 명령이 내려졌다.[108] 그러나 사울은 이 명령도 이루어 내지 못했다. 두 가지 사명에 전적으로 실패하고 만 것이다.

다윗의 블레셋과의 전투

다윗이 블레셋을 어떻게 무찔렀는지에 대해서는 이미 다루었다. 여기서 언급하고 넘어갈 것은 다윗과 골리앗의 대결은 단지 한 대표자의 정면 승부만을 의미하는 것은 아니라는 사실이다. 소년 다윗과 어려서부터 용사인 골리앗, 이들의 외형의 비교는 바로 이제 막 왕정으로의 걸음

마를 시작한 이스라엘과 이미 탄탄한 왕조를 건립하고 인류 문명사를 주도하고 있는 블레셋이라는 나라의 비교인 것이다. 전쟁은 칼과 창이라는 문명의 우위에 달려 있는 것이 아니라 만군의 하나님이라는 살아계신 천지의 창조주께 달려 있다는 것을 자각하고 있는 다윗과 이에 무지한 사울은 그 갈 길이 다른 사람들이다. 다윗의 승리는 오직 하나님으로 인해 가능한 것이었다.

사울이 아말렉과의 전쟁에서 승리했음에도 패배가 될 수밖에 없었던 이유는 전적으로 하나님의 명령에 대한 불순종 때문이며, 전리품에 대한 욕심 때문이었다. 블레셋과의 전투를 성공리에 끝마친 다윗에게 남은 과제는 이제 사울이 이루지 못한 이 아말렉에 대한 숙제를 어떻게 풀어 가느냐에 달려있다. 다윗의 이야기 속에 아말렉과의 전투가 한번 나타나고 있다는 것은 이 과업의 중요성을 입증하는 것이다(삼상 30장). 왜냐하면 이 일이 비교의 관건이 될 것임은 두말할 필요도 없이 분명하기 때문이다. 아말렉과의 전투가 사울의 죽음 바로 직전에 나타나는 사건이라는 점에서 다윗의 블레셋 골리앗과의 전투 그리고 아말렉과의 전투는 사무엘상에서 사울의 실패를 대체하는 효과를 보이고 있다. 이 두 전투의 구조적인 위치가 그것을 입증하고 있는 것이다.

사울이 두 번의 불순종으로 인해 왕좌에서 폐위되었다는 선고를 받고, 마침내 그가 전쟁터에서 전사할 때까지 긴 시간이 흘러가는데, 그 과정 속의 모든 사건들이 바로 다윗의 블레셋과의 전투와 아말렉과의 전투로 감싸여져 있다. 결국 다윗의 이야기는 사울이 실패한 두 전쟁을 성공적으로 수행한 것으로 대체되어 있는 것이다. 그리고 사울의 죽음 바로 직전에 아말렉과의 전투에서 신앙의 승리를 이룬 사건을 보도함으로 사울이 죽기 전에 그를 대신하는 새로운 왕이 섰음을 알리고 있는 것이다.

사울의 실패 (두 번의 순종)	A. 블레셋과의 전투(삼상 13-14장) -두려움과 전쟁은 사람의 숫자에 달린 것으로 생각 -사울의 나라가 길지 못할 것 선언(13:14) A'. 아말렉과의 전투(삼상 15장) -전리품에 대한 탐욕 -사울이 왕좌에서 폐위됨을 선언(15:26)	두 번의 불순종은 죽음의 길로
다윗의 성취 (두 번의 순종으로 감싸여짐)	A. 기름 부음과 블레셋과의 전투(삼상 16-17장) -전쟁은 하나님께 속한 것이란 확신의 믿음 B. 중심: 다윗의 광야여정(삼상 18-29장) -왕도를 배움 A'. 아말렉과의 전투(삼상 30장) -전리품에 관한 하나님 나라의 법을 만듦	↓ ↓ ↓
사울의 죽음	길보아 전투에서 사울과 세 아들 전사(삼상 31장)	죽음

다윗의 아말렉과의 전투

아말렉과의 전투는 다윗이 사울에게 쫓겨 다닐 때에 있었던 사건으로 시글락에 근거지를 두고 움직이던 다윗이 며칠 군대와 함께 자리를 비운 사이에 아말렉이 시글락을 침입하여 노략하고 부녀들과 어린아이들을 사로잡아 간 것이다. 이들의 속성은 예나 지금이나 변함없이 남겨진 약자들을 쳐서 탈취하는 방식을 그대로 고수하고 있다. 다윗과 그 군대가 돌아왔을 때는 이미 모든 것이 초토화된 다음이다. 백성들의 마음이 얼마나 참담했는지는 자신들의 대장인 다윗을 돌로 치려고까지 하는 것을 통해 느껴볼 수 있다. 이 절망적인 상황에도 다윗은 "그의 하나님 여호와를 힘입고 용기를 얻었다"(삼상 30:6). 그리고 여호와께 여쭙는다. "이 군대를 추격하면 따라 잡겠나이까 하니 여호와께서 그에게 대답하시되 그를 쫓아가라 네가 반드시 따라잡고 도로 찾으리라"(삼상

30:8)고 응답하신다. 이에 힘을 내 브솔 시내까지 쫓아갔다. 그러나 같이 간 육백 명 중에 이백 명이 지쳐서 더 이상 갈수 없다고 한다. 한 명의 힘이 시급한 상황에 이백 명이 빠지는 것이다. 그러나 다윗은 그들을 시냇가에 남겨두고 사백 명만으로 아말렉을 뒤쫓는다. 결국 방심하고 먹고, 마시고, 춤추며 축제를 벌이고 있던 아말렉인들을 기습하여 쳤다. 그들 중 소년 사백 명만 도망하고 모조리 쓰러졌다. 그리고 다윗은 아말렉 사람들이 노략해 갔던 모든 물건들과 사람들을 아무런 손실 없이 되찾은 것은 물론이요, 그들의 양떼와 소떼까지 전리품으로 탈취한다. 그리고 그와 같이 간 사백인의 무리가 그 가축 떼를 몰고 가며 "이는 다윗의 전리품이라"고 외쳐댄다(삼상 30:20).

'다윗의 전리품'이라는 외침 속에 하나의 위기감이 조성된다. 사울의 때에도 그 전리품들을 자신의 것으로 착각함으로 실패했다. 다윗은 이 외침에 대해 어떤 생각을 가지고 있을까? 그것은 브솔 시내에 도착해서야 알아볼 수 있다. 왜냐하면 그 곳에는 전쟁터로 같이 나서지 못한 이백 명의 낙오자들이 남아있었고, 이제 전리품은 인간의 욕심을 조장하는 걸림돌이 되기 십상이기 때문이다. 아니나 다를까 다윗과 함께 갔던 자들 중에 악한 자들과 불량배들이 전리품에 욕심을 부리기 시작한다. 그리고 그들의 주장은 사람이 보기에 상당히 논리적이고, 정당해 보이기까지 한다.

> **다윗과 함께 갔던 자 중에 악한 자와 비류들이 다 이르되 그들이 우리와 함께 가지 아니하였은즉 우리가 도로 찾은 물건은 무엇이든지 그들에게 주지 말고 각 사람의 처자만 주어서 데리고 떠나가게 하라 하는지라(삼상 30:22).**

생명을 걸고 전투에 참여한 사람과 물가에서 휴식을 취하며 편안히 쉰 사람과 당연히 차별을 두어야 한다는 논리적 계산법이다. 하나님의 말씀은 이들을 '악한 자' 혹은 '비류'(아무 쓸데없는 자)라고 하나, 세상은 이런 사람들을 이성적이고 논리적이며 합리적인 사고를 하는 사람들이라고 칭찬한다. 옛날에는 이런 방식이 통하기도 했다. 입다의 시절에 생명을 걸고 싸운 자와 전투가 다 끝난 뒤 나타난 자가 결코 같은 영광을 차지 할 수 없다고 강력하게 선언되었다(삿 12:1-6). 그리고 그 때에는 이스라엘에 왕이 없었으므로 백성들이 제 소견(보기)에 옳은 대로 행동하던 시절이기도 했다. 그러나 이제는 다르다. 아니 달라져야 한다. 기름 부음을 받은 왕이 있기 때문이다. 예전에 사울은 아말렉과의 전투에서 얻은 전리품에 대하여 백성의 말이 두려워서 그 말을 청종하였다라고 하소연을 했다(삼상 15:21, 24).[109] 하지만 그 속에는 백성들의 말과 더불어 사울 자신의 탐욕까지도 한몫 하고 있음을 쉽게 간파해 볼 수 있다(삼상 15:9). 그러나 다윗은 이러한 무리들의 말을 두려워하거나 그들의 욕심에 현혹되지 않고 단호하게 선언한다.

다윗이 이르되 나의 형제들아 여호와께서 우리를 보호하시고 우리를 치러 온 그 군대를 우리 손에 붙이셨은즉 그가 우리에게 주신 것을 너희가 이같이 못하리라 이 일에 누가 너희를 듣겠느냐 전장에 내려갔던 자의 분깃이나 소유물 곁에 머물렀던 자의 분깃이 동일할지니 같이 분배할 것이니라 하고(삼상 30:23-24).

다윗은 아무리 사람들이 "이는 다윗의 전리품이라"고 외쳐대도, 그것이 자신의 것이 아님을 알고 있다. 그의 중심에는 자신이 아닌 여호와 하나님이 계시기 때문이다. 이것은 자신의 승리가 아니라 여호와께서 보호하시고 지키셨기 때문에 가능한 승리였다는 고백이 다윗을 바로 세운다. 다윗은 전리품에 초점을 맞추는 것이 아니라 그것을 통해 하나님의 은혜를 바라보고 있다. 그러할 때 자비로움으로 공평하고, 평등한 세상이 열릴 수 있다. "많이 거둔 자도 남음이 없고 적게 거둔 자도 모자람이 없었던"(출 16:18) 만나의 세상이 은혜로 가능했기에 다윗은 그 은혜를 앞세워 새 세상을 열어갈 꿈을 꾸고 있다. 그리고 다윗의 이 선언은 일회적인 것이 아닌 "이스라엘의 율례와 규례가 되어 오늘까지 이르는" 영구한 법이 된다(삼상 30:25). 이것은 순종의 일주일이 다윗의 삶을 통해서 계속해서 실행되었으며, 나아가서는 후세대까지도 계속 동일한 길을 걷게 하는 기초가 되었다는 것이다. 사울은 천지창조가 실행되는 순종의 일주일을 삶 속에서 지속적으로 실행하는데 실패했다. 그러나 다윗은 순간적인 실행만이 아닌 평생과 영원의 지속성을 지키며, 창조의 새 세상을 열어가고 있는 것이다. 하나님의 말씀에 순종하는 창조의 칠 일이 자신과 후세대를 이끌도록 하는 것이다. 다윗의 삶은 흡사 찬양의 가사처럼 "걸어갈 때 길이 되고 살아갈 때 삶이 되는" 그런 예배하는 삶이다. 다윗의 말이 영구한 하나님의 법이 되는 것이다. 이렇게 다윗은 하나님께서 세운 왕의 길을 천천히 걸어가고 있다. 그가 걸어가는 그 목양의 삶을 통해 그의 주변에 모여든 양떼들이 공평하게 꼴을 분배받고 자신의 몫을 누리는 기쁨이 넘친다.

다윗이 여는 세상

사울과 다윗이 걸어야만 하는 이러한 신앙의 자세는 이 두 사람에게만 적용되는 것이 아니라 이 세상을 살아가는 어느 누구에게서든지 요구되는 신앙의 자세이다. 하나님께서는 이러한 삶의 길을 통하여 새 세상과 새 시대를 열고자 하는 계획이 있으신 것이다. 그것은 이미 하나님께서 천지를 창조하실 때부터 가지고 계셨던 뜻이기도 하다. 이러한 신앙의 이념에 대한 흐름은 다음과 같다.

천지창조	홍해에서	요단 강에서	사울	다윗
혼돈의 물을 가른 후	혼돈의 물을 가른 후	혼돈의 물을 가른 후	혼돈의 물을 가른 후 (사사시대)	혼돈의 물을 가르며 (사울시대)
7일의 기간을 통하여 삶의 온전한 질서와 회복을 이루는 길이 주어짐 (절대적인 하나님의 말씀에 대한 순종)	7일의 기간을 통하여 삶의 온전한 질서와 회복을 이루는 길이 안식일을 지키는 훈련인 만나를 통해 이루어짐 (절대적인 하나님의 말씀에 대한 순종 - 신 8:1-3)	7일의 기간을 통하여 삶의 온전한 질서의 회복을 이루는 길이 여리고성 전투에서 주어진다 (절대적인 하나님의 말씀에 대한 순종 - 진멸의 법)	7일간의 기간을 통하여 삶의 온전한 질서의 회복을 이루는 길이 블레셋과의 전투에서 주어진다 (절대적인 하나님의 말씀에 대한 순종) -전쟁은 인간의 힘과 숫자에 달려있다.	다윗에게도 동일한 새 창조의 기간이 주어진다. 블레셋과의 전투에서 오직 하나님의 영으로 가득 차서 전쟁에 임한다. (살아계신 하나님에 대한 신뢰) - 전쟁은 여호와께 달린 것이다.
에덴동산에서 ①생명나무인가? ② 선악과인가? 의 선택에서 먹음직, 보암직, 지혜롭게 할 만큼 탐스러운 것을 택함(탐욕)	**광야에서** ① 많이 거둔 자도 남음이 없고, 적게 거둔 자도 모자람이 없는 세상 ② 안식일에도 거두러 나감 (탐욕)	**가나안 땅에서** ① 여리고 성의 진멸해야 할 전리품에 대한 훈련 ② 아간이 전리품에 탐이 나서 탈취함(탐욕)	**아말렉과의 전투** ① 진멸하라는 명령 ② 사울이 전리품이 탐이나서 탈취함(탐욕)	**아말렉과의 전투** ① 쫓아가라는 명령 ② 다윗이 전리품을 모든 사람들에게 골고루 분배함(만나의 이상을 실현)

이처럼 하나님께서는 천지를 창조하실 때부터 하나님의 사람이 이루어야 할 신앙의 길을 보여주셨다. 이것은 단순히 사울을 미워하셔서 그를 죽이시기 위해 그에게 블레셋과의 전투, 아말렉과의 전투를 치르게 하신 것이 아니라, 그에게서 보시고자 하는 중심이 있으신 것이다. 그 중심은 하나님의 사람이라면 시대를 초월하여 어느 누구나 간직해야만 하는 것이다. 다윗도 그런 점에서 모든 사람들이 겪는 동일한 길을 걸어갔다. 그 동일한 길 위에서 하나님께서는 올바른 삶의 결심을 통해 새로운 시대를 열기를 원하시는 것이다. 그 결심은 첫째는 오직 하나님의 말씀에 절대적인 신뢰를 두는 것, 그리고 그 다음은 이 세상의 물질과 권력, 힘에 대한 탐욕을 버리는 것이다. 오직 말씀으로 천지가 창조되듯이 하나님의 말씀에 전적인 신뢰를 둠으로 에덴동산의 선악과와 같은 인간의 욕구를 극복하는 것이다. 이러한 훈련을 통과한 자들만이 하나님의 뜻이 이루어지는 세상을 실현해 갈 수 있을 것이기 때문이다. 그리고 이러한 훈련은 결코 일회성이 되어서는 안 되며, 평생을 통해서 이루어나가야 할 삶의 소명인 것이다. 다윗은 그 삶의 길이 자신의 시대에 법이 되게 하였을 뿐만 아니라, 그 자신은 물론 그 이후의 어느 누구라도 평생에 지켜야 할 하나님의 법이 되게 하였다. 그러나 천지가 새롭게 창조되는 칠일의 절대적인 순종의 삶이 무너지면 모든 것이 혼돈으로 돌아가게 된다는 것을 거듭 명심하여야만 한다. 다윗에게도 이것은 예외가 아닐 것이다.

다윗의 삶에서 이러한 정의로운 세상이 광야에서부터 일어나고 있다는 것이 우리가 눈여겨보아야 할 내용이다. 모세가 이집트인을 죽이고, 바로 왕과 동족인 히브리인에게 외면당하여 광야로 도망가듯이, 그렇게 다윗 또한 한 블레셋인을 죽이고, 동족인 왕에게 외면당하여 왕의 사위라는 궁정의 삶에서 광야로의 도피가 시작되었다. 이제 우리는 광야에서 다윗을 만날 준비를 해야 한다. 모세가 그 광야에서 목자의 길을 걸었듯이, 다윗도 그곳에서 동일한 훈련을 거쳐 갈 것이다. 그 광야는 사울이 거쳐 가지 않은 장소이다. 그러나 그곳은 왕도를 배우는 최고의 장소이다. 우리는 시편 속에서 사울의 살기로 인해 광야로 내몰리는 다윗의 뼈아픈 심정을 노래한 한 편의 시를 만난다. 그 속에는 다윗의 아픔과 하나님을 향한 간구가 깊숙이 묻어난다. 이제 그 시편에서 다윗의 현재의 간구를 만나고 미래를 향한 새로운 길을 살펴볼 때이다.

4. 시편이 다윗의 간구가 되다 (시 59편)

드디어 시편 3편부터 다윗의 이름을 보게 된다. 150편으로 이루어진 시편에는 다윗의 이름이 붙어 있는 시편이 칠십 세편이나 있고, 다윗의 삶의 이야기와 연결된 제목을 가진 열세 편의 시편이 곳곳에 나타난다 (3, 7, 18, 34, 51, 52, 54, 56, 57, 59, 60, 63, 142편). 시편이 다윗의 이름과 또한 다윗의 삶의 정황을 담고 있는 제목을 갖고 있다는 사실에서 기도는 결코 삶의 현실과 동떨어진 추상적인 것이 아니라는 것을 느껴볼 수 있다. 삶의 상황을 떠난 기도는 무의미하다. 사무엘서는 다윗의 절절한 기도 내용을 많이 담고 있지 못하다. 장르상 그것은 이야기이기 때문이다. 다윗의 이야기는 제 삼자가 다윗의 삶을 그려내는 것이기에 어쩔 수 없이 그의 외면을 통해 속을 바라보는 것이다. 그러나 시편은 다윗의 이름으로 된 것으로 다윗의 속으로부터 출발하여 밖으로 표출되는 그의 열정을 담아내고 있다.[111] 그러므로 다윗과 함께 기도하는 것은 다윗의 삶 속에서 역사하셨던 그 근원되시는 하나님을 만나는 것이며 다윗과 함께 새 날을 기대하는 법을 배우는 것이다.

다윗이 기름 부음을 받고 사울로부터 생명의 위협을 받기 시작한다.

시편 59편은 이러한 상황을 담고 있는 제목을 가지고 있다: "다윗의 시, 사울이 사람을 보내어 다윗을 죽이려고 그 집을 지킨 때에." 그리고 이 제목에 걸맞은 내용을 가지고 있다.

[**시편 59편** – 다윗의 시, 사울이 사람을 보내어 다윗을 죽이려고 그 집을 지킨 때에]

나의 하나님이여 나의 원수에게서 나를 건지시고
일어나 치려는 자에게서 나를 높이 드소서
사악을 행하는 자에게서 나를 건지시고
피 흘리기를 즐기는 자에게서 나를 구원하소서
저희가 나의 생명을 해하려고 엎드려 기다리고
강한 자가 모여 나를 치려하오니
여호와여 이는 나의 범과로 인함이 아니요
나의 죄를 인함도 아니로소이다
내가 허물이 없으나 저희가 달려와서 스스로 준비하오니
주여 나를 도우시기 위하여 깨사 감찰하소서
만군의 하나님 여호와, 이스라엘의 하나님이여
일어나 열방을 벌 하소서
무릇 간사한 악인을 긍휼히 여기지 마소서(셀라)
저희가 저물어 돌아와서 개처럼 울며 성으로 두루 다니고
저들의 입으로는 악을 토하며
저들의 입술에는 칼이 있어 이르기를 누가 들으리요 하나이다
여호와여 주께서 저희를 웃으시리니 모든 열방을 비웃으시리이다
하나님은 나의 요새이시니 그의 힘으로 말미암아 내가 주를 바라리이다
나의 하나님이 그의 인자하심으로 나를 영접하시며

하나님이 나의 원수가 보응 받는 것을 내가 보게 하시리이다
저들을 죽이지 마옵소서 나의 백성이 잊을까 하나이다
우리 방패 되신 주여 주의 능력으로 저들을 흩으시고 낮추소서
저들의 입술의 말은 곧 그들의 입의 죄라
저들이 말하는 저주와 거짓말로 말미암아 저들이 그 교만한 중에서
사로잡히게 하소서
진노하심으로 소멸하시되 없어지기까지 소멸하사
하나님이 야곱 중에서 다스리심을 땅 끝까지 알게 하소서(셀라)
저들에게 저물어 돌아와서 개처럼 울며 성으로 두루 다니게 하소서
저들은 먹을 것을 찾아 유리하다가 배부름을 얻지 못하면 밤을 새우
려니와
나는 주의 힘을 노래하며 아침에 주의 인자하심을 높이 부르오리니
주는 나의 산성이시며 나의 환난 날에 피난처심이니이다
나의 힘이시여 내가 주께 찬송하오리니 하나님은 나의 산성이시며
나를 긍휼히 여기시는 하나님이심이니이다

이 시편은 많은 부분에서 억울하게 위기에 처한 다윗의 급박한 심정을 잘 담아내고 있다. 이러한 상황은 분명 사무엘상 19장 11절을 염두에 두고 있음을 알 수 있다: "사울이 전령들을 다윗의 집에 보내어 그를 지키다가 아침에 그를 죽이게 하려 한지라." 자신의 죄나 잘못으로 인해서가 아닌 누군가의 시기와 음모로 생명의 위협을 받을 수밖에 없는 절박한 상황 속에서 다윗은 오직 여호와 하나님, 더욱 분명하게는 '만군의 하나님 여호와'께 자신의 사정을 아뢴다.[112] 군대를 동원해 달려드는 적을 무찌를 길은 오직 하늘 군대를 거느리신 여호와밖에는 없기에 일심으로 하나님을 향하고 있다. 그의 간절한 심정은 '건지시고, 높이 드시고, 구원하시고, 도우시고, 살피시고'라는 호소에 잘 드러나 있다. 이렇게 애

절하게 간구할 수 있는 이유는 '여호와의 인자하심,' 즉 '헤세드'(חֶסֶד 하나님의 사랑)에 기인하고 있다. 이 '헤세드'(חֶסֶד)는 우리말로 상응할 수 있는 단어가 없다. 영어로도 '사랑'(love)이라는 단어만으로는 미진하여 늘 그 앞에 또 하나의 단어를 붙여야만 한다: 'steadfast love, unfailing love, endless love.' 이러한 하나님의 사랑을 알고 있는 자만이 다윗처럼 기도할 수 있다. 이것은 자신의 호소에 응답하실 수 있는 하나님은 '산성, 방패, 힘, 피난처'가 되신다는 확신으로 가득 차 있음을 통해 잘 알 수 있다. 그리고 그 하나님으로 인해 뒤집혔던 질서가 바로잡힌다. 악을 행하는 교만한 자들은 다시 낮아지고, 하나님만 의지하는 자는 건짐을 받고 높은 곳으로 올려진다. 또한 악행으로 풍족하던 자들은 개처럼 먹을 것을 찾아 헤매며 굶주림으로 밤을 새우고, 주의 힘만을 의지하는 자는 아침에 만족함으로 여호와의 인자하심을 노래한다.[113]

생명이 경각에 달려있는 이 절박함 속에서도 이러한 다윗의 승리는 결코 자신의 것이 아님을 고백한다. 하나님만 의지하는 자신의 승리는 한 가지 목표를 향하고 있는데 그것은 바로 "하나님이 야곱 중에서 다스리심을 땅 끝까지 알게 하기 위한 것"이다. 이 목표는 다윗이 골리앗과의 대결에 나설 때에 그 거인을 향해 외쳤던 것과 동일하다: "오늘 여호와께서 너를 내 손에 넘기시리니 내가 너를 쳐서 네 목을 베고…온 땅으로 이스라엘에 하나님이 계시는 줄 알게 하겠다"(삼상 17:46). 그리고 그 마지막은 바로 "주를 찬양하는 것"으로 결론에 이른다. 바로 진정한 예배로 나아가는 것이다. 하지만 이것이 그렇게 쉽지만은 않은 이유는 지금 자신을 죽이려고 달려드는 그 악인은 "입술에 칼을 품고 누가 듣기나 하겠는가?"라고 호언장담하며 전능자까지도 멸시하는 인생이기 때문이다. 하나님이 안 계신 것처럼 살아가는 악인의 삶은 단지 생각에 그치는 것이 아니라 세상에 불의, 부정의, 부도덕을 당연시하며 희생자를 만들어

간다. 이런 상황 속에서 다윗의 역할은 그의 현존이 하나님의 현존이 되고, 그의 긍휼이 하나님의 긍휼이 되게 하는 것이다.[114]

이 시편이 진실로 다윗의 것이었느냐 아니냐는 그리 중요한 문제가 아니다. 최소한 우리는 이 시편의 제목과 내용을 통해 이 시편을 이해하고 해석할 수 있는 하나의 열쇠를 가진 것이다. 물론 여러 개의 열쇠 중에서 하나를 가진 것이다. 인생을 살아가며 스스로 해결할 수 없는 절체절명의 순간에 이를 때가 있다. 시기와 질투, 오만과 질시로 가득 찬 시선으로 인해 고통을 당하는 삶, 단지 눈빛만이 아니라 그것이 실제적인 공격이 되어 가여운 자의 삶으로 파고드는 그 때 우리는 다윗과 함께 기도하는 법을 배우게 된다. 이스라엘은 다윗에게 시편의 기도들을 헌정하며 그를 통해 자신들의 현재를 살아가는 법을 배웠다. 이 시편 59편도 분명 한 개인의 차원을 넘어서는 민족의 음성을 느껴볼 수 있다. 원수가 '저들'이라는 복수형으로 나타나고, 심지어는 '모든 열방들'이라는 표현까지 등장한다. 그리고 '원수, 치려는 자, 악을 행하는 자'는 모두 히브리어로 복수형이다. 즉, 원수들, 치려는 자들, 악을 행하는 자들이 되는 것이다. 이것은 단지 다윗이 사울에게서 겪은 것만을 의미하지 않는다. 다윗과 사울의 관계는 이제 이스라엘과 그의 모든 적들을 의미하고 있는 것이다. 이스라엘은 다윗이 절박한 상황에서 오직 하나님만 의지하여 기도하였듯이 그렇게 동일한 압박 속에서 다윗처럼 오직 여호와만 바라보는 법을 배운 것이다.[115] 이 사람 다윗은 이렇게 하나님 앞에 기도하며 이스라엘이라는 양떼를 오직 하나님만 바라보는 예배자로 세워나가는 이스라엘의 목자임에 분명하다. 역대기는 시편의 현재의 간구를 이어받아 다윗의 시작으로 다시 돌아가서 새로운 미래를 기약하는 통일 이스라엘의 영광스런 출발을 꿈꾼다.

5. 역대기에서 이스라엘의 목자 다윗을 만나다(대상 11장)

다윗이라는 개인의 간구가 이스라엘이라는 민족의 간구로 확장되며 급박한 역사의 전환점을 만들어 간다. 포로에서 돌아와 정착한 이스라엘은 거듭 반복되는 역사의 모순을 다 기록할 마음이 없다. 세세한 족보를 통해 자신들의 새로운 정체성을 확인한 그들은 과거를 돌아보며 자신들의 역사에서 최대의 전환점을 사울의 죽음과 다윗의 등극에서 찾았다. 역대상 10장 한 장에 기록되어 있는 사울의 일생에 대한 요약은 비극적인 종말이다. 그가 전쟁터에서 세 아들과 함께 전사했다는 것보다 더 치명적인 것은 바로 이스라엘의 운명이다. 이스라엘에서 왕의 직책을 상징적으로 나타내는 것 중에 단연 으뜸은 '목자'일 것이다. 사울의 목자로서의 삶은 어떠한가? 모든 양떼를 모아서 블레셋과의 전투에 나선다. 그것도 자신의 죄악으로 인해 죽음과 패망이 예고되어 있는 그 전쟁터로 양떼를 몰아가고 있는 것이다. 그 양떼의 운명이 어찌 될지는 너무도 분명하다. 이미 그 시작부터 그들의 비참한 모습이 드러난다.

> **블레셋 사람과 이스라엘이 싸우더니 이스라엘 사람들이 블레셋 사람 앞에서 도망하다가 길보아 산에서 죽임을 받고 엎드러지니라(대상 10:1).**

백성을 죽음으로 내모는 왕의 길, 사울의 삶을 진정한 왕도인 목자의 삶이었다고 말하기에는 어패가 있다. 양떼를 죽음으로 내모는 것에서 끝나는 것이 아니라 그들의 삶의 터전인 푸른 초장까지도 상실하게 만든다. 이스라엘이 목자 없는 양같이 뿔뿔이 흩어져 버리는 것이다.

골짜기에 있는 모든 이스라엘 사람이 저희의 도망한 것과 사울과 그의 아들들의 다 죽은 것을 보고 그 성읍들을 버리고 도망하매 블레셋 사람들이 와서 거기에 거하니라(대상 10:7).

이것이 사울과 함께 할 때의 이스라엘의 운명이었다. 이스라엘은 진정한 목자가 필요하다. 다윗은 사무엘서에서 양을 치는 목자일 때 기름 부음을 받고 왕의 길이라는 대장정에 나서게 되었다(삼상 16:11). 그리고 사울의 죽음 뒤, 그 아들 이스보셋이 세운 정부의 종말까지의 기나긴 과정을 거치고 마침내 온 이스라엘의 목자로 등극했다(삼하 5:1-2). 역대기는 이런 지지부진한 이야기에는 관심이 없다. 하나님께서 세운 진정한 목자가 나타나기까지의 기나긴 시행착오의 과정을 사울의 죽음이라는 한 주제 속에 묶어서 과거를 청산해 버린다. 그리고 신속하게 다윗이라는 대안을 향하여 돌진한다.[116]

온 이스라엘이 헤브론에 모여 다윗을 보고 이르되 우리는 왕의 골육이니이다 전일 곧 사울이 왕이 되었을 때에도 이스라엘을 거느리고 출입하게 한 자가 왕이시었고 왕의 하나님 여호와께서도 왕에게 말씀하시기를 <u>네가 내 백성 이스라엘의 목자가 되며</u> 내 백성 이스라엘의 주권자가 되리라 하셨나이다 하니 이에 이스라엘의 모든 장로가 헤브론에 이르러 왕에게 나아오니 다윗이 헤브론에서 저희와 여호와 앞에 언약을 맺으며 저희가 다윗에게 기름을 부어 이스라엘의 왕으로 삼으니 여호와께서 사무엘을 통하여 전하신 말씀대로 되었더라(대상 11:1-3).

이 구절은 사무엘하 5장 1-3절을 그대로 빼다 옮긴 것으로 역대기서는 이것을 다윗의 출발선으로 삼은 것이다. 역대기서는 사무엘서에 없는 "여호와께서 사무엘을 통하여 전하신 말씀대로 되었더라"라는 구절을 마지막에 삽입하여 사무엘상 전체를 요약하는 예언말씀의 성취로 삼는다. 이것은 사울이 하나님의 말씀을 버림으로 파멸되었다면(대상 10:13) 이제 다윗의 시작은 하나님의 말씀에 대한 절대적인 순종으로 가능케 되었다는 것을 강조하는 것이다. 그리고 이곳에서 명백한 사실은 사울이 왕으로 있을 때부터 다윗은 '이스라엘의 목자'로 하나님께서 내정하셨다는 선언의 재확인이다. 그리고 목자로서의 왕의 역할이 또한 분명하게 명시되어 있다. 그것은 다름 아닌 "이스라엘을 거느리고 출입하는 것"이다. 여기서 출입(出入)은 한자 말 그대로 히브리어로도 '나가는 것'(יצא 야짜)과 '들어가는 것'(בוא 보)을 관할하는 것이다. 즉, 데리고 나가고, 데리고 들어오는 역할이다. 이것은 양떼들 앞에서 인도하는 목자의 임무를 그대로 수용한 것이라 할 수 있다.

역대기는 이것이 바로 다윗이라는 인물에게 요구되는 왕도라는 것을 선포하고 있다. 치욕적인 과거를 신속하게 단 한 장으로 청산해 버린 이유는 이러한 이스라엘의 목자를 만나기 위한 간절한 소망 때문이다. 이제 이후의 역사는 분명 이 다윗이 이스라엘을 어떻게 이끌 것인가에 모든 초점이 맞추어 질 것이 분명하다. 역대기는 이 다윗과 함께 들어가는 법을 배우고, 나가는 법을 배울 것이다. 그러나 우리는 먼저 광야에서 양떼를 이끄는 다윗을 만나야 한다. 광야를 경험한 자, 그만이 하나님의 양떼인 이스라엘을 광야 같은 세상에서 바르게 이끌 수 있을 것이기 때문이다.

주석

88) 브루거만, 『사무엘상·하』, 113쪽.
89) 필립 얀시(Philip Yancey), "하나님은 부사를 좋아하신다(God Loveth Adverbs)," 『오늘의 양식(Our Daily Bread)』 (성남: 한국오늘의양식사, 2010), 14-15쪽. "세상은 성공에게 왕관을 씌우지만 하나님은 신실함에 왕관을 씌워주신다"(The world crowns success; God crowns faithfulness.).
90) 김재구, 『리더 모세: 하나님의 종』 (인천: 홍림, 2016), 66-68쪽.
91) 브루거만, 『사무엘상·하』, 187쪽. 브루거만은 다윗이 알려지지 않고, 귀하지 않은 소년 목동으로 시작하여 결국은 '이스라엘의 목자'로 서는 것으로 '다윗의 등장'이라는 거대한 이야기 군(삼상 16:1-삼하 5:10)이 결집되었다고 본다.
92) 브루거만, 『사무엘상·하』, 188쪽.
93) Miscall, "Moses and David: Myth and Monarchy," 193쪽. 미스콜은 사울이 암몬족을 무찔렀을 때가 그의 화려한 시작이었으며, 최상의 시간이었으나 그 적이 블레셋이 아니라 암몬족이었다는 사실이 그의 승리를 바래게 만들었다고 본다.
94) 브루거만, 『사무엘상·하』, 188쪽.
95) R. W. Klein, *1 Samuel* (WBC) (Waco, Texas: Word Books, 1983), 167쪽. 병기 드는 자들은 주로 장수들의 옆을 보좌하며 돕는 역할을 하고, 정해진 임무에 따라 칼, 창, 활과 화살, 방패 등을 들고 다닌다(삼상 17: 7, 41). 그리고 장수들이 싸움을 위해 요청할 때마다 상황에 알맞은 무기를 제공하고, 장수가 쓰러뜨린 적에게 마지막 일격을 가하기도 한다(삼상 14: 13). 또한 자신이 모시는 장수의 생명이 경각에 달렸을 때는 그 소망대로 그의 죽음을 돕기까지 한다(삿 9: 54; 삼상31: 4). 그러므로 병기 든 자는 가장 잘 알고, 신뢰할 수 있는 사람을 세우는 것이 분명할 것이다.
96) H. Gunkel, *Genesis* (Macon, Georgia: Mercer University Press, 1997), 395쪽; C. Westermann, *Genesis 37-50: A Commentary* (Minneapolis: Augsburg Publishing House, 1986), 49쪽; John Skinner, *Genesis* (ICC) (Edinburgh: T & T Clark, 1930), 449쪽. 창세기의 문서비평을 주로 해온 대부분의 학자들은 요셉 이야기 안에 갑작스럽게 등장하고 있는 창 38 장의 유다-다말 이야기를 그 전후 문맥과

전혀 어울리지 않는 전적으로 이질적이고 독립적인 자료로 취급해 왔을 뿐만 아니라 심지어는 현재의 창세기 구조에서 그 위치가 잘못 놓여 진 이야기로 다루어 왔다. 이러한 견해에 대한 비판과 성경저자의 의도에 대한 재조명은 다음을 참조하라: 김재구, "요셉 이야기 속에서 유다-다말 이야기의 문학적 기능," 「협성신학논단」 7 (2005), 258-98쪽. 창 26장에 나타난 이삭의 축복 이야기 또한 야곱 이야기 속에 잘못 놓여진 것이라고 치부되어 왔다. 그러나 성경 저자의 신학적인 의도에 대한 설득력 있는 주장은 다음을 보라: J. P. Fokkelmann, *Narrative Art in Genesis: Specimens of Stylistic and Structural Analysis* (Amsterdam: Van Gorcum, 1975), 114쪽.

97) V. P. Hamilton, *The Book of Genesis: Chapters 18-50* (NICOT) (Grand Rapids, Michigan: Eerdmans, 1995), 505쪽.

98) J. G. Janzen, *Exodus* (Westminster Bible Companion) (Louisville, Kentucky: John Knox Press, 1997), 17쪽. 잰젠은 이집트의 새로운 왕조가 이방인들에 대하여 의도적으로 '무시하는 정책'(attitude of nonrecognition)을 취한 것으로 본다.

99) 현창학, 『구약 지혜서 연구』 (서울: 합신대학원출판부, 2009), 26쪽. 지혜문학인 잠언에서는 חכם (하캄/지혜롭게 하다)과 שכל (사칼/지혜롭게 하다)은 거의 동의어로 사용된다. 바로와 사울의 이야기에서는 바로가 두려움으로 "지혜롭게 하자"라고 한다면 다윗이 '지혜롭게 행함'으로 사울이 두려워 한다는 점에서 차이가 있다.

100) Robert B. Lawton, "Saul, Jonathan and the 'Son of Jesse'," *JSOT* 58 (1993), 41-42쪽. R. Alter, *The Art of Biblical Narrative* (New York: Basic Books, 1981), 180쪽. 알터는 주인공의 이름이 아닌 관계적인 명칭이 사용될 때는 그 주인공에 대한 다른 무언가를 말하고 싶은 것이라고 본다. 사울에게 '다윗'이라는 이름은 들려지지 않고 오직 '주의 종 베들레헴 사람 이새의 아들'이라는 주종관계만 제시된다.

101) 바로와 사울의 반응은 자신들의 지위와 나라의 안전에 대한 두려움을 가지고 있다는 점에서 동일하다.

* **출 1:10** 자 우리가 그들에게 대하여 지혜롭게 하자 두렵건대 그들이 더 많게 되면 전쟁이 일어날 때에 우리 적과 합하여 우리와 싸우고 이 땅에서 나갈까 하노라
* **삼상 18:8** 사울이 그 말에 불쾌하여 심히 노하여 이르되 다윗에게는 만만을 돌리고 내게는 천천만 돌리니 그가 더 얻을 것이 나라 말고 무엇이냐 하고

102) B. S. Childs, *The Book of Exodus* (OTL) (Philadelphia: Westminster, 1974), 14쪽.

103) Nohrnberg, *Like Unto Moses*, 248-49쪽; Lawton, 윗글, 35-46쪽; David Damrosch, *The Narrative Covenant: Transformations of Genre in the Growth of Biblical Literature* (Ithaca, New York: Cornell University, 1987), 200쪽. 담로쉬 또한 사울이 다윗을 제거하려고 몸부림치지만 결국은 다윗에게 왕가의 일원이라는 새로운 지위를 제공하는 것에만 성공적이었다고 말한다.

104) J. P. Fokkelman, "Saul & David Crossed Fates," *BR* 20 (1989), 29쪽.

105) W. Lee Humphreys, "The Tragedy of King Saul: A Study of the Structure of ISamuel 9-31," *JSOT* 6 (1978), 18-27쪽; David Jobling, "Saul's Fall and Jonathan's Rise: Tradition and Redaction in 1Samuel 14:1-46," *JBL* 95 (1976), 367-376쪽; Niels Peter Lemche, "David's Rise," *JSOT* 10 (1978), 2-25쪽. '한나의 기도'(삼상 2: 1-10)는 사무엘서 전체 속에서 '다윗의 노래'(삼하 22장)가 나타나기까지의 과정을 미리 보여주는 '예기적인 기능'(proleptic function)을 하고 있다. 교만한 자들이 결국은 망하고, 낮은 자들을 높이시는 하나님의 권능은 여러 인물들의 삶을 뒤바꾸는 역할을 한다. 이러한 원칙에는 전혀 예외가 없다. 사무엘서는 엘리 가문의 추락과 맞물려 사무엘이 상승하고, 사울의 추락과 더불어 다윗이 상승하며 또한 다윗의 교만과 죄악이 그의 추락을 몰고 오는 지그재그식의 구조를 보이며 '한나의 기도'를 반영하고 있다.

106) Dennis J. McCarthy, "Hero and Anti-Hero in 1 Sam 13,2-14,46," D. J. McCarthy (ed.), *Institution and Narrative: Collected Essays* (Rome: Biblical Institute, 1985), 258쪽. 사울은 영웅도 아니요 선한 왕도 아니다. 그 이유는 그의 사명이 분명히 블레셋으로부터 이스라엘을 구해내는(יָשַׁע 야샤) 것인데(삼상 9:16; 14:52) 그는 그 일에 실패하고 말았기 때문이다.

107) George W. Coats, "Moses versus Amalek: Aetiology and Legend in Exod. xvii 8-16," *Congress Volume* (VTSup. 28; Leiden: Brill, 1975), 31쪽; B. P. Robinson, "Israel and Amalek: The Context of Exodus 17:8-16," *JSOT* 32 (1985), 20쪽.

108) Yair Zakovitch, *"And you shall tell your son…" The Concept of the Exodus in the Bible* (Jerusalem: The Magnes Press, 1991), 84쪽.

109) Amos Frisch, "'For I Feared the People, and I Yielded to Them' (I Sam 15,24) -

Is Saul's Guilt Attenuated or Intensified?" *ZAW* 108 (1996), 100쪽. 프리쉬는 사무엘상 12장 14절의 "만일 여호와를 경외(두려워)하여 그를 섬기며 그 목소리를 들으면"이라는 왕의 길과 "백성의 말을 두려워(경외)하는" 이 사울의 길의 대조는 사울과 올바른 왕의 사이에 난 골(gap)을 더 깊게 만든다고 본다.

110) 김준영 작사, 송은정 작곡의 '부르신 곳에서'라는 제목의 찬양으로 마커스가 불렀다.

111) 피터슨, 『응답하는 기도』, 70쪽.

112) 롱맨, 『어떻게 시편을 읽을 것인가?』, 34쪽. 시편 기자가 무죄를 주장하는 것은 그리스도인의 입장에서 주제넘게 보일지 모르지만 그러나 때로 사람들이 전혀 잘못한 것이 없는데도 핍박을 당하거나 괴롭힘을 당하는 경우가 있음을 기억할 필요가 있다. 이런 경우 기도하며 무죄를 주장하는 것을 타당할 수 있다.

113) 사무엘상 2장 1-10절의 '한나의 기도'에 이러한 미래가 간구되고 찬양되고 있다.

114) Patrick D. Miller, *Interpreting the Psalms* (Philadelphia: Fortress Press, 1986), 94-99쪽.

115) 메이스, 『시편』, 290쪽. 메이스는 시편 59편의 이 기도는 이방 민족들의 적대적인 환경에 처하여 믿음을 지키려는 포로기 이스라엘 백성들의 불안과 필요를 표현하고 있다고 본다. 이 세상의 역사 한가운데서 오직 만군의 여호와 이외에는 피난처가 없는 회중들이 이 기도를 드리고 있다는 것이다.

116) Leslie C. Allen, *1, 2 Chronicles* (The Communicator's Commentary 10; Waco, Texas: Word Books, 1987), 89-90쪽. 패배와 지도자 부재의 상태에서(대상 11장) 하나님이 주신 지도자 밑에서 일치된 강한 민족이라는 극적인 대조가 발생한다(대상 12장).

117) 투엘, 『역대상·하』, 84쪽.

제4장 광야에서
다윗이 수금을 조율하다

> 그러므로 다윗이 그 곳을 떠나 아둘람 굴로 도망하매 그 형제와 아비의 온 집이 듣고는 그리로 내려가서 그에게 이르렀고 환난 당한 모든 자와 빚진 자와 마음이 원통한 자가 다 그에게로 모였고 그는 그 장관이 되었는데 그와 함께 한 자가 사백 명 가량이었더라(삼상 22:1-2).
>
> 다윗과 그의 사람 육백 명 가량이 일어나 그일라를 떠나서 갈 수 있는 곳으로 갔더니 다윗이 그일라에서 피한 것을 혹이 사울에게 고하매 사울이 가기를 그치니라 다윗이 광야(מִדְבָּר 미드바르) 요새에도 있었고 또 십 광야(מִדְבָּר 미드바르) 산골에도 유하였으므로 사울이 매일 찾되 하나님이 그를 그의 손에 붙이지 아니하시니라(삼상 23:13-14).

    다윗은 광야로 내몰린다. 흡사 모세가 자신의 의지로 택한 장소가 아닌 미디안 광야로 도망치듯이, 그리고 후에 예수께서 성령에 이끌리시어 광야로 내몰리시듯이(마 4:1; 막 1:12; 눅 4:1) 그렇게 자의가 아닌 타의에 의해 다윗도 광야에 서게 된다. 물론 모세와 함께 출애굽 한 이스라엘도 동일한 광야를 거치며 약속의 땅을 향하여 전진했으며, 이 구세대 중에 오직 여호수아와 갈렙만이 이 광야를 걸어가며 유일하게 생존했고, 이들의 진두지휘로 신세대가 가나안 땅을 정복했다. 광야가 도대체 무슨 의미를 가지고 있기에 이스라엘의 지도자들을 그 곳으로 몰아내는 것일까? 분명 눈으로 보이는 그 이상의 뜻이 숨겨져 있을 것임에 틀림없다.[118]

    '광야'(מִדְבָּר 미드바르)라는 단어는 하나님의 백성에게 결코 쉽지 않은 의미를 내포하고 있다. 그 뜻이 어려워서가 아니라 그 상황이 인간의 통제 바깥에 있기 때문이다.[119] 신명기 8장 15절의 말씀을 살펴보면 "광대하고 위험한 광야 곧 불뱀과 전갈이 있고 물이 없는 간조한 땅"이라는 표현을 볼 수 있다. 민수기 20장 3-5절에는 광야에 지친 이스라엘 회중이 모세와 아론에게 거세게 항의하는 장면이 나타난다.

> **백성이 모세와 다투어 말하여 가로되 우리 형제들이 여호와 앞에서 죽을 때에 우리도 죽었더면 좋을뻔 하였도다 너희가 어찌하여 여호와의 총회를 이 광야로 인도하여 우리와 우리 짐승이 다 여기서 죽게 하느냐 너희가 어찌하여 우리를 애굽에서 나오게 하여 이 악한 곳으로 인도하였느냐 이 곳에는 파종할 곳이 없고 무화과도 없고 포도도 없고 석류도 없고 마실 물도 없도다**

그렇다. 이와 같이 광야에 대한 시각적인 정의는 인간이 안심하고 거주 할 수 있는 약속의 땅과는 정반대의 특성을 가진 아무것도 없는 죽음의 땅이라는 것이다. 그 광야가 삶을 소멸시키기 전에 오히려 스스로 죽음을 선택하고 싶을 만큼 그렇게 광야는 저주스러운 장소이다. 그리고 광야에서의 자유보다는 차라리 애굽의 잔혹한 노예생활을 택하는 편이 더 낫다는 것이다. 약속의 땅이 사람을 살리고 풍요롭게 하는 특성을 가지고 있다면 광야는 정반대로 사람을 삼키고 죽이는 특성을 가지고 있다는 증언이다. 그러나 이것은 단지 광야의 물리적인 특성에 지나지 않는다. 성경은 이러한 가시적이고 물리적인 광야의 특성보다는 그 깊이에 숨어 있는 광야의 신앙적인 의미를 더욱더 중요시한다는 것을 살펴볼 수 있다. 가시적으로는 '종국적인 멸망'이라는 정의밖에 내릴 수 없는 광야라는 곳이 하나님의 백성이 걷는 신앙의 길에서는 꼭 그렇지만은 않다는 사실이다.

이스라엘의 예언자들에게 죽음의 땅 광야는 두 가지 뜻을 내포한 장소로 정의된다. 첫째는 하나님의 백성을 죽음으로 몰아가는 불순종과 거역, 배반의 장소라는 개념이다. 놀라운 이적과 기적으로 애굽에서 구원을 체험한 이스라엘이 그 하나님의 능력의 손길이 기억에서 채 사라지기도 전에 가시적인 광야의 위력에 눌려 하나님의 전능하심을 불신하는 민족이 되어 버린다. 에스겔은 광야여정이 하나님의 법을 받자마자 그것을 어기는 배반의 시기였다고 강조한다(겔 20:10-14). 이것은 에스겔이 광야에서 하나님의 법 중에 안식일을 크게 더럽힌 것을 거듭 강조하는 사실을 통해 추론해 볼 수 있다. 그는 안식일 준수가 '계약의 중요한 핵심'이라 여겼음에 틀림없다. 이는 안식일 준수가 단순히 일을 멈추는 것이 아니라 시간과 삶의 주도권을 하나님께 돌려드림으로 삶 속에서 하나님의 주권을 전폭적으로 인정하는 것을 주 목표로 하기 때문일 것이다.[120] 이러한 하나님만 신뢰하는 삶의 형태는 광야에서 필수적인 것이다. 하지만 이스라엘 백성들은 자신들을 구원한 하나님의 권능이 광야의 위력에 비하면 턱없이 부족한 것이라는 어리석은 진단을 내린다. 즉, 하나님의 오른손이 아닌 광야의 위력과 능력에 굴복하고 만다. 광야의 시련을 견뎌내지 못하고 그 잔혹한 힘에 무너지는 것이다. 이들에게 광야는 하나님을 능가하는 신적인 존재가 되어 버리고 마는 것이다.

　이와는 반대로 광야는 또 다른 의미를 내포하고 있다. 광야가 밀월의 장소라는 해석이다. 신랑이 신부를 유혹하여 이 세상에서 가장 아름다운 약속과 함께 사랑을 고백하는 신성한 결혼식이 이루어지는 장소라는 것이다(렘 2:2-3; 호 2:14-15). 그 때의 그 첫 사랑이 얼마나 애틋했겠는가! 그 때는 어떠한 외부적인 고통도 다 극복할 수 있는 힘이 그 사랑 속에 들어 있음을 누가 감히 상상이나 할 수 있었겠는가! 그 잔혹한 광야도 진실한 사랑의 고백 앞에서는 어떠한 힘도 발휘할 수 없었다. 오로지 완전하신 신랑만 바라보고 의지하며 살아가는 장소이다. 그리고 그 신랑이 공급해 주는 모든 것으로 기쁨을 누리며 걸어가는 길이다. 광야는 바로 이러한 숭고한 하나님과 그의 백성과의 신실한 만남이 이루어지는 장소였다. 하나님이 그들의 하나님이 되시고 그들은 하나님의 백성이 되는 신성한 사랑의 약속이 이루어지는 장소, 그래서 광야는 오로지 이 위대한 신랑을 만난 것만으로도 기쁨이 되는 곳이다. 오직 하나님 한 분만 바라봄으로 살아가는 의지와 신뢰의 삶이 있고, 그 분의 돌봄과 지키심이 있는 은혜의 장소가 바로 광야인 것이다.[121]

　이와 같이 이스라엘 민족에게 광야는 두 가지 상반되는 부정적이거나 혹은 긍정적인 의미로 해석된다. 불신과 거역의 장소 혹은 첫 사랑의 약속이 살아 숨쉬는 장소인 것이다. 다윗이 이 장소로 내몰린다는 것은 그의 왕도에 또 하나의 의미가 만들어질 순간임을 직감해 볼 수 있다. 다윗이 유랑하는 장소인 유다광야지역이 비록 약속의 땅 경계선 안에는 위치하고 있다 할지라도 다윗은 그 거친 곳에서마저도 정착하지 못하고 정처 없이 떠돌아야만 한다. 다윗이 이 광야에서 어떻게 생활할 것인가? 그에게는 결코 짧지 않은 여정이다. 사울의 발작이 시작되면서부터 광야로의 도피가 내정되었고, 사울이 죽을 때까지라는 하염없는 시간이 배정되어 있다. 시작은 분명하였으나 그 끝은 기약이 없는 광야에서 우리는 다윗을 만나야 한다. 유진 피터슨의 말처럼 다윗은 광야에서 시작하지도, 광야에서 끝나지도 않았다. 하지만 그가 광야에서 상당한 시간을 보냈다는 것은 틀림없다. 모든 사람들, 적어도 하나님과 밀접한 관계가 있는 사람들은 광야의 시간을 보낸다. 그러므로 광야의 특징이나 기간보다도 우리에게 더욱 중요한 것은 거기서 무슨 일이 일어나고 있는가를 아는 것이다.[122] 그의 또 다른 모습, 그의 성숙을 보는 것이며, 이는 곧 우리 자신의 성숙으로 연결될 수 있기 때문이다.

1. 다윗이 광야에서 길을 찾다(삼상 21, 23, 24장)

다윗은 광야의 사람이라고 소개해도 될 만큼 광야를 누비며 산 사람이다. 그는 아둘람 굴(삼상 22:1), 모압 광야(삼상 22:3), 헤렛 수풀(삼상 22:5), 광야 요새(삼상 23:14), 십 광야 산골(삼상 23:14), 하길라 산 수풀 요새(삼상 23:19), 마온 광야(삼상 23:24), 엔게디 요새(삼상 23:29) 등을 전전하며 살았다. 이처럼 다윗은 주로 남쪽 네게브지역의 유다 광야에서 도망자의 삶을 살았는데 그 곳에서 그는 사막의 절벽 사이에 있는 험난한 동굴과 요새에서 은거하였다.[123] 다윗의 광야는 사울을 떼놓고는 설명할 수 없다. 나라를 구한 영웅이요, 군대의 장이며, 사울 왕의 사위로서 명망이 높은 다윗이 자의로 거친 광야로 나갈 이유는 없기 때문이다. 오직 그를 그 곳으로 내몰 사람은 사울밖에는 없다.

사울과 다윗의 대립과 새 출애굽

사울의 태도가 거칠게 변해가고 있다. 모세의 사명과 같은 구원자로서의 기대를 듬뿍 받고 시작한 그였지만 한치 앞을 예측할 수 없는 광야와 맞먹음직한 거친 전쟁터 속에서 그는 급격하게 무너져 내린다. 그리고는 모세를 닮아 가기를 멈추고, 오히려 이스라엘을 파멸의 길로 몰아갔던 악명 높은 바로 왕의 행적을 따라가기 시작한다. 성경 속에는 출애굽사건이 구원사의 전형적인 모범으로 나타나며 그 이후의 사건들은 이러한 '출애굽사건의 전형적인 형태'를 따라 역사를 해석하고 있음을 볼 수 있다. 몇몇 학자들은 이러한 '출애굽사건의 전형적인 형태'를 다섯 가지 요소로 세분화하여 들고 있는데, 이러한 요소들에 대한 인식은 차후의 사건을 규명하는데 좋은 길잡이가 되리라 본다.[124] 그리고 사울과 다윗의 복잡하게 얽힌 실타래를 풀어가는 길 또한 제공해 준다. 다음은 그 다섯 가지 요소를 진행과정에 따라 나열한 것이다.

> 첫째, 새로운 왕이 백성을 압제하고 도탄에 빠뜨린다.
> 둘째, 구원자가 될 한 인물(hero)이 왕궁으로 들어와 자라게 된다.
> 셋째, 그 인물이 광야로 쫓겨나 방랑의 여정을 갖는다.
> 넷째, 왕이 죽은 뒤 그 인물이 새로운 (아들)왕을 대적하기 위해 돌아온다.
> 다섯째, 그 인물이 혁명을 성공적으로 이끌고 결국 탈출에 성공한다.

모세와 바로가 얽히고, 사울과 다윗이 얽히는 이야기는 이렇게 출애굽이라는 이스라엘 민족의 출발과 깊은 관련이 있다. 사울과 다윗의 시절 이스라엘 또한 새로운 시대의 입구에 서있다는 사실이 이를 입증한다. 첫째 요소에서는 바로가 이스라엘을 압제하고 고통의 나락으로 빠져들게 하는 원흉이 된다면, 이스라엘의 초대 왕으로 등극한 사울이 이스라엘을 고통과 압박의 길로 이끌고 이방의 압제 또한 끌어들이게 된다. 둘째는 여호와께서 모세를 바로의 왕궁에서 자라게 하듯이, 다윗을 기름 부어 사울 왕의 궁에서 소년의 시기를 보내게 하신다. 모세가 바로 왕의 딸의 아들이 되었다면, 다윗은 사울 왕의 딸인 미갈의 남편이 되어 사울의 사위가 된다. 두 사람 다 낮은 신분에서 시작하여 왕가와 가족의 인연을 맺게 되는 것이다. 셋째는 두 인물들의 삶에 획기적인 전환점이 시작되는데, 모세가 한 애굽 사람을 쳐 죽이고 그것이 발각되어 광야로 도망간 것처럼, 다윗은 이스라엘의 적인 블레셋 사람(골리앗)을 쳐 죽인 것이 빌미가 되어 사울의 질시에 가득 찬 음모를 피해 광야로 도피하게 된다. 두 사람 다 광야 방랑기간 동안 여인을 만나 결혼을 한다. 모세는 십보라를 만나고 다윗은 아비가일을 만난다(출 2:21; 삼상 25:39-42). 넷째, 모세의 목숨을 노리던 그 바로가 죽었을 때 모세는 하나님의 명령과 함께 새 바로를 대적하기 위해 돌아온다. 그리고 다윗 또한 사울이 죽었음을 듣고 여호와께 물어 가로되 "내가 유다 한 성으로 올라가리이까"라고 묻고 헤브론으로 가라는 명령에 순종하여 그곳으로 간다(삼하 2:1). 그리고 사울의 아들인 이스보셋을 대적하게 된다(삼하 2:8-11). 다섯째, 모세가 바로의 모든 대항을 물리치고 이스라엘을 탈출시킨 것처럼, 다윗도 결국 이스보셋을 누르고 온 이스라엘을 사울 왕가의 압박으로부터 해방시키고 새로운 왕정을 시작한다.

이 두 비교에서 커다란 차이점이 있다면 모세가 바로라는 이방의 왕을 대적하여 하나님의 이적과 기적의 힘으로 이스라엘을 해방시켰다면 다윗은 같은 동족인 사울 왕가와 대적하여 이스라엘을 구하는 불운한 시대를 보여주고 있다. 이스라엘 스스로가 문제가 되고 이스라엘이 요구한 왕(שׁאל 사울/요구된 자)이 자신들에게 문제가 되는 그런 시대를 보여주고 있다는 사실이다.

다윗의 광야에서의 왕권인식

이제 우리는 이러한 출애굽 모형의 중심인 광야에 도달해 있다. 이 중심이 없다면 마지막 결과도 없는 것이다. 시작과 끝을 사이에 두고 시작에 의미를 더하며 끝을 온전하게 완성시키는 중심이 이 광야에서 이루어지고 있다는 것은 하나님을 따르는 어느 누구에게나 실로 소중한 사실이다. 먼저, 광야 그곳은 다윗이 자신의 출발선을 돌아보는 장소이다. 자신에게 일어난 일에 대한 묵상이 그곳에서 펼쳐진다. 모세가 광야에서 소명을 받듯이, 다윗도 자신의 소명을 발견하는 장소가 바로 광야이다. 모세는 하나님의 직접적인 임재로 다윗은 역시 그의 시대답게 사람들의 중재를 통해 그것을 발견해 간다.[125] 이것은 직접적으로 다윗의 시작인 기름 부음과 밀접한 연관이 있을 것이다.

사무엘상 16장 1절이 바로 다윗의 시작점이다. 하나님께서 사무엘을 이새의 집에 보내시며 "내가 그의 아들 중에서 한 왕(מֶלֶךְ 멜레크)을 보았다"라고 말씀하신다. 그러나 이것은 오직 하나님과 사무엘에게만 분명한 사실이다. 이새는 물론 기름 부음을 받은 당사자인 다윗, 그리고 그 주변의 모든 사람들까지 이것이 무엇을 의미하는 의식인지를 알지 못했다. 다윗은 골리앗을 무너뜨린 후 사람들이 "사울의 죽인 자는 천천이요 다윗은 만만이로다"(삼상 18:7)라고 환영하고 칭송할 때에도 자만하지 않고 신하로서의 자신의 위치를 진심을 다해 지켰다. 그리고 사울 왕의 사위로 천거될 때에도 사울에게는 "내 친족이나 내 아버지 집이 무엇이기에 내가 왕의 사위가 되리이까"(삼상 18:18)라고 낮추며, 주변 동료들에게는 "왕의 사위 되는 것을 어찌 작은 일로 보느냐 나는 가난하고 천한 사람이라"(삼상 18:23)하며 불가능성을 피력한다. 그리고 사울의 아들 요나단이 다윗을 무척 아끼고 사랑하여 다윗에게 자신이 '입었던 겉옷, 군복, 칼과 활과 띠'를 벗어서 다윗에게 주었을 때에도(삼상 18:4) 다윗은 이 속에 숨어 있는 상징적인 뜻을 알지 못했다. 그것이 사울의 왕위 계승자인 요나단의 모든 권위가 다 자신에게 양도된 실로 중차대한 의미가 내포되어 있음에도 말이다.[126] 그리고 사울 왕이 자신을 집요하게 죽이려는 이유 또한 아무리 생각해 보아도 알 수 없는 노릇이었다. 요나단에게 쏟아 붓는 그의 항변이 그것을 증명하고 있다: "내가 무엇을 하였으며 내 죄악이 무엇이며 네 아버지 앞에서 내 죄가 무엇이기에 그가 내 생명을 찾느냐"(삼상 20:1). 이렇게 다윗은 아무 것도 모르는 채로 광야로 내몰린다.

광야로 향하는 다윗의 절박함은 그의 하소연에서 그대로 느껴볼 수 있다. 살아계신 하나님의 이름으로 당당하게 골리앗 앞에 섰던 다윗의 그 기개는 찾아볼 수 없고(삼상 17:26), 동일한 살아계신 여호와의 이름으로 "나와 죽음의 사이는 한 걸음 뿐이다"라고 호소한다(삼상 20:3). 그런데 광야에서 다윗은 어디에서도 들어보지 못했던 말들을 한꺼번에 듣게 된다. 자신의 귀를 의심할 수밖에 없는 동일한 단어들이 그의 귀를 쉴 새 없이 울려대는 것이다. 오직 하나님과 사무엘만이 알고 있는 천상의 비밀이 사람의 입을 통해 누설되고 있다. 그러나 실상은 다른 이들은 다 알고 있으나 다윗만 눈치 채지 못한 비밀인지도 모른다.[127] 그 첫 번째 소리가 이방인의 입에서 나오고 있다는 것이 의외이다. 다윗이 사울의 살해음모를 피해 다급하게 도망간 곳이 블레셋 땅 가드의 아기스 왕에게였다. 사울이 접근해 올 수 없는 땅인 블레셋에서 그의 피난처를 얻을 수 있을 것이라는 계산이었다. 그러나 아기스의 신하들이 다윗을 알아보고 경악을 하며, 외쳐댄다.

아기스의 신하들이 아기스에게 고하되 이는 그 땅의 왕(מֶלֶךְ 멜레크) 다윗이 아니니이까 무리가 춤추며 이 사람의 일을 창화하여 이르되 사울이 죽인 자는 천천이요 다윗은 만만이로다 하지 아니하였나이까(삼상 21:11; 참조 29:5).

그 땅의 '왕'이라니?[128] 사울이 두 눈을 시퍼렇게 뜨고 살아 있고, 또 자신을 죽이려고 혈안이 되어 쫓아다니는데, 다윗을 향하여 '그 땅의 왕'이라는 칭호를 붙인다. 이것은 처음으로 다윗에게 붙여지는 왕의 칭호이다. 이미 블레셋인들은 다윗의 명성과 그의 능력의 탁월함을 보고 그를 왕으로 인정하고 있다는 것이다. 이들의 평가기준은 다윗의 탁월한 전쟁수행능력에 기인한 것이다. 즉, 다윗은 열방의 기준으로 볼 때 이미 왕이라는 것이다. 다윗은 "이 말을 그의 마음에 두었다"(삼상 21:12). 어쩌면 자신이 사울에게 쫓기는 이유를 풀 수 있는 실마리를 발견하였는지도 모른다. 사람들의 '천천, 만만'이라는 칭송과 자신의 기름 부음, 그리고 사울이 자신을 대하는 태도, 이 모든 것이 왕권과 연루된 것이라는 수수께끼를 풀어가고 있는 것이다.

두 번째는 더욱 직접적인 말로 다가온다. 아버지 사울과 함께 다윗을 찾아 나온 왕위계승후보 일인자인 요나단이 광야를 떠돌고 있는 다윗을 만나 그에게 예언의 말을 전한다. 그의 말은 먼저 다윗이 하나님만 힘 있게 의지하도록 권면하는 것으로 시작한다.

> **곧 요나단이 그에게 이르기를 두려워하지 말라 내 부친 사울의 손이 네게 미치지 못할 것이요 너는 이스라엘 '왕이 되고'(יִמְלֹךְ 말라크) 나는 네 다음이 될 것을 내 부친 사울도 안다 하니라 두 사람이 여호와 앞에서 언약하고 다윗은 수풀에 거하고 요나단은 자기 집으로 돌아가니라(삼상 23:17-18).**

요나단은 다윗이 모르는 것을 알고 있다. 그것은 자신의 아버지 사울이 다윗을 그렇게 집요하게 추적하는 이유이다. 요나단이 다윗을 아끼고 사랑함으로 아버지인 자신보다 오히려 다윗을 택하는 것을 본 사울은 이 행위를 수치스런 행동으로 맹렬히 비난하며 속을 그대로 요나단에게 내비친다: "이새의 아들이 땅에 사는 동안은 너와 네 나라가 든든히 서지 못하리라 그런즉 이제 사람을 보내어 그를 내게로 끌어 오라 그는 '죽어야 할 자'(사망의 자식)이니라"(삼상 20:31). 요나단은 아버지 사울이 다윗이 왕위를 찬탈할 자로 확신하고 죽이려 하고 있으며 그것 때문에 전전긍긍하고 있음을 알고 있다. 그러나 요나단은 이미 그 모든 권위를 다윗에게 양도한 상태이다.[129] 이제 다윗은 사울이 자신을 쫓는 이유를 분명히 알았고, 또 요나단이 자신에게 준 '겉옷, 군복, 칼과 활과 띠'의 의미를 밝히 깨닫는다. 바로 왕권이었다.

마지막 세 번째는 요나단이 미리 예고한 것처럼 현직 왕인 사울의 입에서 직접 쏟아져 나온다는 사실이 놀랍다. 다윗과 사울이 직접 마주치는 사건, 그리고 다윗이 사울의 목숨을 살려주는 일이 벌어진다. 그 상세한 내용은 다음 장에서 펼쳐질 것이다. 이 곳에서는 왕권에 대한 발언과 관련된 것만을 다루기로 한다. 사울은 자신의 목숨을 해할 기회를 포기한 다윗을 향하여 하나님의 뜻을 전한다. 이때 그는 "사울도 선지자 중에 있느냐"(삼상 10:11; 19:24)라는 속담의 긍정적인 부분을 회복하고 있다.[130]

사람이 그의 원수를 만나면 그를 평안히 가게 하겠느냐 네가 오늘 내게 행한 일을 인하여 여호와께서 네게 선으로 갚으시기를 원하노라 보라 나는 네가 반드시 '왕이 될 것'(קלמ 말라크)을 알고 이스라엘 나라가 네 손에 견고히 설 것을 아노니 그런즉 너는 내 후손을 끊지 아니하며 내 아비의 집에서 내 이름을 멸하지 아니할 것을 이제 여호와의 이름으로 내게 맹세하라(삼상 24:19-21).

사울의 이 말 속에는 다윗이 '왕이 될 것'은 물론이요, '이스라엘 나라'까지도 다윗의 손에 놓여져 있다는 것이다.[131] 그리고 그 나라는 다윗의 손에 견고히 서야 한다고 강조하고 있다. 이보다 더 확실한 소명이 어디에 있는가? 자신을 죽이려고 혈안이 되어 있는 사람의 입에서도 동일한 음성이 들려오고 있지 않은가! 물론 이후에도 사울의 성품에 변화가 없고, 요나단처럼 어떤 언약도 다윗과 맺지 않는다는 안타까움이 존재한다. 그리고 사울이 이 말을 할 때 자신이 무슨 말을 하고 있는지 인식이나 하고 있었는지 의심스럽기도 하다.[132] 그럼에도 다윗이 사무엘 선지자가 몰래 베들레헴을 찾아와 자신에게 기름을 부은 의미를 선명하게 깨닫기에는 충분하다. 광야에서 먼저 블레셋 방백들이라는 이방인(삼상

21:10-12), 그 다음은 왕위 계승 일순위인 왕세자 요나단(삼상 23:15-18) 그리고 마침내 사울이라는 현직 왕의 입술(삼상 24:20)을 차례차례 건너가며 다윗의 소명은 그의 가슴에 선명하게 각인되었다. 이와 같이 다윗의 광야여정은 그의 왕권이 하나님께서 계획하신 필연적인 것임을 압도적인 사례들로 제시하고 있는 것이다.[133]

이처럼 광야에서 왕이라는 칭호가 다윗의 귀에 처음으로 들려왔다. 그리고 그 울림은 계속된다. 왕의 사위가 되는 것조차 버겁게 느꼈던 다윗, 그러나 이제 사방에서 울려 퍼지는 왕이라는 칭호가 쫓겨 다니는 그의 삶에 또 하나의 무게로 다가온다. 사울의 입에서 "나는 네가 반드시 왕이 될 것을 안다"라는 선언이 떨어졌지만, 아직도 다윗은 광야에 있다. 왕, 그는 누구인가? 분명 사울같이 해서는 안 된다는 사실은 분명하다. 창세기에서 하나님께서는 간절히 감옥에서 풀려나기를 소망하며 사람을 향해 간청하는 요셉을 몇 년 더 그 거친 곳에 내버려 두시듯이(창 40:14-41:1), 다윗을 광야에 더 머물게 하신다. 분명 왕으로서 배우고 훈련해야 할 것이 있기 때문이다. 실로 광야는 다윗이 왕의 길이라는 소명에 걸맞은 삶을 배우는 장소가 될 것이다.

2. 토라가 왕도를 말하다(창 12-22장; 37-50장)

다윗은 광야에서 무엇을 배워야 할 것인가? 그 대답은 당연히 왕도일 것이다. 왕도에 대하여 이스라엘 전통 신앙이 증거하고 있는 바를 이해함이 없이는 결코 바른 왕도를 배울 수 없을 것이다.

토라가 증거 하는 왕의 길

왕의 길은 이스라엘 정신의 근간인 토라(오경)에 이미 확실하게 주어져 있다. 구약성경 전체에서 왕에 대한 규정이 법의 형태로 제시된 것은 신명기 17장 14-20절이 유일하다.[134] 여기에는 그 후반부의 내용을 통해 왕도를 살필 것이다.

그가 왕위에 오르거든 이 율법서의 등사본을 레위 사람 제사장 앞에서 책에 기록하여 평생에 자기 옆에 두고 읽어 그의 <u>하나님 여호와 경외하기</u>(ארי 야레)를 배우며 이 율법의 모든 말과 이 규례를 지켜 행할 것이라 그리하면 <u>그의 마음이 그의 형제 위에 교만하지 아니하고 이 명령에서 떠나 좌로나 우로나 치우치지 아니하리니</u>(신 17:18-20).

여기에서 제시하는 왕의 길은 크게 두 가지를 포함하고 있다. 첫째는 여호와를 경외하는 삶이며, 둘째는 형제/자매를 인정하는 삶이다. 바로, 하나님 사랑과 이웃사랑이다. 이것은 하나님의 백성 이스라엘이 살아가야 할 길이다. 결국 왕도와 백성의 길이 다름이 없다. 차이점이라면 왕들은 이 길을 앞장서서 걸어가며 본이 되어야 하고, 백성들을 바르게 이끌어야 하는 사명이 있다는 점이다. 그래서 늘 지도자의 사명은 양떼를 이끄는 목자처럼 '백성 앞에서 출입'하는 것이다(민 27:17; 신 31:2; 수 14:11; 삿 11:3; 삼상 12:2; 18:13, 16; 삼하 5:2; 왕상 3:7).

모세가 여호와께 여짜와 가로되 여호와 모든 육체의 생명의 하나님이시여 원컨대 한 사람을 이 회중 위에 세워서 그로 그들 앞에 <u>출입하며 그들을 인도하여 출입하게</u> 하사 여호와의 회중으로 목자 없는 양과 같이 되지 않게 하소서(민 27:15-17).

하지만 위의 내용만으로는 정확하게 왕이 어떻게 걸으며 백성 앞에서 출입해야 하는지에 대한 사례가 불분명하다. 어떤 것이 여호와를 경외하는 것이며, 형제를 지키고 돌본다는 것이 어떤 의미인지를 분명하게 보여줄 수 있는 좋은 본이 있다면 더 쉽게 이해할 수 있지 않을까? 신명기가 제시하고 있는 그 방법은 '율법서를 읽는 것'이라고 한다. 율법서가 무엇인지를 먼저 분명히 할 필요가 있다. 여기서 '율법'이라고 번역된 단어는 히브리어 '토라'(תורה 가르침)이다. '토라'(תורה)는 '율법'이라는 협소한 의미보다는 '가르침'이나 '교훈'으로 번역하는 것이 더 올바르다. 이 단어는 '가르치다, 교훈하다'라는 뜻을 가진 '야라'(ירה)라는 동사형에서 파생된 명사형이기에 광범위한 의미를 내포하고 있는 '가르침' 쪽에 더 가깝기 때문이다. '율법'이라고 하면 가장 먼저 '십계명'이나 세세한 법조문을 떠올리기 십상이다. 그러나 이스라엘은 창세기부터 신명기까지의 전체 내용을 지칭할 때 '토라'라는 용어를 사용한다. 이것은 토라가 법조문 정도의 차원이 아닌 모든 것을 포괄할 수 있는 '가르침, 교훈'이라 할 수 있다.[135]

이제 율법, 즉 토라는 창세기부터 신명기까지의 전체의 내용들을 의미한다는 것을 보았다. 그렇다면 왕들이 토라, 즉 모세오경(창세기-신명기)을 읽을 때 무엇을 배울 수 있을 것인가? 이 속에 왕이 먼저 모범적으로 걸어가야 할 길에 대한 정확한 사례가 제시되어 있다면 더욱 분명한 삶의 길을 배울 수 있을 것이기 때문이다. 그런 점에서 창세기는 참으로 좋은 출발선이다. 이 한 권의 책 안에 하나님의 백성이 살아가야 할 소중한 삶의 전형적인 모습들이 들어있기 때문이다. 이 창세기 안에 열두 지파가 하나 된 하나님의 백성 이스라엘이 탄생하고 있다는 사실이 이를 입증한다. 물론, 이스라엘이 꿈꾸는 지도자의 길(왕의 길도 포함하여) 또한 이 이야기들 속에 농축되어 제시되고 있다. 신명기가 강조하듯이 이스라엘에서 왕은 특별한 한 사람이 아니라, 하나님 앞에 서 있는 백성 중의 한 명일뿐이기 때문이다. 그렇지만 너무도 분명한 사실은 하나님의 백성인 이스라엘 열두 지파의 탄생과 연합이 앞장서 나가는 지도자의 삶에 달려 있다는 것이다. 인도하는 자가 없다면 사람들은 한 순간에 오합지졸이나 폭도로 변해 버리고, 방향과 목표까지도 상실 할 수 있기 때문이다. 그러나 아무리 노예의 삶을 살았던 무리일지라도 갈 길을 아는 지도자로 인해 민족이 되고, 나라가 되기도 한다. 이제 남은 과제는 다윗이 여호와 경외와 형제사랑을 누구의 삶 속에서 배울 것인가이다.

창세기에서 배우는 여호와 경외의 왕도

창세기 속에는 하나님께로부터 처음으로 '하나님을 경외하는 자'라는 칭호를 받은 사람이 있다. 바로 아브라함이다. 인류 역사 속에서 아브라함이 이 칭호를 받은 첫 사람이라는 것은 그를 통해 '여호와 경외'를 올바르게 배워야 할 과제가 왕을 포함한 아브라함의 후손들에게 남아 있음을 살펴볼 수 있다. 아브라함의 신앙여정은 두 번의 중요한 부르심으로 감싸여 그 시작(창 12:1-9)과 끝(창 22:1-19)을 하나로 연결시키는 신학적인 구조를 이루고 있다. 첫 번째는 갈대아 우르에서 가나안 땅으로 가라는 것이었고, 마지막은 모리아 산으로 가라는 말씀이었다.

이 두 번의 출발명령은 동일한 히브리어 표현인 '가라'(קְח־לָךְ 레크-레카; 창 12: 1; 22: 2)를 사용하고 있다. 특이하게도 이 명령형태는 구약성경 전체 속에서 오직 아브라함 이야기에만 나타나며 그의 이야기 중에서도 오직 이 두 문맥 속에서만 나타나는 희귀한 표현이다. 그리고 전자가 '고향, 친척, 아버지 집'(창 12:1)이라는 삼단계의 부모와의 철저한 단절이라면, 후자는 '네 아들, 네 사랑하는 독자, 이삭'(창 22:2)이라는 삼단계의 자식과의 완전한 결별을 의미한다. 이것은 이 두 사건의 밀접한 연관성을 강조해 주는 효과를 더하고 있다. 그리고 이 두 사건을 이해하

는 것은 아브라함이 보여준 하나님 경외의 본질을 밝히는 중요한 요소가 될 것이다.[136]

먼저 하나님께서는 아브라함에게 고향, 친척, 아버지 집을 떠나 자신이 지시하실 땅으로 가라고 명령하신다. 이사와 이민을 자유롭게 법적인 보호를 받으며 행할 수 있는 지금 21세기의 문명 속에서 살아가는 우리들에게는 이 명령의 가혹함이 그리 크게 와 닿지 않을 수 있다. 그러나 아브라함 당시 이러한 이주는 생명을 건 일이었다. 그리고 이 세 가지 요소는 아브라함을 지칭하는 모든 것이며, 근본 바탕이며 또한 보호막을 뜻하는 것이었다.

이스라엘에는 '고엘'(גאל)제도가 있다. '고엘'은 주로 두 가지 뜻으로 해석되는데 '기업 무를 자'(룻 2:20; 3:9, 13, 31; 4:1, 3, 6, 8, 14)와 '피의 보수자'(민 35:12, 19, 21; 신 19:6, 12)이다. 이것은 또한 가장 가까운 친족을 의미하기도 한다. 왜냐하면 한 사람이 가난해 져서 가진 재산을 다 팔아야 할 때 가장 가까운 친족이 기업을 물려주는 역할을 하며, 또한 한 사람이 다른 사람에게 신체적, 물질적 피해를 입었을 때 가장 가까운 친족들이 '눈에는 눈, 이에는 이, 생명에는 생명'(출 21:23-25)이라는 원칙 하에 피의 보수자의 역할을 하기 때문이다. 친족이 많다는 것은 보호막이 든든하다는 것이다.[137] 그러므로 고향, 친척, 아버지 집이라는 의미는 한 사람이 보호를 받고 안심하고 살아 갈 수 있는 환경이 있다는 것이다. 그에 반해 이방을 떠도는 나그네는 가까운 친족인 고엘의 도움을 전혀 받을 수 없는 상태가 된다. 떠도는 이방인 나그네 한 명쯤은 얼마든지 살해하고 그가 가진 것을 다 빼앗을 수 있는 것이 그 당시의 상황이었다. 여기서 우리는 비록 비굴한 일이기는 했지만 아브라함이 아내 사라를 누이라고 속였던 그 당시의 정황을 조금은 이해해볼 수 있다. 그래서 신명기서는 끊임없이 '나그네와 고아와 과부'를 돌보라고 명령한다(신

10:18-19; 24:17, 19, 20, 21; 27:19). 왜냐하면 이들에게는 고엘이 없기 때문에 어느 누구든지 그들을 보는 사람은 그들의 고엘이 되어 주라는 명령이다. 만약 그렇지 못하다면 우리 하나님께서 그들의 '구속자'(고엘)가 되셔서 피의 보수자가 되실 것이다(잠 23:11; 시 19:14; 78:35; 103:4; 사 41:14; 43:14; 47:4). 이 고엘이라는 단어가 하나님께 적용되면 언제나 '구속하다, 구원하다' 혹은 '구속자'라는 뜻으로 사용됨은 의미가 크다.

아브라함은 하나님의 이 명령 한마디에 어떠한 토도 달지 않고 자신의 보호막을 잘라내고 오직 여호와 하나님이 자신의 고엘이 되실 것을 믿고 소명의 여정을 출발한다. 그의 이 신앙은 단 한마디의 표현으로 부각된다: "이에 아브람이 여호와의 말씀을 좇아갔고"(창 12:4). 여호와께서 아브라함에게 가라고 말씀하시며 수많은 축복에 대한 약속을 주신다. 그리고 아브라함은 여호와의 말씀에 전폭적으로 순종하며 그 말씀을 그대로 믿고 실행한다. 이것은 천지창조가 아브라함이라는 믿음의 사람을 통해서 새롭게 이루어지고 있는 것과 다름이 없다.[138] 왜냐하면 창조의 신학은 말씀하시면 그대로 이루어지는 순종으로 이 세계가 조성되었음을 보여주고 있기 때문이다. 그리고 이제 아브라함이 그러한 세계를 만들어 가는 출발선에서 희망 찬 시작을 보이고 있는 것이다.

이러한 믿음의 여정의 절정에서 하나님은 아브라함을 다시 부르시며 또 가라고 하신다. 네 아들, 네 사랑하는 독자, 이삭을 데리고 모리아 땅으로 가서 내가 네게 지시하는 한 산 거기서 그를 번제로 드리라는 말씀이다. 이것은 청천벽력 같은 말씀이다. 하나님의 말씀 한 마디에 자신의 모든 근본 바탕이요 보호막인 과거를 다 잘라내었다. 그런데 이제 하나밖에 없는 유일한 미래의 희망까지 잘라버리라고 하신다.[139] 완전한 포기를 요구하시는 것이다. 이 잔혹하게 보이는 명령에 아브라함은 그의 출발에서와 똑같은 순종으로 응답하는 것을 통해 하나님을 향한 그의 믿음을 확증하고 있다: "아침에 일찍이 일어나 떠나 하나님의 지시하시는 곳으로 가더니"(창 22:3). 아브라함의 특징은 명령이 떨어지면 단 한 마디의 질문도 없이 모든 것을 신속히 준비하여 그 명령을 실행한다는 것이다. 질문이 있을 법도 한데 말이다. 이삭을 약속의 씨로 주시지 않으셨냐고 그리고 그 이삭과 하나님께서 언약을 세우실 것이며 그의 후손에게 영원한 언약이 될 것이라 하시지 않으셨냐(창 17:19)고 최소한 하소연 정도는 할 수 있을 것 같다. 그러나 아브라함은 그 다음날 아침 일찍 일어났다. 그리고 모든 준비를 서둘러 갖추고 자식을 불태울 나무까지 손수 장만한다. 하나님은 잔혹하게도 아브라함에게 자신을 만난 그 자리에서 이삭을 번제로 드리라고 하지 않으시고 모리아 산으로 가라고 하신다. 삼일 길이다. 우리는 흔히 말하기를 인생의 결심은 고작 작심삼일 정도밖에 안 된다고 한다. 그것을 아시는 것일까? 아들을 부둥켜안고 잠도 잤을 테고 손을 꼭 붙잡고 수많은 생각을 하며 걸었을 것이다.

 그러나 아브라함은 그 모든 것을 딛고 드디어 모리아 산까지 왔다. 이제 아브라함과 이삭 두 사람만의 등반이 시작된다. 이 마지막 순간에 하나님께서 아브라함의 심장을 도려내는 날카로운 질문을 던지신다. 마지막 포기를 강요하는 것처럼 말이다. 그 질문이 하나님의 것이면 오히려 낫겠지만 잔혹하게도 그 말을 이삭의 입술에 담으신다: "아버지여! 불과 나무는 있거니와 번제할 어린 양은 어디 있나이까?"(창 22:7). 여기에 무너지지 않을 아버지가 어디 있을까? 그러나 아브라함은 그의 응답에 하나님을 담는다: "아들아 번제할 어린 양은 하나님이 자기를 위하여 친히 준비하시리라"(창 22:8). 하나님을 향한 절대적인 신뢰가 없다면 절대 불가능한 일이다. 아브라함은 하나님을 바로 알고 있다는 것이다. 우리 또한 아브라함이 만난 하나님을 배울 필요가 있다. 모든 것을 다 상실해야만 하는 광야 같은 인생길에서 오직 하나님만을 붙잡겠다는 그런 신앙의 결단이 없이는 결코 이루어낼 수 없는 믿음의 길이다.

아브라함이 오직 믿음으로 이삭을 묶고, 그의 심장에 칼을 내리치려는 그 순간에 하늘에서 음성이 들려온다: "아브라함아 아브라함아!…내가 이제야 네가 나를 경외하는 줄을 아노라"(22:12). 드디어 하나님께서 한 사람을 찾으셨다. 하나님을 경외하는(ירא 야레) 사람을 만나신 것이다. 설사 불가능하고 불합리해 보이는 명령일지라도 그 말씀이 하나님께로부터 온 것이라면 그대로 준행하는 사람이다. 이제 하나님의 명령 한 마디에 자신의 모든 것을 포기할 줄 알았던 사람, 그 사람으로 인해 새로운 시대가 열려간다. 하나님의 말씀에 철저히 순종하는 아브라함의 믿음이 저주가 아닌 축복을 이 땅에 다시 회복시키는 역사를 이루어낸다. 자신이 큰 복을 받음은 물론이요, 그 후손이 복을 누리고, 또한 천하 만민이 그의 순종하는 믿음을 통해 복을 누리게 된다. 어느 누가 보아도 아브라함은 복 받은 사람이며 그로 인해 복을 받는 사람들의 이야기이다(창 24: 1, 31, 35; 26:4-5; 30:27). 이제 저주라는 말은 사라지기 시작한다. 한 사람의 철저한 순종을 통한 믿음의 확증이 이렇게 다른 세상을 만들 수 있다. 이것이 하나님 경외의 힘이요, 믿음의 힘이다. 이스라엘의 왕, 그는 앞장서서 이러한 길을 걸어가야 한다. 사울이 이 일에 철저히 실패한 지금, 다윗의 출발을 눈앞에 두고 이러한 뿌리 깊은 소명을 다시금 새겨보는 것은 다윗에게도, 우리에게도 반드시 필요한 일이다.

창세기에서 배우는 이웃사랑의 왕도

하나님 경외의 길을 살핀 지금, 우리가 다윗과 함께 나가야 할 길은 바로 형제/자매를 향한 길이다. 창세기는 아브라함의 이야기 다음부터 독특하게 누가 형제관계의 회복을 온전히 이루어낼 것인가라는 주제로 나아간다. 아브라함의 후손들의 이야기 속에 특히 형제들 사이의 불화가 부각되고 있는 것은 결코 우연이 아닐 것이다. 이것은 또 다른 회복을 향한 관심이라고 여겨진다. 누군가 소외되고, 분리된 사람 사이의 관계를 회복해야 할 소명이 있다는 것이다. 야곱과 에서의 이야기는 그런 점에서 최상의 예는 되지 못한다. 비록 형제가 부둥켜안고 재회의 기쁨을 나누기는 하지만, 야곱은 이스라엘을, 에서는 에돔 족을 이루는 분리가 일어난다. 그리고 이 두 나라는 형제의 나라였음에도 역사 속에서 서로 다른 신앙을 쫓아감으로 국가간의 다툼이 끊이지 않았다(삼하 8:13-14; 시 137:7; 겔 35장). 연합이냐 아니면 계속 분리되어 서로 동족상잔의 비극을 이루느냐는 늘 숙제로 남아 있는 것이다.

이제 그 온전한 연합에 대한 희망이 그 다음 세대에게 주어진다. 그러나 이스라엘이라는 이름으로 변화된 야곱의 열두 아들들이 벌이는 이야기의 시작은 다소 절망스럽기까지 하다. 형제간의 분열이 그 시작부터 심각하게 나타나고 있기 때문이다. 열한 명의 형제들이 등장하며 주도권 다툼을 벌인다. 막내 동생인 요셉이 하나님으로부터 왕권으로의 꿈을 두 번에 걸쳐 부여받는다. 그리고 요셉은 그것을 가슴 속에 품기보다는 떠벌리며 자랑한다.

우리가 밭에서 곡식을 묶더니 내 단은 일어서고 당신들의 단은 내 단을 둘러서서 절하더이다(창 37:7).

요셉이 다시 꿈을 꾸고 그의 형들에게 고하여 가로되 내가 또 꿈을 꾼즉 해와 달과 열한 별이 내게 절하더이다 하니라(창 37:9).

이 자랑을 들은 형들의 반응은 경악 그 자체이다: "네가 참으로 우리의 왕(מָלַךְ 말라크/왕이 되다)이 되겠느냐 참으로 우리를 다스리게 되겠느냐"(창 37:6). 그리고 아버지 야곱 또한 요셉에게 "나와 네 어머니와 네 형들이 참으로 가서 땅에 엎드려 네게 절하겠느냐"(창 37:10)라며 심하게 꾸짖는다. 특히 르우벤이 서모 빌하와 통간함으로 장자권을 상실하고(창 35:22; 49:3-4), 시므온과 레위가 잔혹한 살해행위로 자신들의 상속 권위를 상실한 뒤(창 34:1-31; 49:5-7) 넷째 아들로서 형제들의 리더로 급부상한 유다는 그 속에 더한 분노를 갖는다.[140] 그는 시기심에 주동이 되어 잔혹하게 요셉을 이집트로 팔아치우는데 앞장선다. 이 속에는 주도권을 놓고 벌이는 왕권 경쟁이 극명하게 드러나고 있다. 흡사 사울이 새로운 왕의 징후를 보이는 다윗을 제거하려고 몸부림치듯이 그렇게 형제들은 하나님이 주신 요셉의 꿈을 자신들의 힘으로 밟아 버리려 한다: "그의 꿈이 어떻게 되는지를 우리가 볼 것이니라"(창 37:20). 이처럼 형제들의 삶 초반에 나타나는 왕권의 모형은 열방의 그것과 다름이 없는 지배와 통치, 군림, 억압의 모형을 갖는다. 다른 형제들 위에서 힘으로 다스리는 것이다.

그러나 거기에서 멈추지 않는다는 것이 실로 다행이다. 왕을 포함하여 지도자가 나아가야 할 올바른 이상을 제시하는 것으로 그 결론에 이른다는 것이 희망이다. 그러나 그 과정은 험난하다. 요셉과 그의 형제들의 이야기는 흡사 사울과 다윗의 이야기를 연상시킨다. 하나님까지 합세하셔서 요셉에게만 특별한 왕권을 상징하는 꿈들을 꾸게 하시듯이, 다윗에게만 함께하시며 어디서나 인정받게 하신다. 이로 인해 형제들의 분노와 시기, 미움이 싹트는 것처럼, 사울의 가슴 속에도 동일한 시기의 불꽃이 타오른다(창 37:4, 5, 11; 삼상 18:8 12, 15, 29). 그리고 역시 동일한 형제 살해의 음모가 꿈틀거린다(창 37:18; 삼상 18:17; 19:1). 요셉과 그의 형제들 사이에 벌어지고 있는 이러한 살해의 위협은 어제 오늘의 일이 아니며 인류가 존재하는 그 순간부터 있어 왔던 기나긴 역사를 가지고 있는 것이다. 단지 누가 이 저주스런 흐름을 끊을 것인가가 늘 과제로 남겨져 있다.

다행히도 요셉의 형제들은 자신의 손으로 형제의 피를 흘리는 살해가 아닌, 다른 사람의 손에 요셉의 운명을 맡기기로 했다. 그들은 유다의 선동에 의해 요셉을 이집트로 내려가는 상인들의 손에 팔아치우며 편애에 대한 분노를 해소하려 한다. 이러한 불화로 인해 형제들의 사이는 기나긴 세월 동안 서로의 소식을 모른 채 분리되어 지내게 된다. 그 결과 요셉은 처음에는 어떤 운명이 될지도 모를 두려움으로 이집트로 끌려 내려갔고, 팔려서 종이 되었으며, 종국에는 누명을 쓰고 감옥에서 종살이를 하게 된다. 그의 삶은 점점 더 처절한 나락으로 떨어지고 있는 것이다. 17세에 팔려가 30세에 총리가 되었으니 이 절망의 세월이 무려 13년이다. 그의 가슴 속에 말 그대로 한이 쌓여 극도의 원한이 될 수 있는 충분한 세월이다. 그러나 요셉은 한을 풀기 위함이 아니라, 무언가를 기다리는 사람이 되었다.

그는 총리가 될 때까지 13년, 풍년의 세월 7년, 또 흉년의 기간 2년을 지나, 형들을 만났다. 그때는 이미 22년의 세월이 흐른 뒤이며, 총리가 된 후에도 9년의 세월이 더 흐른 뒤였다. 형들을 처음 만났을 때 그의 정체를 전혀 모르는 형들에게 요셉은 "친족에 대해 자세히 질문하며 너희 아버지가 아직 살아 계시느냐, 너희에게 아우가 있느냐"(창 43:7)는 등의 질문을 쏟아 붓는다. 그렇다면 가족에 대한 그리움이 가슴에 사무쳐 있다는 것을 느껴볼 수 있다. 그럼 이런 질문을 해 볼 수 있다. 왜 요셉은 애굽의 총리가 되었을 때 가나안의 가족들에게 기별을 보내지 않았을까?[141] 그의 지위라면 쉽게 사절단을 보내어서라도 가족들을 찾을 수 있을 터이고 자신이 있는 곳으로 초청을 할 수 있었을 것이다. 그러나 그는 그렇게 하지 않고 무언가를 기다리고 있었다.

흉년으로 인해 곡식을 사러 온 형제들을 보았을 때 요셉은 자신이 준비해 온 일들을 서서히 진행시킨다. 형제들을 정탐꾼이라고 누명을 씌워 감옥에 가두는 것이다. 그리고는 그들을 풀어주며 한 사람만 감옥에 갇혀 있고 나머지는 돌아가서 막내 동생을 데리고 와야 정탐이 아니라고 믿어 줄 것이라고 한다. 이 때 형들은 자신들이 과거에 저지른 일을 기억하기 시작한다. 22년이 지난 그 때의 일을 생생하게 아직도 기억하고 있는 것이다.

그들이 서로 말하되 우리가 아우의 일로 인하여 범죄하였도다 그가 우리에게 애걸 할 때에 그 마음의 괴로움을 보고도 듣지 아니하였으므로 이 괴로움이 우리에게 임하도다(창 42:21).

요셉은 형들이 과거의 일을 그대로 기억하고 있으며, 자신들의 죄에 대한 후회가 터져 나옴을 듣는다. 요셉은 이들의 이러한 탄식에 슬픔이 복받쳐서 몰래 들어가 통곡하고 형제들에게 나아와 자신의 계획을 계속 진행한다. 형제들이 집에 돌아와 아버지께 모든 사실을 고했을 때 그들은 아버지 야곱의 입에서 과거 요셉을 잃었을 때 들었던 동일한 탄식을 요셉의 이름과 더불어 듣게 된다(창 42:36-38; 37:33-35). 그들은 계속해서 자신들의 과거를 상기할 수밖에 없었다. 그리고 요셉은 형제들이 베냐민을 데려왔을 때 그를 보고 마음이 타는 듯 감정이 복받쳐서 또 몰래 들어가 울고 나온다(창 43:30). 요셉은 지금 한 풀이를 하는 것이 아니라 분명히 무언가를 확인하고 싶은 마음이 있어 형제들을 살펴보고 있는 것이 틀림없다. 요셉은 베냐민을 볼모로 삼기 위해 자신의 은잔으로 함정을 만든다. 모든 형제들을 곡식과 함께 돌려보내며 베냐민의 자루에 은잔을 집어넣고 요셉은 자신의 하인이 그들을 쫓아가게 만든다. 그리고는 은잔을 훔쳐 갔다고 고발하며 누구든지 그 은잔이 발견되는 사람은 이집트에 남아 종이 될 것이고 나머지 형제들은 돌아가도 좋다고 한다(창 44:10). 결국 은잔이 베냐민의 자루에서 발견되고, 형제들은 옷을 찢고, 짐을 나귀에 싣고 비통한 마음으로 요셉에게로 돌아온다. 요셉은 형제들에게 "잔이 그 손에서 발견된 자만 나의 종이 되고 너희는 평안히 너희 아버지께로 도로 올라가도 좋다"(창 44:17)라고 선언한다.

요셉은 자신의 대체물이며 또 다른 편애의 대상인 베냐민을 형제들이 자신을 제거했던 것처럼 합법적으로 제거할 수 있는 절호의 기회를 제공하고 있는 것이다. 만약 형제들이 22년 전과 똑같이 변한 것이 없다면 분명히 이 기회를 이용해 자신들의 목적을 쉽게 달성하려 할 것이다. 아버지 야곱에게 돌아가서도 베냐민의 절도 행각을 비난하면 그만이기 때문이다. 그러나 형들이 변해 있다. 요셉을 파는데 앞장섰던 형제들의 리더 격인 유다가 요셉의 앞에 나서서 장문의 호소를 쏟아 붓고 있다. 유다의 호소를 싣고 있는 창세기 44장 18-34절에는 '아버지, 아우, 아이'라는 말이 수도 없이 쏟아져 나오며 아버지와 아우(히브리어로 '형제')에 대한 염려로 가득 차 있다. 그리고 마지막에는 자신이 베냐민을 대신하여 요셉의 종으로 남고 베냐민은 형제들과 함께 아버지께 돌려보내 달라고 간청한다(창 44:33). 자신이 저지른 일에 대한 그 대가를 자신이 그대로 받겠다는 각오로 형제를 위하여 호소하는 유다를 바라보며 요셉은 기다리던 그것이 형제들 안에 준비되어 있음을 확인했다. 요셉은 더 이상 지체하지 않고 형제들 앞에 자신의 정체를 밝힌다(창 45:1-4).[142]

이렇게 유다는 변화되어 형제인 베냐민을 대신하여 그 자신이 기꺼이 이집트에 종으로 남기를 자청한 것이다(창 44: 14-34). 군림이 아닌 다른 사람을 위해 종이 되겠다는 희생의 자세가 마침내 요셉의 마음을 움직였고 형제들 간의 화해와 연합이 이루어진다. 서로 주도권을 놓고 유다와 요셉이 경쟁할 때에는 화해와 연합은 찾아볼 수 없고, 시기와 질투, 그리고 분노만이 형제들을 주도했고, 그 결과는 분열이었다. 그러나 반대로 자신이 종이 되겠다는 자세는 화해와 연합을 불러온다. 이와 같이 유다와 요셉은 '그의 형제를 지키는 자'가 된다.[143] 한걸음 더 나아가 이들의 사명은 '그의 형제를 지키는 자'에서 그치지 않고, '그의 나라를 지키는 자'로 확장된다. 왜냐하면 남쪽을 대표하는 유다와 북쪽을 대표하는 요셉이 주축이 된 열두 형제의 연합은 새로운 이스라엘을 만들기에 충분하기 때문이다. 유다와 요셉, 그리고 그 형제들은 정작 이집트에 거주하면서도, 전혀 이집트의 영향을 받지 않으며, 오히려 이집트가 이들로 인해 생명을 얻고 여호와의 은혜를 체험한다. 여호와 신앙에 흔들림이 없으며, 형제들의 결속은 더 강해진다. 이들의 이런 든든한 연합은 이집트에서의 탈출과 가나안 땅으로의 전진을 기대하고 있다(창 50:24).

형제에게 복수하고 그들을 죽이기 위해서 자신을 세우신 것이 아니라, 생명을 살리기 위해서 자신을 세우셨다는 요셉의 인식은 하나님의 뜻을 신뢰하는 믿음이 없이는 결코 가능할 수 없다. 요셉의 하나님의 뜻에 맞춘 이 인내의 기다림과 형제들의 변화는 드디어 형제 살해를 극복하고 연합을 이루어 낸다. 이스라엘 열두 지파의 연합은 이렇게 사람 사이의 용서와 화해를 통해 가능하게 되었다. 유다가 아우를 지키기 위해서 자신의 생명을 기꺼이 내놓는 희생과 요셉의 광야 길 같은 모진 고난의 세월까지도 하나님의 뜻으로 깨닫고 믿음으로 응답한 용서로 인해 화해와 연합의 길이 열린 것이다.[144] 그리고 요셉은 아버지 야곱이 죽은 후에도 변함없이 형제를 돌보는 사람이 된다: "당신들은 두려워하지 마소서 내가 당신들과 당신들의 자녀를 기르리이다 하고 그들을 간곡한 말로 위로하였더라"(50:21). 이렇게 믿음의 사람이 있는 곳에는 죽음이 아닌 생명, 소외가 아닌 돌봄, 분열이 아닌 연합이 이루어진다. 설사 그곳이 황량한 불모지인 광야처럼 사람을 죽이는 대기근이 만연해 있는 장소일 지라도 말이다.

이와 같이 유다와 요셉은 다윗이 따라가야 할 왕도의 최상의 모습을 그대로 보여주며, 이상적인 왕도를 상세하게 제시하고 있다. 하나님을 경외함으로 모든 불순종의 길을 차단하고 하나님의 백성이 되는 길을 여는 것이다. 그리고 어떠한 어려움이 삶을 뒤흔들지라도 환경을 묵상하지 않고 오직 하나님의 말씀만 묵상함으로 하나님의 뜻을 세우며 사람들을 하나로 연합하여 하나님의 나라를 열어가는 것이다. 다윗은 자신에게 주어진 소명이 '왕의 길'이라는 사실을 광야에서 인식했다. 그리고 '이스라엘 나라'가 그의 손에 견고해질 것이라는 사실 또한 깨달았다. 가야 할 길은 확실하다. 아브라함의 이상과 유다와 요셉이 보여준 왕도를 걸어가는 것이다. 이들 또한 광야 같은 세상을 걸어가며, 모진 삶의 역경 속에서 이 이상들을 일구어 내었으므로 더 이상 핑계 댈 것이 없다. 다윗, 그도 지금 광야에서 해산의 고통을 하고 있는 것이다(갈 4:19; 고후 11:23-29).

3. 다윗이 광야에서 길을 만들다(삼상 19-23장)

토라 속에 왕도가 구체적으로 아브라함의 하나님 경외, 유다의 생명 내건 베냐민 보호 그리고 요셉의 용서라는 선조들의 삶의 이야기를 통해 주어졌다. 다윗의 이야기 속에 이러한 '하나님 경외와 형제/자매 사랑'이라는 이 두 가지가 어떻게 조화를 이루며 나타나고 있는지를 살펴볼 필요가 있다. 특히, 광야라는 절박한 상황에서 다윗이 이러한 이념을 깨달아 성실히 수행해 낸다면 어떠한 여건에서도 이 목적을 이룰 수 있을 것이라는 확신을 가져볼 수 있기 때문이다.

다윗과 하나님

다윗은 살기위해 본의 아니게 거짓말도 했고 그로 인해 다른 이를 곤경에 빠뜨리기도 했다. 그것도 하나님의 거룩한 제사장들을 말이다(삼상 21:2). 또 극심한 공포 속에서 살아남기 위해 미치광이 짓도 해보았다(삼상 21:13). 지칠 줄 모르고 쫓아다니는 사울에게 거의 뒷덜미가 잡힐 만큼 그렇게 급박했던 순간도 있었다(삼상 23:26). 다윗의 고백처럼 그와 죽음 사이는 불과 한 걸음 차이밖에는 없다(삼상 20:3). 이것이 광야이다. 다윗의 광야, 그곳은 한 도망자가 왕이 되는 극렬한 수련장이다. 이런 절박함 속에 다윗과 하나님과의 관계는 어떠하였을까? 긴 시간 광야를 헤매며 다윗은 그가 소년 때에 가졌던 살아계신 하나님에 대한 신념을 어떻게 바꿔가고 있을까? 하나님 경외는 하나님의 말씀을 듣고 그대로 행하는 것과 직결된다. 듣기 위하여 묻는 것 또한 하나님 경외와 뗄 수 없는 관계이다. 그리고 이 하나님 경외는 고대근동의 다른 종교에서와 마찬가지로 구약신앙의 중심개념이며 종교 자체를 지칭하는 가장 오래된 용어 중 하나이다.[145] 이러한 뿌리 깊은 전통에 실패한 왕이 바로 사울이다. 다윗, 그는 어떻게 할 것인가?

다윗이 사울의 손이 미치지 못할 먼 곳인 사해 건너편 모압 땅에 가족과 함께 피신 했을 때, 하나님께서 먼저 말씀하신다.[146] 선지자 갓을 보내셔서 이방 땅을 유랑하는 다윗에게 "유다 땅으로 들어와 있으라"는 말씀을 전하신다(삼상 22:5). 어찌되었든 하나님께서 약속하신 땅으로 들어와 있으라는 것이다. 설사 생명의 위협이 있을지라도, 그 땅에서 버티어 내라는 말씀이다.[147] 자신이 마련한 안전에 거할 것인가, 하나님의 말씀을 따르는 모험을 감행할 것인가? 늘 인생에게 닥치는 갈등이다. 다윗은 이 말씀에 순종하여 하나님이 있으라는 곳으로 간다. 그러나 아브라함처럼 다윗도 결코 갈 장소가 정해진 이동이 아니었다. 더욱 불안정한 유랑이 기다리고 있을 뿐이다. 이처럼 순종으로 그의 유다 광야에서의 정처 없는 유랑이 시작된다.

그가 유다 광야에서 도피 중일 때 유다 땅인 그일라가 블레셋의 침공을 받았다는 소식을 접했다. 다윗은 사울에게 적발될 위험이 있음에도 동족을 도울 마음을 먹는다. 그러나 그는 공명심이나, 명예욕을 위해 섣부르게 나서는 것이 아니라, 먼저 하나님께 묻는다: "내가 가서 이 블레셋 사람들을 치리이까"(삼상 23:2). 이에 하나님께서 블레셋을 치고 그일라를 구하라고 하신다. 하지만 심각한 문제가 발생한다. 다윗과 함께 하며 도망 중인 사람들이 그 일에 반대하는 것이다. 유다 땅에 있는 것조차 두려운데 거기까지 가서 어찌 블레셋과 싸우느냐는 것이다. 다윗은 하나님의 뜻을 굽히는 것이 아니라 그 즉시 여호와께 다시 묻는다. 이번에는 하나님께서 블레셋을 다윗의 손에 붙이겠다는 확답까지 주신다(삼상 23:4). 그리고 다윗은 대승을 거두었다. 이와 같이 다윗은 사람의 말을 전적으로 무시하진 않지만 그의 신뢰를 철저히 하나님께 두고 하나님의 뜻을 관철시킨다.[148] 이것은 그와 함께 행하는 사람들에게 사람의 뜻이 아니라 하나님의 말씀을 따르는 삶이 어떤 것인지를 여실히 보여주었을 것이다. 그리고 그 순종의 삶이 가져다주는 결과까지도 확실히 보여주었음에 틀림없다.

이와 동일하게 다윗은 전체 광야여정을 통하여 계속해서 이렇게 하나님께 묻고 행하는 삶을 멈추지 않는다(삼상 23:9-13; 30:8; 삼하 2:1; 5:19, 23).[149] 다윗의 특징은 이와 같이 하나님의 말씀에 모든 신뢰를 두고 살아가는 것이다. 그리고 다윗이 그 위험한 광야에서 무사한 이유는 그의 민첩함이나 탁월한 광야전술에 있는 것이 아니라 오직 하나님의 은혜임을 분명히 하고 있다: "사울이 매일 찾되 하나님이 그를 그의 손에 넘기지 아니하시니라"(삼상 23:14).[150] 다윗의 하나님 경외의 극치는 사울을 두 번이나 죽일 수 있는 기회가 있었음에도 오직 '여호와의 기름 부음 받은 자'를 결코 자신이 손 댈 수 없다는 경건으로 모든 것을 여호와의 손에 맡기는 것에서 드러난다(삼상 24, 26장). 무엇이 잘못되었든지 간에 하나님께서 선택한 사람에 대한 존중과 하나님께 대한 존경을 가득히 품고 있는 것이다. 이것은 사울에게서는 찾기 힘든 것으로 다윗에 대한 미래 가능성을 충분히 기대해 볼 수 있는 소중한 요소이다. 광야는 이렇게 다윗의 하나님 경외를 제거하는 것이 아니라 오히려 더 견고하게 북돋워 주고 있음을 살펴볼 수 있다. 이렇게 다윗은 광야로 도피하며 사울과의 관계는 끊어졌을지라도 하나님과의 관계에 빨간불이 켜진 적은 없다. 다윗의 광야여정은 그의 삶을 현저히 변화시켰지만 그의 신앙은 오히려 더 깊은 하나님과의 교제로 들어가고 있음을 살펴볼 수 있다.

다윗과 사람들

이렇게 하나님을 경외하는 다윗의 삶은 그의 주변 사람들에게 어떤 모습으로 비쳐지고 있을까? 다윗의 매력은 그가 기름 부음을 받을 때, 그리고 골리앗과 싸울 때 드러났다. 그는 빛이 붉고 눈이 빼어나고, 얼굴이 아름답다(삼상 16:12; 17:42). 이런 그의 매력은 하나님을 경외하는 그의 믿음으로 더욱 빛이 난다. 이 다윗을 향하여 사람들이 모여든다. 그리고 다윗은 다양한 종류의 사람들을 광야에서 만나게 된다. 그들과 함께 얽히고설키는 사건들 속에서 다윗은 왕으로서 반드시 깨달아야 할 사람의 본질을 배우게 된다.

가장 먼저 살펴보아야 할 그룹은 광야에서 도망자의 삶을 살고 있는 그에게 나아오는 사람들이다. 다윗이 사해 근처의 황량하고 거친 절벽의 아둘람 굴에 거하고 있을 때 그의 형제들과 아버지의 온 집이 그에게 온다. 이들은 다윗으로 인해 곤경에 처한 사람들이다. 다윗을 쫓는 사울이 그의 가족들을 제대로 대우할리가 없다. 분명 동일한 위협과 곤경에 처해 있었을 것임을 직감해 볼 수 있다. 다윗은 그 책임을 통감하고 자신의 부모를 극진히 모시고, 심지어 사해 건너편인 모압 미스베로 부모를 인도하여 모압 왕에게 보호를 부탁하기까지 한다(삼상 22:1, 3). 이것은 율법의 핵심인 십계명의 하나님 사랑과 이웃사랑의 징검다리 역할인 "네 부모를 공경하라"는 말씀에 대한 순종임을 살펴볼 수 있다. 부모를 공경하는 모습이 하늘 아버지인 하나님과 부모를 통해 연결되는 형제/자매들과 이웃과의 관계를 알아볼 수 있는 시금석이 될 수 있기 때문이다. 다윗은 이러한 부모공경을 바탕으로 하나님의 음성에도 귀 기울이는 사람이 된다.

그 다음으로 성경은 '환난 당한 모든 자와 빚진 모든 자와 마음이 원통한 자'가 다 다윗에게로 모였고, 그는 그들의 우두머리가 되었다고 한다.[151] 그 숫자도 사백 명 가량이나 되었다(삼상 22:2). 아마도 이 사람들의 정체는 사울의 통치 하에서 고난을 당하는 사람들이라고 짐작해 볼 수 있다. 이것은 사무엘상 22장 6-7절에 나타나는 사울의 연설 속에서 그 정당성을 입증할 수 있다.

사울이 다윗과 그와 함께 있는 사람들이 나타났다 함을 들으니라 때에 사울이 기브아 높은 곳에서 손에 단창을 들고 에셀 나무 아래에 앉았고 모든 신하들은 그 곁에 섰더니 사울이 곁에 선 신하들에게 이르되 너희 베냐민 사람들아 들으라 이새의 아들이 너희에게 각기 밭과 포도원을 주며 너희를 천부장, 백부장을 삼겠느냐

사울의 이 말 속에는 사울 자신은 밭과 포도원이라는 물질적인 부와, 천부장, 백부장이라는 정치적인 권력을 자신을 따르는 신하들에게 아낌없이 제공해 주고 있다는 자부심이 느껴진다. 이것은 사울 밑에서 이렇게 누리는 사람들이 있는가 하면 이러한 부를 제공해 주기 위해 수탈당하는 억울한 사람들도 생겨나고 있음을 살펴볼 수 있다. 사무엘이 결국은 탈취하는 쪽으로 기울 왕도에 대하여 경고했던 내용들이(삼상 8:10-18) 이미 이스라엘 초대 왕 때부터 현실이 되고 있다는 사실이 심각하게 들려온다. 다윗 자신도 이러한 희생자 중에 하나이며, 그의 주변으로 동일한 아픔을 가진 사람들이 몰려든다. 이렇게 억울하게 고난당하는 사람의 대표적인 인물을 한명 들라고 한다면 아비아달이라고 할 수 있겠다. 그는 놉 땅의 제사장 아히멜렉의 아들로 사울이 다윗을 쫓느라 광분하고 있을 때 그의 아버지가 다윗을 도왔다는 이유로 집안의 식솔들 85명이 한 날에 살해당하고 그만 다윗에게 도피하였다. 그는 하루아침에 모든 가족, 재산, 명예를 다 잃었다. 물론 다윗은 놉의 제사장들이 살육당한 책임을 통감하며, 아비아달을 최선을 다해 보호한다(삼상 22:22-23). 이와 같이 다윗의 주변에는 도움과 인도가 필요한 갖은 수난을 당하는 사람들이 모여들며 다윗은 이들을 공평과 인애로 이끈다. 이것은 그의 자애로운 전리품 분배에서 뚜렷이 드러난다(삼상 30:24).

하지만 사람들과의 관계는 결코 모든 것이 해피 앤딩이 되지는 않는다. 다윗도 그것을 광야에서 배운다. 절박한 상황에서 사람들은 정의와 공의보다는 자신의 생명을 더 소중하게 생각하기 때문이다. 다윗은 자신의 생명이 경각에 달려 있는 도망의 와중에도 같은 유다 지파인 그일라 땅이 블레셋의 침공을 받았다는 소식을 접하고 주변의 만류에도 불구하고 하나님의 뜻 가운데 그 전투에 나선다. 생명의 위협에 또 다른 생명의 위협이 더해지고 있는 것이다. 블레셋에 큰 승리를 거두고 그일라를 구했다. 그런데 문제는 그 다음에 발생한다. 다윗의 행방이 그만 사울에게 노출되어 버렸다. 그일라는 문이 있고 성루가 있는 어엿한 성채이다. 사울은 쾌재를 부른다. 다윗이 문빗장이 있는 성에 들어갔으니 이젠 잡은 것과 진배가 없다는 것이다. 급박해진 다윗은 하나님께 묻는다. 그일라 사람들이 자신을 사울에게 넘기겠느냐는 절박한 질문이다(삼상 23:12). 짐작컨대 사울이 이미 그일라 사람들에게 협박 반 회유 반으로 다윗을 넘길 것을 종용하고 있는 상황이었을 것이다. 하나님의 응답은 사람에 대한 신뢰조차 할 수 없게 만드는 절망적인 것이었다: "그들이 너를 넘기리라." 생명을 걸고 구해주었으나 돌아오는 것은 철저한 배신이다. 그일라 사람들은 신의 보다는 실리를 추구하는 사람들이었다. 더 좋은 조건을 제시하는 사람에게 마음을 바꾸는 사람들이다.

이러한 사람의 전형적인 인물을 들라고 한다면 단연코 에돔인 도엑이란 사람을 들 수 있겠다. 다윗과 도엑의 그 이전 관계를 알 수는 없다. 단지 다윗이 도엑을 알고 있다는 정도만이 전부이다. 하지만 도엑은 자신에게 이득이 되는 일이라면 어떤 일이든지 할 준비가 되어 있는 사람이다. 즉, 기회주의자인 것이다. 얼마나 좋은 관계이든지간에 도엑에게 다윗은 단지 자신의 지위를 바꿀 수 있는 도구인 '이새의 아들'일 뿐이다(삼상 22:9). 그리고 자신의 에돔인이라는 불리한 입지를 바꿀 수 있는 길이 있다면 무엇이든지 할 인간이다. 아무도 감히 나서서 죽이지 못하는 놉의 제사장들조차 가차 없이 살육하는 것도 아랑곳하지 않는다(삼상 22:18). 그는 일전에 아히멜렉이 제사장으로 있는 이 놉에 있는 성소에서 개인적이든 국가적이든 제의를 위해 "여호와 앞에 머물러 있던 사람"이었다(삼상 21:7). 분명 아히멜렉을 통한 신탁 또한 존중하며 받았을 것이다. 그러나 그는 그러한 관계마저 가차 없이 자신의 이득을 위해 언제든 청산할 준비가 되어 있었다. 그리고 이러한 무리 속에 갈멜에 목장이 있는 마온 사람 나발이라는 인물도 포함시킬 수 있다. 다윗에게 은혜를 입었지만 그 선을 악으로 갚는 인간에 속하는 것이다(삼상 25장). 십 사람들 또한 다를 바가 없을 것이다. 다윗은 마온 광야에도 머물렀고, 십 광야에도 있었다. 마온 광야에서 다윗으로부터 보호의 혜택을 본 사람이 나발이었다면, 짐작컨대 십 사람들 또한 십 광야에서 동일한 보호를 받았을 것이라 추측된다. 그러나 그들은 먼저 기브아의 사울을 찾아가 다윗이 자신들과 함께 광야 수풀에 숨어 있다고 고발을 한다. 그리고 내려오기만 하면 그를 왕의 손에 넘길 것이라고 약조까지 한다(삼상 23:19-20). 그러나 그 어디에서도 다윗의 복수극을 찾아볼 수 없다. 이것이 다윗의 매력이며 그의 이런 성품에는 분명한 동기가 있다. 이렇게 한 순간에 배신하고 다윗을 헐값에 넘기려는 인간들에 반하여, 하나님은 다윗을 사울의 손에 결코 넘기지 아니하신다는 것이다(삼상 23:14). 결국 다윗이 사람의 말보다는 하나님께 묻고 하나님의 뜻을 따라 살아가는 분명한 이유가 이 속에 들어 있기도 하다. 사람들은 보호와 돌봄, 사랑의 대상이지 의지와 신뢰의 대상은 결코 아니라는 것이다.

하지만 이에 반하여 다윗은 또 다른 종류의 사람들도 만난다. 그의 일생에서 가장 소중한 만남이라 할 수 있는 요나단과의 관계가 바로 그것이다. 다윗이 위기에 처하면 처할수록 요나단의 사랑은 더 빛을 발한다. 그의 신실함은 오히려 더욱 강해지기만 한다. 이들의 관계 속에는 늘 하나님께서 증인이 되시는 굳은 언약이 자리 잡고 있기 때문이다(삼상 20:16, 42; 23:18). 그리고 놉의 제사장 아히멜렉 또한 이와 같은 사람이다. 그는 왕 앞에서도 당당했다. 자신이 다윗에게 속았음에도 불구하고 그는 다윗을 변호하는 일에 앞장선다. 그것이 자신의 생명을 잃는 일임에도 다윗을 향한 신의를 그리고 제사장으로서의 위치를 권위 있게 수호한다.

아히멜렉이 왕에게 대답하여 가로되 왕의 모든 신하 중에 다윗 같이
충실한 자가 누구인지요 그는 왕의 사위도 되고 왕의 호위대장도 되
고 왕실에서 존귀한 자가 아니니이까 내가 그를 위하여 하나님께 물
은 것이 오늘이 처음이니이까 결단코 아니니이다 원하건대 왕은 종
과 종의 아비의 집에 아무것도 돌리지 마옵소서 왕의 종은 이 모든
크고 작은 일에 관하여 아는 것이 없나이다(삼상 22:14-15).

다윗과 이들과의 끈끈한 유대 관계를 설명할 때 공통적으로 사용되는 단어가 있다. 그것은 '콰샤르'(קשׁר)라는 히브리어 단어로 주로 '묶다, 매다, 연합하다, 공모하다'로 사무엘상에서는 오직 다윗과 그와 마음으로 깊이 관련된 사람들에게만 사용되는 독특한 단어이다(삼상 18:1; 22:8, 13). 이 단어가 이렇게 결탁된 사람들에 의해 사용되면 '마음을 묶고 연합하는' 긍정의 뜻으로 나타난다. 흡사 야곱의 생명과 베냐민의 생명이 서로 하나로 묶여(קשׁר 콰샤르; 창 44:30) 결코 서로 떨어질 수 없는 것과 같은 의미로 사용된다.[152]

> 다윗이 사울에게 말하기를 마치매 요나단의 마음이 다윗의 마음과
> 하나가 되어 (קשׁר 콰샤르) 요나단이 그를 자기 생명 같이 사랑하니라
> (삼상 18:1).

그러나 역으로 이러한 결탁으로 인해 위협을 느끼는 제 삼자의 입장에서 바라보면 이것은 부정적인 의미인 '공모하는 것'이 된다. 그래서 사울이 이 단어를 입에 올리면 늘 자신을 반대하고 다윗을 추대하는 반역의 음모를 꾸미는 것으로 사용된다.

> 사울이 곁에 선 신하들에게 이르되 너희 베냐민 사람들아…너희가

다 공모하여 (קשר 콰샤르) 나를 대적하며 내 아들이 이새의 아들과 맹약하였으되 내게 고발하는 자가 하나도 없고 나를 위하여 슬퍼하거나 내 아들이 내 신하를 선동하여 오늘이라도 매복하였다가 나를 치려 하는 것을 내게 알리는 자가 하나도 없도다(삼상 22:7-8).

사울이 그(아히멜렉)에게 이르되 네가 어찌하여 이새의 아들과 공모하여(קשר 콰샤르) 나를 대적하여 그에게 떡과 칼을 주고 그를 위하여 하나님께 물어서 그에게 오늘이라도 매복하였다가 나를 치게 하려 하였느냐(삼상 22:13).

다윗은 요나단, 아히멜렉 그리고 여러 베냐민 사람들로부터 이런 신실한 결속을 통한 지원을 받았다. 다윗에게 광야는 이처럼 참으로 다양한 사람들을 만나는 장소이다. 그리고 이 장소에서 잘못을 인식하고, 돌봄을 배우고, 배려와 용서를 배우며, 관용을 키우고, 연합의 미래를 향한 발돋움이 일어난다. 이 모든 것을 통해 다윗은 왕도를 배운다. 그리고 자신이 이끄는 양 무리에는 이렇게 다양한 사람들이 공존하고 있다는 것을 인식하는 것이다.

광야에 펼쳐진 왕의 대로

하나님께서 이렇게 수많은 일들이 도사리고 있는 광야를 걸어가게 하실 때는 결국에 이루고자 하시는 목표가 있다. 신명기 8:2-3절은 그 이유를 이렇게 설명하고 있다.

네 하나님 여호와께서 이 사십년 동안에 네게 광야 길을 걷게 하신 것을 기억하라 이는 너를 낮추시며 너를 시험하사 네 마음이 어떠한지 그 명령을 지키는지 지키지 않는지 알려 하심이라 너를 낮추시며

너를 주리게 하시며 또 너도 알지 못하며 네 조상들도 알지 못하던 만나를 네게 먹이신 것은 사람이 떡으로만 사는 것이 아니요 여호와의 입에서 나오는 모든 말씀으로 사는 줄을 네가 알게 하려 하심이니라

광야의 위력은 실로 대단하다. 우리가 상상하는 그 이상의 힘을 가지고 있다. 굴복하고 다 포기하고 싶은 유혹이 물밀듯 밀려오기도 한다. 그러나 광야보다 더 위대하신 하나님께서 우리를 이끌고 계심을 믿는 믿음이 우리에게는 절실히 필요하다. 우리에게 남겨진 책임은 죽음, 불순종, 거역이라는 부정적인 요소로 가득 차 있는 광야를 믿음, 소망, 사랑이 넘치는 하나님과의 깊은 만남의 장소로 만들어 가는 것이다. 이것은 오로지 광야의 죽이는 힘보다 하나님의 살리시는 힘이 더 크다는 사실을 인식할 때 가능케 된다. 다윗에게 있어서도 광야에서 얻은 최고의 교훈은 사람이 아닌 언제나 신실하심에 변함이 없으신 하나님께 의지하는 삶의 길이다. 하나님만 의지하는 삶, 그것은 많은 것을 변하게 만드는 요인이 된다. 광야의 그 절망을 견디게 하고, 사람들의 행동에 좌우되지 않는 깊음을 배우고, 갖은 다양한 사람들을 연합시켜 든든히 결속된 '하나님 나라'를 건립하는 길을 여는 것이다.

이렇게 다윗에게 광야는 왕권의 의미를 깨닫고, 하나님과 사람들로부터 오는 수많은 연단과 담금질을 통해 왕의 길을 배우는 훈련장이다. 이 길을 걸으며 다윗은 블레셋 방백들인 이방인에게서도, 왕세자 요나단에게서도, 그리고 마침내 아직도 폐위된 자리에서 내려오지 않으려 안간힘을 쓰고 있는 현직 왕 사울에게서도 '이스라엘의 왕이 될 것'이라는 말을 듣는다. 특히 마지막이 현직 왕인 사울의 입에서 다윗이 왕이 될 것이라는 미래계시가 주어지고 있다는 점이 인상 깊다. 그 이유는 사울의 입

에서 그 말이 쏟아져 나온 시점 때문이다. 다윗이 사울을 죽일 기회가 제공되었음에도 그를 죽이지 않고 살려준 뒤에 사울의 입에서 다윗의 왕권이 확증되고 있다. 다윗이 사울을 살려준 것은 그가 왕이기 때문이 아니라, 여호와의 기름 부음을 받은 자라는 이유 때문이다. 여호와께서 세우셨다는 점에서 여호와의 절대적인 주권에 대한 인정이 그 안에 자리하고 있는 것이다. 이것은 여호와에 대한 최고의 경외심이라 할 수 있다.

그리고 이 사건은 유다의 후손인 다윗이 베냐민의 후손인 사울을 극진하게 대우하며, 자신의 생명을 개의치 않고 살려주는 내용이며, 또한 다윗이 자신에게 고통을 가하며, 죽이려고 혈안이 되어 쫓아다니고 있는 사울을 용서하는 이야기이다. 이 한 사건 안에서 아브라함의 하나님 경외, 유다의 생명내건 베냐민 보호 그리고 요셉의 용서라는 왕도의 이념들이 모두 종합되어 분출되고 있다는 것은 결코 우연이 아닐 것이다. 그리고 이 사건을 통해 사울의 입에서도 "네가 진정한 이스라엘의 왕이다"(삼상 24:20)라는 선언이 울려 퍼지는 것은 다윗이 왕의 이념을 바르게 성취하고 있다는 확증이 된다. 사울은 이 후에 블레셋의 침공으로 죽음의 길로 가는 운명이 될 것이다. 이처럼 사울의 다윗 왕권 선언은 다윗이 왕도를 삶으로 배웠기에 사울에서 다윗으로의 왕권 이동이 그 정점에 이르렀다는 신호탄이라 할 수 있다.

이러한 여호와 경외와 사람을 보호하고, 용서하는 왕의 길은 아무리 강조해도 지나치지 않을 것이다. 그래서 우리는 광야에서 다윗이 살았던 여호와 경외와 용서의 길을 다음 장에서 심도 있게 다룰 것이다. 용서, 이해, 관용, 화해로 분열이 극복되고 연합이 탄생하기 때문이다. 그 전에 우리는 거칠고 황량한 믿음의 결전장인 광야에서 다윗의 내면의 절규를 면밀히 살펴볼 필요가 있다. 시편은 다윗의 광야에서의 처절한 절규를 생생하게 증언하고 있다. 그리고 그의 현재의 부르짖음이 만들어갈 변화의 세계를 기대하게 한다. 광야에서의 이 부르짖음이 다윗이 무너지지 않고 왕도를 바르게 세워갈 수 있었던 길이기에 세상이라는 광야 길을 걷고 있는 우리에게도 소중하다.

4. 시편으로 밟아가는 다윗의 광야여정 (시 56편)

150편의 시편 중에서 다윗이 걸어간 삶의 여정 속에서 힌트를 얻어 제목이 붙여진 시편이 열세 편이다(3, 7, 18, 34, 51, 52, 54, 56, 57, 59, 60, 63, 142편). 이 시편들을 따라가며 그 제목들을 찬찬히 살펴보면 한 가지 놀라운 사실을 발견하게 된다. 아래의 도표를 살펴보면 그 특징을 쉽게 발견할 수 있을 것이다.

열세 편의 시편 중에 무려 절반이 넘는 일곱 편이 광야여정에 할애되어 있다. 여기에 광야로 도망할 수밖에 없었던 요인을 제공하고 있는 시편 59편(사울이 사람을 보내어 다윗을 죽이려고 그 집을 지킨 때에)까지 가세하면 광야는 다윗의 삶에 압도적인 위력을 발휘하고 있음을 느껴 볼 수 있다. 다윗의 일생에서 아무리 광야의 기간이 길었다 할지라도 그의 40년의 통치 기간에는 결코 미치지 못하는 작은 숫자에 불과하다. 그러나 8대 5라는 압도적인 비율로 광야는 다윗의 삶을 지배하고 있다. 하지만 그럼에도 광야는 결코 다윗의 삶을 전적으로 통제하지는 못한다.

우리는 사무엘서에서 간간이 다윗의 신음 소리를 들은바 있다. 때로 절망의 탄식으로, 때로 두려움의 공포로 전율하는 모습이었다(삼상 20:3; 21:2). 그러나 그가 그일라 사람들, 십 사람들 그리고 도엑을 통해 받은 배신감, 블레셋 왕 아기스로 인해 느낀 공포, 또한 기약도 없는 광야의 도망자로 험난한 계곡의 동굴[154]을 전전하며 살았을 때의 절망감이 무엇인지는 베일에 가려져 있다. 다윗의 이야기는 흡사 그가 묵묵히 이

시편	제목
3	다윗이 그의 아들 압살롬을 피할 때에 지은 시
7	베냐민인 구시의 말에 따라 여호와께 드린 노래
18	여호와께서 다윗을 그 모든 원수들의 손에서와 사울의 손에서 건져 주신 날에 다윗이 이 노래의 말로 여호와께 아뢰어 이르되
34*	다윗이 아비멜렉 앞에서 미친 체하다가 쫓겨나서 지은 시[153]
51	다윗이 밧세바와 동침한 후 선지자 나단이 그에게 왔을 때
52*	에돔인 도엑이 사울에게 이르러 다윗이 아히멜렉의 집에 왔다고 그에게 말하던 때에
54*	십 사람이 사울에게 이르러 말하기를 다윗이 우리가 있는 곳에 숨지 아니하였나이까 하던 때에
56*	다윗이 가드에서 블레셋인에게 잡힌 때에
57*	다윗이 사울을 피하여 굴에 있던 때에
59	사울이 사람을 보내어 다윗을 죽이려고 그 집을 지킨 때에
60	다윗이 아람 나하라임과 아람소바와 싸우는 중에 요압이 돌아와 에돔을 소금 골짜기에서 쳐서 만 이천 명을 죽인 때에
63*	유다 광야에 있을 때에
142*	다윗이 굴에 있을 때에 지은 마스길 곧 기도

(* 표시는 다윗의 광야 여정과 관련된 제목을 가진 시편들을 뜻한다.)

모든 것을 불굴의 인내로 견뎌낸 영웅적 인물로 비쳐지게 한다. 이로 인해 우리와 그의 사이는 극심한 괴리감이 조성된다. 그러나 이제 시편을 통해 그의 심중에서 터져 나오는 모든 신음소리를 모아보면 자신의 방어막이 무너진 한 연약한 자연인을 만날 수 있다. 거기에서 다윗은 우리가 된다. 그러나 다윗은 우리를 이끌어 늘 한 곳을 바라보게 한다. 그 길만이 모든 방어막이 무너진 자가 살 수 있는 유일한 길이기 때문이다. 먼저 시편 56편으로 나아가 보자.

[시 56편, 다윗이 가드에서 블레셋인에게 잡힌 때에]

하나님이여 나를 긍휼히 여기소서
사람이 나를 삼키려고 종일 치며 압제하나이다
내 원수가 종일 나를 삼키려 하며
나를 교만히 치는 자 많사오니
내가 두려워하는 날에는 주를 의지하리이다
내가 하나님을 의지하고 그 말씀을 찬송하올지라
내가 하나님을 의지하였은즉 두려워 아니하리니
혈육 있는 사람이 내게 어찌하리이까
저희가 종일 내 말을 곡해하며
네게 대한 저희 모든 사상은 사악이라
저희가 내 생명을 엿보던 것과 같이
또 모여 숨어 내 종적을 살피나이다
저희가 죄악을 짓고야 안전하오리이까
하나님이여 분노하사 뭇 백성을 낮추소서
나의 유리함을 주께서 계수하셨사오니
나의 눈물을 주의 병에 담으소서
이것이 주의 책에 기록되지 아니하였나이까
내가 아뢰는 날에 내 원수들이 물러가리니
이것으로 하나님이 내 편이심을 내가 아나이다
내가 하나님을 의지하였은즉 두려워하지 아니하리니
사람이 내게 어찌하리이까
하나님이여 내가 주께 서원함이 있사온즉
내가 감사제를 주께 드리리니
주께서 내 생명을 사망에서 건지셨음이라
주께서 나로 하나님 앞, 생명의 빛에 다니게 하시려고
실족치 않게 하지 아니하셨나이까

이 시편 속에는 원수 같은 사람으로 인해 겪는 고난들이 그대로 배어 있다. 그 고통의 지속성은 '종일'이라는 단어의 거듭된 사용으로 분명해진다. 한 순간의 틈도 허용하지 않는 지속적인 공격이다. 쉴 틈이 없고, 한 시도 방심할 여유조차 없다. 오직 삶을 가득 채우는 것은 '두려움, 유리함, 눈물'뿐이다. 심지어 눈물은 인간이 만든 병이 아닌 하나님의 병으로 담아야 할 만큼 그렇게 흘러넘친다. 이런 절박한 상황 속에서 다윗의 선택은 오직 하나님을 의지하고 그의 말씀을 찬송하는 것이다. 하나님만 의지할 때 그 때 인간의 힘은 분해되어 버린다. 여기에서 '두려워하다/의지하다' 그리고 '사람/하나님'의 극적인 대비를 통해 삶의 고뇌가 해소된다.[155] 왜냐하면 하나님의 힘 안에 신뢰를 둘 때 두려움이 확신으로 변하며 사람은 아무 것도 아니라는 사실을 후렴처럼 노래할 수 있기 때문이다. 그리고 그 결국은 여호와의 구원을 찬양하며 감사의 제사를 올리는 것이다.

아무리 절박한 제목을 달고 있는 광야의 시편일지라도 이것 하나만큼은 진실로 확실하다. 오직 하나님만 의지하겠다는 결단, 그리고 그 마지막은 감사의 찬양으로 끝나고 있다는 사실이다. 시편 52편에서 도엑은 자기의 힘과 재물의 풍부함 그리고 자신의 악으로 든든히 서려할지라도 "나는 하나님의 집에 있는 푸른 감람나무 같음이여 하나님의 인자하심을 영원히 의지하겠다"(52:7-8)는 다윗의 굳은 결심을 보여준다. 그 결과는 "주께서 이를 행하셨으므로 내가 영원히 주께 감사하겠다"는 서원이다(52:9). 시편 54편의 십 사람에 대한 다윗의 기도 또한 다르지 않다. 하나님을 자기 앞에 두지 아니한 이 사람들과는 달리 다윗은 여호와를 자신을 돕는 이, 생명을 붙드시는 이로 고백하며 굳건히 붙든다. 그리고 그는 구원의 기쁨을 낙헌제로 감사한다. 다윗이 사울을 피해 굴에 있을 때의 기도인 시편 57편 또한 주의 날개 그늘 아래 이 모든 재앙들이 지나기까지 피하겠다는 신뢰를 보이며, 종국에는 갖은 악기를 동원해 감사의 찬양을 올릴 것을 결단한다: "내 영광아 깰지어다 비파야 수금아 깰지어다 내가 새벽을 깨우리로다 주여 내가 만민 중에서 주께 감사하오며 뭇 나라 중에서 주를 찬송하리이다"(57:8-9). 시편 34, 63, 142편 또한 이와 다르지 않다.

광야에서 이렇게 자신의 심정을 토로한 다윗은 또한 우리에게 호소하고 있다. 다윗이 걸어갔던 길은 하나님의 사람으로 순례의 길에 나선 사람들에게는 이정표가 된다. 다윗은 자신과 같이 광야 길을 걸어가는 사람들에게 어떻게 기도하여야 하는지를 보이고 있다. 그 기도의 끝은 아래와 같이 공동체를 향하고 있다.[156]

다윗 한 개인이 이제 여호와의 종들이라는 그룹이 되고, 성도의 무리가 되며, 오직 여호와의 이름으로 맹세하는 자들로 거듭나며, 다윗을 두르는 의인의 연합으로 확장된다. 이제 이들은 다윗처럼 만민 중에서 그리고 열방 나라 중에서 주를 찬송하는 믿음 공동체가 되는 것이다. 이들

시편	내용
34:22	여호와께서 그의 종들의 영혼을 속량하시나니 그에게 피하는 자는 다 벌을 받지 아니하리로다
52:9	주께서 이를 행하셨으므로 내가 영원히 주께 감사하고 주의 이름이 선하시므로 주의 성도 앞에서 내가 주의 이름을 사모하리이다
57:9	주여 내가 만민 중에서 주께 감사하오며 뭇 나라 중에서 주를 찬송하리이다
63:11	왕은 하나님을 즐거워하리니 주께 맹세한 자마다 자랑할 것이나 거짓말 하는 자의 입은 막히리로다
124:7	내 영혼을 옥에서 이끌어 내사 주의 이름을 감사하게 하소서 주께서 나에게 갚아 주시리니 의인들이 나를 두르리이다

은 모두 다윗과 함께 광야를 걸으며, 다윗처럼 탄식하고, 절망하며, 부르짖고, 기도하고, 다윗처럼 찬양하며 그 때부터 지금까지 하나님 나라를 이룬 신앙공동체의 신실한 구성원들이다. 이와 같이 다윗의 기도와 찬양은 광야를 성도의 공동체가 탄생하는 장소로 만들었다. 이러한 믿음과 확신이 든든하게 자리 잡는다면 광야는 결코 죽음의 장소가 아니라 오히려 희망의 장소가 될 것이다. 우리는 그 변화를 역대기에서 살펴 볼 수 있다.

5. 역대기의 다윗, 광야에서 하나님의 군대 장관이 되다(대상 12장)

역대기에 나타난 다윗의 광야는 결코 절망이나 고통스런 신음의 장소가 아니다. 오히려 이 곳은 그 어디에서도 찾아볼 수없는 박진감과 신성한 힘까지 느껴지는 성스러운 장소가 된다. 다윗의 간구와 기도는 광야를 성소로 바꾸었다: "내가 주의 권능과 영광을 보려하여 이와 같이 성소에서 주를 바라보았나이다"(시 63:2, 유다 광야에 있을 때에). 이제 다윗이 서 있는 곳은 어디든지 성소가 되며 그와 함께 있는 자들은 성도들(חסידים 하시딤)이 된다(시 52:9). 역대기는 이 길을 향하여 빠르게 전진한다. 역대기상에서 다윗의 이야기가 시작되는 11장은 사울의 주변에서 빠르게 해체되었던 이스라엘이(대상 10:7) 다윗의 주변으로 신속하게 모여드는 것에 초점을 맞추고 있다(대상 11:1). 그리고 그 다윗과 함께 하는 이스라엘은 늘 '온 이스라엘'(כל־ישראל 콜-이스라엘)이라고 명명된다(대상 11:1, 4, 10). 다윗은 실로 '온 이스라엘'이 모여드는 중심축이 되는 것이다. 하지만 이 결속은 하루아침에 이루어진 것이 결단코 아니다.[157] 다윗에게 광야가 없었다면 결코 가능한 일이 아니었다. 역대기서에는 다윗에게 광야가 연합 이스라엘을 이루는 초석이 되었다는 것을 역력히 보도하고 있다.

이것은 역대기상 11-12장에 나타나는 자료들의 배열에서도 분명하게 살펴볼 수 있다. 이 두 장은 다윗이 헤브론에서 왕으로 등극하는 것으로 시작하고(11:1-3), 헤브론에서 왕의 등극식이 성대하게 마쳐지는 것으로 이야기를 마감하는 '고리구조'(ring structure)을 이루고 있다(12:38-40). 그 다음으로는 다윗을 왕으로 세우고 따르는 용사들의 명단이 또 양쪽으로 들어선다(11:4-47; 12:23-37). 그 가운데에는 다윗의 광야여정이 나타나고 있는데 시글락에서의 사건들이 양쪽을 감싸고(12:1-7; 19-22), 그리고 정 중앙에는 두 개의 광야 요새가 자리 잡고 있다(12:8-15, 16-18). 이것을 도식화 하면 다음과 같다.158)

a. 11:1-3 헤브론에서 왕으로 등극
  b. 11:4-47 다윗을 도와 나라를 세운 용사의 두령들 명단

광야	c. 12:1-7 시글락으로 온 베냐민, 기브온 용사들 d. 12:8-15 광야 요새로 온 갓 지파 용사들 d'. 12:16-18 요새로 온 유다, 베냐민 용사들 c'. 12:19-22 시글락으로 온 므낫세 용사들

  b'. 12:23-37 다윗을 도와 나라를 세운 각 지파들의 숫자
a'. 12:38-40 헤브론에서 왕으로 등극

이 배열만 살펴보아도 다윗이 왕으로 옹립되며, 나라를 든든하게 세워갈 수 있었던 그 중심 뼈대가 광야에서 이루어졌음을 알 수 있다. 장수들과 각 지파의 용사들이 헤브론에서 처음으로 연합을 이룬 것이 아니라는 것이다. 그들의 이런 결속은 광야에서 이미 이루어졌고, 그리고 헤브론에서 열매를 맺게 된 것이다. 도대체 다윗이 광야를 유랑하는 동안 그에게 무슨 일이 일어난 것인가?

역대기상 12:1-22절은 다윗의 광야여정을 보여 주는 짧은 구절이다. 그러나 이 22절의 내용 안에 다윗의 당당한 매력이 막힘없이 발산되고 있다. 그 주요한 내용은 하나님 앞에 서있는 다윗이라는 한 인물을 향하여 물밀듯이 몰려오는 사람들의 이야기이다. 예측 불허한 광야의 불안정한 상황 속에 처해 있는 한 도망자로 인해 이러한 연합이 이루어진다는 사실이 인상 깊다. 네 번에 걸쳐 사람들이 다윗에게 모여든다. 한번은 시글락에 있을 때, 두 번은 광야에 있을 때, 또 다른 한번은 사울을 치는 블레셋을 돕기 위한 전투에서 제외되어 시글락으로 돌아갈 때이다.

역대상	내용
12:1 (시글락)	다윗이 기스의 아들 사울로 말미암아 시글락에 숨어 있을 때에 그에게 와서 싸움을 도운 용사 중에 든 자가 있으니
12:8,15 (광야)	갓 사람 중에서 광야에 있는 요새에 이르러 다윗에게 나아온 자가 있었으니 다 용사요 싸움에 익숙하여 방패와 창을 능히 쓰는 자라 그의 얼굴은 사자 같고 빠르기는 산의 사슴 같으니…정월에 요단 강 물이 모든 언덕에 넘칠 때에 이 무리가 강물을 건너서
12:16 (광야)	베냐민과 유다 자손 중에서 요새에 이르러 다윗에게 나오매
12:19 (시글락)	다윗이 전에 블레셋 사람들과 함께 가서 사울을 치려 할 때에 므낫세 지파에서 두어 사람이 다윗에게 돌아왔으나 다윗 등이 블레셋 사람들을 돕지 못하였음은 블레셋 방백들이 서로 의논하고 보내며 이르기를 그가 그의 왕 사울에게로 돌아 가리니 우리 머리가 위태할까 하노라 함이라

이 각각의 이야기들을 하나로 합하면 가히 다윗의 광야여정을 다 그려내고 있다고 볼 수 있다. 첫 번째 용사들은 다윗이 사울을 피해 시글락에 숨어 지낼 때에 그에게로 와 연합한다. 그런데 첫 번째 그룹부터 심상치 않다. 이들은 활과 물매를 양손으로 자유자재로 다룰 수 있는 능력도 탁월하지만 그보다 이들이 베냐민 지파라는 점에서 특별하다. 역대기는

다윗은 사울을 피해 숨어있고, 그에게 나아온 첫 번째 용사들이 이와 같이 사울의 동족 베냐민 지파라는 점을 강조하고 있다. 이것은 다윗과의 연합이 지파의 연계보다 더 소중한 것임을 증명하는 것이 된다.[159] 다윗은 실로 그러한 영향력을 방출하고 있는 것이다.

두 번째 용사들은 갓 지파로 싸움에 익숙하고 방패와 창을 능숙하게 다루며 신속히 이동할 수 있는 사람들이다. 이들은 분명 요단 강 동편 길르앗 땅에서 강을 건너 다윗에게로 나아온 사람들이다. 이들이 보여주는 행동은 다윗을 향한 충절과 열정을 보여주기에 충분하다. 이들은 정월에 다윗이 숨어있는 광야 요새로 오는데 그때는 봄철로 "요단 강 물이 불어서 모든 언덕에 넘칠 때"임에도 거친 물결을 헤치고 건너서, 적들을 흩으며 다윗에게 나아온다. 강물이 줄어들기를 기다릴 수도 있을 터인데, 오직 순수하고 뜨거운 마음으로 자신들의 생명을 걸고 다윗에게로 연합하기 위하여 신속하게 나아오는 것이다.[160]

세 번째는 베냐민과 유다 자손 중에서 다윗을 돕기 위해 요새로 오는 용사들이다. 다윗은 나가서 그들을 영접하지만 내심 불안하기도 하다. 혹시 이들이 사울의 사주를 받고 잠입한 암살자 그룹이 아닐까라는 두려움이다. 다윗은 "만일 너희가 평화로이 와서 돕고자 하면 내 마음이 너희 마음과 하나가 되겠고 만일 나를 속여 내 대적에게 넘기고자 하면 하나님이 그 벌을 갚으시기 원한다"는 선포를 한다(대상 12:17). 이 때 성령께서 그 삼십 인의 우두머리 아마새를 감싸고 그는 하나님의 예언 신탁을 전한다.

다윗이여 우리가 당신에게 속하겠고 이새의 아들이여 우리가 당신과 함께 있으리니 원컨대 평강하소서 당신도 평강하고 당신을 돕는 (עזר 아자르) 자에게도 평강이 있을지니 이는 당신의 하나님이 당신을 도우심이니이다(עזר 아자르)(대상 12:18).

이에 다윗은 이들을 받아들여 군대 지휘관으로 세운다. 이것은 무엇을 강조하기 위함인가? 다윗의 군대 지휘관들은 단지 전쟁에 능한 용사만이 아니라, 성령으로 충만한 예언자 같은 사람들이라는 것이다. 이제 이 군대는 사람의 군대가 아닌 하늘의 군대가 되는 것이다.

네 번째는 므낫세 지파에서 다윗에게 오는 용사들이다. 이들은 모두 므낫세에서 출중한 천부장 출신들이다. 이 용사들은 다윗이 위급한 상황에 빠졌을 때 사력을 다해 그를 돕는다. 블레셋이 사울과 전쟁을 치를 때 다윗은 블레셋 방백의 반대로 그 전쟁에서 제외된다. 그가 시글락에 돌아왔을 때는 이미 아말렉이 모든 사람들과 재산을 다 약탈해간 뒤였다. 모두가 허탈감에 빠져있었고 다윗도 위기에 처했을 때 므낫세 지파에서 온 이 사람들이 다윗을 도와 도둑 떼(아말렉)를 치는데 앞장섰다(대상 12:21; 비교 삼상 30장). 즉, 다윗이 가장 위기에 처했을 때 목숨을 걸고 후원한 큰 용사들이었다.

이들의 목적은 분명하다. 그것은 광야시절을 나타내는 이 단락(대상 12:1-22)의 시작과 끝에 나타나는 특별한 단어가 그 의미를 분명히 한다. 바로 '돕다'(עָזַר 아자르)라는 단어이다(1, 22절). 이들의 목표는 다윗을 돕는 것이었다. 이것은 이들의 이름 중에 '돕다'라는 단어를 포함하는 이름이 자주 나타난다는 점에서도 입증될 수 있다: 아히에셀(אֲחִיעֶזֶר 나의 형제는 도움이다; 12:3), 아사렐(עֲשַׂרְאֵל 하나님은 도우신다; 12:6), 요에셀(יוֹעֶזֶר 여호와는 도움이시다; 12;6), 그리고 에셀(עֵזֶר 도움; 12:9). 또한 이 단어는 역대기상 12장 18절에 두 번, 12장 22절에 한 번 더 나타나며 전체가 '도움'으로 가득 차 있다. 이 용사들의 도움은 "하나님이 당신을 도우십니다"(12:18)라는 선언과 함께 '신인협동'(synergism)의 온전한 완성을 이룬다.[161]

사무엘서에는 다윗에게로 몰려오는 사람들이 "환난 당한 모든 자, 빚진 모든 자 그리고 마음이 원통한 자"들이었고, 다윗은 그들의 우두머리가 되었다고 한다(삼상 22:2). 하지만 역대기서에는 그 양상이 다르다. 무예의 출중함에서, 영적인 면에서, 그리고 신실함에서 최고로 정예화된 용사들이 모든 역경을 헤치고 사방에서 다윗을 향해 모여드는 것이다. 심지어는 "이렇게 사람들이 날마다 다윗에게로 돌아와서 돕고자 하매 큰 군대를 이루어 하나님의 군대(מַחֲנֵה אֱלֹהִים 마하네 엘로힘)와 같았더라"(대상 12:22)고 전한다. "이제 하늘의 만군은 다윗의 만군과 동일하다. 다윗의 군대가 하나님의 군대와 같다는 것은 다윗의 군대에 대한 저항할 수 없는 힘뿐만 아니라 다윗의 대의명분의 정당함을 강조한다."[162]

역대기는 이러한 연합의 미래를 간절히 소망한다. 다윗이라는 인물을 통해서 일구어 내었던 그 과거의 이상적인 연합은 이제 미래를 향한 영감을 제공한다. 모든 것이 무너져 내린 페르시아 제국의 말기와 그 이후의 시대적 상황이 역대기의 시대적 배경이란 점에서 이러한 다윗의 부활은 이스라엘의 영광스런 미래를 고대케 한다. 이처럼 역대기는 다윗과 같은 지도자와 함께 새롭게 시작할 연합 이스라엘을 기대하고 있는 것이다. 이렇게 연합된 이스라엘은 땅의 군대가 아니라 하늘 군대인 천군이 될 것이다. 이 불멸의 영감이 살아날 때 페르시아 치하의 거친 광야가 다시 한번 영의 능력으로 가득 찬 하나님의 땅이 될 것이기 때문이다.[163]

거친 광야, 주변의 그 어떤 사람에게도 의지할 수 없고, 오직 하나님만 바라보아야 할 그곳에서(사무엘서) 다윗은 하나님께 기도와 찬양으로 나아간다(시편). 그리고 그는 왕도를 배우고, 오합지졸들을 용사들로 바꾸어 가며 '하나님의 군대'를 세운다(역대기). 다윗에게 광야는 이와 같이 영적으로 거듭나 온 이스라엘을 세우는 기초가 되는 장소이다. 도망자의 삶을 살았던 처절한 광야가, 하나님만 의지하여 부르짖는 믿음으로, 왕도를 배우고, 하늘 군대를 탄생시키는 장소가 되는 것이다. 우리도 고통의 광야를 다윗과 함께하는 현재의 광야기도를 통해 왕 같은 제사장이 되고, 하늘 군대가 되는 미래를 꿈꿀 때이다.

　이제 우리는 다윗이 이러한 결속을 든든하게 만들어 낼 수 있었던 그의 한 가지 성품을 더 살펴보아야 한다. 그가 한 사람 한 사람을 대하는 태도 그것이 이러한 든든한 연합을 가능하게 했을 것이기 때문이다.

주석

118) 유진 피터슨, 『다윗: 현실에 뿌리박은 영성』, 89-95쪽.
119) S. Talmon, "מִדְבָּר midār; עֲרָבָה 'arābâ," G. J. Botterweck et al. (eds.), *TDOT*, vol. 8 (Grand Rapids, Michigan: Eerdmans, 1997), 87-118쪽. 탈몬은 지정학적인 의미와 신학적인 의미의 차이점들을 잘 보여주고 있다.
120) Leslie C. Allen, *Ezekiel 20-48* (WBC 29; Dallas, Texas: Word Books, 1990), 10-11쪽.
121) G. I. Davies, "Wilderness Wanderings," D. N. Freedman (ed.), *ABD*, vol. 6 (New York: Doubleday, 1992), 914쪽.
122) Peterson, *First and Second Samuel*, 109쪽.
123) 요하난 아하로니(Y. Aharoni)와 미카엘 아비요나(M. Avi-Yonah) 공저, 『아가페 성서지도(*The Agape Bible Atlas*)』(서울: 아가페, 1988), 62쪽. 이 지도에 다윗의 광야 방랑이 상세히 그려져 있다.
124) Michael D. Oblath, "Of Pharaohs and Kings-Whence the Exodus?" *JSOT* 87 (2000), 23-42쪽; Zakovitch, *"And you shall tell your son…" The Concept of the Exodus in the Bible*, 83-84쪽.
125) 유진 피터슨, 『다윗: 현실에 뿌리박은 영성』, 21쪽. 기적의 시대인 모세의 시대와 현실의 시대인 다윗의 시대 속에서도 살아갈 수 있는 영적 능력을 키운다면 우리는 전천후 신앙으로 살아갈 수 있을 것이다.
126) Ralph W. Klein, 1 *Samuel* (WBC 10; Waco, Texas: Word Books, 1983), 182쪽-; Bergen, *1, 2 Samuel*, 199-200쪽. 다윗은 사울로부터 그의 갑옷과 무기를 착용할 것을 권유 받았고(삼상 17:38-39), 요나단으로부터 황태자의 겉옷과 무기류를 받았으며(삼상 18:4) 그리고 골리앗의 칼을 소유했다(삼상 21:9). 이것은 작은 자가 큰 자에게 모든 것을 다 양도하는 상징적인 의미가 될 수 있다.
127) Klein, *1 Samuel*, 216쪽.
128) Bergen, *1, 2 Samuel*, 223쪽; Miscall, *1 Samuel: A Literary Reading*, 133쪽. 이들은 이 순간에 나타난 다윗을 향한 왕이라는 칭호는 '반어법적 통찰력' 혹은 복선적인 '미래의 현재적 투영'이라고 보지만 현재 문맥에서는 명백한 '실

수'(mistake)요 '과장된 평가'(overevaluation)라고 보기도 한다.
129) McCarter, *1 Samuel*, 373, 375쪽. 맥카터는 요나단이 다윗 다음의 이인자(second-in-command)로 남기를 바라는 것으로 해석한다. Miscall, *1 Samuel: A Literary Reading*, 142쪽. 미스콜은 한 걸음 더 나아가 요나단이 다윗 다음의 이인자가 되겠다는 것은 상당히 높은 위치를 요구하는 것으로 해석한다.
130) 브루거만, 『사무엘상하』, 224-25쪽. 브루거만은 사무엘상 10장 11절은 사울이 하나님의 권능과 권위까지 덧입는 놀라운 왕을 암시하고, 사무엘상 19장 24절은 하나님의 선택된 자를 죽이려는 잠재적 살인자로 적법성을 상실한 파기당한 왕을 상징한다고 본다. 즉, 동일한 속담이 사울의 시작과 끝을 나타낸다는 것이다.
131) 다윗이 왕의 재목이라는 인식은 사울에게 서서히 다가온다(삼상 18:12; 삼상 20:31; 삼상 23:17). 하지만 다윗의 손에 들려져 있는 자신의 "겉옷 자락"(כְּנַף־מְעִיל 케나프-메일; 삼상 24:4, 11)을 보았을 때 사울은 자신의 입으로 다윗의 왕권을 시인한다. 사울은 이 "겉옷 자락"을 통해 사무엘의 예언을 상기했음에 틀림없다. 사울이 사무엘을 "겉옷 자락"(כְּנַף־מְעִיל 케나프-메일; 삼상 15:27)을 붙들고 늘어지며 자신의 왕권을 옹호해 줄 것을 강청할 때 그 겉옷 자락이 찢어졌고 사무엘은 "여호와께서 오늘 이스라엘 나라를 왕에게서 떼어 왕보다 나은 왕의 이웃에게 주셨나이다"(삼상 15:28)라고 선포한다. 찢어진 겉옷 자락이 다윗의 손에 들려져 있는 것을 보며 사울은 하나님께서 택하신 자신보다 나은 이웃이 다윗이라는 사실을 깨달았을 것이다.
132) Peterson, *First and Second Samuel*, 118쪽.
133) 브루거만, 『사무엘상하』, 239쪽.
134) 정석규, "왕의 법(신 17:14-20)의 이중적 기능," 「구약논단」 34 (2009), 30-50쪽. 정석규는 왕에 관한 이 신명기법은 왕의 권한을 제한하는 요소(신 17:16-19)를 통해 왕 제도에 대한 부정적 시각과 더불어 하나님의 선택을 통해 약속의 땅에 세워 진다는 면(신 17:14-15)에서 왕 제도의 긍정적 시각도 동시에 말한다고 본다.
135) Heinz-Josef Fabry, "תּוֹרָה *tôrâ*," G. J. Botterweck et al. (eds.), *TDOT*, vol. 15 (Grand Rapids, Michigan: Eerdmans, 2006), 609-46쪽; 메이스, 『시편』, 80쪽.
136) G. A. Rendsburg, *The Redaction of Genesis* (Winona Lake, Indiana: Eisenbrauns,

1986), 30-35쪽.
137) R. 드보(Roland de Vaux), 『구약시대의 생활풍속(*Das Alte Testament und seine Lebensordnungen*)』 (이양구 역)(서울: 대한기독교출판사, 1992), 51-52쪽.
138) 김재구, "여성 아브라함들," 「구약논단」 30 (2008), 36쪽; Thomas L. Brodie, *Genesis as Dialogue: A Literary, Historical, & theological Commentary*, (Oxford: Oxford University Press, 2001), 210-11쪽.
139) G. von Rad, *Genesis: A Commentary* (Philadelphia: Westminster, 1972), 159, 239쪽; Benno Jacob, *The First Book of the Bible: Genesis* (New York: KTAV Publishing House, 1974), 143쪽; Gary Rendsburg, *The Redaction of Genesis* (Indiana: Eisenbrauns, 1986), 31쪽.
140) 열두 형제들의 출생 순서는 다음과 같다: '르우벤, 시므온, 레위, 유다'(레아), '단, 납달리'(빌하-라헬의 여종), '갓, 아셀'(실바-레아의 여종), '잇사갈, 스불론'(레아), '요셉, 베냐민'(라헬).
141) Arnold Ages, "Why Didn't Joseph Call Home?" *BR* 9 (1993), 42-46쪽.
142) B. K. Waltke, *Genesis: A Commentary* (Grand Rapids, Michigan: Zondervan, 2001), 559쪽. 월트키는 유다의 이 변화와 호소가 요셉의 중심을 만졌고 이를 통해 형제들 사이의 화해가 가능해졌다고 본다.
143) P. J. Berlyn, "His Brothers' Keeper," *JBQ* 26 (1998), 73쪽.
144) Karel A. Deurloo, "Because You Have Hearkened To My Voice(Genesis 22)," K. A. Deurloo (ed.), *Voices From Amsterdam: A Modern Tradition of Reading Biblical Narrative* (Georgia: Scholars Press, 1994), 125쪽.
145) 서명수, "구약성서 אֲרֶה(야레)의 의미," 「구약논단」 22 (2006), 10-26쪽; 권혁승, "여호와 경외로서의 언약," 「구약논단」 22 (2006), 27-44쪽.
146) Peterson, *First and Second Samuel*, 113쪽; 엄원식, "Atonism을 통해 본 다윗의 Yahwism," 「구약논단」 1 (1995), 173쪽. 다윗의 증조모인 룻의 모압 배경을 통해 다윗과 모압의 긴밀한 연관성을 주장한다.
147) Peterson, *First and Second Samuel*, 113쪽.
148) 브루거만, 『사무엘상하』, 248쪽.
149) 박종수, 『이스라엘 종교와 제사장 신탁: 제비뽑기의 신비』 (서울: 한들, 1997), 10쪽. 다윗의 이런 묻는 행위를 제비뽑기와 관련시킨다. 고대 이스라엘의 제비

뽑기는 제사장에 의해 이루어지고 우림(빛)과 둠밈(완전)이라는 두 돌을 사용하여 무엇을 뽑느냐에 따라 하나님의 뜻을 파악하는 것이다. 이스라엘에서 제비뽑기는 주로 공적인 일에만 제한적으로 적용된다. 그리고 이것은 미신적인 점치는 행위가 아닌 공동체의 의사결정을 위한 제의적 과정이 조합된 여호와 신앙에 바탕을 두고 행해진다.

150) 사무엘상 23장 26-29절은 사울이 다윗을 잡을 마지막 찰나에 와 있었으나 블레셋이 국경을 침입하는 급박한 변수가 발생한다. 결국 사울은 변경 수비를 위해 군대를 돌릴 수밖에 없었다. 이것은 결코 우연이라고 할 수 없는 섭리가 느껴진다.

151) Talmon, "מִדְבָּר midār; עֲרָבָה 'arābâ," 104쪽. 광야는 거칠고, 황량하며, 불모지이기도 한 관계로 사람들이 쉽게 접근할 마음조차 먹지 않는다. 또한 광야는 법이나 제도권에 의해 거의 간섭받지 않는 특징이 있다. 이로 인해 반역자, 무법자, 도망자, 추방된 자들의 피난처를 제공한다.

152) 브루거만, 『사무엘상·하』, 211, 244쪽. 참조, J. Conrad, "קָשַׁר qāšar; קֶשֶׁר qešer; קִשֻּׁרִים qiššurîm," G. J. Botterweck et al. (eds.), *TDOT*, vol. 13 (Grand Rapids, Michigan: Eerdmans, 2004), 196-201쪽.

153) Peter C. Craigie, *Psalms 1-50* (WBC 19; Waco, Texas: Word Books, 1983), 278쪽. 사무엘상 21장 10-15절에는 블레셋 가드의 왕이 아기스라고 되어 있다. 그러나 창세기에서 블레셋의 왕이 늘 '아비멜렉'으로 불리는 것을 보면(창 20:2; 21:22; 26:8, 26) 이것이 고유명사라기보다는 이집트의 바로라는 칭호와 같이 블레셋 왕의 칭호로 보인다.

154) 사무엘서는 이러한 장소를 '요새'(מְצָדָה 메짜다/산성)라고 부른다(삼상 22:4; 23:14, 19, 29). 이러한 요새는 적들이 쉽게 쳐들어 올 수 없는 험난한 곳에 위치하는 것으로 다윗과 관련하여서는 절벽의 동굴들을 의미할 때가 많다.

155) 메이스, 『시편』, 283쪽.

156) Marvin E. Tate, *Psalms 51-100* (WBC 20; Dallas, Texas: Word Books, 1990), 72쪽. 테이트는 시편56편의 정신을 홍해를 눈앞에 두고 광야에 갇혀버린 극도의 위기 상황에 처한 이스라엘을 향한 모세의 외침과 동일시 한다: "너희는 두려워하지 말고 가만히 서서 여호와께서 오늘 너희를 위하여 행하시는 구원을 보라"(출 14:13). 이것은 광야의 다른 시편에도 동일하게 적용될 수 있다. 즉, 다

윗은 이스라엘을 향하여 외치고 있는 것이다.

157) 다윗은 가히 현대 리더십 이론의 '변혁적 리더'(transforming leader)라 할만하다. Barnard M. Bass, *Leadership and Performance Beyond Expectations* (New York: Free Press, 1985), 변혁적 리더의 특징을 네 가지로 언급한다: ① 이상적인 영향력을 끼치는 카리스마, ② 분명한 비전제시를 통한 동기부여, ③ 문제 해결을 위한 창조적 접근, ④ 추종자들에 대한 개인적인 배려. 제임스 번스(James M. Burns), 『역사를 바꾸는 리더십(*Transforming Leadership*)』 (조중빈 역)(서울: 지식의 날개, 2006), 14-16쪽. 번스는 이 뿐 아니라 다양한 사람들의 주장과 요구를 하나의 구심점으로 결속 시키는 것이 지도자의 핵심역할로 본다. 그에게 있어 결속은 발전의 견인차(tractor)이며 변화의 추진자(promoter)이다.

158) Allen, *I, 2 Chronicles*, 92쪽.

159) 사무엘서에서 이와 버금가는 사건들로는 요나단과의 언약을 들 수 있고, 또한 베냐민 지파를 향하여 사울이 불평하는 것(삼상 22:7-8)을 통해 그 암시를 살펴볼 수 있다.

160) 투엘, 『역대상·하』, 88쪽.

161) Allen, *I, 2 Chronicles*, 94-95쪽.

162) 투엘, 『역대상·하』, 91쪽.

163) Allen, *I, 2 Chronicles*, 93쪽.

제5장 다윗이 연주하는
용서의 앙상블

> 아비새가 다윗에게 이르되 하나님이 오늘날 당신의 원수를 당신의 손에 붙이셨나이다 그러므로 청하오니 나로 창으로 그를 찔러서 단번에 땅에 꽂게 하소서 내가 그를 두 번 찌를 것이 없으리이다 다윗이 아비새에게 이르되 죽이지 말라 누구든지 손을 들어 여호와의 기름 부음 받은 자를 치면 죄가 없겠느냐 또 가로되 여호와께서 사시거니와 여호와께서 그를 치시리니 혹 죽을 날이 이르거나 또는 전장에 들어가서 망하리라 내가 손을 들어 여호와의 기름 부음 받은 자를 치는 것을 여호와께서 금하시나니 너는 그의 머리 곁에 있는 창과 물병만 가지고 가자 하고(삼상 26:8-11).

    하나님의 사람들은 종국적인 구원을 갈망한다. 그리고 이 땅 위에 발을 딛고 사는 동안 정의와 공의가 이루어지기를 간절히 소망한다. 정의와 공의는 하나님의 질서가 이 땅에 현실로 그대로 실현되는 것을 의미한다. 그러나 역설적이게도 정의와 공의를 통한 구원의 성취는 잃는 것이 너무도 많다. 그것은 필연적으로 심판이라는 여과지를 통과하는 과정이기에 흡사 "낙타가 바늘귀를 통과하는 것"(마 19:24)과 같은 결과를 야기시킬 것이기 때문이다. 그렇다면 하나님의 말씀인 성경은 구원을 위한 가장 최상의 길을 어디에 두고 있는가? 그것은 바로 '용서'일 것이다.[164] 하나님은 공정한 심판을 넘어서는 용서를 선포하심으로 이 땅에 새로운 구원의 길을 여셨다. 시내 산에서 금송아지 우상을 만들어 숭배하며 죄악의 나락에 빠진 이스라엘을 위해 중재하는 모세를 향해 하나님께서는 자신의 용서를 선포하셨다.

여호와로라 여호와로라 자비롭고 은혜롭고 노하기를 더디하고 인자와 진실이 많은 하나님이로라 인자를 천대까지 베풀며 악과 과실과 죄를 용서하나 형벌 받을 자는 결단코 면죄하지 않고 아비의 악행을 자여손 삼사 대까지 보응하리라(출 34:6-7).

하나님은 용서하신다. 그 용서의 범위도 악(עָוֹן 아온), 과실(פֶּשַׁע 페샤), 죄(חֲטָאָה 하타아)라는 단어를 모두 사용하며, 사람이 살아가며 저지를 수 있는 모든 종류의 죄악을 총괄한다.[165] 그러므로 이 세상에 용서받지 못할 죄는 없다. 그러나 한 가지 잊지 말아야 할 것이 있다. 하나님께서는 벌까지 면제하지는 않으신다는 사실이다. 그 벌이 무엇이며, 각 사람마다 어떤 차이가 있는지는 오직 하나님만이 결정하신다. 이 하나님을 믿을 때 우리는 하나님의 정의와 공의에 전적으로 의지할 수 있으며, 그것을 이 땅 위에서 실현할 수 있다.

우리가 하나님의 정의와 공의에 전적으로 의지해야만 하는 이유는 너무도 분명하다. 인간은 결코 공정할 수 없기 때문이다. 그러기 위해서 얼마만큼 애쓰느냐의 개인적 차이가 존재할 뿐 완전하게 공정할 수는 없다. 그리고 한 가지 자명한 사실은 인간의 복수는 결코 공정할 수 없다는 것이다. '눈에는 눈, 이에는 이'처럼 동일한 만큼만 이루어져도 그런대로 괜찮으나, 거의 매번 더할 때가 많다. 더 과한 복수로 인해, 과하게 당한 자는 또다시 복수를 결심하게 된다.[166] 결국 인간의 복수는 반복될 수밖에 없고, 더한 분노를 이 땅에 쌓아갈 뿐이다. 이것이 인간이 행하는 정의와 공의이다. 하지만 이 땅에 유일하게 공의로우시고, 정의로우신 분이 계시는데 그 분이 바로 하나님이시다. 이러한 우리 하나님의 성품을 깨달은 사람들은 증오와 복수심까지도 하나님의 손에 맡기고, 용서와 화해를 선포할 수 있다.

우리는 그 모범적인 예를 불의와 부정의에 비폭력으로 대응했던 마틴 루터 킹 목사의 이야기 속에서 살펴볼 수 있다. 그는 자신의 비폭력 저항의 원칙으로 사랑과 용서라는 수단을 통해 폭력을 저지르는 사람들의 우정을 얻기 원했고, 그 목적은 화해이며 궁극적으로는 구원을 얻는 것이라고 수차례에 걸쳐서 피력한 바가 있다.[167] 그의 비폭력 정신은 결코 적을 패배시키거나, 굴욕감을 주기 위함이 아니라 우정과 이해를 쟁취하는 것이었다. 폭력은 강력한 저항은 될 수 있지만 살아남은 자에게는 고통을, 패배자들에게는 야만을 낳게 할뿐이라고 그는 보았다. 그러나 비폭력 저항의 결과는 화목한 공동체의 창조와 모두의 구원을 이룰 수 있다고 킹 목사는 강조한다.[168] 그는 또한 "우리가 자유를 얻기까지 강물이 피로 물들지 모르나, 그것은 틀림없이 우리의 피가 되어야 합니다"라고 자국민을 일깨운 간디의 말을 인용하며 상대를 희생시키는 보복을 통한 평화가 아니라, 스스로의 희생을 통해 세워지는 평화적 연합을 갈망하였다.[169]

이해와 관용이 없이 이 세상에 연합이 어찌 가능할 수 있을 것인가? 너무도 다른 사람들이 하나가 되기 위해서 용서와 화해는 당연히 필수적인 요소이다. 세계사 속에서 유대인과 나치독일, 인도와 영국, 한국, 중국과 일본, 그리고 이스라엘과 팔레스타인 난민들이라는 나라와 나라 간의 화해가 요구된다. 한 민족 안에서의 종족 간, 계파 간, 종교 간의 갈등이 용서와 화해를 필요로 한다. 그리고 개개인의 삶 속에서 또한 동일한 것들이 요구된다. 결국 세계는 이렇게 용서와 화해에 목말라 있는 것이다.

이제 우리는 다윗과 함께 용서하기를 배워야 한다. 그의 주변으로 모여들었던 사람들, 그들이 분명 어딘가 모자란 분별력 없는 사람들은 아니었을 것이다. 그런 그들이 자신들보다 더한 고통 가운데 광야에서 헤매고 있는 한 사람을 향하여 생명을 걸고 나아온다. 그들은 다윗에게서 어디에서나 쉽게 찾을 수 없는 '인간됨'을 발견했을 것이 틀림없다. 우리는 다윗이 광야에서 만난 세 명의 스승을 같이 만날 것이다. 이 세 명의 스승은 다윗의 삶을 담금질하고 다윗의 심중에 감춰진 치부를 드러내며, 그 중심을 바로 세우는 역할을 한다. 삼인행필유아사(三人行必有我師)란 옛말이 있다. 세 사람이 길을 갈 때에는 그 중에 반드시 스승이 있다는 뜻이다. 모범적 행동이든, 불량한 행동이든 배울 수 있는 자는 어떠한 모습을 통해서도 자신의 삶을 바로 할 수 있기 때문이다.

다윗은 광야에서 세 명의 인물들을 만난다. 이들은 다윗의 삶에 중요한 한 가지 선택과 깊이 연관된다. 사울(שָׁאוּל 요청된 자), 나발(נָבָל 어리석은 자) 그리고 아비가일(אֲבִיגַיִל 나의 아버지는 기쁨이시다), 이들은 그 이름의 의미만으로도 이미 자신의 몫을 다하고 있다. 이 세상은 인간이 선택한 어리석은 길로 가득하다. 그러나 우리는 종국에 다윗처럼 아버지의 기쁨 안에 거할 줄 아는 사람의 길을 선택하는 삶을 살아야 할 것이다. 걸어가야 할 길은 험난하다. 먼저 사울을 거치고(삼상 24장), 나발과 아비가일을 만나고(삼상 25장), 그리고 또다시 사울을 대면해야 한다(삼상 26장). 사울을 살려주는 두 이야기 사이에 다윗과 연계된 나발과 아비가일의 이야기가 들어와 있다. 나발과 아비가일의 이야기는 다윗과 사울의 관계를 풀어가는 중요한 키를 가지고 있다. 다윗에게 진정한 용서는 이렇게 세 단계를 거치며 그의 성품으로 자리 잡게 되는 것이다. 하나님은 다윗과 사울이 연속해서 마주치게 하지 않으신다. 사울을 만나고, 나발을 만나게 하신 후에 또 사울과 마주치게 하시는 것이다. 이제 우리는 이렇게 하시는 하나님의 배려와 더불어 그 깊으신 뜻을 보아야 할 필요가 있다.

1. 사울 살려주기 (삼상 24장)

사울은 지칠 줄 모르는 집념의 사람이다. 만약 그의 열정이 이스라엘을 하나님의 나라로 세우는데 쏟아 부어졌다면 이스라엘 역사는 어떻게 변했을까? 단지 상상만 해볼 뿐이다. 다윗의 표현을 빌리자면 '죽은 개나 벼룩'(다윗 자신)을 쫓다가 자신의 인생의 후반부를 다 낭비한 사람이 바로 사울이다(삼상 24:14). 그의 이 집념은 블레셋의 침공도 끝낼 수 없었다. 블레셋의 위협이 수그러들었고, 다윗이 엔게디 광야에 있다는 첩보가 입수되자마자 곧바로 전력을 다해 또다시 다윗을 쫓기 시작한다. 무려 삼천 명의 정예부대를 이끌고 이 잡듯이 광야를 뒤진다(삼상 24:2).

여호와 앞에서 모든 것이 가하나

그런데 갑자기 이즈음에서 이야기의 방향이 전혀 다른 곳으로 향하고 있다. 수천 명을 좌지우지할 수 있는 위력의 사울이 갑자기 가장 연약한 인간의 모습으로 전락해 버리는 것이다. 사울의 급한 볼 일, 생리적인 현상, 아무리 천하의 장수라도 가장 나약하게 무장해제 될 수밖에 없는 순간이다. 하나님은 이렇게 모든 인간이 공평하다는 것을 알려주는 도구를 인간의 몸에 갖게 하셨다. 사울이 찾아간 동굴, 그 속에 마침 다윗과 그의 동료들이 숨어있었다. 아이러니가 아닐 수 없다. 강한 자가 약해지고, 약한 자가 강하게 되는 역전의 순간이다. 어느 누가 보아도 우연이 아닌 하나님께서 허락하신 천재일우의 기회로 여길 수 있을 것이다.

바로 이 순간부터 이야기는 그 가고자 하는 방향으로 속도를 낸다. 다윗은 예기치 못했던 이 장면 앞에 분명 그 머릿속이 수많은 생각으로 복잡하였을 것이다. 그 순간 정작 먼저 입을 연 것은 다윗의 부하장수들이다. 그들의 말은 심각한 신앙적인 갈등을 조장할 수 있는 요소를 제공하고 있다.

> **다윗의 사람들이 가로되 보소서 여호와께서 당신에게 이르시기를 내가 원수를 네 손에 붙이리니 네 소견에 선한 대로 그에게 행하라 하시더니 이것이 그 날이니이다 하니(삼상 24:4).**

이것은 명백한 여호와의 신탁이다. 단지 사울을 죽여서 원수를 갚으라는 정도가 아니라, 여호와께서 이미 이 일에 대하여 예언의 말씀을 주셨고 이제 그 성취의 때가 눈앞에 이르렀다는 것이다.[170] 이스라엘은 여호수아-열왕기하까지의 묶음을 결코 역사서라고 명명하지 않는다. 그들은 이 책들을 '전기 예언서'라는 명칭으로 부른다. 왜냐하면 역사는 하나님께서 말씀하셨고, 그 말씀대로 이루어지는 예언과 성취의 이야기들이기 때문이다.[171] 그렇다면 다윗은 지금 개인적인 원수 갚기의 차원이 아닌 하나님의 말씀을 성취해야 할 거룩한 시점에 도달해 있는 것이다.

그러나 다윗은 무슨 마음을 먹었는지 사울의 겉옷 자락을 베는 것으로 일을 마무리한다. 그리고는 그것만으로도 양심의 가책을 느낀다. 어쩌면 그의 겉옷을 베며 심중으로 사울을 베었는지도 모를 일이다. 그렇지만 그는 강력하게 자신의 사람들에게 선언한다.

> **내가 손을 들어 여호와의 기름 부음을 받은 내 주를 치는 것은 여호와께서 금하시는 것이니라 그는 여호와의 기름 부음을 받은 자가 됨이니라 하고 다윗이 이 말로 자기 사람들을 금하여 사울을 해하지 못하게 하니라(삼상 24:6-7).**

사울을 죽이라는 다윗의 사람들이나 사울을 죽여서는 안 된다는 다

윗이나 동일하게 '여호와께서'라는 절대적인 이름을 통하여 선언하고 있
다. 누가 옳은 것인가? 이것은 그 다음에 펼쳐지는 다윗의 호소를 통해서
분명하게 살펴볼 수 있다. 그리고 그 호소에 응답하는 사울의 대답 속에
서도 분명히 느껴볼 수 있다.

모든 것이 덕을 세우는 것은 아님

사울은 굴에서 아무것도 눈치 채지 못하고 밖으로 나간다. 다윗도 일
어나서 그 굴 밖으로 나가 사울을 부른다. 그리고는 장문의 사연을 아뢴
다. 그 속에는 자신의 억울함도 배어 있다. 다윗은 사울 왕의 주변에 있
는 사람들이 자신이 왕을 해치려 한다는 풍문을 만들어 내어 모함하고
있다고 호소한다(삼상 24:9). 그 증거로 다윗은 자신이 베어낸 사울 왕
의 옷자락을 보여준다. 능히 해칠 수 있는 기회가 있었지만 결코 그렇게
하지 않았다는 것이다. 그리고 설사 그 기회를 활용할지라도 자신이 정
당하다는 사실을 여호와의 이름으로 제시하고 있다.

**오늘 여호와께서 굴에서 왕을 내 손에 붙이신 것을 왕이 아셨을 것이
니이다 혹이 나를 권하여 왕을 죽이라 하였으나 내가 왕을 아껴 말하
기를 나는 내 손을 들어 내 주를 해치 아니하리니 그는 여호와의 기
름 부음을 받은 자가 됨이니라 하였나이다(삼상 24:10).**

그렇다. 다윗도 분명히 알고 있다. 하나님께서 사울을 해할 수 있는
절호의 기회를 만들어 주셨다는 사실을 말이다.[172] 그리고 다윗에게는
그렇게 할 수 있는 수많은 정당한 이유들이 있다. 사울은 수많은 생명을
살육했고, 지금도 자신을 죽이려 하고 있다는 사실만으로도 그를 죽일
정당한 사유가 된다. 지금 자신의 주변에 모여든 힘없고, 배경 없는 억울

한 사람들의 고엘(גֹּאֵל 피의 복수자)이 되어서 그들의 피 값을 갚아줄 수도 있다. 다윗도 안다. 하나님께서 그런 기회를 자신에게 제공해 주셨다는 사실을 말이다.

하지만 그 기회를 활용하는 것도 결국은 인간의 손에 쥐어진 선택이다. "모든 것이 가하나 모든 것이 유익한 것이 아니며, 모든 것이 가하나 모든 것이 덕을 세우는 것이 아니다"(고전 10:23). 그리고 지혜서들은 삶에는 더 나은 선택이 존재함을 누누이 강조하고 있다(잠 8:19; 12:9; 15:16, 17; 16:8, 16, 19, 32; 17:1; 19:1, 22; 21:9, 19; 25:24; 27:5, 10; 28:6; 전 4:6; 7:5; 9:17, 18). 다윗은 지금 더 나은 선택으로 향하길 원한다. 이를 위해 바른 시각이 필요하다. 그의 입에서 반복적으로 나오는 말은 사울을 바라보는 그의 시각을 대변해 준다. 다윗에게 있어서 사울은 변함없이 '여호와의 기름 부음을 받은 자'이다. 그는 사울을 보는 것이 아니라 그에게 기름 부으신 여호와를 보고 있다. 사울을 존경하는 것이 아니라 그를 택하신 여호와를 경외하고 있다. 이것이 견딜 수 있는 힘이다. 하나님을 바라봄이 없이 어찌 고난을 이기겠으며, 하나님을 묵상함이 없이 어찌 사람을 품을 수 있을 것인가? 다윗은 자신의 고난이나 악인의 삶을 묵상하는 것이 아니라, 하나님의 정의와 공의를 묵상한다. 다윗은 모든 것을 하나님의 손에 맡긴다.

> **여호와께서는 나와 왕 사이를 판단하사 여호와께서 나를 위하여 왕에게 보복하시려니와 내 손으로는 왕을 해하지 않겠나이다 옛 속담에 말하기를 악은 악인에게서 난다 하였으니 내 손이 왕을 해하지 아니하리이다…그런즉 여호와께서 재판장이 되어 나와 왕 사이에 심판하사 나의 사정을 살펴 억울함을 풀어주시고 나를 왕의 손에서 건지시기를 원하나이다(삼상 24:12-15).**

이것은 옳고 그름까지도 하나님의 판단에 맡기고 자신에게 주어진 삶의 고통까지도 감수하는 믿음을 보여준다. 살아계신 하나님을 향한 절대적인 신뢰가 없이는 불가능한 일이다. 인간은 언제나 자기중심적이다. 가해자는 없고 모두가 다 피해자라고 떠들어 대는 것이 세상이다. 그런 인간적인 오류까지도 다윗은 하나님께 맡김으로 해결한다. 주변의 모든 사람들이 다 "네가 옳고 그가 그르다"라고 할지라도 그 마지막 판단은 하나님께 맡기는 것 그것이 우리가 걸어가야 할 길이다. 목적이 정당하다고 그 수단과 방법까지 정당화되지는 않는다. 그렇다. "악은 악인에게서 나는 것이다." 잠언서의 말씀처럼 "악인도 악한 날에 적당하게 하셨다"(16:4). 하나님의 뜻을 이룬다는 미명하에 악한 방법으로 하나님의 선을 이룰 수는 없지 않은가? 지혜로운 삶은 더 나은 것을 택할 줄 아는 것이다. 다윗은 하나님의 말씀을 묵상한다: "보수는 내 것이라 그들의 실족할 그때에 갚으리로다 그들의 환난의 날이 가까우니 당할 그 일이 속히 임하리로다"(신 32:35). 모든 것을 감찰하시고, 사울 왕과 자신 사이에 정확히 판단하시고, 보복하실 여호와께 다윗은 자신의 불확실한 미래를 걸었다. 진실로 그는 하나님의 마음을 따르는 사람이다(삼상 13:14; 16:7).

여호와 앞에서 선으로 악을 이길 때

다윗의 호소가 끝난 뒤 사울의 입에서 나오는 응답은 악령에서 해방된 성령에 속한 사람의 말과 같다. 이와 같이 인내의 최종적인 단계는 선으로 악을 이기는 것이다(롬 12:21). 선이 악에 사로잡힌 사람조차 해방할 수 있다. 사울의 외침은 그 자신의 모습을 회복한 듯이 보인다.

사울이 가로되 내 아들 다윗아 이것이 네 목소리냐 하고 소리를

높여 울며 다윗에게 이르되 나는 너를 학대하되(רעה 라아/악) 너는
나를 선대하니(טוב 토바/선) 너는 나보다 의롭도다 네가 나 선대한
것을 오늘 나타내었나니 여호와께서 나를 네 손에 붙이셨으나 네가
나를 죽이지 아니하였도다(삼상 24:16-18).

사울도 깨달았다. 여호와께서 자신을 다윗에게 죽이도록 넘기셨다는 사실을 말이다. 그러나 자신의 생명은 그대로 붙어있다. 사울이 자신은 악(학대)하고 다윗은 선하다는 것을 고백한다. 사울의 이 말 속에는 다윗이 사울의 악을 선으로 바꾸었다는 것을 보여준다. 선으로 악을 이길 때 우리의 삶 속에 어떤 일이 벌어질 것인가는 이미 요셉과 그의 형제들의 이야기가 아주 잘 보여주고 있다. 요셉의 형제들은 아버지 야곱이 죽은 후에 요셉이 자신들이 그에게 행한 악(רעה 라아)으로 인해 복수의 칼날을 휘두르지 않을까 노심초사하게 된다(창 50:15). 그들은 요셉을 찾아가 자신들의 허물(פשע 페샤)과 죄(חטאה 하타아)를 용서해 줄 것을 간청한다. 이 말을 듣고 요셉이 울었다. 그들을 향한 요셉의 말은 가히 최고의 위로가 될 만한 말이다.

요셉이 그들에게 이르되 두려워하지 마소서 내가 하나님을 대신하리이까 당신들은 나를 해하려(רעה 라아/악) 하였으나 하나님은 그것을 선(טוב 토바)으로 바꾸사 오늘과 같이 많은 백성의 생명을 구원하게 하시려 하셨나니 당신들은 두려워하지 마소서 내가 당신들과 당신들의 자녀들을 기르리이다 하고 그들을 간곡한 말로 위로하였더라(창 50:19-21).

하나님께서 형제들의 악을 선으로 바꾸셨다. 그 결과는 모든 사람들, 심지어는 짐승들까지 죽음을 벗어나 삶을 얻는다. 그런데 하나님께서 악

을 선으로 바꾸시는데 반드시 필요한 것이 한 가지 있다. 바로 "내가 하나님을 대신하리이까?"라고 외치는 요셉 같은 인물이다. 원수 갚기 위해 사람을 해하고 죽이는 것은 하나님의 자리를 찬탈하는 행위이다. 요셉은 그 하나님의 고유한 권한을 넘보지 않는다.[173] 자신에게 닥쳐진 악을 묵상하는 것이 아니라 하나님의 뜻을 묵상함으로 악을 선으로, 죽음을 구원으로 변화시킨다(창 45:4-8). 그리고 열두 명의 형제들이 연합하여 이스라엘이 탄생한다. 이렇게 용서는 복수심을 하나님의 뜻으로 바꾸어 나가는 그 순간부터 시작되며, 연합이라는 최종적인 완성을 이룸으로 그 결론에 이른다. 이제 다윗이 용서와 화해의 사람인 요셉의 뒤를 잇고 있다. 비록 사울을 용서하는 것이 다윗과 사울, 두 사람의 연합으로 결론짓지 못할지라도, 다윗을 통하여 이스라엘 열두 지파가 하나로 연합되는 미래가 펼쳐질 것을 기대해 볼 수 있다.[174]

선으로 악을 이기기 위해

이것은 사울의 마지막 선언을 통해 이미 이루어진 미래가 되어 우리 앞에 펼쳐진다: "네가 오늘 내게 행한 일로 말미암아 여호와께서 네게 선으로 갚으시기를 원하노라 보라 나는 네가 반드시 왕이 될 것을 알고 이스라엘 나라가 네 손에 견고히 설 것을 아노니"(삼상 24:19-20). "사울도 선지자 중에 있는가?"(삼상 10:11; 19:24). 그렇다. 사울도 선지자 중에 있다. 그도 제정신을 차리면 선지자들과 함께 어깨를 나란히 할 수 있는 존재이다. 하지만 누군가 그를 이렇게 성령에 사로잡힌 사람이 될 수 있는 길로 인도해야 한다. 다윗은 이것을 사무엘에게서 배웠다. 다윗이 사무엘에게 도피하였을 때 그가 다윗을 데리고 갔던 능력의 장소가 라마 나욧이었다(삼상 19:18-24). 그 곳은 사무엘이 수령으로 선지자들을 가르치고 이끄는 선지자 학교가 있었다. 어느 누구도 제어할 수 없는 영의 역사가 살아 숨쉬는 장소가 바로 그 곳이었다. 그곳은 악이 결코 견디어 낼 수 없으며, 악이 선에게 무릎 꿇는 장소이다. 사울이 다윗을 잡기 위해 사자들을 급파한다. 그들이 그 곳에서 성령에 취하여 예언을 한다. 두 번째, 세 번째 계속 보내었으나 결코 성령의 능력을 견딜 수 없어 그들 모두 예언을 하는 사람들이 된다. 드디어 사울 자신이 나서게 되고 아직도 먼 거리를 남겨둔 장소에서 사무엘이 라마 나욧에 있다는 소리를 듣는 그 순간부터 그는 더욱 강력한 영의 능력에 사로잡혀 라마 나욧에 도착하기까지 걸어가며 예언을 한다. 그리고는 사무엘 앞에서 옷을 벗고 하루 종일 밤낮으로 예언을 하였다. 사울은 이처럼 이미 오래전에 다윗 앞에서 무장을 완전히 해제하고 나체로 드러누워 예언을 했던 적이 있었다. 다윗은 하나님의 능력이 칼과 창보다 더 강하다는 것을 이미 깨달았다. 이처럼 라마 나욧은 다윗이 성령의 능력을 배우는 최고의 장소였다. 다윗이 오직 하나님의 능력에 의지하여 확신에 차 그 뜻 가운데 서 있다면 그의 앞에 있는 자는 예언을 할 것이다.

사울이 다시 또 예언을 한다. 이제는 다윗 앞에서 다가 올 미래를 전한다. 아이러니 한 것은 다윗의 미래가 사무엘을 통해서 들려진 적은 거의 없고, 언제나 사울을 통해서 선포되고 있다는 점이다. 다윗은 자신을 죽이려고 혈안이 되어 덤벼드는 사람의 입에서까지 미래의 축복을 받아내는 묘한 매력의 사람이다. 원수의 입에 담긴 저주(사망의 자식; 삼상 20:31)를 축복(왕이 될 자; 삼상 24:20)으로 바꾸는 사람 바로 그가 다윗이다. 오직 하나님의 영에 의지하는 사람에게 이런 일이 일어날 것이다. 사울은 그런 다윗에게 자신의 후손들까지 보살펴 줄 것을 맹세케 하고 다윗은 기꺼이 약속한다. 이와 같이 하나님을 향한 믿음에 바탕을 둔 용서는 죽음이 아닌 살림으로 그리고 종국에는 연합으로 나아가는 길을 활짝 연다.

그러나 남겨진 과제는 언제까지 이 길을 걸어갈 수 있을까라는 질문에 대한 응답이다. 이런 과정이 길어진다면 그리고 수도 없이 반복된다면 언제까지 용서할 수 있을까? 얼마만큼 복수의 칼날을 멈춰 세울 수 있을까? 일흔 번씩 일곱 번까지(마 18:22)? 광야가 길어지고, 불확실한 미래에 대한 의구심은 깊어만 가고, 생명을 찾는 자의 위력은 더욱 강해만 보이고, 하나님의 공의로우신 심판은 이루어질 기미가 보이지 않을 때 우리가 초조하고 조급해 하듯, 다윗도 초조해지고 조급해 진다. 그 다음의 이야기들은 그 절박한 때를 어떻게 견딜 수 있으며, 용서와 관용에 대한 초심을 끝까지 지킬 수 있을 것인가를 고민한다. 다윗도 우리와 같은 성정을 가진 인간인지라 한 번은 쉽지만, 두 번, 세 번은 망설일 수 있는 존재이기 때문이다. 그래서 우리는 사울을 다시 만나기 전에 반드시 나발과 아비가일을 만나는 다윗을 먼저 보아야 한다. 그래야 다윗도 살고, 사울도 살 수 있고, 우리 또한 살 수 있다.

2. 나발 살려주기 (삼상 25장)

사무엘상 25장의 나발 이야기는 어느 누가 보아도 갑작스럽게 끼어든 이질적인 요소 같다. 이 이야기 전체는 빼버려도 별반 다윗 이야기의 흐름을 파괴하지 않는다. 사울을 살려주는 첫 번째 이야기(삼상 24장)와 두 번째 이야기(삼상 26장) 사이에 끼어서 오히려 다윗의 광야 여정의 긴장감과 박진감을 감소시키는 듯이 보이기도 한다. 그동안 어디에도 출연하지 않았던 전혀 생소한 두 인물인 나발과 그의 아내 아비가일과 다윗의 만남은 무슨 의도를 가지고 있을까? 그리고 이 이야기는 그 다음에 나타나는 사울과 다윗의 두 번째 부딪침에 어떤 영향력을 제공해 주는가? 이러한 질문에 바르게 응답하기 위해 다윗, 나발, 아비가일이 펼쳐가는 이야기는 중요하다.

다윗을 두렵고 조급하게 하는 사건들

이 이야기의 시작과 끝이 다윗의 삶에서 심각한 통증을 일으킬 수 있는 요소들로 감싸여져 있다는 것은 다윗의 불안감을 증폭시키기 위한 지극히 의도적인 구성일 것이다. 그 시작을 여는 사건은 '사무엘의 죽음과 장사'이다(삼상 25:1). 사무엘은 유일하게 다윗이 심적으로 기댈 수 있었던 사람이었고, 사울을 통제할 수 있는 능력의 사람이었다. 다윗은 사울로부터 도피를 시작할 때 먼저 라마에 있는 사무엘에게 가서 자초지종을 다 아뢰었고, 그와 함께 나욧으로 가서 거하였었다(삼상 19:18). 선지자 학교가 있는 사무엘의 나욧, 그곳은 인간의 힘이 범접할 수 없는, 하나님의 영이 강력하게 역사하는 장소였다(삼상 19:19-24). 그런데 이제 그 위대한 하나님의 사람 사무엘이 이 땅에 존재하지 않는다. 다윗은 어디에도 기댈 곳이 없다. 이것은 다윗을 지극히 두렵고 초조하게 만들 수 있는 사건임에 틀림없다. 다윗이 유다 광야에서도 더 극 남단으로 내려가는 시내 산이 있는 바란 광야로 급히 도피한 것을 보면 그 마음을 짐작해 볼 수 있다(삼상 25:1).[176]

마지막을 장식하고 있는 사건들은 다윗의 결혼에 관한 이야기들이다. 다윗은 아비가일과 아히노암 이 두 사람을 취하여 아내로 맞이하였다(삼상 25:42-43). 광야에서 가족이 불어나고 있는 것이다. 아직 아무것도 안정되지 않은 불안한 유랑자의 삶에서 불어나는 가족에 대한 부담은 다윗을 더욱 조급하게 만들 수도 있는 요소이다. 그런데 그것과 더불어 다윗이 아내를 잃는 사건 또한 벌어진다. 사울이 자신의 딸이며, 다윗의 아내인 미갈을 다른 사람에게 결혼시켜버린 것이다(삼상 25:44). 이것은 무엇을 의미하는가? 단지 아내를 잃었다는 것이 아니라 이처럼 사울은 아직도 다윗이 그에 관해 아무 소리도 할 수 없을 만큼 무소불위의 권력을 휘두르고 있다는 것이다. 한 걸음 더 나아가 사울은 미갈을 통해 다윗을 사위, 즉 '아들'로 받아들였지만 이제는 그 딸을 다른 사람에게 아내로 내어 줌으로 그 관계를 청산했음을 온 천하에 천명하는 것이다.[177] 사무엘의 죽음, 불어나는 가족, 사울의 여전한 폭력과 관계단절의 결심, 이러한 요소들은 하나님이 주신 약속의 성취를 기다리는 다윗의 삶을 초조하게 만들었을 것임에 틀림없다. 이러한 조급증이 그냥 마음속에 머무르는 것으로 끝나지 않는다는 것이 삶의 문제이다. 다윗은 이런 사면초가의 상황 속에 지금 갇혀 있는 것이다. 그리고 이야기는 시작된다.

선을 악으로 갚는 나발

다윗과 그의 사람들이 다시 유다 지역인 마온 광야까지는 올라왔다. 그리고 우리는 두 낯선 이름을 듣는다. 나발과 그의 아내 아비가일이다. 나발은 심히 부유한 사람이라고 소개된다. 그가 갈렙 족속인 것을 보면 그 유명한 가나안 정복의 영웅으로 유다지파의 명장 갈렙의 후손이며, 헤브론과 밀접한 연관이 있을 것이다(수 14:6-15). 그는 양이 삼천이요 염소가 일천이나 되는 유다 지파의 부유한 유지였다. 마침 그 때 나발이 양털을 깎는 풍요로운 축제의 시간을 갖고 있다는 소식을 들은 다윗은 자신의 사람들을 보내어 정중하게 생필품의 후원을 부탁했다.[178] 다윗은 당연히 자신을 무시하지 않을 것이라는 확신이 있었다. 그 이유는 나발의 목자들이 갈멜에서 양들을 돌볼 때에 다윗과 그의 사람들이 든든한 방어막이 되어 산적들과 해로운 짐승들이 결코 해치지 못하도록 보호해 주었던 전례가 있었기 때문이다. 그런데 나발의 반응이 사건의 부드러운 전개를 뒤흔들어 놓는다. 말 그대로 질서를 파괴하는 것이다.

> 나발이 다윗의 사환들에게 대답하여 가로되 다윗은 누구며 이새의 아들은 누구뇨 근일에 각기 주인에게서 억지로 떠나는 종이 많도다 내가 어찌 내 떡과 물과 내 양 털 깎는 자를 위하여 잡은 고기를 가져 어디로서인지 '알지 못하는'(לֹא יָדַעְתִּי 로-야다티) 자들에게 주겠느냐 (삼상 25:10-11).

나발은 분명 다윗을 알고 있었을 것이다. 그의 응답 속에도 그가 다윗에 대해 알고 있었을 것이란 몇 가지의 암시가 풍겨져 나온다. 첫째는 다윗의 명성은 블레셋까지 퍼져 나갈 정도로 파급효과가 컸다. 그 당시 이미 찬양의 주제와 속담이 되어버린 "사울은 천천이요 다윗은 만만이라"는 블레셋 인들도 알고 있는 말을 이스라엘의 누가 몰랐을까? 이것은 다윗은 자신의 이름으로 문안하라 하였을 뿐인데 나발은 '이새의 아들'이라는 다윗의 근본까지 들추어내는 것을 보면 그에 대해 잘 알고 있다는 것을 직감해 볼 수 있다. 둘째는 나발이 내뱉은 "요즘 주인에게서 억지로 떠나는 종이 많도다"라는 말 속에 다윗을 알고 있다는 느낌을 배제할 수 없다. 하지만 그에게 있어 다윗은 사울의 군대장관이나 사위의 위치가 아니라, 단지 일개 이름 없이 도망 다니는 종일뿐이다. 다윗에 대한 멸시가 가득 담겨져 있다. 셋째는 나발이 애써 다윗의 존재를 외면하려 한다는 점이다. "어디서 왔는지도 알지 못하는 자"가 바로 다윗의 정체성이다. 이렇게 관계성을 부인하면 그에게 선을 베풀 이유가 없기 때문이다.[179] 이러한 관계성은 성경 속에서 흔히 벌어지는 일이기도 하다. 바로와 요셉(출 1:8) 그리고 이스라엘의 관계(출 5:2),[180] 사울과 다윗의 관계(삼상 17:56-58), 이제 나발과 다윗의 관계가 동일한 선상 위를 걷고 있다. 도움을 받는 입장일 때에는 관계가 형성되지만, 자신이 도움을 베풀어야 할 때나 자신의 위치가 그로 인해 위기에 처할 때에는 모르는 관계를 자처하는 것이다. 나발은 자신에게 손해가 되는 도움을 베풀어야 할 때 관계를 단절하며 자신이 보호받았던 과거를 청산하고 "나는 알지 못한다"(לֹא יָדַעְתִּי 로-야다티)라고 잡아뗀다.

악을 악으로 갚으려는 다윗

다윗은 이미 이런 경험을 하였다. 자신이 광야를 헤매고 있는 이유도 바로 그 때문임을 너무나 잘 알고 있다. 그런데 다윗의 반응이 전 같지 않게 무척이나 성급하다. 이제 참을 만큼 참았으니 더 이상의 용서, 이해, 관용은 없다는 듯 단호한 태도이다. 더 이상의 모멸감은 수용할 수 없다는 반응이다. 흡사 우상숭배를 견딜 수 없다는 듯이 자신의 편에 있는 자들은 다 나와 허리에 칼을 차라고 명했던 시내 산의 모세처럼(출 32:27) 다윗은 자신의 사람들 중 사백 인에게 각기 칼을 찰 것을 명령하며 자신도 무장한다(삼상 25:13). 그리고 흡사 사울이 놉의 제사장 아히멜렉과 그의 온 집안을 죽이기로 작정한 것처럼(삼상 22:16), 다윗 또한 나발과 그에게 속한 모든 사람 중에 한 남자라도 살리지 않겠노라고 하나님의 이름으로 맹세까지 한다(삼상 25:22).[181] 그가 이리 잔혹한 말을 내뱉은 이유는 간단하다.

> **다윗이 이미 말하기를 내가 이 자의 소유물을 광야에서 지켜 그 모든 것을 하나도 손실이 없게 한 것이 진실로 허사라 그가 악(רָעָה 라아/학대, 해)으로 나의 선(טוֹבָה 토바)을 갚는도다(삼상 25:21).**

나발이 악으로 선을 갚으려 하고 있기 때문이다. 다윗의 이 말은 거짓이 아니라 진실임이 이미 입증되었다. 다윗의 이 말이 나타나기 전에 나발의 하인 중 하나가 아비가일에게 가서 일의 자초지종을 설명할 때 다 드러났다. 그들이 진실로 우리를 선대하였음에(טוֹבָה 토바) 틀림없는데

(삼상 25:15), 나발은 불량한 사람이라 말이 안 통한다는 것이다. 그리고 다윗이 주인의 온 집을 해하기(רעה 라아/악, 학대; 삼상 25:17)로 결정하였다는 것이다. "악은 악인에게서 난다"(삼상 24:13)라고 부르짖었던 다윗이 지금 아무 망설임 없이 악으로 악을 갚으려 하고 있다. 일이 걷잡을 수 없이 너무도 급박하게 돌아간다.

그러나 다윗이 사울을 살릴 그 때의 여건과 지금의 여건은 결코 조금의 차이도 없다. 사울도 나발과 같이 다윗을 애써 무시하려는 자였고, 선을 악으로 갚는 자였다. 이처럼 나발은 사울의 전형적인 모습을 하고 있으며, 사울의 '또 다른 자아,' 즉 '분신'(alter ego)이라고 볼 수 있다.[182] 그런데 사울과의 관계 속에서의 다윗은 용서와 관용으로 그를 기꺼이 살려준다. 물론 사울은 하나님의 기름 부음을 받은 자였고, 나발은 일개 부족장 정도밖에는 안 되는 인물이다. 하지만 어디 성경에서 말하는 복수의 금기가 여호와의 기름 부음 받은 자에게만 해당된다고 명기되어 있기나 한가? 하나님께서 "복수는 나의 것이다"라고 말씀하셨을 때 그것은 분명 모든 사람을 향해서 하신 말씀이다(신 32:35; 롬 12:14-21).

악을 선으로 바꾸는 지혜로운 여인 아비가일

다윗이 자신의 손에 칼을 들고 직접 하나님을 대신하는 사람이 되려 하고 있다. 참으로 그의 안에 있던 잠재적인 복수의 폭력성이 노출되고 있는 것이다.[183] 다윗이 왜 이 모양으로 조급한 인생으로 변해가고 있는가? 다윗은 지금 잃어버린 것이 한 가지 있다. 자신을 멸시하고 모욕하는 나발에 너무 집중한 나머지 자신의 정체성을 상실했다. 그런데 이 위기의 순간에 다윗이 바른 방향을 바라볼 수 있는 길이 제공된다. 바로 아비가일이다. 그녀의 음성은 다윗이 품었던 본래의 마음을 돌아보게 하는 위력이 있다.

그가 다윗의 발에 엎드려 가로되 내 주여 청컨대 이 죄악을 나 곧 내게로 돌리시고 여종으로 주의 귀에 말하게 하시고 이 여종의 말을 들으소서(שְׁמַע 셰마) 원하옵나니 내 주는 이 불량한 사람 나발을 개의치 마옵소서 그 이름이 그에게 적당하니 그 이름이 나발(נָבָל 어리석은, 미련한)이라 그는 미련한 자(נְבָלָה 네발라)니이다 여종은 내 주의 보내신 소년들을 보지 못하였나이다 내 주여 여호와께서 살아 계심을 두고 맹세하노니 내 주도 살아 계시거니와 내 주의 손으로 피를 흘려 친히 복수하시는 일을 여호와께서 막으셨으니 내 주의 원수들과 내 주를 해하려는(רָעָה 라아/악, 학대) 자들은 나발과 같이 되기를 원하나이다(삼상 25:24-26).

아비가일, 그녀의 말은 실로 위력적이다. 그녀는 다윗에게 듣기를 간청한다. 한 여인이 이스라엘의 전통신앙인 '셰마'(שְׁמַע 들으라)를 외치고 있다(신 6:4). 다윗이 무엇을 들어야 하는가? 첫째, 그는 나발을 개의치 말아야 한다. 즉 나발에게 마음(לֵב 레브)을 두지 말아야 한다는 것이다. "모든 지킬 만한 것 중에 더욱 네 마음을 지키라 생명의 근원이 이에서 남이니라"는 잠언의 말씀처럼(4:23) 악에게 마음을 빼앗기지 않는 것이 사는 길이다. 그는 자신의 이름인 '나발'(נָבָל 어리석은, 미련한)답게 단지 불량하고, 미련하며, 어리석은 인생의 대표자일 뿐이다. 미련한 자는 지혜서인 잠언을 비롯하여 여러 곳에 나타난다(잠 17:21; 30:22; 렘 17:11; 시 14:1; 53:1). 그 중에서 나발이라는 인물에 적용된 단어인 '나발'(נָבָל 어리석은, 미련한)과 '미련한 자'(נְבָלָה 네발라)의 용어가 동시에 나타나며 이러한 자가 행하는 부정적인 일들을 기록한 것은 이사야 32장 5-8절에 잘 나타난다: "여호와를 거스르며 주린 자의 속을 비게 하며 목마른 자에게서 마실 것을 없어지게 함이며"(6절).184 이런 악한 자의 삶을 묵상해 보았자 실족할 일밖에는 없다(시 73:1-14). 둘째, 살아

계신 하나님, 친히 복수하시는 여호와께 다시 시선을 집중해야 한다(시 73:15-28). 그러할 때 본연의 모습을 찾고 하나님을 예배하는 길로 나아갈 수 있다.185) 다윗은 복수심 가득한 저주의 선포에서 이스라엘의 하나님 여호와를 찬송하는 회복을 갖게 된다(삼상 25:32; 비교, 25:22).

이 여인의 말 속에는 다윗이 전에 품었던 믿음의 자세들을 돌아보게 하는 힘이 있다. 다윗이 동일하게 선을 악으로 갚는 사울에게 집중하지 않고, 살아계시고 친히 보복하실 하나님만 바라보며 모든 유혹을 이겨냈던 그때를 회복케 한다(삼상 24:12). 아비가일의 말은 여기에서 멈추지 않고 다윗이 반드시 기억해야 할 또 한 가지를 강조한다. 광야 유랑에서 아무리 강조해도 지나치지 않고, 아무리 자주 되새겨도 결코 빛바래지 않는 것, 그것은 다윗을 향한 하나님의 약속이다.

여호와께서 반드시 내 주를 위하여 든든한 집을 세우시리니 이는 내 주께서 여호와의 싸움을 싸우심이요 내 주의 일생에 내 주에게서 악한(רעה 라아/해, 학대) 일을 찾을 수 없음이니이다 사람이 일어나서 내 주를 쫓아 내 주의 생명을 찾을지라도 내 주의 생명은 내 주의 하나님 여호와와 함께 생명 싸개 속에 싸였을 것이요 내 주의 원수들의 생명은 물매로 던지듯 여호와께서 그것을 던지시리이다 여호와께서 내 주에 대하여 하신 말씀대로 모든 선(טובה 토바)을 내 주에게 행하사 내 주를 이스라엘의 지도자로 세우신 때에 내 주께서 무죄한 피를 흘리셨다든지 내 주께서 친히 보복하셨다든지 함을 인하여 슬퍼하실 것도 없고 내 주의 마음에 걸리는 것도 없으시리니 다만 여호와께서 내 주를 후대하신 때에 원컨대 내 주의 여종을 생각하소서(삼상 25:28-31).

다윗이 또다시 확인하는 것은 한 여인의 입을 통해서 살아나는 그의 미래이다. 사울의 입을 통해서 주어졌던 그것이 다시 확인되는 것이다. 주께서 세우실 든든한 집에서 양 떼를 이끄는 이스라엘의 지도자, 이것이 다윗의 정체성이다. 한 불량배의 만행에 분노하여 칼을 휘둘러대는 개나 벼룩 같은 존재가 아니다. 아비가일의 이 말 속에는 단지 나발에 대한 운명만이 기술된 것은 아니다. 오히려 이 속에는 궁극적인 다윗의 적이요 원수인 사울의 미래까지도 그대로 예고되어 있으며, 나아가 다윗 왕조의 미래 희망까지 걸려있는 선언이기도 하다.[186] 다윗의 생명은 '생명싸개'(צְרוֹר הַחַיִּים 쩨로르 하하임)안에 그리고 원수들의 생명은 '물매'(כַּף הַקֶּלַע 카프 하콸라)안에 놓여져 있다. 생명싸개는 보호하고 보전하는 것이요, 물매는 곧 향방도 없이 튕겨져 나갈 운명이다. 다윗이 어떤 길로 나아갈까? 나발의 길인가, 아비가일의 길인가?

복수하시는 하나님

다윗은 잃었던 시각을 회복한다. 그리고는 아비가일을 칭찬하며, 하나님을 향하여 찬양한다: "오늘 너를 보내어 나를 영접하게 하신 이스라엘의 하나님 여호와를 찬송할지로다 또 네 지혜를 칭찬할지며 또 네게 복이 있을지로다 오늘 내가 피를 흘릴 것과 친히 복수하는 것을 네가 막았느니라"(삼상 25:32-33).[187] 다윗은 기꺼이 아비가일의 말을 듣고 (שָׁמַע 샤마) 그녀의 청을 허락하며 평안으로 응답한다. 지도자가 아무리 작은 자에게라도 '듣는 마음'(לֵב שֹׁמֵעַ 레브 쇼메아; 왕상 3:9)을 가진다면 하나님 앞에 바르게 서나갈 수 있다. 다윗은 악으로 빠질 위기의 순간에 '듣는 마음'을 회복함으로 하나님을 바라볼 수 있게 되었다. 그리고 또다시 하나님만 바라보는 삶을 살아가는 것이다. 그 후 열흘 뒤에 왕처럼 호령하며 잔치를 즐기던 나발의 삶을 여호와께서 치시매(נָגַף 나가프), 그가 죽었다(מוּת 무트; 삼상 25:38). 다윗은 또다시 자신의 손으로 악을 행치 않게 하신 하나님, 그리고 나발의 악행을 그 머리에 돌리셔서 모든 모욕을 갚아주신 하나님을 찬양한다(삼상 25:39). 여기서 나발의 죽음은 분명 사울의 죽음 또한 임박했음을 알리는 경고음일 것이다.[188] 다윗은 다시 하나님 안에서의 확신을 회복하고 그 길을 묵묵히 걸어갈 수 있다.

이 이야기 속에는 다윗의 광야 유랑의 어려움이 배어있다. 광야생활은 주변의 부유한 유지들의 찬조와 도움이 없이는 견디기 힘든 것이다. 유랑이 길어지고, 더욱더 힘겨워짐에 따라 다윗은 빠르고 쉬운 방법을 택하려는 유혹에 빠져갔을 것이다. 만약 다윗이 나발과 그의 사람들을 무참하게 칼로 학살하였더라면, 그는 이젠 어렵지 않게 사울까지도 단칼에 죽일 수 있는 사람이 될 것이다. 그리고 그 다음의 이야기는 대살육의 장면이 펼쳐지며, 이스라엘이 해체되는 역사가 펼쳐질 것이다. 죽이고 차지하는 것은 쉽다. 그러나 용서하고 인내하며 하나님의 뜻을 기다리는 것은 인간의 눈에 기약이 없기 때문에 어렵다. 설사 반쪽자리 나라를 건설할지라도, 그 길이 이런 유랑 생활을 하루빨리 청산하고 자신의 안정을 찾는 지름길이기 때문에 극렬한 유혹이 된다. 그러나 다윗은 다시 눈에 보이지 않는 하나님의 약속을 붙든다.

지혜와 우매 사이에서

나발과 아비가일과 관련하여 우리는 한 가지 더 짚고 넘어가야 할 것이 있다. 이 두 사람에게 주어지는 상반된 특성도 그렇고, 다윗의 삶에 주어지는 선택의 기로 또한 이스라엘의 지혜전통을 생각나게 하기 때문이다.[189] 나발의 특성은 그 이름답게 '완고한 자, 불량한 자, 미련한 자, 악한 자'로 불린다(삼상 25:3, 17, 25). 이에 반해 아비가일은 '총명하고, 아름답고, 지혜로운 여인'으로 불린다(삼상 25:3, 33). 이 두 사람이 똑같이 다윗에게 말을 하고 있다. 흡사 잠언서에 지혜여인과 우매여인이 사람들을 향하여 초청의 말을 하듯이 그렇게 말을 한다(잠 9장). 나발의 말은 미련하고, 교만하며, 무시하는 말투이다. 이것은 사람을 자극하여 동일한 미련한 길을 택하게 하는 살인적인 위력이 있다. 다윗도 이 유혹에 전적으로 자신을 내맡길 뻔 하였다. 분명 그 결국은 음녀, 즉 우매여인의 길처럼 죽음일 것이 분명하다(잠 5:5; 7:27; 9:18). 여기 그 반대되는 말이 있다. 겸손하게 높이고, 지혜로우며, 하나님의 선을 이루게 하는 말이다(삼상 25:33). 나발이 다윗이 누구며, 이새의 아들이 누구냐며 다윗을 도망간 종쯤으로 취급하지만, 아비가일은 늘 다윗을 부를 때마다 '내 주'(אֲדֹנִי 아도니)라는 명칭을 빼지 않는다. '내 주'라는 이 칭호는 아비가일이 다윗을 향해 말하는 사무엘상 25장 24-31절에 14번이나 나타난다. 아비가일의 지혜로운 길은 지혜여인의 길처럼(잠 9:6) 다윗을 생명을 살리는 길로 나아가게 한다.

나발과 아비가일은 다윗 앞에 놓인 두 가지의 길이며, 지금 우리 앞에도 늘 놓여있는 선택의 기로이다. 나발의 길이 위력적인 이유는 인간이 주권을 휘두를 수 있으며, 쉽고, 빠르며, 결과가 신속하게 눈앞에 펼쳐진다는 점이다. 반면에 아비가일의 길은 절대적 주권은 늘 살아계신 하나님께 있고, 그 뜻을 믿고, 인내하며, 참고, 견디며, 아무 것도 보이지 않는 삶의 현실 속에서 영혼까지도 주께 의탁하는 삶이다(눅 23:46; 행 7:59). 다윗은 '들으라'라고 권면하는 지혜여인의 음성처럼(잠 8:32) '들으소서'라고 호소하는 아비가일을 택한다. 그리고 마치 잠언 31장 10-31절에서 마침내 지혜여인이 아내가 되어 있는 것처럼, 지혜로운 여인 아비가일이 다윗의 아내가 되었다(삼상 25:42).[190] 이제 다윗의 삶은 더욱 견고해질 것이다.

우리의 삶이 미련하고, 불량한 파괴적인 것이 되지 않기 위해서 우리에게 필요한 것이 바로 이것이다. 다윗에게 악을 향한 길을 막아서는 아비가일이 필요했듯이 우리에게도 바로 그런 존재가 필요하다. 잃어버린 하나님을 향한 시각을 회복할 수 있도록 우리의 시선을 조정해 줄 수 있는 존재, 그 존재가 하나님의 말씀이든, 사람이든 혹은 사물이든 우리에게는 절대적으로 필요하다. 이 세상 어느 누구도 단 한 번의 유혹도 없이 살아 갈 흔들림 없는 존재는 없기에 그 흔들림 가운데 오직 하나님만 바라볼 수 있도록 이끌어 주는 아비가일, 그녀는 가히 천상의 지혜와 맞먹는 하나님의 선물이다: "오늘 너를 보내어 나를 영접하게 하신 이스라엘의 하나님 여호와를 찬송할지로다"(삼상 25:32).

이제 사울의 위력이 천지를 뒤흔든대도 상관없다. 사울이 다윗의 아내를 다른 사람에게 넘기는 절대 주권을 휘둘러대도 다윗은 살아계신 여호와 하나님 안에서 자신의 중심을 잡았기 때문이다. 이것은 분명 사울이 다윗을 전적으로 무시하고 멸시하는 처사였다. 마치 나발이 다윗을 무시하듯 그렇게 동일하게 말이다. 그러나 이제 나발을 거치며 하나님의 살아계신 손길을 새롭게 보았으니, 또다시 사울을 만날 준비가 된 것이다. 다윗은 사울을 견디기 위해 신무기로 완전무장을 할 필요가 없다. 단지 하나님을 바라보는 그 눈을 지키기만 하면 된다. 항상 옆에 있을 아비가일의 말처럼 다윗은 "여호와의 싸움을 싸우고 있는 것이기"(삼상 25:28) 때문이다. 이제 마지막으로 사울을 대면할 시간이 되었다.

3. 사울 또 살려주기 (삼상 26장; 삼상 27-삼하 5장)

사울을 살려주는 이야기 첫 번째(삼상 24장)와 두 번째(삼상 26장)의 양식을 비교해 보면 거의 대부분이 유사하다. 이럴 경우 간단하게 "다윗이 전과 같이 사울을 죽일 기회가 있었으나 그를 해치지 않고 역시 동일하게 살려서 보내었다"라고 한다면 스물다섯 절의 장문이 단 한절로 요약되며 지면을 절약할 수 있을 것이다. 하지만 사건은 다음과 같이 동일한 열세 단계를 지루할 정도로 반복한다.

24장	내 용	26장
1절	어떤 사람들이 다윗이 숨어있는 광야의 장소를 사울에게 밀고함	1절
2절	사울이 정예요원 삼천 명을 거느리고 다윗을 찾아 나섬	2절
3절	사울이 다윗 앞에 무방비 상태로 노출됨	7절
4절	다윗의 사람(들)이 사울을 죽일 것을 강력하게 권면함	8절
7절	다윗이 여호와의 기름 부음 받은 자를 절대 죽이지 말라고 명령함	9절
12절	여호와께서 직접 복수하실 것이라고 강조함	10절
5절	사울의 물품 중에서 취하여 죽이지 않은 증거를 삼음	11절
8절	다윗이 사울을 부름(사울의 진영의 대표자를 향해 먼저 말함)	14절
16절	사울이 다윗의 목소리를 알아들음: "내 아들 다윗아 이것이 네 목소리냐"	17절
14절	다윗의 억울함 호소(자신을 죽은 개, 벼룩, 메추라기에 비유함)	20절
17절	사울의 회개	21절
20절	다윗을 향한 사울의 축복	25절
22절	사울과 다윗이 각기 자기의 길을 감	25절

이것은 무슨 목적을 가진 반복인가? 무심한 시간은 흘러가지만 상황은 전혀 변한 것이 없다는 비관적인 느낌이 지루한 반복을 통하여 흐르고 있다. 그러나 한 가지 획기적인 변화가 있다. 그것은 이 동일한 사건을 받아들이는 다윗의 자세이다. 다윗에게 있어서 이 사건은 결코 동일한 것의 반복이 아니다. 자신이 하나님의 사람이냐, 아니냐를 스스로 살펴볼 수 있는 새로운 용광로 앞에 서있는 것이다.

여호와 앞에서 모든 것이 가하나 모든 것이 덕을 세우는 것 아님 확신

이제 다윗은 마온 광야에서 좀 더 위로 올라왔다. 십 광야, 헤브론까지의 거리가 무척이나 가까워졌다. 왕도를 세운 헤브론, 거기까지 가기가 어찌 그리도 머나먼 길인지! 걸어가면 지척에 있는 것을, 출애굽 이스라엘이 신 광야에서 40년을 헤매듯이 그렇게 다윗은 헤브론까지의 거리를 뼈를 깎는 고통으로 줄여가고 있다. 그런데 사울이 또다시 마음이 변하여 삼천 명의 군사를 이끌고 다윗의 마지막 숨통을 조이려고 십 광야로 압박해 온다. 다윗도 멀찍이서 사울의 동태를 파악하며 정탐을 감행한다. 사울만이 동굴로 들어와 가장 나약한 모습을 보였던 첫 번째 만남과는 달리 이제 상황은 현저히 다르다. 분명히 사울의 군사들이 진을 쳤다고 되어 있다. 진이라 함은 군대가 적의 공격과 기습에 대비하여 휴식을 취하면서도 전열을 갖추고 경계를 삼엄하게 하는 상태를 의미한다. 삼천 명이면 가히 대단한 진을 만들 수 있는 군사력이다. 파수꾼이 깨어 주변을 지킬 것이 분명하다. 사울이 가운데에 눕고, 그 주변으로 군사들이 누웠고, 경계병이 불침번을 서고 있을 것이 틀림없다. 그런데 다윗과 그의 부하 아비새가 그 진의 정 가운데로 잠입해 들어가 사울의 창과 물병을 가져가는 동안에 아무도 그것을 알아채는 사람이 없었다. 그 이유는 "여호와께서 그들로 깊이 잠들게 하셨으므로 그들이 다 잠들었기"(삼상 26:12) 때문이다. 이를 통해 확신할 수 있는 것은 이 두 번째 기회는 하나님께서 다윗이 사울을 죽일 수 있는 기회를 만들어 주셨다는 사실을 더욱 명백하게 증거하고 있다는 것이다.[191] 아비새는 확신에 들떠서 다윗을 향하여 간청한다. 그리고는 다윗이 할 수 없다면 자신이 그 일을 확실하게 끝내겠다고 장담한다.

아비새가 다윗에게 이르되 하나님이 오늘 당신의 원수를 당신의 손

에 붙이셨나이다 그러므로 청하오니 나로 창으로 그를 찔러서 단번에 땅에 꽂게 하소서 내가 그를 두 번 찌를 것도 없으리이다(삼상 26:8).

그러나 다윗의 대답은 그 어느 때보다도 더 단호하다. 사울의 옷자락을 슬며시 베며, 자신의 속마음을 숨기기보다는, 이젠 살아계신 하나님의 이름으로 맹세하며 모든 것을 여호와께 맡긴다.

다윗이 아비새에게 이르되 죽이지 말라 누구든지 손을 들어 여호와의 기름 부음 받은 자를 치면 죄가 없겠느냐 하고 다윗이 또 가로되 여호와께서 살아계심을 두고 맹세하노니 여호와께서 그를 치시리니 (נגף 나가프) 혹은 죽을(מות 무트) 날이 이르거나 또는 전장에 나가서 망하리라 내가 손을 들어 여호와의 기름 부음 받은 자를 치는 것을 여호와께서 금하시나니(삼상 26:9-11).

다윗은 이미 경험하였다. 나발 사건을 통해서 복수는 진실로 하나님의 손에 있으며, 하나님께서 약속대로 이루신다는 것을 말이다. 하나님께서 다윗이 나발에게 손대지 못하게 하시고, 직접 그 일을 이루어 주셨다: "한 열흘 후에 여호와께서 나발을 치시매(נגף 나가프) 그가 죽으니라 (מות 무트)"(삼상 25:38). 다윗은 사울을 죽일 확신에 가득 찬 아비새보다 더욱더 신념에 넘쳐서 그 동일한 단어들을 사용하여 "여호와께서 치실 것이요 그의 결국은 죽음일 것이라"고 선언한다.[192] 나발이 한 열흘 후에 이런 일을 겪었다면, 이제 사울의 운명도 곧 이와 다를 바가 없을 것임을 확신한 것이다.

이와 같이 하나님의 은혜를 체험한 사람은 다른 삶을 살아갈 수 있다. 살아 계신 하나님의 입에서 나온 말씀이 결코 헛되이 돌아가지 않으며,

반드시 그 기뻐하시는 뜻을 이루며 모든 약속한 일에 형통한다는 사실을 믿을 때 우리의 삶은 달라질 수 있다(사 55:8-11). 그리고 우리는 다윗처럼 하나님을 향하여 이렇게 기도할 수 있다.

> **여호와께서 각 사람에게 그 의와 신실을 갚으시리니 이는 여호와께서 오늘 왕을 내 손에 넘기셨으되 나는 손을 들어 여호와의 기름 부음을 받은 자 치기를 원하지 아니하였음이니이다 오늘 왕의 생명을 내가 중히 여긴 것 같이 내 생명을 여호와께서 중히 여기셔서 모든 환난에서 나를 구하여 내시기를 바라나이다(삼상 26:23-24).**

그리고 원수의 입술에서 또다시 축복의 말을 만들어 내는 것으로 모든 얽힌 관계를 풀어낼 수 있다: "내 아들 다윗아 네게 복이 있을지로다 네가 큰 일을 행하겠고 반드시 승리를 얻으리라"(삼상 26:25). 그러나 사울이 다윗에게서 자신의 창을 돌려받는 한 이 두 사람은 다른 길을 걸어갈 수밖에 없다(삼상 26:22, 25). 사울의 창은 다윗을 죽이려는 그의 마음을 대변하듯 늘 그렇게 사울과 일체가 되어 있다(삼상 18:11; 19:10; 22:6; 26:7). 사울은 창을 돌려받고, 결국 두 사람은 각자의 길을 간다. 다윗이 큰 일을 행하겠고, 반드시 승리를 얻는다는 사울의 선언은 사울 자신의 운명을 예고하는 마지막 후렴구가 되었고, 그 성취를 기다리고 있다. 그러나 이 이야기는 이미 이루고자 하는 목적을 이루었다. 다윗은 끝까지 자신의 손으로 불의한 피를 흘리지 않았으며, 오직 하나님을 신뢰함으로 불확실한 미래까지도 여호와의 손에 맡겼다. 그는 하나님의 때에 하나님의 나라를 세울 것이다.

사울과 다윗의 엇갈리는 운명

하나님께서 사무엘에게 뿔에 기름을 채워서 베들레헴 사람 이새에게 가라며 "내가 그의 아들 중에서 한 왕을 보았다"라고 하셨다. 양치기 소년 다윗에서 골리앗을 쓰러뜨린 맹장으로 그리고 광야를 떠도는 자로 삶의 정황이 급변하며 다윗은 왕의 길을 배우고 있다. 다윗이 사울을 살리고, 나발을 살리며, 또 사울을 살려주는 사건으로 아브라함의 하나님 경외와 유다의 생명주는 베냐민 보호 그리고 요셉의 용서라는 왕의 길이 그 완성에 이른다. 그러나 사울은 죽음의 세계와 접하고 있는 엔돌의 신접한 여인에게로 향한다. 이것은 다윗과 사울의 엇갈린 운명이 그 극점에 다다랐음을 알려주는 장치가 된다. 이제 그 뒤의 이야기는 다윗의 상승과 사울의 추락이라는 결론에 이르며 삶과 죽음으로 갈라지게 되는 것을 보고할 것이다(삼상 27-삼하 1장). 이들에 대한 마지막 비교를 보여주는 아래의 도표는 상반된 결말을 이해할 수 있는 눈을 열어줄 것이다.

다윗(삼상 24-26장)	사울(삼상 28:3-25)
하나님의 직접적인 음성이 없어도 하나님의 법을 전적으로 받든다. ① 사무엘이 죽었음에도 오직 하나님의 뜻을 받드는 길을 걸음(삼상 25:1). ② 여호와의 기름 부음 받은 자를 오직 하나님의 손에 맡김(삼상 24:12; 26:10). - 여호와께서 사울을 자신의 손에 넘기셨으나 죽임이 아닌 살림으로 더 나은 길을 선택함. ③ 사울을 죽일 충분한 이유와 정당성이 주어져 있으나 그 권한을 하나님께 양도 - 하나님의 법을 한 차원 더 높게 승화시키는 길을 걸음(삼상 24:10; 26:23).	하나님의 직접적인 음성이 없자 하나님의 법도 마음대로 바꾼다. ① 사무엘이 죽었고, 하나님의 뜻이 들리지 않자 신접자에게 들으려함(삼상 28:3-7. ② 여호와의 기름 부음 받은 자를 죽이려고 혈안이 됨. - 여호와께서 다윗과 함께하심을 보면서도 끝까지 그를 죽이려고 인생을 낭비하는 어리석은 길을 향함. ③ 신접한 여인에게 여호와의 이름과 살아계심으로 맹세하며 신접하는 일로 벌을 받지 않을 것이라 함(삼상 28:10) - 하나님의 법을 폐기함.

지혜 여인 아비가일과 하나 됨(삼상 25장) (하나님의 뜻을 보이는 여인) ① 아비가일의 말을 듣고 ② 여호와를 향하여 돌이킴 　(죽이는 결정에서 살리는 길로) ③ 아비가일이 준비한 음식을 받음 ④ 나발을 살리는 생명의 길로	엔돌의 신접한 여인과 하나 됨(삼상 28장) (인간의 욕구를 만족시키는 여인) ① 신접한 여인에게 명령하고, 그 말을 듣고 ② 여호와의 권위 침범 　(죽음의 세계까지도 자신의 유익을 위해) ③ 신접한 여인이 준비한 음식을 먹음 ④ 죽은 사무엘을 불러 올려 죽음의 길로
죽이기도 하시고, 살리기도 하시는 하나님의 절대주권에 맡김(사울, 나발 살려줌)	스올에 내리게도 하고, 올리기도 하는 권력을 휘두름 – 정적들을 죽이고, 죽은 사무엘을 불러올림(죽이고 살리는 것을 자신의 주권에 두려함)
* 한나의 기도에는 "여호와는 죽이기도 하시고 살리기도 하시며 스올에 내리게도 하시고 거기에서 올리기도 하시는도다"(삼상 2:6)라고 선언하며 여호와 하나님의 절대주권을 강조하고 있다. 다윗은 여호와의 왕권에 순복하는 왕의 길을, 사울은 스스로 하나님처럼 되는 왕의 길을 걷고 있는 것이다.	
결국 다윗은 블레셋 진영으로 도망가 사울과의 전쟁을 치를 뻔 하게 되나, ① 하나님께서 블레셋 방백들로 그의 동참을 반대하게 함으로 다윗의 삶에 불의한 피를 흘리는 오점이 없게 하신다 (삼상 27:1-28:2). ② 그리고 아말렉과의 전투를 신념 있게 끝마친다(삼상 30장).	사울은 블레셋과의 전쟁으로 마침내 그 기나긴 거역과 불순종의 세월을 마감하고 전쟁터에서 죽임을 당한다. 그의 죽음은 ① 블레셋에 의해 일격을 당하고(삼상 31:3), ② 아말렉에 의해 마감된다(삼하 1:8-10)

　다윗이나, 사울 모두 절박한 상황 속에 처해있고, 설상가상으로 사무엘까지 죽어서 온 백성이 슬퍼하며 라마 그의 집에 장사하였다는 상황

조차 동일하다(삼상 25:1; 28:3). 두 사람 다 하나님의 뜻을 들을 수 있는 중요한 한 길이 사라진 것이다. 그 절박한 상황 속에서 다윗과 사울은 다른 길을 걸어간다. 사울은 마지막 순간까지도 자신이 걸어왔던 거역의 길을 멈추지 않는다. 하나님의 심판의 말씀을 겸허히 받드는 신앙으로의 회복이 아니라 끝까지 자신의 뜻을 관철시키려고 안간힘을 쓴다.

사울은 극심한 위기와 절박감 가운데 처한 자신에게 여호와께서 '꿈으로도, 우림으로도, 선지자로도' 그 어떠한 것으로도 응답하시지 않자 두려움으로 초조해졌다(삼상 28:6). 여기에는 자신의 운명을 바꾸고 싶어 하는 절박한 한 인간의 갈망이 있다. 이에 사울은 마지막 수단으로 죽은 사무엘을 통하여서라도 신탁을 들으려고 율법에 금하고 있는 신접한 여인을 찾은 것이다. 그 여인이 사울의 요청대로 죽은 사무엘의 영을 불러올렸다. 그러나 사무엘의 입에서 나온 말들은 사울의 기대를 전혀 채워주지 못했다. 사무엘은 "여호와께서 너를 떠나 네 대적이 되셨거늘 네가 어찌하여 내게 묻느냐?"(삼상 28:16)라고 오히려 반문하며 고요한 휴식을 깼다고 질책할 뿐이다. 사울은 그 말을 듣고자 토라를 어기면서까지 죽은 자의 영을 불러올린 것이 아니다(레 19:31; 20:6, 27; 신 18:10-11). 그는 하나님의 징벌까지도 수단과 방법을 가리지 않고 제거하기를 원한다. 그러나 사무엘은 여호와께서 이미 전에 말씀하신 대로 사울에게 행하사 나라를 그의 손에서 빼앗아 그 이웃 다윗에게 주셨으며, 사울과 그 아들들은 블레셋에 의해 죽임을 당하고 다음날 자신과 함께 있을 것이라고 선포한다(삼상 28:17-19). 사울이 들은 것은 하나님께서 그 전에 선포하신 징벌의 내용을 다시 확인한 것밖에는 없다(삼상 15:24-29). 더해진 것이 있다면 그 이웃이 누구라는 확실한 정체를 파악했으며, 내리기로 하신 형벌의 실현이 바로 눈앞에 다가왔다는 사실의 강조이다. 그렇다. 하나님의 뜻을 누가 바꿀 수 있으랴? 죽은 자가 살아

돌아와도 하나님의 뜻은 변함이 없고, 결코 변개시킬 수 없다.[193]

사무엘의 영이 죽음의 세계에서 올라오는 사건은 많은 의문을 증폭시켜왔다. 여기에서의 강조점은 죽음의 세계가 신접자에 의해 열릴 수 있다는 사실에 대한 초점이 아니라, 죽은 자를 불러올려봐야 아무 소용이 없으며, 오직 하나님의 음성을 듣는 것이 최고의 길임을 설명하는 구체적인 예로 제시하고 있는 것이다. 신명기에는 이방인들은 점쟁이, 길흉을 말하는 자, 요술하는 자, 무당, 진언자, 신접자, 박수, 초혼자의 말을 듣지만, 하나님께서는 이런 일을 용납지 않으시며 하나님의 백성은 하나님께서 세우신 모세와 같은 선지자의 말을 들어야 한다고 분명하게 선언하고 있다(신 18:11-14, 15). 사울은 이처럼 하나님의 백성이 걸어야 할 길을 버린 것이며, 왕으로서 이방인과 같이 되어버렸다. 그리고 사울에게 하나님의 응답이 없는 것은 이미 그의 죄에 대한 하나님의 심판이 내려졌고, 이제 그 심판처럼 죄의 징벌이 이루어지고 있기 때문이다.

그러나 사울은 그 징벌을 받을 준비도 되어 있지 않았고, 받으려고도 하지 않는다. 그는 끝까지 하나님의 뜻을 부인하는 자가 되고 마는 것이다. 사울에게는 살아있는 자든 죽은 자든 그 어느 누구든지 모두 자신을 위해 희생해야 할 존재들 밖에는 되지 않는다. 심지어 하나님도 자신의 욕구를 채워주는 존재일 뿐이다. 사울이 죽음의 세계까지 자신의 주권 하에 두려고 했던 이 사건이 그의 마지막이 되고 결코 삶과 죽음이 인간에 손에 있지 않다는 것을 증거 하듯 하나님께서 사울을 생명을 취하시기 위해 블레셋을 아벡으로 모은다(삼상 29:1). 그리고 한 날에 사울과 세 아들이 전쟁터에서 죽임을 당한다. 이 사건은 불순종으로 나아갔던 엘리 가문이 겪었던 최후와 동일하다는 점에서 교만한 자는 낮추시고, 겸손한 자는 높이시는 하나님의 역사가 계속되고 있는 것이다(삼상 2:1-10).

사울 가문의 최후	엘리 가문의 최후
* 삼상 29:1 블레셋이 아벡에 모임	* 삼상 4:1 블레셋이 아벡에 진침
* 삼상 31:2, 8 사울, 요나단, 아비나답, 말기수아 죽음	* 삼상 4:17, 18, 20 엘리, 홉니, 비느하스, 며느리 죽음

사울의 죽음 이야기의 특징은 그가 죽음에 이르는 사건이 연속해서 두 번 나타난다는 점이다. 블레셋과의 전쟁에서 죽고, 아말렉 소년에게 죽는 것이다. 이렇게 사울은 그의 불순종으로 인해 끊어버리지 못했던 블레셋과 아말렉에 의해서 죽음의 길로 간다. 그의 불순종이 두 단계를 거치듯이, 그의 죽음의 이야기도 두 단계를 거치며 그 결말에 이른다. 인간은 이렇게 자신의 삶의 열매를 거두게 되어 있다는 것이 교훈으로 주어지고 있다.

사울의 실패 (두 번의 불순종)	① 블레셋과의 전투(삼상 13-14장) ② 아말렉과의 전투(삼상 15장)
다윗의 성취 (두 번의 순종으로 감싸여짐)	A. 기름 부음과 블레셋과의 전투(삼상 16-17장) B. 다윗의 광야여정(삼상 18-29장) A'. 아말렉과의 전투(삼상 30장)
사울의 죽음 (두 번의 죽음)	① 블레셋과의 전투에서 일격을 맞고(삼상 31장) ② 아말렉 소년에게 마지막 숨이 끊어짐(삼하 1장)

용서의 왕도를 배운 다윗

다윗의 용서와 관용은 비록 사울을 살리지 못했고, 나발을 죽음에서 건지지는 못했지만 한 가지 뚜렷한 목표는 이루었다. 그는 그의 주변 사람들에게 신뢰를 주기에 충분한 삶을 살았다. 하나님께서 주신 기회까지도 자신을 위한 유익으로 삼지 않는 사람, 그 사람이 다윗이다. 그의 옆을 지켰던 용사들은 다윗이 얼마만큼 여호와의 기름 부음 받은 자를 존중하는지, 심지어는 심한 굴욕감을 준 나발에게까지 관용을 베푸는지를 보았다. 그들을 더욱 감동시키는 것은 여호와의 권능에 절대적인 경의를 표하는 다윗의 행동이었을 것이다. 그때나 지금이나 말은 넘쳐나지만 행함은 드문 세상이다. 수많은 이스라엘의 지도자들이 그렇게 살았고, 사울이 또 그렇게 살았다. 그러나 자신들의 주군 다윗은 한 여인의 입술에 담긴 여호와의 말씀에 고개를 숙이고 가던 길을 멈추고 돌이키는 결단력을 보이는 사람이다. 그리고 그런 다윗의 삶을 하나님께서 부단히 지키시며, 이끄시고 계시다는 사실을 그들은 자신들의 눈으로 확인하였을 것이다. 사람의 생명을 소중히 여기는 다윗의 모습을 통해 그들은 자신들을 존중해 줄 지도자 상을 그에게서 보았을 것이다. 그의 옆에 있으면 정의와 공의라는 삼엄한 잣대만이 아닌 인애와 자비의 법이 공존할 것을 기대했을 것이다. 이런 다윗의 주변으로 사람들이 모여들지 않을 이유가 없다.

하지만 용서와 관용을 통한 화해와 연합은 무력을 앞세운 억지 연합보다 더 긴 시간을 필요로 할 때가 많다. 요셉의 이야기를 살펴보면 용서와 화해 그리고 연합은 결코 인위적이어서는 안 된다는 사실을 주지시키고 있다. 요셉은 17세에 팔려가 30세에 총리가 되기까지 13년의 모진 고통의 세월을 보냈다. 그는 풍년 7년, 흉년 2년의 도합 9년의 세월을 더 보낸다. 분명 총리가 되었을 때 가족들에게 기별을 보내, 더 빠른 조우를 할 수 있었을 것이다. 그러나 그는 가족에 대한 그리움이 무척이나 애틋했음에도 인내로 기다린다(창 43:7, 27). 만약 요셉이 총리가 되었을 때 기별을 보냈다면, 그의 형제들이 순순히 내려왔을까? 더 멀리 도망갔거나 아니면 같이 만나더라도 권력에 눌린 두려움의 굴종이요 인위적 연합이었을 것이다. 9년의 세월은 더 온전한 연합을 위한 기다림이었다.

다윗도 기다린다. 사울이 그 생을 다할 때까지 최선을 다해 광야를 견디며, 그에게 나아오는 자들을 영접하며 이스라엘 나라를 든든히 할 초석을 다진다. 마침내 사울이 그의 유명을 달리했다. 블레셋과의 전투가 그의 생명이 끝나는 결전의 장이 되었고, 하나님의 심판이 이루어지는 시간이 되었다. 드디어 역사의 한 편이 완결되었다. 사울의 시대에서 다윗의 시대로의 전환이 이루어진 것이다. 이제 남은 것은 다윗의 태도이다. 분열되었던 민심을 가장 올바르게 수습하는 것이 필요하다. 다른 마음을 품고 있는 사람들, 억울한 사람들, 두려워하는 사람들의 마음까지도 헤아릴 수 있어야 하고, 포용할 수 있어야 한다. 사울과 긴밀하게 연관된 사람들이 가질 수 있는 상실감과 패배감 그리고 분노와 두려움이 어떤 감정인지를 헤아려 그들의 마음까지도 위로하고 포용할 수 있어야 한다. 또한 다윗의 편에 있었던 사람들의 고통스런 삶에 대한 억울함을 풀어주고, 적정한 대우와 보상까지도 서운하지 않을 만큼 해 주어야 한다는 부담감이 있다. 연합 이스라엘은 결코 저절로 오는 것이 아니다. 여러 생명들의 피가 부당하게 흘러야 할 만큼 그 길은 험난한 여정이다. 이것은 다윗이 치르는 세 번의 장례식과 그가 부르는 애가 그리고 슬픔의 금식을 통하여 대변되고 있다. 칠년이 넘는 세월 동안 치러진 세 번의 장례식, 애가들, 금식들은 이스라엘의 분열된 상황을 드러내는 상징이며, 연합 이스라엘을 고대하는 다윗의 탄원이 되어 온 백성의 가슴 속에 파고든다.

연합 이스라엘을 향한 세 번의 장례식과 금식과 애가

다윗이 왕의 길을 걸으며 광야에서 헤브론으로 그리고 마침내 예루살렘으로 입성하는 이야기가 전개되며 그와는 전혀 무관하게 세 번의 죽이는 사건이 발생한다(삼하 1-5장). 사울을 죽였다고 하는 한 아말렉 소년과 사울의 아들 이스보셋을 암살한 그의 두 군장인 림몬의 아들 레갑과 바아나가 다윗에게 달려와 후한 상을 바라며 보고한다. 하지만 다윗은 하나님의 기름 부음 받은 자를 죽인 죄와 악인이 의인의 피를 흘린 죄를 각기 물어서 그들을 처형하며, 핏값을 치르게 한다(삼하 1:15-16; 4:11-12). 이 두 사건을 사이에 두고 가운데 요압이 이스보셋의 군장인 아브넬을 개인적인 복수심으로 죽이는 사건이 발생한다. 이 세 번의 죽음에 대해 다윗은 금식하고, 애가를 부르며 장례를 성대히 치러준다. 세 번의 장례식이 펼쳐지고 그 책임이 있는 자들로 '아말렉 소년-요압-레갑과 바아나'가 등장하며 요압 주변의 인물들은 핏 값을 치렀다. 언젠가 요압이 치러야 할 핏 값이 이미 이곳에 예고되어 있는 것이다(왕상 2:5-6). 그리고 이 세 번의 살인사건은 다윗과 아무런 연관이 없다는 점에서 과거의 사건을 상기시키고 있다. 다윗은 세 번이나 사람들을 죽일 수 있는 기회가 주어졌지만 그 기회를 기꺼이 하나님께 양도했다. 또한 살림을 받은 사람들이 '사울-나발-사울'이라는 점과 세 번의 장례식의 주인공들 또한 '사울-아브넬-사울의 아들 이스보셋'이라는 대칭이 심상치 않다. 이 비교를 통해서 무언가 전하려는 것이 있다는 암시가 느껴진다.

사울 살려주기	나발 살려주기 (왕처럼 호령한 사람)	사울 또 살려주기
* 다윗: 여호와의 기름 부음 받은 자를 치는 것은 여호와께서 금하시는 것이다. (삼상 24:6)	* 다윗: 악으로 선을 갚는 나발에게 복수하려 함(삼상 25:21-22)	* 다윗: 누구든지 손을 들어 여호와의 기름 부음 받은 자를 치면 죄가 없겠느냐(삼상 26:9)

* 사울: 보라 나는 네가 반드시 왕이 되고 이스라엘 나라가 네 손에 견고히 설 것을 아노라(삼상 24:20)	* 아비가일: 여호와께서 내 주에 대하여 하신 말씀대로 모든 선을 내 주에게 행하사 내 주를 이스라엘의 지도자로 세우실 때에 무죄한 피 흘림이 없기를 바람(삼상 25:30) * 다윗: 네 지혜를 칭찬할지로다 오늘 내가 피를 흘릴 것과 친히 복수하는 것을 네가 막았느니라(삼상 25:33)	* 사울: 다윗아 네게 복이 있을지로다 네가 큰 일을 행하겠고 반드시 승리를 얻으리라(삼상 26:25)
사울의 죽음	**아브넬의 죽음** (왕처럼 호령한 사람)	**이스보셋**(사울 아들)**의 죽음**
* 다윗: 네가 어찌하여 손을 들어 여호와의 기름 부음 받은 자 죽이기를 두려워하지 아니하였느냐-아말렉인 심판(삼하 1:14)	* 다윗은 아브넬과 언약을 맺고 평화적 합일에 도달(삼하 3:20-21) * 요압은 아브넬이 자신의 동생 아사헬을 죽인 복수를 행함(삼하 3:27, 30)	* 다윗: 악인이 의인을 그의 침상 위에서 죽인 것이겠느냐 내가 악인의 피흘린 죄를 너희에게 갚아서 너희를 이 땅에서 없이하지 않겠느냐(삼하 4:11)
* 유다 사람들이 와서 거기서 (헤브론) 다윗에게 기름을 부어 유다 족속의 왕으로 삼았더라(삼하 2:4a) * 사울을 장사한 길르앗 야베스 사람들을 축복함(삼하 2:4b-7) - 사울과 친밀한 관계에 있는 사람들 위로	* 아브넬: 여호와께서 다윗에게 맹세하신대로…이 나라를 사울의 집에서 다윗에게 옮겨서 그의 왕위를 단에서 브엘세바까지 이스라엘과 유다에 세우리라 하신 것이니라(삼하 3:9-10) * 다윗: 이 날에야 온 백성과 온 이스라엘이 넬의 아들 아브넬을 죽인 것이 왕이 한 것이 아닌 줄을 아니라(삼하 3:37)	* 이스라엘 모든 장로가 헤브론에 이르러 여호와 앞에서 다윗과 언약을 맺고 그에게 기름을 부어 이스라엘 왕을 삼음(삼하 4:3) * 예루살렘을 점령하여 수도로 삼고, 만군의 하나님 여호와께서 함께 계시니 다윗이 점점 강성해짐(삼하 4:10)
사울과 요나단의 죽음에 금식하며 애가를 부르며 조상함(삼하 1:12, 17)	아브넬의 죽음에 다윗이 상여를 따라가며 통곡하며 애가를 부르고 금식하며 장례를 치름 (삼하 3:31-35)	이스보셋의 죽음에 장례를 치름(삼하 4:12)

사람을 살리는 일에도 그리고 예기치 못한 죽음의 사건들 속에서도 다윗은 묵묵히 자신이 걸어야 할 왕의 길을 걷는다. 사울을 살려주고, 나발을 살려주며, 사울을 또 살려주며 사람들의 입을 통해 들었던 다윗을 향한 모든 미래의 계시가 사울이 죽고, 아브넬이 죽으며 그리고 이스보셋이 죽는 피비린내 나는 정치적 소용돌이 속에서도 계속해서 그 성취를 멈추지 않는다. 다윗이 해야 할 일은 사람들을 살려줄 때 가졌던 여호와 하나님을 향한 그 중심을 지키며 주변에서 벌어지는 죽음의 사건에 대한 책임론이 무겁게 다가옴에도 성대한 장례와 진심어린 애통으로 위기를 극복해 나간다. 그는 결코 자신이 이러한 죽음에 연루되지 않았다고 변명을 일삼지 않는다. 입술의 말 보다는 진심어린 마음으로 묵묵히 행동했다. 다윗은 이렇게 자신의 손에 쥐어진 기회 속에서도, 또한 자신의 손을 떠나 벌어지는 사건들 속에서도 오직 하나님께 하듯 진심을 다하여 행동한다. 시간이 소요될지라도 진심이 결국 사람들의 마음을 움직이는 법이기 때문이다.

먼저 사울을 살려주는 사건과 사울의 죽음에 나타난 예언과 성취를 살펴보면 하나님께서 사람의 입술에 담아주신 예언의 말씀이 성취되는 길이 어디에 있는지를 볼 수 있게 한다. 다윗은 사울을 죽일 기회를 주셨음에도 여호와의 기름 부음 받은 자이기에 모든 것을 여호와의 주권에 맡겼다. 그런데 한 아말렉인이 사울을 죽였다고 다윗에게 상을 기대하는 마음으로 보고를 한다. 다윗은 이에 대해 하나님의 권위를 넘어간 그 자를 엄벌에 처하고, 사울을 위한 애가를 부르며 진심어린 애도의 뜻을 표현하며, 유다 지파 모든 사람들 또한 이 애가를 불러 사울의 죽음을 애도하게 한다. 이 애가 속에는 결코 사울의 오점은 찾아볼 수 없다(삼하 1:17-27). 오직 사울 집안의 용맹과 장수로서의 위용이 찬미되고 사울이 이스라엘을 위해 이룬 공적만이 기념된다. 그 후에 다윗은 여호와의 명령에 따라 헤브론으로 가라는 지시를 받고 그곳으로 간다(삼하 2:1). 마침내 바란 광야부터 유다 광야까지 전 광야의 여정이 헤브론에서 끝이 나며, 헤브론으로 유다지파가 먼저 나아와 그에게 기름을 붓고 유다 족속의 왕을 삼는다(삼하 2:4). 사울을 살려주었을 때 들었던 예언인 "보라 나는 네가 반드시 왕이 되고 이스라엘 나라가 네 손에 견고히 설 것을 아노라"(삼상 24:20)는 그 선언이 드디어 현실이 된 것이다. 헤브론에서 왕이 된 다윗은 이스라엘을 견고히 결속시키기 위해 사울을 주로 섬기며, 장례까지 치룬 길르앗야베스 사람들을 칭찬하며, 격려하고 그들을 관대하게 포용하는 태도를 취한다(삼하 2:4-7). 그리고 이 헤브론에서 7년 6개월의 세월을 지내며 광야 못지 않은 사건들을 경험한다.

그 다음 다윗이 나발을 살려주는 사건과 아브넬의 죽음에 나타난 예언과 성취를 살펴보면 다음과 같다. 사울의 군장 아브넬이 사울의 아들 이스보셋을 왕으로 세우고 북이스라엘 지파들을 연합하여 다윗과 대항한다. 유다와 이스라엘의 대결구도가 만들어진 것이다. 유다와 이스라엘의 전쟁에서 아브넬이 다윗의 최고장수 요압의 동생 아사헬을 죽이는 사건이 벌어진다(삼하 2:23). 이로 인해 요압은 아브넬에 대한 원한을 품게 된다. 이 아브넬은 또 사울의 첩을 취한 것으로 자신이 세운 꼭두각시 왕 이스보셋에게 질책을 듣고 앙심을 품는다(삼하 3:8). 다윗의 속에 있던 원한과 증오심은 다 해결이 되었는데, 이제 그의 주변에 모여드는 사람들 사이에 음울하게 끼어있는 복수의 그늘이 다윗이 열어 갈 이스라엘 나라의 견고한 연합을 방해한다. 다윗이 풀어 가야 할 숙제가 그의 사람들 속에 꿈틀거리고 있는 것이다.

먼저 아브넬이 움직인다. 이스보셋을 배신하고 북이스라엘을 다윗에게 돌리기 위해 사절단을 보내고 다윗의 동의를 받는다. 그리고 다윗과 언약하기 위해 이십 명의 사절단과 함께 아브넬이 헤브론에 도착한다.

다윗은 이들을 성대하게 대접하고 평화롭게 보낸다. 아브넬은 자신의 분노로 시작한 배신이었지만 그도 다윗을 향한 하나님의 뜻을 알고 있었음을 그의 말을 통해 살펴볼 수 있다. 그리고 이것은 그만이 아니라 이스라엘 모두가 알고 있는 공공연한 비밀이라는 것을 추측해 볼 수 있다.

여호와께서 다윗에게 맹세하신대로 내가 이루게 아니하면 하나님이 아브넬에게 벌 위에 벌을 내리심이 마땅하니라 그 맹세는 곧 이 나라를 사울의 집에서 다윗에게 옮겨서 그의 왕위를 단에서 브엘세바까지 이스라엘과 유다에 세우리라 하신 것이니라(삼하 3:9-10).

아브넬이 이스라엘 장로들에게 말하여 이르되 너희가 여러 번 다윗을 너희의 임금으로 세우기를 구하였으니 이제 그대로 하라 여호와께서 이미 다윗에 대하여 말씀하시기를 내가 내 종 다윗의 손으로 내 백성 이스라엘을 구원하여 블레셋 사람의 손과 모든 대적의 손에서 벗어나게 하리라 하셨음이니라 하고(삼하 3:17-18).

아브넬의 말 속에서 우리는 한 여인의 말을 기억해 낼 수 있다. 바로 아비가일이다. 그녀 또한 다윗에게 "여호와께서 내 주에 대하여 하신 말씀대로 모든 선을 내 주에게 행하사 내 주를 이스라엘의 지도자로 세우실 때에"(삼상 25:30)라는 말로 여호와의 계획을 상기시켰다. 그런데 아비가일의 입으로 전해졌던 하나님의 계획이 이제 적장으로 있는 아브넬에 의해서 실현되려 하는 것이다. 이것을 통해 느껴볼 수 있는 것은 다윗에게 반드시 필요한 것은 오직 하나님만 바라는 기다림이다. 사람들 사이에서 벌어지는 배신과 음모를 통하여서도 하나님은 자신의 뜻을 열어 가신다. 즉 사람들의 악을 선으로 만들어 가시는 것이다. 비록 아브넬의 말이 다윗의 귀에 들린 것은 아니지만 믿음의 사람은 하나님의 보이지 않는 역사까지도 볼 줄 아는 신앙의 눈이 있다. 눈앞에 아무것도 보이지 않고, 상황은 늘 동일할지라도 하나님은 길을 만들고 계시다는 것을 보는 것이다.

이와 같이 하나님께서 이루어 가시는 구원사의 중심에 잠잠히 기다릴 줄 아는 다윗이라는 인물이 서있다. 그는 악이 선으로 바뀌는 인내의 기다림으로 용서와 관용 그리고 넓은 포용력으로 사람들을 받아들이고 있다. 즉, 늘 하나님을 향한 동일한 마음으로 서 있는 사람에게는 이렇게 적을 통해서도 하나님의 뜻이 이루어지는 길이 열릴 수 있다. 다윗에게 왕권은 결코 사람의 힘으로 쟁취되는 것이 아니며, 오직 하늘의 뜻 가운데 선물로 주어져야만 한다는 확신으로 가득 차 있다.[194]

하지만 아브넬을 못 견뎌하는 사람이 있다. 요압이 아브넬의 출입을 듣고 사람을 따르게 하여 그를 다시 헤브론으로 데려온다. 그리고는 요압이 그에게 조용히 말하는 척하며 배를 찔러 죽인다. 그의 동생을 인한 복수극을 펼친 것이다(삼하 3:27, 30). 결국 복수는 연합이 아닌 분열을 의미한다. 죽이고 차지하는 것은 빠를지는 모르지만 결코 길지 않다. 다윗의 왕국에 있어서는 안 되는 것이다. 광야에서 다윗은 이것을 극복하고 연합의 길을 열기 위해 몸부림쳤다. 그러나 이제 그의 사람들 안에서 정반대의 일들이 벌어지고 있다. 스루야의 아들들인 요압과 아비새의 힘은 왕인 다윗이 제어할 수 없을 만큼 너무 강대하다. 다윗이 할 일은 하나님 앞에 탄식하며 기도하는 것밖에는 없다. 그저 진심을 보이는 것밖에는 방법이 없다. 아브넬을 위하여 애가를 지어 부르며, 금식하며 탄식한다. 그리고 성대히 장례를 치룬다. 그리고는 여호와께 기도한다: "여호와는 악을 행한 자에게 그 악한 대로 갚으실지로다"(삼하 3:39).

이처럼 끊임없는 피 흘림의 연속에서 다윗의 주변 사람들은 복수극을 벌이며 악을 자행함에도 하나님께서는 그 인간의 악을 통하여서도 다윗에게 약속한 선을 이루어 가신다는 사실이 실로 놀랍다. 결국 인간의 악도 하나님의 계획을 결코 뒤흔들 수 없다는 것이다. 다윗의 진심은 백성들에게 전해지고 그의 주변으로의 연합은 계속된다: "온 백성이 보고 기뻐하며 왕이 무슨 일을 하든지 무리가 다 기뻐하므로 이 날에야 온 백성과 온 이스라엘이 넬의 아들 아브넬을 죽인 것이 왕이 한 것이 아닌 줄을 아니라"(삼하 3:36-37). 이것은 요압의 길이 아닌 다윗의 길이 단에서부터 브엘세바까지 온 이스라엘이 온전한 연합을 이루는 길임을 강조한다.

마지막으로 사울 또 살려주기와 사울의 아들 이스보셋의 죽음에 나타난 예언과 성취는 다윗이 온 이스라엘의 왕이 되는 길로 향하게 한다. 아브넬이 죽고, 더 이상 가망이 없음을 깨달은 이스보셋의 두 군장인 베냐민 족속 림몬의 아들들인 레갑과 바아나가 이스보셋을 암살한다. 그리고 그 머리를 다윗에게 가져와서 "우리 주 되신 왕의 원수를 사울과 그의 자손에게 갚으셨다"고 고하며 다윗의 상을 바란다. 다윗은 사울의 아들 이스보셋의 죽음에 관련된 이 두 장수를 사형에 처하고, 이스보셋을 위해 진심으로 성대한 장례식을 치러주며 애도의 뜻을 표현했다. 이 사건으로 사울을 두 번째 살려주었을 때 선언한 예언인 "네가 큰 일을 행하겠고 반드시 승리를 얻으리라"(삼상 26:25)가 그 성취에 이르게 된다. 이러한 중심이 살아있는 다윗을 향해 이스라엘 모든 지파가 헤브론에 이르러 다윗에게 나아와 언약을 세우고 그에게 기름을 부어 통일 이스라엘의 왕을 삼는다(삼하 5:1-3). 다윗의 진심이 사람들이 저절로 그에게 나아오게 하는 길이 되며 그에게 선포된 축복의 선언들이 성취되는 길이 된다. 헤브론에서 일개 유다 지파의 왕으로 출발하여 통일 이스라엘의 왕이 되기까지 7년 6개월의 시간이 흘렀다. 다윗은 이 세월동안 광야에서 배운 용서와 관용 그리고 인내의 기다림으로 일관하며 하나님의 때를 기다린 것이다. 그는 결코 빠른 길인 무력전쟁을 통해 왕국을 통일하는 길을 택하지 않는다. 형제들의 살육을 통해 세운 나라가 온전 할리가 없기에 하나님의 시간에 초점을 맞추고 믿음의 길을 묵묵히 걷는 것이다.

이렇게 연합은 긴 시간의 인내의 열매인 것이다. 이제 다윗 앞에 예루살렘에서의 온 이스라엘 통치가 기다리고 있다. 그러나 우리는 예루살렘에서 다윗을 만나기 전에 그가 용서와 관용으로 나아가는 것을 가능케 했던 내면의 결단을 시편을 통해 살펴볼 필요가 있다. 그의 내면의 고뇌를 살피는 것은 용서와 화해에 목말라 있는 현재를 살아가는 우리의 신앙여정에 또 하나의 길을 제시해 줄 수 있을 것이기 때문이다.

4. 시편으로 다윗과 함께 용서하기 (시 109, 139편)

구약과 신약성경의 많은 부분들이 복수, 즉 원수 갚음에 관한 심각한 간구를 올리고 있다는 사실은 때로 신앙인들을 당혹스럽게 한다.[195] 그리고 그 원수 갚음이 하나님께 속한 것이라고 계속해서 강조하고 있다는 사실은(신 32:35; 시 94:1; 사 63:4; 롬 12:19; 히 10:30) 인간이 삶을 살아가며 스스로의 힘으로 자행하는 복수가 얼마나 심각한지를 느껴볼 수 있다. 그것으로 인해 파생되는 부작용 또한 상상을 초월하는 것이었으리라 쉽게 추측해볼 수 있다. 왜냐하면 이것은 문명의 첨단시대라고 자랑하는 21세기를 살아가는 현재에도 동일한 현상으로 나타나고 있기 때문이다. 복수, 이것이 꼭 사람의 생명을 죽이는 일뿐만 아니라, 말로 자행되는 경우에도 그 파급효과는 지극히 거대하다.[196] 복수심을 바르게 다룰 때 저 먼 길 끝에 있는 용서는 하나의 가능성으로 다가온다. 이제 다윗의 시편으로 우리는 그와 함께 기도하며 복수심을 극복하고 용서하는 법을 배워야 할 차례이다.

광야에서 다윗은 용서하는 법을 배운다. 그 시작은 그의 가슴 속에 응어리처럼 살아 꿈틀거리는 복수심을 다스리는 것이다. 복수심은 저절로 생기는 것이 아니라 어떤 상대를 향한 원한으로 자라가는 것이다. 사무엘서의 다윗 이야기는 그의 심중에서 꿈틀거리는 복수심의 강도가 어느 정도이며, 그가 이것을 어떻게 다스릴 수 있는 사람이 되었는지에 대해서는 침묵한다. 단지 그가 하나님만 바라봄으로 사울에게도, 나발에게도 관용을 발휘하는 사람이 되었음을 보일뿐이다. 아쉬운 점은 그가 사울의 옷자락을 벨 때, 그의 속에서는 어떤 영적전쟁이 벌어지고 있는지 우리는 도무지 알 길이 없다. 이 때문에 다윗의 관용과 용서가 현실(육)을 벗어난 지극히 천상적인(영) 것으로 미화되어 버릴 수 있는 안타까움이 있다.

다윗의 이름이 붙어있는 한편의 시가 이러한 다윗의 마음속 깊이 숨겨져 있는 사울을 향한 증오심을 있는 그대로 느껴볼 수 있게 해준다. 그리고 그것을 다스리고 승화시키는 그의 자세를 밀도 깊게 보여준다. 그러나 이 시편이 진실로 다윗의 것인가 아닌가라는 진정성 싸움은 이곳에서 별 의미가 없다. 이 시편에 다윗의 이름을 붙이는 그 순간 다윗은 모든 탄식하고, 기도하며, 찬양하는 사람들의 대표가 되는 것이며, 사람들은 그를 통해 자신들의 기도를 만들기를 원했다는 것이다. 그러므로 다윗의 삶은 그의 성취와 실패까지도 모두 하나님 앞에 서있는 사람들의 인간됨의 상징이 된다. 이처럼 다윗은 고유명사가 아닌 보통명사가 되는 것이다. '야곱'이라는 이름이 한 인물 야곱의 차원을 넘어서 '이스라엘'이라는 나라와 민족을 상징한다면 다윗이라는 이름은 시편 속에서 이스라엘 백성 한 사람, 한 사람의 이름으로 거듭나는 것이다(사 55:3). 그리고 지금은 이 시편으로 하나님께 나아가는 모든 사람의 이름이 된다. 이제 시편 109편으로 우리의 대표자 다윗과 함께 여행을 떠나보자.

[시 109편, 다윗의 시, 인도자를 따라 부르는 노래]

1 나의 찬송하는 하나님이여 잠잠하지 마옵소서
2 대저 저희가 악한 입과 궤사한 입을 열어 나를 치며 거짓된 혀로 내게 말하며
3 또 미워하는 말로 나를 두르고 무고히 나를 공격하였나이다
4 나는 사랑하나 저들은 도리어 나를 대적하니 나는 기도할 뿐이라
5 저희가 악으로 나의 선을 갚으며 미워함으로 나의 사랑을 갚았사오니

6 악인으로 저를 다스리게 하시며 사탄(대적)이 그 오른편에 서게 하소서
7 저가 심판을 받을 때에 죄인이 되어 나오게 하시며 그의 기도가 죄로 변케 하시며
8 그 연수를 단촉케 하시며 그 직분을 타인이 취하게 하시며
9 그 자녀는 고아가 되고 그 아내는 과부가 되며
10 그 자녀들은 유리하며 구걸하고 그 황폐한 집을 떠나 빌어먹게 하소서
11 고리대금하는 자로 그 소유를 다 취하게 하시며 저의 수고한 것을 외인이 탈취하게 하시며
12 저에게 인애를 베풀 자가 없게 하시며 그 고아에게 은혜를 베풀 자도 없게 하시며
13 그 후손이 끊어지게 하시며 후대에 저희 이름이 지워지게 하소서
14 여호와는 그 열조의 죄악을 기억하시며 그 어미의 죄를 지워 버리지 마시고
15 그 죄악을 항상 여호와 앞에 있게 하사 저희의 기억을 땅에서 끊으소서
16 저가 인자(חסד 헤세드)를 베풀 일을 생각하지 아니하고 가난하고 궁핍한 자와 마음이 상한 자를 핍박하여 죽이려 한 연고니이다
17 저가 저주하기를 좋아하더니 그것이 자기에게 임하고 축복하기를 기뻐하지 아니하더니 복이 저를 멀리 떠났으며

18 또 저주하기를 옷 입듯 하더니 저주가 물 같이 그의 몸속으로 들어가며 기름 같이 그의 뼈 속으로 들어갔나이다
19 저주가 저에게는 입는 옷 같고 항상 띠는 띠와 같게 하소서
20 이는 나의 대적들이 곧 내 영혼을 대적하여 악담하는 자들이
　　여호와께 받는 보응이니이다
21 그러나 주 여호와여 주의 이름을 인하여 나를 선대하소서
　　주의 인자하심이 선하시오니 나를 건지소서
22 나는 가난하고 궁핍하여 나의 중심이 상함이니이다
23 나의 가는 것은 석양 그림자 같이 지나가고 또 메뚜기 같이 불려 가오며
24 금식함을 인하여 내 무릎이 약하고 내 육체는 수척하오며
25 나는 또 저희의 비방 거리라 저들이 나를 보면 머리를 흔드나이다
26 여호와 나의 하나님이여 나를 도우시며 주의 인자하심을 따라 나를 구원하소서
27 이것이 주의 손이 하신 일인 줄을 저들이 알게 하소서
　　주 여호와께서 이를 행하셨나이다
28 저희는 내게 저주하여도 주는 내게 복을 주소서
　　저들이 일어날 때에 수치를 당할지라도 주의 종은 즐거워하리이다
29 나의 대적으로 욕을 옷 입듯 하게 하시며 자기 수치를 겉옷 같이 입게 하소서
30 내가 입으로 여호와께 크게 감사하며 무리 중에서 찬송하리니
31 그가 궁핍한 자의 오른쪽에 서사
　　그의 영혼을 판단하려 하는 자들에게서 구원하실 것임이로다

성경 전체를 통하여서 이 시편만큼 강력한 저주와 독설을 뿜어내는 내용은 그 어디에서도 찾아볼 수 없을 것이다. 예레미야 18장 21-23절이 이와 유사한 내용을 담고 있지만 이 시편처럼 저주를 퍼붓는데 이렇

게 철저하고, 치밀하며, 조직적이지는 않다. 그만큼 이 시편은 격렬한 감정을 가지고 호소하고 있는 것이다. 브루거만이란 학자는 강렬한 저주가 집중되어 있는 이 시편의 6-19절의 부분을 '증오의 노래'라는 제목으로 부르기까지 한다.[197]

1-5절에는 이러한 증오를 펼치는 이유를 기술하고 있다. 이 원수는 까닭 없이 악과 거짓, 그리고 속이는 혀와 미워하는 말로 공격하고, 사랑을 적의로 돌리고, 선(טוֹבָה 토바)을 악(רָעָה 라아/학대, 해)으로 바꾸어 대적한다. 다윗이 사울의 신하로서 행했던 모든 신실한 행위들이 생각나며, 단지 그 일들로 인해 사울에게 쫓기는 다윗의 심정을 그대로 노래하고 있는 듯한 느낌이 든다. 그리고 이에 덧붙여서 저주의 내용 중에 그가 이렇게 고통을 당해야 하는 이유로 인자를 베풀어야 할 때 그러지 않고 도리어 "가난하고, 궁핍하며, 마음이 상한 자를 핍박하여 죽이려고까지 했다"는 것이다(16절). 또 그의 입은 늘 저주로 가득 차 있기도 하다. 이것은 다윗은 물론 다윗 주변에 모여든 환난당하고, 빚지고, 원통한 마음을 가진 사람을 향한 사울의 행위 속에 그 근거를 찾아볼 수 있다(삼상 22:2).

하지만 '증오의 노래'가 보여주듯이 이러한 악행들이 정말 이 정도의 저주를 받아야 할 정도로 심각한 것이었나를 돌아볼 필요가 있다. 자녀들이 고아가 되고, 아내가 과부가 된다는 것은 그 원수 당사자의 죽음이다. 그것도 그의 생명을 짧게 해달라는 것으로 보아 불미스런 때 이른 죽음을 간구하고 있다. 그 자녀나 미망인이 빌어먹게 해달라는 것은 모든 물질적 기반의 상실을 의미한다. 그리고 위로 조상들과 아래로 후손들까지 저주를 이어가고 있다. 이처럼 저주의 내용들을 찬찬히 살펴보면 말 그대로 그러한 악행을 행한 사람의 죽음만을 요청하는 것이 아니라, 그의 조상으로 거슬러 올라가고, 그의 후손들에게까지 동일한 저주로 완전히 그 가문의 씨를 말리려는 잔혹한 내용이다. 저주도 이보다 더한 저주가 있을까? 그래서 일부 시편 학자들은 109편 6-19절까지의 내용을 인용부호(" ")로 묶어서 이 시편 기자를 공격하는 원수들인 "저들"이 시편 기자를 향해 퍼붓는 저주로 보며 이 시편의 부정적인 부분을 완화하려고 시도한다.[198] 그러나 이 부분이 원수들의 저주이든 시편 저자의 저주이든 20절에 나타난 "이는 나의 대적들이 곧 내 영혼을 대적하여 악담하는 자들이 여호와께 받는 보응이니이다"라는 말에서 결국은 동일한 저주가 상대편에 쏟아질 것을 간구하고 있다는 점으로 인해 논쟁이 무의미해진다.

그러나 다윗의 이야기를 살펴보면 이러한 저주의 선포와는 정반대로 나아가고 있다는 사실을 발견하게 된다. 이 시편은 원수가 인자를 베풀지 않았기에 저주가 임하라는 선언을 하고 있지만(16절), 사무엘서에서 다윗은 저주가 아닌 인자를 약속하고 있기 때문이다.

〈다윗과 요나단의 언약〉

> 너는 나의 사는 날 동안에 여호와의 인자(חסד 헤세드)를 내게 베풀어서 나를 죽지 않게 할 뿐 아니라 여호와께서 너 다윗의 대적들을 지면에서 다 끊어 버리신 때에도 너는 네 인자(חסד 헤세드)를 내 집에서 영원히 끊어 버리지 말라하고 이에 요나단이 다윗의 집과 언약하기를 여호와께서는 다윗의 대적들을 치실지어다 하니라(삼상 20:14-16).

〈다윗과 사울의 언약〉

> 보라 나는 네가 반드시 왕이 될 것을 알고 이스라엘 나라가 네 손에 견고히 설 것을 아노니 그런즉 너는 내 후손을 끊지 아니하며 내 아비의 집에서 내 이름을 멸하지 아니할 것을 이제 여호와로 내게 맹세

하라 다윗이 사울에게 맹세하매 사울은 집으로 돌아가고 다윗과 그의 사람들은 요새로 올라가니라(삼상 24:20-22).

이것은 심각한 갈등을 초래할 수 있다. 사무엘서와 시편이 다른 길을 가고 있는 것이다. 한 곳에서는 결코 그 사람은 물론이요 그 후손에게도 인자를 끊지 않겠다고 약속하고, 다른 곳에서는 그 당사자는 물론 그 선조와 후손까지 완전한 멸족을 선언하고 있으니 말이다. 다윗이 이중인격을 소유한 인물이 아니라면 이럴 수 있을까? 루이스는 이러한 증오심은 한 인간에게 해를 입혔을 때 생기는 자연적 결과가 무엇인지를 보여주는 것이라고 생각한다. 그리고 그는 '자연적'(natural)이라는 뜻은 있는 그대로 속에서 뿜어져 나오는 것을 의미하며, 이것은 은혜로 없어질 수 있고, 개인의 사려분별이나 사회적 인습에 의해 억제될 수 있으며, 혹은 자기기만에(이는 위험한 경우) 의해 철저히 숨겨질 수도 있다고 본다.[199] 그렇다. 이것은 다윗의 속에서 그리고 우리의 속에서 생겨나는 자연적인 것이다. 이를 어떻게 다루느냐가 과제로 남는 것이다. 위의 시편은 사울을 눈앞에 두고 맹세를 하는 다윗의 속마음을 대변해 준다. 아무리 가볍게 넘어가는 듯이 기록하고 있을지라도 그의 맹세가 결코 쉽지 않은 것임을 입증해 주는 것이다. 그것이 삶의 정황이요, 그것이 진정한 의미에서의 삶이다.

하지만 다윗의 이 시편의 간구가 신앙적인 문제를 전혀 일으키지 않을 수 있는 이유는 이 기도의 유일한 수신자로 인해 가능해진다. 이 증오심 가득한 원수 갚음의 저주가 결코 원수에게 직접 말해지는 것이 아니라 오직 하나님께 드려지고 있다는 사실이 갈등을 해소한다. 이 증오의 시편은 "내가 찬양하는 하나님이여 잠잠하지 마옵소서"라고 선언하며 시작한다. 그리고 수없이 많은 증오를 그 들으시는 하나님 앞에 쏟아

놓는다. 그리고 그 결론은 이 모든 저주는 그 원수가 '여호와께 받는 보응'(20절)이라고 말한다. 마지막 구원을 호소하는 자리(21-31절)에서도 역시 '그러나 주 여호와여'(21절)라는 부름으로 시작하며 그 하나님을 향한 찬양을 기대하며 마감한다(31절). 이것은 자신 스스로의 행동을 촉구하는 선언문이 아니라, 하나님께서 하셔야 한다는 절대적인 위임이다. 인간의 분노는 단지 전주곡일 뿐이며, 그 결국은 인생의 두려움과 가련함을 아시는 하나님께로 향하는 것이다. 이를 통해 원수 갚음이 우리의 마음에서 하나님의 마음으로 옮겨가는 것이다.[200] 그리고 인간의 복수심이 마침내 기도를 통해 하나님의 정의와 공의를 실현하는 도구가 되는 것이다. 사람들을 향하여 침묵으로 잠잠할 줄 아는 사람만이 하나님을 향하여 "잠잠하지 마옵소서"라고 기도할 수 있다. 또한 기꺼이 이 길을 택하는 사람만이 이 시편으로 다윗과 함께 기도하며 하나님의 뜻이 이루어질 공의로운 세상을 기대할 수 있게 된다.

이처럼 다윗은 하나님을 향한 말 이상의 것을 하지 않는다. 복수의 말이 결코 복수의 행동이 되지 않는 것이다. 분노는 불의에 대한 정당한 반응이며, 적절한 분노는 표현되어야 한다. 하지만 이 분노가 사람에게 표출되어 언어적이든 행위적이든 복수를 낳는다면 그것은 범죄로 연결되는 또 다른 불의를 양산하게 된다. 하지만 이것이 하나님께로만 향할 때는 원수에게 실제로 복수할 필요를 미연에 방지하는 치유적인 카타르시스가 되고, 그것을 넘어 바람직한 기도의 원형이 창조되기까지 한다.[201]

그러나 다윗도 여호와 앞에 잠잠하게 참고 기다리는데 실패할 뻔 하였다. 선을 악으로 갚는 또 한 사람의 대적을 인하여 그의 입에서 분노가 표출되어 나온 것이다. 나발 그는 다윗을 아무 것도 아닌 것처럼 취급하였다. 다윗이 자신의 입으로 사람들을 향하여 그를 향한 복수심을 내뱉는 순간 그는 잠잠히 하나님을 바라는 사람이 아닌, 스스로 행동하는 사

람이 된다: "내가 그(나발)에게 속한 모든 남자 가운데 한 사람이라도 아침까지 남겨 두면 하나님은 다윗에게 벌을 내리시고 또 내리시기를 원하노라"(삼상 25:22). 그리고는 칼이 그의 허리에 놓여지고, 그 칼은 그 증오의 대상을 향해 시퍼런 칼날을 번득이게 된다. 다윗이 다시 하나님을 향할 수 있었다는 그것이 모든 사건을 올바르게 바꿀 수 있었다. 사무엘서에는 다윗에게 아비가일이 있었다면, 시편에는 시편 109편이 있다. 이것이 지금 현재를 살아가는 우리에게도 희망이 된다. 우리는 아비가일 같은 사람을 우리의 삶 속에서 필요할 때마다 적소에서 만날 수는 없다. 그러나 우리에게는 하나님의 말씀이 된 다윗의 간구인 시편 109편이 있다. 이 시편이 늘 아비가일 같은 역할을 감당해 줄 것이다. 이것을 통해 시편 109편의 다윗의 기도가 얼마나 소중한 것인지 깨닫게 된다. 비록 이 시편이 신앙인으로서 꺼려지는 모든 언어적 과격함을 소유하고 있음에도 분노에 찬 솔직한 기도는 다윗을 비롯하여 어떠한 사람이든지 원수에게 실제로 복수할 필요를 미연에 방지한다. 그리고 "복수는 내 것이다"(신 32:35)라는 하나님의 공의와 정의로 돌아갈 수 있다. 결국 이처럼 강력하고도 폭력적으로 들리기까지 하는 기도가 사실상 비폭력 행위인 것이다.[202]

다윗은 어떻게 이렇게 분노에 찬 복수심까지 하나님께 맡길 수 있었을까? 그리고 누가 이렇게 다윗과 같이 하나님께 전적으로 맡기는 믿음의 기도로 세상을 바꿀 수 있을까? 그것은 또 다른 다윗의 기도인 시편 139편을 살펴보면 분명하게 알 수 있다.

[시 139편, 다윗의 시]
  여호와여 주께서 나를 감찰하시고 아셨나이다
  주께서 나의 앉고 일어섬을 아시며 멀리서도 나의 생각을 통촉하시

> 오며
> 나의 길과 눕는 것을 감찰하시며 나의 모든 행위를 익히 아시오니
> 여호와여 내 혀의 말을 알지 못하시는 것이 하나도 없으시니이다
> 주께서 나의 전후를 두르시며 내게 안수하셨나이다
> 이 지식이 내게 너무 기이하니 높아서 내가 능히 미치지 못하나이다
> 내가 주의 신을 떠나 어디로 가며 주의 앞에서 어디로 피하리이까
> 내가 하늘에 올라갈지라도 거기 계시며
> 음부에 내 자리를 펼지라도 거기 계시나이다
> 내가 새벽 날개를 치며 바다 끝에 가서 거할지라도
> 곧 거기서도 주의 손이 나를 인도하시며 주의 오른손이 나를 붙드시리이다

다윗이 하나님께 속에서 끓어오르는 복수심까지도 맡기는 것이 가능한 이유는 하나님께서 모든 것을 정확히 아시고 계신다는 확신으로 인한 것임을 알 수 있다. 하나님 앞에 숨겨질 수 있는 것이 없다는 것이다. 자신의 상태 뿐만 아니라, 무엇으로 인해 삶이 고통 가운데 처하고 있는지 하나님께서 속속들이 아시고 계신다는 믿음이 맡김을 가능하게 한다. 그렇다. 하나님은 우리가 아는 것보다, 더 깊은 것을 통찰하시기에 왜 그런 일이 발생했는지 까지도 분명히 아신다. 우리는 상대방이 우리를 고통스럽게 한 것만을 볼 수 있지만, 하나님은 피해자뿐만 아니라 가해자의 심정까지도 헤아리시는 전능하신 주이시다. 그래서 우리가 나설 때보다 하나님께서 나서실 때 세상을 더욱 공의롭고, 정의롭게 또한 자비와 긍휼이 넘치는 장소로 변화시키실 수 있는 것이다.

이 세상에 아름다운 질서를 세우는 일은 하나님의 진정한 뜻이다. 악이 사라지고 선이 바로 서는 것, 이것은 진정으로 "하나님의 뜻이 하늘에서 이루어진 것처럼 이 땅에서도 이루어지는 것이다." 다윗은 시편 109

편의 '증오의 노래'로 원수에게 강력히 대항하는데 그 이유는 원수가 하나님의 뜻에 반하고 있기 때문이다. 원수가 가난하고 궁핍하며 마음이 상한 사람들을 핍박하며, 저주하고 심지어 무참히 죽이려고까지 한다. 그러나 모든 것을 감찰하시는 하나님은 그러한 궁핍한 자들의 옆에 서시며 그들의 구원이 되어 주신다(109:31). 그러므로 이 시편으로 기도하는 다윗의 최종적인 결단은 이러한 하나님의 품성을 본받아 가난하고 궁핍하며 고난당하는 사람들과 함께하는 자리에 서는 것이다.[203] 그리고 마침내는 감사 찬양을 인도함으로 그 백성들과 함께 예배하는 공동체를 만드는 것이다: "내가 입으로 여호와께 크게 감사하며 무리 중에서 찬송하리니"(109:30).

이렇게 용서와 관용을 통한 연합은 비록 하나님의 정의와 공의의 심판을 통과하는 험난한 길이겠지만 무너진 공동체를 세우는 기초가 된다. 이러한 정신이 시편의 기도와 찬양을 통해 우리의 일상으로 회복된다면 분열이란 단어는 사라지고, 연합이라는 단어만이 존재하는 세상을 이룰 수 있을 것이다. 설사 금이 갈라지는 현상이 벌어질지라도 하나님이 중재자 되시기를 소망하며 믿음으로 맡기는 기도가 살아 있는 곳에는 갈라졌던 금조차 보이지 않는 회복이 있을 것이기 때문이다. 이를 통해 다윗과 함께하는 시편의 현재적인 기도가 우리의 이상적인 미래상인 역대기의 새로운 역사를 가능하게 할 것이다. 역대기는 시편이 꿈꾸는 온전한 예배를 향하여 온 이스라엘이 분열의 갈등을 딛고 더욱 신속하게 다윗을 중심으로 연합하고 있음을 보이고 있기 때문이다.

5. 역대기에서 연합을 연주하는 다윗 (대상 12장)

다윗은 자신의 속에서 주체할 수 없이 분출되는 분노와 증오를 용서와 관용이라는 하나님의 인애의 법으로 바꾸어 나간다. 이 매력적인 인물 다윗을 중심으로 사람들이 몰려온다. 역대기의 시대는 더 이상 복수와 분열로 아귀다툼을 하며 낭비할 시간이 없다. 그것은 다윗이 광야를 거친 것처럼 포로기의 암흑을 뚫고 새로운 기회를 부여받은 역대기 시대의 이스라엘에겐 완전히 제거되어야 할 역사이다. 사울이 살았을 때의 기나긴 광야 시절과 사울이 죽은 후에도 7년 6개월이나 지속된 분열은 역대기서에 그저 흔적 정도만으로도 충분하다.

> 다윗이 기스의 아들 사울을 인하여 시글락에 숨어 있을 때에 그에게 와서 싸움을 돕는 용사 중에 든 자가 있었으니(대상 12:1).

> 다윗이 전에 블레셋 사람과 함께 가서 사울을 치려 할 때에 므낫세 지파에서 두어 사람이 다윗에게 돌아왔으나(대상 12:19).

> 베냐민 자손 곧 사울의 동족은 아직도 태반이나 사울의 집을 좇으나 그 중에서 나아온 자가 삼천 명이요(대상 12:29).

이러한 파편적인 분열의 흔적들은 역대기에서 어떤 영향력도 미치지 못할 정도로 미미할 뿐이다. 그 대신 역대기는 이렇게 새롭게 부여받은 천상의 기회를 최고의 역사로 만들기 위해 다윗과 함께 기도하고 다윗과 함께 연합한다. 이와 같이 역사는 반드시 과거(사무엘서)에 바탕을 둔 이야기지만 단순한 사실의 반복을 넘어서 그 안에 새로운 미래(역대기)를 담는 그릇이 되는 것이다. 공동체 안에 갈등이 완전히 없었던 적은 에덴 이후 인류 역사상 존재하지 않을 것이다. 심지어 에덴에서조차 뱀의 말과 하나님의 말씀의 갈등구조가 펼쳐지고 있다는 점에서 인간이 이 땅에 발을 딛고 살아가는 한 갈등의 무풍지대는 없다는 것이다. 하지만 이 갈등이 공동체에 어떤 영향력도 미치지 못하게 할 수는 있다. 시편의 기도를 통과하고 이루는 삶인 역대기의 역사는 바로 그 길을 향하여 나아간다.

역대기는 그 쓰는 용어에서부터 차이가 난다. 하나님의 백성 이스라엘은 다시는 분리되어서는 안 된다는 강한 신념이 들어가 있다. 그래서 '온 이스라엘'은 역대기의 모토(motto)가 된다. 이것은 다윗이 행하는 첫 번째 일에서부터 드러난다. 사무엘서에서는 '다윗왕과 그의 개인적인 부하들이' 예루살렘을 정복하지만(삼하 5:6), 역대기에서는 '다윗과 온 이스라엘'이 예루살렘을 정복하고 나라의 수도로 삼는다(대상 11:4). 이것은 정치적인 모습이 아니라 연합이라는 의미를 품고 있고 또한 그곳에 하나님의 성전이 세워진다는 점에서 다윗이 왕으로 등극하자마자 이루어지는 사건이 된다. 결국 다윗은 오직 하나님을 향한 예배를 세우는데 자신의 전력을 다하고 있음을 살펴볼 수 있다.

사무엘서가 다윗의 용사들의 이야기를 다윗의 생애 마지막 즈음에 가서야 공개하는 것에 반하여(삼하 23:8-39; 37명), 역대기서는 이러한 다윗의 용사들이 그의 시작부터 함께 하고 있다는 것을 강조함으로 이스라엘의 연합이 그 출발부터 얼마나 공고했는가를 부각시키고 있다(대상 11:10-47; 52명). 사무엘서는 우리아의 이름으로 다윗의 용사들의 목록이 끝난다. 하지만 역대상 11장 41b-47절까지는 사무엘서에는 없는 후대의 추가 목록을 제시하고 있다. 이것은 다윗에 대한 지지와 후원이 시대를 초월하여 이루어지고 있음을 강조한다.[204] 심지어는 사무엘서가 전혀 말하고 있지 않는 다윗을 도와 나라를 세운 각 지파의 목록까지 전하고 있으며, 열두 지파 중 한 지파도 빠짐이 없는 총연합이라는 사실을 각인시키고 있다(대상 12:23-40). 이를 통해 역대기에서는 다윗의 통치에 대한 반대는 그 시작부터 없었고, 이스라엘에서 다윗은 만장

일치로 모든 지파들의 지지를 받고, 특히 큰 영웅들과 용사들의 지지를 한 몸에 받는 왕이다.[205] 이렇게 레위지파와 에브라임, 요단강 동, 서편의 므낫세까지 하나로 일치된 적은 유래가 없는 일이기 때문이다.[206]

그들의 충성을 보여주는 대표적인 이야기가 사무엘서와 역대기에 공통으로 전해지고 있다(삼하 23:13-17; 대상 11:15-19). 블레셋과의 전투가 치열할 때 블레셋은 베들레헴을 점령했고, 다윗은 산성에 거하고 있었다. 다윗이 어느 날 자신의 혼자 말로 "베들레헴 성문 곁 우물물을 누가 나로 마시게 할꼬"라며 고향을 향한 간절한 그리움의 향수병을 내비쳤다. 다윗의 세 장수가 이 말을 흘려버리지 않고 같이 결심하고, 즉시 물통을 들고 블레셋 진영으로 급습하여 파하고, 그 우물에서 물을 길어 다윗에게 가져와 선사한다. 장수들이 물 한통과 자신들의 생명을 바꾼 것이다. 이것은 단지 물 한통을 위한 것이 아니라 자신들의 주군인 다윗을 향한 그들의 진실된 충정을 의미한다는 점에서 값지다. 이 물통을 받은 다윗의 반응 또한 가히 존경받을만한 인품이다. 다윗은 "내 하나님이여 내가 결단코 이런 일을 하지 않겠나이다"(삼하 23:17; 대상 11:19)라고 외치며 즉시로 회개하고, 그 물을 한 방울도 마시지 않는다. 그리고 그 물을 마지막 한 방울까지 다 여호와께 부어드린다. 이것은 물이 아니라 생명을 돌보지 않고 갔던 충절로 가득 찬 이 세 사람의 고귀한 피라는 것이다. 피는 오직 여호와께만 드려져야 한다(레 17:10-11). 이것은 다윗의 인물됨은 물론이요, 그가 얼마만큼 주변의 장수들로부터 사랑과 충성을 얻었는지를 상기시켜 준다.[207]

이 충성스런 연합은 여기에서 그치지 않는다. 역대기는 단지 다윗 주변의 장수들만 다윗과 긴밀한 관계를 가지고 있다고 전하지 않는다. 각 지파에서 수많은 군사들이 헤브론으로 다윗을 향해 나아온다. 그 숫자가 가히 대단하다. 그리고 이들의 목적은 "사울의 나라를 다윗에게 돌리고자" 함이다(대상 12:23). 가까운 지역인 유다와 베냐민의 숫자에 비해 북이스라엘과 요단강 동편 지역은 대규모 전투단을 파견한다. 유다의 6,800명, 시므온의 7,100명, 레위의 4,600명, 아론의 집에서 3,700명, 사독가문에서 지휘관 22명, 베냐민의 3,000명, 에브라임의 20,800명, 므낫세 반지파의 8,000명, 잇사갈의 우두머리 200명, 스불론의 50,000명, 납달리의 지휘관 1,000명과 군사 37,000명, 단의 28,600명, 아셀의 40,000명, 그리고 요단 동편의 르우벤, 갓, 므낫세 반지파의 120,000명으로 총 339,600명이다.[208] 이 내용은 단지 숫자만을 전하기 위해서 기록되지 않았다는 점 또한 간과되어서는 안 된다. 숫자를 말하는 곳곳에 강조점을 두는 것 또한 놓치지 않기 때문이다. 베냐민 지파의 숫자가 적은 것은 "사울의 동족은 아직도 태반이나 사울의 집을 따르기 때문"이라 전한다(대상 12:29). 잇사갈 자손은 우두머리 200명이 다윗에게 나아왔는데 이들의 특징은 "시세를 알고 이스라엘이 마땅히 행할 것을 아는 자들"이라고 한다(대상 12:32). 즉 하나님께서 사울을 폐하시고 다윗을 세우셨다는 그 뜻을 깨달은 자들이라는 의미이다. 이들이 각기 그 모든 형제들을 통솔하고 왔으니 백부장이라 해도 가히 20,000은 넘는 군사적 규모이다. 그리고 스불론 자손들은 "두 마음(לב ולב 레브 와레브/마음과 마음)을 품지 않는 사람들"이라고 전한다(대상 12:33). 즉 마음이 두 갈래로 갈라지지 않고 오직 일심으로 다윗을 향하는 충정을 가진 사람들이라는 뜻이다. 이 모든 군사가 항오를 정제히 하고 다 '성심'(לבב שלם 레바브 샬렘/완전한 마음)으로 다윗을 왕으로 삼고자 하여 그에게 왔다고 전한다(대상 12:38). '성심'(perfect heart)이라는 단어는 역대기 사가가 즐겨 사용하는 표현으로 역대기에 4번(대상 12:38; 28:9; 대하 19:9; 25:2) 그 외 전체 구약성경에서 5번 더 나타날 뿐이다.[209]

결국 이 모든 군사들의 특징은 사울 가문과 갈라져 있는 분열을 극복하고, 시세를 파악하고, 두 마음이 없는 사람들이라는 사실이 강조된다. 이들 군사들뿐만 아니라 "이스라엘의 남은 자도 다 한 마음(לֵב אֶחָד 레브 에하드/일심)으로 다윗을 왕으로 삼고자 하여" 그에게 나아온다(대상 12:38). 이것은 사기충천한 군사들만의 연합이 아닌 다윗의 모든 군사들과 백성들이 함께 연합하여 먹고 마시는 기쁨의 축제가 된다.

또 그들의 근처에 있는 자로부터 잇사갈과 스불론과 납달리까지도 나귀와 낙타와 노새와 소에다 음식을 많이 실어왔으니 곧 밀가루 과자와 무화과 과자와 건포도와 포도주와 기름이요 소와 양도 많이 가져왔으니 이는 이스라엘 가운데에 기쁨이 있음이었더라(대상 12:40).

연합이 이렇게 먹고 마시는 기쁨의 축제만으로 끝난다면, 다윗의 역사는 퇴폐적으로 흘러가고 말 것이다. 그러나 다윗은 이 일치된 힘을 모아 한 가지 목표를 향하게 한다. 그것은 다윗이 헤브론에서 왕이 되자마자 예루살렘의 시온 산성을 정복하고 성을 두루 쌓고 중수하는 일에서 분명히 드러나기 시작했다(대상 11:4-9). 시온 산성이 단지 다윗이라는 한 인물의 성이 되는 것으로 끝나지 않고 "하나님의 성, 터가 높고 아름다워 온 세계가 즐거워할 큰 왕의 성"(시 48편)이 되는 비전이다. 그것은 바로 예루살렘에 하나님께서 왕으로 좌정하실 성전을 건축하는 대 사명이다. 이것은 단지 다윗만의 사명이 아니라 시대를 초월하여 하나님이 세운 지도자들과 그들을 돕는 사람들이 하나 되어 이루어 내야 할 거룩한 사명이다.[210] 이제 무관심 속에 방치되었던 하나님의 임재의 상징물인 법궤를 찾는 일은 왕이 해야 할 최우선의 일이다.

주석

164) 필립 얀시(Philip Yancey), 『놀라운 하나님의 은혜(*What's So Amazing About Grace?*)』 (서울: IVP, 1999), 136쪽. 얀시는 "용서란 불공평한 것일 수 있으나-정의(定義)상 불공평한 것이다-최소한 복수의 악순환을 중단시킬 방도가 그 속에 있다"라고 피력한다.

165) 특히 예언자들이 자신의 백성을 향하여 심판을 선고할 때 이 세 가지의 죄에 대한 용어가 자주 사용된다.

166) Lewis B. Smedes, *Forgive and Forget* (San Francisco: Harper & Row, 1984), 130쪽.

167) 마틴 루터 킹 2세(Martin Luther King, Jr.), 『나에게는 꿈이 있습니다(*I Have a Dream*)』 (채규철 & 김태복 역)(서울: 한터, 1989). 15, 23, 83쪽.

168) 마틴 루터 킹, 『나에게는 꿈이 있습니다』, 34쪽

169) 마틴 루터 킹, 『나에게는 꿈이 있습니다』, 24쪽.

170) 브루거만, 『사무엘상하』, 256쪽. 브루거만은 다윗은 지금 부하들이 자신을 신뢰하며 보여준 충성에 적극적으로 응답해야 할 순간에 와 있었다고 본다. 그러나 사울을 죽이는 것과 살리는 것 어떤 것이 그를 따르는 사람들을 궁극적인 충성으로 이끌게 될지는 더 두고 보아야 할 일이다.

171) 민영진, "구약성서의 경전, 본문, 사본, 역본," 『구약성서개론』 (서울: 대한기독교서회, 2004), 119-152쪽.

172) 브루거만, 『사무엘상하』, 258쪽. 브루거만은 "다윗과 사울은 결코 우연히 동굴에 있었던 것이 아니며, 사울을 다윗에게 '넘겨주기 위한' 야웨의 행동이었다"고 본다.

173) Bruce T. Dahlberg,"On Recognizing the Unity of Genesis," *TD* 24(1976), 360-67쪽; Victor P. Hamilton, *The Book of Genesis: Chapter 18-50* (Grand Rapids, Michigan: Eerdmans, 1995), 705쪽.

174) Miscall, *I Samuel: A Literary Reading*, 147-49쪽. 미스콜은 이 이야기가 다윗과 사울이 화해가 아닌 각기 분리된 길을 걷는 것을 보며, 다윗은 사울로부터 '화해'(reconciliation)나 '추적의 끝'(an end to the pursuit)을 원한 것이 아니라, 단지 무언가를 '확증'(clarification)하기만 원했다고 본다. 그 확증은 자신의 손에 놓

여있는 사울의 옷 조각이 곧 이스라엘 나라가 그의 손에 놓여질 것이라는 예언의 반복이란 인식을 사울에게 심어주는 것이라 여긴다(삼상 15:27-28).

175) Peter R. Ackroyd, *The First Book of Samuel* (Cambridge Bible Commentary; Cambridge: Cambridge University Press, 1971), 190쪽. 아크로이드는 갑작스럽게 등장한 사무엘의 죽음 보도는 이야기 전체 줄거리와 별 연관이 없다고 본다.

176) 70인역 구약성경(Septuaginta)은 다윗과 연관된 나발과 아비가일의 이야기가 마온이라는 장소에 뿌리를 두고 있기에 사무엘상 25장 1절을 2절과 동일하게 '바란 광야'로 하지 않고, '마온 광야'(εἰς τὴν ἔρημον Μααν)로 기록하고 있다. 하지만 사무엘의 죽음, 사울의 지칠 줄 모르는 추격이라는 다윗의 상황을 고려하면 오히려 다윗이 '바란 광야'로 도피하였다는 것이 더 논리적이다.

177) Miscall, *1 Samuel: A Literary Reading*, 146, 156쪽; Joel Rosenberg, *King and Kin: Political Allegory in the Hebrew Bible* (Bloomington & Indianapolis: Indiana University Press, 1986), 153쪽.

178) 이스라엘에서 양털을 깎은 후에는 성대한 잔치를 벌이는 것이 하나의 전통이다 (창 38:12; 삼하 13:23-28).

179) Jon D. Levenson, "ISamuel 25 as Literature and History," K. R. R. Gros Louis (ed.), *Literary Interpretations of Biblical Narratives*, vol. II (Nashville: Abingdon, 1982), 224-25쪽. 그가 베풀 선이라고 해봐야 그의 아내 아비가일이 다윗에게 바친 양 다섯 마리, 포도주 두 가죽부대, 떡 이백덩이, 볶은 곡식,건포도 등이다 (삼상 25:18). 그가 가진 것에 비하며 아무 것도 아닌 것으로 자신의 목숨을 바꾸려 한다는 것이 어리석음이다.

180) Levenson, "ISamuel 25 as Literature and History," 228쪽. 나발이나 바로나 동일하게 모른다고 외침으로 그들은 똑같이 이스라엘이나 다윗에게서 오직 '종'의 정체성 밖에는 볼 수가 없다.

181) '그에게 속한 모든 남자'라는 표현은 히브리어로 '벽에 소변 보는 모든 자'(בְּקִיר מַשְׁתִּין 마쉬틴 베끼르)라는 뜻이다. 이 표현은 열왕기서에서 여호와께서 여로보암 1세 왕가(왕상 14:10)와 아합 왕가(왕상 21:21; 왕하 9:8)에 내리시는 심판의 말씀에 동일하게 적용된다. 물론 이 예언은 여로보암 집안을 숙청한 바아사에 의해서(왕상 15:28-29), 아합 가문을 숙청한 예후에 의해서(왕하 10:10-11) 성취되어진다. 그러나 다윗은 여호와의 명령 없이 자신의 주권으로 그 일을 행하려하고 있다는 것이 거대한 차이이다. 그러나 이러한 왕들과 같이 잔치를 벌여대는

나발의 운명 또한 동일할 것을 짐작해 볼 수 있다. 참조, Peter J. Leithart, "Nabal and His Wine," *JBL* 120 (2001), 526쪽.
182) Joyce Baldwin, *1 & 2 Samuel: An Introduction and Commentary* (TOTC 8; Leicester: InterVarsity, 1988), 147쪽; Bergen, *1, 2 Samuel*, 251-52쪽; Ronald Youngblood, *1, 2 Samuel*, (Expositor's Bible Commentary 3; Grand Rapids: Zondervan, 1992), 752쪽; Moshe Garsiel, *The First Book of Samuel: A Literary Study of Comparative Structures, Analogies and Parallels* (Jerusalem: Rubin Mass, 1990), 129-30쪽.
183) 브루거만, 『사무엘상·하』, 266쪽.
184) Levenson, "ISamuel 25 as Literature and History," 221-22쪽.
185) 유진 피터슨, 『다윗: 현실에 뿌리박은 영성』, 107쪽. 피터슨은 다윗이 아비가일의 아름다움이라는 거울을 통해 하나님이 자신에게 주셨던 정체성을 회복할 수 있었다고 여긴다.
186) Frank Moor Cross, *Canaanite Myth and Hebrew Epic* (Cambridge: Harvard University Press, 1973), 274-89쪽; Jon D. Levenson, "Who Inserted the Book of Torah," *HTR* 68 (1975), 203-33쪽.
187) 다윗과 아비가일의 이야기가 마치 에서와 야곱의 만남 같이 그려지고 있다. 여기서 다윗이 복수심에 불타는 에서의 역할을 맡고 있다는 것이 의외이다. 에서가 사백 인의 장정을 거느리고 달려오듯이(창 32:6), 다윗 또한 사백 인에게 칼을 차게 하고 서둘러 간다(삼상 25:13), 아비가일이 짐승과 음식을 준비하여 소년들에게 앞서 보내고 그 뒤를 따르듯이(삼상 25:18-19), 야곱 또한 에서를 위한 짐승들을 나눠 자신의 앞서 보내며 그 뒤를 따른다(창 32:13-21). 아비가일이 다윗을 만났을 때 예물(בְּרָכָה 베라카/축복)을 바치고(삼상 25:27), 야곱도 에서에게 "예물(בְּרָכָה 베라카/축복)을 받으소서"라고 강권한다(창 33:11). 양쪽 다 독특하게 '축복'(בְּרָכָה 베라카/예물)이라는 단어를 사용하고 있다.
188) Leithart, "Nabal and His Wine," 527쪽.
189) 브루거만, 『사무엘상·하』, 268쪽.
190) Levenson, "ISamuel 25 as Literature and History," 230-33쪽.
191) Diana V. Edelman, *King Saul in the Historiography of Judah* (JSOTSup. 121; Sheffield: JSOT Press, 1991), 193-94쪽.
192) Miscall, *1 Samuel: A Literary Reading*, 159쪽.

193) 김재구, 『성경적 리더십의 재발견: 하나님의 종 모세를 그리며』, 200쪽.
194) David M. Gunn, "David and the Gift of the Kingdom(2Sam. 2-4, 9-20; 1Kgs. 1-2)," *Semeia* 3 (1975), 14-45쪽.
195) 시 5:10; 10:15; 11:6; 109:6-19; 137:8-9; 렘 11:20; 15:15; 17:18; 18:21-23; 20:4; 애 4:21-22; 계 6:9-11.
196) 요즘 '치유상담'이라는 것이 학문과 실천의 한 분야를 이루고 있다는 사실만 보아도 '상처, 원한, 증오, 복수'가 얼마나 심각한 사회병리현상인지를 짐작해 볼 수 있다.
197) Walter Brueggemann, *The Message of the Psalms* (Minneapolis: Augsburg Press, 1984), 83쪽.
198) 김정철, "시편 109편의 חסד에 대한 연구," 『시편: 우리 영혼의 해부학』 (서울: 한들출판사, 2006), 217-243쪽.
199) C. S. 루이스(Lewis), 『시편사색(*Reflections on the Psalms*)』 (이종태 역)(서울: 홍성사, 2005), 38-39쪽.
200) 월터 브루그만(W,. Brueggemann), 『시편의 기도(*Praying the Psalms*)』 (김선길 역)(서울: CLC, 2003), 94-95쪽.
201) 매칸, 『새로운 시편여행』, 172쪽.
202) Brueggemann, *The Message of the Psalms*, 85-88쪽.
203) 매칸, 『새로운 시편여행』, 173-175쪽.
204) Braun, *1 Chronicles*, 160쪽.
205) 투엘, 『역대상·하』, 84-85쪽.
206) Braun, *1 Chronicles*, 169쪽. 몇몇 부분에서 레위, 에브라임, 므낫세 지파가 동참한 예가 나타나지만(대상 2-8; 27:16-22; 신 33장), 그럴 때마다 다른 지파들이 누락되기 때문에 이와 같은 완전한 연합은 없었다.
207) 투엘, 『역대상·하』, 87쪽.
208) 이것은 어쩌면 포로후기 제 2성전 공동체의 인구 분포 상황을 반영한 것인지도 모른다. 유다(시므온), 레위, 베냐민은 현실적인 수치에서 나온 것으로 보이고, 그 외의 숫자들은 사라진 지파들로 숫자가 확대되어진 것으로 보인다.
209) Braun, *1 Chronicles*, 171쪽.
210) Braun, *1 Chronicles*, 162쪽. 브라운은 이렇게 연합된 온 이스라엘이 다윗을 중심으로 모여서 이루어야 할 가장 중요한 사명은 하나님께서 안식하실 성전을 건축하는 것이라고 본다.

제6장 다윗이 켜는 법궤를 향한 행진곡

> 다윗이 이스라엘에서 뽑은 무리 삼만을 다시 모으고 일어나서 그 함께 있는 모든 사람으로 더불어 바알레유다로 가서 거기서 하나님의 궤를 메어 오려 하니 그 궤는 그룹들 사이에 좌정하신 만군의 여호와의 이름으로 이름하는 것이라 저희가 하나님의 궤를 새 수레에 싣고 산에 있는 아비나답의 집에서 나오는데 아비나답의 아들 웃사와 아효가 그 새 수레를 모니라 저희가 산에 있는 아비나답의 집에서 하나님의 궤를 싣고 나올 때에 아효는 궤 앞에서 행하고 다윗과 이스라엘 온 족속이 잣나무로 만든 여러 가지 악기와 수금과 비파와 소고와 양금과 제금으로 여호와 앞에서 연주하더라 (삼하 6:1-5).

  다윗이 드디어 온 이스라엘의 왕이 되었다. 30세에 헤브론에서 유다의 왕으로 출발하여 7년 반의 세월을 보내고, 이제 37세에 온 이스라엘과 유다를 총괄하는 목자가 되었다(삼하 5:4-5). 그의 피 끓는 젊음이 용솟음치던 이십 대는 광야에 고스란히 바쳐졌다. 인생의 소중한 한 주기를 희생하며 그는 왕도를 배웠다. 절망적인 고통과 시련으로만 여겨지기도 했던 그 시기가 다윗을 보석으로 다듬었다(욥 23:10). 거친 원석이 깎여나갈 때마다 그 빛의 영롱함이 살아나듯이 하나님은 그렇게 다윗이라는 한 목동을 깎고 깎아서 이스라엘의 목자로 세우셨다. 이제 그 빛을 발할 때이다. 다윗은 가장 먼저 예루살렘 성을 점령한다. 이때까지도 위세를 떨치던 가나안의 여부스 족속으로부터 시온 산성을 빼앗아 다윗 성이라 이름 짓고 성채를 든든히 방비한다(삼하 5:6-12). 그리고 블레셋과의 전투를 마감하고 국력을 공고히 한 후에 필수적인 일에 착수한다. 왕이 섰고, 나라가 회복되었고, 수도가 준비되었다. 컴퓨터로 치자면 하드웨어가 다 준비된 것이다. 이제 필요한 것이 있다면 단 한 가지 '정신'(spirit)이다. 왕을 통해, 수도가 바르게 움직이며, 백성들을 이끌 통치 이념이 필요하다. 컴퓨터의 하드웨어는 목적이 아니다. 하드웨어는 소프트웨어를 운용하기 위한 도구에 불과한 것이다. 하지만 이 둘의 유기적인 연합이 반드시 필요하듯이 하나님은 다윗을 통해 이스라엘이라는 하드웨어를 마련하셨다. 남은 것이 있다면 이 하드웨어에 정신, 즉 생명을 부여하는 소프트웨어가 필요한 것이다.

하나님께서는 이스라엘에 왕이 설 때 이미 그 정신을 알려주셨다. 이스라엘에 초대 왕인 사울이 왕으로 등극할 때 이스라엘 전체를 불러 모으시고 사무엘을 통해 왕과 백성이 나아가야 할 길을 제시하셨다.

이제 너희의 구한 왕 너희의 택한 왕을 보라 여호와께서 너희 위에 왕을 세우셨느니라 너희가 만일 여호와를 경외하여 그를 섬기며 그의 목소리를 듣고 여호와의 명령을 거역하지 아니하며 또 너희와 너희를 다스리는 왕이 너희의 하나님 여호와를 좇으면 좋으니라마는 너희가 만일 여호와의 목소리를 듣지 아니하고 여호와의 명령을 거역하면 여호와의 손이 너희의 열조를 치신 것 같이 너희를 치실 것이라……너희는 여호와께서 너희를 위하여 행하신 그 큰 일을 생각하여 오직 그를 경외하며 너희의 마음을 다하여 진실히 섬기라 만일 너희가 여전히 악을 행하면 너희와 너희 왕이 다 멸망하리라(삼상 12:13-15, 24-25).

그것은 다름 아닌 하나님을 경외하며 섬기는 것으로 하나님의 명령을 듣고 그대로 실행하는 삶이다. 이것을 단 한 마디로 줄인다면 바로 예배이다. 다윗은 그 '정신'(Spirit 성령)이 담겨있는 성물을 찾아 나선다. 그것은 법궤를 모셔오는 것이다. 하지만 그가 법궤를 찾아서 자신의 이름이 붙은 다윗성에 모시려는 명확한 의도는 드러나지 않는다. 단지 지금 다윗이 여호와를 향한 '순수한 신앙적 진지성'과 인간적인 힘과 지배의 논리를 앞세운 '정치적 계산과 조작'이라는 선택 사이에 놓여져 있다는 사실만큼은 분명하다.[211] 우리는 법궤를 옮기는 다윗의 모습을 통해 그의 진의를 살펴볼 것이다. 왜냐하면 법궤를 옮기는 이야기 속에 다윗의 속내를 파악해 볼 수 있는 열쇠가 숨겨져 있기 때문이다. 이야기의 전개 상황이 그것을 역력히 보여주고 있다.

법궤는 하나님의 임재를 상징하는 가장 신성한 것으로 지성소 가장 깊숙한 곳에 놓여져 있는 것이다. 하나님께서 모세에게 성막건축 지시(출 25-31장)를 하실 때 만들 품목 중에 가장 먼저 지시할 정도로 중요한 것이었다. 조각목으로 만들었고, 길이가 2.5규빗(112cm), 폭이 1.5규빗(67cm), 높이가 1.5규빗(67cm)으로 정금으로 싸여져 있다. 윗 가에 금테가 둘려져 있고, 금 고리 넷이 바닥의 네 귀퉁이에 달려 있다. 이 고리들은 채를 꿰어서 옮기기 위한 용도이며, 그 채는 빼지 말고 그대로 두어야 한다. 그리고 뚜껑은 속죄소의 역할을 하는 것으로 길이와 폭은 궤에 맞추어 각각 2.5규빗과 1.5규빗으로 하고, 금으로 그룹 둘을 만들어 그 위에 붙였다(출 25:10-22). 하지만 법궤의 중요성은 이러한 형태에서 나오는 것이 아니라 이것이 맡고 있는 특별한 기능에서 기인된 것이다.

거기서 내가 너와 만나고 속죄소 위 곧 증거궤 위에 있는 두 그룹 사이에서 내가 이스라엘 자손을 위하여 네게 명령할 모든 일을 네게 이르리라(출 25:22).

그렇다. 법궤는 하나님의 임재, 하나님께서 세우신 대표자와의 만남, 하나님의 백성 이스라엘을 위한 말씀이 쏟아져 나오는 장소이다. 이것이 법궤가 하나님의 백성 이스라엘의 정신이 될 수 있는 명백한 이유이다. 오직 여호와의 목소리를 듣고, 여호와를 경외하며, 여호와만 섬기는 예배를 이룰 수 있는 길이 거기에 있는 것이다. 이점에서 법궤와 십계명 두 돌판(출 25:16, 21), 만나를 담은 항아리(출 16:33-34), 그리고 아론의 싹 난 지팡이(민 17:4)가 밀접하게 관련되어 있다는 것이 결코 우연은 아닐 것이다. 물론 법궤 속에 놓여진 것은 십계명 두 돌판뿐이지만(왕상 8:9), 법궤 앞에 놓여졌던 두 다른 성물들 또한 때로 이동의 용이성을 위해 법궤 속에 놓여졌을 것을 추측해 볼 수 있다(히 9:4). 십계명 두 돌판은 하나님의 살아계신 말씀을 상징하고, 만나를 담은 항아리가 그 말씀의 신실성을 입증하며, 아론의 싹난 지팡이는 하나님께서 선택하신 자의 권위를 상징한다. 하나님께서 택하신 그 사람을 통해 결코 변함이 없으신 하나님의 능력의 말씀이 선포되는 것이다. 법궤는 이와 같이 이스라엘 신앙의 핵심을 차지하고 있다.

이스라엘은 이 법궤를 앞세우고 행진했고(민 10:33; 수 3:3), 이 법궤와 함께 전쟁에 임했으며(수 6:3-4), 그리고 이 법궤 앞에서 여호와께 물었다(삿 20:26-28). 이스라엘은 법궤를 통하여 하나님의 능력을 체험했고, 돌보심과 인도하심, 그리고 삶의 목표를 들었다. 이처럼 법궤는 하나님의 백성들의 삶 전체를 총괄하는 정신적인 지주의 역할을 톡톡히 해 내었다. 그렇지만 올바른 삶이 없이 미신적으로 법궤에 의존할 때에는 가차 없는 고통의 나락으로 빠져들기도 했다. 엘리의 두 아들들인 홉니와 비느하스는 법궤를 앞세우고 전쟁터에 나섰지만 결국은 죽음과 패배로 종말에 이르고 법궤를 빼앗기기까지 했다(삼상 4장). 법궤는 결코 인간의 주문이나 마법 혹은 종교의식을 통해 인간의 뜻대로 조종되는 우상들과는 다르다. 늘 그 주도권은 법궤에 임재하시는 하나님께 있고, 그의 임재마저도 인간이 조종할 수 없는 것이다. 이스라엘은 법궤를 통하여 하나님의 말씀을 듣고 그 말씀에 응답하는 것을 배운다.[212]

사울 때에는 법궤에 대한 관심이 전혀 없었다. 그의 삶이 그 지경으로 망가질 수밖에 없었던 것이 결코 우연은 아닌 것이다. 블레셋으로부터 돌아온 법궤가 기럇여아림(바알레유다; 수 15:9; 대상 13:6) 아비나답의 집에서 20년의 세월동안 방치되었음에도 불구하고 사울은 여호와의 궤를 찾지 않았다(삼상 7:1-2).[213] 이 바알레유다(기럇여아림)의 아비나답은 법궤를 찾는 다윗의 이야기와 어울려서 다시 등장하고 있다(삼하 6:2-3)는 점만 보아도 알 수 있다. 사울과 다윗의 출발은 이렇게 거대한 분리선 위를 걷고 있는 것이다. 사울과 법궤는 이와 같이 전혀 연결고리가 없던 관계임에도 불구하고, 사울의 이야기 속에 엉뚱하게 하나님의 궤가 출현한 적이 한번 있다. 그의 삶 속에 나타난 법궤의 출현은 오히려 그의 운명을 예고하는 전조의 역할을 한다는 점에서 철저히 신학적이다.

블레셋과의 치열한 접전을 앞둔 대치상황에서 요나단이 자신의 병기든 자와 함께 블레셋 수비대를 격파하며 대대적인 혼돈을 만들고 있을 때 사울의 진영에 하나님의 궤가 함께 하고 있었다고 전한다(삼상 14:18). 사울은 요나단과 그의 병기든 자가 블레셋 진영에서 싸우는 것을 알고 자신의 개입 여부를 파악하려 제사장 아히야에게 하나님의 궤를 가져올 것을 명한다. 처음으로 사울과 함께 나타난 법궤가 블레셋과의 전쟁 때라는 상황이 암시적이다. 그리고 법궤를 모시는 제사장 아히야의 정체가 그 암시를 더욱 선명하게 한다. 그는 "에봇을 입고 거기 있었으니 그는 이가봇의 형제 아히둡의 아들이요 비느하스의 손자요 실로에서 여호와의 제사장이 되었던 엘리의 증손이었더라"고 전한다(삼상 14:3). 이렇게 장황한 족보가 등장할 이유가 없고, 또한 삼촌인 이가봇의 이름까지 등장할 이유는 더더구나 없다. 하루아침에 파멸한 가문의 치욕스런 이름들이 다 나타나고 있는 것이다. 한 날에 같이 죽은 엘리, 비느하스 그리고 "영광이 떠났다"는 뜻의 이가봇이다. 이들은 블레셋과의 전쟁터에서 믿음 없이 미신적으로 법궤에 기대려다가 그리되었다.

이것은 사울에게도 다를 바 없다. 사울과 법궤가 관련된 이 이야기는 사울이 다윗보다 앞서 법궤를 찾았다는 사실에도 전혀 갈등을 보이지 않는다.[214] 그리고 법궤에 관한 또 다른 이야기가 있다는 것을 입증하기 위한 어떤 노력도 기울이지 않는다. 단지 사울과 엘리 가문의 잔존자들과의 밀접한 관련을 통해 사울과 그의 가문의 비극적인 결말을 미리 앞당겨 보여주는 암시적 목적이 짙게 깔려있다.[215] 사울은 법궤 앞에서 법궤 없이 살았던 삶이다. 사울은 블레셋 진영에서 벌어지는 소동이 무엇 때문인지 알려하여 궤를 가져오라 한다. 그리고 제사장 아히야는 법궤 앞에서 하나님의 뜻을 묻고 있다. 사울이 블레셋 진영의 소동이 자신에게 유리한 것인 줄 파악하자마자 아히야에게 법궤에서 손을 거두라고 명령한다(삼상 14:18-19). 여호와의 뜻을 묻고 들어야 하는 예배까지도 거리낌 없이 폐기해 버리는 것이다. 그에게 법궤는 듣기 위한 것이 아니라, 단지 자신의 주장과 의문을 확인하는 우상과도 같은 도구일 뿐이다. 그러므로 설사 법궤가 사울의 옆에 있었을지라도 그에게는 이미 그 신앙의 의미조차 잊혀진 것이나 진배가 없기 때문에, 그의 옆에 나타난 법궤가 다윗이 애타게 찾아나서는 그 법궤의 위치를 바꾸지는 못한다.

장황한 이야기, 그러나 반드시 알아야만 하는 법궤에 얽힌 역사이다. 역사가 길고 장황할수록 다윗에게 주어진 책임은 더욱 무거운 것이 된다. 법궤를 옮겨오는 것은 단순히 나무상자를 자신의 삶의 주변에 갖다 놓는 것이 아니라, 그 법궤 속에 주어진 정신을 살려내기 위한 목적이 주어져 있기 때문이다. 여호와께서 모세에게 주셨던 그 이념, 다윗은 그 길을 달려갈 준비를 하고 있는 것이다.

1. 웃사를 위한 장송곡(삼하 6:1-11)

다윗은 이스라엘에서 삼만 명의 대표자들을 모았다. 목적은 단 한 가지, 잊혀졌던 하나님의 임재를 가시화하는 것이다. 하나님의 궤가 수십 년간 방치되어 있었다. 다윗 또한 사울에게 쫓기고, 사울이 죽은 뒤에는 둘로 갈라진 정국을 수습하고, 주변 열국의 공격을 막아내느라 여념이 없었다. 이제 나라의 기틀이 마련되고, 온 이스라엘이 다윗을 중심으로 모였을 때 그는 먼저 여호와의 임재를 회복하려고 한다.

축제에서 죽음으로

바알레유다, 기럇여아림의 또 다른 이름(수 15:9; 대상 13:6)인 그 곳에 하나님의 궤가 있다. 그 궤는 단지 상자가 아니라는 의미에서 상당히 거룩한 별칭을 가지고 있다. 그 궤는 '그룹들 사이에 좌정하신 만군의 여호와의 이름으로 불리는 것'이다(삼하 6:2). 이미 이 호칭만 보아도 이 법궤가 어떤 의미를 가지는지를 여실히 살펴볼 수 있다. 하늘 군대를 거느리신 만군의 여호와께서 거기에 임재하신다. 그 하나님의 임재를 모시는 것이다. 이 궤를 옮기기 위해 대대적인 행렬이 준비되었다. 그리고 그 방식은 다윗과 모든 사람들이 채택한 것으로 '하나님의 궤를 소가 끄는 새 수레에 실어서 옮기는 것'이다(삼하 6:3). 이것을 블레셋에게서 배웠는지 아니면 스스로 창안한 방법인지는 정확히 알 수 없다. 어쨌든 이미 블레셋이 새 수레와 소를 이용한 동일한 방식으로 20년 전에 법궤 이동에 성공한 전례가 있는 것만은 분명하다(삼상 5:7-12). 아비나답의 두 아들 웃사와 아효가 당당하게 새 수레를 몬다. 아효는 궤 앞에 서서 가고 웃사는 궤 옆을 담당한다. 그리고 다윗과 이스라엘 온 백성들이 수금, 비파, 소고, 양금, 제금 그리고 갖은 다양한 민속 악기를 동원하여 여호와 앞에서 연주하며 축제의 분위기를 더욱 돋운다. 모든 것이 흥겹고, 질서정연하며, 웅장한 영광스러움으로 충만하다. 전능하신 만군의 여호와 하나님의 입성을 기리기에 충분한 듯하다. 이 행렬은 법궤를 사모하며 애통해 했던(נהה 나하/비통해하다) 과거의 슬픔(삼상 7:2)이 마침내 갖은 악기를 연주하는(שחק 사하끄/즐거워하다) 축제의 즐거움으로 변한 것이다(삼하 6:5). 그런데 이 축제의 절정에 찬물을 끼얹는 사건이 발생한다.

무슨 이유 때문인지 타작마당에 이르러 소들이 갑작스럽게 흥분하여 날뛴다. 하나님 편에서는 미리 내정된 순서였는지 모르겠지만 지금 신성한 이동을 하고 있는 이들에게는 당혹 그 자체였다. 문제는 사람이 아니라 법궤였다. 수레가 뒤흔들려 법궤가 혹 땅바닥에 나뒹굴 수도 있는 찰나였다. 법궤의 옆을 호위하던 웃사가 그것을 간과할리가 없다. 즉시 그는 손을 뻗어 하나님의 궤를 붙들었다. 하지만 그 결과는 처참하다. 하나님이 웃사가 잘못함을 인하여 진노하시고(ויחר 와이하르) 그를 치신다. 그리고 웃사가 그 하나님의 궤 곁에서 즉사한다(삼하 6:7). 너무나 갑작스런 한 순간의 일이라 아무도 그 어떤 진단을 내릴 수 없다. 단지 의문만 무성할 뿐이다. 분명 이것은 어느 누가 보아도 저주임에 틀림없다. 하지만 그럴만한 이유가 전혀 없다. 웃사가 그렇게 저주스런 죽음으로 생을 마감할 하등의 이유가 없는 것이다. 이스라엘의 대표로 서 있는 다윗의 반응에서 모든 사람들의 경악스런 충격을 읽을 수 있다.

여호와께서 웃사를 치시므로(נכה 나카) 다윗이 분하여 (ויחר 와이하르) 그곳을 베레스 웃사라 칭하니 그 이름이 오늘까지 이르니라(삼하 6:8).

하나님께서 진노하시고(삼하 6:7) 다윗 또한 진노한다(삼하 6:8). 웃사의 죽음을 가운데 두고 동일한 '분노'(יחר 와이하르)가 하나님에게도 일어나고, 사람에게도 나타난다. 하나님은 사람을 향해, 다윗은 그 하나님을 향해 불편한 심기를 드러내고 있는 것이다. 누구의 분노가 정당한 것인가? 웃사의 죽음은 도대체 무슨 의미를 가지고 있는 것인가?[216] 반드시 풀어야만 하는 숙제이다. 특히 하나님을 삶의 중심에 모시고자 하는 뚜렷한 의지를 지닌 사람이라면 이 수수께끼를 반드시 해결해야만 한다. 이것은 하나님에 대한 오해를 풀고, 인간 스스로의 정체성을 바르게 세울 수 있는 초석이 되기 때문이다.

다윗은 이 수수께끼를 풀기보다는 우선 자신의 감정에 따라 행동한다. 도저히 예측할 수 없고 통제 불가능한 여호와의 힘 앞에 다윗은 공포를 느낀다. 그날 이후로 다윗은 여호와를 두려워하여 자신의 근처에 그 법궤를 두는 것조차 꺼려한다: "다윗이 그 날에 여호와를 두려워하여 가로되 여호와의 궤가 어찌 내게로 오리요 하고"(삼하 6:9). 법궤는 다윗성으로가 아닌 가드 사람 오벧에돔의 집에 또다시 방치된다(삼하 6:10). 흡사 그 옛날 새 수레에 실려 온 여호와의 궤를 벧세메스 사람들이 들여다보았다가 여호와의 치심으로 수많은 사람들이 죽은 사건으로 인한 두려움이 그대로 재연 된다(삼상 6:20). 이것은 무엇을 의미하는가? 법궤가 인간의 시야에서 버려지고 외면당하는 이유는 무엇인가? 그 이유 속에 웃사의 죽음, 다윗의 분노, 법궤의 방치에 대한 해답이 들어 있을 지도 모른다.

첫 번째 원인을 꼽으라면 분명 인간의 손으로 통제되지 않는 공포심까지 자아내게 하는 여호와의 자유를 들 수 있겠다. 인간이 하나님의 주권을 통제할 것인가 아니면 하나님의 주권에 인간이 통제될 것인가의 질문이다. 다윗의 손에 쥐어지지 않는 여호와의 주권, 그것은 그를 두렵게 하기에 충분하다. 둘째로는 그로 인해 야기되는 결과를 책임질 수 없다는 것이다. 여호와를 모시는 것이 축복이 아닌 저주가 되고, 생명이 아닌 죽음이 될 수 있다는 것은 실로 모험에 가까운 선택이다. 사람은 모험보다는 안전을 택하는 경향이 있다. 다윗은 자신이 지금까지 일구어온 모든 것이 일시에 물거품이 될 수도 있는 사건을 바로 눈앞에서 목격한 것이다. 모든 선의를 가지고 행하는 일임에도 저주와 죽음이 그 대가라면 누가 그 일을 행할 수 있겠는가? 다윗은 법궤라는 모험을 택하기 보다는 다윗 성이라는 안전을 선택했다. 그 덕분에 만군의 여호와의 법궤는 오벧에돔의 집에 석 달을 머물게 되었다.

죽음이 축복으로

그런데 이상한 일이 발생한다. 분명 웃사를 쳤던 여호와의 법궤가 확실하다. 그 법궤가 머물고 있는 오벧에돔의 집에 어느 누구도 부인할 수 없는 특이한 현상이 벌어진다. 오벧에돔의 집과 그의 소유에 복이 쏟아지기 시작한 것이다. 수십 년이 아닌 단 석 달간의 머무름이었을 뿐인데 세상 사람들이 다 감탄할 정도의 축복이다. 심지어 그 소문이 다윗의 귀에까지 들어갈 정도로 대단한 축복이었다(삼하 6:11-12). 지면의 부족 때문이었는지, 아니면 단지 '축복하다'(בָּרַךְ 바라크)라는 단어만으로도 충분했는지는 모르겠으나 정확한 축복의 내용은 생략되어 있다. 그렇다면 오벧에돔이 복을 받았다는 것이 목표가 아니라는 것만큼은 너무도 분명하다. 그것은 다른 무언가를 설명하기 위한 과정에 불과한 것이 틀림없다.

이 이야기는 법궤로 인한 죽음의 저주와 축복이라는 정반대의 상황을 다루고 있다. 그리고 다윗은 이 양자 사이에 끼어있다. 다윗은 지금 웃사와 오벧에돔이라는 선택의 기로에 서 있는 것이다. 오벧에돔이 축복을 받는 이유는 단지 하나님의 법궤가 그 집에 거하고 있다는 것만으로도 충분히 설명될 수 있다. 그리고 법궤가 아비나답의 집에 20여 년간 머물러 있었던 것 또한 별 문제가 없었던 것으로 나타난다. 그렇다면 법궤가 옮겨지는 과정 중에 해결해야 할 문제점이 있었을 것임을 직감해 볼 수 있다. 그리고 그 이동의 과정에 주역으로 참여한 자가 웃사이다. 하나님께서는 다윗에게 법궤가 다윗 성에 안착하기까지의 과정에서 분명하게 각인시켜주시고 싶은 교훈이 있으심이 분명하다. 그 교훈이 사람의 생명까지 잃으면서 배워야 할 정도라면 결코 가벼운 것이 아닐 것이다. 삶과 죽음이 갈리는 길을 배우는 것이다.

우리는 여기서 다시 이스라엘의 법궤 신학으로 돌아가야 한다. 만약 다윗이 법궤를 옮기는 과정에서 무언가를 잘못했다고 한다면, 그것을 바르게 하면 정반대의 길을 걸을 수 있기 때문이다. 그리고 그 길만이 죽음에서 생명으로, 저주에서 축복으로 돌이킬 수 있는 해결점이다(신 30:15-18). 이스라엘에는 법궤에 관한 규정이 있다. 특히 법궤를 옮기는 규정은 삼엄하다. 법궤는 결코 노출되어서는 안 되는 성물이었다. 민수기 4장에는 레위지파의 고핫 자손이 행진할 때 어떻게 법궤를 다루어야 하는가에 대한 지시가 상세히 나타난다.

고핫 자손이 회막 안 지성물에 대하여 할 일은 이러하니라 행진할 때에 아론과 그의 아들들이 들어가서 칸 막는 휘장을 걷어 증거궤(법궤)를 덮고 그 위를 해달의 가죽으로 덮고 그 위에 순청색 보자기를 덮은 후에 그 채를 꿰고(민 4:4-6).

행진할 때에 아론과 그 아들들이 성소와 성소의 모든 기구 덮는 일을 필하거든 고핫 자손이 와서 멜 것이니라(נשא 나싸) 그러나 성물은 만지지 말지니 그들이 죽으리라 회막 물건 중에서 이것들은 고핫 자손

이 멜 것이며(נשא 나싸) (민 4:15).

법궤를 옮길 때에는 그 거룩성으로 인해 세 겹의 가죽으로 덮어야만 한다. 그리고 그것을 만지는 것조차 금지된다. 예전에 법궤가 블레셋에서 벧세메스로 왔을 때 그 곳 사람들이 무엄하게도 궤를 열고 들여다보았다. 그 때 여호와께서 웃사를 치시듯이 (נכה 나카) 그들을 치셔서(נכה 나카) (오만)칠십인을 죽이셨다(삼상 6:19). 벧세메스 사람들 또한 다윗처럼 동일한 공포심에 사로잡혀 "이 거룩하신 하나님 여호와 앞에 누가 능히 서리요 그를 우리에게서 누구에게 올라가게 할까 하고"(삼상 6:20) 기럇여아림 아비나답의 집으로 보낸다. 이스라엘은 이미 웃사 사건과 유사한 것을 한번 경험했었다.

민수기는 이처럼 법궤를 옮기는 방법에 대해서도 정확하게 제시하고 있다. 레위인들이 법궤를 메어서 옮기게 되어 있다. 그리고 여러 곳에서 레위인들이 법궤를 메어서 옮기라는 명령을 반복하고 있다(신 10:8; 31:25). 법궤에는 고리가 네 귀퉁이에 붙어 있다. 그 고리들에 두 개의 채를 꿰어서 절대 빼지 말라고 명령하고 있다(출 25:15). 이 채를 네 명의 사람들이 네 귀퉁이에서 '들어서 옮기는 것'이다. 여기서 '멜 것이니라'를 뜻하는 히브리어 단어 '나싸'(נשא)는 사람이 '들어서 옮기는 것'을 의미하는 것이다. 그러나 절대 법궤에 손을 대지는 말아야 한다. 하나님께서 법궤를 만들라고 지시한 식양대로 고리가 달려있고, 거기에 채가 그대로 꿰어져 있다면 그 채를 드는 한 법궤를 만질 하등의 이유가 없다. 그렇다면 여기서부터 다윗이 법궤를 옮기는 이야기를 다시 살피며 비교해보아야 할 것이다.

죽음을 딛고 다시 축제를 향하여

다윗과 이스라엘의 대표자들 삼만 명이 바알레유다로 가서 하나님의 궤를 예루살렘 다윗 성으로 옮기려 한다. 그 원칙은 반드시 사람이 '메어서'(נָשָׂא 나싸) 옮겨야 한다. 그런데 한글 번역이 혼선을 빚게 만들고 있다. 여기 그 부분에 대한 한글 개역개정 번역을 옮기면 다음과 같다.

다윗이 일어나 자기와 함께 있는 모든 사람과 더불어 바알레유다로 가서 거기서 하나님의 궤를 <u>메어 오려 하니</u>(עָלָה 알라) 그 궤는 그룹들 사이에 좌정하신 만군의 여호와의 이름으로 불리는 것이라(삼하 6:2; 참조 6:10, 12).

이 번역에는 분명히 다윗과 이스라엘 사람들이 하나님의 궤를 '메어 오려 하니'라고 적고 있다. 흡사 사람들이 '멜 것이니라'라는 단어와 같은 의미로 혼동을 주고 있는 것이다. 하지만 각각의 히브리어 단어는 전혀 다른 것이다. '메어 오려 하니'는 히브리어 '알라'(עָלָה 올라가다)의 사역형(히필형 hiphil)이 사용되고 있는데 단순히 '옮겨오다'라고 하는 것이 바른 번역이다.[217] 영어성경(KJV, NRSV, NIV)은 이것을 '옮기는 것'을 뜻하는 'bring up'이라고 번역하고, 사람이 들어 나르는 것을 'bare'나 'carry'라고 함으로 분명한 구별선을 제공하고 있다. 그러나 한글 번역은 이 현저한 차이를 간과하고 있다는 점에서 오해의 소지가 크다. 그러다 보니 내로라하는 강해 설교가들도 이 부분에 실수하는 경우가 있다. 다음은 그 한 가지 예이다.

다윗이 이스라엘 정병 3만 명을 대동하고 기럇여아림(바알레유다)으로 향할 때 그는 분명 하나님의 언약궤를 '메어 오려' 하였다. 그것이 하나님의 명령임을 그는 누구보다도 정확하게 알고 있었다…그

런데 다윗이 아비나답의 집에 도착하자 하나님의 언약궤가 새 수레
에 실려 나오는 것이었다. 두말할 것도 없이 그것은 웃사와 아효의
소행이었다. 그들이 하나님의 언약궤가 실린 새 수레를 몰고 나타난
것이다. 그것은, 하나님의 언약궤는 특별히 제작된 새 수레로 끌지
않으면 안 된다는 유세였다. 웃사와 아효의 그 당당한 행동 앞에서
누구도 이의를 제기하지 못했다. 언약궤를 메어 오기 위해 대규모 정
병을 이끌고 갔던 다윗, 이스라엘의 왕이던 다윗마저도 유구무언일
수밖에 없었다.[218]

이 해석대로라면 다윗은 전혀 문제가 없고, 웃사와 아효에게만 모든
책임이 전가된다. 이것은 문제를 해결하기 보다는 더욱 난해한 어려움을
제공해 줄 수 있다. 이미 문제점을 알고 있는 다윗이었다면 웃사가 죽었
을 때 공포의 두려움을 느끼기 보다는 그 잘못을 정확하게 인지할 수 있
었을 것이다. 그러나 다윗도 분노하고 있다. 그리고 다윗과 삼만 명의 사
람들이 바알레유다에 갔고, 분명히 '그들이' 하나님의 궤를 새 수레에 싣
고 산에 있는 아비나답의 집에서 나왔다라고 한다(삼하 6:2-3). 히브리
어 문장의 주어는 명백하게 다윗과 이스라엘 사람들이다. 물론 웃사와
아효를 포함한 복수형이다. 여기서 다윗도 변명의 여지없이 그들 중의
한 명이다. 그리고 다윗은 하나님의 말씀을 어겨가며 한 고집불통인 사
람의 말을 따를 만큼 그렇게 약한 사람이 아니다. 만약 그랬다면 다윗도
사울과 진배가 없다: "내가 여호와의 명령과 당신의 말씀을 어긴 것은 내
가 백성을 두려워하여 그들의 말을 청종하였음이니이다"(삼상 15:24).
이것은 단연코 하나님 앞에 서 있는 왕의 길이 아니다. 또한 법궤를 옮기
는 원칙인 사람들이 '멜 것이니라'(נשׂא 나싸)는 단어는 웃사가 죽고 다윗
이 법궤를 옮기려고 재시도하는 부분에서 비로서 나타나고 있다는 점에
서 다윗은 자신의 잘못을 수정하고 있음을 살펴볼 수 있다: "여호와의 궤

를 멘(נשׂא 나싸) 사람들이 여섯 걸음을 가매 다윗이 소와 살진 송아지로 제사를 드리고"(삼하 6:13). 다윗은 다시 하나님의 말씀으로 돌아가고 있는 것이다. 이 삶의 전환이 웃사를 위한 장송곡이 울려 퍼진 다음에야 이루어진다는 점에서 우리는 베레스웃사라는 지명의 의미를 새겨보아야 한다.

2. 베레스웃사에서 바알브라심으로(삼하 5:17-25)

다윗은 지금 죽음과 저주의 상징인 웃사와 축복의 상징인 오벧에돔 사이에 서 있다. 동일한 하나님의 법궤가 움직이고 있는데 한 쪽에서는 죽음을, 또 다른 쪽에서는 축복을 누리고 있는 것이다.

웃사와 오벧에돔 사이에서

웃사 그 이름만으로도 그의 죽음에 관해 너무나 많은 것을 말하고 있고, 오벧에돔 그 이름만으로도 하나님의 축복주심의 의미가 무엇인지를 되새겨볼 수 있다. 히브리어 웃사(עזה)는 '힘과 능력'을 뜻한다. 인간에게 넘쳐나는 능력, 스스로 무엇인가를 할 수 있다는 자신감, 확신으로 가득한 교만함이 그의 이름 속에 드러난다. 그래서 수세기에 걸쳐서 웃사는 자신의 힘과 능력으로 하나님까지 보호하며 관리해야 할 책임이 있다고 주제넘게 행세하며 나서는 사람의 표상이 되었다.[219]

이에 반해 오벧에돔은 어떤가? 그의 이름인 오벧에돔(עבד אדום)은 '오벧'(עבד)이 종이라는 의미이기에 '에돔의 종'이라는 뜻을 가지고 있다. 에돔이 누구인가? 바로 에서의 후손들이 세운 나라이다. 하나님께서 야곱과 에서가 태어나기 전에 이미 "큰 자가 작은 자를 섬기리라(עבד 아바드)"(창 25:23)는 신탁을 주셨다. 이 '섬기다'(עבד 아바드)라는 단어와 종이라는 뜻의 '오벧'(עבד)은 동일한 어근을 가진다. 그리고 신명기 법은 이 에돔에 대하여 우호적인 손을 내밀고 있다: "너는 에돔 사람을 미워하지 말라 그는 네 형제임이니라…그들의 삼 대 후 자손은 여호와의 총회에 들어올 수 있느니라"(신 23:7-8). 이스라엘을 섬기기로 되어 있는 에돔족, 그 에돔의 종이다.[220] 오벧에돔은 그 이름만으로도 철저히 섬기는 종이라는 것을 느껴볼 수 있다. 왜 이 두 이름들, 웃사와 오벧에돔, 사이에 다윗을 놓아두는 것인가?

⇦ 다윗의 선택 ⇨

웃사 ←----------------------------------→ **오벧에돔**

(인간의 힘, 능력, 권위)　　　　　　　　　　　　　　　(인간의 종)

[하나님의 치심(베레스 웃사)]　　　　　　　　[하나님의 축복(베라크 야훼)]

    이 두 이름은 다윗이 법궤를 옮겨오는 그 마음자리를 살펴볼 수 있는 시금석이 된다. 법궤에는 이념이 있다. 하나님께서 모세에게 법궤를 만들라고 지시한 뚜렷한 목적이 있다는 것이다. 그것은 "거기서 내가 너와 만나고 속죄소 위 곧 법궤 위에 있는 두 그룹 사이에서 내가 이스라엘 자손을 위하여 네게 명령할 모든 일을 네게 이르리라"(출 25:22)는 것이다. 법궤는 하나님께서 임재하시는 장소이며, 하나님의 말씀을 듣기 위한 장소이다. 그러므로 법궤의 가장 중요한 신학은 '듣는 것'이다. 그리고 인간은 하나님의 뜻을 듣기 위하여 묻는다. 법궤 앞에서 드려지는 기도 또한 결국은 하나님의 응답을 바란다는 점에서 듣는 것이다. 하나님께 길을 묻고, 그 뜻을 듣는 것이다. 모세는 법으로 명백하지 못한 사항에 대하여는 늘 하나님께 물었다(민 11:11; 15:35; 20:6; 27:5). 다윗이 하나님의 법궤를 자신의 삶의 중심에 모신다는 것은 바로 이것을 이루어 내는 삶이다. 여호와께 묻고, 그 말씀을 듣고 그대로 순종하기 위하여 법궤를 모시는 것이다.

그런데 다윗이 안타깝게도 그 출발선을 웃사와 함께한다. 그 어디에서도 하나님의 뜻을 묻지 않는다. 하나님의 말씀을 듣기 위하여 법궤를 옮기는 것인데 그 시작부터 여호와의 말씀은 철저하게 무시되고 있다. 이미 하나님께서 말씀하신 법궤를 다루는 법조차 무시한다면 앞으로 법궤에서 울려나올 하나님의 말씀은 어찌될 것인가? 어쩌면 이 시점에서 다윗은 자신의 힘에 의지하기 시작하는 군주가 되어가고 있는지도 모른다. 삼천의 군사를 거느리고 자신을 쫓던 사울의 힘을 피해 주변에 몰려든 오, 육백 명의 부랑자들과 도망 다니기에 급급했던 다윗이 이스라엘 삼만을 좌우지로 움직일 수 있는 힘을 갖게 되었다. 하나님의 궤를 옮기는 것쯤이야 아무것도 아닌 일이다. 그러므로 웃사는 자신의 힘에 의지하는 다윗의 한 면이다. 자신의 현대식 방식대로 왕국의 위용을 과시할 수 있는 행렬을 짓고 우람한 황소들을 동원하여 새로 만든 화려한 수레에 법궤를 실었다. 다윗은 서서히 그 정신이 죽어가고 있다. 하나님의 말씀이 아닌 자신의 방식으로 하나님을 통제하려고 한다. 소들이 뛰므로 웃사는 법궤가 떨어지는 것을 막기 위해 신속하게 자신의 손을 뻗어 법궤를 든든하게 붙잡는다. 법궤를 채에 꿰어서 들어 옮기라는 하나님의 말씀에 귀만 기울였으면 결코 일어나지 않을 일이었다. 자신이 만든 방식을 합리화하고 유지하기 위한 인간의 안간힘이다. 인간이 하나님의 보호자로 자처하는 것이다. 하나님께서 우리를 보호하시고 돌보시는 것이지, 그 반대가 아님을 잊지 말아야 한다. 하나님께서 웃사를 치셨다. 그리고 그가 법궤 곁에서 죽었다. 하나님은 인간의 보호로 명맥을 유지하는 우상이 아니라는 선언이다. 법궤의 능력은 다곤 신상이 그 앞에서 산산 조각 난 것을 통해 이미 입증되었다. 어느 누구든 이 법궤의 권능에 압도된 사람들은 이렇게 부르짖을 수밖에 없다.

- ⊙ 블레셋: 누가 우리를 이 능한 신들의 손에서 건지리요(삼상 4:8)
- ⊙ 벧세메스: 이 거룩하신 하나님 여호와 앞에 누가 능히 서리요 (삼상 6:20)
- ⊙ 다윗: 여호와의 궤가 어찌 내게로 오리요(삼하 6:9)

살아계신 하나님의 법궤 앞에서 그 어떠한 인간이든지, 홉니든, 비느하스든, 웃사든, 심지어 다윗까지도 단지 '부수적인 역할'(secondary role)밖에는 아니다.[221] 오직 '주역'(primary role)은 살아계신 하나님이시다. 인간의 힘과 자랑은 철저히 굴복되어야 한다. 인간의 힘이 끊어지고, 하나님의 능력이 살아나는 곳, 그 곳이 예루살렘 시온 산성이다. 인간의 힘이 넘실거리는 곳, 감히 하나님의 능력을 가리고 자신을 드러내려는 곳, 그 곳이 웃사이다. 그 장소는 반드시 '베레스웃사'(פרץ עזה 페레쯔 우자/웃사의 파멸)가 되어야 한다.

다윗이 그 장소를 '베레스웃사'라고 명명한다. 하나님께서 그곳에서 웃사를 파괴하셨기(פרץ 파라쯔) 때문이다. 이 지명에는 다윗의 '왜?'라는 거친 항변이 들어 있다. "왜 나의 선한 뜻을 파괴하는 것입니까?" 그러나 이것은 이미 예상된 사고이다. 하나님께서 웃사를 그대로 용납하셨다면 다윗이 걸어갈 길은 자명하다. 그는 하나님의 말씀을 꺾고 스스로 세상을 파괴하는 존재가 될 것이기 때문이다. 그리고 '베레스 다윗'(פרץ דוד 페레쯔 다윗)으로 생을 마감하고 말 것이다. 하나님은 그 출발선상에 있는 다윗의 어두운 면을 쳐버리심으로 그의 새로운 시작을 만들려 하신다.

다시 오벧에돔의 위치로

웃사가 죽은 후, 다윗은 그 충격에서 벗어나려 애썼을 것이다. 도대체 누구의 잘못인가를 고민했을 것이다. 그런데 낭보가 들려온다. 법궤가 보관되어 있는 장소인 오벧에돔의 집과 그의 모든 소유에 '여호와께서 복'(בָּרַךְ יהוה 베라크 야훼)을 주셨다는 소식이다(삼하 6:12). 바로 그 오벧에돔의 하나님이 자신이 만났던 그리운 그 하나님이시다. 다윗은 하나님이 아니라 자신에게 원인이 있다는 것을 직감했을 것이다. '오벧에돔'(에돔의 종)이라는 그 이름에 다윗은 무슨 생각을 하였을까? 자신의 힘을 의지했던 교만에서 '종'이라는 단어는 다윗의 모든 생각을 각성시키기에 충분했을 것이다. 종은 자신의 의지로 살아가는 존재가 아니다. 오직 보내신 주인의 뜻을 이루기 위해 전심전력을 다하는 존재이다. 즉 주인의 말을 듣고, 그것을 그대로 실현하기까지 최선을 다해 애쓰는 자가 바로 종이다. 그 뚜렷한 예는 아브라함의 이름 없는 종의 이야기에 잘 드러나 있다(창 24장). 하나님만 앞세웠던 그 옛날 다윗은 점점 낮아졌음에도 그는 왕권으로 더 가까이 다가가고 있었다. 그는 그렇게 자신을 낮추며 늘 하나님께 물었다.

다윗의 과거를 추적해 가노라면 다윗의 초심을 만날 수 있고, 다윗의 현재의 자세와 비교해 볼 수 있다. 사울이 죽은 후에 다윗은 유다의 어디로 올라가야 할 것인가를 물었고, 하나님께서는 그에게 헤브론으로 올라가라고 명하셨다(삼하 2:1). 그 전에는 아말렉과의 전쟁에 대해 그들을 따라가 싸워 이길 수 있는 지를 물었고, 하나님은 쫓아가면 반드시 이길 것이라고 응답하셨다(삼상 30:8). 그리고 그 이전에 광야에서 도망자의 삶을 살 때는 사울이 쫓아오고 그일라 사람들이 자신을 사울의 손에 넘길 것 같은 그 급박한 상황 속에서도 그는 인간적인 조치를 취하기보다는 에봇을 가져와 먼저 여호와께 물었다. 그때 그 절박하던 시절에 다윗이 하나님 앞에서 자신을 지칭하는 표현은 다윗이나 우리가 자칫 잃어버리기 쉬운 초심이 묻어있다.

> **그일라 사람들이 나를 그의 손에 붙이겠나이까 주의 종(עֶבֶד 에베드)이 들은 대로 사울이 내려 오겠나이까 이스라엘의 하나님 여호와여 원컨대 주의 종(עֶבֶד 에베드)에게 일러 주옵소서 하니 여호와께서 이르시되 그가 내려오리라 하신지라(삼상 23:11).**

그때 다윗은 자신을 늘 주의 종으로 낮추었다. 종은 주인에게 묻고, 그 말을 듣는다. 그러나 왕은 듣기 보다는 명령한다. 이제 온 이스라엘의 왕으로 높은 왕좌에 앉은 다윗은 하나님께서 치시기 직전의 상태에까지 와있다. 다윗은 초심을 회복해야 한다. 온 이스라엘의 왕으로 기름 부음 받던 그 순간의 초심으로 돌아가야 한다. 그것을 회복할 수 있는 중요한 사건이 이미 다윗의 삶에 있었다. 다윗이 법궤를 옮기기 바로 전에 기록되어 있는 사건으로 블레셋과의 두 번의 전투를 다루고 있는 내용이다(삼하 5:17-25). 이 속에는 '베레스웃사'(פֶּרֶץ עֻזָּא 페레쯔 우자)를 완전히 뒤엎는 승리의 삶이 꿈틀거리고 있다.

그 시작점은 이스라엘이 다윗에게 기름을 부어 이스라엘 왕을 삼았다는 소식을 블레셋 사람들이 듣고 그 연합된 힘을 흩어버리려고 총공격을 시도할 때이다(삼하 5:17). 블레셋 사람들이 신속히 전열을 정비하여 르바임 골짜기를 가득 메우고 있다. 이때 다윗은 자신이 광야에서 늘 하였던 것처럼 동일한 믿음을 가지고 행동한다.

> **다윗이 여호와께 물어(שָׁאַל 사알) 가로되 내가 블레셋 사람에게로 올라가리이까 여호와께서 그들을 내 손에 붙이시겠나이까 하니(삼하 5:19a).**

여호와께서 다윗에게 말씀하시되 올라가라 내가 반드시 블레셋 사람을 네 손에 붙이리라 하신지라(삼하 5:19b).

다윗은 먼저 행동하지 않았다. 여호와를 앞서지 않았다는 것이다. 그는 여호와께 묻고, 응답을 기다렸다. 그리고 여호와께서 말씀하셨고, 다윗은 그 말씀을 따라 흔들림 없이 그대로 행동하여 그 결과는 위기의 상황을 완전히 반전시켰다.

다윗이 바알브라심에 이르러 거기서 저희를 치고(הכה 나카) 가로되 여호와께서 물을 흩음(פרץ מים 페레쯔 마임) 같이 내 앞에서 내 대적을 흩으셨다(פרץ 파라쯔) 하므로 그 곳 이름을 바알브라심(בעל פרצים 바알 페라찜)이라 부르니라(삼하 5:20).

이 구절에 나타나는 모든 단어들은 웃사 사건에 사용된 단어들의 총출동이다: '치다'(הכה 나카), '흩어버리다, 파괴하다'(פרץ 파라쯔) 그리고 '흩음, 충돌, 파괴'(פרץ 페레쯔). 이러한 단어의 중복은 분명 뚜렷한 목표를 가지고 있다.[222] 다윗과 웃사가 뒤얽힌 사건과 지금 이 블레셋과의 전투 장면은 서로를 비쳐주는 거울과 같은 역할을 한다. 이 두 사건에서의 차이점이 있다면 그 파괴의 대상이 누구인가이다. 다윗이 하나님께 묻지 않았을 때에는 하나님께서 다윗의 사람을 치시고 파괴하신다. 바로 웃사를 치시고, 파괴하시는 것이다. 그리고 치욕적인 지명이 다윗의 삶 속에 지워지지 않는 고통으로 남게 된다. 오늘날까지 남아있는 치욕의 이름 '베레스웃사'(פרץ עזה 페레쯔 우자)가 그 증거이다(삼하 6:8). 그러나 다윗이 하나님께 신실함으로 묻고 행동하게 되면 하나님께서 다윗의 대적을 물을 흩음같이 치시고, 파괴시켜 버리신다. 한 걸음 더 나아가 하나님께서 다윗의 대적을 치시는 강도가 어찌나 강한지 다윗에게는 '베레스웃사'(פֶּרֶץ עֻזָּא 페레쯔 우자)였지만 다윗의 대적인 블레셋에게는 '바알브라심'(בַּעַל פְּרָצִים 바알 페라찜)이 된다. 여기서 '베레스'(פֶּרֶץ)와 '브라심'(פְּרָצִים)은 동일한 단어의 단수형과 복수형의 차이이다. 베레스의 복수형이 브라심인 것이다. 그러므로 베레스는 한 번의 파괴를 뜻한다면, 브라심은 여러 번의 파괴를 의미한다. 이것은 거의 재기하기 힘들 정도의 파멸을 뜻하는 것이다. 그리고 이 속에는 블레셋이 아무리 자주 그리고 거대한 숫자로 쳐들어올지라도 결코 두려워 할 필요가 없다는 확신이 들어가 있다. 여호와께서 다윗의 삶 속에 결코 사라지지 않을 영광스러운 지명인 '바알브라심'(בַּעַל פְּרָצִים)을 만들어 주셨기 때문이다. 이것은 여호와가 아닌 바알로 대표되는 우상을 섬기는 이방인들을 끊임없이 격파하시겠다는 여호와의 단호한 의지가 들어가 있는 지명이다. 블레셋 사람들은 자신들이 믿는 우상들까지 버리고 도망한다(삼하 5:21). 다윗과 그의 사람들이 그것들을 제거해 버린다. 그 우상들은 살아계신 하나님의 법궤와는 달리 그 어떠한 해도 이스라엘에 끼치지 못한다. 그러므로 어떤 상황 속에서도 다윗은 여호와께 묻기만 하면 된다. 하나님께서 응답하실 것이기 때문이다. 그 다음에 연속으로 나타나는 사건이 끊임없이 다윗의 대적을 파괴하시는 하나님의 약속을 증거하고 있다.

블레셋 사람들이 다시 쳐들어와 르바임 골짜기에 진쳤다. 다윗은 동일하게 행동한다. 하나님께 묻고 응답을 기다린다. 그리고 행동을 취한다.

다윗이 여호와께 묻자온대(שָׁאַל 샤알) 가라사대 올라가지 말고 저희 뒤로 돌아서 뽕나무 수풀 맞은편에서 그들을 기습하되 뽕나무 꼭대기에서 걸음 걷는 소리가 들리거든 곧 공격하라 그 때에 여호와가 네 앞서 나아가서 블레셋 군대를 치리라(נָכָה 나카) 하신지라(삼하 5:23-24).

저번에는 올라가라 하셨으나, 이번에는 올라가지 말라고 명하신다. 이것은 여호와의 음성에 민감하게 귀 기울일 때에 들을 수 있다. 자신의 경험에 의존하지 않고, 하나님의 계획과 뜻에 의지하는 것이다. 전에 동일한 상황에서 올라가서 이겼기에 그 경험만 믿고 행동해서는 안 된다는 것이다. 똑 같은 사건이 펼쳐질지라도 그 안에 하나님께서 가르치고자 하시는 교훈은 다를 수 있기 때문이다. 결코 인간의 경험이 삶을 위한 원리나 원칙이 되게 해서는 안 되며, 오직 살아계신 하나님의 말씀만이 길잡이가 되게 해야 하는 것이다. 다윗은 동일하게 쳐들어오는 블레셋을 눈앞에 두고 하나님의 뜻을 묻는다. 그리고 또 다른 하나님의 상세한 작전 명령이 내려진다. 뽕나무 꼭대기에서 걸음 걷는 소리가 난다는 것은 하나님께서 먼저 걸어가시는 증거이다. 앞서 가시는 하나님께서 블레셋 진영을 치실 것이다. 다윗이 이 명령대로 그대로 행하여 블레셋 사람을 쳐서(נָכָה 나카) 게바에서부터 게셀까지 이르는 대승리를 일구어낸다(삼하 5:25). 다윗의 삶에서 바알브라심(בַּעַל פְּרָצִים)은 지워지지 않을 것이다. 하지만 이를 위해 반드시 선행되어야 할 것이 있다. 그것은 바로 "여호와께 묻고, 말씀을 듣고, 그대로 행하는 것이다."

여호와께 묻고 행하라는 것은 하나님께만 모든 영광을 돌리는 삶의 완성이다. 그렇지 않다면 인간이 승리한 후에 나타날 심각한 증상으로 인해 세상은 무질서와 혼돈으로 가득 차게 되고 말 것이다. 왜냐하면 조만간 인간의 자랑과 교만이 나타날 것이며 이로 인해 왕이라는 위치는 더 이상 백성을 바른 길로 이끄는 위치가 아니라 권력의 자리가 될 것이기 때문이다. 그리고 다윗이 왕권을 휘두르는 폭군으로 변하게 되는 것은 시간문제일 뿐일 것이다. 그러므로 하나님께 묻지 않고 독단적인 선택으로 나아가는 다윗을 치시는 이유는 하나님이 영광을 누리는데 목말라서가 아니라 모두가 기쁘고 행복한 세상을 만들기 위해서인 것이다.

다윗은 바알브라심을 먼저 경험했고, 그 다음에 베레스웃사를 경험했다. 그러나 이제 그의 삶은 다시 초심으로 돌아가 바알브라심을 회복하는 것이다. 한 가지를 잊지 않으면 평생의 삶을 그렇게 살아갈 수 있다. '오벧에돔'을 기억하는 것이다. 바로 여호와의 종 된 자신의 위치이다. 모든 주권이 여호와 하나님께 있다는 사실을 상기하는 것이다. 그리고 그 하나님께 묻고, 받은 응답대로 행하며 살아가는 것이다. 이렇게 올바른 선택을 하며 하나님 앞에 서나간다는 것은 정반대의 다른 결과를 야기 시킨다.

⇐ 다윗의 선택 ⇒

베레스웃사 ←--------------------→ 바알브라심

다윗이 웃사의 길을 버리고 오벧에돔의 삶을 따라가는 한 이제 더 이상의 베레스웃사는 없다. 베레스웃사는 삶 속에서 사라지고, 신속하게 바알브라심으로 변할 것이다. 이스라엘에서 왕은 결코 군림과 억압의 상징이 아니다. 다윗은 여호와의 뜻을 이루어 나갈 그의 종일 뿐이다: "내가 내 종(עבדי 아브디) 다윗의 손으로 내 백성 이스라엘을 구원하여 블레셋 사람의 손과 모든 대적의 손에서 벗어나게 하리라"(삼하 3:18). 이것은 마치 모세가 이스라엘을 이집트로부터 이끌어내어 여호와의 구원을 성취하듯이 다윗이 이스라엘을 블레셋의 억압으로부터 구해내는 새로운 모세의 역할을 맡았음을 보여준다. 이스라엘이 가나안에 안착하듯, 그렇게 법궤를 예루살렘으로 옮기는 것은 그 구원의 성취를 의미한다.[223] 모세가 늘 '여호와의 종'이라는 정체성을 지키듯, 다윗 또한 다시 종의 위치를 회복했다. 이 종이라는 단어가 법궤를 옮기는 사건 다음 장인 사무

엘하 7장 "여호와께서 다윗과 언약을 맺으시는 이야기" 속에 넘쳐나는 것이 결코 우연은 아닐 것이다(삼하 7장). 여호와께서도 다윗을 '내 종'이라 부르시고(삼하 7:5, 8), 다윗 또한 여호와의 종이라는 자신의 정체성을 감격스럽게 거듭거듭 인정한다(삼하 7:19, 20, 21, 25[2×], 26, 27[2×], 28, 29[2×]). 영원한 하나님의 언약을 받기 전에 다윗이 '베레스웃사' 사건을 통해 이 종의 위치를 배우고 있다는 것은 의미가 깊다.

두려움이 기쁨의 춤으로

다윗이 하나님께서 오벧에돔의 집과 그 모든 소유에 복을 주셨다는 소식을 듣는 순간 그의 마음에 어둠이 걷혔다. 그의 모든 행동에 질서가 잡힌 것이다. 그 질서는 저절로 이루어진 것이 아니라 지금 현재 형태의 사건 배열이 보여주듯이 하나님에 대한 기억이 그것을 가능케 했다. 자신이 이름 붙인 두 지명이 그의 삶에 교차하며 거대한 반전을 만든다. 하나님께 분노하며 그 곳을 '베레스웃사'라고 고함 쳐대는 순간, 그의 머리 속에는 또 다른 장소 '바알브라심'이 번개처럼 스쳐지나갔을 것을 짐작해 볼 수 있다. 실패와 승리라는 정반대의 감정이 교차한 두 장소이다. 하지만 거기서 멈추면 아무것도 변하는 것이 없다. 그 정확한 원인을 파악해야만 한다. 하나님께 물었고, 묻지 않았다는 차이, 하나님의 말씀을 듣고 행동했고, 그 말씀에 전혀 주의를 기울이지 않았다는 차이밖에는 없다. 그렇다. 회복은 멀리 있는 것이 아니라 하나님의 말씀으로 돌아가는데 있다. 오벧에돔에게 복을 주셨다는 사실 하나만으로 다윗은 모든 의문을 다 풀어낼 수 있었다. 그렇다. 하나님의 계획은 화가 아닌 복이다. 누가 왕이며, 누가 종인가라는 왕과 종의 긴장관계를 조화롭게 풀어가는 믿음이 절대적으로 필요하다.

다윗의 기쁨이 회복되었다. 감격이 살아난 것이다. 다윗이 여호와의 궤를 옮겨 오려고 오벧에돔의 집으로 갔다. 그리고 기쁨으로 법궤와 함께 다윗 성으로 올라간다. 그런데 이제는 분명히 변한 것이 있다. 그 어디에도 인간의 기술과 능력, 인간의 삶을 한 단계 업그레이드 시킨 바퀴를 갖춘 새 수레도 없고, 힘을 과시하는 황소들도 없다. 다윗이 말씀으로 돌아갔다. 하나님의 궤를 사람들이 메고 옮기라는 그 명령에 순종하여 그대로 실행하고 있다(삼하 6:13). 이것뿐만이 아니다. 법궤를 옮기는 행렬이 단순한 종교행사가 아니라, 기쁨과 감격의 축제가 된다는 것이다. 희생의 제사를 드리는 것은 물론이요, 다윗이 법궤 앞에서 자신의 힘을 다해 춤을 춘다. 홉사 홍해에서의 구원 후 그 감사와 감격으로 춤추며 노래하던 미리암처럼 그렇게 다윗이 신명나게 춤사위를 벌인다(출 15:20). 춤은 보통 여인들의 전유물일 때가 많다. 특히나 전쟁에서 승리한 개선장군을 영접하는 승전가와 춤은 여인들의 몫이다(삿 11:34; 삼상 18:6). 그런데 다윗이 있는 힘을 다해 여호와의 법궤 앞에서 춤을 춘다. 자신의 삶을 승리로 가득 채워주신 하나님만이 진정한 만군의 하나님이시라는 확신으로 여호와 앞에서 뛰놀며 기쁨의 춤을 춘다. 춤이 여인들의 몫이든 사내들의 몫이든 하나님 앞에서야 무슨 상관이 있으랴! 문화와 관습도 하나님 앞에서는 다 무너진다. 다윗은 열정적인 예배를 회복하고 있다. 그리고 더욱 중요한 것은 여기서 '힘을 다해'라는 단어가 히브리어 '베콜-오즈'(בְּכָל־עֹז)로 '모든 힘으로'라는 의미인데 '힘'을 뜻하는 단어가 웃사(עֻזָּה 우자/힘, 능력)와 같은 어원을 가진 '오즈'를 사용하고 있다는 점이다(삼하 6:14). 자신의 고집스런 방식에 힘을 다하던 삶에서 하나님의 뜻을 따르며, 찬양하는 일에 모든 힘을 다 쏟아 붓는 삶으로의 전환인 것이다.

그런데 이것을 못마땅하게 여기는 한 인물이 있다. 미갈이다. 다윗이 뛰놀며 춤추는 것조차도 못마땅하다. 다윗이 여호와의 궤를 예비한 장막에 두고 번제와 화목제를 드린다. 그리고 만군의 여호와의 이름으로 백성들을 축복하고 음식까지 나눠주고 모두 집으로 돌려보낸다. 그 기쁨으로 가족들을 축복하기 위하여 돌아왔다. 이때 미갈이 나와 다윗을 맞이하나 그를 업신여기며 비웃는다.

이스라엘 왕이 오늘 어떻게 영화로우신지 방탕한 자가 염치없이 자기의 몸을 드러내는 것처럼 오늘 그 신복의 계집종의 눈앞에서 몸을 드러내셨도다(삼하 6:20).

다윗이 여호와 앞에서 뛰놀며 열정적으로 춤을 출 때 어느 정도인지는 모르나 하체가 드러난 듯이 보인다. 이로 인해 미갈의 조롱 속에 '이스라엘 왕-방탕한 자-계집종'의 연결고리가 만들어진다. 왕의 위치가 종들 중에서도 가장 낮은 계집종의 눈에도 수치스러운 존재가 되어 버리고 말았다. 이것은 미갈의 입장에서 그렇다. 만약 다윗의 하체가 드러난 것이 노아가 저지른 것처럼 이스라엘 법으로 금지되어 있는 가나안의 풍요제의에 물든 광란의 타락을 의미하는 것이라면 미갈의 일침은 반드시 필요하다(창 9:21).[224] 하지만 다윗은 지금 분명 만군의 하나님 여호와의 법궤가 자신의 성으로 들어오는 감격을 있는 그대로 표현하고 있는 것이다. 어떤 다른 이방제의적인 낌새는 느껴볼 수 없다. 오히려 문제의 핵심은 다윗이 아닌 미갈에게 있다. 미갈이 다윗을 조롱하는 이유가 '이스라엘 왕의 권위'에 바탕을 두고 있다는 점에서 심각하다. 미갈에게 있어서 '왕의 영화'는 자신의 아버지 사울이 휘둘렀던 무소불위의 권력만이 비교대상이 될 수 있다. 그녀는 어쩔 수 없는 사울의 딸이다. 미갈이라는 이름이 나타날 때면 '다윗의 아내'라는 수식어가 붙기보다는 '사울의 딸 미갈'(삼하 6:16, 20, 23)이라는 수식어가 계속 따라 붙는다는 것은 그녀는 진실로 다윗의 대적 사울의 딸이라는 사실을 입증해 준다.[225] 이처럼 미갈은 사울이라는 이름과 떨어질 수 없는 함수관계에 있다. 그러나 다윗은 단호하다. 왕은 권력을 휘두르는 자리가 아니라는 것이다.[226] 그에게는 더 낮아지는 것도, 천하게 되는 것도 상관이 없다. 높아지려 하는 것에 문제가 있지, 낮아지는 것에는 하등 문제가 없다. 낮아짐이란 이제 높아질 일만 남았기 때문이다(잠 18:12).[227] 이처럼 다윗은 하나님께서 자신을 가장 낮은 자로부터 높임을 받게 하실 것이라는 확신이 있다. 다윗의 이 깨달음을 잠언의 지혜와 비교해 보면 그가 올바른 길 위에 서 있다는 사실을 쉽게 살펴볼 수 있다.

이스라엘 왕이 오늘 어떻게 영화로우신지(כבד 카바드)(삼하 6:20).

내가 이보다 더 낮아져서 스스로 천하게(שפל 샤팔/낮아지다) 보일지라도 네가 말한바 계집종에게는 내가 높임(כבד 카바드)을 받으리라(삼하 6:22).

사람이 교만하면 낮아지게(שפל 샤팔) 되겠고 마음이 겸손하면(רוח שפל 셰팔-루아흐/낮아짐의 정신) 영예(כבוד 카보드)를 얻으리라(잠 29:23).

'영예, 영광'은 사람이 스스로 쟁취하려고 몸부림치는 것이 아니다. 하나님과 사람 앞에서 겸손히(낮아짐의 정신) 자신을 낮출 때 기대할 수 있는 것이다. 그럼에도 그것의 수여는 절대적인 하나님의 주권에 달려있다(삼상 2:8; 4:21, 22; 왕상 3:13; 시 75:5-7). 겸손마저도 하나님을 조종하는 도구가 아니라는 것이다. 모든 것이 하나님의 선물이요 그래서 은혜이다. 다윗은 이제 법궤가 자신의 성에 있을지라도 축복과 저주는 오직 여호와께 달린 것임을 인정하는 사람이다. 오직 자신이 나아갈 길은 웃사의 저주가 아닌 오벧에돔의 축복의 길이며, 이런 변화를 자신뿐만 아니라 자신의 백성들에게 동일하게 만드는 것이다.[228] 다윗에게 있어 왕도는 더 이상 권위와 권력의 문제가 아니며, 높고 낮음의 문제가 아니다. 오직 자신을 택하신 여호와의 뜻에 있음을 본 것이다.

우리 또한 다윗처럼 양 갈래 길에 서있다. 여호와의 말씀을 상징하는 법궤의 인도에 따를 것인가, 법궤를 인도할 것인가? 인간이 만들어 낸 기술력을 동원하여 그 위에 법궤를 싣고 가고 싶은 대로 이끌 것인가? 아니면 오직 하나님의 명령에 자신의 모든 것을 다 내어 바친 사람(레위인)을 세워 법궤의 인도를 받을 것인가(출 32:29; 민 10:33)? 이것은 두려움으로 떨 것인가 아니면 기쁨의 춤을 출 것인가의 질문과 동일하다. 다윗은 결국 자신이 주도권을 쥐는 공포를 포기하고, 모든 영광을 하나님께 올려드리는 기쁨의 춤을 택했다. 다윗은 여호와께서 "나를 택하사 나를 여호와의 백성 이스라엘의 주권자로 삼으셨으니 내가 여호와 앞에서 뛰놀리라"(삼하 6:21)고 고백한다. 이것은 시편이 최종적으로 이루기를 갈망하는 최고의 예배이다. 슬픔이 춤이 되게 하신 그 하나님께(시 30:11) 호흡이 남아 있는 그 순간까지 춤추며 그의 이름을 찬양하기를 스스로 다짐하며 또한 온 천하에 동일한 것을 명령하는 것이다(시 149:3; 150:4): "호흡이 있는 자마다 여호와를 찬양할지어다 할렐루야"(시 150:6).

3. 다윗의 제사장 나라를 향한 춤사위(삼하 6:12-23)

다윗이 새로운 마음으로 하나님의 말씀 따라 법궤를 옮길 때에 그는 법궤 앞에서 혼신을 다하여 춤을 춘다. 그런데 의미 있는 한 단어가 그의 춤사위에 등장한다. 그렇게 열정의 춤을 출 때 다윗이 '베 에봇'을 입었다고 한다. '에봇'이란 단어는 구약성경에서 45번 등장하는데 그 중 28번이 출애굽기와 레위기에서 아론과 그의 자손의 제사장 복장에 사용되고 나머지 17번은 우상숭배적이든 혹은 여호와를 향한 것이든 제의와 연관된다.[229] 그런데 그 중에 아론의 제사장 가문이 아니면서 에봇을 입은 사람은 사무엘(삼상 2:18)과 다윗(삼하 6:14)뿐이다. 사무엘이 나실인으로서 엘리 가문에 편입되어 준제사장의 사명을 감당했다는 점에서 에봇을 입을 자격이 주어졌다면, 제사장 가문의 일원도 아니고 또 준제사장의 사명을 맡은 것도 아니면서 에봇을 입은 사람은 다윗이 유일무이하다. 이것은 무엇을 의미하는 것인가? 다윗과 제사장의 에봇과의 연합은 어떤 의미를 던져주는 것인가?

다윗의 에봇과 제사장 나라의 꿈

이것이 불법인가, 합법인가에 대한 해답을 찾기 위해서는 이스라엘의 시작부터 되짚어 봐야 할 필요가 있다. 바로 그곳에 하나님의 소망이 있을 것이기 때문이다. 시내 산은 이스라엘이 처음으로 하나님을 만나 하나님의 백성이 되는 언약이 일어나는 장소라는 점에서 가장 먼저 살펴볼 필요가 있다.

> **세계가 다 내게 속하였나니 너희가 내 말을 잘 듣고 내 언약을 지키면 너희는 열국 중에서 내 소유(סְגֻלָּה 세굴라)가 되겠고 너희가 내게 대하여 제사장 나라가 되며 거룩한(קָדוֹשׁ 콰도시) 백성이 되리라(출 19:5-6).**

이스라엘이 하나님의 백성으로 거듭나는 시내 산에 도착했을 때 하나님께서 이들을 향하여 선포하신 소망은 세상이 존재하는 한 유효하다. 이스라엘은 하나님의 소유, 제사장 나라 그리고 거룩한 백성으로의 길이 내정되어 있다. 이것은 시대를 초월하여 하나님의 백성으로 부름 받은 공동체가 가져야 할 정체성인 것이다. 하나님께서 이러한 정체성을 바로 세우고, 그 길을 올곧게 걸어가게 하기 위하여 이스라엘 백성에게 시내산에서 레위기의 말씀을 주셨다. 레위기는 핵심 주제가 하나님의 "내가 거룩하니 너희도 거룩할지어다"(레 11:45; 19:2)라는 점에서 이스라엘을 거룩한 백성인 제사장 나라로 세우시려는 하나님의 갈망의 결정체라 할 수 있다.

레위기의 이러한 하나님의 갈망은 광야를 거치며 신명기에 이르러서는 이스라엘이 이미 거룩한 백성이라는 정체성을 이루었음을 시사하고 있다. 출애굽기와 레위기의 거룩한 백성이 되리라는 미래형은 신명기에서 현재형이 되어 있기 때문이다.

너희는 너희 하나님 여호와의 자녀니 죽은 자를 위하여 자기 몸을 베지 말며 눈썹 사이 이마 위의 털을 밀지 말라 너는 너의 하나님 여호와의 성민(שׁוֹדק 콰도시)이라 여호와께서 지상 만민 중에서 너를 택하여 자기의 '기업의 백성'(הלֻּגְס 세굴라)으로 삼으셨느니라(신 14:1-2).

너희는 너희의 하나님 여호와의 성민(שׁוֹדק 콰도시)이라 무릇 스스로 죽은 것은 먹지 말 것이나 그것을 성중에 우거하는 객에게 주어 먹게 하거나 이방인에게 팔아도 가하니라 너는 염소 새끼를 그 어미의 젖에 삶지 말지니라(신 14:21).

이스라엘은 신명기에서 이미 여호와의 성민 즉, 거룩한 백성이 되어 있다. 그리고 여호와의 소유인 '기업의 백성'(סְגֻלָּה 세굴라) 또한 이룬 것으로 나타난다. 이러한 정체성은 하나님의 소망인 제사장 나라가 이미 이루어졌음을 의미하는 것이란 점에서 중요하다. 그 구체적인 증거는 죽은 자에 대한 종교의식인 털을 깎고 몸을 베는 행위에 대한 금기가 레위기에서는 오직 제사장들에게만 주어진 법이었으나(레 21:5) 신명기에서는 모든 백성에게로 확장되어 있다는 점이다. 그리고 스스로 죽은 것을 먹지 못하는 규례 또한 레위기에서 제사장들에게 주어진 것이었으나(레 22:8) 신명기에서는 역시 이스라엘 전체를 향한 규례가 되었다.[230] 소수의 제사장들에게만 적용되었던 삼엄한 정결과 거룩의 표준이 이제는 전체 백성들에게로 확장되어 제사장 나라로의 정체성 실현이 눈앞에 이른 것이다.

그럼에도 신명기는 결코 이스라엘이 거룩한 백성, 제사장 나라라는 완전에 이르렀다고 말하지 않는다. 거룩은 결코 소유의 개념이 아니라 단지 계속되는 진행의 개념이기 때문이다. 거룩은 어느 누구도 소유할 수 없고, 단지 삶으로 살아가는 것일 뿐이라는 점에서 좌로나 우로나 치우침 없는 걸음이 필요한 것이다. 신명기의 세세한 규례와 명령과 법도(신 12-26장)의 나열이 끝이 났을 때 그 결론의 말씀 또한 이것을 분명하게 보여주고 있다.

오늘날 네 하나님 여호와께서 이 규례와 법도를 행하라고 네게 명령하시나니 그런즉 너는 마음을 다하고 뜻을 다하여 지켜 행하라 네가 오늘날 여호와를 네 하나님으로 인정하고 또 그 도를 행하고 그의 규례와 명령과 법도를 지키며 그의 소리를 들으라 여호와께서도 네게 말씀하신 대로 오늘날 너를 자기의 '보배로운 백성'(סְגֻלָּה 세굴라)이 되게 하시고 그의 모든 명령을 지키라 확언하셨느니라 그런즉 여호와께서 너를 그 지으신 모든 민족 위에 뛰어나게 하사 찬송과 명예와

영광을 삼으시고 그가 말씀하신 대로 너를 네 하나님 여호와의 성민 (קָדוֹשׁ 콰도시)이 되게 하시리라(신 26:16-19).

여기서는 보배로운 백성, 여호와의 성민, 제사장 나라라는 이스라엘의 정체성이 현재형이 아니라 미래로 또다시 유보된다. 이것은 어느 쪽이 먼저이고 나중이냐 혹은 어느 쪽이 사실이고 거짓이냐의 차원이 아니라, 하나님의 백성 안에 존재하는 신앙의 긴장감을 표현하는 것이다. 즉, "이미 이루었다"(Already)와 "아직 아니다"(Not Yet)의 긴장감인 것이다. 신명기 18:13절의 "너는 네 하나님 여호와 앞에서 완전하라"는 명령이 이러한 긴장감을 풀어주는 길이 될 것이다. 신명기에서 하나님께서는 이스라엘이 제사장 나라라는 입구에 서 있음을 보셨다. 이제 가야 할 길은 완성을 향한 부단한 전진이다. 레위기에 하나님께 바쳐지는 제물이 흠이 없이 완전하듯이 이스라엘이 이루어야 할 길이 바로 하나님의 거룩을 향하여 나아가는 완전을 이루는 삶인 것이다. 이스라엘의 왕이라면 이러한 하나님의 갈망을 반드시 마음에 새겨야만 할 것이다. 그리고 모든 시대의 그리스도인 지도자들 또한 동일한 것을 가슴에 품어야만 할 것이다.

제사장 나라의 거룩을 향하여

하나님께서 부여해 주신 규례와 명령과 법도가 담긴 법궤가 다윗 성에 도착했다. 그 법궤 앞에서 다윗이 베 에봇을 입었다는 것은 다윗이 하나님의 기나긴 세월의 갈망을 입었다는 것과 같은 것이다. 왕이 이스라엘을 제사장 나라로 이끌 준비가 이루어진 것이다. 이것은 법궤를 옮긴 이 순간에 이루어진 것이 아니라 다윗이 광야를 떠돌면서 배웠던 거룩의 길이 마침내 베 에봇으로 그 결론에 이른 것이다.

다윗은 사울을 피해 도망을 가되 결코 죄악의 나락으로 떨어지지 않았다. 가장 먼저 도피한 곳이 사무엘이 있는 곳이며, 성령의 역사가 강하게 나타나는 라마 나욧이었다(삼상 19:18-24). 그리고 그 다음이 놉의 제사장인 아비멜렉에게로 피한다. 그곳에서 다윗은 제사장들만이 먹을 수 있는 성물인 진설병을 먹고, 그를 따르는 사람들에게도 가져간다. 다윗과 그의 사람들이 진설병을 먹을 수 있었던 것은 제사장들이 성물을 먹는 규정인 부정으로부터 분리된 거룩한 삶으로 인한 것이었다. 여자를 가까이하여 설정하지 않았으므로 그들의 그릇이 성결하다(קָדוֹשׁ 콰도시)는 것이다(삼상 21:5; 레 22:1-7). 설정한 것은 하루 동안 부정한 것이기에 그 날에는 성물을 먹을 수 없는 것이 제사장에게 주어진 규례이다. 다윗과 그의 사람들이 광야에서 부랑자처럼 살지 않고, 정도를 지키며 걸어가고 있다는 것이 드러난다. 그럼에도 토라에서 성물은 오직 아론의 자손인 제사장들에게만 연관된 것이 레위기의 원칙이었다. 그런데 사무엘서에는 이것이 확장되고 있다. 지금 벌어지고 있는 일은 오직 성전의 거룩한 곳에서 제사장들만 먹을 수 있는 성물이(레 24:5-9) 이제 다윗을 통하여 이스라엘 백성들의 일상적인 생활 속으로 내려온 것이다.[231] 한 마디로 신앙의 민주화가 일어나고 있는 것이다.

사울 또한 다윗이 거쳐 갔던 동일한 장소를 거쳐 가지만 그 결과는 정반대로 나타난다. 라마 나욧으로 다윗을 죽이기 위해 가지만 다윗이 지켜보는 앞에서 성령의 역사에 무너져 내리고, 놉의 제사장을 만나지만 거룩이 아닌 무죄한 피를 흘림으로 땅을 오염시키고 있다. 사울의 길은 계속해서 거룩한 땅을 부정함으로 오염시키는 길이었다. 그러나 다윗은 한 단계 한 단계 높아만 보이던 제사장의 거룩을 차츰차츰 백성들의 삶으로 녹여내는 길을 걷고 있는 것이다. 그래서 법궤를 옮길 때 다윗이 입은 에봇이 결코 낯설지가 않다. 이제 이스라엘은 하나님께서 꿈꾸시던 제사장 나라를 향하여 전진할 만반의 태세가 갖추어졌다. 하나님 앞에서 맘껏 춤추며 찬양했던 다윗처럼 온 이스라엘이 동일한 길을 걸어가는 완성의 날을 기대하고 있는 것이다. 시편은 그 날까지 온 이스라엘이 부를 찬양과 춤의 곡조를 우리에게 가르쳐 준다. 그리고 그 매일의 찬양과 춤을 통해 이루어질 새로운 역사를 갈망하고 있다.

4. 시편이 법궤를 갈망하다 (시 132편)

시편에는 여호와의 성전과 연결된 한 묶음의 시들이 있다. '성전에 올라가는 노래'라는 제목이 붙여진 열다섯 편의 시편들이다(120-134편). 이 시편들은 '순례자의 노래'(Songs of Pilgrimage)라는 별칭으로 불리기도 하는데, 만군의 여호와의 성전을 향한 깊은 열정으로 원근각지에서 순례의 길을 마다하지 않고 나선 사람들의 애틋한 심정을 노래하고 있기 때문이다.[232] 가장 먼 곳을 상징하는 메섹에서부터 가장 가까운 곳을 뜻하는 게달의 장막까지 그 당시에 이스라엘이 알고 있는 전 세계를 총망라하고 있다(시 120:5). 그리고 이 순례자들은 무엇보다도 "여호와의 집에 올라가자"는 말을 기뻐하며, 예루살렘 성 문안에 자신들의 발이 놓여지는 그 순간을 그 무엇보다도 감격스러워하는 사람들이다(시 122:1-2). 그 곳에는 인생이 갈망하는 평강이 넘쳐나기 때문이다(시 120:6, 7; 122:6-8; 125:5; 128:6). 다윗이 예루살렘을 점령하고 거룩히 구별한 시온 산성 그 곳에서 이 일들이 일어난다. 이 순례의 시편들 속에 다윗이 여호와의 장막과 법궤를 향한 갈망이 강렬하게 표출되어 있는 시편이 있다는 것은 결코 우연이 아닐 것이다. 시편 132편이 바로 그것이다.

[시 132편, 성전에 올라가는 노래]

여호와여 다윗을 위하여 그의 모든 근심한 것을 기억하소서
저가 여호와께 맹세하며(שׁבע 니쉬바) 야곱의 전능자에게 서원하기를
내가 실로 나의 거하는 장막에 들어가지 아니하며
내 침상에 오르지 아니하고
내 눈으로 잠들게 아니하며
내 눈꺼풀로 졸게 아니하기를
여호와의 처소 곧 야곱의 전능자의 성막을 발견하기까지 하리라
하였나이다
우리가 그것이 에브라다에 있다 함을 들었더니 나무 밭에서 찾았도다
우리가 그의 성막에 들어가서 그 발등상 앞에서 엎드려 경배하리로다
여호와여 일어나사 주의 권능의 궤와 함께 평안한 곳으로 들어가소서
주의 제사장들은 의를 입고 주의 성도들은 즐거이 외칠지어다
....

주의 종(עבד 에베드) 다윗을 위하여 주의 기름 부음 받은 자의 얼굴을
물리치지 마옵소서
여호와께서 다윗에게 성실히 맹세하셨으니(שׁבע 니쉬바) 변하지 아니
하실지라
이르시기를 네 몸의 소생을 네 위에 둘지라
네 자손이 내 언약과 저희에게 교훈하는 내 증거를 지킬진대
저희 후손도 영원히 네 위에 앉으리라 하셨도다
여호와께서 시온을 택하시고 자기 거처를 삼고자 하여 이르시기를
이는 나의 영원히 쉴 곳이라
내가 여기 거할 것은 이를 원하였음이로다
내가 이 성의 식료품에 풍족히 복을 주고 양식으로 그 빈민을 만족케
하리로다

내가 그 제사장들에게 구원으로 입히리니 그 성도들은 즐거움으로
외칠지어다
내가 거기서 다윗에게 뿔이 나게 할 것이라
내가 내 기름 부음 받은 자를 위하여 등을 예비하였도다
내가 저의 원수에게는 수치로 입히고 저에게는 면류관이 빛나게
하리라 하셨도다

이 시편은 사무엘하 6-7장의 이념을 합쳐놓은 것이다. 경계를 구별 짓는 점선이 6장의 법궤를 옮기는 다윗과 7장의 여호와의 언약을 받는 다윗을 구분하고 있다. 이 시편에는 사무엘서에는 나타나 있지 않은 다윗의 깊은 영혼의 갈망이 간절하게 그려지고 있다는 점에서 가치 있다. 이 속에는 다윗의 모든 갈등이 사라지고, 오직 여호와를 향한 열정만으로 가득 차 있음을 느껴볼 수 있다. 회복된 자의 찬양이요 돌이킨 자의 갈망이 비쳐지고 있는 것이다. 그것은 이미 첫 절에서 느껴볼 수 있다: "여호와여 다윗을 위하여 그의 모든 근심한 것을 기억하소서." 그런데 개역개정 성경은 이것을 "여호와여 다윗을 위하여 그의 모든 겸손을 기억하소서"라고 번역한다. '겸손'인가 '근심'인가의 차이이다. 영어번역본들은 이 부분을 'all his afflictions'(KJV), 'all the hardships'(NIV, NRSV), 'the time of adversity'(NEB), 그리고 'all his troubles'(Message)라고 번역함으로 대부분 '근심'이란 번역에 손을 들어주고 있다. 히브리어는 '콜-우노토'(כל־ענותו)로 '콜'(כל)은 '모든'을 뜻하고 '우노토'(ענותו)는 '그의 근심' 혹은 '그의 겸손'으로 번역된다. 이러한 뜻의 중복은 히브리어에서 흔히 나타나는 현상으로 오히려 이것이 혼선을 빚기보다는 더 깊은 삶의 모습을 비쳐준다는 의미에서 히브리어가 가진 장점이기도 하다. '우노토'(ענותו)는 '아나'(ענה)라는 동사에서 파생된 명사형으로 그 뜻은 '괴로움을 당하다, 고난을 겪다, 환난을 받다, 곤고케하다'(왕상 2:26; 시

90:15; 116:10; 119:71; 사 53:4)와 또한 '겸손하다, 겸비케 하다, 낮추다' (신 8:2, 3, 16; 단 10:12) 등의 뜻으로 쓰인다. 이 두 가지 뜻의 상관관계는 무엇인가? 고난과 겸손은 뗄 수 없는 관계가 있음을 느껴볼 수 있다(신 8장; 시 119:67, 72). 웃사 사건까지도 포함하여 다윗이 겪었던 고난과 환난, 괴로움 등은 그를 낮추고 겸비케 하는 도구가 되었을 것이라 생각해 볼 수 있다. 다윗은 이제 바른 방향을 향하여 나가고 있다.

하나님을 향한 그의 열정은 그의 결단의 서원으로 명백하게 드러난다. 오직 여호와의 성막과 법궤를 발견하기까지는 안락한 집에서 안주하지 않을 것이며, 편안한 잠자리를 갈구하지 않으며, 잠을 즐기지 않고, 졸지도 않을 것이라는 맹세를 한다. 이는 안락을 모두 외면하고, 바깥에 거하며, 자지 않고, 졸지 않겠다는 것이 아니라 그런 육체적인 만족들에 결코 삶의 의미와 목적을 두지 않겠다는 것이다. 다윗의 이 결심은 연속해서 나타나는 '내가, 내 장막, 내 침상, 내 눈, 내 눈꺼풀'이라는 일인칭 주격과 소유격으로 인해 그 단호함을 살펴볼 수 있다. 이것은 흡사 "졸지도 주무시지도 않으시며" 신앙의 순례자를 지키시는 하나님의 열심을 증거하는 시편 121편을 연상시킨다. 다윗은 "낮의 해와 밤의 달도 상치 못하도록 그의 오른쪽에서 그늘이 되시며 모든 환난에서 지켜주신 하나님"을 자신의 삶 가운데서 분명히 체험하였다. 이제 다윗의 차례이다. 하나님의 그 마음을 따라 자신의 삶의 목표가 오직 여호와의 임재를 찾아 자신의 중심에 모시는 것이 되었다. 베레스웃사와 바알브라심을 경험한 다윗, 이제 그의 목표는 더 이상 흔들리지 않는다. 법궤를 그의 삶의 중심에 모시는 것은 "그의 계신 곳으로 들어가서 그의 발등상 앞에서 엎드려 경배하기 위함"이다. 주의 제사장들이 서고, 성도들이 즐겁게 외치는 기쁨의 축제를 벌이는 것이다.

그리고 다윗은 하나님의 확증을 받는다. 여호와께서 다윗이 예비한 그 장막에 거하시겠다고 선언하신다. 그 곳에서 다윗을 위하여 약속하신다. 다윗이 '내가'라는 일인칭으로 여호와께 맹세로 신앙의 결단을 보인 것처럼, 하나님께서도 여섯 번에 걸쳐 '내가'를 강조하시며 축복의 약속을 대대로 쏟아 부으실 것을 맹세하신다.[233] 다윗의 결심과 하나님의 결심이 만나 성전과 법궤, 예배, 그리고 축복의 신학을 완성시킨다. 다윗은 '주의 종'이라는 자신의 겸손한 정체성을 지킨다. 그런 다윗을 위해 하나님께서는 그를 위한 최고의 지위인 왕좌를 말씀하시고, 그의 후손들 또한 그 자리에 앉을 것이라 약속하신다. 그리고 그의 원수들은 수치를 옷 입을 것이지만 그에게는 빛나는 면류관의 영광으로 씌어 주시겠다고 말씀하신다. 종과 빛나는 왕관, 이 두 가지는 서로 어울리지 않는 것들이지만 올바른 예배를 회복한 사람은 동시에 누릴 수 있다.

다윗의 시편인 시편 24편은 이러한 법궤의 입성을 축하하는 성도들의 감격을 생생하게 묘사하고 있는데, 특히 7-10절은 제사장과 백성들이 주고 받는 화답으로 이루어진 아름다운 영광송을 이루고 있다.[234]

A. 제사장: 문들아 너희 머리를 들지어다 영원한 문들아 들릴지어다
  영광의 왕이 들어가시리로다

B. 백성들: 영광의 왕이 누구시냐

A. 제사장: 강하고 능한 여호와시요 전쟁에 능한 여호와시로다

A. 제사장: 문들아 너희 머리를 들지어다 영원한 문들아 들릴지어다
  영광의 왕이 들어가시리로다

B. 백성들: 영광의 왕이 누구시냐

A. 제사장: 만군의 여호와께서 곧 영광의 왕이시로다(셀라)

이처럼 왕, 진정한 만왕의 왕은 오직 여호와뿐이시다. 이 영광의 왕을 증거하지 못하는 왕은 더 이상 왕이 아니다. 이 시편은 3절에서 "여호와의 산에 오를 자가 누구며 그의 거룩한 곳에 설 자가 누구인가?"라고 질문한다. 매칸은 이 질문은 단순히 어떤 예배자가 성전 문에 들어갈 수 있느냐 보다는 오히려 "누가 하나님의 통치 아래에 살 것인가?"를 묻는 것으로 이해한다.[235] 다윗이 서 있어야 할 자리가 바로 여기이며, 오늘날 우리가 서야 할 자리가 바로 이 곳이기도 하다. 오직 만왕의 왕이신 여호와, 강하고 전쟁에 능하시며, 만군의 여호와이신 그 분의 통치 아래가 우리가 서 있어야 할 자리이다. 여호와 앞에서 '주의 종'이 되고, 사람들 앞에서 살아계신 영광의 왕을 드러내는 예배하는 삶이 우리의 나아갈 바이다. 이 시편의 노래들은 결코 일회적인 것이 아니다. 이러한 화답의 노래들로 하나님께 무시로 나아가는 공동체는 하나님께서 받으실만한 예배를 회복할 수 있다. 그리고 마침내 역대기의 공동체는 다윗의 예배하는 삶을 최고조로 회복시켜 놓는다.

5. 역대기에서 만나는 웃사와 다윗 (대상 13-16장)

법궤를 옮기는 사건은 역대기에서 대대적인 축제로 보도된다. 사무엘서는 단 한 장(삼하 6장)으로 법궤 이야기가 마무리 되지만 역대기는 무려 네 장(대상 13-16장)을 할애하여 법궤 옮기기를 전하고 있다. 물론 이 안에 '다윗의 번영'을 전하는 사무엘하 5:11-25절(대상 14:1-17) 또한 포함시키고 있다는 점에서 세 장으로 줄어들 수 있다. 그럼에도 대단한 확장이 일어난 것만큼은 의심의 여지가 없다. 역대기는 이처럼 법궤를 옮기는 사건이 다윗의 삶에서 가장 중요한 이야기 중 하나라는 인상을 강력하게 심어주고 있다. 성전과 예배를 향한 열정으로 가득 찬 역대기가 하나님의 임재의 상징인 법궤에 지대한 관심을 쏟는 것은 당연한 것이기도 하다.

다윗을 중심으로 하나의 흐트러짐도 없이 연합한 온 이스라엘은 하나님을 중심으로 예배하기 위한 첫 번째 단계를 진행시킨다. 역대기는 사무엘서에 나오는 법궤 이야기를 대부분 다 활용하지만 필요에 따라 약간의 변동을 가하며, 사무엘서가 다루지 않은 많은 내용들을 첨가하고 있다. 그리고 사건의 배열을 달리 함으로 주고자 하는 의미를 더욱 분명하게 하려고 애쓴다. 먼저 사무엘하 5-6장과 역대기상 13-16장의 배열을 비교해 보기로 하자.

사무엘하 5:11-6:23	
다윗의 번영	A. 두로 왕 히람과 다윗의 궁전 건축(5:11) B. 다윗이 여호와께서 자기를 이스라엘 왕 삼으신 것과 높이신 것을 앎(5:12) C. 다윗이 예루살렘에서 낳은 아들과 딸들의 명단(5:13-16) D. 다윗이 블레셋을 두 번 격파하는 사건(5:17-25)
법궤 옮기기	E. 법궤를 옮기는 첫 번째 시도와 실패 그리고 오벧에돔의 축복(6:1-11) F. 법궤를 옮기는 두 번째 시도와 성공(6:12-19a) G. 모든 백성이 각기 집으로 돌아가고 다윗도 자기 집을 축복하러 감(6:19b-20a) H. 다윗과 미갈의 논쟁(6:20-23)

역대상 13-16장	
실패	E. 법궤를 옮기는 첫 번째 시도와 실패 그리고 오벧에돔의 축복(13장)

다윗의 번영	A. 두로 왕 히람과 다윗의 궁전 건축(14:1) B. 다윗이 여호와께서 자기를 이스라엘 왕 삼으신 것과 높이신 것을 앎(14:2) C. 다윗이 예루살렘에서 낳은 아들과 딸들의 명단(14:3-7) D. 다윗이 블레셋을 두 번 격파하는 사건(14:8-17)
성공	F. 법궤를 옮기는 두 번째 시도와 성공(15:1-16:3)
찬양 예배	I. 다윗이 레위인들을 세워 항상 여호와를 찬양하게 함(16:4-6) J. 그 날 다윗이 아삽과 형제를 세워 부른 찬양(16:7-36) K. 다윗이 레위인들로 궤 앞에서 항상 섬기며 찬양하게 함(16:37-42) 종결
종결	G. 모든 백성이 각기 집으로 돌아가고 다윗도 자기 집을 축복하러 감(16:43)

    이 비교를 종합해 보면 먼저 역대기에는 다윗과 미갈의 논쟁 부분이 빠져 있다. 이것은 역대기가 다윗을 중심으로 일어나는 갈등이나 대립을 제거하고 있음을 볼 수 있다. 역사에 대한 왜곡이 아니라 과거 역사의 오점을 바로잡는 새로운 역사를 쓰기를 갈망하는 기대인 것이다. 더 이상의 갈등과 대립, 분열은 없어야 한다는 결심이며, 이상적인 미래상이다. 이를 위해 역대기는 사무엘서에 없는 '찬양의 예배'를 극대화 시키고 있다. 법궤를 옮기는 행렬 그 자체가 찬양과 경배를 드리는 긴 예배의 물결로 이미 확장되고 있지만(대상 15:1-16:3) 하나님의 궤가 장막 가운데 자리를 잡은 뒤에는 더욱 정교한 형태로 찬양의 예배가 드려진다(대상 16:4-42). 이스라엘의 존재의미라는 점에서, 이 찬양과 예배에 관한 부분은 다시 한번 상세하게 설명될 필요가 있다. 분명한 것은 역사의 왜곡이 아닌 마땅히 가야 할 미래상을 제시하는 것이기에 과거의 실패보다

찬양의 예배가 더욱 강조되고 있는 것이다.

이 예배를 강조하기에 앞서 법궤 옮기기의 실패와 성공에 대한 측면에서 한 가지 눈여겨보아야 할 차이점이 있다. 사무엘서는 '법궤 옮기기'(삼하 6장)를 '다윗의 번영'(삼하 5:11-25)에 연속되는 이야기로 나열하고 있을 뿐 그 긴밀한 연관성은 세밀한 추론을 통해서만 밝혀낼 수 있을 뿐이다. 하지만 역대기는 사무엘서의 법궤 옮기는 이야기를 두 부분으로 정확히 분리를 한다. 그리고 법궤 옮기기 실패와 성공 사이에 '다윗의 번영' 항목들을 약간의 수정을 가하여 사무엘서에 있는 거의 그대로를 반복하여 삽입하고 있다. 역대기의 이 배열을 통해 명확하게 살아나고 있는 것은 법궤를 다윗 성으로 옮기는 신학적인 목적이다. 그리고 역대기는 사무엘서와 달리 다윗이 법궤를 옮기는 목적을 그 시작부터 분명히 명시하고 있기도 하다.

우리가 우리 하나님의 궤를 옮겨 오자 사울 때에는 우리가 궤 앞에서 묻지(שׁרד 다라쉬) 아니하였느니라(대상 13:3).

우리는 역대기에서 다윗의 이야기가 본격적으로 출발하기 전에 사울의 일생이 단 한 장으로 축약되어 기술된 것을 이미 다루었다(대상 10장). 거기에서 사울의 죽음에 대한 주요한 이유 중에 하나가 바로 '여호와께 묻지 않은 것'과 밀접히 연관된다.

사울이 죽은 것은 여호와께 범죄하였음이라 저가 여호와의 말씀을 지키지 아니하고 또 신접한 자에게 가르치기를 청하고 여호와께 묻지(שׁרד 다라쉬) 아니하였으므로 여호와께서 저를 죽이시고 그 나라를 이새의 아들 다윗에게 돌리셨더라(대상 10:13-14).

하나님께 '묻고,' '묻지 않음' 이 삶과 죽음을 가르는 갈림길이 된다. 이것을 뼈저리게 알고 있는 다윗은 역대기에서 오직 여호와의 뜻만을 앞세우며 살겠노라는 결단으로 '여호와의 법궤'를 옮겨오려 한다. 역시 역대기 신학답게 단지 삼만 명의 대표만이 아니라(삼하 6:1), 천부장, 백부장, 모든 장수, 애굽의 시홀 시내부터 하맛 어귀까지 이스라엘 온 회중을 다 모은다(대상 13:1, 5). 한 사람도 빠짐이 없는 연합된 모습으로 하나님의 법궤를 향하고 있는 것이다. 다윗의 출발선은 이렇게 '하나님과 사람' 이 양쪽을 다 종합하려는 열망으로 가득 하다.

다윗이 이스라엘의 온 회중에게 이르되 ① 만일 너희가 선히 여기고 또 ② 우리의 하나님 여호와께로 말미암았으면 우리가 이스라엘 온 땅에 남아 있는 우리 형제와 또 저희와 함께 들에 있는 성읍에 거하는 제사장과 레위 사람에게 전령을 보내어 저희를 우리에게로 모이게 하고 우리가 우리 하나님의 궤를 우리에게로 옮겨오자(대상 13:2-3a).

분명히 읽을 수 있는 법궤 옮기기의 전제조건은 두 가지이다. 이스라엘 백성들이 선히 여기고, 여호와 하나님께서 원하시면 그 일을 진행한다는 것이다. 그런데 응답은 일방적이다: "뭇 백성의 눈이 이 일을 선히 여기므로 온 회중이 그대로 행하겠다 한지라"(대상 13:4). 하지만 하나님의 응답은 없다. 그도 그럴 것이 묻지도 않았는데 어떻게 응답을 받을 수 있을 것인가? 법궤를 모시는 제일의 정신이 상실된 것이다. 여호와께 묻지 않고 제 맘대로 살았던 사울의 죽음을 알고 있고, 이제는 여호와께 물으며 진정한 생명을 살겠다는 염원으로 법궤를 모셔오는 것이다. 그러나 그 시작부터 하나님은 없고 사람의 뜻만 살아있다. 사울의 죽음처럼 누군가의 죽음이 이미 내정되어 있는 것이다. 다윗의 또 다른 모습인 웃사가 죽고, 다윗은 역시 노하여 그 곳을 베레스웃사라고 소리친다. 이제 다윗에게 남은 것은 하나님을 향한 공포심에 가까운 두려움뿐이다: "그 날에 다윗이 하나님을 두려워하여 가로되 내가 어찌 하나님의 궤를 내 곳으로 오게 하리요"(대상 13:12). 그리고 오벧에돔의 집에 법궤가 방치되고 그의 집과 그의 모든 소유에 하나님의 축복이 임한다. 다윗에게 있어서 법궤 옮기기 1차 시도는 이렇게 처참한 실패로 막을 내린다.

역대기는 이 부분에서 법궤 옮기는 이야기는 잠시 접어두고 전혀 상관이 없어 보이는 다른 이야기들을 펼쳐나간다. 언뜻 보기엔 연관이 없어 보이지만 다윗에게는 상실된 정신을 회복시키는 주요한 이야기들이 연속적으로 펼쳐지고 있다.[236] 다윗에겐 저주스런 두려움만 남고, 오벧에돔은 복을 받는 이야기로 마감했던 법궤 옮기기였다. 그런데 역대상 14장에 펼쳐지는 세 개의 이야기들은 모두 오벧에돔 이상의 축복을 누리는 다윗의 삶을 이야기한다. 오벧에돔처럼 다윗의 집과 그의 모든 소유에 축복이 내린다.

다윗의 축복	1. 두로 왕 히람과 다윗의 궁전 건축(14:1) 　다윗이 여호와께서 자기를 이스라엘 왕 삼으신 것과 높이신 것을 앎(14:2) 2. 다윗이 예루살렘에서 낳은 아들과 딸들의 명단(14:3-7) 3. 다윗이 블레셋을 두 번 격파하는 사건(14:8-17)

다윗이 자신의 소유인 궁전을 건축하며 여호와께서 자신을 이스라엘 왕으로 삼으신 줄을 깨닫고 감격한다(대상 14:1-2). 그의 집에 13명의 아들들이 차례로 태어나며, 자손의 축복이 임한다(대상 14:3-7). 그리고 블레셋과의 두 번의 전투가 대대적인 승리로 장식되며 다윗의 왕으로서의 위치는 더욱 공고해지고 이스라엘은 점점 강력한 힘을 발휘한다

(대상 14:8-17). 이것이 과거지사를 회상하는 것이든, 혹은 법궤 옮기기의 실패와 성공 사이에 실제로 발생한 사건이든 상관없이 이 일련의 사건들을 통해 다윗은 하나님의 축복은 결코 끝나지 않았음을 발견했음에 틀림없다. 다윗을 통한 하나님의 계획은 변함이 없음을 확인한 것이다.[237]

특히 블레셋과의 두 번의 전투는 자신이 잃었던 정신을 회복하는 중대한 전환점을 제공한다. 법궤를 옮길 때 실패와 죽음의 원인은 먼 곳에 있던 것이 아니라 묻지 않았다는 것을 깨달은 것이다. 블레셋이 거대한 군사력으로 쳐들어 왔을 때 다윗은 섣불리 나서지 않고 오직 하나님께 물었다(대상 14:10, 14). 여기서 '묻다'라는 동사는 '다라쉬'(דרשׁ 묻다, 구하다)가 아닌 사무엘서에서 사용된 단어인 '사알'(שׁאל 묻다, 요청하다)을 그대로 사용한다. 물론, 이 두 단어는 하나님께 여쭙는다는 그 근본적인 의미에 있어서는 동일하다. 오히려 '사알'(שׁאל 묻다, 요청하다)의 수동분사형이 '사울'(שׁאול 요청된)이라는 이름이기에 '사울'이란 인물을 연상시킴으로 더욱더 강력한 전환을 요청한다는 점에서 이 단어를 그대로 사용한 이유를 짐작해 볼 수 있다. 사울이 묻지 않았음으로 죽고, 다윗이 물음으로 구원을 받았다는 사실이 부각되는 것이다.

이제 다윗은 하나님의 말씀을 듣고 따르는 것이 얼마나 중요한 것인지를 이 사건들을 통해서 깨닫는다. 그 깨달음은 말씀에 대한 철저한 순종으로 연결된다.[238] 사무엘서는 "블레셋 사람들이 그들의 우상을 버렸으므로 다윗과 그 부하들이 치웠다"(삼하 5:21)라고 전한다. 그러나 역대기는 그 정도 선에 머물지 않고 "블레셋 사람이 그들의 우상을 그 곳에 버렸으므로 다윗이 명령하여 불에 살라버린다(שׂרף באשׁ 사라프 바에쉬)"(대상 14:12). 하나님께서 신명기서에서 명령하신 그것을 철저히 준행하는 것이다.

오직 너희가 그들에게 행할 것은 이러하니 그들의 제단을 헐며 주상을 깨뜨리며 아세라 목상을 찍으며 조각한 우상들을 불사를(סרף באש 사라프 바에쉬) 것이니라(신 7:5; 12:3).

다윗은 하나님의 말씀을 그대로 준행하는 것이 어떤 위력과 능력을 가진 것인지를 경험했다. 하나님의 말씀에 일점일획도 가감하지 않고 그대로 따르는 것이다. 그리고 사무엘서에는 나타나지 않은 결과가 강조된다: "다윗의 명성이 온 세상에 퍼졌고 여호와께서 모든 이방 민족으로 그를 두려워하게 하셨더라"(대상 14:17). 하나님께 묻지 않고 행동했을 때에는 다윗 자신에게 돌아오던 공포의 두려움(대상 13:12)이 하나님께 묻고 그 말씀을 따라 철저히 행하자 모든 이방 민족들이 다윗을 두려워하게 된다. 이것이 다윗이 써야 했던 진정한 역사이며, 우리가 이루어야 할 미래상인 것이다. 이제 무엇을 더 기다릴 필요가 있겠는가? 원인을 알았고, 그 해결점이 주어졌는데 망설일 필요가 없는 것이다.

다윗이 여호와의 궤를 위하여 장막을 치고 다시 이스라엘 온 무리를 예루살렘으로 모으고 선포한다.

다윗이 가로되 레위 사람 외에는 하나님의 궤를 멜 수(נשא 나싸) 없나니 이는 여호와께서 저희를 택하사 하나님의 궤를 메고(נשא 나싸) 영원히 저를 섬기게 하셨음이니라(대상 15:2).

드디어 하나님의 말씀이 그대로 존중된다(민 4:4-6, 15; 신 10:8; 31:25). 그리고 그 다음에는 레위인들의 가문을 따라 명단을 기입하고 그 숫자를 상세히 나열하고 있다(대상 15:4-12). 우리의 눈에는 너무나 장황한 듯 보일지 모르겠지만 하나님의 뜻을 지키며 살아가는 삶의 온전함은 아무리 상세하고 철저해도 결코 지나침이 없다. 다윗은 연합된 레위인들에게 명령한다.

> 너희는 레위 사람의 족장이니 너희와 너희 형제는 몸을 성결케 하고 내가 예비한 곳으로 이스라엘의 하나님 여호와의 궤를 메어 올리라 전에는 너희가 메지 아니하였으므로 우리 하나님 여호와께서 우리를 찢으셨으니(פָּרַץ 파라쯔) 이는 우리가 규례대로 저에게 구하지(דָּרַשׁ 다라쉬/묻다) 아니하였음이라 하니 이에 제사장들과 레위 사람들이 이스라엘 하나님 여호와의 궤를 메고 올라가려 하여 몸을 성결케 하고 모세가 여호와의 말씀을 따라 명한대로 레위 자손이 채에 하나님의 궤를 꿰어 어깨에 메니라(대상 15:12-15).

말씀을 따르는 이 철저한 의식은 마침내 법궤가 다윗 성에 안착하는 결과를 만들었다. 중요한 삶의 교훈과 함께 하나님의 법궤는 다윗의 삶의 중심에 자리 잡았다. 하지만 이것이 끝이 아니다. 하나님을 삶의 중심에 모시는 것은 끝이 아닌 새로운 시작을 의미하기 때문이다. 그래서 역대기에서 법궤 옮기기는 영원토록 베레스웃사가 아닌 바알브라심을 살기 위하여 최고의 길을 제시하는 것으로 전환한다.[239] 그것은 다름 아닌 예배이다.

법궤가 다윗 성에 안착하자마자 다윗은 레위인들에게 영구적인 임무를 부여한다. 그것은 다름 아닌 여호와를 찬양하며 섬기는 직무이다. 이 레위인들의 직무에 빠지지 않고 등장하는 한 단어가 있다.

    a. 다윗이 레위인들을 세워 항상(תָּמִיד 타미드) 여호와를 찬양하게 함(대상 16:4-6)

      b. 찬양의 내용(16:7-36)

    a'. 다윗이 레위인들로 궤 앞에서 항상(תָּמִיד 타미드) 섬기며 찬양하게 함(16:37-42)

이 '항상'(תָּמִיד 타미드)이라는 단어는 찬양의 내용을 둘러싸고 계속 나타난다(대상 16:6, 37, 40). 이 단어는 '연속, 계속, 영속'이라는 뜻을 가지며 그 용례는 '항상'(출 25:30; 레 6:20), '늘'(출 28:38), '매일'(출 29:38; 민 28:3), 그리고 '무시로'(시 71:3)라는 뜻으로 자주 사용된다. 즉, 끊어짐이 없는 계속을 의미하는 것이다. 하나님을 향한 예배는 결코 멈추어져서는 안 된다. 예배가 멈추어지는 순간 인간은 다른 생각을 하며, 하나님이 아닌 다른 무엇인가를 예배하며 따라갈 것이다(삼상 15:122-23). 아무것도 믿지 않는다고 큰소리치는 사람도 결국은 자신을 믿고 있는 것이니 인간은 하나님 아니면 다른 무엇을 예배하고 있는 것이 사실이다. 그리고 예배의 본질이 무엇인가는 이 레위인들의 찬양의 내용으로 명확하게 밝혀볼 수 있다.

역대상 16장 7-36절은 세 편의 시편을 인용하여 옮겨놓고 있다. 시편 105편 1-15절(대상 16:7-22), 시편 96편(대상 16:23-33) 그리고 시편 106편 1, 47-48절(대상 16:34-36)이 사용된다. 105편과 106편을 사이에 두고 그 가운데 시편 96편이 자리를 잡고 있다. 양쪽 테두리를 이루는 106편과 105편이 일부만 인용된 반면 그 가운데 96편은 전체를 다 인용한다. 결국, 중심의 중요성이 강조되는 것이다. 비록 두 편의 시편이 일부만 인용되었을지라도 신학적인 면에서는 무척 중요한 의미가 있다. "왜냐하면 그 당시의 전통에 의하면 구약의 어떤 본문의 첫 구절을 인용하는 것은 사실상 그 본문 전체를 의미하는 것이기 때문이다."[240]

시편 105편 전체는 명백하게 '여호와의 구속'을 찬양하고 있다. 아브라함, 야곱, 이스라엘을 선택하시고, 언약을 주시며, 가나안 땅을 선물로 주신 하나님의 구원사를 서술하며 찬양을 올리고 있다. 특별히 이 시편이 역대기에서 "나의 기름 부음 받은 자에게 손을 대지 말며 나의 선지자를 해하지 말라"(대상 16:22; 시 105:15)고 열방을 향하여 명령하시는 여호와의 말씀으로 축약하고 있다는 것은 다윗과 이스라엘을 위한 희망이 될 수 있다. 그러나 시편 106편은 안타깝게도 이런 하나님의 놀라운 기적을 체험하며 이루어진 구원사가 이스라엘의 타락으로 인하여 열방으로부터 수난과 압박을 받고, 결국에는 망국을 경험하는 비운을 맞이한 것을 탄식하고 있다. 역대기는 시편 106편의 첫 절(1절)과 마지막 두 절(47-48절)을 사용하여 이 시편의 탄식과 회개를 새로운 구원사에 대한 희망으로 다시 분출시키고 있다.[241]

여호와께 감사하며 그 이름을 불러 아뢰며 그 행사를 만민 중에 알게 할지어다

---------- 이스라엘 선택과 언약 내용 ----------

사람이 그들을 해하기를 용납지 아니하시고 그들의 연고로 열왕을 꾸짖어 이르시기를 나의 기름 부은 자를 만지지 말며 나의 선지자를 상하지 말라 하였도다(대상 16:7-22; 시 105:1-15)

대상 16:23-33(시편 96편 전문)

여호와께 감사하라 그는 선하시며 그의 인자하심이 영원함이로다(대상 16:34; 시 106:1)

....

너희는 이르기를 우리 구원의 하나님이여 우리를 구원하여 만국 가운데서 건져내시고 모으사 우리로 주의 거룩한 이름을 감사하며 주의 영광을 드높이게 하소서 할지어다 여호와 이스라엘의 하나님을 영원부터 영원까지 송축할지로다 하매 모든 백성이 아멘 하고 여호와를 찬양하였더라(대상 16:35-36; 시 106:47-48).

그렇다면 이 시편의 배열은 시편 96편을 중심으로 '구원사'와 '새로운 구원의 갈망'이라는 테두리를 형성하고 있는 것이다. 이러한 배열을 살펴볼 때 시편 96편은 구원사와 연관된 하나님의 능력을 선포하고 있을 것임을 짐작해 볼 수 있다.

> 온 땅이여 여호와께 노래하며 그 구원을 날마다 선포할지어다
> 그 영광을 열방 중에 그 기이한 행적을 만민 중에 선포할지어다
> 여호와는 광대하시니 극진히 찬양할 것이요 모든 신보다 경외할 것임이여
> 만방의 모든 신은 헛것이나 여호와께서는 하늘을 지으셨도다
> 존귀와 위엄이 그 앞에 있으며 능력과 즐거움이 그 처소에 있도다
> 만방의 족속들아 영광과 권능을 여호와께 돌릴지어다 여호와께 돌릴지어다
> 여호와의 이름에 합당한 영광을 그에게 돌릴지어다
> 예물을 들고 그 앞에 들어갈지어다
> 아름답고 거룩한 것으로 여호와께 경배할지어다
> 온 땅이여 그 앞에서 떨지어다 세계가 굳게 서고 흔들리지 못하는도다
> 하늘은 기뻐하고 땅은 즐거워하며 열방 중에서는 이르기를
> <u>여호와께서 통치하신다 할지로다</u>(יהוה מלך 야훼 말라크)
> 바다와 거기 충만한 것이 외치며 밭과 그 가운데 모든 것은 즐거워할지로다
> 그리 할 때에 삼림의 나무들이 여호와 앞에서 즐거이 노래하리니
> 주께서 땅을 심판하러 오실 것임이로다(대상 16:23-33; 시 96편).

온 땅에 이루어진 모든 일들과 기이한 행적들이 바로 이 여호와 하나

님을 통하여 이루어진 것이다. 여호와의 그 능하신 능력 앞에 겸손히 무릎 꿇고 그를 경외하며 날마다 그의 구원을 선포하는 영광스러운 삶이 예배이다. 이 하나님을 중심에 모시고 살아가는 것은 이 세상에 아무것도 두려워할 것이 없는 삶이다. 왜냐하면 이 우주를 "여호와께서 통치하시기"(יהוה מָלָךְ, 야훼 말라크) 때문이다. "야훼 말라크"(יהוה מָלָךְ)는 "여호와께서 왕이 되셨다"보다는 "여호와께서 왕으로 다스리신다"라고 번역함이 더 낫다.242) 그렇다. 예배의 핵심은 여호와가 왕 이심을 선포하는 것이다. 그 어떤 것도 왕을 향한 예배를 방해할 수 없으며, 그 어떤 존재도 왕을 향한 이 예배를 가로챌 수 없다. 예배는 이 우주와 온 세상을 통치하시는 하나님만 바라보는 것이다. 다윗은 이 만왕의 왕이신 여호와 앞에서 그 역할을 부여받은 존재이다. 피터슨의 말처럼 "다윗은 보통 의미로서의 왕이 아니라 하나님이 왕이심을 증거하는 자로서의 왕"이기 때문이다.243) 그러므로 그의 입에서 찬양과 예배가 사라진다면 그는 스스로 왕이 되어 열방과 같은 왕으로 결국 심판장이신 여호와 앞에 서게 될 것이다. 다윗이 반드시 해야만 하고, 우리 또한 반드시 따라야 할 길, 그것은 '항상'(תָמִיד 타미드) 여호와를 찬양하며, 예배하는 삶이다. 법궤를 모시는 것은 바로 이것을 위함이다.

　　제사장들과 레위인들이 자신들의 자리를 든든히 지키며 온 이스라엘이 하나님만을 섬기는 제사장 나라의 온전한 이상을 역대기는 만들어 가고 있는 것이다. 다윗은 에봇을 입고 이 모든 것을 지휘하는 완전한 예배를 향한 총지휘자이다. 그리고 이 예배를 이루어 가는 자, 그를 위하여 우리 하나님께서는 견고한 집을 세워주실 것이다. 이와 같이 역대기는 과거를 돌아보며 자칫 잃어버리기 쉬운 그 본래의 정신을 바르게 살려 미래를 향하게 한다. 다윗에게서 시작된 하나님을 향한 그 간절한 열망은 이제 역대기의 시대를 살아가는 사람을 통하여 그 충만한 완성을 향해 달려가며, 예배의 온전한 정점에 이르고 있다는 선포인 것이다.

주석

211) 브루거만, 『사무엘상·하』, 373쪽.
212) 유진 피터슨(E. H. Peterson), 『묵시: 현실을 새롭게 하는 영성(*Reversed Thunder: The Revelation of John & the Praying Imagination*)』 (홍병룡 역)(서울: IVP, 2002), 153쪽.
213) C. L. Seow, "Ark of the Covenant," D. N. Freedman (ed.), *ABD*, vol. 1 (New York: Doubleday, 1992), 391쪽.
214) Garsiel, *The First Book of Samuel*, 100, 155쪽. 가르시엘은 사울과 법궤의 이 의문스러운 연관에 대해 세 가지로 학자들의 의견을 축약한다: ① 사무엘상 14:18절에 나타난 '하나님의 궤'라는 명칭을 70인역(LXX; Septuaginta)의 번역을 따라 '에봇'(εφουδ)으로 바꾸는 것 (삼상 14:3절과 일치; 참조 삼상 23:6, 9; 30:7), ② 히브리어 본문을 그대로 수용하는 것(다른 자료들의 존재인정), ③ 미결정된 상태로 보류하는 것.
215) David Jobling, "Saul's Fall and Jonathan's Rise: Tradition and Redaction in 1Sam. 14:1-46," *JBL* 95 (1976), 368-69쪽.
216) Josephus, *The Antiquity of the Jews*, 7.81. 요세푸스는 웃사가 제사장이 아니면서 감히 법궤에 손을 댔기 때문에 죽은 것으로 본다 (Now because he was not a priest, and yet touched the ark, God struck him dead).
217) 쉬운성경은 "다윗은 그의 모든 백성들과 함께 유다의 바알레로 가서, 그 곳에 있는 하나님의 궤를 예루살렘으로 옮겼습니다"라고 번역하고 있다. 이 번역이 히브리어의 의미를 더 바르게 살려내고 있다.
218) 이재철, 『인간의 일생』 (서울: 홍성사, 2004), 184-85쪽.
219) 유진 피터슨, 『다윗: 현실에 뿌리박은 영성』, 177쪽.
220) A. A. Anderson, *2 Samuel* (WBC 11; Dallas, Texas: Word Books, 1989), 105쪽. 앤더슨은 '오벧에돔'은 '오바댜'(여호와의 종이란 뜻)와 같이 이름에 신적인 정체성을 소유한 것으로 보고 그 뜻은 '에돔의

종(예배자)'으로 해석하지만, 에돔을 나라나 지명으로 보지 않고 어떤 신의 이름으로 이해한다.

221) Karel van der Toorn and Cees Houtman, "David and the Ark," *JBL* 113 (1994), 222쪽; Patrick D. Miller and J. J. M. Roberts, *The Hand of the Lord: A Reassessment of the "Ark Narrative" of 1Samuel* (Baltimore/London: Johns Hopkins University Press, 1977), 23-24쪽.

222) Anderson, *2 Samuel*, 104쪽. 앤더슨은 베레스웃사가 바알브라심을 상기시키기는 하지만 더 이상의 연관은 의심스럽다고 본다.

223) Aage Bentzen, "The Cultic Use of the Story of the Ark in Samuel," *JBL* 67 (1948), 45-46쪽.

224) Gordon J. Wenham, *Genesis 1-15* (WBC; Waco, Texas: Word Books, 1978), 199쪽; F. W. Bassett, "Noah's Nakedness and the Curse of Canaan: A Case of Incest?" *VT* 21 (1971), 232-37쪽.

225) D. J. A. Clines, "X, X Ben Y, Ben Y: Personal Names in Hebrew Narrative Style," *VT* 22 (1972), 272쪽; Allen, *1, 2 Chronicles*, 105쪽. 앨렌의 표현을 빌리자면 "그 아비의 그 딸"(like father, like daughter)이다.

226) 브루거만, 『사무엘상·하』, 377쪽. 브루거만은 "다윗의 '불명예스러움'은 야웨의 선물에 대한 기꺼운 양보(수용)에서 나온 것이다. 다윗은 전적인 야웨의 사람이지만, 미갈은 이 사실을 이해할 수 없었으며 수용하기를 거부하였다."라고 피력한다.

227) 잠언서는 "사람의 마음의 교만은 멸망의 선봉이요 겸손은 존귀의 길잡이니라"(18:12)고 선언하고 있다. 이 문장을 히브리어 구문대로 직역하면 "사람의 마음은 멸망 바로 전에 교만해지고, 겸손은 존귀 바로 전에 나타난다"는 뜻이다. 즉, 교만하면 멸망이 눈앞에 있고, 겸손하면 존귀가 바로 앞에 있다는 것이다.

228) Anderson, *2 Samuel*, 108쪽.

229) 아론계 제사장 복장(출 25:7; 28:4, 6, 12, 15, 25, 26, 27[2번], 28[2번], 31; 29:5[2번]; 35:9, 27; 39:2, 7, 8, 18, 19, 20[2번],

21[2번], 22; 레 8:7[2번]) 그리고 그 외(삿 8:27; 17:5; 18:14, 17, 18, 20; 삼상 2:18, 28; 14:3; 21:9; 22:18; 23:6, 9; 30:7; 삼하 6:14; 대상 15:27; 호 3:4).

230) 김덕중, "구약 성서의 음식법(dietary law) 연구 – 레위기(11장)와 신명기(14장)를 중심으로,"「국제신학」 7 (2005), 324-349쪽.

231) Walter Brueggemann, *In Man We Trust: The Neglected Side of Biblical Faith* (Atlanta: John Knox Press, 1972), 35쪽.

232) 문희석, "순례의 시,"『오늘의 시편연구』 (문희석 편)(서울: 대한기독교서회1974), 296-313쪽; W. H. Bellinger, Jr., *Psalms: Reading and Studying the Book of Praises* (Peabody, Massachusetts: Hendrickson, 1990), 20쪽; 유진 피터슨(E. H. Peterson),『한길 가는 순례자(*A Long Obedience in the Same Direction*)』 (김유리 역) (서울: IVP, 2001).

233) Leslie C. Allen, *Psalms 101-150* (WBC 21; Waco, Texas: Word Books, 1983), 210쪽.

234) H. J. Kraus, *Psalms 1-59* (Minneapolis: Augsburg, 1988), 312쪽.

235) 매칸,『새로운 시편 여행』, 101쪽.

236) Allen, *1, 2 Chronicles*, 102쪽. 앨렌은 우리의 삶이 이와 같다고 본다. 해결점이 주어지기 까지 기다림이 필요하고, 그 기다림 속에는 해결을 향한 간절한 소망이 있다. 그 기간 동안 감정의 기복을 경험하며 구원의 기대에 밀착되는 법을 배우며 믿음과 희망을 공고하는 것이다.

237) 투엘,『역대상·하』, 98쪽.

238) Allen, *1, 2 Chronicles*, 104-105쪽.

239) 투엘,『역대상·하』, 99쪽.

240) 메이스,『시편』, 154쪽.

241) Allen, *1, 2 Chronicles*, 114-19쪽.

242) 이은애, "시 93-100편의 야훼-왕 찬양시편의 구조와 역할,"「구약논단」 33 (2009), 73쪽. 단어의 어순에 있어서 '말라크-야훼'로 동사 말라크가 앞서게 되면 여호와의 왕권이 시간적으로 시작되는 동작

의 과정이 강조되어 "여호와가 왕이 되셨다"로 해석할 수 있다(삼하 15:10; 왕하 9:13). 그 반대로 '야훼-말라크'처럼 '여호와'가 동사 앞에 나온 경우는 왕이 되는 과정, 결과, 상태 모두 주어인 여호와께 돌려짐으로 강조점이 여호와께 옮겨진다. 그래서 역동적인 왕권의 시작과 함께 왕권이 지속되는 현재가 더욱 부각되어 "여호와가 왕으로 다스리신다"는 해석이 바람직하다.

243) 유진 피터슨, 『다윗: 현실에 뿌리박은 영성』, 183쪽.
244) Watts, *Psalm and Story*, 160쪽.

제 7 장 _ 다윗이 연주하는 영원의 선율

1. 다윗의 성전건축 의도 표출(삼하 7:1-7)
2. 다윗에게 허락하신 영원한 약속(삼하 7:8-29)
3. 시내 산과 시온 산의 만남
4. 시편으로 바라보는 시온(시 15편)
5. 역대기, 성전을 바라보다(대상 17장)

제 8 장 _ 다윗과 밧세바, 그 잘못된 화음

1. 밧세바와 깨어지는 왕도(8:1-11:27)
2. 폭로되는 다윗의 진실
3. 당신이 그 사람이다(삼하 12장)
4. 시편으로 다윗과 함께 회개하기(시 51편)
5. 역대기가 보여주는 회복의 길(대상 20장)

제 9 장 _ 다윗이 연주하는 징계의 길

1. 하나님 앞에서, 하나님과 함께, 하나님 없이(삼하 13-14장)
2. 암논과 압살롬, 다윗의 욕망의 분출과 소멸(삼하 13-16장)
3. 욕망에서 다시 순종으로(삼하 17-20장)
4. 시편이 말하는 의인(시 32편)
5. 역대기에서 형벌이 예배로(대상 22-29장)

제 10장 _ 다윗이 힘의 연주를 시도하다

1. '한나의 기도'가 '다윗의 노래'가 되다(삼상 2장; 삼하 22장)
2. 인구조사의 진실(삼하 21-24장)
3. 다윗의 선택(삼하 24장)
4. 시편과 함께 다시 은혜로 돌아가기(시 18편)
5. 역대기, 인구조사를 성전으로 대체하다(대상 21, 22-27장)

PART 3
다윗의 수금이 내는 불협화음

제7장 다윗이 연주하는
영원의 선율

여호와께서 사방의 모든 대적을 파하사 왕으로 궁에 평안히 거하게 하신 때에 왕이 선지자 나단에게 이르되 볼지어다 나는 백향목 궁에 거하거늘 하나님의 궤는 휘장 가운데에 있도다 나단이 왕께 고하되 여호와께서 왕과 함께 계시니 무릇 마음에 있는 바를 행하소서 그 밤에 여호와의 말씀이 나단에게 임하여 가라사대 가서 내 종 다윗에게 말하기를 여호와께서 이와 같이 말씀하시되 네가 나를 위하여 나의 거할 집을 건축하겠느냐 내가 이스라엘 자손을 애굽에서 인도하여 내던 날부터 오늘까지 집에 거하지 아니하고 장막과 회막 안에서 다녔나니 무릇 이스라엘 자손으로 더불어 행하는 곳에서 내가 내 백성 이스라엘을 먹이라고 명령한 이스라엘 어느 지파들 가운데 하나에게 내가 말하기를 너희가 어찌하여 나를 위하여 백향목 집을 건축하지 아니하였느냐고 말하였느냐 (삼하 7:1-7).

다윗이 법궤를 옮겨왔다. 예루살렘의 시온 산성은 하나님이 그 중심을 차지한 장소가 되었다. 이제 다윗은 무엇을 할 것인가? 그는 하나님 앞에서 어떻게 살아갈 것인가? 이와 같은 본질적인 질문들이 그의 삶에 제기된다. 다윗이 살아갔던 사회, 문화적인 배경인 고대 근동의 상황과 비교해 볼 때 그 답은 이미 주어져 있다. 고대 근동에서 왕과 신전은 분리될 수 없는 긴밀하고 필수적인 연관관계를 가지고 있었다. 왕권을 중심으로 집중화된 정치체제에서 백성들의 복지를 위해 왕이 행해야 할 중요한 역할 중에 한 가지는 안정과 번영을 보장하는 신을 위한 신전을 지상에 건립하는 것이다. 신이 백성들과 접촉할 수 있는 신전이 없다는 것은 백성들의 제의를 받을 수 없고 그 결과는 신의 보호를 보장받을 수 없다는 불안감을 조장하게 된다. 그로 인해 눈에 보이는 신전이 없다는 것은 백성들을 통치하는 왕의 권위가 든든히 섰다고 볼 수 없는 것으로 인정한다. 심지어 국가적인 신전이 건축되고 봉헌되기 전까지는 고대 세계에서 그 정부는 온전히 선 것으로 간주되지 않았다고 할 정도로 왕과 신전은 긴밀한 상관관계가 있었다.245) 그러므로 신전의 쇠락과 파괴는 그 신의 분노를 상징하며, 왕들은 새로운 신전건축에 착수하거나 기존의 신전 건물을 복구하는 일에 혈안이 되기도 한다.246)

고대 근동의 이러한 행습에 대한 구체적인 예를 들라고 한다면 바벨론의 마르둑 신화라든가 혹은 가나안의 바알 신화를 제시할 수 있다. 이 이야기의 시작에서 바알(바벨론의 마르둑)은 영구한 신전이 없는 신으로 등장한다. 그런데 경쟁적 신격체인 바다의 신인 얌(바벨론의 티아맛)이 두 사절을 만신전의 주신인 엘 신에게 보내어 모든 신들이 그에게 굴복할 것과 바알을 볼모로 넘길 것을 요구하게 된다. 대장장이 신인 코타루바하시스가 제공해준 두 매직 곤봉과 함께 바알은 바다의 신 얌을 무찌르고(아마도 물을 말려버린 것 상징) 모든 신들의 왕으로 등극한다. 그리고 금은보화를 잔뜩 모아서 코타루바하시스는 신성한 산꼭대기에 바알을 위한 신전을 짓고 그곳에서 바알은 성대한 잔치를 베풀고, 그의 모든 적들을 천둥으로 도망치게 한다.247)

이 신화의 구성을 통해 우리가 느낄 수 있는 것은 고대 근동의 전승 속에서는 신의 승리가 있은 후에는 반드시 그 신이 왕으로 등극하며 그것을 만천하에 공포하고, 그 통치를 공고히 하기 위한 신전이 지어졌다는 사실이다. 그리고 그 신은 영원토록 왕으로서 통치하는 것이다. 고대 근동의 관습에서 지상의 왕들이 신의 현현으로 여겨지거나(이집트), 신의 아들 혹은 대리인(메소포타미아, 가나안)으로서의 권위를 갖는다는 것은 신전을 떠나서는 성립될 수 없다. 신전을 중심으로 왕들은 자신들의 통치권을 발휘하며 절대 권력을 휘두르는 것이다. 그러므로 고대 근동에서 신전의 기능을 살펴볼 때 왕이 신전을 위함인지, 신전이 왕을 위함인지 라는 양자 사이에 갈등이 일어나지만, 대부분 후자의 경향을 향하는 것으로 드러난다.

이스라엘 민족의 태동에 있어서도 이러한 사회, 문화적인 배경은 무시할 수 없는 요소이다. 이스라엘도 어쩔 수 없는 고대근동의 한 나라이기 때문이다. 이로 인해 보수와 진보진영의 학자들은 이스라엘이 근동에 영향을 주었다와 오히려 영향을 받았다 사이에서 대립하고 있다. 그러나 하나님의 백성에게 주어진 책임은 하늘의 뜻을 얼마나 온전히 이 땅에서 구현하느냐에 달린 것이기에 근동의 영향을 받았느냐, 주었느냐는 별반 질문거리도 아니다. 비록 이 세상 만물이 신격체는 아니지만 "하나님의 영원하신 능력과 신성이 그가 만드신 만물에 분명히 보여 알려졌다"고 선언한 바울 사도의 고백을 기억할 필요가 있다(롬 1:20). 누가 그 피조물을 숭배하는데서 벗어나 창조주에게 진정한 영광을 돌리느냐가 과제인 것이다. 고대 근동의 신전에서의 관습은 "썩어지지 아니하는 하나님의 영광을 썩어질 사람과 새와 짐승과 기어 다니는 동물 모양의 우상으로 바꾸었다"(롬 1:23). 하나님의 진리를 이렇게 거짓 것으로 바꾸어 피조물을 창조주보다 더 경배하고 섬기는 악행에서 벗어나 우리의 하나님 여호와 주는 곧 영원히 찬송할 이시로다 아멘"(롬 1:25)이라는 찬양의 예배를 회복해야 하는 것이다.

하나님의 백성 이스라엘은 이제 이러한 길로의 대장정을 출애굽의 여정으로부터 시작했다. 출애굽 이야기 자체는 고대근동의 이야기들과 그 문학적인 면에서 유사성을 가지고 있다. 출애굽기와 가나안 바알 신화 그리고 메소포타미아의 마르둑 신화의 구성을 비교해 보면 흥미로운 점을 발견할 수 있다.[248] 모세의 탄생으로부터 여호와의 바다에서의 승리(바알이 얌을, 마르둑이 티아맛을 정복한 것과 비교된다)가 있은 후에 여호와의 영원한 왕 되심이 선언되었고(출 15:18) 그 후에 여호와의 왕 되심을 증명하고 영구히 자신의 백성과 함께 할 신전(성막)이 지어졌다. 모든 것이 정확한 순서를 밟아가며 있어야 할 것이 생기고, 올바른 자리를 잡아간다. 이제 누구의 주권이 설 것인가? 고대 근동의 왕이라는 위치는 그 신전을 배경으로 자신들의 통치의 정통성과 합법성을 주장하며 지배와 군림의 폭력을 행사하는 자리였다. 그러나 하나님의 백성 이스라엘은 달라야 한다. 모세의 시대는 근동의 배경 속에 살면서 그 환경에 지배되는 것이 아닌 그 요소를 뒤엎는 새로움의 시대였다. 즉 지배적인 문화에 편입되거나 길들여지지 않고 억압과 착취를 방관하는 신들을 폭로하여 실상 이런 신들이란 무력하고 따라서 신이 아니라는 것을 보여주어 허구적인 종교의 가면을 벗기는 것이다. 이를 통해 근동의 왕들이 다스리던 사회적 현실의 이념적인 정통성을 파괴하고, 그 왕들의 체제가 실상은 존재하지 않는 권위에 의지하고 있다는 것을 드러냈다. 그리고 신화에 의존하는 제국주의적인 억압의 종교에서 '하나님의 자유의 종교'(religion of the freedom of God)를 설파하여 스스로 자신의 목적을 이루시기 위해서 행동하시는 주권자이신 여호와 하나님을 보여 주었다.[249] 이처럼 모세의 시대는 하나님께서 온 세상의 왕으로 자신을 드러내시는 시절이었다.

　이스라엘에 또다시 새로운 시대가 시작되었다. 근동의 열방들처럼 인간 왕이 선 것이다. 이미 살펴보았듯이 사무엘의 탄생으로부터 시작해서 마침내 여호와께서 미스바에서 블레셋과의 전쟁을 통해 출애굽 때와 같이 자신의 위대하심을 드러내셨음에도 이스라엘은 지도자의 타락으로 인간 왕을 요구하게 된다. 그럼에도 여호와께서는 인간 왕이 백성들과 더불어 여호와의 왕권을 철저히 인정하고 겸손히 순종하며 나아갈 때 여호와의 축복이 있을 것임을 선언하셨다. 이제 중요한 것은 모세라는 위대한 지도자를 통해 드러났던 출애굽 때의 긍정적인 여정이 인간 왕과 함께 하는 이 새로운 시대에도 그대로 이어질 것인가라는 사실이다. 안타깝게도 이스라엘의 초대 왕 사울은 자신의 왕으로서의 입지를 공고히 할 목표만 있었지 여호와의 신전은 고사하고 이스라엘의 변두리에 머물고 있던 법궤에 대한 관심조차 갖고 있지 않았던 불경건한 왕의 상징이었다. 폐위된 사울을 뒤로하고 다윗 왕이 모세의 길을 따라 여호와 앞에서 걸어갈 것인가라는 질문이 남는다.

법궤를 예루살렘으로 모셔옴으로 해서 다윗은 새로운 시작에 박차를 가하고 있다. 정치적으로 분석하면 어느 지파에도 속해 있지 않던 이방인 여부스 족의 땅이요, 그리고 남과 북을 관할하기 좋은 지정학적 요충지에 예루살렘이 위치해 있다. 법궤를 모심은 정치적으로는 예루살렘에 여호와 제의를 설립하고 중앙화 함으로써 왕권을 강화한다는 측면이 있고, 신앙적으로 살펴볼 때 사울과 대조되는 다윗의 경건성을 두드러지게 부각시키는 사건이었다. 이렇듯이 법궤를 모심은 두 가지의 정반대의 의미로 해석될 수 있다. 인간이 하나님을 자신의 목표를 위해 도구화 하려는가 아니면 기꺼이 하나님의 도구가 되려하는가 라는 양 갈래 길에 서 있는 것이다. 법궤를 옮기며 이미 다윗은 하나님을 중심에 모시는 삶의 의미가 무엇인지를 뼈저린 경험으로 배웠다. 다윗은 하나님 앞에서 다음 단계로의 진행이 필요하다. 고대 근동의 관습으로 볼 때 다윗이 법궤를 예루살렘에 모셔왔다는 것은 논리적으로 다윗의 다음 단계의 행보가 성전건축일 것이란 점을 익히 짐작해 볼 수 있게 한다.[250]

1. 다윗의 성전건축 의도 표출(삼하 7:1-7)

다윗의 행보는 역시 전통을 벗어나지 않는다. 사방의 모든 대적들을 무찌르고 궁에 평안히 거할 때에 다윗은 이것이 여호와께서 이루어 주신 축복임을 확신한다. 그의 마음은 한 가지 열망으로 가득하게 되고 그 갈망은 시간의 흐름에도 소멸되지 않는다. 하나님의 법궤는 모셔왔으나 그 앞으로 나아갈 때마다 늘 가슴 속에 송구스러움이 커져만 간다. 이는 다윗의 고백 속에 나타나는 두 낱말의 비교를 통해 그의 마음을 쉽게 느껴 볼 수 있다. 자신은 주변 열방의 왕들처럼 백향목 궁에 거하고, 하나님의 궤는 휘장 가운데 있다. 백향목과 휘장, 든든하고 화려한 것과 단지 임시방편 정도밖에 안되는 초라함의 차이이다. 다윗의 마음은 여기서 모세와 같이 자신과 이스라엘에 평안을 가져다준 여호와를 위하여 성전을 건축하고자 하는 이상으로 나아간다(삼하 7:1-2).

하나님과 선지자 사이의 다윗

다윗은 예루살렘의 시온 산성 즉 다윗성에 여호와를 위한 성전을 건축할 의사를 나단 선지자에게 넌지시 내비쳤다. 선지자 나단, 그도 선지자이기 이전에 다윗과 동시대인으로 고대 근동의 의례적인 관습 속에 살아갔던 사람이다. 나단도 이 일에 적극 동참하여 선지자적인 권위로 다윗의 의도를 승인한다: "여호와께서 왕과 함께 계시니 마음에 있는 모든 것을 행하소서"(삼하 7:3). 만약 여기까지였다면 다윗은 성전을 건축하였을 것이다. 그에게는 힘도 있고, 능도 있고, 모든 재력도 이미 완비되었다. 거기다 선지자의 확증까지 주어졌다는 것은 이제 신적인 재가를 받은 것과 진배가 없다. 그러나 때로 선지자들도 섣부를 수 있다. 예전에 사무엘이 하나님의 명령으로 이새의 집에 가서 한 아들을 기름 부어 세울 때, 그는 이새의 첫째 아들 엘리압에게 반하여 "마음에 이르기를 여호와의 기름 부으실 자가 과연 주님 앞에 있도다"(삼상 16:6)라는 탄성을 내질렀다. 그러나 하나님은 'No'를 선언하셨다. 나단 또한 자신의 마음으로 다윗의 마음을 평가하고 하나님의 마음인 듯이 행동했다. 그 밤에 나단에게 여호와의 말씀이 임한다. 이처럼 선지자와 대중의 차이점은 듣는다는데 있다. 그 들음이 섣부른 대답과 행동까지도 고쳐갈 수 있기에 희망이 있는 것이다.[251] 인간은 자신이 말해 놓은 것, 이미 진행하고 있는 것, 그리고 자신의 뜻대로 거의 완성 단계에 있는 것에 초점을 맞출 때가 많다. 그리고 하나님의 음성을 애써 외면하려 하고 오히려 하나님의 뜻을 자신의 계획으로 선회시키려는 몸부림을 치기도 한다(창 17:17-18). 그것이 인간인지도 모른다.

그 밤에 즉각적으로 나단 선지자에게 하나님의 음성이 들려온다. 다윗의 의도와 나단의 확증과는 정반대의 응답이 하나님께로부터 온다. 성전건축을 허락하지 않으신다는 것이다. 이것은 단호한 'Never'(결코 아니다)라기 보다는 'Not Yet'(아직 아니다)이라고 볼 수 있으며, '거절'(rejection)이 아닌 '적합한 시기'(timing)의 문제라 할 수 있다. 어쨌든 다윗의 의도는 여호와의 거절로 그 결말에 이른다. 모든 상황이 모세의 시대처럼 연결되고 있는데 여호와의 거절은 무슨 의미를 내포하고 있는 것인가를 살펴보아야겠다. 이미 걸어왔던 역사의 흐름이 성전건축을 당면 과제로 하고 있는데 왜 여호와께서는 일언지하에 다윗의 의도를 거부하시는 걸까? 많은 사람들이 이 부분에서 의문을 제기한다. 왜 다윗은 안 되는가? 그 이유가 이 부분에서 선명하게 드러나고 있지 않다는 것이 많은 논쟁의 여지를 주고 있다.

성전건축 거절에 대한 다양한 의견들

하나님께서 다윗에게 성전건축을 허락지 않으신 이유에 대해 다양한 의견들이 제시되었다. 먼저 성경 속에서 찾아낸 것들을 살펴보면 다음과 같다. 열왕기상 5장 3절에는 솔로몬이 자신의 아버지 다윗이 성전건축을 할 수 없었던 이유로 전쟁을 치르느라 바쁜 삶을 보냈기에 그럴 여력이 없었다고 피력한다: "내 아버지 다윗이 사방의 전쟁으로 말미암아 그의 하나님 여호와의 이름을 위하여 성전을 건축하지 못하고 여호와께서 그의 원수들을 그의 발바닥 밑에 두시기를 기다렸나이다." 역대상 22장 9절(또한 28:3)에는 여호와께서 다윗에게 직접 "너는 피를 심히 많이 흘렸고 크게 전쟁하였느니라 네가 내 앞에서 땅에 피를 많이 흘렸은즉 내 이름을 위하여 성전을 건축하지 못하리라." 이 두 부분은 넓은 의미에서 동일한 것을 말하는 듯하다. 전쟁과 피 흘림의 사람은 바쁘든 부정하든 (제의적으로) 하나님의 이상인 '평안'과 거리가 있다는 신학이다. 이것은 성전을 짓는 솔로몬의 이름까지도 정당화하는 것이 될 수 있다(왕상 5:4; 대상 22:9). 솔로몬(שלמה 셰로모)의 이름은 '평안, 평화'를 뜻하는 히브리어 '샬롬'(שלום)과 동일 어근을 가진다. 성전과 전쟁이 종결된 평화와 결합된 신학은 시편과 예언서에도 나타난다 (시 46:4-9; 사 2:2-4).

다윗의 성전건축 의사가 처음 제기된 사무엘하 7장에서 하나님께서 나단에게 거절의 뜻을 전하실 때의 의도를 파악해 보면, 하나님은 오히려 텐트가 더 족하시다는 뉘앙스를 풍긴다. 출애굽의 광야여정부터 지금 현재까지 마음만 먹으면 되실 것이었지만 그 어느 누구에게도 성전을 지을 것을 명하신 일이 없다는 것이다. 어느 한 지파에 고정된 성전이 아닌 이스라엘 지파 연합 안에서의 유동성을 간직한 전통을 지키시겠다는 의도를 느껴볼 수도 있다. 혹자는 이 구절을 통해 다윗이 보수적인 전통에 영향을 받아 휘장으로 이루어진 이동성 텐트를 지키는 쪽으로 결정한 것으로 보기도 한다.[252]

그 외에 다윗의 상황을 고려한 추측들이 있다. 먼저 다윗의 왕정 자체가 지파체제를 공고히 하며 살아왔던 이스라엘에 획기적인 정치, 사회적 변동을 가져왔다는 것이다. 이런 대 격변과 더불어 어떤 한 장소와 지파에 편향된 붙박이 성전을 건축한다는 것은 너무나 큰 전통 붕괴의 부담이 있고, 이렇게 거대한 두 가지의 변혁을 한 세대에 한꺼번에 실행한다는 것이 벅찼다는 것이다. 이로 인해 다윗은 왕조를 든든히 하는 일에 전념하고, 성전건축은 다음 세대로 미루었다는 견해이다.[253]

다른 의견으로는 다윗은 주변의 원수들은 다 평정했지만 정작 나라 안에서 벌어지고 있는 여러 제사장 분파들의 분쟁에 휩싸여 의견의 통일을 보지 못했다고 주장하기도 한다. 예를 들면 대표적인 두 제사장 그룹인 엘리 계열의 아비아달과 그 근원을 명확히 알 수 없는 사독 계열 제사장들 간의 의견대립을 주요인으로 들고 있다.[254]

또 다른 의견은 사무엘서에 나타난 사건의 배열들을 재조정하는 것을 통해 얻어낸 것이다. 성전건축의 장소와 밀접하게 연관되는 사무엘하 24장의 다윗의 인구조사 이야기는 본래 다윗의 왕으로서의 등극과 법궤 이전, 그리고 성전건축 의도를 내비치는 사무엘하 5-7장의 이야기들 바로 다음에 위치하고 있었다고 본다. 인구조사의 근본적인 목적도 성전건축에 동원할 인력을 뽑아낼 의도가 있었던 것으로 추측한다. 그러나 어떤 연유에서인지 나라에 역병이 발생했고 오늘날까지도 '원인과 결과'라는 인과의 법칙이 작용하듯이 선지자도 다윗도 이것이 성전건축을 거부하시는 하나님의 뜻으로 해석했다는 것이다.[255] 이 논지에 따르면 다윗은 성전건축을 임의대로 실행을 했고, 사건의 전개 상황에서 나타난 전염병이라는 돌발사태로 인해 좌절된 것으로 이해하는 것이다.

성전을 세우기 위한 기초

이처럼 다양한 사람들이 다양한 의견을 제시하고 있지만 뭔지 모를 석연찮음이 있다. 사무엘서 자체만으로 보았을 때는 솔로몬의 말과 모순되기 때문이다.

이제 내 하나님 여호와께서 내게 사방의(מסביב 미사비브) 태평을(הניח 헤니아흐) 주시매 원수도 없고 재앙도 없도다(왕상 5:4).

여호와께서 사방의(מסביב 미사비브) 모든 대적을 무찌르사 왕으로 궁에 평안히(הניח 헤니아흐) 살게 하신 때에(삼하 7:1).

다윗의 시절에도 분명 하나님께서 주변을 다 평정해 주심으로 동일한 태평성대가 펼쳐지고 있었다. 그래서 다윗은 이 호기를 하나님을 향한 믿음의 기회로 삼으려는 결심을 한 것으로 볼 수 있다. 그렇다면 하나님의 거부 속에는 태평성대 그 이상의 이유가 숨어 있을 것을 짐작할 수 있다.

이쯤에서 모세의 성막건축과 다윗의 성전건축 의도의 차이점을 살펴볼 필요가 있겠다. 모든 정황이 유사하게 진행되어 감에도 두 사건 속에는 하나의 거대한 차이점이 존재하고 있다. 그것은 바로 "누구의 주도권인가?"라는 질문이다. 하나님을 위하여 성전을 건축하는 그 자체는 결코 잘못이라 할 수 없다. 그러나 다윗의 의도 속에 흡사 자신이 '하나님의 보호자'(God's benefactor)인 것처럼 주제넘게 착각하는 듯하기 때문이다.[256] 성전의 존재의미는 그 반대이다. 출애굽기 15장 17절에는 하나님이 주도하시는 성전의 이념이 드러나고 있다: "주께서 백성을 인도하사 그들을 주의 기업의 산에 심으시리이다 여호와여 이는 주의 처소를 삼으시려고 예비하신 것이라 주여 이것이 주의 손으로 세우신 성소로소이다." 성막을 건축할 재료들은 분명히 백성들이 자원해서 내는 예물들이지만 성막건축의 의도, 계획, 디자인은 모두 오로지 여호와께로부터 주어지는 것이다(출 25:1-9).

그러므로 고대 근동의 나라들처럼 왕들이 성전을 건축하여 자신의 전제 정권을 더욱 공고히 하기 위한 수단으로 활용하는 것 같은 일들이 이스라엘에서는 결단코 일어나지 않게 하기 위한 여호와의 지침이기도 하다.257) 이것은 성막건축의 마지막에 18번씩이나 화음처럼 계속해서 울려 퍼지는 동일한 후렴구로 인해 명확해진다: "여호와께서 모세에게 명하신 대로 하였더라"(출 38:22; 39:5, 7, 21, 26, 29, 31, 32, 42, 43; 40:16, 19, 21, 23, 25, 27, 29, 32). 하나님의 성전은 여호와께서 명령하신 것이 그대로 이루어지는 사건이 벌어지는 장소이다. 성막건축의 완성을 나타내는 부분(출 39:32-40:33)과 천지창조의 완성인 안식일 준수를 명령하는 부분(창 2:1-2:3)이 동일한 표현들로 마무리 된다는 것은 성막이 하나님의 창조의 이념을 그대로 따르고 있음을 보여준다: "모든 역사를 마치니"(כָּלָה...מְלָאכָה 칼라 밀라카)(창 2:1-2; 출 39:32; 40:33), "축복하고"(בָּרַךְ 바라크)(창 2:3; 출 39:43), "그 날(것)을 거룩하게(קָדַשׁ 콰다쉬) 하였다"(창 2:3; 출 40:9).258) 창조는 하나님의 말씀 사건이다. 명령하신 것이 한 치의 어김도 없이 그대로 이루어지는 것이다. 이점에서 창조와 성막건축은 일맥상통한다. 성막이 완성된 것은 이제 거룩한 창조의 완성, 즉 하나님의 뜻의 실현이다. 왜냐하면 이제 이 성막을 중심으로 하나님의 창조와 구원을 체험한 공동체가 오직 순종으로만 가능한 안식일을 거룩하게 지킬 수 있는 삶을 열어갈 수 있기 때문이다.259) 사울은 창조의 일주일을 견뎌내지 못했고(삼상 13:8), 불순종으로 일관했다(삼상 15:22). 이제 신명기 역사서에서(신명기-열왕기하) 모세 이후로 처음이자 마지막으로 여호와께서 '내 종'이라고 부르는 사람이 있다. '내 종'과 '이름'이 조합된 호칭은 이 부분에서 오직 모세(수 1:2)와 다윗(삼하 3:18; 7:5, 8; 왕상 11:32, 34, 36, 38; 14:8; 왕하 20:6)에게만 적용된다. 심지어 모세의 뒤를 잇는 여호수아에게도 주어지지 않았던 호칭이다. 이것은 다윗의 중요성을 입증하기에 충분한데, 그는 모세에 버금가는 인물로 동일한 역할을 기대해 볼 수 있다.260) 그렇지만 사람이 결코 하나님의 뜻을 앞서는 것은 금물이다.

    사람이 신을 조종할 수 없다. 하나님을 위한 처소를 예비하고, 그곳을 관리한다는 명목으로 자신의 지위를 공고히 하려는 어떤 움직임도 분쇄되어야한다. 신명기 속에 계속적으로 강조되듯이 성전은 "하나님께서 자신의 이름을 두시기 위하여 택하신 장소"이다(신 12:5, 11, 21; 14:23, 24; 16:2, 11). 그런데 그곳에서 사람의 주권과 이름이 높아진다면 그 본래의 의미가 상실되고 말 것이기에 성전에서 사람의 주도권은 철저하게 제거되어야만 한다. 그렇지 않으면 이미 폐기된 인간의 이름을 높이는 바벨탑을 쌓는 것과 다름이 없을 것이기 때문이다(창 11:1-9).

    그러나 모세 때에 성막이 오로지 여호와께서 명령하신 그대로 이루어진 것인데 반해 다윗의 성전건축 의도는 결코 여호와로부터 흘러나온 것이 아닌 다윗이라는 왕이 자신의 의도로 지으려고 한다는 것이다. 여기에 위험 요소가 깃들어 있다. 어느 누구도 하나님을 마음대로 조종할 수 없다. 그 반대가 되어야 한다. 이것이 다윗이 하나님의 집(בַּיִת 바이트)을 지어드리려고 의도했을 때(삼하 7:5), 하나님께서는 역으로 다윗의 집(בַּיִת 바이트)을 세우려고 하셨던 이유이다(삼하 7:11). 다윗이 하나님의 집을 짓는 것보다 하나님께는 더 시급한 것이 있는 것이다. 하나님의 집이 영원히 견고하게 설 수 있는 기초가 필요한 것이다. 이 영원함을 이끌기 위해 하나님은 다윗이라는 한 사람만이 아니라 대대로 이어지는 그의 집이 필요하시다. 하나님께서 다윗의 집을 세우심으로 먼저 그와 그의 후손들을 바른 길 위에 세우셔야 한다. 그의 집이 올바른 기초 위에 세워질 때 하나님의 집은 그 신학적인 목적을 분명히 할 수 있다. 이런 이유로 하나님께서 모세를 통해 이스라엘에게 먼저 법을 하사하신 후(출 20-24장)에 성막을 짓게 하신 것이다(출 25-40장). 하나님의 집이 세워지는 기초가 필요하다. 이스라엘이 이 법을 지킬 것을 서약했을 때 하나님은 이스라엘의 하나님이 되시고, 이스라엘은 하나님의 백성이 되었다(출 19: 5-6; 24:3). 그리고 그들은 하나님께서 거하실 성막을 건축했다.

구원의 역사 --- 하나님과 이스라엘의 언약(시내 산) --- 성막건축
하나님의 말씀(법)을 듣고, 순종하겠다는 서약

그러나 이 약속이 이행되지 않을 시에는 하나님께서도 그 성전을 버리실 수밖에 없으며(겔 8:6; 9:9), 끝내 성전은 돌 하나도 돌 위에 남지 않는 운명을 피할 수 없게 된다(렘 7:1-15; 미 3:9-12; 마 24:1-2). 그러므로 하나님께서는 자신이 거할 화려한 집보다도 더 시급한 것이 바로 구원의 의미를 바르게 깨닫고 하나님의 법을 따라 이 세상을 올바르게 통치하는 한 가문과 영원한 언약을 맺는 것이다. 하나님의 집이 이 땅에 영원히 서느냐, 아니냐가 바로 그 길에 달려 있기 때문이다. 하나님께나, 다윗에게 필요한 것이 바로 이 든든한 언약의 기반 위에 세워진 집이다.

다윗은 여호와의 거절에 기꺼이 순종한다. 그리고 여호와의 뜻에 따라 자신의 다음 대로 그 일을 넘긴다. 다윗의 기도가 하나님의 뜻에 대한 그의 철저한 순종을 증명한다(삼하 7:18-29). 이제 다윗은 자신의 안전을 위해 하나님의 축복을 교묘히 조종하는 자가 아니라 자신의 미래와 왕조의 미래까지도 하나님의 전능하신 주권과 그분의 축복에 맡기는 사람이 된다.[261] 이 사건을 통해 사무엘서는 한 가지의 질문에 대한 답을 내린다. 왜 다윗이 든든한 왕정을 세웠음에도 고대 근동의 일반적인 전례와 같이 자신을 이끈 신을 위한 성전을 건축하지 않았는가? 그것은 다윗의 불경건이나 무관심 때문이 아니라 여호와의 주권을 넘어가지 않으려는 진중한 의도가 있었던 경건성에 기인한 것이다. 그리고 그는 여호와

께서 세우실 영원한 집을 기대하는 사람이 된다. 첫째는 자신의 집이요, 궁극적으로는 그것을 기초로 하는 하나님의 집이다.

2. 다윗에게 허락하신 영원한 약속(삼하 7:8-29)

다윗은 하나님의 집을 제안하고, 하나님은 먼저 다윗의 집을 세울 것을 말씀하신다. 하나님의 집은 그렇다 쳐도 하나님께서 약속하신 다윗의 집은 의문을 제기한다. 이것은 분명 눈에 보이는 것으로서의 건물을 지칭하는 것은 아닐 것이다. 왜냐하면 다윗은 분명 자신이 백향목 궁에 거한다고 명시하고 있기 때문이다(삼하 7:2). 그렇다면, 하나님께서 세우시려는 다윗의 집은 무엇인가? 이것이 먼저 서야만 하나님의 집도 설 수 있다는 논리가 적용될 수 있다.

하나님이 세울 다윗의 집이란?

사무엘하 7장 11-13절의 세 구절을 각각 비교하면 다윗의 집의 의미를 파악해 볼 수 있을 것이다.

11절	전에 내가 사사에게 명령하여 내 백성 이스라엘을 다스리던 때와 같지 아니하게 하고 너를 모든 원수에게서 벗어나 편히 쉬게 하리라 여호와가 또 네게 이르노니 여호와가 너를 위하여 집(בַּיִת 바이트)을 짓고
12절	네 수한이 차서 네 조상들과 함께 누울 때에 내가 네 몸에서 날 네 씨를 네 뒤에 세워 그의 나라(מַמְלָכָה 맘라카)를 견고하게 하리라
13절	그는 내 이름을 위하여 집(בַּיִת 바이트)을 건축할 것이요 나는 그의 나라(מַמְלָכָה 맘라카) 왕위(כִּסֵּא 키세)를 영원히 견고하게 하리라

여호와께서 세우실 다윗의 집과 다윗의 후손이 세울 여호와의 집 사이에 '나라'가 들어가 있다. 다윗의 집은 나라가 되고, 그 나라는 성전의 터전을 이룬다. 하나님께서 말씀하시길 그 나라를 세우기 위해 "내가 너를 목장 곧 양을 따르는 데에서 데려다가 내 백성 이스라엘의 주권자를 삼고 네가 가는 모든 곳에서 내가 너와 함께 있어 네 모든 원수를 네 앞에서 멸하였다"(삼하 7:8-9)라고 하신다. 여기에는 다윗이라는 한 주권자의 선택을 다루고 있다. 그리고 이에 덧붙여 "내가 또 내 백성 이스라엘을 위하여 한 곳을 정하여 그를 심고 그를 거주하게 하고 다시 옮기지 못하게 하며"라고 하신다(삼하 7:10). 이 곳에는 백성과 땅이 밀접하게 연관되어 나타난다. 나라를 구성하는 중요 요소들인 '국민,' '영토,' '주권'이 모두 등장하고 있다. 이스라엘이라는 하나님의 나라가 드디어 서게 되는 것이다. 그리고 그 나라는 영원히 견고하여야 하기에 하나님께서는 다윗뿐만 아니라 그의 후손들도 포함된 나라를 약속하신다. 그래야만 하나님의 영원하신 뜻이 하나님의 집인 성전을 통하여서 이스라엘은 물론이요 세상 만국에 전파될 수 있기 때문이다(사 2:1-4; 미 4:1-5).

다윗과 그의 후손들이 궁극적으로 이루어야 할 것은 하나님의 나라라는 점에서 주권은 어디에 기초하고 있는 것인가를 분명히 할 필요가 있다. 다윗과 그의 후손이 부여받은 이 주권은 어디에 기초하고 있는 것인가? 그 근원에 따라 이 나라는 다윗의 나라가 될 것인지, 하나님의 나라가 될 것인지가 결정될 것이다. 시내 산 어귀에서 금송아지를 만들고 우상숭배에 빠져버린 이스라엘에 대해 하나님께서는 모세에게 "너는 내려가라 네가 애굽 땅에서 인도하여 낸 네 백성이 부패하였도다"(출 32:7)라고 관계의 단절을 언급하며 그들을 진멸하려 하신다. 모세는 모세대로 "여호와여 어찌하여 그 큰 권능과 강한 손으로 애굽 땅에서 인도하여 내신 주의 백성에게 진노하시나이까"(출 32:11)라고 호소한다. 한 순간에 이스라엘은 모세의 백성이 되기도, 하나님의 백성이 되기도 한다. 십계명 두 돌판이 산산조각이 날 때 그들은 사람의 백성이다. 그러나 십계명 두 돌 판이 다시 새겨질 때 그들은 하나님의 백성으로 돌아온다.[262] 하나님의 법을 무시하는 사람들이 하나님의 백성일리가 없기 때문이다. 다윗과 그의 후손의 왕위는 단연코 하나님의 절대 주권에 기초하고 있어야만 한다. 이스라엘이 하나님과 언약을 맺듯이 다윗의 집도 하나님과 긴밀한 관계를 맺는다. 이 관계는 인간이 느낄 수 있는 가장 친밀한 용어 중의 하나로 표현된다.

나는 그 아비가 되고 그는 내 아들이 되리니 저가 만일 죄를 범하면 내가 사람 막대기와 인생 채찍으로 징계하려니와 내가 네 앞에서 폐한 사울에게서 내 은총을 빼앗은 것처럼 그에게서 빼앗지는 아니하리라(삼하 7:14-15).

하나님과 다윗이 이렇게 친밀한 언약을 맺었다. 아버지와 아들의 관계가 된 것이다. 이 부분에서 '언약'을 뜻하는 히브리어 전문용어인 '베리트'(בְּרִית 계약)라는 단어는 나타나지 않는다. 그러나 여기에 사용된 언어적인 표현들이 언약적 뉘앙스를 충분히 풍기고 있다는 점은 의심의 여지가 없다. 또한 사무엘하 23장 5절의 '다윗의 마지막 말'에는 하나님의 이 약속을 '영원한 언약'(בְּרִית עוֹלָם 베리트 올람)이라는 말로 표현하고 있고, 시편 89편 속에도 이 약속을 분명히 언약(בְּרִית 베리트)이라는 용어로 이해하고 있음을 살펴볼 수 있다(20-39절).[263] 하나님께서는 다윗에게 약속하신 세 가지를 한꺼번에 언급하심으로 언약 체결을 마감하신다: "네 집과 네 나라가 내 앞에서 영원히 보전되고 네 왕위가 영원히 견고하리라"(삼하 7:16). 다윗의 집이 나라로 확장되고 그 나라는 다시 그의 왕위로 공고해지는 것이다. 이러한 하나님과 다윗의 언약은 결코 시내 산에서 이스라엘과 하나님이 맺은 언약과 경쟁하거나 그것을 파기하지 않는다. 이것은 다윗의 응답의 기도 속에 명백하게 드러나는바 다윗이 약속받은 그 나라는 여호와께서 애굽에서 구속하여 내셔서 "주의 백성으로 삼으셨고 그들의 하나님이 되신 나라"이기 때문이다(삼하 7:24). 이처럼 다윗을 통하여 하나님의 백성들이 약속된 하나님의 인도와 보호를 받는 것을 의미하는 것이다(시 78:70-72).[264] 이제 다윗과 이스라엘은 운명공동체가 된 것이다.

영원한 언약이란?

여기에서 눈여겨 볼 필요가 있는 것은 '영원'(עוֹלָם 올람)이라는 단어이다. 다윗의 집, 나라, 왕위는 순간적인 것이 아닌 영원할 것이라는 하나님의 약속이다. 그리고 사울에게서 은총을 빼앗은 것 같은 일은 다윗에게는 벌어지지 않을 것이라는 부가적인 언급도 하신다. 이 말씀은 자칫 오해의 소지가 있다. 물론 우리가 하나님을 왜곡할 자격은 없다. 하나님의 판단을 평가할 위치도 아니다. 그리고 하나님의 편애조차도 우리가 다룰 소지의 것이 아님을 분명히 안다. 그러나 한 가지 혹여 인간적인 입김이 성령의 영감을 눌러 다윗 편향적인 정치적 선동이 되지 않을까하는 우려가 있기 때문이다. 오늘날에도 흔히 벌어지는 정치책동인 '사울 죽이기, 다윗 세우기' 식이 되는 것은 아닌가라는 의구심 때문이다. 하지만 어쩌면 이 영원이란 말로 인해 오히려 그러한 차별이 상쇄될 수도 있다는 점을 숙고할 필요가 있다.

하나님과 다윗이 언약을 맺는 사무엘하 7장에서처럼 이야기의 한 단락에 영원이라는 단어가 이렇게 밀집되어 나타나는 경우는 성경 속에 더 이상 없다. 무려 8번이나 나타난다(13, 16[2번], 24, 25, 26, 29[2번]

절). 하나님께서 약속하시고(3번) 다윗이 그 약속을 이어받아 감사의 기도로 영원을 만들어 간다(5번). 우리는 이미 엘리 가문과 사울의 이야기를 통해서 이 영원의 의미를 배웠다. 이들의 이야기는 모두 하나님의 언약과 관련이 된다는 점에서 이 단어가 하나님과 다윗의 언약에서 다시 쏟아져 나온다는 것은 의미가 크다. 왕좌를 방불케 하는 의자(כסא 키세)에 앉아 이스라엘을 통치했던 엘리 가문(삼상 1:9; 4:18)의 불순종에 대하여 하나님께서는 결국 강력한 대응으로 심판을 선고하셨다.

시작	그들이 실로에서 먹고 마신 후에 한나가 일어나니 때에 제사장 엘리는 여호와의 전 문설주 곁 그 의자(כסא 키세)에 앉았더라(삼상 1:9).
중심	그러므로 이스라엘의 하나님 나 여호와가 말하노라 내가 전에 네 집과 네 조상의 집이 네 앞에 영원히(עולם 올람) 행하리라 하였으나 이제 나 여호와가 말하노니 결단코 그렇게 하지 아니하리라 나를 존중히 여기는 자를 내가 존중히 여기고 나를 멸시하는 자를 내가 경멸하리라(삼상 2:30).
	내가 나를 위하여 충실한 제사장을 일으키리니 그 사람은 '내 마음, 내 뜻대로'(כאשר בלבבי 카아세르 빌바비) 행할 것이라 내가 그를 위하여 견고한 집을 세우리니 그가 나의 기름 부음을 받은 자 앞에서 영구히 행하리라(삼상 2:35).
끝	하나님의 궤를 말할 때에 엘리가 자기 의자(כסא 키세)에서 자빠져 문 곁에서 목이 부러져 죽었으니 나이 많아 비둔한 연고라 그가 이스라엘 사사가 된지 사십년이었더라(삼상 4:18).

엘리가 의자에 앉아 있는 것으로 시작하여, 그 의자에서 떨어져 죽는 것으로 그 끝에 이른다. 그리고 중심에 원인이 들어가 있다. 엘리 가문이 영원히 앉아 있을 수 있을 것으로 여겨졌던 그 의자에서 떨어져 죽었다는 것은 하나의 강력한 경고가 된다. 영원한 것이 다시 순간적인 것으

로 변할 수 있다는 것이 인생을 두렵게 만든다. 영원은 지킬 수 있는 자에게 주어지는 축복이다. 영원은 보상이 아니라 선물이다. 그러므로 어느 누구에게나 주어지는 공평한 것이 된다. 그러나 이것을 잃는 것은 뼈아픈 고통과 수모를 감수하는 것이다. 여호와께서 사무엘을 통해서 엘리 가문의 죄악은 "제물로나 예물로나 영원히 속죄함을 받지 못하리라"고 단언하신 것이다(삼상 3:14). 그리고 이것을 "듣는 자마다 두 귀가 울릴 것이라"(כָּל־שֹׁמְעוֹ תְּצִלֶּינָה שְׁתֵּי אָזְנָיו 콜-숌오 티짤나 세테 오즈나으)는 독특한 표현을 사용하신다(삼상 3:11). 이 희귀한 표현의 심각성은 이것이 신명기 역사서에서 다시 한 번 더 출현한다는데 있다. 다윗의 가장 악명높은 후손인 므낫세의 시절에 이 표현이 살아나고 있다: "내가 이제 예루살렘과 유다에 재앙을 내리리니 듣는 자마다 두 귀가 울리리라"(שְׁתֵּי אָזְנָיו כָּל־שֹׁמְעָהּ תְּצִלֶּינָה 콜-솜아으 티짤나 세테 오즈나으)(왕하 21:12).[265] 그리고 므낫세의 극악한 죄로 인하여 다윗의 집을 중심으로 한 유다와 예루살렘은 결국 그 어떤 것으로도 사함을 받지 못하고 멸망의 길을 걸었다(왕하 23:26; 24:3). 심지어 요시야의 대대적인 종교개혁과 신실함에도 그 운명을 바꿀 수 없었다. 그리고 하나님은 자신의 모든 명령과 모세의 모든 율법을 지켜 행하면 자신의 이름을 영원히 두리라고 하셨던 예루살렘 성전을 파괴하신다(왕하 21:7-8). 다윗 가문의 운명이 결코 엘리 가문의 운명과 다르지 않다. 엘리 가문의 실패로 인해 실로의 성소가 파괴되었다면, 다윗 가문의 실패로 예루살렘 성전이 파괴된 것이다(렘 7:1-15; 26:1-7). 인간에게 영원은 결코 시작도 끝도 없는 시간의 연속을 의미하는 것이 아니다. 인간에게 영원은 숭고하고 거룩한 책임을 의미하는 것이다. 그러므로 하나님과 다윗의 언약에서 반복되는 '영원'이라는 단어는 다윗이라는 인물을 향한 하나님의 편애를 상징하기 위한 것이라기보다는 다윗 가문이 이루어 내야 할 거룩한 소명을 강조하기 위한 것이란 점이 더 바른 해석일 것이다. 그 소명은 엘리 가문의 심판 때에도, 또한 다윗보다 먼저 왕으로 섰던 사울의 심판 때에도 나타났던 동일한 그것을 이루어 내는 것이다.

> **사무엘이 사울에게 이르되 왕이 망령되이 행하였도다 왕이 왕의 하나님 여호와께서 왕에게 내리신 명령을 지키지 아니하였도다 그리하였더라면 여호와께서 이스라엘 위에 왕의 나라를 영원히(עולם 올람) 세우셨을 것이어늘(삼상 13:13).**

> **지금은 왕의 나라가 길지 못할 것이라 여호와께서 왕에게 명령하신 바를 왕이 지키지 아니하였으므로 여호와께서 '그의 마음에 맞는 사람'(אִישׁ כִּלְבָבוֹ 이쉬 킬바보)을 구하여 여호와께서 그를 그의 백성의 지도자로 삼으셨느니라(삼상 13:14).**

하나님 마음에 맞는, 즉 하나님의 마음을 따라 살아가는 삶이 목표로 주어져 있다. 이것이 영원을 소유하고 가꾸며, 지켜나갈 수 있는 길이다. 이제 다윗의 집은 하나님 마음에 맞는 삶, 그것을 이루어 나가야 한다.

영원을 지키기 위해

그렇다면 이를 위해 다윗의 집이 해야 할 일이 무엇인가? 하나님께서는 다윗의 궁전에 가장 중요한 기능을 담당하는 한 부분을 세우기를 원하신다. 이것은 단순히 다윗의 집이라는 개념을 넘어서는 '나라'와 '왕위'가 연결된 사명이 된다. 여호와의 성전이 완성되기 전에 반드시 서 있어야만 하는 궁전의 핵심요소인 것이다. 솔로몬이 성전을 건축할 때 이 부분은 의도적으로 강조되고 부각된다. 성전건축 이야기의 문학적인 기술 방법이 이를 뒷받침하고 있다.

　　　　a. 성전건축의 건물과 내장공사 완공(왕상 6:1-38)
　　　　　b. 솔로몬의 궁전건축(왕상 7:1-12)
　　　　a'. 성전건축의 외부기물들 완공(왕상 7:13-51)

　　성전건축의 내부와 외부의 기구들을 만드는 진행상황의 보도들 사이에 묘하게 솔로몬의 궁전 건축이야기가 삽입된다. 분명 건축 상황이 이렇게 지그재그 식으로 이리 갔다, 저리 갔다하는 방식은 아니었을 것이다. 이러한 배열은 분명 역사적인 사실을 넘어서는 신학적인 의도가 있을 것임을 살펴볼 수 있다. 솔로몬의 궁전건축 보도 그 중심에 보여주고자 하는 목표가 있다. 열왕기상 7장 7절은 "또 심판하기(שפט 샤파트) 위하여 보좌(כסא 키세)의 주랑 곧 재판(משפט 미쉬파트/정의)하는 주랑을 짓고 온 마루를 백향목으로 덮었다" 라고 전한다. 솔로몬이 이어받은 다윗의 보좌는 '정의'(משפט 미쉬파트)를 실행하는 장소라는 신념이 들어가 있다. 하나님의 집과 공의를 행하는 다윗 집의 보좌가 분리할 수 없이 밀접하게 연락되어 있는 것이다.[266] 예루살렘에 있는 여호와의 집에 올라가는 기쁨의 순례를 전하는 시편 122편 또한 그 구성에 있어 하나님의 집을 그 시작과 끝에 두고(1, 9절), 여호와께서 "거기에 심판(משפט 미쉬파트/정의)의 보좌를 두셨으니 곧 다윗의 집의 보좌로다"(5절)라는 동일한 것을 찬양의 중심에 놓고 있다. 다윗 집의 보좌는 하나님의 집에서 흘러나오는 '정의와 공의'가 세상으로 전달되는 통로가 되어야 한다는 이념이 명백히 드러나고 있다.

　　여기서 영원이라는 의미가 드러난다. 인간은 명백히 유한하다. 전도서는 이러한 인간의 유한성을 한 단어의 반복적인 사용으로 강조하는데 '한 숨, 한 호흡, 순간, 안개' 등을 뜻하는 '헛되다'(הבל 헤벨)이다.[267] 그리고 시편의 곳곳에서도 인간의 유한성이 이 동일한 단어로 표현된다(시

39:5, 11; 62:9; 144:4). 이렇게 유한한 인생이 영원하신 하나님의 뜻에 잇대어 그 계획하심을 이루며 살아간다는 것은 결코 한 세대만으로는 불가능한 일이다. 하나님은 영원한 계획을 가지고 계시고 인간은 유한하기 때문이다. 이것을 극복하는 길이 바로 다윗 한 사람에게만 약속이 주어지는 것이 아니라, 다윗의 집, 나라, 그의 왕좌에 주어지는 약속이다. 하나님의 뜻은 다윗의 집을 통하여 세대를 이어가며 동일하게 이루어져야만 한다. 이것이 유한한 인간이 영원을 살아갈 수 있는 유일한 길이다. 다윗에게 약속하신 그 왕좌로부터 "오직 정의가 물 같이 공의가 마르지 않는 강 같이 흘러나와야 할 것이다"(암 6:24). 그렇다면 다윗에게 주셨던 그 영원한 왕좌의 언약이 결코 아무런 규율이 적용되지 않는다는 주장은 사실과 다름을 살펴볼 수 있다. 그럼에도 하나님과 다윗의 언약을 보통 무조건적인 언약이라고 보는 경향이 있다. 그래서 조건이 붙은 언약(covenant)이나 조약(treaty)이라는 단어보다는 수여(grant)라는 단어를 사용하기도 한다.[268] 하지만 이 세상에 무조건적인 언약이 있을까?

3. 시내 산과 시온 산의 만남

율법 준수라는 철저한 조건으로 이루어진 시내 산 계약에 반하여 하나님과 다윗이 맺은 언약을 무조건적인 것으로 이해하며, 인간의 의무와 책임보다는 하나님의 공약과 헌신으로 보려는 경향이 있다. 이 점에서 다윗은 노아나 아브라함과 같은 무조건적인 언약을 받은 사람들과 같은 선상에 있는 것으로 이해된다.[269] 그러나 이 중에 어떠한 인물도 받은 약속들이 저절로 이루어진 경우는 없다. 또한 그 약속이 자연적으로 후대로 연결된 경우도 없다는 점에서 무조건성이 의심된다. 그 당사자들은 물론이요 그 후손들까지 복을 누릴 것이라는 조항이 붙은 아브라함과 다윗이 하나님과 맺은 언약이 오직 하나님 혼자만의 맹세와 서원으로 이루어 졌다는 점에서 무조건적인 듯이 보인다. 하지만 최소한 어떤 특정한 규정들에 대한 순종을 당연시 한다는 점에서 무조건성은 깨어질 수 있다.[270]

언약들에 나타난 조건적 성격

먼저 노아와의 언약부터 살펴보면 하나님의 명령들이 연관되어 있다는 것을 발견할 수 있다. 방주를 만들고 그 안에 모든 종류의 동물들을 모으라는 것(창 6:9-22)과 노아가 그대로 준행했다는 순종이 언급된다(창 6:22). 또한 방주에서 나와 새 땅에서 하나님께서 노아와 그의 후손 그리고 땅의 모든 생물들과 언약을 세우실 때 한 가지 엄격한 명령을 내리시고 언약을 주신다. 그것은 피에 대한 금기사항으로 고기를 피 있는 채로 먹지 말아야 하며, 특히 하나님의 형상대로 지음 받은 사람의 피를 흘리지 말 것을 명하신다. 이것은 노아 홍수의 원인들을 해결하려는 것으로 피를 먹지 말라는 명령은 하나님께만 올려드리는 제사를 상징함으로 인간의 부패를 막고, 사람의 피를 흘리지 말라는 것은 인간이 동료 인간에게 저지르는 '포악'(הָמָס 하마스/폭력)을 염두에 둔 명령으로 보인다(창 9:1-17; 참조 6:13). 비록 겉으로 보기에는 하나님께서 일방적으로 수여하시는 듯한 언약이지만 노아와 그의 후손들이 지켜야 할 언약의 조건은 분명해 보인다. 창세기 9장 11절에 "땅을 멸할 홍수가 다시 있지 아니하리라"고 약속하셨지만, 인간이 살아가는 세상에는 끊임없이 펼쳐지는 인간의 죄와 악으로 인해 큰 물(홍수)의 범람이 멈출 날이 없다(시 18:16; 32:6; 46:3; 69:1, 2, 14, 15; 88:17; 93:3; 124:4, 5; 144:7). 이것을 견뎌내고 이겨내는 길은 시편 1편과 2편이 제시하고 있는 "여호와의 율법을 주야로 묵상하는 삶"과 오직 "유일한 피난처 되시는 하나님께 피하는 것이다." 이처럼 인생의 홍수를 이기는 길이 이미 조건으로 주어져 있는 것이다.

하나님과 아브라함과의 언약은 이보다 더 강한 명령들을 내포하고 있다. 약속의 출발부터 하나님께서는 아브라함에게 "너는 너의 고향과 친척과 아버지의 집을 떠나 내가 네게 지시할 땅으로 가라"고 명령하신다(창 12:1). 이 조건이 채워지지 않으면 수많은 약속은 아무런 의미가 없다. 창세기 17장에는 언약(בְּרִית 베리트)이라는 전문용어가 등장하며 본격적인 계약에 들어가는데 여호와께서 "내가 내 언약을 나와 너 사이에 세워"라고 하시며 그 중심 내용은 "아브라함으로 심히 번성케 하고, 열국의 아비로 세우고, 가나안 땅을 유업으로 주리라"는 것이다(창 17:2-8). 하지만 그 시작부터 조건은 주어진다: "나는 전능한 하나님이라 너는 내 앞에서 행하여 완전하라"(창 17:1). 그리고 언약을 지키라고 하시며 그 증표로 할례를 명하시고, 아브라함은 그 말씀을 따라 할례를 행한다(창 17:9-27). 이것은 하나님의 명령에 대한 아브라함의 즉각적이고 온전한 순종을 뜻한다.[271] 창세기 18장 18-20절은 이러한 조건적인 언약의 특징을 잘 설명하고 있다.

> **아브라함은 강대한 나라가 되고 천하 만민은 그로 인하여 복을 받게 될 것이 아니냐 내가 그로 그 자식과 권속에게 명하여 여호와의 도를 지켜 의(צְדָקָה 쩨다카)와 공도(מִשְׁפָּט 미쉬파트)를 행하게 하려고 그를 택하였나니 이는 나 여호와가 아브라함에게 대하여 말한 일을 이루려 함이니라**

이 구절은 분명히 아브라함과 맺으신 하나님의 언약이 조건적임을 알 수 있게 해준다. 아브라함이나 그의 후손들이 정의와 공의를 실현할 때 하나님께서 약속하신 것들이 실현될 것임을 느껴볼 수 있다.[272] 창세기 22장에는 아브라함의 불굴의 신앙이 모리아 산에서 펼쳐지는데 하나님께서 그의 순종을 보신 후에야 아브라함에게 약속하신 그 모든 축복의 언약을 반드시 이루시겠다고 다짐하신다(22:16-18). 그리고 이 순종으로 인해 아브라함의 후손인 이삭 또한 축복의 길에 서 있음을 말씀해 주신다(창 26:3-5): "이는 아브라함이 내 말을 순종하고 내 명령(מִשְׁמֶרֶת 미쉬메레트)과 내 계명(מִצְוָה 미쯔바)과 내 율례(חֹק 후콰)와 법도(תּוֹרָה 토라)를 지켰음이라"(5절). 그러나 이 축복의 약속은 결코 저절로 이삭에게 연결되지 않는다. 이삭 또한 하나님의 명령에 순종해야만 한다. 그 땅에 또다시 대대적인 흉년이 들었을 때 하나님께서 이삭에게 말씀하신다.

여호와께서 이삭에게 나타나 가라사대 애굽으로 내려가지 말고 내가 네게 지시하는 땅에 거하라 이 땅에 유하면 내가 너와 함께 있어 네게 복을 주고 내가 이 모든 땅을 너와 네 자손에게 주리라 내가 네 아비 아브라함에게 맹세한 것을 이루어 네 자손을 하늘의 별과 같이 번성케 하며 이 모든 땅을 네 자손에게 주리니 네 자손으로 인하여 천하 만민이 복을 받으리라(창 26:2-4).

그리고 이삭은 그 땅에 머무르는 순종을 통해 아브라함의 축복을 자신의 삶 속에서 누리는 길을 걸어간다(창 26:6-33). 또 다른 언약이 주어지는 창세기 15장에는 어떠한 조건도 나타나지 않는 듯 보이지만 면밀히 살펴보면 곳곳에서 행해야 할 규율들을 찾아볼 수 있다. 비록 아브라함이 잠든 가운데 전폭적으로 하나님께서 주권적으로 행하신 언약일지라도 이 은혜의 선물에 대한 올바른 응답을 해야 한다는 면에서 조건적이다. 먼저 "두려워 말라"(15:1)라는 하나님의 명령과 불가능해 보이는 하늘의 별과 같이 번성할 후손의 약속에 대해 "아브람이 여호와를 믿으니 여호와께서 이를 그의 의(צְדָקָה 쩨다콰)로 여기셨다"고 언급하고 있다(15:6). 그리고 땅의 약속은 아브라함 후대에 성취될 터인데 그 이유는 "아모리 족속의 죄악이 아직 가득 차지 않았기"(15:16) 때문이다. 이것은 무슨 의미인가? 결국 죄악과 땅의 상실은 밀접하게 연관되어 있다는 신학이다. 땅을 차지하고, 지키기 위해서는 이들과는 달라야 한다는 조건이 이미 땅의 약속에 명시되어 있는 것이다(신 9:4-5).[273]

이와 같은 하나님의 언약 속에 나타나는 '명령-순종'의 관계는 부정할 수 없을 정도로 거의 동일하게 시내 산의 조건적인 언약 속에 농축되어 있다: "세계가 다 내게 속하였나니 너희가 내 말을 잘 듣고 내 언약을 지키면 너희는 모든 민족 중에서 내 소유가 되겠고 너희가 내게 대하여 제사장 나라가 되며 거룩한 백성이 되리라"(출 19:5-6).[274]

다윗 언약에 나타난 조건적 성격

하나님과 다윗의 언약 또한 이러한 조건들과 밀접히 결합되어 있다. 하나님께서는 다윗에게 영원한 나라와 왕좌를 약속하시며 그의 집이 범죄하면 사람의 매와 인생의 채찍으로 징계하실 것이라고 하셨다(삼하 7:14). 다윗에게 하신 이 언약은 그의 아들 솔로몬에게로 연결되며 성취를 맛보기 시작하는데 그 온전한 완성은 오직 하나님의 계명을 준수한다는 명백한 조건아래 이루어질 것임을 더욱 강조하고 있다. 이것은 솔로몬을 향한 다윗의 유언과 그에 대한 하나님의 확증 속에 명백히 드러난다.

네 하나님 여호와의 명령(מִשְׁמֶרֶת 미쉬메레트)을 지켜 그 길로 행하여 그 법률(חֻקָּה 후콰)과 계명(מִצְוָה 미쯔바)과 율례(מִשְׁפָּט 미쉬파트)와 증거를 모세의 율법에 기록된 대로 지키라 그리하면 네가 무릇 무엇을 하든지 어디로 가든지 형통할지라 여호와께서 내 일에 대하여 말씀하시기를 만일 네 자손이 그 길을 삼가 마음을 다하고 성품을 다하여 진실히 내 앞에서 행하면 이스라엘 왕위에 오를 사람이 네게서 끊어지지 아니하리라 하신 말씀을 확실히 이루게 하시리라(왕상 2:3-4).

네가 이제 이 전을 건축하니 네가 만일 내 법도(חֻקָּה 후콰)를 따르며 내 율례(מִשְׁפָּט 미쉬파트)를 행하며 나의 모든 계명(מִצְוָה 미쯔바)을 지켜 그대로 행하면 내가 네 아비 다윗에게 한 말을 네게 확실히 이룰 것이요 내가 또한 이스라엘 자손 가운데 거하며 내 백성 이스라엘을 버리지 아니하리라(왕상 6:12-13).

사무엘하 7장에는 하나님의 영원한 언약이 마치 값없이 주어지는 선물인 듯이 강조되고, 그 언약에 대한 규율은 미미할 정도로 약화되어 있다. 하지만 그 언약에 대한 다윗의 고백적인 유언과 솔로몬의 응답, 그리고 하나님의 또 다른 확증에서는 무조건적인 요소는 완전히 사라지고 뚜렷한 시내 산의 조건만 남는다(왕상 2:1-4; 3:14; 6:12-13; 8:24-25; 9:4-5). 여기서 언급되는 '법도, 계명, 율례'라는 단어들은 아브라함과의 언약에서 보이는 모든 조건적인 규례들에 대한 울림(echo)임을 알 수 있다(비교, 창 26:5). 그리고 모세의 율법이라는 분명한 언급은 다윗 또한 율법에 대한 철저한 순종에 기초를 둔 시내 산 계약에 종속된다는 것을 확증하고 있다.[275] 이것은 신명기 17장 14-20절에 주어진 왕에 대한 규정에서도 그대로 드러난다. 이 모든 정황을 살펴볼 때 다윗과의 언약 또한 분명히 조건적임을 알 수 있다. 이처럼 "모든 언약이나 조약들은 조건들에 결부되어 있다"는 것은 부인할 수 없는 사실이다.[276]

시내 산과 시온 산의 관계

여기서 시내 산과 시온 산의 관계를 바르게 정립하는 것이 필요하다. 이 산들은 이스라엘 역사의 두 분기점이라고 할 수 있는 획기적인 사건이 발생한 장소이며, 이스라엘 역사에서 중요한 역할을 담당한다. 하나는 이스라엘이 하나님의 백성으로 거듭나는 장소요, 다른 하나는 하나님의 백성을 이끄는 왕조가 탄생하는 장소이기 때문이다. 한 곳에서는 성막이 세워지고, 다른 곳에서는 성전이 세워진다. 시내 산이 모세와 함께하는 새 시대를 열어갔다면 시온 산은 다윗과 함께하는 새 시대를 열어간다. 하나님께서는 이들 두 목자들을 부르셔서 자신의 백성 이스라엘을 이끌게 하셨다.[277]

이스라엘 역사의 전반부에 모세라는 지도자가 모든 판단의 기준을 제공해 주었다면 이제 앞으로 열려질 왕조의 시대에는 다윗 왕이 그 긍정과 부정의 평가를 제공해 줄 시금석이 된다는 사실이다. 실제로 다윗이 서기 전까지는 지도자들이 얼마나 모세의 율법을 철저히 준수했는가라는 것으로 평가의 기준을 삼았다면(수 1:7; 23:6; 삿 3:4; 왕상 2:3), 다윗 이후부터는 다윗이 걸어간 길을 얼마나 잘 따랐는가가 평가의 기준이 되고 있다는 사실로 입증된다(왕상 3:14; 8:25; 9:4; 11:6; 14:8; 15:11; 왕하 14:3; 16:2; 18:3; 22:2).[278] 이처럼 모세와 다윗은 이스라엘 역사를 떠받치는 중요한 두 축이다. 그리고 이들을 통해서 시내 산과 시온 산은 하나님의 뜻을 전하는 중요한 통로의 역할을 한다.

시내 산은 호렙이라고 불리기도 하며 이스라엘 역사 속에서 아무리 강조해도 지나침이 없을 정도로 획기적인 장소이다. 그 곳에서 하나님의 백성이 탄생되었기 때문이다. 시내 산(32번)과 호렙 산(12번)은 주로 오경 속에 빈번하게 등장하며, 그 외의 구약성경에서 시내 산은 4번 더 나타나고(삿 5:5; 느 9:13; 시 68:8; 68:7), 호렙 산은 5번 더 등장한다(왕상 8:9; 19:8; 대하 5:10; 시 106:19; 말 4:4). 이처럼 이스라엘 신앙의 바탕이 되는 토라(창-신)에 시내 산은 그 중심으로 우뚝 서 있다. 이에 비해 시온 산은 그 명맥 자체도 미미하다. 오경에는 전혀 나타나지 않으며, 다윗 이후의 역사인 사무엘-열왕기하까지의 기나긴 역사 속에 단지 네 번 밖에 등장하지 않고 있다(삼하 5:7; 왕상 8:1; 왕하 19:21, 31).[279] 그리고 이 네 번 중에 그 어느 곳에서도 시온 산은 특수성이나 신화적인 요소를 포함하고 있는 것으로 미화되지 않는다. 시온 산성은 다윗이 정복한 예루살렘 다윗성이 서 있는 장소일 뿐이다(삼하 5:7; 왕상 8:1).[280] 이것은 흡사 왕조 신학이 신명기 17장에 나타난 모세의 율법에 제재를 받듯이 다윗의 시온 산은 모세의 시내 산에 귀를 기울여야 함을 말한다. 이처럼 다윗이 받은 약속이 어떠한 여건에도 불변하는 영구한 약속이 아니라 시내 산에서 주어진 규정에 복속된다는 것을 볼 때 시온 산에서 주어진 왕조에 관한 약속은 오히려 시내 산의 사상에 종속되어 있다고 볼 수 있다. 어떤 면에서 이것을 종속성이라고 이름붙이기 보다는 다윗 왕조는 시내 산의 이념을 그대로 이어받은 연속선상 위에 있다는 것을 강조하는 것이라 할 수 있다.[281]

    시내 산에 임재하셨던 하나님께서(출 19:16-19) 성막으로 그 장소를 옮기시고(출40:34-35), 법궤 위의 속죄소 두 그룹 사이에 임하셔서 이스라엘을 만나실 것을 약속하셨다(출 25:22). 그리고 이 법궤가 드디어 다윗의 시온 산성에 입성하여 그 자리를 차지했다(삼하 6:17). 궁극적으로 이 법궤가 머물 장소는 솔로몬이 세울 성전의 지성소 안이다(왕상 8:1-11). 성막과 성전 양쪽에 여호와의 영광을 상징하는 가득한 구름으로 인해 사람이 서서 섬길 수 없을 정도가 되었다고 전한다(출 40:34-35; 왕상 8:10-11). 그리고 동일한 법궤 안에는 호렙에서 넣은 십계명 두 돌판이 들어 있었다(왕상 8:9). 시내 산의 정신이 자연스럽게 시온 산으로 옮겨진 것이다.

그러나 이 두 산은 거대한 차이점을 하나 가지고 있다. 시내 산은 이스라엘 역사 속에서 더 이상 정확한 위치를 알 수 없는 장소가 되었지만, 시온 산은 어느 누구나 쉽게 볼 수 있는 장소라는 사실이다.[282] 이것은 눈에 보이지 않는 시내 산의 정신이 눈에 보이는 시온 산으로 옮겨진 것이다. 이러한 두 산의 관계를 다음의 문장으로 정확히 묘사할 수 있다: "현존은 시온의 모습인데 그 음성은 시내 산의 음성이다"(The Presence is the presence of Zion, but the voice is the voice of Sinai).[283] 이제 다윗의 집과 나라, 그의 왕좌는 하나님의 말씀에 대한 순종에 전폭적으로 의존되어 있음이 명백하다.

4. 시편으로 바라보는 시온(시 15편)

신명기 역사서(신명기-열왕기하)에서는 분명하게 시내 산이 시온 산을 점령했다. 다윗과 그의 후손들은 시내 산의 율법 정신에 고개를 숙이고 그 정신을 그대로 실현해야 하는 책임을 짊어지고 있다. 그러나 그 이후의 성경의 전통들을 살펴보면 흡사 시온 산이 시내 산을 완전히 대체하고 있는 듯한 인상을 풍긴다. 특히 시편들과 예언서들을 살펴보면 이러한 현상이 더욱 두드러진다. 시내 산이나 호렙 산이라는 명칭 자체도 그 이후의 성경 이야기에서는 고작 6번 더 나타나며 현저하게 자취를 감추고 있는 것에 반해(느 9:13; 시 68:8; 68:7; 대하 5:10; 시 106:19; 말 4:4), 시온이라는 명칭은 획기적으로 증가하고 있다(시편 39번, 이사야 48번, 예레미야 17번, 예레미야애가 15번, 열두 소 예언서 30번). 그리고 시온은 더 이상 단순한 가시적인 산성 정도에 머물지 않고 신학적으로 이념화된 신의 도성이 된다. 상황이 말 그대로 창세기부터 열왕기하까지의 이야기들 속에서와는 완전히 역전된 분위기를 풍기고 있다. 그리고 신학적으로 채색된 시온의 위상은 가히 압도적이라 할 수 있다.

예를 들어 출애굽기에서 나타나는 시내 산에서의 놀라운 광경들이 여러 시편에서와 예언서에서 시온 산에서 일어난 것으로 선포되고 있다는 사실에서 그 무게감이 입증된다. 시편 97 편은 시내 산에서 나타났던 불(אֵשׁ 에쉬), 구름(עָנָן 아난), 번개(בְּרָקִים 베라킴) 그리고 지진 같은 떨림이(출 19:16, 18) 모두 시온 산에서 일어난 현상으로 선포하고 있다.

> 구름(עָנָן 아난)과 흑암이 그를 둘렀고 의와 공평이 그 보좌의 기초로다 불(אֵשׁ 에쉬)이 그 앞에서 나와 사면의 대적들을 사르시는도다 그의 번개(בְּרָקִים 베라킴)가 세계를 비추니 땅이 보고 떨었도다(시 97:2-4).

그리고 하나님의 왕 되심과 모든 신 위에 뛰어나심 역시 시온 산에서 일어난 것으로 선언한다 (시 97:1, 6-9절).[284] 예언자 이사야와 미가는 미래의 어느 날 여호와의 율법과 말씀이 시내 산이 아닌 여호와의 전이 서 있는 시온 산에서 나올 것이며 거기서 여호와께서 열방을 판단하실(שָׁפַט 샤파트) 것이라 예고하고 있다: "말일에 여호와의 전의 산이 모든 산 꼭대기에 굳게 설 것이요 모든 작은 산 위에 뛰어나리니 만방이 그리로 몰려들 것이라…이는 율법이 시온에서부터 나올 것이요 여호와의 말씀이 예루살렘에서부터 나올 것임이니라"(사 2:1-4; 미 4:1-4).

또한 전통적으로 여호와의 현현은 시내 산으로부터 진행하시지만, 이제는 동일하신 하나님께서 시온 산에서 자신의 영광을 드러내신다.[285]

> 여호와께서 시내 산에서 오시고 세일 산에서 일어나시고 바란 산에서 비취시고 일만 성도 가운데에 강림하셨고 그 오른 손에는 불 같은

율법이 있도다(신 33:2).

온전히 아름다운 시온에서 하나님이 빛을 비취셨도다 우리 하나님이 임하사 잠잠치 아니하시니 그 앞에는 불이 삼키고 그 사방에는 광풍이 불리로다(시 50:2-3).

이를 통해 명백해지는 것은 시편과 예언서 속에서 이제 시온은 단순한 다윗성의 차원을 벗어나 시내 산을 대신하는 위치까지 이르며, 이스라엘 신앙의 중심을 차지하기에 이른다. 이처럼 다윗은 시내 산 중심의 이스라엘 신앙을 시온 산을 중심으로 새롭게 조성한다. 그의 삶과 기도, 찬양과 예배의 생활은 시온을 하나님의 백성 이스라엘의 삶의 중심으로 옮겨 놓은 것이다. 이것은 결코 저절로 이루어지는 것이 아니다. 시내 산의 법이 자신의 삶의 모습이 되어버린 사람을 통해서만 실현될 수 있는 것이다. 시편 15편은 이러한 삶을 보여주기에 충분한 다윗의 시이다.

[시 15편, 다윗의 시]
여호와여 주의 장막에 머무를 자 누구오며
주의 성산에 거할 자 누구오니이까
정직하게 행하며 공의를 실천하며
그의 마음에 진실을 말하며
그 혀로 남을 참소치 아니하고
그 이웃에게 악을 행하지 아니하며
그 이웃을 비방하지 아니하며
그 눈은 망령된 자를 멸시하며
여호와를 두려워하는 자들을 존대하며
그 마음에 서원한 것은 해로울지라도 변하지 아니하며

이자를 받으려고 돈을 꾸어 주지 아니하며
뇌물을 받고 무죄한 자를 해하지 아니하는 자이니
이런 일을 행하는 자는 영원히 흔들리지 아니하리이다

이처럼 하나님의 성산 시온에서 하나님의 은혜를 누리고, 그 축복을 회복하기 위해서 인간 편에서도 하나님의 성품과 같은 인자함과 의와 공의를 수행해야 할 책임을 지고 있다.[286] 다윗의 시편들 속에는 이와 유사한 내용의 시편들이 여럿 있다. 하나님의 성 시온을 기리며, 그 시온에 거하시는 하나님의 말씀을 지키는 것을 삶의 최고의 목표로 삼았다는 내용들이다(시 19, 24편). 이제 시내 산이나 시온 산이 하나의 분리된 개념이 아니라 동일한 것의 다른 이름일 뿐일 정도로 구별은 무의미하다. 그 장소에 하나님께서 임하시기에 거기에 거하기를 사모하는 것이다. 결코, 그 장소의 웅장함이나 아름다움 때문이 아니다. 이것은 다윗의 성이라고 불리는 시온 산성은 정치적이나 군사적인 장소가 아닌 늘 신학적인 장소로 강조된다는 점에서 옳다. 그렇기 때문에 시온을 묘사할 때 그 성의 겉모습이나 정치, 군사적인 측면과 관계된 표현을 사용하지 않는다. 설사 시온 성의 성벽이나 망대, 그 궁전의 웅장함을 선전할지라도 결코 그 건물에 의미를 두지 않고 "하나님이 그 여러 궁중에서 자기를 요새로 알리셨다"고 선포하기를 주저하지 않는다(시 48:3). 그리고 그런 건물이 아닌 하나님 자신이 피난처가 되신다는 사실 또한 힘주어 강조한다(46:1, 7, 11; 48:3).[287]

시편 15편은 이처럼 유일한 피난처이신 하나님을 향한 갈망이 가득한 노래이다. 그리고 바른 이해를 위해서 더 이상의 설명이 필요 없을 정도로 그 내용이 분명한 시편이다. 여호와의 장막과 성산에 머무르기를 원하는 자들의 삶의 방식이 결코 추상적이지 않게, 구체적으로 실천할 수 있도록 주어져 있다. 그리고 이런 일을 행하는 자들은 "영원히 흔들리지 않을 것이다." 다윗은 영원한 언약을 하나님으로부터 약속받았다. 그렇다면 그 약속이 영원히 흔들리지 않게 하는 길은 이 시편의 말씀을 자신의 삶의 방식으로 만들어가는 것이다. 이 시가 기도가 되고, 삶이 되고, 그의 입술의 찬양이 된다면 조건이나 무조건은 단지 말장난에 지나지 않는 것이다. 하나님의 은혜가 앞서는 삶은 조건도 무조건도 여호와를 향한 열정을 방해할 수 없기 때문이다. 이 시편으로 기도하고 찬양하며 삶을 바르게 할 때 다윗의 삶에 그리고 우리의 삶에 어떤 일이 벌어질 것인가? 역대기는 그 기대의 결과를 살펴볼 수 있는 첫 장소가 되기에 충분하다. 왜냐하면 역대기의 신앙공동체는 지금 현재 형태의 시편으로 하나님을 향한 예배를 세워갔던 최초 공동체이기 때문이다. 그러므로 역대기의 공동체가 기대하고 있는 것을 살펴보면 우리의 미래 또한 보일 것이다.

5. 역대기, 성전을 바라보다(대상 17장)

시편 15편의 다윗의 기도처럼 "이런 일을 행하는 자는 영원히 흔들리지 않을 것이라는" 염원은 역대기에서 현실이 된다. "주위의 모든 원수들을 무찔러야만 평안할 수 있었던 다윗의 삶은"(삼하 7:1) 이제 역대기에서는 그 어떠한 원수에 대한 언급조차도 필요 없는 삶이 되었다(대상 17:1).

여호와께서 사방의 모든 대적을 파하사 왕으로 궁에 평안히 거하게 하신 때에 왕이 선지자 나단에게 이르되 볼지어다 나는 백향목 궁에 거하거늘 하나님의 궤는 휘장 가운데 있도다(삼하 7:1-2).

다윗이 그 궁실에 거할 때에 선지자 나단에게 이르되 나는 백향목 궁에 거하거늘 여호와의 언약궤는 휘장 밑에 있도다(대상 17:1).

그 시작부터 요동치 않는 삶이 이루어지고 있음을 살펴볼 수 있다. 그리고 성전을 짓고자 하는 다윗의 의도가 들어가 있는 사무엘하 7장의 평행 본문인 역대상 17장은 이 부분에서 만큼은 특별한 자료의 가감이 없이 공히 동일한 것을 말하고 있다. 영원함이라는 단어가 사무엘서에서 만큼 동일하게 8번 나타난다(대상 17:12, 14[2번], 22, 23, 24, 27[2번]). 이것은 하나님께서 다윗에게 약속하신 그 약속은 시대를 초월하여 결코 변함이 없다는 것을 입증하기에 충분하다. 다윗이 '영원'이라는 것을 지킬 수 있을 것인가라는 의문으로 시작되었지만 역대기에서 그 영원이 동일하게 지켜지고 있는 것을 확인할 수 있다. 사무엘서의 다윗과 역대기의 다윗은 분명 수백 년의 격차가 있다.[288] 이런 기나긴 세월이 흐른 뒤의 역대기서에서도 그 약속이 살아있는 이유, 그것은 분명 사울과 다윗의 차이라고 할 수 있을 것이다. 역사를 다시 쓰며 그 색이 퇴색되지 않고 오히려 생명력을 더해가는 사람, 날카로운 비판의 잣대에도 소멸되지 않고 오히려 바람직한 인간상으로 되살아나는 사람, 그 사람 다윗은 분명 신앙적 아름다움을 소유한 인물임에 틀림없다.

역대기는 다윗의 변화된 모습으로 인해 약간의 변동이 주어진다. 성전을 건축하고 싶다는 다윗의 열망에 대해 사무엘서는 "네가 나를 위하여 내가 살 집을 건축하겠느냐"(삼하 7:5)는 의문을 제시하심으로 거절 의사를 밝히시지만 역대기에서는 "너는 내가 거할 집을 건축하지 말라"(대상 17:4)라고 단호하게 언급하신다. 이것은 명령에 대한 명확성과 그 순종의 확실성을 보장하는 것이다. 사무엘서와 역대기의 큰 차이점을 들라고 한다면 불순종에 대한 징계의 내용이 역대기에는 사라진다는 것이다. 그 이유는 이제 다윗은 자신의 집과 나라, 왕좌를 놓고 징계를 고민하는 그런 신앙이 아니며, 오직 일심으로 하나님의 뜻을 세우는 것에만 모든 초점이 맞춰져 있기 때문이다. 그의 후손이 서는 것도 왕좌에 대한 욕심이 아니요 하나님의 집을 세우기 위한 것일 뿐이다. 이것은 사무엘서와 역대기에서 '나라'의 주체에 대한 초점의 변동에서 분명히 드러난다.

네 집과 네 나라가 내 앞에서 영원히 보전되고 네 왕위가 영원히 견고하리라(삼하 7:16).

내가 영원히 그를 내 집과 내 나라에 세우리니 그의 왕위가 영원히 견고하리라(대상 17:14).

이제 더 이상 이스라엘은 다윗의 집이 아니고 다윗의 나라가 아니다. 이것은 이제 하나님의 집이요 하나님의 나라이다. 그 안에 다윗의 왕좌가 놓여져 있는 것뿐이다. 법궤가 다윗성에 입성했을 때, 다윗이 아삽을 세워 여호와께 감사하게 했던 찬양의 중심이 바로 "모든 나라 중에서 이르기를 여호와께서 통치하신다 할지로다"(대상 16:31)였다. 설사 다윗의 정치적 왕국이 실패할지라도 하나님의 왕국은 계속된다. 하나님께서 그 성실하심으로 맹세한 영원한 언약인 다윗의 혈통은 계속될 것이다. 다윗 혈통 스룹바벨에 의해 제 2성전 건축이 실행되었고, 역대상 1-9장의 족보에서처럼 다윗의 혈통은 건재할 것이다. 비록 세계사적인 정치적 대 격변으로 다윗의 후손이 더 이상 통치할 수 없다 할지라도 그들은 현재의 역대기 공동체의 신앙의 지침을 위해 정신적 지주로서 봉사할 것이다(특히, 다윗과 솔로몬).[289] 그리고 나아가서는 신앙 공동체의 미래 또

한 이 특정한 시기의 역사를 통해서 나아갈 길을 바르게 열어 갈수 있을 것이다.290)

이 간절한 열망은 사무엘서와 역대기서에 나타난 다윗의 입에서 쏟아져 나오는 감사의 기도의 차이점을 통해 쉽게 확인할 수 있다. 사무엘하 7장 29절은 "이제 청컨대 종의 집에 복을 주사 주 앞에 영원히 있게 하옵소서…주의 종의 집이 영원히 복을 받게 하옵소서"라는 미래를 향한 간구로 마감한다. 그러나 역대기상 17장 27절은 "이제 주께서 종의 왕조에 복을 주사 주 앞에 영원히 두시기를 기뻐하시나이다 여호와여 주께서 복을 주셨사오니 이 복을 영원히 누리리이다"는 이미 간구한 그 복을 누렸고, 누리고 있으며, 또한 앞으로도 계속 누리기를 갈망하는 간구로 연결된다. 그렇다. 이것이 영원이다. 과거, 현재, 미래가 하나로 연결되는 것, 이것이 바로 희망인 것이다. 오직 하나님의 말씀에 순종하며, 그의 나라와 그의 의를 구하며, 그 외의 모든 것은 하나님의 선하신 뜻에 맡기는 삶이 인간의 나라가 아닌 하나님의 나라를 바르게 열어가는 길이 될 것이다. 이런 기대를 가지고 다윗의 이후의 삶을 돌아볼 필요가 있다. 그러나 영원한 약속이 한 순간에 무너질 수 있다는 위기의식 또한 잊지 말아야 한다. 모든 것은 하나님의 통치하시는 은총에 일치하여 살아가는 순종의 예배에 달려 있는 것이다.

주석

245) H. Frankfort, *Kingship and the Gods* (Chicago: University of Chicago, 1978), 267-74쪽; B. Harpern, *The Constitution of the Monarchy in Israel* (HSM 25; Chico, Calif.: Scholars Press, 1981), 21-31쪽.

246) M. Ota, "A Note on 2Sam 7," H. N. Bream et al (eds.), A Light Unto My Path (Gettysburg Theological Studies 4; Philadelphia: Temple University Press, 1974), 404-405쪽; Frankfort, Kingship and the Gods, 267-68쪽; Harpern, The Constitution of the Monarchy in Israel, 21-23쪽. 이들은 우가릿과 메소포타미아 문서들에서 이러한 증거들을 제시하고 있다.

247) 장일선 편역, 『구약세계의 문학』 (서울: 대한기독교서회, 1981), 303-347, 374-428쪽; Michael David Coogan(ed. & trans.), *Stories from Ancient Canaan* (Louisville: Westminster Press, 1978), 75-115쪽.

248) William H. C. Propp, *Exodus 1-18* (AB; New York: Doubleday, 1999), 34쪽.

249) W. 브루거만(Walter Brueggemann), 『예언자적 상상력(*The Prophetic Imagination*)』 (김쾌상 역)(서울: 대한기독교출판사, 1981), 11-36쪽. 브루거만은 모세로 인하여 나타난 새로움과 혁신성은 과장될 필요가 없을 정도라고 하며, 어쩌면 우리는 그의 이야기에 너무 익숙해져버려서 모세 때문에 나타난 철저히 새롭고 혁명적인 사회적 현실을 제대로 인식하지 못하는 경향이 있다고 우려를 표명한다(17쪽). 참조, 김재구, 『성경적 리더십의 재발견: 하나님의 종 모세를 그리며』.

250) J. A. Soggin, "The Davidic-Solomonic Kingdom," J. H. Hayes and J. M. Miller (eds.), *Israelite and Judaean History* (Philadelphia: Westminster Press, 1997), 363쪽.

251) Allen, *1, 2 Chronicles*, 122-23쪽.

252) V. W. Rabe, "Israelite Opposition to the Temple," *CBQ* 29 (1967), 8, 229쪽.

253) M. Weinfeld, "Zion and Jerusalem as Religious and Political Capital: Ideology and Utopia," R. E. Friedman (ed.), *The Poet and the Historian: Essays in Literary and Historical Biblical Criticism* (Havard Semitic Studies 26; Chico, Calif.: Scholars

Press, 1983), 88쪽.

254) T. Ishida, *The Royal Dynasties in Ancient Israel* (BZAW 142; Berlin: de Gruyter, 1977), 95쪽.

255) Carol Meyers, "David as Temple Builder," P. D. Miller et al (eds.), *Ancient Israelite Religion: Essays in Honor of Frank Moore Cross* (Philadelphia: Fortress Press, 1987), 357-76쪽.

256) Jože Krašovec, "Two Types of Unconditional Covenant," *HBT* 18 (1996), 57쪽.

257) 강승일, "솔로몬 성전 이스라엘의 거룩한 공간," 「구약논단」 34 (2009), 133쪽. 신전을 지을 때 신이 직접 건축에 대한 구체적인 지시를 내리는 경우는 메소포타미아 문헌에도 나타난다. 그러나 그 진정성은 신전건축 이후의 왕들의 삶으로 평가할 수 있을 것이다. 바벨탑으로 통칭되는 메소포타미아의 신전인 지구라트들을 하나님께 대항하여 인간의 이름을 높이려는 의도로 평가하는 것이 결코 우연은 아닐 것이다(창 11:1-9).

258) Moshe Weinfeld, "Sabbath, Temple and the Enthronement of the Lord-The Problem of the Sitz im Leben of Genesis 1:1-2:3," in *Mélanges bibliques et orientaux en l'honneur de M. Henri Cazelles*, eds. A. Caquot & M. Delcor (Neukirchen: Neukirchener Verlag, 1981), 501쪽; Joseph Blenkinsopp, "The Sturcture of P," *CBQ* 38 (1976), 280쪽; John G. Gammie, *Holiness in Israel* (OBT; Minneapolis: Fortress Press, 1989), 14-19쪽.

259) Brian Peckham, "Writing and Editing," in *Fortunate the Eyes that See: Essays in Honor of David Noel Freedman in Celebration of His Seventieth Birthday*, eds. A. B. Beck, A. H. Bartelt, P. R. Raabe and C. A. Franke (Grand Rapids, Michigan: W. B. Eerdmans Publishing Co., 1995), 367쪽.

260) D. J. McCarthy, S.J., "II Samuel 7 and the Structure of the Deuteronomic History," *JBL* 84 (1965), 132쪽. 오경 속에서는 아브라함(창 26:24)과 갈렙(민 14:24)이 이런 영광을 누린다. 흔히 나타나는 표현은 '여호와의 종'이라는 칭호이다. 이 호칭은 주로 모세에게 적용되며 여호수아에게도(수 24:29) 사용된다.

261) Donald F. Murray, *Divine Prerogative and Royal Pretention: Pragmatics, Poetics and Polemics in a Narrative Sequence about David(2 Samuel 5.17-7.29)* (JSOTSup. 264; Sheffield: Sheffield Academic Press, 1998), 156-59, 226-30쪽.

262) 예언자들은 여호와의 법이 더 이상 지워지지 않게 아예 백성들의 마음속에 새겨지기를 염원한다: "그러나 그 날 후에 내가 이스라엘 집과 맺을 언약은 이러하니 곧 내가 나의 법을 그들의 속에 두며 그들의 마음에 기록하여 나는 그들의 하나님이 되고 그들은 내 백성이 될 것이라"(렘 31:33), 그리고 "내가 그들에게 한 마음을 주고 그 속에 새 영을 주며 그 몸에서 돌 같은 마음을 제거하고 살처럼 부드러운 마음을 주어 내 율례를 따르며 내 규례를 지켜 행하게 하리니 그들은 내 백성이 되고 나는 그들의 하나님이 되리라"(겔 11:19-20).

263) G. E. Mendenhall and G. A. Herion, "Covenant," D. N. Freedman (ed.), *ABD*, vol. 1 (New York: Doubleday, 1992), 1188쪽; Jon D. Levenson, "The Davidic Covenant and Its Modern Interpreters," *CBQ* 41 (1979), 206-207쪽.

264) McCarthy, "II Samuel 7 and the Structure of the Deuteronomic History," 136쪽.

265) 신명기 역사서에 지대한 영향을 받은 예레미야서에 한 번 더 나타난다(19:3).

266) 예레미야는 백향목을 많이 사용하여 화려한 궁전을 짓기에 열중한 여호야김 왕을 비판하며, 요시야 왕이 정의(מִשְׁפָּט 미쉬파트)와 공의(צְדָקָה 쩨다콰)를 행함으로 형통하였다는 사실을 비교하고 있다(렘 22:14-16).

267) 단수형 '헤벨'(הֶבֶל; 1:2[3번]; 1:14; 2:1; 2:11; 2:15; 2:17; 2:19; 2:21; 2:23; 2:26; 3:19; 4:4; 4:7; 4:8; 4:16; 5:9; 6:2; 6:4; 6:9; 6:11; 6:12; 7:6; 7:15; 8:10; 8:14[2번]; 9:9[2번]; 11:8; 11:10; 12:8[2번]])은 총 34번 나타나고, 복수형 '하발림'(הֲבָלִים; 1:2[2번]; 5:6; 12:8)은 총 4번 나타난다.

268) M. Weinfeld, "The Covenant of Grant in the Old Testament and in the Ancient Near East," *JAOS* 90 (1970), 184-203쪽.

269) David N. Freedman, "Divine Commitment and Human Obligation," *Int* 18 (1964), 427-29쪽; Cleon L. Rogers, Jr., "The Covenant with Abraham and Its Historical Setting," *BS* 127 (1970), 252쪽; M. Weinfeld, "בְּרִית *berîth*," G. J. Botterweck and H. Ringgren (eds.), *TDOT*, vol. II (Grand Rapids, Michigan: Eerdmans, 1975), 270쪽.

270) Ronald Youngblood, "The Abrahamic Covenant: Conditional or Unconditional?" M. Inch and R. Youngblood (eds.), *The Living and Active Word of God: Studies in Honor of Samuel J. Schultz* (Winona Lake, Indiana: Eisenbrauns, 1983), 42-44쪽.

271) Ralph W. Klein, *Israel in Exile: A Theological Interpretation* (Mifflintown, PA:

Sigler Press, 2000), 135쪽.

272) J. Barton, "Covenant(in the Old Testament)," M. C. Tenney et al (eds.), *Zondervan Pictorial Encyclopedia of the Bible*, vol. 1 (Grand Rapids, Michigan: Zondervan, 1975), 1008쪽.

273) Yair Zakovitch, *"And you shall tell your son..." The Concept of the Exodus in the Bible* (Jerusalem: Magness Press, 1991), 17쪽; M. Weinfeld, *The Promise of the Land: The Inheritance of the Land of Canaan by the Israelites* (Berkeley: University of California Press, 1993), 184쪽.

274) Youngblood, "The Abrahamic Covenant: Conditional or Unconditional?" 40쪽.

275) Matitiahu Tsevat, "Studies in the Book of Samuel: II. The Steadfast House: What Was David Promised in II Sam. 7:11b-16?" *HUCA* 34 (1963), 73쪽. 쩨밧은 조건인 징계를 나타내는 사무엘하 7장 13b-16절이 무조건적인 언약인 다윗 계약의 본래의 부분이 아닌 후대의 삽입으로 보고 무시하는 경향이 있다. 그러나 크래소벡(Krašovec, "Two Types of Unconditional Covenant," 61쪽.)은 설사 이것이 후대의 삽입일지라도 최종적으로 성경의 한 부분이 되었다는 점을 강조하며 그 목적에 대한 통합적인 해석을 추구한다.

276) D. J. McCarthy, *Old Testament Covenant: A Survey of Current Opinions* (Richmond, VA: John Knox Press, 1972), 3쪽.

277) Allison, The New Moses, 35쪽; Zakovitch, *"And you shall tell your son..." The Concetp of the Exodus in the Bible*, 79쪽.

278) A. Graeme Auld, *Kings Without Privilege: David and Moses in the Story of the Bible's Kings* (Edinburgh: T&T Clark, 1994), 132-33쪽.

279) 다른 곳에서의 출현 회수와 비교해 보라: 시편-39번, 이사야-48번, 예레미야-17번, 애가-15번. 열두 소예언서-30번.

280) J. D. Levenson, "Zion Traditions," D. N. Freedman (ed.), *ABD*, vol. VI (New York: Doubleday, 1992), 1098쪽. 레벤슨은 성경에서 시온은 적어도 네 가지의 의미를 가진다고 본다: (1) 예루살렘에 있는 산성의 이름, (2) 성전 산으로서의 시온 산성, (3) 총체적인 성전 도시로서의 예루살렘(왕상 19:21, 31; 애 2:6-8), 그리고 (4) 이스라엘 사람들(사 51:16).

281) Weinfeld, *The Promise of the Land*, 186쪽. 와인펠트는 원래 아브라함/다윗 언

약은 무조건적인 수여의 개념이었으나 유다가 바벨론에 멸망한 후에서야 율법 준수에 기초한 시내 산 계약으로 새롭게 해석되어 졌다고 본다.

282) 시내 산의 위치는 아직도 논쟁 중이다. 전승에 의하면 현재 많은 사람들이 순례를 하고 있는 시내 반도 남쪽 끝에 있는 예벨 무사(Jebel Mûsā, 모세의 산)가 시내 산이라고 본다. 하지만 일각에서는 출애굽기 19장 16-19절의 우뢰, 번개, 화염, 산의 진동으로 미루어 화산 활동이 있었을 것으로 보고 화산들이 발견되는 서부 아라비아(미디안)의 아카바만 동쪽 어디쯤일 것으로 보기도 한다. 존 브라이트(John Bright), 『이스라엘 역사(*A History of Israel*)』 (엄성옥 역)(제 4판; 서울: 은성, 2002), 163쪽. 브라이트는 시내 산의 위치를 대체로 전승에 의한 지점으로 추정하는 것이 바람직하나, 정확히 알 수 없음도 인정해야 한다고 한다. "또한 이것은 이스라엘의 역사에서 결정적으로 중요한 문제도 아니다"라고 일침을 가한다. 미디안 땅의 시내 산에 대한 주장은 다음을 참조하라: 김승학, 『떨기나무』 (서울: 두란노, 2007).

283) Jon D. Levenson, *Sinai & Zion: An Entry into the Jewish Bible* (New York: HarperCollins, 1987), 188쪽.

284) Levenson, *Sinai & Zion: An Entry into the Jewish Bible*, 89-96쪽.

285) W. Harold Mare, "Zion," D. N. Freedman (ed.), ABD, vol. VI (New York: Doubleday, 1992), 1096; Levenson, "Zion Traditions," 1099-1101쪽.

286) 김창대, "주의 문맥에서 본 시편 46편의 시온 신학," 「구약논단」 32 (2009), 63-82쪽.

287) 메이스, 『시편』, 261-62쪽.

288) 신명기 역사서(신-왕하)의 최종 연대가 BC 550년경이라고 한다면 역대기의 최종 연대(BC 350년)까지 약 200년의 기간이 지난 것이다.

289) 투엘, 『역대상·하』, 120-21쪽.

290) Allen, *1, 2 Chronicles*, 120쪽.

제8장 다윗과 밧세바, 그 잘못된 화음

> 해가 돌아와 왕들의 출전할 때가 되매 다윗이 요압과 그 신복과 온 이스라엘 군대를 보내니 저희가 암몬 자손을 멸하고 랍바를 에워쌌고 다윗은 예루살렘에 그대로 있으니라 저녁때에 다윗이 그 침상에서 일어나 왕궁 지붕 위에서 거닐다가 그 곳에서 보니 한 여인이 목욕을 하는데 심히 아름다워 보이는지라 다윗이 사람을 보내어 그 여인을 알아보게 하였더니 고하되 그는 엘리암의 딸이요 헷 사람 우리아의 아내 밧세바가 아니니이까 다윗이 사자를 보내어 저를 자기에게로 데려오게 하고 저가 그 부정함을 깨끗하게 하였으므로 더불어 동침하매 저가 자기 집으로 돌아가니라 여인이 잉태하매 사람을 보내어 다윗에게 말하여 이르되 내가 잉태하였나이다 하니라 (삼하 11:1-5).

다윗과 그의 가문이 걸어가야 할 길이 이제 명확하게 주어졌다. 법궤 옮기기와 영원한 언약의 체결은 하나님의 말씀(법)을 따르는 삶으로의 결단이며, 서약이다. 그것이 바로 하나님 마음에 맞는 삶이기 때문이다. 그 구체적인 길은 신명기에 주어져 있듯이 율법서의 등사본을 평생에 옆에 두고 읽어 그의 하나님 여호와 경외하기를 배우며 이 율법의 모든 말과 이 규례를 지켜 행하는 것이다. 그리하면 그의 형제(이웃) 위에 교만하지 아니하고 이 모든 명령에서 떠나 좌로나 우로나 치우치지 않게 될 것이며, 그와 그의 자손이 왕위에 있는 날이 장구할 것이다(신 17:18-20). 이는 곧 하나님 사랑과 이웃 사랑의 삶을 살아가는 것이다. 앞으로 다윗에게 주어진 과제는 어떻게 이 모든 말씀에 귀 기울이며 좌로나 우로나 치우치지 않는 이러한 삶을 열어갈 것인가이다. 수많은 사람들이 동일한 명령을 받았으나, 성공한 사람보다는 실패한 사람들이 더 많다. 아담도 동일한 하나님의 말씀 앞에 섰었다. 그러나 그는 기꺼이 하나님의 형상이 되기보다는 하나님 같이 되는 길을 택했고, 무너졌다. 사울도 하나님의 명령을 받았으나, 자신의 욕구와 생각을 앞세우며 하나님의 위치를 찬탈한다. 실로 인간은 하나님의 뜻을 세우는 종이 되기보다는 늘 하나님 같이 되어 호령하고 싶어 하는 속성이 있다는 것을 살펴볼 수 있다. 어떻게 이러한 실패를 방지할 수 있을 것인가? 이제는 더 이상의 무너짐은 없어야 하기에 하나님께서는 또 한 번의 방어막을 제공해 주신다. 그 방어막은 다윗에게만 나타나는 유일한 것이 아니라, 늘 새로운 기회가 주어질 때마다 하나님께서 강조하셨던 것이란 점에서 주의를 기울일 필요가 있다.

에덴동산에서 하나님께서는 아담 앞에 허락과 금지의 두 가지 것을 두셨다. 동산 모든 나무의 열매를 먹을 수 있으나, 선악을 알게 하는 나무의 열매는 먹지 말라. 먼저 허락 속에는 값없이 주시는 하나님의 은총의 선물이 들어있다. 그러나 금지의 명령 속에는 인간의 불만이 싹틀 수 있는 요소가 있다. 인간은 금지선을 싫어하기 때문이다. 이러한 금지에 대한 이유는 분명하다. 그것은 출애굽 한 이스라엘과 언약을 맺으시며 하나님께서 주신 법을 살펴보면 쉽게 파악해 볼 수 있다. 언약법의 출발은 결코 금지명령으로 출발하지 않는다. 법의 출발은 "나는 너를 애굽 땅 종 되었던 집에서 인도하여 낸 네 하나님 여호와이니라"부터 이다(출 20:1-2). 이 속에는 하나님의 인도를 받은 백성에게 하나님의 모든 풍성한 축복이 허락되었다는 은총이 들어있다. 그 다음부터 "나 외에 다른 신을 두지 말라, 우상을 만들지 말라, 여호와의 이름을 망령되이 일컫지 말라…살인하지 말라, 간음하지 말라, 도둑질 하지 말라, 거짓 증거 하지 말라, 탐내지 말라" 등의 부정적인 명령들이 등장한다. 이러한 금지명령들은 그 결과가 자명하다는 점에서 금지의 이유를 알 수 있다. 하나님 나라를 이루는 것을 파괴하며, 장애하는 요소들이란 점에서 선악과의 금지는 결국 공동체를 살리기 위함임을 알 수 있다. 그리고 규례와 법규의 출발선이 하나님의 구원사를 전하는 것부터라는 것은 이 모든 법률조항들은 오직 하나님께서 값없이 베풀어주신 은총을 누린 사람들만이 지킬 수 있다는 점을 분명히 하는 것이다. 하나님께서 주신 법은 결코 이 세상 모든 사람에게 주신 것이 아니라, 자신이 받을 자격이 결코 되지 못함에도 하나님의 그 크신 은혜를 값없이 받았다는 것을 고백하는 사람에게 주어진 것이다. 이들에게는 하나님의 금지 명령도 결코 거부감으로 들리는 것이 아니라, 자신에게 선물로 주신 축복의 은총을 지키시려는 하나님의 은혜의 계속으로 이해된다(신 4:6, 40; 5:33; 11:8-9).

이처럼 사람이 하나님의 말씀과 법을 신실하게 지킬 수 있는 길은 하나님께서 허락하신 은총을 감사함으로 누릴 때 가능해 진다. 금지된 것에 초점을 맞추는 것이 아니라, 우리에게 값없이 허락된 은총의 선물에 초점을 맞출 때 사람은 불만이 아닌 감사의 삶을 살 수 있다. 다윗이 하나님의 지극한 은혜로 온 이스라엘을 다스리는 왕위에 올랐다. 그리고 그것도 모자라 하나님께서는 다윗과 영원한 언약을 맺으시며 그에게 대대손손의 왕권을 허락하신다. 이제 필요한 것이 있다면 하나님의 말씀을 따라 사는 삶이다. 하나님께서는 다윗이 이 길을 바르게 걷게 하기 위해서 초점을 바르게 맞추기를 원하신다. 어디에 초점을 맞출 것인가? 은총인가, 금지명령인가? 분명히 하나님의 은총에 초점을 맞추어야 할 것이다. 은총에 어떻게 반응할 것인가에 따라 달라지는 운명의 반전에 대한 이야기가 그 다음을 장식하고 있다는 것은 결코 우연이 아닐 것이다(삼하 8-10장). 이 이야기들은 다윗이 은총을 받기도 하고, 주기도 하면서 배워야 할 교훈들이다.

사무엘하 7장에 주어진 하나님의 영원한 약속은 다윗의 삶 속에서 신속하게 그 효력을 발휘하기 시작한다. 그 약속에는 여러 가지 삶을 위한 구체적인 요소들이 포함되어 있다. 여기에 몇 가지를 나열하면 다음과 같다. "세상에서 다윗의 이름(שֵׁם 셈)을 위대하게 만들어(עָשָׂה 아사) 주시는 것"(삼하 7:9), "모든 대적에게서 벗어나 편히 쉬게 하리라는 것"(7:11), 그리고 "다윗의 집과 나라, 그 왕위를 영원히 견고케 해주시는 것" 등이 포함된다(7:16). 주변 열강들과의 전쟁을 다루는 사무엘하 8장은 이 약속의 즉각적이고, 구체적인 실현을 보여준다. 다윗의 전쟁 이야기는 하나님의 말씀대로 다윗이 블레셋, 모압, 소바 왕 하닷에셀, 다메섹, 에돔 등, 주변의 대적들을 정복하고 평정을 이룬다는 대대적인 보도이다. 그리고 이 승리에 대하여 "다윗이 어디로 가든지 여호와께서 이기게 하셨다"(삼하 8:6, 14)라는 언급을 잊지 않는다. 하나님의 약속이 움직이는 한 그 어떠한 적도 다윗의 집과 왕위를 흔들 수 없다. 다윗 또한 모든 전리품들을 모아 여호와께 드린다. 분명 성전을 건축하기 위한 물품들일 것이다. 이처럼 하나님은 다윗을 위하고, 다윗은 하나님을 위한다. 그리고 하나님의 약속처럼 다윗의 명성, 즉 그의 이름(שֵׁם 셈)이 유명하게 된다(עָשָׂה 아사) (삼하 8:13). 이 이야기들 속에는 인간적인 성취와 신적인 축복 사이에 자리 잡고 있는 정교한 균형과 조화가 돋보인다.[291] 이 균형은 다윗이 온 이스라엘을 다스려 모든 백성에게 정의(מִשְׁפָּט 미쉬파트)와 공의(צְדָקָה 쩨다콰)를 행하는 한 무너지지 않을 것이다(삼하 8:15). 이와 같은 다윗의 정의와 공의의 정치, 군사령관 요압, 사관 여호사밧, 제사장 사독과 아히멜렉, 서기관 스라야, 용병대장 브나야 그리고 핵심부서의 대신으로 활동하는 다윗의 아들들이라는 든든한 조직은 다윗의 나라와 왕위의 견고함을 대변하고 있다. 하나님의 은총의 선물이 다윗의 삶 속에서 넘쳐나며, 말 그대로 태평성대가 실로 다윗의 손에서 실현되고 있는 것이다. 그리고 다윗은 하나님께 받은 영원한 은총(חסד 헤세드/인자)의 수혜자(삼하 7:15)에서 수여자(삼하 9:1; 10:2)가 된다.

사무엘하 9, 10장은 동일한 이야기 형태의 반대적인 결과를 다루고 있는 양상이다. 다윗은 삶을 살아가며 하나님의 섭리로 인해 다른 사람들에게 은총을 받는 수혜자의 삶을 걸어왔다. 그 첫째가 요나단이다. 요나단과 다윗의 언약은 은총(חסד 헤세드/인자)을 약속하는 것으로 가득하다(삼상 20:8, 14, 15). 다윗은 먼저 요나단의 은총을 경험했고(삼상 20:8), 요나단과 그의 후손에게 은총을 베풀기로 약속했다(삼상 20:14, 15). 그 다음은 다윗이 기억하는바 암몬 왕 나하스에게 은총(חסד 헤세드/인자)을 입었다(삼하 10:2). 그 구체적인 이야기는 전해지지 않지만 그가 사울의 살기를 피해 망명자의 삶을 살 때 모압과 암몬 지역을 떠돌며 은혜를 입었을 것으로 추측된다(참조, 삼상 22:3-4). 다윗은 나하스가 죽고 그의 아들 하눈이 암몬 왕이 되었을 때 그의 아버지에게 받은 은총을 그 아들에게 돌리려 한다(삼하 10:2). 이렇게 은총(인자)이라는 단어가 중심이 된 이 두 이야기는 이 은총에 대해 어떻게 응답할 것인가에 따라 전혀 다른 결과가 야기되는 것을 통해 전달하고자 하는 음성을 명확히 한다.

므비보셋은 사울 가문에 남은 몇 안 되는 후손이다. 다윗이 상승하면 할수록 몸을 더욱 낮추고 쥐 죽은 듯이 지낼 수밖에 없는 처지의 운명이 그가 살았던 삶이다. 어느 날 다윗이 그를 찾는다. 그 이유는 두 번씩이나 거론되는 것처럼 '그의 아버지 요나단으로 인한 것'(삼하 9:1, 7)이다. 므비보셋은 어느 모로 보나 사울왕국에서 '사울-요나단-므비보셋'으로 연결되는 왕위 계승 일순위의 황태자였다. 다윗의 부름이 결코 반갑지만은 않은 처지임에 틀림없다. 다윗은 숙청의 공포로 떨고 있는 므비보셋에게 "두려워 말라"고 위로하며, 그의 모든 권위와 재산을 회복시킨다.

그리고 예루살렘을 점령할 때 다윗 자신으로 인해 생긴 속담까지 파기하며 므비보셋을 환대한다: "맹인과 다리 저는 자는 집에 들어오지 못하리라"(삼하 5:8). 므비보셋은 저는 다리에도 불구하고 다윗의 집에서 왕자 중 하나처럼 왕의 상에서 먹으며 그의 지위를 회복한다(삼하 9:3, 13). 은총을 받은 자가 은총을 베풀고, 그 은총은 감사함으로 받아들여진다. 모든 것이 조화를 이루며 회복되는 것이다.

그러나 그 다음 이야기에서 이러한 상황에 대한 반전이 일어난다. 다윗은 자신이 받은 은총을 돌려야 할 곳이 더 있다. 므비보셋 이야기가 이스라엘 내에서 일어난 사건이라면 이번 이야기는 국제적인 관례이다. 다윗은 이스라엘 이외의 땅에까지 은총을 넓혀 나가고 있는 것이다. 그러나 다윗의 은총은 새롭게 왕이 된 암몬의 하눈에 의해 철저하게 무시된다. 하눈의 아버지의 장례식을 위해 다윗이 보낸 조문객들에게 하눈이 정탐의 누명을 씌워 수치스러운 망신을 준 것이다(삼하 10:3-5). 이것은 은총의 멸시이며, 나아가서는 수교의 단절을 의미하는 것이다. 즉, 전쟁을 위한 선전포고와도 같은 것이다. 두 나라 간에 극렬한 전쟁이 벌어지고 암몬의 동맹국인 아람은 대파되고 암몬은 즉시 회군하여 성으로 도피해버렸다. 그리고 잠시 전쟁이 소강상태에 접어들고, 새로운 이야기가 펼쳐질 준비를 한다.

1. 밧세바와 깨어지는 왕도(8:1-11:27)

그 다음에 나타나는 이야기는 다윗의 삶 속에서는 물론이요, 하나님의 백성 이스라엘의 삶 속에서 가장 거대한 영향력을 끼친 이야기일 것이다. 선한 영향이 아닌 악영향이기에 치명적이다. 바로 다윗과 밧세바 사건이다. 그런데 이 불의한 이야기를 펼치기 전에 왜 이렇게도 장황한 은총의 이야기를 펼치고 있는 것인지를 알아볼 필요가 있다. 분명 이 이야기들은 서로 깊은 연관성을 가질 것이기 때문이다.

은총에 대한 두 갈래의 응답

하나님은 다윗과 맺으신 영원한 언약에 신실하시다. 다윗이 가는 곳마다 하나님은 그의 대적들을 쳐부수는 은혜를 베푸신다. 다윗은 약속한 명예도 얻고 견고한 집을 세워간다. 다윗은 하나님께 어떻게 응답해야 하는가? 늘 답은 나와 있지만, 잊는 것이 습관인 인생인지라 다윗의 삶에 생명의 교훈을 담은 이야기가 펼쳐진다. 바로 다윗이 행하는 두 은총의 사건 속에 그가 나아가야 할 길이 있다. 인간이 주인공이 되어서 펼치는 이야기 속에서 하나님의 모습을 감지하는 숨은그림찾기 게임 같은 것이라고나 할까!

첫째, 하나님이 다윗에게 은총을 베푸는 수혜자이셨던 것처럼 다윗이 므비보셋에게 은총을 수여한다. 므비보셋은 다윗에게 깍듯하게 "주의 종(עבדך 아브데카/당신의 종)이 여기 있나이다"(삼하 9:6) 그리고 그 은총에 감격하며 "이 종이 무엇이기에 왕께서 죽은 개(כלב מת 켈레브 메트) 같은 나를 돌아보시나이까?"(삼하 9:8)라고 하며 몸 둘 바를 몰라한다. '주의 종'(עבדך 아브데카/당신의 종)은 다윗이 하나님 앞에서 자신을 표현할 때 늘 쓰는 용어이며(삼하 7:21, 25, 26), '죽은 개'는 구약성경에서 므비보셋 이외에 오직 다윗만이 자신의 낮은 처지를 나타내기 위해 사용한 희귀한 표현이다(삼상 24:14).[292] 다윗은 므비보셋의 모든 것을 회복시키고, 그의 지위를 왕자 중의 하나와 같이 여긴다. 잃은 권위를 찾게 해준 것이다. 이것은 흡사 다윗과 므비보셋의 관계가 하나님과 다윗의 관계 같이 은총의 언약으로 맺어져 있는 비유적인 이야기처럼 느껴진다.[293] 이렇게 다윗이 므비보셋처럼 하나님 앞에 자신을 깍듯이 낮출 때 그는 회복에 회복을 거듭하여 왕좌로까지 상승할 수 있었다. 기름 부음을 받은 왕위 내정자였음에도 광야를 맴돌 수밖에 없었던 그가 하나님의 은총으로 지금 왕좌에 앉아있다. 낮추는 그 때가 가장 높아질 시기인 것이다. 그러므로 므비보셋의 이야기는 다윗 스스로를 향한 삶의 교훈이 되어야만 한다.

그 다음의 이야기는 동일한 은총이 주어짐에도 그것을 무시하고 자신이 하고 싶은 대로 관계를 끊고 살아가고자 하는 하눈의 이야기이다. 하눈 이라는 자의 위치가 심상치 않다. 그는 아버지가 죽자마자, 왕위를 물려받은 신참내기 왕이다. 분명 그동안 웅크리고 기회만 엿보던 위치에서 이제 자신의 활개를 활짝 펼 수 있게 된 것이다. 하눈은 다윗의 은총을 받아들인다는 것은 그에게 지배당하는 것이며, 굴복하는 것이고, 자치적인 독립성을 상실하는 것으로 여겼을 것이다. 그는 왕으로 등극하며 어떤 주변의 간섭도 받지 않는 자신의 세상을 만들고 싶은 욕망으로 가득 찼을 것이다. 결국 은총의 관계를 끊고, 그는 다윗과 대립하며, 극렬한 전쟁을 치른다. 끝도 없는 전쟁이다. 그 전쟁은 사무엘하 10장에서도 끝나지 않았으며, 11장으로 신속히 연결된다. 만약 이 하눈이라는 존재가 이제 막 온 이스라엘을 호령하는 왕이 된 신참내기 다윗 속에 숨어있는 인간의 욕망과 인간의 권력에 대한 욕구를 상징하는 것이라면, 이 속에는 다윗의 자치적 왕권에 대한 충분한 경고가 이미 들어가 있다. 하나님의 은총을 멸시하고 그 하나님의 날개 그늘을 벗어나 "세상의 군왕들처럼 여호와를 대적하며 그 맨 것을 끊고 그의 결박을 벗어 버리자"는 오만은 결국 "여호와의 비웃음과 진노" 밖에는 받을 것이 없다(시 2:1-5)는 것을 기억해야 한다. 그것은 하나님과의 끝도 없는 전쟁이다. 그러므로 하눈의 이야기는 곧 다윗에게는 경각심을 일으키는 사건이 되는 것이다.

받은 은총에 어떻게 응답하느냐에 따라 완전히 다른 역사를 써나가는 두 이야기를 통해 다윗 자신이 배워야 할 것이 분명히 있다. 왜냐하면 그도 하나님께 영원한 은총을 받고 있는 자이기 때문이다(삼하 7:15). '죽은 개' 같은 아무 것도 아닌 '주의 종'의 위치를 지킬 줄 아는 자가 될 것인가, 아니면 모든 은총의 틀을 깨버리고 무소불위의 권력을 휘두르는 '제왕'이 될 것인가? 시편 23편의 노래처럼 원수의 목전에서 여호와께서 차려주시는 상을 누릴 것인가, 전쟁, 멸망, 죽음이라는 사망의 음침한 골짜기를 계속해서 홀로 헤맬 것인가? 왕권을 순종으로 만들 것인가, 아니면 순종을 권력으로 대치할 것인가? 다윗의 선택은 계속되고 있다. 하나님의 은총인가, 밧세바(금지)인가?

은총에 대해 악하게 응답하는 다윗

해가 돌아와 왕들이 출전할 때가 되었다(삼하 11:1). 다윗이 베푼 은총에 배은망덕하게 응답한 암몬과의 전쟁이 다시 시작된다. 겨울의 우기가 끝나고 다시 봄이 돌아와 전쟁을 치르기 좋은 호기가 된 것이다.[294] 다윗은 자신의 은총을 멸시한 암몬을 징계하기 위하여 군사를 파견한다. 요압과 그의 부하들과 온 이스라엘 군대를 전쟁터로 내보낸다. 그리고 그들은 암몬 자손을 격파하고 그 수도 랍바를 에워싸고 마지막 숨통을 조이고 있다. 그런데 여기 불길한 한 문장이 이야기의 흐름을 끊으려 한다: "다윗은 예루살렘에 그대로 있더라"(삼하 11:1). 이 문장을 전후로 국가적인 전쟁 이야기에서 다윗의 개인적인 이야기로 전환을 한다. 그리고 다시 암몬과의 전쟁이야기를 회복하는데는 기나긴 과정이 필요하다. 그 흐름을 도표로 작성하면 아래와 같다.

삼하 11:1	암몬과의 전쟁의 시작		
삼하 11:2-12:25	11:2-5	다윗과 밧세바의 간음사건	이물질과 같은 사건
	11:6-27	다윗이 우리아를 죽이고 밧세바를 취함	
	12:1-6	나단 선지자의 비유와 다윗의 심판	
	12:7-15	나단 선지자가 여호와의 징계를 선포함	
	12:16-23	다윗과 밧세바가 낳은 첫째 아이가 죽음	
	12:24-25	다윗과 밧세바 사이에서 솔로몬이 탄생함	
삼하 12:26-31	암몬과의 전쟁의 승리		

　암몬과의 전쟁의 시작과 승리를 사이에 두고 이물질 같은 이야기가 그 흐름을 깨고 있다. 사무엘하 8장에 나타난 흐름과는 사뭇 차이가 크다. 다윗이 블레셋 사람을 쳐서 항복받고(1절), 다윗이 또 모압을 쳐서 저희로 땅에 엎드리게 하고(2절), 다윗이 소바와 하닷에셀을 쳐서 승리하고(3절), 다윗이 아람 사람 이만 이천을 죽이고 승리하고(5절), 그리고 다윗이 염곡에서 에돔 사람 일만 팔천을 쳐서 죽이고 명예를 얻었다(13절). 이 순서대로라면 암몬과의 전쟁의 시작과 승리는 신속하고 완벽하게 이루어질 것이라는 동일한 결과를 기대해 볼 수 있다. 그러나 전쟁의 주체가 바뀌고 있다. 늘 모든 전쟁에 앞장서는 자는 하나님의 은총의 수혜자인 다윗이었다. 어느 전쟁이든 다윗이 빠지는 경우가 없었다. 그러나 이제 다윗은 사람들을 전쟁터로 보내는 자가 되고 자신은 예루살렘에 그대로 머물러 있다. 이스라엘 백성들이 왕을 세운 이념자체가 위기를 맞기 시작하고 있다.

백성이 사무엘의 말 듣기를 거절하여 가로되 아니로소이다 우리도 우리 왕이 있어야 하리니 우리도 열방과 같이 되어 우리의 왕이 우리

를 다스리며 우리 앞에 나가서 우리의 싸움을 싸워야 할 것이니이다 (삼상 8:19-20).

　더 이상 왕은 이스라엘을 인도하고 이끌며 그들을 구원하는 하나님의 구원의 통로의 역할이 아니라 열방들처럼 군림하는 신적인 상징이 될 수 있는 위기에 처한 것이다. 이제 이스라엘은 이 양 갈래 길에서 망설이고 있다. 그 선택이 다윗에게 고스란히 주어져 있는 것이다.
　예루살렘에 남은 다윗의 행보는 백성들의 염원이나 하나님의 뜻과도 상관이 없는 방향으로 나아간다. 그는 해질녘 저녁 때 쯤에서야 침대에서 일어나 옥상을 서성거린다. 암몬과의 생사를 건 전투를 치르며 가까스로 그 수도 랍바 성을 에워싼 이스라엘 군대와는 너무도 대조적인 모습에 아연실색하지 않을 수 없다. 왕이라면 당연히 그럴 수 있다고 생각한다면 그것은 이미 하나님의 말씀을 벗어난 사고방식임을 잊지 말아야 한다. 어느덧 알게 모르게 세상의 이데올로기인 약육강식의 성공주의에 젖어든 것일 수 있다. 이스라엘에서 왕도는 결코 그렇지 않다. 유다와 요셉 이야기에서 보이듯이 왕은 그 어떤 여건 속에서도, 심지어 자신의 소중한 생명까지 속전으로 내어 바쳐서 형제를 구하는 것이다. 그러나 다윗은 지금 어디로 가고 있는 것인가? 형제들을 전쟁터로 내몰고 자신은 궁에서 안락을 즐기며 또 다른 형제를 죽이는 길로 나아가고 있지 않은가?
　그가 왕궁 지붕 위에서 노닥거리다가 눈으로 본 것은 그의 마음을 사로잡기에 충분했다. 한 여인이 목욕하고 있는 장면이 눈에 띈 것이다. 다윗의 눈에 그 여인의 모습이 심히 아름다워 보였다고 한다. 왕궁의 지붕과 한 여염집 여인의 집이 얼마만큼의 거리가 될지는 모르겠지만 이미 유혹되기로 마음먹은 사람에게는 거리에 관계없이 모든 것이 아름답게 보였을 것은 지극히 당연한 일이다. 점점 다윗은 자신의 마음조차 지키지 못하는 사람이 되어가고 있다(잠 4:23). 그럼에도 여기까지만 간다면 충분히 돌이킬 수 있다. 그러나 그는 신속하게 한 단계를 진행시킨다. 자신이 직접 나서지 않아도 된다. 그저 명령만 내리면 되기 때문이다. 자신의 왕국 안에 자신이 할 수 없는 일이 무엇이 있으랴? 여호와께만 능치 못함이 없으신 것이 아니라(창 18:14; 렘 32:27), 이젠 제국의 황제가 되어가는 다윗에게도 능치 못할 것이 없다.

다윗이 전령을 보내어 은밀히 조사케 하였더니 빠른 보고가 도착한다. 그녀는 "밧세바, 엘리암의 딸이요 헷 사람 우리아의 아내"라는 것이다(삼하 11:3). 최소한 이 단계에서는 다윗이 멈출 수 있는 분명한 제동장치가 주어진 것이다. 밧세바라는 이름도, 엘리암의 딸이라는 칭호도 괜찮다. 왕으로서 탐을 낼 수 있는 하등의 결격 사유가 없다. 그러나 맨 마지막에 그 여인을 지칭하는 수식어인 '우리아의 아내'라는 밧세바의 정체성에서는 다윗이 더 이상의 조치를 취하지 말아야 한다. 하나님과 그의 말씀을 경외하는 자라면 여기서 반드시 멈춰야 한다. 그러나 다윗은 멈추지 않는다. 자신의 눈을 가득 채운 그녀의 아름다움이 다윗의 마음을 지배하고 있다. 그리고 자신의 손을 펼치기 시작한다. 즉, 눈으로 보고 손으로 행동하는 단계로 나아가는 것이다. 그래서 예수님께서는 산상수훈의 법에 여자를 보고 음욕을 품는 간음을 경고하는 곳에서 눈과 손을 밀접히 연관시켜 강조하신다. 간음은 먼저 눈으로부터 시작된다. 그리고 손이라는 행동을 통하여 구체화 되는 것이다. 그러므로 오른 눈이 실족케 하면 빼어버리고, 그 다음에 오른손이 실족케 하면 찍어 내버리라고 잔혹한 표현을 쓰시는 것이다(마 5:27-32). 그 정도로 눈에 가득 찬 유혹을 제거하는 것이 힘겹다는 것을 의미할 것이다.

다윗은 또 사람을 보내어 기어이 그녀를 자기에게로 '데리고 온다'(לָקַח 라콰흐). 하나님께서 엄히 경고하신 인간 왕이 저지를 짓들에 대한 항목에서 계속해서 암시적으로 반복되었던 한 단어, 그 위험스런 단어가 여기 살아나고 있다. 너희를 다스릴 왕의 제도가 이러하니, 그가 너희 아들들을 취하고, 딸들을 취하고, 밭과 포도원을 취하고, 소산의 십일조를 취하고, 노비와 나귀들을 취하고, 양 떼의 십분 일을 취할 것이다. 그리고 너희는 그의 종이 되고야 말 것이라는 경고였다(삼상 8:10-17). 여기서 '취하다'(לָקַח 라콰흐)라는 동사는 더 올바르게 '빼앗다, 탈취하다'로 번역하는 것이 마땅하다.[295] 이제 왕은 다른 사람의 아내까지 탈취하는 사람이 되는 것이다. 나단 선지자의 일침인 "네가 헷 사람 우리아의 아내를 빼앗아(לָקַח 라콰흐) 네 아내를 삼았도다"(삼하 12:9, 10)에 그 뜻이 분명하게 살아나고 있다. 하나님의 경고는 현실이 되고 왕을 향한 백성들의 소망은 산산이 부서지는 순간에 이른 것이다. 다윗은 우리아의 아내를 눈으로 보고서도 멈추지 않는다. 그리고는 끝내 자신의 육체적인 만족을 채우고야 만다. 그리고 얼마간의 시간이 흘렀고, 여인의 잉태 소식이 다윗에게 들려왔다. 이것은 분명 다윗의 아이임에 틀림없다. 그것을 분명히 하기 위해 밧세바가 행하는 정결규례를 언급했었다. 다윗이 밧세바를 데려왔을 때 그녀는 "그 부정함을 깨끗하게 하였으므로 더불어 동침하였다"고 전한다(삼하 11:4). 이것은 분명 레위기에 나타난 여인의 유출 중 하나인 생리에 관한 규정을 의미한다. 생리가 있는 7일간은 부정한 상태이기에 성관계를 하지 말아야 하며, 7일 후 몸을 물에 씻어 정결례를 행해야 한다. 결국 생리학적인 의미에서 여인이 이 정결례를 치렀다는 것은 임신 가능한 기간에 있다는 것을 말한다(레 15:19-24).[296] 이런 규정이 사람의 성관계까지도 쾌락이라는 차원을 넘어서 생육하고 번성하라는 하나님의 지고한 사명 안에서 행해지는 것이며 육체의 남용이나 낭비가 아니라는 신학까지도 포괄하고 있음을 살펴볼 수 있다. 그러나 다윗은 모든 것을 남용하고 낭비하고 있다. 하나님의 언약과 왕의 권력을 남용하여 자신의 육체, 시간, 정열, 타인의 행복까지 파괴하고 있다.

은총에 대해 신실하게 응답하는 헷 사람 우리아

밧세바가 임신하였다는 전갈은 분명 다윗에게 수많은 생각을 일으켰을 것이나 그의 행동은 거침이 없다. 자신의 죄악 된 행동이 열매를 맺었음에도 다윗은 하나님께 무릎을 꿇는 것이 아니라 계속해서 자신의 음모에 의지하는 자가 된다. 야고보서의 말처럼 오직 각 사람이 시험을 받는 것은 자기 욕심에 끌려 미혹됨이다. 그 결과는 분명 욕심이 잉태한 즉 죄를 낳고 죄가 장성한 즉 사망을 낳는 길로 갈 것이다(약 1:15). 다윗은 그 길 위에서 지금 무한대의 속도로 달려가고 있다. 그는 지체하지 않고 또 전령을 보낸다. 그리고 밧세바를 데려오듯이 그렇게 이제는 그녀의 남편을 호출한다. 다윗, 그는 정녕 무엇이든지 원하는 것이 있으면 명령하는 사람이 되어있다. 드디어 우리아가 도착했다. 다윗과 우리아의 첫 번째 대면인 것이다. 다윗의 극진한 친절이 시작된다. 전장의 상황을 지나가는 말로 묻고 자신의 본론을 전한다: "네 집으로 내려가서 발을 씻으라"(삼하 11:8). 즉, 아내와 잠자리를 같이 하라는 따뜻한 배려이다. 그리고는 왕이 하사하는 음식물들이 그 뒤를 따른다. 다윗은 자신의 앞에 서 있는 그 장수, 우리아의 이름과 모습만으로도 자신의 잘못을 느껴야만 했다. 그에게 주어진 여러 기회들이 자신의 앞을 계속해서 지나감에도 느끼지 못하는 인간의 어리석음을 우리는 볼 수 있어야 한다. 다윗은 '우리아'(אוּרִיָּה), 즉 '여호와의 불꽃'이라는 이름의 뜻 앞에 자신을 숙여야 했다. 그러나 다윗은 우리아를 보면서도, 그의 이름을 부르면서도 여호와를 보지 못한다. 여호와 하나님으로 인해 자신이 있게 되었음에도 오히려 그 이름을 외면하는 자가 되어간다.[297] 다윗의 첫 번째 계획이 무산된다. 우리아가 자신의 집 근처에도 가지 않고 왕궁 문에서 부하들과 함께 지냈다. 우리아, 그는 실로 다윗의 아픈 곳을 계속 찔러대는 양심의 가시이다.

우리아에 대한 보고가 신속히 다윗에게 전해졌을 때 다윗은 자신을 돌아보기는커녕 오히려 우리아를 나무란다. 먼 길을 갔다 왔는데 왜 집안을 돌보는 관심조차 없느냐는 핀잔이다. 그러나 하나님의 우리아는 자신의 몫을 우직하게 다 해내고 있다.

우리아가 다윗에게 고하되 언약궤와 이스라엘과 유다가 야영 가운데 유하고 내 주 요압과 내 왕의 신복들이 바깥 들에 진 치고 있거늘 내가 어찌 내 집으로 가서 먹고 마시고 내 처와 같이 자리이까 내가 이 일을 행하지 아니하기로 왕의 살아 계심과 왕의 혼의 살아 계심을 가리켜 맹세 하나이다(삼하 11:11).

끊임없이 다윗의 귀에 들려오는 소리는 여호와를 상기시키는 내용들이다. 언약궤가 우리아의 호소의 선두에 서 있다. 웃사를 희생시키며 배운 언약궤의 교훈, 그 언약궤라는 말만으로도 다윗은 돌이켜야 한다. 오직 하나님의 음성을 묻고, 듣고, 행하기 위하여 법궤를 자신의 삶의 중심에 모셔왔다. 그러나 이제는 그 법궤라는 명칭마저도 듣기 거북스러운 것이 되어버렸다. 우리아는 그 이름값을 톡톡히 하고 있다. 그의 출신지가 헷 족속이면 다윗의 용사 중에 끼어있는 일개 이방인 용병일 뿐이다. 그런데 그가 하나님께 기름 부음 받은 자의 신앙을 능가하는 열정과 충성을 보이고 있다. 그리고 그는 여호와의 살아계심을 두고 맹세하지 않는다. 그의 맹세의 근거는 "왕의 살아 계심과 왕의 혼의 살아 계심"이다. 그에게 있어 여호와와 그가 세우신 기름 부은 왕 다윗은 동일한 권위를 가지고 있다. 그는 여호와께 대한 충성으로 가득 차 있듯이 그렇게 다윗을 향한 충성과 신뢰로 넘쳐난다. 이런 우리아를 더 이상 어찌할 수 있을 것인가? 그럼에도 다윗은 그의 두 번째 계획을 묵묵히 진행시키며 그의 영적 무감각을 드러내고 있다.[298] 다윗은 우리아에게 술을 잔뜩 먹이고 제정신이 아닌 상태를 만들어 그의 집으로 내려가게 하려 했다. 그러나 우리아는 그 밤도 변함없이 그 주의 부하들과 함께 지냈다.

다윗에게는 이제 더 이상의 선택의 여지가 없다. 무마할 수 없다면, 죽이고 빼앗는 것밖에는 길이 없다.[299] 우리아, 그는 여호와를 향한 신실한 중심과 다윗을 향한 충성으로 인해 사형선고를 받을 수밖에 없었다. 그의 모습은 지금은 잃어가고 있는 다윗의 과거를 상기시킨다. 오직 여호와를 향한 충성과 하나님의 기름 부음 받은 자인 사울을 향한 신실함으로 행했던 그 때의 그 다윗의 모습을 보여주는 거울의 역할을 하고 있다. 뿌연 청동거울일지라도 볼 수 있는 눈이 있는 자는 볼 것이다. 그러나 다윗은 자신의 손으로가 아닌 다른 이들의 손을 빌려 우리아를 끝내 제거하려 한다. 우리아를 험악한 전쟁터로 몰아붙여 죽이라는 살해 명령서를 다윗은 태연스레 우리아의 손에 들려 요압에게로 보낸다. 그 내용인 즉 "우리아를 맹렬한 싸움에 앞세워 두고 너희는 뒤로 물러가서 그로 맞아 죽게 하라"(삼하 11:15)는 것이었다. 결국 다윗은 그로 인해 자신의 소중한 부하 몇 사람을 같이 희생시켜야 했다. 요압도 그 희생이 마음에 걸려 전령에게 다윗 왕에게 보고할 때, "왕의 종 헷 사람 우리아도 죽었나이다"를 반드시 첨부하라고 신신당부한다(삼하 11:21). 다윗이 이 말을 듣고 요압에게 "이 일로 걱정하지 말라 칼은 이 사람이나 저 사람이나 삼키느니라 그 성을 향하여 더욱 힘써 싸워 함락시키라"는 전갈을 보낸다(삼하 11:25). 여기서 "이 일로 걱정하지 말라"는 히브리어 문장은 "너의 눈에 이것을 악하게 여기지 말라"(אַל־יֵרַע בְּעֵינֶיךָ 알-예라 베에네카)는 뜻이다. 우리아를 죽인 일, 밧세바를 자신의 아내로 취한 일은 다윗이나 요압이 보기에는 악한 일이 아닐지 모른다. 그러나 "다윗이 행한 그 일이 여호와 보시기에 악하였다"(יָרַע...בְּעֵינֵי יהוה 예라 … 베에네 야훼)는 것은 분명하다(삼하 11:27).

사울을 능가하는 다윗의 왕권

'내 마음에 맞는 사람'이라는 극찬으로 시작한 사람, 하나님께 그 중심을 인정받은 사람, 다윗이 여호와 보시기에 악한 자로 전락해 버리고 말았다. 하나님께서 오랜 기다림의 끝으로 여기시고, 영원한 언약까지 맺은 다윗이기에 더욱 가슴이 아픈 일이다. 다윗이 우리아를 제거하기 위해 벌인 계략들을 살펴보면 그 옛날 사울이 다윗을 살해하기 위해 행했던 사건들을 연상시킨다. 사울은 다윗을 제거하기 위해 그를 향해 두 번이나 창을 던지는 일을 자행한다(삼상 18:10-16). 그러나 그 일로 다윗은 사울의 면전을 떠나 천부장이 되고, 이스라엘과 유다가 다윗을 점점 더 사랑하게 되는 일이 벌어진다. 사울이 그 다음에는 자신의 손이 아닌 블레셋 사람들의 손을 이용해 죽이려고 다윗이 자신의 사위가 되는 조건으로 블레셋 사람의 포피 백 개를 요구한다(삼상 18:17-30). 이로 인해 오히려 다윗의 이름이 심히 더 귀하게 된다. 다윗 또한 우리아를 회유하기 위해 스스로 두 번의 기회를 시도해 보았으나 오히려 자신의 수치스러움과 우리아의 신실함만이 드러난다. 우리아를 죽이는 것 또한 사울처럼 이방인을 도구로 사용하여 죽이려 하고 우리아는 자신의 생명을 다 바쳐 무모한 명령에도 불복하지 않고 장수로서의 자신의 사명을 다한다. 자신의 걸림돌을 제거하려는 사울과 다윗의 계략의 차이점이 있다면 사울은 실패했지만, 다윗은 성공적으로 그 비열한 목적을 성취했다는 점이다.[300] 지금 다윗은 고장 난 브레이크를 단 차처럼 사울을 앞질러 나아

가고 있다.[301]

그리고 사울이 닮아가고 있었던 고대근동의 제왕인 바로를 다윗도 감히 흉내내고 있는 것이다. 이집트의 바로 왕, 고대근동에서 신이 되고, 절대 권력의 상징이 되었던 바로 왕의 이야기와 다윗의 이야기가 닮아 있다는 것은 다윗이 사울의 악행을 넘어서고 있다는 것을 암시하기에 충분하다. 모세 시대의 바로 왕과 동일하게 다윗도 자신에게 벌어지고 있는 두려운 일을 무마하기 위해서 안간힘을 쓴다. 바로 왕은 점점 강대해지는 이스라엘을 멸족시키려는 계획을 진행시키고, 다윗은 자신의 왕좌를 흔들 수 있는 자신의 죄악을 가리기 위해 우리아를 죽일 계획을 세운다. 둘 다 자신의 목적을 달성하기 위해서 하나님을 거역하는 죽음의 정책을 취한다. 이들은 인간의 삶과 죽음이 하나님의 주권이 아닌 흡사 자신들의 손 안에 있는 듯이 신이 되어 동료 인간의 생사여탈권(生死與奪權)을 휘두른다. 그러나 "어느 누구도 여호와를 조종할 수 없고, 어느 누구도 감히 신으로 행세하게 해서도 안 된다. 악의 화신인 바로도, 가장 총애를 받는 이스라엘의 왕도 결코 그럴 수 없다."[302] 하나님께서는 이들이 이 세상의 주관자가 아님을 그들의 아들들을 죽임으로 깨닫게 하셨다 (출 12:29; 삼하 12:15). 자식을 치는 일은 고통스러운 일이지만 신으로 행세하는 인간에게 죽음만큼 따끔한 충고는 없기 때문이다.

다윗의 초반의 삶은 모세의 삶과 여러 가지 면에서 많이 닮아 있었다. 여호와를 향하여 열정적이며 그리고 순종적인 모습, 법궤를 향한 열심, 비록 거절당하긴 했지만 여호와의 성전 건축에 대한 열망, 그리고 광야에서의 방랑까지도 그러한 것이라 볼 수 있다. 그러나 불행하게도 다윗의 후반의 삶은 굴절이 일어나기 시작한다. 다윗이 모세의 발자취를 따르기 보다는 오히려 바로의 뒤를 잇는 반출애굽적(anti-Exodus)인 삶으로 인해 야기된 상황들이다. 다윗은 바로 왕처럼 빼앗기 위해 권력을 휘두를 필요는 없었다. 그는 여호와로부터, 요나단으로부터, 아비가일로부터, 그를 존경하는 추종자들로부터 모든 것이 기꺼이 주어졌었다. 그러나 우리는 밧세바 사건에서 변해버린 다윗을 만나게 된다. 이제 그는 통제되는 사람이 아니라 스스로 통제할 수 있는 사람이 되었다. 그는 원하는 것이면 무엇이든지 가질 수 있으며, 아무런 제재도 받을 필요도 없고, 망설일 필요도 없으며, 미룰 것도 없고, 변명거리를 내세울 필요도 없었다. 변해버린 다윗의 모습을 통해 우리는 인간이 넘지 말아야 할 경계선을 파괴한 인간의 모습을 발견할 수 있다.

첫째, 다른 사람의 아내인 밧세바를 데려오라는 지시와 우리아를 데려오라는 호출명령에서 볼 수 있듯이 다윗은 이제 절대적인 권력을 휘두르며 명령하는 존재가 되어 있다. 하나님만이 말씀하시면 그것이 그대로 이루어지는 것이 아니라, 이제 다윗도 명령만 내리면 그것이 그대로 이루어지는 창조주가 되어있다. 그러나 하나님의 말씀을 통한 창조는 세상에 질서와 조화, 아름다움, 행복, 평화를 이루지만, 다윗의 명령을 통한 창조는 세상을 다시 혼돈과 무질서로 만들어가는 것이다. 둘째, 다윗이 우리아의 죽음에 대하여 "이 일로 걱정하지 말라"(삼하 11:25) 즉 "너의 눈에 이것을 악하게 여기지 말라"고 요압에게 전하는 것을 통해 선과 악의 판단기준이 자신이 되어 있음을 살펴볼 수 있다. 선악을 올바르게 판단하는 유일한 길은 오직 하나님에게 있다. 하나님의 말씀만이 그 기준을 정확하게 제공한다. 그러나 이제 다윗이 악에게 면죄부를 제공하며, 그가 선이라 하면 선이 되고, 악이라 하면 악이 되는 절대자가 되어 선악을 아는 일에 하나님 같이 되어 있다(창 3:5, 22). 셋째, 다윗이 우리아라는 의로운 형제를 죽이는 것을 서슴지 않는 것을 볼 때 사람을 죽이기도 하시고, 살리기도 하시는 유일한 주권자이신 하나님 같이 되어 있다. 이 모든 요소가 결합된 것을 우리는 먹음직도 하고(육신의 정욕), 보암직도 하고(안목의 정욕), 지혜롭게 할 만큼 탐스럽기도(이생의 자랑) 한(창 3:6; 요일 2:16) 신적인 절대권을 포괄하고 있는 에덴동산의 선악과에서 살펴볼 수 있다. 에덴동산의 모든 것을 다 지배할 수 있었던 아담처럼 다윗은 실로 엄청난 권력의 최 절정에 서있는 것이다.[303]

결국 다윗의 죄악은 태초의 인류의 대표자인 아담이 저지른 죄악을 다 내포하고 있는 것이다. 요한일서 2장 16절은 이 세상에 있는 모든 죄악이 "육신의 정욕과 안목의 정욕과 이생의 자랑"으로 통칭된다고 한다. 이 시험은 아담이나 다윗뿐만 아니라 현재를 살아가는 우리도 당하고 있는 것이기에 그 정체를 분명하게 드러낼 필요가 있다.

모든 죄(요일 2:16)	선악과 (창 3:6)	밧세바(삼하 11장)
육신의 정욕	먹음직도 하고	더불어 동침하매
안목의 정욕	보암직도 하고	심히 아름다워 보이는지라
이생의 자랑	지혜롭게 할 만큼 탐스러움	데려오라 (왕권으로 취하고 빼앗음)

인간의 욕구는 가장 먼저 육체적인 만족을 채우는 것으로 시작하여, 그것이 채워지면 그 다음 단계인 존경받고, 높아지고 싶은 욕구로 옮겨가며, 마침내는 가장 높은 자리에서 원하는 모든 것을 할 수 있는 절대권력을 휘두르고 싶어 한다. 그러므로 지혜와 이생의 자랑은 왕권과 불가분의 관계에 있다. 지혜란 자신의 삶을 살아가는 자치권을 의미하며, 상대를 좌지우지 할 수 있는 지식과 정보의 소유를 의미한다. 특히 고대의 왕들, 그 중에서도 바로와 솔로몬이 지혜를 통치의 원리로 삼았던 것을 보면 그 연관성을 입증할 수 있다.[304] 다윗을 무너뜨린 이러한 유혹은 이미 사울을 무너뜨렸던 유혹과 결코 다르지 않다는 점에서 이 땅에 발을 딛고 살아가는 사람이라면 반드시 거쳐야 할 신앙의 관문임을 느껴볼

수 있다. 사울이 왕좌에서 폐위되는 사건인 아말렉과의 전투 이야기는 선악과의 모든 요소가 결합된 최종적인 사울에 대한 평가가 나타나는 부분이다. 그리고 에덴의 아담이나, 사울이나 모두 창조의 칠일에 대한 과정 후에 선악과에 부딪친다는 점에서 그 공통점은 결코 우연이 아닐 것이다.

모든 죄 (요일 2:16)	선악과 (창 3:6)	사울 (삼상 15:1-35)
육신의 정욕	먹음직도 하고	양과 소, 기름진 것 남김 (여호와의 말씀을 들으소서 – 모두 다 진멸하라)
안목의 정욕	보암직도 하고	자기를 위하여 기념비 세움(15:12)
이생의 자랑	지혜롭게 할 만큼 탐스러움	장로들과 이스라엘 앞에서 나를 높이사(15:30)

중요한 것은 이러한 극심한 삶의 유혹을 이겨낼 수 있는 길을 찾는 것이고, 그 길은 똑같은 실패를 극복할 수 있는 길이다. 그 해답은 동일한 유혹 속에서 예수님께서 그 모든 시험을 이겨내신 그 길을 따르는 것에 있다. 예수님께서는 동일한 인생의 세 가지 시험을 오직 하나님의 율법의 말씀으로 물리치셨다. 이것은 우리에게도 동일하다는 것을 증거 한다. 여호와의 율법에 맞춘 삶만이 흔들리는 세상 속에서 든든하게 서 나갈 수 있는 길잡이가 된다(신 17:14-20; 왕상 2:2-3). 이 길만이 삶과 죽음의 갈림길에서 죽음을 피하고 진정한 생명을 취할 수 있게 한다(신 30:15-20). 시편 19편은 율법의 이러한 기능을 찬양하고 있는데 위의 도표와 비교해 보면 율법의 고유한 특징이 선악과, 밧세바 그리고 사탄의 세 가지 시험을 능히 상쇄하고도 남음이 있음을 살펴볼 수 있다.[305]

모든 죄 (요일 2:16)	밧세바 (삼하 11장)	사탄의 시험(예수님) (마 4:1-11)	율법(토라) (시 19:7-10)
육신의 정욕	더불어 동침하매	이 돌들이 떡덩이가 되게 하라 - 사람이 떡으로만 사는 것이 아니라 하나님의 입으로 나오는 모든 말씀으로 살 것이라 하셨다(신 8:3)	영혼을 소성케 하고 (꿀과 송이꿀보다 달다)
안목의 정욕	심히 아름다워 보이는지라	성전 꼭대기에서 뛰어 내리라 - 주 너의 하나님을 시험치 말라 하셨다(신 6:16)	눈을 밝게 하고
이생의 자랑	데려오라 (왕권으로 취하고, 빼앗음)	엎드려 경배하면 이 모든 것을 주리라 - 주 너의 하나님께 경배하고 다만 그를 섬기라 하셨다(신 6:13)	우둔한 자로 지혜롭게 하고

이 율법을 주야로 묵상하는 삶, 바로 거기에 시험을 이기는 비결이 있다(수 1:7-8; 시 1:1-3). 그러나 다윗은 밧세바를 취함으로 이 길에서 벗어나 있음을 증거하고 있다.

아비가일에서 밧세바로

심지어 그는 자신의 죄를 가리기 위해 살인도 마다하지 않는 잔혹한 사람이 된 것이다. 이러한 치밀한 음모는 자신의 입지를 세우기 위한 정치, 사회, 종교적인 의도가 있다. 분명히 다윗은 자신을 교묘하게 포장하고 있다. 그 속에 있는 음흉한 속셈을 자신의 의로움과 인자함으로 숨기고 있는 것이다. 다윗의 삶에서 이 일이 왜 발생한 것인가? 우리는 다윗, 밧세바 그리고 그녀의 남편 우리아가 뒤얽혀 만들어 내는 이야기와 유사한 사건을 이미 보았다. 한 여자와 그녀의 남편, 그리고 다윗이 그 남편을 죽이려는 의도가 얽힌 이야기 전개이다. 나발과 아비가일 이야기(삼상 25)에는 다윗이 처음으로 악한 마음을 품고 한 남자를 죽이려고 하는 이야기가 전개되고, 결국은 그 남자가 죽은 후에 그의 아내를 자신의 아내로 취하는 사건이 나타난다.

여기 또다시 다윗의 삶에 한 여인과 그녀의 남편과 그리고 그 남편이 죽은 후 다윗이 그 여인을 아내로 취하는 이야기가 있다. 밧세바와 우리아 이야기는 어느 모로 보나 나발과 아비가일 이야기의 반전이다. 다윗의 삶에서 밧세바 사건이 아비가일의 예언처럼 다윗이 '이스라엘의 주권자'(삼상 25:30; 삼하 5:2)가 되고, 적들을 다 이기고, '견고한 집'(삼상 25:28; 삼하 7:16)이 세워진 다음에 일어난다는 점에서 지극히 암시적이다.[306] 이것은 순간적인 분노에 의해 일어나는 것이 아니라 하나님의 약속이 다 이루어진 다음 왕으로서의 역할을 바르게 행하지 않음으로 일어나는 방심을 담고 있다. 우리아와의 관계에서는 나발과의 관계에서 벌어졌던 그런 행운이 다윗에게 닥치지 않는다.

아비가일 이야기는 밧세바 이야기의 전조(proleptic glimpse)라고 볼 수 있다. 동일한 아름다운 여인들이 등장하지만 그 결과는 반대이다. 그들의 아름다움은 정반대의 방향을 향하고 있기 때문이다. 아비가일은 지혜와 총명으로 아름다운 여인(הָאִשָּׁה טוֹבַת־שֶׂכֶל 하이샤 토바트-세켈/지혜로 아름다운 여인)이지만(삼상 25:3), 밧세바는 외모, 특히 벗은 몸이 아름다운 여인이다(הָאִשָּׁה טוֹבַת מַרְאֶה מְאֹד 하이샤 토바트 마르에 메오드/목욕하는 외양이 아름다운 여인) (삼하 11:2).[307] '세켈'(שֶׂכֶל)은 내면의 '지혜와 총명'을, '마르에'(מַרְאֶה)는 눈으로 보이는 '외면'을 지칭한다. 지혜로운 여인 아비가일은 다윗의 손에 피를 묻히는 것을 막지만, 벗은 몸이 아름다운 여인 밧세바는 육체적인 유혹으로 결국은 다윗의 손에 피를 묻히게 한다. 생명으로 이끄는 지혜여인의 길과 죽음으로 이끄는 우매여인의 길이 정확히 아비가일과 밧세바의 갈림길이다(잠 9장).

이들의 현저한 차이점은 아비가일에게는 하나님의 말씀이 있다. 그러나 밧세바의 입에는 그 어떠한 하나님의 예언의 말씀이 없다는 사실이다. 밧세바는 다윗 앞에서 침묵한다. 동시에 하나님의 예언도 침묵한다. 차라리 철저하게 침묵했다면 최소한 그녀의 남편은 살릴 수 있었을 것이다. 그러나 그녀의 짧은 한 마디 "내가 임신하였나이다"(삼하 11:5)는 많은 사람의 운명을 뒤바꾸어 놓았다. 그녀의 입은 죽음을 만들어 내고, 수많은 사람을 추락하게 했다. 아비가일이 입을 열면 의인이 살고, 악인이 망한다. 그러나 밧세바가 입을 열면 의인이 죽고, 악인이 득세한다. 아비가일을 아내로 맞이하며 다윗의 삶은 계속적인 상승이 전개되었다. 그러나 밧세바가 그의 아내가 된 이후에는 다윗의 끝없는 추락이 전개된다. 지혜가 없는 여인, 하나님의 말씀이 없는 여인, 밧세바는 다윗의 시선을 아비가일에게서 자신의 외모로 돌아서게 했다. 그러나 그 선택은 오직 다윗에게 달린 것이었으며, 그는 어느 누구도 비난할 수 없는 스스로의 책임을 짊어지고 있다. 어쩌면 밧세바 또한 다윗으로 인해 희생되고, 제왕권 밑에서 침묵이 강요된 힘없는 백성의 삶을 상징하는지도 모른다.[308]
그러나 아비가일 또한 살기등등하여 폭력으로 불의를 행하려는 다윗 앞에 섰다는 점에서 밧세바와 다르지 않다. 그럼에도 아비가일은 목숨을 내놓고 다윗 앞에서 하나님의 말씀을 전했으며, 다윗이 잘못 가고 있는 길을 멈춰 세웠고, 하나님의 길을 회복케 했다. 이에 반해 밧세바는 불의한 길을 가고 있는 다윗 앞에서 한 마디의 말도 하지 않는다. 침묵은 곧 묵인이 되는 것이며, 같이 죽음의 길로 가는 것이다.

마침내 이스라엘에서 '하나님의 법궤와 다윗을 향한' 우리아의 충성은 짓밟히고, "다윗이 누구며, 이새가 누구냐"(삼상 25:25)는 나발의 발언이 살아나며, 민족은 분열의 길로 나아간다. 나발 같은 '불량한 자'가 들고 일어나 "다윗과 나눌 분깃이 없으며 이새의 아들에게 받을 유산이 우리에게 없도다"라고 외쳐댄다(삼하 20:1). 그도 그럴 것이 다윗이 이제 나발 같은 불량한 자가 되었으니 세상이 어찌 되겠는가? 비열함이 인생 중에 높임을 받고 악인들이 곳곳에 날뛸 때(시 12:8), 의인들은 숨게 마련이다(잠 28:12). 인간의 삶과 죽음까지 자신의 손에 놓고 통제하려 했던 다윗에게는 이제 더 이상 악을 제어할 능력이 없고 세상을 통제할 능력조차 상실한 것으로 보인다.[310]

밧세바와 얽힌 다윗의 이야기는 은총을 잊은 자의 삶, 하나님의 은혜를 멸시하고, 스스로의 자족감에 사로잡혀 살아가는 자의 종국이 어찌될 것인가를 보여주고 있다. 암몬 왕 하눈이 다윗과 부딪칠 수밖에 없었듯이, 이제 다윗 또한 하나님과 대면해야 할 것이다. 그리고 다윗이 행했던 과거의 모든 것들이 진실로 하나님을 위한 것이었는지 아니면 자신의 유익을 위한 것이었는지에 대한 철저한 재평가가 이루어 질 것이다. 이를 위해 다윗의 모든 행적을 낱낱이 들추어 그 숨은 의도까지도 밝혀야 할 것이다. 바로와 사울의 진실이 폭로되듯이, 다윗의 진실이 철저하게 폭로되는 것은 이제 시간문제일 뿐이다.

2. 폭로되는 다윗의 진실

다윗이 저지른 죄악은 결코 가벼이 다루어질 수 없다. 단순히 남의 아내를 빼앗고, 그의 남편을 죽였다는 법적인 고발 정도가 아니기 때문이다. 이것은 살인, 간음, 도둑질, 거짓 증거 그리고 탐심으로 십계명의 절반을 완전히 범한 것이 되며, 나아가 이스라엘 신앙의 정수인 토라의 중심을 위배한 것이 되기 때문이다.[311] 특히 이 죄목들은 십계명의 후반부에 해당하는 인간과 인간간의 관계의 파괴를 상징하는 것들로 그 시작은 불행하게도 십계명의 전반부에 나타난 하나님과의 관계파괴로 인한 것이다. "다윗이 행한 그 일이 여호와 보시기에 악하였다"(삼하 11:27)라는 비판은 스스로 자율적이 되어 여호와의 통치적인 말에 귀를 기울이지 않는 불순종을 의미한다.[312] 그리고 여호와의 심판 선언 또한 강력하게 "네가 여호와의 말씀을 업신여겼다"라고 성토하고 있다(삼하 12:9, 10).

뒤집힐 수 있는 과거 역사들

이러한 토라 신앙의 파괴는 그 자체로 죄악이라는 면에서도 심각하지만, 그 뒤에 일어날 일들로 인하여 오히려 심각성이 더해진다. 하나님과 동료 인간을 향한 인자와 진실을 버린 다윗이 이스라엘을 통치하게 된다면 어떤 일이 발생할 것인가? 폭력과 죽음이 난무한 현실이 될 것이며, 미래는 혼돈의 짙은 구름으로 방향을 가늠할 수 없게 될 것이 자명하다. 그리고 과거는 철저하게 미화되고 정당화 되며 다윗에 대한 진실은 분명히 다른 모습일 것이 분명하다. 그에 대한 과거의 모든 사건들은 이러한 죄악을 치장하는 도구가 되고 말 것이며, 심지어 하나님과 함께 했던 은혜의 시간들마저 얼룩진 역사가 되고 말 위기에 처했다.

다윗, 그는 하나님과 함께 할 때 언제든지 하나님께 물었다(삼상 22:10, 15; 23:2, 4, 11-12; 30:8; 삼하 2;1; 5:19, 23). 그리고 하나님은 다윗을 보호하시고 적들의 손에 그를 붙이지 아니하셨다(삼상 17:36; 23:14). 그가 그렇게 하나님의 임재 가운데 거할 때 그의 삶은 진실 그 자체였다. 그리고 그것은 결코 가식이 아니었다. 그러나 그의 삶이 뒤바꾸미고 하나님의 뜻을 떠나며 하나님을 거역하는 삶을 살 때, 그 때는 이러한 모든 진실은 새로운 모습의 옷을 입을 수 있다. 죄에 빠져 버림 받은 삶을 정당화시키기 위해 이 모든 진실은 과대 광고되고 선전문구가 되어 그 사람의 비참한 최후를 위장하게 되기 때문이다. 이때는 하나님께서 함께 하셨던 아름다운 진실마저 추악한 죄악의 도구가 되기 십상이다. 또한 사람들의 눈에 비친 죄악 된 현재의 모습이 과거의 사건들을 재평가하는 도구가 될 수도 있다. 왜냐하면 그 진의가 의심되기 때문이다. 저렇게 권력을 휘두르려고 왕좌로 올라간 것인가? 그렇다면 그의 겸손과 하나님의 뜻을 따르는 것처럼 보였던 과거의 행동들이 다 위장된 것은 아니었던가? 다윗이 과거에 왜 그렇게 행동했는지가 이처럼 지금 현재의 태도로 새롭게 평가되어 버리는 것이다. 지금 다윗은 자신의 죄악으로 인해 은혜의 발자취까지 파괴 시켜 버릴 위기에 처한 것이다.

다윗을 사랑했던 요나단이 다윗에게 넘긴 옷과 무기류들은 다윗이 사울의 왕권을 물려받은 합법적인 왕위 계승자였음을 선전하는 도구가 될 수 있다.[313] 이것은 정통 왕위계승 후보자인 요나단이 모든 권위를 하나님의 뜻 가운데 다윗에게 양도했다는 것을 선전하는 수단일 수 있기 때문이다. 미갈과의 결혼 또한 이 정통성에 힘을 더해 줄 수 있다. 다윗이 미갈을 극진히 사랑하는 새로운 남편인 발디라는 사람으로부터 기어이 미갈을 취하는 것(삼하 3:13-16)도 자신의 옆에 사울 가문의 공주를 둠으로 사울 가를 따르는 잔당들의 입을 막으려는 정치적인 의도일 수 있다. 이처럼 잔혹한 정치적인 동기는 인간의 친밀한 깊은 사랑에 그 어떤 자리도 내어주지 않기 때문이다.[314] 그리고 법궤를 옮길 때에 있었던 미갈과 다윗 사이의 대화는 다윗의 집안이 사울 가문을 대체한 합법적인 왕가임을 강조하려는 목적으로 볼 수도 있다(삼하 6:20-23).[315] 그래서 미갈은 늘 다윗의 아내(삼상 19:11)라는 말보다는 사울의 딸이라는 정체성을 꼬리표처럼 달고 다니는지도 모른다(삼상 18:20, 28; 삼하 3:13; 6:16, 20, 23). 또한 요나단의 아들 므비보셋을 궁중에 데려와 머물게 한 것은 은총의 가면을 쓴 혁명 방지 대책일 수 있다. 그를 왕의 식탁에 의무적으로 배석시킴으로 사울 집안에 유일하게 남은 직계 왕위 후보자를 계속 자신의 감시 아래 둘 수 있는 정치적인 의도로 비쳐질 수 있기 때문이다.[316]

다윗이 사울을 두 번이나 살려준 일과 사울이 죽은 전쟁터에 자신이 결코 가담하지 않았다는 것을 말하고 있는 사건들은 다윗의 또 다른 변명이 될 수가 있다. 자신이 왕좌를 차지하기 위해 사울을 제거한 것이 아니라는 사실을 입증하려는 몸부림으로 보일 수 있기 때문이다. 그리고 다윗이 사울을 죽일 기회를 포기하며 '여호와의 기름 부음 받은' 권위를 계속해서 강조할 때 여호와의 권위가 아닌 오히려 자신의 기름 부음 받은 위치를 옹호하려는 목적이 될 수도 있다.[317] 자신이 어떠한 권력을 휘두르든 그것을 여호와의 비호 아래 둘 수 있는 권위를 세우는 것일 수 있다는 것이다. 그리고 사울을 죽였다고 보고하며 상을 바라는 아말렉 소년에게 여호와의 기름 부음 받은 자를 죽인 죄를 물어 그를 사형에 처한 것 또한 사울을 살해했다는 비난을 피하기 위한 것이 될 수 있다(삼하 1:1-16). 또한 이스보셋을 암살한 장수들을 단 칼에 처형한 사건은 이스보셋의 죽음에 대해 다윗이 결백하다는 것을 선전하기 위한 수단으로 볼 수 있다(삼하 4:1-12). 심지어 사울과 요나단을 위하여 지어 부른 애가(삼하 1:17)와 요압에게 비명횡사한 아브넬을 위해 다윗이 눈물로 지어 부른 애가(삼하 3:33)는 흡사 온 땅에 자신의 결백을 선포하는 노래 같이 들리기도 한다.

갈렙의 후손인 나발에 대하여도 다시 쓸 수 있다. 그는 비록 이름조차 상실하고 치욕스러운 별명인 '나발'(미련한 자)로 불리지만 본래 헤브론에서 왕처럼 군림한 정통성 있는 유다의 한 집안으로 보이며(삼상 25:36), 다윗 가문과는 경쟁관계에 있었을 것으로 추측해 볼 수 있다. 다윗이 나발의 아내 아비가일을 대동한 것은 헤브론에서의 왕위 등극에 대한 정통성을 확보하기 위한 정치적 의도가 숨겨져 있을 것을 상상해 볼 수 있다.[318] 결국 나발 이야기는 다윗이 의도적으로 나발을 살해한 것이 아니라는 변증론이 되며, 나발의 부는 그에게 정치적으로 막대한 자금력을 동원할 수 있는 입지를 제공하는 수단이 되었을 수 있다. 이와 더불어 만약 다윗이 결혼한 아히노암이란 여인이 사울의 아내인 아히노암이라면 사울 왕권에 대한 정통성을 확보하기 위한 술책으로 비칠 수도 있다(삼상 14:50; 삼하 12:8).[319] 그리고 다윗이 광야에서 사울을 피해 쫓겨 다니면서도 틈틈이 확보한 전리품을 유다의 장로들에게 선물로 보낸 것(삼상 30:26-30), 예루살렘을 수도로 정한 것, 법궤를 예루살렘으로 옮긴 것, 그리고 사울의 자손 7명을 기브온 족속에게 내어 준 일(삼하 21:1-14) 등 이 모든 것들은 새로운 옷을 입을 수 있다. 순종, 헌신, 인자와 자비 그리고 은총이라는 가면으로 위장하고, 정치적인 의도를 하나님의 뜻으로 포장한 권모술수가 될 수 있기 때문이다. 자신의 정치적인 입지를 굳히기 위한 편 만들기 내지는 자신의 편이 될 수 없는 자들은 단호하게 제거하는 숙청작업일 수 있다. 다윗은 자신의 정권에 어떠한 오점도 남기지 않기 위하여 수많은 변명과 포장을 할 수 있으며, 그가 행한 모든 것은 정치적인 선전과 합리화가 될 수 있다.[320] 인간이 삶과 죽음을 관장하는 절대자의 위치를 넘볼 때 이런 일은 쉽게 발생하게 마련이다.

이처럼 다윗의 신앙은 물론이요, 우리의 신앙은 이기적인 선전으로 손쉽게 전락할 수 있다. 지금까지 보아온 여호와를 향한 다윗의 순수한 신앙적인 열정과 현재 이곳에서 폭로되고 있는 그의 정치적인 계산과 조작을 정확하게 분류해 내는 것은 불가능하다. 그래서 어떤 이는 다윗의 이야기는 그의 왕권의 정당성과 합법성을 주장하기 위한 것이 가장 중요한 목적이라고 선언하기를 주저하지 않는다.[321] 그리고 다른 이들은 그럼에도 불구하고 다윗의 신앙을 기리려는 것이라는 입장을 고수한다. 그러나 우리에게 절실하게 필요한 것은 우리의 삶이 안고 있는 이 양면성을 심각하게 받아들이는 것이다. 즉, 우리 인생 안에 이 두 가지가 늘 공존하고 있다는 사실을 인식하고 인정하는 것이다. 우리는 다윗을 비롯하여 그 어느 누구든지 하나님의 사람이라면 결코 인간적인 사심이 없는 오직 하나님을 향한 순수한 신앙을 고수하기를 바란다. 그러나 신앙과 현실은 언제나 믿음의 사람들이 살아왔던 삶의 두 가지 차원이라는 점에서 벗어날 수 없는 상황이다. 그러므로 성경적 신앙이란 순수한 신앙과 인간적이고 정치적인 유익을 훌륭하게 하나로 융합하는 것이다. 그러나 이것은 결코 혼합주의를 의미하는 것은 아니다. 그 사실은 이전까지 다윗이 이루어온 균형에서 살펴볼 수 있다. 그는 '여호와를 향한 신앙의 순수성'으로 이 두 가지를 함께 묶음으로 하나를 취하고 다른 하나를 버리지 않았다. 실로 다윗은 신적인 은총과 국가 이데올로기를 하나로 묶는 정교한 조화를 이루어왔다.[322] 즉, 하나님의 나라와 다윗의 나라가 결코 별개의 것이 아니었다는 사실이다. 이것은 다윗이 온 이스라엘을 다스려 모든 백성에게 정의와 공의를 행할 때에 가능했다(삼하 8:15). 그러나 그가 이루어 낸 모든 조화는 밧세바와의 간음, 그리고 그의 남편 우리아를 죽인 일로 인해 산산이 부서지고 말았다. 그는 이제 이 균형을 유지할 핵심적인 정신을 상실했고, 질서를 지켜낼 어떤 능력도 없다. 그는 열방의 왕들처럼 폭력으로 자신의 나라를 무장시킬 미래밖에는 없는 것이다. 그렇다면 그의 역사는 새롭게 쓰일 수밖에 없다. 과거의 사건들은 새로운 방식으로 해석될 것이며, 균형과 조화를 잃어버린 역사로 다시 쓰이고 말 것이다.

과거가 뒤집힌 사울의 치명적인 예

성경 속 이야기들은 우리가 생각하는 역사적인 사실성을 밝히는 것보다 더욱 중요한 사명이 있다. 역사는 비록 과거의 이야기를 펼치는 것이지만 그것은 현재와 미래의 신앙 공동체에게 삶의 길을 제시하기 위한 신학적인 목적이 짙게 드리워져 있다. 그러므로 과거의 자료들을 다룸에 있어 영감 받은 성경의 저자는 극도의 자유로움을 가지고 하나님의 뜻을 전하기 위해 선택과 편집을 감행할 수밖에 없다.323) 모든 것을 다 장황하게 나열할 수 없기 때문이다. 그래서 역사 연구의 방향이 "얼마나 정확한 것인가?"라는 진실게임에서 "왜 이렇게 쓰였는가?"라는 신학적인 의미를 중요시 할 수밖에 없다.324) 다윗의 실패가 그의 끝이라면 다윗의 이야기는 분명 전체적으로 새롭게 쓰일 수밖에 없다.325) 결국 다윗은 사울처럼 자신의 모든 명성을 한순간에 잃을 수 있는 위기에 처해 있는 것이다.

사울은 그의 철저한 불순종으로 모든 명예와 지위를 다 상실한 사람이다. 그는 끝내 돌이키지 않았다. 결국 그에게 주어진 역사는 수치스러운 결말로 끝나고 말았다. 사무엘하 7장 15절에 주어진 다윗을 향한 하나님의 약속에는 다시 쓰는 사울의 역사가 있다: "내가 네 앞에서 물러나게 한 사울에게서 내 은총(חסד 헤세드/인자)을 빼앗은 것처럼 그에게서 빼앗지는 아니하리라." 그런데 같은 약속이 주어지는 부분에서 하나님께서는 다윗의 통치를 "전에 사사에게 명령하여 내 백성 이스라엘을 다스리던 때와 같지 않게 하시겠다"고 천명하신다(삼하 7:11). 이것은 흡사 다윗의 통치가 사사시대에 이어서 바로 시작되고 있는 것처럼 보이며, 사울의 40년의 통치를 전적으로 무시하고 있는 것으로 비친다. 이런 현상은 열왕기서나 예언서 그리고 시편에서도 나타난다. 열왕기서에는 아예 사울의 이름이 나타나지 않으며, 예언서에는 이사야 10장 29절에 단 한 번 그의 중요성이 아닌 '사울의 기브아'라는 지명을 말하기 위해 나타날 뿐이다. 성문서에는 시편에 다윗의 탄식을 유발시키는 원흉으로서 사울의 이름이 시편의 제목에 5번 나타나는 정도 밖에는 없다(18, 52, 54, 57, 59편). 역사를 말하는 시편 78편에는 엘리 가문의 실로 성소 파괴의 보고 뒤에 곧이어 예루살렘 시온 산의 선택을 기록함으로 마치 다윗이 초대 왕인 것처럼 쓰고 있다. 시편 89편에도 다윗이 처음으로 선택 받은 왕인 듯이 기술되고 사울과 그의 통치에 대한 언급은 전혀 없다.[326] 사울은 사무엘서 이외에는 모조리 편집됨으로 과거의 영화를 잃어버린 불행한 사람이 되었다.[327] 사울, 그도 분명 이스라엘의 초대 왕이 될 정도의 탁월함을 소유한 사람이었고, 그의 신체적 위용과 영웅적인 무용담은 가히 전설적이었다(삼상 14:47-48). 하지만 하나님이라는 중심을 잃은 그의 능력은 방향을 잃은 화살처럼 위험스럽기 짝이 없는 흉기가 되어 버렸고, 안전을 위해 신속히 제거해야 할 장애물이 되었다. 그때부터 그는 자신의 신앙의 역사까지 잃어가기 시작한다. 하나님이 펼치시는 이야기에 그 뜻에 불순종하는 자가 무엇을 더할 수 있을까? 길어지면 질수록 오히려 악을 더할 뿐이다.[328] 은총을 잃은 자 사울은 그렇게 하나님의 역사를 방해하는 자로 채색되고 부정적인 예로 전락해 버리고 마는 비운의 주인공이 된다.[329] 이제 그의 영웅담은 하나님과 관계없는 한 인간의 역사일 뿐이다. 그 역사는 그가 이 땅에서 사라지는 순간과 동시에 안개처럼 날아가 버릴 것이다.

이처럼 사울이 하나님께 버림받고 그의 이야기들이 사라지거나 새로운 색으로 덧입혀지듯이, 다윗의 모든 영웅담들도 존폐의 위기에 놓여있다. 만약 그가 끝까지 자신의 능력으로 승승장구한다면 그의 이야기들은 자신의 악행을 합리화하기 위한 도구로 활용되기도 할 것이다. 하지만 그것은 성경이 아닌 박물관에서나 찾아볼 수 있는 유물밖에는 되지 않을 것이다. 어떤 것이 다윗의 진실인가? 오직 하나님의 뜻에 자신의 모든 것을 복종시킨 순수한 열정을 소유한 '주의 종'인가, 아니면 제왕의 권력을 등에 업고 죽이고 빼앗기를 일삼는 '폭군'인가? 그것은 그가 어디에 속할 것인가에 따라 달라질 수 있다. 열방과 같은 피로 얼룩진 절대 왕정을 고집할 것인가, 아니면 또다시 "여호와께서 통치하신다"는 신념으로 '주의 종'의 위치로 돌아갈 것인가에 따라 그의 역사는 달라질 것이다.

회복을 위하여

다윗이 반드시 회복해야 할 가장 중요한 것 한 가지는 분명 여호와만이 진정한 세상의 왕이시라는 사실이다. 그리고 오직 그분의 인자와 은총의 날개 그늘 아래서 긍휼을 누리는 삶이다. 비록 이스라엘이 이방인의 위협을 두려워하여 왕을 달라고 고집했지만, 그러나 이스라엘 신앙의 본질인 토라에서 이러한 역할은 정확히 여호와께 속한 것이라 천명하고 있다. 출애굽의 대 역사가 이것을 예증하고 있다. 예레미야애가 4장 20절은 왕에 대해 이같이 오해함으로 벌어진 종국의 역사적인 패배와 절망으로 인해 처절하게 탄식하는 목소리를 들려주고 있다.

> 우리의 콧김 (רוּחַ אַפֵּנוּ 루아흐 아페누) 곧 여호와의 기름 부으신 자가 저의 함정에 빠졌음이여 우리가 저를 가리키며 전에 이르기를 우리가 저의 그늘 아래에서 열국 중에 살겠다 하던 자로다

구약성경에서 '콧김'은 '루아흐 아프'(רוּחַ אַף)로 오직 '하나님의 능력'을 상징할 때 쓰이는 시적인 표현이다(출 15:8; 삼하 22:16; 욥 4:9; 시 18:15). 그러나 여기에서는 유일하게 기름 부음 받은 인간 왕에게 이 표현이 사용되고 있다. 그리고 누군가의 "그늘 아래 산다"(יָשַׁב בְּצֵל 하야 베쩰) 혹은 그의 "날개 그늘 아래 피한다"(סָתַר [חָסָה] בְּצֵל כָּנָף 사타르[하사] 베

쩰 카나프)라는 표현 또한 주로 사람들이 여호와의 그늘 아래 거하며 평화를 얻는 것을 상징할 때 사용된다(시 17:8; 36:7; 63:7; 91:1; 사 25:4; 49:2; 51:16). 때로 인간 왕의 그늘에 거하는 것에 사용되기도 하지만 그 결과는 비참하게 막을 내리는 것이 다반사다: 가시나무 왕의 비유(삿 9:15), 바로의 그늘(사 30:2), 앗수르 사람(겔 31:6, 12, 17), 그리고 하나님께서 약속하신 미래의 이스라엘 왕에 대한 예언에 사용되기도 한다(겔 17:23). 그렇지만 오직 여호와만이 이스라엘의 완전한 그늘이시며, 인간 왕은 어떤 의미에서도 독자적이고 독립적인 믿음의 내용이나 기반이 될 수 없다는 것이 이스라엘 왕정 신학이다(겔 17:22-24). 이것은 "왕에게 또는 왕을 통해서 일어나는 일들은 모두 하나님의 뜻과 역사이며, 이를 통해 백성들이 여호와만을 신뢰하게 되는 것이다."[330] 그러므로 하나님께서 세운 왕은 백성들을 이끌어 바른 길로 나아가게 해야 하는 책임을 지고 있는 사람이다. 다윗에게 주어진 희망이 있다면 바로 이것을 회복하는 것이다.

이처럼 다윗은 두 가지 갈림길에 서 있다. 계속해서 자신의 죄악을 가리기 위해 과거의 은혜까지 먹칠을 할 것인가, 아니면 온 몸과 마음으로 겸비하여 바닥에 완전히 엎드려 죄를 자복하고 하나님께 나아갈 것인가? 새로운 시작이 어디에서 출발하는 것인지만 알면 선택은 쉽다. 우리에게 주어진 선택도 역시 동일하다. 바로 왕, 사울 왕 그리고 왕 같이 호령했던 나발같이 끝까지 하나님께 저항하다 미련하게 인생을 마감하고 말 것인가? 아니면 다시 또 새로운 균형과 조화로 하나님께서 쓰셨던 역사를 연결시킬 것인가라는 질문이 주어져 있다.

3. 당신이 그 사람이다 (삼하 12장)

"여호와께서 나단을 다윗에게 보내시니 그가 다윗에게 갔다"(삼하 12:1). 다윗은 이미 두 번의 기회를 상실했다. 밧세바의 정체성을 간과했고, 여호와의 불꽃 우리아를 무참히 짓밟아버렸다. 여호와께서 선지자를 급파하신다. 들을 것인가, 거부할 것인가, 아니면 제거할 것인가? 다윗은 이 모든 것을 행할 수 있는 자유를 소유하고 있다. 하나님의 영감 아래 있는 선지자 나단은 다윗의 상태를 명확히 꿰뚫어 보고 있다. 그의 지혜로움은 다윗을 대하는 태도를 다르게 한다. 사무엘이 하나님을 거역한 사울을 대할 때 그는 여호와의 음성으로 직격탄을 날렸다: "어찌하여 왕이 여호와의 목소리를 청종하지 아니하고 탈취하기에만 급하여 여호와께서 악하게 여기시는 일을 행하였나이까"(삼상 15:19). 사악함의 극을 달리는 아합 왕을 향하여 엘리야 또한 망설임 없이 선포한다: "여호와의 말씀이 네가 죽이고 또 빼앗았느냐고 하셨다"(왕상 21:19). 이들과 전혀 다를 바 없는 행동을 한 다윗이다. 그러나 나단은 다른 접근 방법을 취한다. 다윗의 심정을 건드리지 않는 비유적인 이야기를 담소를 나누듯이 전하고 있는 것이다.

그 놈은 마땅히 죽을 자라

나단은 다윗이 지금 전제군주와 같은 폭군으로 변해가고 있음을 직감하고 있는 듯하다. 왜 다른 방식인가라는 차별화를 논할 것이 아니라 각 사람의 상태에 따라 응답하시는 하나님을 믿는다면 오히려 은혜임을 깨달을 것이다. 어쨌든 나단의 이야기는 다윗의 주의를 집중시키기에 충분했다. 왜냐하면 그 속에는 왕으로서 행해야 할 중요한 임무 중의 하나인 재판이 자리 잡고 있었기 때문이다(삼하 14: 4-11; 15:1-6; 왕상

7:7). 다윗 스스로 자신을 재판하게 만들고 있는 것이다.

한 성에 사는 부한 자와 가난한 자에 대한 이야기이다. 부유한 자는 양과 소가 심히 많으나 난폭하고 욕심이 가득한 불량자고, 가난한 자는 아무 것도 가진 것이 없으나 자신이 키우는 암양을 가족처럼 돌보는 사랑의 소유자로 보인다. 가난한 자는 암양 새끼를 키우며, 그가 먹는 것과 마시는 것을 같이 나누며, 심지어 그의 품에서 딸 같이 키운다. 그런데 부자에게 손님이 왔을 때 그 부자는 자신의 많은 양과 소 중에서가 아니라, 이 가난한 자의 암양을 잡아서 자신의 손님을 대접했다는 이야기다. 이 비유는 어느 누가 듣든지 간에 다윗과 우리아의 이야기를 패러디한 것이라는 것을 한눈에 알 수 있다. 수많은 처첩을 거느리며 호령하는 다윗과 애지중지 사랑하며 아끼는 한 명의 아내를 둔 우리아의 이야기가 비유화 된 것일 뿐이다. 그러나 정작 당사자인 다윗은 전혀 모른다. 이것이 죄악의 결과인가? 다윗은 진정 죄로 인해 무감각해지고, "자기 양심이 화인을 맞아서 외식함으로 거짓을 일삼는 자들"과 일당이 되어버린 것인가(딤전 4:2)? 다윗은 이 이야기를 듣고 분노한다. 자기 자신의 죄악이나, 자신을 패러디했기 때문에 분노하는 것이 아니라, 그 부자를 향해 분노하고 있다. 하나님의 말씀을 듣는 자세가 전혀 준비되지 않았다. 듣는 것과 왕권의 관계는 다윗의 아들 솔로몬의 이야기에 분명하게 제시된다. 솔로몬이 그의 통치를 시작할 때 하나님께서 맡겨주신 많은 백성을 다스리며 선악을 올바르게 재판할 수 있게 '듣는 마음'(לב שמע 레브 쇼메아)을 간구했다(왕상 3:9). 듣는 것은 귀만으로 하는 것이 아니라는 반증이다. 이사야 6장 10절에는 하나님께서 "귀로 듣고 마음으로 깨닫고 다시 돌아와 고침을 받을까 하노라"고 말씀하신다. 귀로 듣는 것은 시작이며, 최종점은 마음으로 깨닫고 돌이키는 것이다. 하나님 마음에 맞는 사람, 하나님께 그 중심(마음)을 인정받은 사람(삼상 16:7) 다윗이 귀만 남고 마음은 사라진 통치자가 되어 있다.

하나님의 말씀은 늘 자신을 향하여 다가오는 것인데 다윗은 말씀을 들으면서도 적용해야 할 대상으로 다른 사람을 지목한다. 다윗은 한 순간의 쉴 틈도 주지 않고 그 자리에서 단호하게 심판을 선고한다. 그는 감히 여호와의 살아계심을 두고 맹세까지 하며 "이 일을 행한 그 사람은 마땅히 죽을 자라"는 사형선고를 내린다(삼하 12:5). 여호와의 이름을 망령되이 일컫고 있는 것은 물론이요, 양 한 마리 빼앗은 것 치고는 상당히 과격한 형벌을 선언하고 있다. 여기서 '마땅히 죽을 자'(בֶּן־מָוֶת 벤-마웨트/사망의 자식)라는 표현은 사울이 다윗을 향하여 내뱉었던 말인데(삼하 20:31) 이젠 스스로를 돌아보지 못했던 사울처럼 다윗이 죽음을 좌우하는 사람이 되어 있다. 물론 그것은 자신을 향한 사형선고라는 점에서 의미가 크다. 다윗은 또한 그 부자가 불쌍히 여기지 않았다고 과격한 징계의 이유를 밝히며, 법적으로 네 배를 갚아야 한다고 선언한다(삼하 12:6; 비교, 출 22:1).[331] 심판하는 자가 바로 심판을 받아야 할 자라는 아이러니는 다윗이 지금 말과 행동이 전혀 다른 이중적인 사람이 되어있다는 것을 강조하고 있다. 다윗은 다른 사람에게는 삼엄한 잣대를 들이대고 자신에게는 한없이 관대한 사람이 되어 있다. 이런 사람이 어찌 하나님의 나라를 다스리겠으며, 올바른 통치를 할 수 있을 것인가? 나단의 비유는 부지불식간에 다윗이 자신의 죄와 그에 상응하는 벌의 선고까지 하게 만들었다. 비유는 그런 위력이 있다. 불편한 심기를 건드리지 않으며 상징적 이야기를 통해 사람들 스스로가 그 이야기에 자연스레 동화되기 때문이다. 주인공이 악인이든 선인이든 듣는 이와 동질화가 일어나게 된다. 이제 한 마디면 사건의 반전이 일어날 것이며, 다윗의 최종적인 선택만이 남게 된다.

네가 바로 그 놈이다

나단은 다윗의 심판 선고가 끝나자마자 기다렸다는 듯이 일침을 가한다: "당신이 그 사람이라"(삼하 12:7). 부자와 가난한 자의 비유를 통해 이런 부정의를 저지르는 그 사람이 바로 당신이라는 적용의 직접성이다. 나단은 다윗이 위장하고 있는 현재의 상태를 폭로한 것이다. 그리고 쉴 틈을 주지 않고 여호와의 말씀을 전한다.

> **이스라엘의 하나님 여호와께서 이처럼 이르시기를 내가 너로 이스라엘 왕을 삼기 위하여 네게 기름을 붓고 너를 사울의 손에서 구원하고 네 주인의 집을 네게 주고 네 주인의 처들을 네 품에 두고 이스라엘과 유다 족속을 네게 맡겼느니라 만일 그것이 부족하였을것 같으면 내가 네게 이것저것을 더 주었으리라 그러한데 어찌하여 네가 여호와의 말씀을 업신여기고 나 보기에 악을 행하였느냐 네가 칼로 헷 사람 우리아를 치되 암몬 자손의 칼로 죽이고 그 처를 빼앗아 네 처로 삼았도다**(삼하 12:7b-9).

여기서 심판 선언이 여호와께서 과거에 다윗에게 은혜로웠던 행동을 되짚어 봄으로써 시작한다는 것은 의미가 크다. 특히 하나님의 이 행하심은 '주다'라는 동사로 가득 차 있다. 이것은 다윗의 정반대의 행동인 '치고,' '죽이고,' 그리고 '빼앗다'라는 동사들과 극적인 대조를 이룬다. 하나님의 심판은 이처럼 이유가 분명하시다. 하나님께서 선물로 부여해주신 은총을 다윗은 자신의 권력을 사용하여 폭력으로 바꿔나가고 있는 것이다. 하나님의 은혜에 대한 이 간략한 언급은 하나님과 다윗이 맺은 언약의 내용인 사무엘하 7장 8-11절에 먼저 나타나며 이곳과 아주 긴밀한 병행을 이룬다. 하나님은 진실로 그 언약을 지키시는데 신실하셨고, 미래에도 다윗에게 더욱더 신실하실 것이었다.[332] 그러나 다윗은 달랐다.

그는 여호와의 말씀을 업신여기는 길 위에 서 있는 것이다. 이와 같은 과거의 은총을 바탕으로 만유의 재판장 되신 여호와는 다윗에게 준엄한 심판을 선고하신다.

> 이제 네가 나를 업신여기고 헷 사람 우리아의 아내를 빼앗아 네 처를 삼았은즉 칼이 네 집에서 영영히 (עד‎ 올람) 떠나지 아니하리라 하셨고 여호와께서 또 이처럼 이르시기를 내가 네 집에 재앙을 일으키고 내가 네 눈앞에서 네 처를 빼앗아 네 이웃들에게 주리니 그 사람들이 네 처들과 더불어 백주에 동침하리라 너는 은밀히 행하였으나 나는 온 이스라엘 앞에서 백주에 이 일을 행하리라 하셨나이다(삼하 12:10-12).

영원한 은총의 약속이, 한 순간에 영원한 심판의 선고로 뒤바뀌어 버린다. 늘 주시기만 하셨던 하나님의 은혜가 멈추고, 빼앗겠다고 하신다. 그 수단은 다윗의 삶 속에서 펼쳐질 전쟁, 재앙, 간음, 강간, 살인 등의 잔혹한 미래를 통해서이다. 그러나 다윗은 선택할 수 있다. 빼앗을 것인가, 빼앗길 것인가? 다윗은 이 예언자의 음성을 듣고 그를 단 칼에 죽일 수도 있다. 아니면 멀리 보이지 않는 곳으로 유배를 보내 그 목소리를 잠재울 수도 있다. 그에게는 그럴만한 충분한 힘이 있다. 솔로몬이 제사장 아비아달을 귀양 보내고(왕상 2:26), 아히야의 예언을 받은 여로보암을 죽이려 하듯이(왕상 11:40), 또 왕들이 하나님의 신탁을 전하는 예언자들을 무참히 살해하듯이(대하 16:10; 24:20-22; 렘 26:21) 그렇게 다윗도 하나님의 소리를 제거해 버릴 수 있다. 그러나 회복은 예언자의 말에 다시 귀를 기울일 때 일어난다. 인간의 진실에서 하나님의 진실로 돌아설 때 다시 살아날 수 있는 길이 열린다. 다윗은 육체의 욕망에서 분출되어 나오는 소리에 귀를 기울였었다. 이제 예언자를 통해 들리는 하나님의 음성에 응답해야 할 차례이다. 올바른 응답만이 다윗을 그 전의 모든 사람들과 그 후의 모든 사람들과의 차이를 만드는 유일한 길이다.

내가 죄를 범하였나이다

다윗이 하나님의 음성에 응답한다. 다윗의 한 마디 "내가 여호와께 죄를 범하였노라"는 더 이상의 변명을 만들지 않는 그의 철저한 인정과 고백, 그리고 회개를 담고 있다(삼하 12:13).[333] 이 사건 속에서 세 명의 인물들이 각기 만들어 내는 간결한 한 마디가 전체의 이야기를 끌고 나가는 중심이 된다. 밧세바의 "내가 임신하였나이다"(הָרָה אָנֹכִי 하라 아노키)라는 말은 저질러진 죄악을 나타내고(삼하 11:5), 나단의 "당신이 그 사람이라"(אַתָּה הָאִישׁ 아타 하이쉬)는 지목은 여호와의 심판을 뜻하며(삼하 12:7), 다윗의 "내가 여호와께 죄를 범하였노라"(חָטָאתִי לַיהוָה 하타티 라야훼)는 그 죄에 대한 회개의 표시이다(삼하 12:13).[334] 간결하지만 모든 것이 다 포함되어 있는 다윗의 이 한 마디는 새로움을 창조할 수 있는 씨앗을 포함하고 있다.

길고 지루하게 변명만 만들어내며 진심은 빠져있었던 것이 사울의 회개였다(삼상 15:10-31).[335] 그는 거듭되는 예언자의 말을 무시했다. 두 번에 걸쳐 예언의 말씀이 주어졌지만 그는 자신의 뜻에 맞추어 하나님의 말씀을 해석했다(삼상 13:8-13; 15:11-13). 그리고 자신이 범죄하였을지라도 자신을 백성들 앞에서 높여달라고 선지자에게 강경하게 요구하며 결국 그의 응답을 받아내고 만다(삼상 15:30-31). 회개까지도 응답하는 것이 아니라 응답받는 것이었다. 그런 그에게 하나님께서 어찌 더 말씀하실 수 있을까? 하나님께서 더 이상 선지자로도, 우림으로도, 꿈으로도, 말씀하시지 않으신다. 그가 말씀해 달라고 아우성을 쳐대도 침묵하신다. 사울 그는 분명 하나님의 말씀이 내려질지라도 언제든지 자신에게 유익한 쪽으로, 자신이 원하는 방향으로 해석하고 말 것이기 때문이다.

그러나 다윗 그는 마침내 듣는다. 단 한 마디의 변명도 없이, 하나님의 뜻에 응답한다. 다시 듣는 것이 사는 길이다. 인간의 진실은 보잘 것 없는 것이다. 고작해야 한 호흡 같은 제국을 건설하다 무덤 속으로 내려가는 것이 인간의 진실이다(시 62:9; 146:3-4; 사 14:4-20; 겔 28:12-19; 단 2:21; 전 2:12-17). 이러한 인간의 진실에서 하나님의 진실로 돌이키는 것이 필요하다. 하지만 그 돌이킴은 처절한 징계를 감수하는 고난의 길이다. 하나님의 진실을 받아들이는 그 순간 인간은 자신의 것을 모두 내려놓는 것을 의미하기 때문이다. 자신의 뜻, 계획, 힘, 능력, 권력, 물질, 생명까지도 하나님께 내려놓는 것이다. 이것이 회개이다. 회개는 결코 입으로 하는 것이 아니다. 회개는 자신의 삶으로 하는 것이다. 왜냐하면 "회개는 단지 내가 무엇을 했는가라는 문제가 아니고, 내가 무엇인가라는 문제"를 다루기 때문이다.[336] 그러므로 다윗이 "내가 여호와께 죄를 범하였습니다"라고 고백하는 그 순간 자신이 주권을 가지고 있다고 착각했던 모든 것을 다 풀어 헤치는 것이다. 동료 인간의 삶과 죽음까지 좌우했던 자에서, 살고 죽는 모든 길을 여호와께 온전히 맡기는 것이다. 여호와께서는 다윗과 밧세바 사이에서 태어난 아이를 죽이기로 하셨다. 잔혹하지만, 이것보다 더 인간과 절대자의 구별선을 만들 수 있는 길이 어디에 있을까?

'먹음직도 하고, 보암직도 하고, 지혜롭게 할만한' 선악과를 먹고 '하나님과 같이 되기'를 갈망했던 태초의 인간에게 주어진 형벌은 죽음이다: "네가 먹는 날에는 반드시 죽으리라"(창 2:17). 하나님의 위치를 넘보는 인간에게 가장 알맞은 대가가 아닌가? 죽음은 모든 것을 끝낸다. 인간의 선, 악, 지혜, 부귀, 권력, 욕심, 정욕, 죄까지도 일순간에 안개가 되어버린다(시 49편; 전 2:12-17). 이보다 더 극명한 창조주와 피조물의 대조가 어디에 있는가? 한 호흡과 영원함의 차이다. 인간은 결코 생사화복의 주관자가 아니라는 처절한 교훈을 다윗은 아들을 잃으며 배운다. 여기에서 왜 다윗이 아니고 아이가 죽어야 하는가라는 질문은 접어두자. 세상에는 불순종하는 자들 때문에 순교의 제물이 되는 삶들이 있다. 이 땅의 빛을 오래 보지 못한 그 아이에게도 하나님은 분명 우리가 상상할 수 없는 사랑으로 영접하실 것임을 믿기만 하면 된다. 아이의 죽음의 소식에 다윗이 여호와의 전에 들어가서 경배하고 애곡에 마감선을 그은 것은 다윗이 자신의 자리인 피조물의 위치로 돌아왔다는 것을 보여준다(삼하 12:20-23). 다시 절대주권을 하나님께 돌리는 주의 종이 된 것이다. 솔로몬의 탄생은 분명 하나님과 다윗의 관계의 회복은 물론이요, 영원한 징계를 넘어서는 하나님의 긍휼이 느껴지기에 충분하다. 이렇게 다윗과 밧세바 사건은 여호와께 사랑받는 자인 '여디디아'가 탄생함으로 사무엘하 7장의 영원한 언약으로 돌아가는 길이 열린 것이다: "내가 네 몸에서 날 네 씨를 네 뒤에 세워 그의 나라를 견고하게 하리라 그는 내 이름을 위하여 집을 건축할 것이요 나는 그의 나라 왕위를 영원히 견고하게 하리라"(삼하 7:12b-13).

이렇게 기나긴 다윗의 개인적인 사건이 마감되며 이야기의 흐름은 다시 제자리를 찾아간다. 다윗과 밧세바 사건은 결코 주요한 이야기의 출발선이 아니었다. 이 사건은 다른 중요한 이야기의 부수적인 것이었는데 어찌된 일인지 이것이 이야기 흐름의 주류가 되면서 사건의 본질이 흐리게 되었다. 본래의 이야기는 암몬과의 전쟁이었다.

해가 돌아와 왕들의 출전할 때가 되매 다윗이 요압과 그 신복과 온 이스라엘 군대를 보내니 저희가 암몬 자손을 멸하고 랍바를 에워쌌고 다윗은 예루살렘에 그대로 있으니라(삼하 11:1).

다윗은 개인적인 죄악에 얽매여 하나님의 은총의 본론에서 벗어나 있다. 다윗과 밧세바 사건이 일단락되고 솔로몬의 탄생으로 인한 하나님과의 관계회복이 있고 나서야 비로소 이야기의 흐름은 다시 암몬과의 전쟁 상황으로 돌아간다(삼하 12:26-31). 다윗이 예루살렘에서 딴 짓을 하고 있는 동안 요압을 필두로 한 이스라엘 군대는 랍바를 에워싸고 지지부진 늘어지기만 하는 장기전에 지쳤을 것이다. 얼마나 오랜 시간이 흘렀을까? 다윗이 밧세바를 취하고, 임신을 하고, 아이를 낳고, 그 아이가 죽고, 또 임신을 하고, 그 아이가 태어나 여호와의 사랑을 받고, 최소한 삼사 년의 시간은 족히 흘러갔으리라 여겨진다. 흡사 요셉이 가나안에서 상인들에게 팔리고, 이집트에서 다시 종으로 팔리는 이야기(창 37:36; 39:1) 속에 유다의 이야기(창 38장)가 펼쳐지며 긴 세월의 흐름을 보이듯이, 다윗과 밧세바 사건은 전쟁의 시작과 끝을 사이에 두고 그 흐름을 끊고 기나긴 시간의 흐름을 보여준다.[337]

드디어 랍바가 함락되었다. 하나님께서 이루시기로 약속하셨던 은총의 언약이 다시 실현되기 시작하는 것이다. 하나님의 약속이 실현되는 길, 결코 저절로 이루어지는 것이 아니다. 인간이 저지르는 죄악은 하나님의 은총이 나아가는 길에 걸림돌이 된다. 그 죄악이 올바르게 처리되기까지 하나님의 은혜의 선물은 수여를 기다리며 허공에 떠있다. 다윗이 하나님 앞에 진심어린 회개로 나아가며 죄의 용서를 받았을 때, 그 때 비로소 하나님의 약속은 막힘없이 그 실현을 향하여 전진한다. 죄가 전쟁의 승리를 막고 있는 장애가 되었다. 그러나 그 죄에 대한 회개와 용서는 다시 신속한 승리로의 전환을 이루어낸다. 비록 암몬과의 전쟁이야기에 이물질처럼 끼어든 이야기이지만 오히려 다윗으로 인해 우리는 죄의 속성이 무엇인지를 깨닫게 된다. 하나님의 언약이 실현되지 못한다면 다윗을 통한 하나님 나라의 실현 또한 없는 것이다. 육신의 정욕, 안목의 정욕, 이생의 자랑이 뒤얽힌 우리의 죄는 하나님의 나라가 이 땅에 실현되는 길을 막아서고 사탄과의 전쟁에서 승패가 묘연한 장기전으로 지치게 되고 수많은 사람을 실족시키게 될 것이다. 다윗의 개인적인 실패가 결코 그 개인의 문제로 끝나지 않듯이, 우리의 실패 또한 공동체를 무너뜨릴 것이다. 오직, 진심어린 돌이킴만이 약속의 땅을 다시 지키고 하나님 나라를 넓혀가는 길이다.

그러나 많은 것이 변했다. 암몬과의 전쟁에서 승리는 했으나 그것은 용서받은 다윗에게는 실로 죄로 얼룩진 영광이 되었다. "네 모든 원수를 네 앞에서 멸하였은즉 땅에서 위대한 자들의 이름 같이 네 이름(שׁם 셈)을 위대하게 만들어 주리라"(삼하 7:9)는 하나님의 약속이 굴절되어 나타난다. 요압이 랍바를 점령해 놓고 마지막 승리를 다윗에게 돌리려 한다. 만약 자신이 그 성으로 먼저 입성하면 그 곳이 자신의 이름(שׁם 셈)으로 일컬음을 받을까봐 두려워하며 다윗에게 남은 군사들을 모아서 입성만 하시라는 것이다(삼하 12:28). 이제 다윗은 골리앗을 죽임으로 얻었던 그 사라지지 않는 명성인 "사울은 천천이요 다윗은 만만이라"는 칭송과는 반대로 부하 장수들의 명성을 가로채는 사람이 되어버린다.

이뿐만이 아니다. 다윗이 죄에 빠진 이후에 그의 삶에 벌어지는 모든 이야기들이 이와 같은 동일한 사건으로 마지막 테두리가 만들어진다는 점에서 죄의 결과를 심각하게 느껴볼 수 있다. 암몬과의 전투가 마무리 되며 맹장 다윗이 한갓 부하 장수의 공로나 탈취하여 명맥을 유지하는 모습으로 시작했다면(삼하 12:26-31) 마지막에는 블레셋 거인들과의 전투에서 다윗이 지쳐서 그 거인족 중의 한 명인 이스비브놉의 놋 창에 죽을 뻔한 것을 부하 장수인 스루야의 아들 아비새가 구해주는 것으로 그 끝을 맺고 있다(삼하 21:15-17). 다윗의 부하들은 이 사건으로 "왕은 다시는 우리와 함께 전장에 나가지 마옵소서"라고 간언하기도 한다. 그리고 그 뒤의 사건들은 모두 다윗이 아닌 다윗의 부하들이 거인들을 쳐부수는 이야기들이다(삼하 21:18-22). 다윗의 후반부의 이야기들은 이처럼 다윗의 명성이 무너지는 구조를 갖는다.

삼하 11:1	암몬과의 전투 시작(다윗은 예루살렘에 남음)
삼하 11:2-12:25	다윗의 범죄와 하나님의 심판, 아들의 죽음과 솔로몬의 탄생
A. 삼하 12:26-31	**A.암몬과의 전투 마감과 다윗의 부하 공로 탈취**
B. 삼하 13:1-21:14	------ B.다윗을 향한 하나님의 심판 실행
A'. 삼하 21:15-22	A'.다윗이 부하들의 도움으로 거인들로부터 구원 받음

다윗은 이와 같이 범죄 이후로 무능한 장수의 모습을 보이며, 보호하고 지키는 목자가 아닌 보호받아야 할 존재로 전락해 버렸다. 죄와 그 결과는 이렇게도 사람의 삶을 뒤바꾸어 놓는 위력이 있다. 하나님의 뜻을 이루어 나가는 사람, 하나님의 약속과 함께 살아가는 사람은 늘 이 다윗의 이야기를 통해 자신의 삶을 바르게 하여야 할 것이다. 그럼에도 다윗의 삶에서 돌이킴이 전제된 회개는 우리가 죄악 된 삶에 완전히 삼켜지지 않는 유일한 길이기에 아무리 강조해도 지나침이 없다. 이제 시편을 통해 다윗과 함께 회개하는 법을 배울 필요가 있다.

4. 시편으로 다윗과 함께 회개하기(시 51편)

교회의 전통 속에 참회의 시편에 해당되는 7편의 시편들이 있다. 시편 6, 32, 38, 51, 102, 130, 143편이다. 이것은 현대의 역사 비평적 성경해석방법 중의 하나인 양식비평적인 분류에 의한 것이 아니라 교회의 전통적인 분류에 해당되는데 어쩌면 어거스틴과 같은 초기부터 교회는 이 일곱 편의 시를 참회시라는 하나의 그룹으로 인정해 온 것으로 보인다.[338] 종교개혁자 루터는 이 참회시들에 대한 강해서를 1517년에 출판하며 그 목적을 다음과 같이 다소 편협스럽게 밝힌 바 있다: "뉘른베르크 시민들 같은 개화되고 지성이 높은 사람들을 위한 것이 아니라, 나의 수다스런 방법을 가지고도 이해시키고 생각할 수 있도록 하기 어려운 거칠고 무지한 색손 사람들을 위한 것이다."[339] 그러나 죄가 결코 지성인과 무지한 사람을 구별하지 않는다는 점에서 이 참회시들은 분명 모든 이를 위함이다. 이 일곱 개의 시편들 중에 가장 유명한 회개의 시를 들라고 한다면 단연 시편 51편일 것이다. 다른 참회의 시편들이 정확한 죄목에 대한 어떤 정보도 제공하지 않는다는 점에서 이 시편은 그 제목부터 심상치 않은 차별성이 있다. "다윗이 밧세바와 동침한 후 선지자 나단이 그에게 왔을 때"라는 선명한 죄의 고발이 전제되어 있기에 더욱 그러하다.

우리는 사무엘서의 이야기 속에서 단 한 마디의 다윗의 회개를 들었을 뿐이다: "내가 여호와께 죄를 범하였나이다"(삼하 12:13). 그 이상은 없다. 다윗이 얼마나 애절한 탄식과 통회함으로 하나님 앞에 나아갔는지는 단지 상상에 맡겨져 있을 뿐이다. 시편 한 편이 그의 신실한 회개의 내용을 담고 있다는 것은 우리에게 커다란 유익을 준다. 이제 우리는 다윗과 함께 자복하며 하나님의 보좌 앞으로 담대히 나아갈 용기를 얻었기 때문이다. 이 시편이 그 제목처럼 다윗이 밧세바를 범한 후 통회하는 마음으로 다윗이 지었다고 강력하게 그 진의를 말하고 싶은 의도는 없다. 단지 전체 150편의 시들 중에서 회개로 가장 유명한 시인 바로 그 시편이 다윗에게 헌정되었다는 것은 이미 다윗은 회개에 있어서 전설적인 인물이라는 것이 입증되기 때문이다. 그의 '회개의 전설'에 동참하기 위하여 이 시편 속에 들어 있는 그의 참회를 살펴 볼 필요가 있다.

[시 51편 다윗이 밧세바와 동침한 후 선지자 나단이 저에게 온 때에]

1 하나님이여 주의 인자(חֶסֶד 헤세드)를 좇아 나를 긍휼히 여기
시며 주의 많은 자비를 좇아 내 죄과를 도말하소서
2 나의 죄악을 말갛게 씻기시며 나의 죄를 깨끗이 제하소서
3 대저 나는 내 죄과를 아오니 내 죄가 항상 내 앞에 있나이다
4 내가 주께만 범죄하여 주의 목전에 악을 행하였사오니
주께서 말씀하실 때에 의로우시다 하고 주께서 심판하실 때에 순
전하시다 하리이다
5 내가 죄악 중에서 출생하였음이여 모친이 죄 중에서 나를 잉태하였
나이다
6 중심에 진실함을 주께서 원하시오니 내 속에 지혜를 알게
하시리이다
7 우슬초로 나를 정결하게 하소서 내가 정하리이다
나의 죄를 씻기소서 내가 눈보다 희리이다
8 내게 즐겁고 기쁜 소리를 들려 주시사 주께서 꺾으신 뼈들도 즐거
워하게 하소서
9 주의 얼굴을 내 죄에서 돌이키시고 내 모든 죄악을 지워주소서
10 하나님이여 내 속에 정한 마음을 창조하시고 내 안에 정직한 영을
새롭게 하소서
11 나를 주 앞에서 쫓아내지 마시며 주의 성령을 내게서 거두지
마옵소서
12 주의 구원의 즐거움을 내게 회복시켜 주시고 자원하는 심령을 주
사 나를 붙드소서
13 그리하면 내가 범죄자에게 주의 도를 가르치리니 죄인들이 주께
돌아오리이다
14 하나님이여 나의 구원의 하나님이여 피 흘린 죄에서 나를 건지소서
내 혀가 주의 의를 높이 노래하리이다

15 주여 내 입술을 열어 주소서 내 입이 주를 찬송하여 전파하리이다
16 주는 제사를 즐겨 아니하시나니 그렇지 않으면 내가 드렸을 것이라
　 주는 번제를 기뻐 아니하시나이다
17 하나님이 구하시는 제사는 상한 심령이라
　 하나님이여 상하고 통회하는 마음을 주께서 멸시치 아니하시리이다
18 주의 은택으로 시온에 선을 행하시고 예루살렘 성을 쌓으소서
19 그 때에 주께서 의로운 제사와 번제와 온전한 번제를 기뻐하시리니
　 저희가 수소로 주의 단에 드리리이다

　　인간의 회개는 결코 자신의 의로움으로부터 출발하지 않으며, 자신이 행한 업적으로부터 시작하지 않는다. 다윗이 그동안 아무리 많은 위용을 과시하고, 명예를 쌓아왔다 할지라도 하나님 앞에 서 있는 인간은 결코 자신이 행한 것을 내세울 수 없다. 오직 인생이 기댈 것은 인자와 은총(חסד 헤세드), 그리고 긍휼하심으로 가득한 하나님의 성품이다. 다윗이 잃어버렸던 것이 바로 이 은총이다. 자신의 힘과 능력으로 되는 줄로 잠시 착각했던 왕좌에서 내려와 하나님의 은혜의 보좌 앞으로 나아가는 것이다. 거기에 회복을 향한 미래의 희망이 있다.

　　이 시편에는 죄를 뜻하는 모든 단어들이 총출동하고 있다: 죄악(פשע 페샤), 죄과(עון 아온), 죄(חטאת 하타트) 그리고 악(רע 라). 이미 살펴보았듯이 다윗이 밧세바를 취하고, 우리아를 죽인 것은 단순한 절도와 살인 사건이 아니라 아담과 하와가 선악과를 따먹은 것과 같은 하나님 앞에 서 있는 인간이 저지를 수 있는 모든 죄를 포괄하는 대표성을 띤 죄악이다. 그러므로 이 참회의 시편에 죄와 관련된 모든 단어들이 총출동하는 것은 당연하다 하겠다. 하나님의 백성 이스라엘도 늘 이 동일한 죄 앞에 무너지기 때문이다. 회개할 때 우리는 아담이며, 다윗이며, 이스라엘이다. 모든 인간의 죄가 우리와 밀접하게 관련이 있는 이유는 우리 자신도

그러한 죄성을 가진 인간들 중에 하나이기 때문이다.340) 이처럼 다윗의 고백은 모든 인류의 죄성을 지적하고 대변하고 있으며, 우리의 고백 또한 그러해야만 한다. 그리고 "내가 죄악 중에 출생하였고 모친이 죄 중에 나를 잉태하였다"라는 말이 흡사 인간의 전적타락을 의미하는 듯하지만 그것을 말하려는 의도는 전혀 없다. 오히려 이 속에는 인간은 "태어날 때부터 거짓된 환경 안에 있고, 일생동안 거짓으로 살아간다"는 것이 더 적합한 해석이 될 것이다.341) 이 거짓과 죄악이란 인간이 살아가는 사회 속에 벗어날 수 없을 정도로 만연해 있고, 쉽게 전이되는 속성을 가지고 있기 때문이다.

하지만 이런 세상 속에서도 온전하게 믿음을 지키며 살아갈 수 있는 유일한 길이 있다. 바로 하나님의 인자를 따라 그 은혜로 살아가는 삶이다. 그것을 위해서 다윗은 주님의 그 감추어진 지혜를 가르쳐 주실 것을 간구하고 있다(6절). 그리고 하나님께서 직접 우슬초로 씻는 정결례를 행해주셔서 모든 죄악을 말끔히 제거해 주실 것을 기도한다. 또한 더 이상은 죄를 짓지 않겠다는 결단의 간구로 하나님께 '정한 마음'을 창조해 (בָּרָא 바라) 주시며, 정직한 영을 새롭게 해달라고 요청한다. 죄악에 물든 부정하고 완악하게 굳은 마음을 제하고, 에스겔의 예언처럼 새 영과 새 마음, 즉 부드러운 마음을 주시기를 간구하고 있다(겔 11:19; 36:26). 말 그대로 기존에 있던 것을 고치는 정도가 아니라 '심장이식 수술'을 통해 새로운 것을 받는 것이다. 여기에 사용된 '창조하다'를 뜻하는 히브리어 동사 '바라'(בָּרָא)는 오직 구약성경에서 하나님만이 주어가 되시며 언제나 하나님의 전폭적이고 주권적인 행동을 나타낼 때 사용된다(창 1:1, 21, 27; 2:3; 사 4:5; 40:26)는 점에서 입증된다.342) 그리고 주의 성령을 거두지 말아달라는 간청은 회복의 이상으로 반드시 필요한 일이다. 다윗보다 앞서 왕이 되었던 사울의 이야기에서 하나님의 신과 새 마음은 불가분의 관계라는 것을 이미 살펴보았다(삼상 10:9-10). 하지만 하나님의 신이 떠나면 그것으로 끝나는 것이 아니라 자신의 마음조차 지킬 수 없게 악령이 그 자리를 차지하게 되기에 더 이상의 회복의 기회조차 상실될 수 있다(삼상 16:14). 그러므로 주의 성신을 거두신다는 것은 가장 두려운 일 중의 하나이다. 다윗은 사울의 수금 타는 자로서 그 사실을 뼈저리게 실감했다. 그러나 죄로 인해 잃어버렸던 구원의 기쁨이 다시 돌아온다는 것은 하나님과의 관계 회복을 상징한다. 그 기쁨은 구원받은 자 개인에게만 머무는 것이 아니라 찬양과 고백이 되어 공동체를 바로 세우는 길을 열어간다. 다윗은 자신만이 아니라 이스라엘 공동체의 회복까지도 바라본다. 다윗과 하나님의 나라 이스라엘은 생명공동체로 하나로 연결되어 있기 때문이다.

이제 이스라엘 신앙의 또 하나의 중심주제인 제사와 번제에 대하여 논해야 할 차례이다. 죄와 제사는 어떤 연관관계가 있는 것일까? 다윗의 이 참회 속에는 하나님께서 제사와 번제가 아니라 상한 심령, 통회하는 마음을 기뻐하신다고 단언하고 있다. 다윗이 밧세바를 범하고, 우리아를 죽인 다음에도 그는 매 주 돌아오는 안식일, 매달의 월삭의 제의를 통하여 하나님께 제물을 올렸을 것이다. 그러나 그것이 무슨 소용이 있을 것인가? 하나님은 자신의 죄를 절실히 깨닫고 그 가책으로 부서질 듯한 마음을 원하신다. 그 죄악으로 밤잠을 설치며 통곡하는 그 마음을 원하신다. 왜냐하면 그러한 마음이 인간의 죄 된 속성에 최소한의 제동장치를 제공해 줄 수 있기 때문이며, 그러한 마음조차 없는 회복 또한 의미가 없기 때문이다. 이러한 마음이 진정한 회개로 연결될 것이며, 또 다른 죄로부터 지켜주는 파수꾼의 역할을 담당해 줄 것이다.

이처럼 제사보다 더욱 중요한 것은 죄에서 돌이키는 것이다. 이스라엘의 예언자들도 동일한 것을 말하고 있다. 이사야 1장 10-17절은 하나님께서 수양의 기름, 살찐 짐승, 수염소의 피 등 무수한 제물도, 월삭, 안식일 등의 성회도 그리고 수많은 기도도 신물이 난다고 말씀하신다. 그 이유는 손에 피가 가득하게 악을 행하면서 이러한 제의행위를 드리고 있다는 것이다. 순서는 먼저 씻고, 깨끗해지며, 악을 버리고 선을 행하며, 학대받는 자, 고아와 과부를 변호하는 공의를 세우라고 하신다. 미가 6장 6-8절도 동일한 것을 말하고 있다(참조, 시 50편).

> 내가 무엇을 가지고 여호와 앞에 나아가며 높으신 하나님께 경배할까 내가 번제물로 일 년 된 송아지를 가지고 그 앞에 나아갈까 여호와께서 천천의 숫양이나 만만의 강물 같은 기름을 기뻐하실까 내 허물을 위하여 내 맏아들을 내 영혼의 죄로 말미암아 내 몸의 열매를 드릴까 사람아 주께서 선한 것이 무엇임을 네게 보이셨나니 여호와께서 네게 구하시는 것은 오직 정의를 행하며 인자(חֶסֶד 헤세드/은총)를 사랑하며 겸손하게 네 하나님과 행하는 것이 아니냐(미 6:6-8).

하나님께서는 죄를 위하여 그 어떤 짐승도, 심지어는 인신제사도 원하시지 않으신다. 오직 하나님의 정의와 은총으로 돌아가서 겸손히 자신의 위치를 지키며 하나님의 뜻 가운데 살아가는 것이다. 그 길만이 하나님의 성 예루살렘이 바로 설 수 있는 길이며(18절), 하나님께서 다시 받으실만한 온전한 제사를 드릴 수 있게 될 것이다(19절). 산더미 같은 제물이 아니라 하나님의 뜻 가운데 거하기를 사모하는 마음이 먼저이며, 수많은 업적이 아니라 겸손히 하나님의 뜻을 받드는 것이 우선이다.

이런 깨달음으로 인해 다윗은 사울과 다른 길을 걸어갈 수 있었다. 사무엘 선지자가 사울에게 동일한 진리를 전했다: "여호와께서 번제와 다른 제사를 그의 목소리를 청종하는 것을 좋아하심 같이 좋아하시겠나이까 순종이 제사보다 낫고 듣는 것이 숫양의 기름보다 나으니"(삼하

15:22). 사울에게는 이 말씀을 따르는 진정한 돌이킴이 없었다. 사울의 삶에 회개가 없었다는 사실은 역사 속에 어디에서도 '사울의 회개의 기도'를 찾아볼 수 없다는 점에서 드러난다. 설사 그의 것이 아닐지라도 그에게 헌정된 회개의 시편 한 편조차 없다는 것은 정말 유감이다. 남유다를 도저히 용서받을 수 없는 길로 몰아갔던 패역한 왕 므낫세조차도 그에게 헌정된 회개의 기도가 남아 있다(대상 33:10-13, 18-19). 다음은 죄악으로 인해 앗시리아에 포로로 잡혀가서 간구한 구약 외경에 나타난 그의 기도문의 일부분이다.[343]

[외경, 므낫세의 기도]

> 이제 저는 제 마음의 무릎을 굽히나이다.
> 주여 친절을 베풀어 주옵소서
> 제가 죄를 범하였나이다, 오 주여, 제가 범죄하였나이다.
> 이제 저는 제 죄를 깨달았나이다.
> 간절히 간절히 바라옵건대 주여,
> 저를 용서하소서, 오 주님, 저를 용서하소서!
> 제 죄 때문에 저를 죽이지 마시옵소서!
> 제게 영원히 분노하지 마시옵고, 제게 재앙을 쌓지 마시옵소서;
> 저를 정죄하시어 땅 속 깊은 데 빠지지 않게 하소서
> (구약 외경 '므낫세의 기도,' 11-13절)

이 간절한 회개로 인해 므낫세 조차도 다시 또 삶을 새롭게 쓸 수 있는 기회를 역대기에서 부여받았다(대하 33:10-13). 얼마만큼 선한가, 얼마만큼 악한가의 강도의 문제가 아니라 회개한 자인가, 아닌가, 용서받은 자인가, 아닌가의 차이 밖에는 없다. 이 세상에는 이 두 부류의 인간만이 존재할 뿐이다. 므낫세의 죄악의 강도(대하 33:1-9)로 봐서 그

가 용서 받았다는 것은 용서를 향한 무한한 가능성이 열려 있다는 것을 의미한다.

다윗은 이제 다른 역사를 쓸 수 있다. 회개에 실패한 삶은 그 새로운 기회마저 박탈당하고 말지만, 정한 마음과 정직한 영이 회복된 사람은 새로운 역사를 쓸 수 있는 기회를 제공받는다. 사울은 단 한 장으로 인생을 끝내며 새 역사 속에 차지할 공간을 잃어버리지만, 다윗은 진심어린 돌이킴으로 인해 굴절된 삶을 끝내고 마침내 역대기에서 새로운 역사를 쓴다.

5. 역대기가 보여주는 회복의 길(대상 20장)

다윗 이야기 속에서 사무엘서와 역대기서의 현저한 차이점을 한 가지 들라고 한다면 단연 '다윗과 밧세바 사건'의 존재와 부재일 것이다. 다윗의 생애에 가장 심각한 분기점을 제공해 주었던 그 사건을 어떻게 잊을 수 있으며, 무시할 수 있을 것인가? 그런데 역대기에는 그 흔적조차 찾아볼 수 없다. 심지어 밧세바라는 이름은 그 어디에서도 발견할 수 없다.[344] 그렇다면 이 두 곳에서의 이야기 전개 또한 분명한 차이를 보이고 있을 것이 틀림없다.

암몬과의 전쟁을 다루고 있는 동일한 이야기가 펼쳐지고 있다. 그런데 사무엘서에는 전쟁의 시작과 끝이 분리되어 그 사이에 다윗과 밧세바 사건이 이물질처럼 끼어들어와 있었다면, 역대기에는 아예 그 사건이 빠져버렸다. 그 결과는 무엇인가? 어떠한 공백도 없고, 지지부진 늘어지는 장기전의 흔적도 없이 암몬과의 전쟁은 신속하게 승리로 마감된다. 그리고 다윗이 부하 장수의 영광을 가로채는 사건도 사라진다. 다윗의 삶에서 죄악을 제거하여보라! 바로 이러한 역사가 펼쳐질 것이다. 이것은 우

사무엘하 11:1-12:31	역대상 20:1-3
해가 돌아와 왕들이 출전할 때가 되매 다윗이 요압과 그에게 있는 그의 부하들과 온 이스라엘 군대를 보내니 그들이 암몬 자손을 멸하고 랍바를 에워쌌다 다윗은 예루살렘에 그대로 있더라(11:1)	해가 바뀌어 왕들이 출전할 때가 되매 요압이 그 군대를 거느리고 나가서 암몬 자손의 땅을 격파하고 들어가 랍바를 에워싸고 다윗은 예루살렘에 그대로 있더니(20:1ab α)
다윗과 밧세바 사건(11:2-12:25)	
요압이 암몬 자손의 랍바를 쳐서 그 왕성을 점령하매 요압이 전령을 다윗에게 보내 이르되 내가 랍바 곧 물들의 성읍을 쳐서 점령하였으니 이제 왕은 그 백성의 남은 군사를 모아 그 성에 맞서 진 치고 이 성읍을 쳐서 점령하소서 내가 이 성읍을 점령하면 이 성읍이 내 이름으로 일컬음을 받을까 두려워하나이다 하니 다윗이 모든 군사를 모아 랍바로 가서 그 곳을 쳐서 점령하고	요압이 랍바를 쳐서 함락시키매
그 왕의 머리에서 보석 박힌 왕관을 가져오니 그 중량이 금 한 달란트라 다윗이 자기의 머리에 쓰니라 다윗이 또 그 성읍에서 노략한 물건을 무수히 내오고 그 안에 있는 백성들을 끌어내어 톱질과 써레질과 철도끼질과 벽돌구이를 그들에게 하게 하니라 암몬 자손의 모든 성읍을 이같이 하고 다윗과 모든 백성이 예루살렘으로 돌아가니라 (12:26-31)	다윗이 그 왕의 머리에서 보석 있는 왕관을 빼앗아 중량을 달아보니 금 한 달란트라 그들의 왕관을 자기 머리에 쓰니라 다윗이 또 그 성에서 노략한 물건을 무수히 내오고 그 가운데 백성을 끌어내어 톱과 쇠도끼와 돌써래로 일하게 하니라 다윗이 암몬 자손의 모든 성읍을 이같이 하고 다윗이 모든 백성과 함께 예루살렘에 돌아오니라(20:1bβ-3)

리에게도 마찬가지이다. 시편 51편의 회개의 기도처럼 "우슬초로 죄악을 말갛게 씻으시며 깨끗이 제하소서 내가 정하고, 눈보다 희리이다"라는 간구가 우리의 삶 속에 그대로 이루어진다면 언제나 가능한 일이다.

이것은 다윗의 삶을 놓고 거짓을 꾸미려는 것이 아니며, 왜곡된 역사를 쓰려는 것도 아니다. 다윗이 이런 죄악을 저질렀다는 것을 모르는 사람이 누구인가? 성경을 읽을 줄 아는 사람이면 어느 누구나 알 수 있게 사무엘서에 지독할 만큼 상세하게 기록되어 있다. 이 세상은 실제로 일어난 사실에 촉각을 곤두세울지 모르지만 진실로 필요한 것은 이루어야 할 목표를 정확히 성취해내는 것이다. 다윗의 죄악을 제거하는 것은 그의 전기를 흠 없이 만들어 그를 우상화하자는 것이 결코 아니다. 그도 분명 인간으로 실패와 죄가 있다. 이제는 그 죄로 인해 가려져 버린 하나님의 계획을 살려내야 할 때이다.[345]

역대기는 다윗을 통해 일어난 일보다 오히려 그를 통해 일어나야 할 일을 기대하고 있는 것이다. 즉, 과거가 아닌 미래를 내다보고 있는 것이다. 과거의 죄악이 씻겨나간 사람, 그래서 정결한 마음이 회복되고, 새 영으로 가득 찬 성령의 사람, 이 사람을 통해 어떤 일이 일어날 것인가를 간절한 기대와 함께 바라보고 있다. 분명 명예가 회복되고, 삶이 회복되고, 승리가 회복되며, 마침내 예배가 회복되는 총체적인 회복의 역사가 일어날 것이 분명하다. 역대기에서는 암몬과의 전쟁 바로 다음의 이야기가 사무엘서에서 추락한 다윗의 이름 회복, 즉 그의 명예를 찾아주는 이야기가 펼쳐진다는 것은 논리적으로 옳은 순서이다(대상 20:4-8).

먼저 사무엘서의 명예 추락을 되짚어 보면 다윗의 죄악 된 사건 이후에 다윗이 암몬의 랍바 성에서 요압의 영광을 가로채는 비열한 군주의 모습으로 비쳐진다. 다윗-밧세바 사건 전과 후에서 이러한 극적인 대조 현상이 두드러지게 나타나고 있다. 이 죄악 된 사건 전에는 다윗은 어릴 때부터 물러설 줄 모르는 맹장의 기질을 타고났다. 양들을 공격하는 포악한 동물들은 물론, 골리앗도 물맷돌 하나로 거뜬히 날려버렸다. 그러나 그 범죄행위 이후로 마지막에 배열된 다윗의 전쟁이야기는 실망감을 금치 못하게 한다. 그것은 다윗이 블레셋과의 전투에서 싸우다가 피곤하여 블레셋 장수인 이스비브놉에게 전사할 뻔한 경우였다(삼하 21:15-16). 그리고 블레셋과의 계속되는 전투에서 거인들을 물리치는 자가 더 이상 다윗이 아닌 그의 부하 장수들인 아비새, 십브개, 엘하난, 요나단 등의 이름이 강조되고 있다(삼하 21:15-22). 그리고 "베들레헴 사람 엘하난이 가드 골리앗의 아우 라흐미를 죽였는데 그의 창자루는 베틀채 같았다"라고 전한다(삼하 21:19). 그러나 히브리어 원문에는 "엘하난이 가드 골리앗을 죽였다"(וַיַּךְ אֶלְחָנָן...אֶת גָּלְיָת הַגִּתִּי 와야크 엘하난…골야트 하기티)라고 분명하게 명시하고 있다. 히브리어 원문상으로 참으로 논쟁의 여지가 많은 부분이다. 누가 골리앗을 죽였는가, 다윗인가, 엘하난인가?[347] 그러나 성경은 골리앗을 죽인 자가 누구인가라는 진실게임에는 관심이 없다. 죄악은 이처럼 한 인간이 하나님과 함께 쌓아온 모든 명예를 한꺼번에 무너뜨릴 수 있다는 사실이 오히려 더욱 강력한 외침이다.[348]

그러나 다윗의 죄가 사라진 역대기에는 다윗의 피곤함도 사라진다. 그는 더 이상 피곤으로 인해 곤경에 처하는 연약한 자가 아니라, 열정으로 똘똘 뭉친 신념의 사람이다. 여기에서 다윗의 장수 엘하난은 다시 본연의 위치로 돌아간다. 그가 죽인 자는 골리앗이 아니라 그의 아우 라흐미일 뿐이다(대상 20:5). 사무엘서와 역대기서의 다윗의 후반부의 비교는 이처럼 날카로운 대조를 보인다.

삼하 11-21장	대상 20장
* 삼하 11:1 암몬과의 전투 시작 (다윗은 예루살렘에 남음)	* 대상 20:1 암몬과의 전투 시작 (다윗은 예루살렘에 남음)
* 삼하 11:2-12:25 다윗의 범죄와 하나님의 심판, 아들의 죽음과 솔로몬의 탄생	없음
*** 삼하 12:26-31** **암몬과의 전투 마감과** **다윗의 부하 공로 탈취**	* 대상 20:2-3 암몬과의 전투 마감 **(그러나 다윗의 이름으로 그 성을 취하게 군사를** **이끌고 오라는 내용은 없음)**
* 삼하 13:1-21:14 다윗을 향한 하나님의 심판 실행	없음
* 삼하 21:15-17 다윗이 지쳐서 적에게 죽을 뻔한 것을 아비새가 구함	없음
*** 삼하 21:18-22** **다윗이 부하들의 도움으로 거인들을** **물리침**	* 대상 20:4-8 다윗이 부하들과 함께 거인들을 물리침

역대기의 다윗의 삶에 그의 범죄가 사라졌다. 그로 인해 범죄로 인한 심판실행이라는 징계 또한 같이 사라진다. 다윗의 삶에서 암몬과의 전투 사이에 이물질처럼 끼어든 범죄가 사라지자 길고 지리한 심판의 삶이 제거되면서 암몬과의 전투 승리와 다윗의 장수들이 거인족을 물리친 사건들이 하나로 연합되어 버렸다.

> 1. 대상 20:1 암몬과의 전쟁 시작 ➡ 다윗의 범죄와 부하 공로 탈취 빠짐
> 2. 대상 20:2-3 암몬과의 전쟁 마감 ➡ 다윗의 징계와 무능력함 빠짐
> 3. 대상 20:4-8 다윗과 그의 장수들의 거인족과의 전쟁 승리

사무엘서에서 무려 11장(삼하 11-21장)에 걸쳐 진행된 내용이 역대기에서 단 한 장이 된 것이다. 한 장이 된 것뿐만 아니라 죄로 인해 징계의 길을 걷는 내용(삼하 13:1-21:14)이 전적으로 사라지고, 다윗이 부하 장수의 공로를 탈취하거나, 지쳐서 제 역할을 못하는 이야기도 동시에 사라진다(삼하 21:15-17). 그리고 역대기에 사라진 동일한 분량의 이야기는 징계가 아닌 분명히 다른 의미 있는 것에 전적으로 할애될 것이다. 한 사람의 삶에서 죄악을 제거해 버리면 이렇게도 다른 역사를 쓸 수 있다. 다윗의 삶의 이야기는 이렇게 우리에게 미래를 향한 선택을 남겨둔다. 어떤 역사를 쓸 것인가?

다윗이 저지른 죄악의 결과가 그의 생을 얼마나 심각하게 어지럽히는 치명적인 독소가 되고 있는가를 살펴보았고, 그 반대의 삶도 보았다. 분명 이 두 가지의 다른 역사는 그 이후의 이야기에서도 다른 방향으로 나아갈 것임에 틀림없다. 죄악을 저지른 다윗의 이후와 죄악이 용서받고 그 죄의 흔적조차 사라져버린 다윗의 미래의 삶이 어찌 같을 수 있을 것인가? 사무엘서와 역대기서의 추후의 이야기 전개는 이 차이점만큼 현저하게 다른 방향을 향할 것이다. 죄와 벌은 뗄 수 없는 관계이기에 용서받은 자라 할지라도 징계로부터의 해방은 아니다. 진심어린 회개와 아님의 차이는 진심의 회개는 그 벌도 달게 받을 준비가 되어있다는 점이다. 그렇다면 사무엘서는 다윗의 징계로 나아갈 것이고, 역대기는 분명 그와는 다른 길로 나아갈 것을 추측해 볼 수 있다.

주석

291) 브루거만, 『사무엘상하』, 390쪽.

292) 다윗의 장수 아비새가 압살롬을 피해 도망가는 다윗을 향해 저주를 퍼붓는 시므이를 이렇게 부른 적이 있다: "이 죽은 개가 어찌 내 주 왕을 저주하리이까"(삼하 16:9). 하지만 자신을 소개할 때 스스로 '죽은 개'라고 지칭한 경우는 오직 므비보셋과 다윗 밖에는 없다.

293) 롱맨, 『어떻게 시편을 읽을 것인가?』, 73-74쪽. 롱맨은 히브리어 '헤세드'(חֶסֶד 은총, 인자)는 '사랑'이나 '인자하심'으로 번역하고 있지만 본래 이 단어는 사랑보다 더 특별한 의미를 갖고 있다고 본다. 그는 헤세드를 '언약을 근거로 한 자애'(covenant lovingkindness)로 번역하는 것이 훨씬 나으며, 하나님과 그의 백성 간의 친밀한 언약의 관계로 인해 생기는 사랑 미주를 언급하는 것이라 한다.

294) Anderson, *2 Samuel*, 153쪽. 이 기간은 많은 양의 비가 쏟아지는 겨울과 봄철의 추수 사이의 어떤 기간으로 보여진다(왕상 20:22, 26).

295) David M. Gunn, "David and the Gift of the Kingdom(2 Sam. 2-4, 9-20; 1 Kgs. 1-2)," *Semeia 3*(1975), 14-45쪽.

296) U. Simon, "The Poor Man's Ewe-Lamb: An Example of Juridical Parable," *Bib* 48 (1967), 213쪽.

297) James A. Wharton, "A Plausible Tale: Story and Theology in II Samuel 9-20, 1 Kings 1-2," *Int* 35 (1981), 342쪽.

298) John Kessler, "Sexuality and Politics: The Motif of the Displaced Husband in the Books of Samuel," *CBQ* 62 (2000), 419-20쪽. 다윗은 우리아와 비교가 안 되는 정신의 소유자가 되었고, 오히려 나발이 성인(saint) 같아 보일 정도이다.

299) 여호와를 향한 신실한 신앙으로 인해 죽은 나봇과 그를 죽이고 포도원을 빼앗은 아합의 이야기(왕상 21장)는 다윗이 우리아를 죽이고 밧세바를 빼앗은 사건의 또 다른 모습일 수 있다. 이처럼 왕들은 자신의 희생이 아닌 다른 이들의 희생을 통해 자신들의 부와 권력을 유지하려는 쪽으로 신속히 이동한다.

300) 브루거만, 『사무엘상하』, 214-15쪽.

301) K. R. R. Gros Louis, "The Difficulty of Ruling Well: King David and Israel," *Semeia* 8 (1977), 32쪽.

302) Charles D. Isbell, *The Function of Exodus Motifs in Biblical Narrative: Theological Didactic Drama* (SBEC 52; New York: Edwin Mellen Press, 2002), 143, 145쪽.

303) 브루거만, 『사무엘상·하』, 409쪽; Walter Brueggemann, "David and His Theologian," *CBQ* 30 (1968), 156-181쪽.

304) 제임스 L. 크렌쇼(J. L. Crenshaw), 『구약지혜문학의 이해(*Old Testament Wisdom: An Introduction*)』 (강성열 역)(서울: 한국장로교출판사, 1993), 58-78쪽.

305) D, J. A. Clines, "The Tree of Knowledge and the Law of Yahweh(Psalm 19)," *VT* 24 (1974), 8-14쪽; P. C. Craigie, *Psalms 1-50* (WBC 11; Waco, Texas: Word Books, 1983), 177-84쪽.

306) Levenson, "ISamuel 25 as Literature and History," 231쪽. 중세기 주석가인 랍비 데이빗 킴치(Rabbi David Qimchi)는 이런 점에서 아비가일을 성령에 의해 예언한 여성중의 한 명으로 인정하고 있다.

307) John Kessler, "Sexuality and Politics: The Motif of the Displaced Husband in the Books of Samuel," *CBQ* 62 (2000), 411쪽. 케슬러는 밧세바가 옷을 다 벗었다고 얘기할 수는 없다고 본다. 근동에서 여인들이 씻을 때 공중 앞에서 옷을 다 벗지는 않는다는 것이다. 하지만 밧세바가 공중 앞에서 목욕을 했다고는 볼 수 없기에 이 부분은 논쟁의 여지가 많다.

308) Adele Berlin, *Poetics and Interpretation of Biblical Narrative* (Winona Lake, IN; Eisenbrauns, 1994), 26-27, 30쪽. 베를린은 밧세바의 이런 특성을 '전적인 무인격체'(a complete non-person)라고 표현한다. 그리고 다윗이 어떤 여인을 만나느냐에 따라 삶(아비가일)과 죽음(밧세바)의 길이 갈리는 것을 강조한다.

309) Ken Stone, *Sex, Honor and Power in the Deuteronomistic History* (JSOTSup. 234; Sheffield: Sheffield Academic Press, 1996), 97-101쪽. 밧세바가 이러한 간음에 능동적이었는지 수동적이었는지는 정확히 알 수 없지만 어쨌든 왕의 명령에 불복할 만한 힘은 없었을 것은 분명하다.

310) Levenson, "ISamuel 25 as Literature and History," 236-37쪽; 브루거만,『사무엘

상·하』, 273쪽.
311) 매칸,『새로운 시편 여행』, 150쪽.
312) 브루거만,『사무엘상·하』, 419-20쪽.
313) Bergen, *1, 2 Samue*l, 200쪽.
314) P. R. Ackroyd, *The Second Book of Samuel* (CBC; Cambridge: Cambridge University Press, 1977), 44쪽.
315) James W. Flanagan, "Social Transformation and Ritual in 2Samuel 6," C. L. Meyers and M. O'Connor (eds.), *The Word of the Lord Shall Go Forth* (Winona Lake, IN: Eisenbrauns, 1983), 361-72쪽. 특히 368쪽 참고.
316) David M. Gunn, "David and the Gift of the Kingdom," *Semeia* 3 (1975), 18쪽; Diana V. Edelman, "Authority of 2 Sam. 1.26 in the Lament over Saul and Jonathan," *SJOT* 1 (1988), 68-69쪽.
317) Rosenberg, King and Kin: Political Allegory in the Hebrew Bible, 138쪽.
318) 존 브라이트(J. Bright),『이스라엘의 역사(A History of Israel)』(엄성옥 역)(제4판; 서울: 은성, 2002), 249쪽.
319) Levenson, "ISamuel 25 as Literature and History," 238-42쪽.
320) 이러한 주장에 대한 더 상세한 종합은 다음을 참조하시오. 김종윤,『고대 유다에서 읽는 다윗 내러티브』(서울: 성광문화사, 2004), 103-53쪽. II. 다윗 내러티브 형성에 전제된 정치적 기반: 왕정 옹호적 상황.
321) Keith W. Whitelam, "The Defence of David," *JSOT* 29 (1984), 61-87쪽.
322) 브루거만,『사무엘상·하』, 373-391쪽.
323) Northrop Frye, *The Great Code: The Bible and Literature* (New York: Harcourt Brace Jovanovich, 1981), 40쪽; Thomas L. Brodie, *Genesis as Dialogue: A Literary, Historical & Theological Commentary* (Oxford: Oxford University Press, 2001), 98-99쪽.
324) Alan Cooper and Bernard R. Goldstein, "The Cult of the Dead and the Theme of Entry into the Land" *Biblical Interpretation* 1 (1993), 286쪽.
325) Whitelam, "The Defence of David," 68쪽. 휘틀럼은 현재의 상태가 과거의 사건을 형성하는 틀을 제공한다고 본다. 키스 W. 휘틀럼(K. W. Whitelam),『고대 이

스라엘의 발명: 침묵당한 팔레스타인의 역사(*The Invention of Ancient Israel: The Silencing of Palestinian History*)』(김문호 역)(서울: 이산, 2003). 휘틀럼은 이 책에서 가나안의 고대는 성경에 의해 그 땅의 현재는 현대 이스라엘 역사학자들에 의한 이스라엘 중심의 이데올로기에 의해 왜곡되어져 지금도 고통 가운데 거하고 있다고 극렬하게 저항하고 있다. 심지어 다윗과 솔로몬 시절의 제국은 역사적 사실이 아닌 고대 이스라엘이 날조한 것이라는 주장을 한다. 그렇지만 성경은 결코 역사책이 아니다. 신앙의 이야기를 풀어가는 것이다. 이스라엘이 그 땅을 선물로 받은 것은 그 땅에 거하던 사람들의 악이 만연했기에 쫓아내시고 그 땅을 이스라엘에게 세를 주신 것이다(신 9:4; 참조, 창 15:16). 죄악으로 점철됐던 사람들의 삶이 하나님의 이야기책에서 무슨 역할을 맡을 수 있을까? 결국 편집, 삭제, 각색은 불가피할 수밖에 없다. 그러나 이러한 운명은 이스라엘에게도 역시 동일하다. 그들도 그 책임을 행하지 못할 시에는 가차 없이 가나안 원주민과 다를 바 없는 추방이 기다리고 있을 뿐이다(왕하 21:11-12).

326) 김종윤,『고대 유다에서 읽는 다윗 내러티브』, 135, 153쪽.

327) Whitelam, "The Defence of David," 71-76쪽.

328) Thomas R. Preston, "The Heroism of Saul: Patterns of Meaning in the Narrative of the Early Kingship," *JSOT* 24 (1982), 27-46쪽. 프레스톤은 그럼에도 신명기 역사서 속에서 사울의 영웅적인 모습은 사무엘과 다윗에 비교해 결코 뒤지지 않는 모습으로 그려지고 있다고 주장한다.

329) W. Lee Humphreys, *The Tragic Vision and the Hebrew Tradition* (OBT 18; Philadelphia: Frotress Press, 1985), 23-66쪽. 제 2장 "The Tragedy of King Saul"과 제 3장 "From Tragic Hero to Villain"을 참고하시오.

330) 메이스,『시편』, 150-151쪽.

331) 출애굽기 22장 1절의 배상법은 "사람이 소나 양을 도둑질하여 잡거나 팔면 그는 소 한 마리에 소 다섯으로 갚고 양 한 마리에 양 네 마리로 갚을지니라"고 선고하고 있다.

332) 브루거만,『사무엘상하』, 419쪽.

333) Mark A. O'Brien, *The Deuteronomistic History Hypothesis: A Reassessment*, (Freiburg: Universitätsverlag, 1989), 140쪽.

334) 브루거만, 『사무엘상·하』, 421-22쪽.

335) Amos Frisch, "'For I Feared the People, and I Yielded to Them'(1Sam 15,24)-Is Saul's Guilt Attenuated of Intensified?" *ZAW* 108 (1996), 99쪽.

336) 메이스, 『시편』, 276쪽.

337) E. A. Speiser, *Genesis* (AB 1; New York: Doubleday, 1982), 299쪽; G. W. Coats, "Redactional Unity in Gen. 37-50," *JBL* 93 (1974), 15쪽.

338) 매칸, 『새로운 시편 여행』, 149쪽.

339) 마틴 루터(Martin Luther), "일곱 편의 참회 시편 강해," 『루터선집 제 2권 (Luther's Works)』(서울: 컨콜디아사, 1993), 113-200쪽(참조, 115쪽).

340) 메이스, 『시편』, 276쪽.

341) 메이스, 『시편』, 275, 287쪽; 매칸, 『새로운 시편 여행』, 152쪽.

342) J. Gamberoni, "בָּרָא bārā'," *TDOT*, vol. II (Grand Rapids, Michigan: W. B. Eerdmans, 1975), 242-253쪽.

343) B. M. 메츠거(Bruce M. Metzger), 『외경이란 무엇인가(*An Introduction to the Apocrypha*)』 (민영진 역)(서울: 컨콜디아사, 1992), 121-125쪽. 이 기도서를 누가 썼는지는 알 길이 없으나 그 주 목적은 분명히 알 수 있다. 아무리 하나님의 법을 많이 어겼다 할지라도 참회하면 하나님의 용서와 은혜를 입을 수 있다는 것이다. 그 가장 좋은 본보기가 므낫세이기에 이 기도문이 그에게 헌정된 것으로 보인다.

344) 밧세바는 오직 신명기 역사서(삼하 11:3; 12:24; 왕상 1:11, 15, 16, 28, 31; 2:13, 18, 19)와 시편 51편의 제목에만 나타난다.

345) 투엘, 『역대상·하』, 124-25쪽.

346) 영어 성경들과 한글 공동번역과 표준 새번역은 히브리어를 따라 엘하난이 골리앗을 죽인 것으로, 개역성경과 개역개정은 역대기를 참고하여 엘하난이 골리앗의 동생 라흐미를 죽인 것으로 두 본문을 조화시켜 놓았다.

347) Anderson, *2 Samuel*, 255쪽; G. L. Archer, "Who Killed Goliath-David or Elhanan?" *Encyclopedia of Bible Difficulties* (Grand Repids, MI; Zondervan, 1982), 178-79쪽. 엄원식, "다윗의 전기에 대한 분석적 비판-전투적 메시아니즘을 중심으로," 「구약논단」 9 (2000), 109-33쪽. 여기서 엄원식은 다양한 학

자들의 의견을 종합하여 다윗과 엘하난의 관계에 대해 세 가지로 추론하고 있다: (1) 엘하난은 다윗과 같은 인물이며, '엘하난'은 그이 실제 이름이고, '다윗'은 최고 장수나 왕에게 붙이는 칭호이다, (2) 다윗과 엘하난은 각기 다른 사람이며, 엘하난이 다윗의 업적을 가로챘다, (3) 블레셋에 골리앗은 최고의 장수를 의미는 이름일 수 있다. 그러므로 엘하난이 죽인자도 골리앗이고, 다윗이 죽인 자도 골리앗이다.

348) Miscall, "Moses and David: Myth and Monarchy," 197쪽. 미스콜은 사울이 요나단의 승리의 영광을 차지한 것처럼 다윗도 전사들의 업적을 자신의 승리로 만든 것이 폭로된 것이라 여긴다. 그리고 이것이 폭력과 배신으로 얼룩진 다윗의 생애의 후반부에 벌어지고 있다는 것은 이제 더 이상 다윗이 골리앗과의 대결 이야기를 동화로서조차 유지할 수 없는 상태가 되었다고 본다.

제9장 다윗이 연주하는 징계의 길

> 이스라엘의 하나님 여호와께서 이처럼 이르시기를 내가 너를 이스라엘 왕을 삼기 위하여 네게 기름 붓고 너를 사울의 손에서 구원하고 네 주인의 집을 네게 주고 네 주인의 처들을 네 품에 두고 이스라엘과 유다 족속을 네게 맡겼느니라 만일 그것이 부족하였을 것 같으면 내가 네게 이것저것을 더 주었으리라 그런데 어찌하여 네가 여호와의 말씀을 업신여기고 나 보기에 악을 행하였느뇨 네가 칼로 헷 사람 우리아를 죽이되 암몬 자손의 칼로 죽이고 그의 처를 빼앗아 네 처로 삼았도다 이제 네가 나를 업신여기고 헷 사람 우리아의 처를 빼앗아 네 처로 삼았은즉 칼이 네 집에서 영원토록 (מד‎ 올람) 떠나지 아니하리라 하셨고 여호와께서 또 이와 같이 이르시기를 보라 내가 너와 네 집에 재앙을 일으키고 내가 네 눈앞에서 네 처를 빼앗아 네 이웃들에게 주리니 그 사람들이 네 처들과 더불어 백주에 동침하리라 너는 은밀히 행하였으나 나는 온 이스라엘 앞에서 백주에 이 일을 행하리라 하셨나이다(삼하 12:7-12).

밧세바-우리아 사건 이후의 다윗의 삶에 대하여 수많은 다양한 의견들이 제시되었다. 그 이유는 다윗의 후반부의 삶에서는 하나님의 직접적인 구원의 손길은 전혀 보이지 않고 오직 인간의 음모와 폭력, 권모술수로 인한 강간, 살인, 배신, 반란 등의 인간적인 냄새가 너무나 깊숙이 스며들어 있는 이야기들로 만연해 있기 때문이다. 다윗의 후반부의 삶을 전하고 있는 이 부분에 대해 한 가지 중요한 주제를 담고 있는 문학적인 집합체로 처음 주창한 사람은 독일학자 로스트(Rost)이다(1926년). 그는 사무엘하 9-20장과 열왕기상 1-2장이 문체와 주제의 통일성을 가진 한 이야기로 보고 그 기록목적을 "누가 다윗의 뒤를 이어 그 보좌에 앉을 것인가?"(왕상 1:27)라는 질문에 대한 응답이라고 주장했다. 그리고 그 해답으로 솔로몬의 왕위계승에 대한 정통성을 수립하기 위한 것이라고 피력한 바 있다.[349] 로스트 이후로 이 이야기는 '왕위 계승 설화'(The Succession Narrative)라는 제목으로 40여년의 세월동안 많은 학자들의 논의의 대상이 되어왔다. 이러한 다양한 연구들에 힘입어 이스라엘 역사를 연구하는 현대 역사가들은 이구동성으로 이 이야기 전체를 사실에 가장 가까운 것으로 평가하며 역사서술을 해나가고 있다. 특히 존 브라이트(Bright)라는 이스라엘 역사 학자는 다윗의 후반부에 일어나는 사건들 속에서 목격자의 증언을 듣는 것 같은 생생함을 그대로 느낄 수 있다고 확언하기까지 한다.

> **다행히도 이 시기와 관련하여 극히 풍부하고(삼상·하 전체와 왕상 1-11장) 또 가장 높은 역사적 가치를 지닌 사료들을 활용할 수 있으며, 그 자료의 많은 부분은 거기에 묘사된 사건들과 같은 시기, 또는 가까운 시기에 쓴 것들이다. 다윗의 통치 말년과 관련해서, 우리는 훌륭하게 서술된 왕위 계승사(삼하 9-20장: 왕상 1-2장)를 통해 목격자가 쓴 듯한 자료를 만나게 되는데, 그 자료는 솔로몬이 왕위를 계승한지 수년 후에 쓴 것이 틀림없다.[350]**

하지만 이러한 주장의 근거가 세상 역사가들의 논리처럼 역사에 대한 초월적 존재의 불간섭(不干涉)에 바탕을 두고 있는 것이라면 다윗 이야기를 심각하게 오해하고 있는 것이다. 카(E. H. Carr)나 토인비(A. Toynbee) 같은 역사학자들은 그들이 전개하는 역사에 결코 신이라는 존재의 간섭을 허용하지 않는다. 신 없이 인간의 힘으로 만들어 가는 것, 그것이 바로 역사라는 주장이다.[351] 그렇게 되면 당연히 사무엘하 9-20장과 열왕기상 1-2장까지는 신적인 간섭으로 인한 신비한 기적이야기가 배제된 진정한 인간의 이야기로 비쳐질 것이다.[352] 그리고 다윗의 궁중에서 누군가 그를 옹호하고, 그의 왕권과 그 승계의 정통성을 주장하려고, 고대 근동의 양식을 따라 쓴 것이라 해도 무방하다.[353] 그러나 우리는 다윗의 인간적인 진실을 찾는 일에는 별반 관심이 없다. 인간의 진실이라고 해 보아야 고작 하찮은 것으로 판명되고 말 것이기 때문이다. 그 속에서 그의 신앙의 모습을 발견하는 것이 우리의 진정한 목적이다.

우리는 이 부분의 이야기 전체가 정말 왕위 계승이라는 그 주제에만 밀착되어 있는가라는 의구심을 심각하게 제기할 필요가 있다. 이 속에는 오히려 다윗의 삶과 더욱 밀접하게 연관된 그의 결말이 중심주제로 강하게 부각되기 때문이다. 이 이야기가 다윗의 실패에 대한 결과를 다루고 있다는 점에서 그렇다.[354] 그 실패는 세상 역사가들은 이해할 수 없는 부분이다. 고대 근동의 어떤 왕이 다른 남자의 아내를 빼앗고 그 남편을 죽였다고 해서 고발되고 징계를 받아 남은 인생을 절망적인 저주 속에 살아가겠는가? 아리따운 아내로 인하여 이방인들이, 그 중에서도 특히 바로 왕과 아비멜렉 왕과 같은 지배자들이 자신을 죽일까 두려워하던 아브라함과 이삭의 두려움을 되짚어 보면 세상의 논리가 역력히 드러난다(창 12:12; 20:11; 26:7). 그러므로 다윗의 범죄와 그에 대한 심판은 하나님이라는 절대자를 빼놓고는 결코 설명할 수 없는 부분이다. 그러나 다윗의 성공과 실패까지도 모두 지켜보시며 간섭하셨던 그 전능하신 하나님께서 다윗의 삶 속에서 이 부분에서 만큼은 자신의 모습을 철저히 감추신다.

그러나 이러한 하나님의 부재를 설명하기 위한 방편으로 와이브레이(Whybray)는 이 이야기 전체의 교훈적인 부분을 강조하며, 그 기원을 지혜운동에 두고 잠언과 같이 삶의 길을 가르치기 위한 목적이 있다고 본다.[355] 지혜는 매 순간을 하나님의 계시에 의존하는 삶이 아니라, 인간이 자신의 삶을 하나님을 경외하는 마음으로 순간순간 올바른 선택을 통해 인생의 바다를 잘 항해하는 것을 목적으로 하기 때문이라는 것이다.

356) 암논의 간교한 친구 요나답의 교훈을 통해 좋은 친구를 사귀는 것의 중요성(삼하 13:3), 지혜로운 드고아 여인의 중재(삼하 14:1-24), 궁전 조언자들인 후새와 아히도벨의 모략의 경쟁(삼하 17장) 등을 통해 이러한 지혜적 요소들을 파악해 볼 수 있다는 주장이다. 그러나 다윗의 말년의 삶에서만 아니라 다윗의 삶 전체가 전형적인 지혜문학적인 요소들로 가득하다는 점을 살펴볼 때 이 주장은 설득력이 없다.357) 오히려 이 부분을 왕위계승설화가 아닌 다윗의 통치 이야기에 속한 것으로 보며, 독립적인 단위가 아닌 다윗 이야기 전체 속에서 이해해야 한다는 주장이 더욱 설득력이 있다.358) 왜냐하면 학자들이 '왕위 계승 설화'라고 명명하는 이 부분은 결코 홀로 존재할 수 없는 그 전후의 이야기와 밀접히 연결되어 있기 때문이다. 그 예로 다윗은 모든 인간이 저지를 수 있는 비극 속에서 때로 참관자로, 때로 방관자로, 때로 주인공으로 부단히 그 출현을 계속하고 있다는 사실을 들 수 있다. 그러나 분명한 것은 하나님이 자신의 출현을 극도로 자제하신다는 사실이다. 그 이유 또한 지혜문학적인 요소를 넘어서는 하나님의 섭리가 있을 것이 분명하다.

그렇다면 유난히 이 부분의 이야기 전체를 통해 하나님의 손길과 간섭이 느껴지지 않는 이유는 무엇일까? 그것은 이 부분이 다윗 자신이 저지른 죄로 인해 징벌을 받는 모습을 다루고 있기 때문이다. 징계의 길은 하나님의 부재를 경험하는 고통의 순간인 것이다. 죄의 징벌인 십자가 위에서 "나의 하나님 나의 하나님 어찌하여 나를 버리셨나이까"라는 예수님의 외침이 이를 입증한다. 징계의 세세한 내용은 이미 선포되었다(삼하 12:7-12).

이제 눈여겨보아야 할 것은 하나님의 부재가 아니라 오히려 다윗이 이 징계의 시간을 어떻게 걸어가고 있는가이다. 사울도 똑같은 징계의 길을 걸어갔다. 그의 삶에 하나님의 간섭도, 음성도, 응답도 모두 사라진다. 그리고 계속되는 절망적인 상황은 그를 정신적인 패닉 상태로까지 몰아갔다. 사울은 그것을 견뎌낼 수 없었다. 사울은 자신이 징벌을 받고 있다는 것조차 인식하지 못하고 그 순간을 벗어나고, 모면할 길만 모색하며 몸부림을 친다. 그는 하나님의 현존에도 부재에도 결코 순종의 의미조차 배우지 못한다.

이 시점에서 한 가지 질문이 제기된다. "내가 여호와께 죄를 범하였나이다"라는 한 마디로 자신의 죄를 고백한 다윗은 어떻게 그 길을 걸어갈 것인가? 하나님은 다윗을 시험하고, 다윗은 하나님을 알아간다. 우리는 다윗을 통하여 하나님을 배운다. 비록 스스로의 죄로 인한 징벌일지라도 그의 고난의 걸음을 통해서 우리는 회개에 관한 또 하나의 진리를 배울 수 있다.

1. 하나님 앞에서, 하나님과 함께, 하나님 없이 (삼하 13-14장)

"우리들과 함께 있는 신은 우리들을 버리는 신이다: '나의 하나님 나의 하나님 어찌하여 나를 버리셨나이까'(막 15:34). 그러나 우리를 이 세계 속에 살게 하는 신은 우리가 항상 그 앞에 서 있는 신이다. 그러므로 '신 앞에서 신과 함께, 우리들은 신 없이 산다.'"359) 본회퍼의 이 옥중 사색은 능력의 하나님으로부터 십자가의 연약함으로 도우시는 하나님께로 눈을 돌리게 만든다.

하나님 앞에서의 신음

이 속에서 한 가지 간과할 수 없는 사실은 하나님의 연약함과 스스로를 버리심이 전적으로 인간의 죄악으로 인해 발생한다는 것이다. 십자가 위에서는 기적도, 하나님다움도 사라지고 음부에까지 낮아지는 가장 처절한 고통의 신음소리만 남게 된다. 육체에 새겨지는 고통의 강도보다도 더한 것은 영혼에 새겨지는 소외의 공포이다. 하나님의 전적인 부재는 신앙인의 정체성에 대한 극렬한 담금질이다. 다윗의 죄악은 그의 삶을 이 지경으로까지 몰아가고 있다. 예수님께서 십자가 위에서 다윗의 시편으로(시 22편) 자신이 겪는 소외의 고통을 호소하고 있다는 것은 다윗이 자신의 죄악으로 인해 겪는 징벌의 무게를 짐작해 볼 수 있게 한다.

다윗은 신실하게 참회했다. 그리고 다윗의 회개의 말에 여호와께서도 그를 용서하셨다(삼하 12:13). 그의 진심을 받으신 것이다. 하지만 회개가 모든 것을 벗어나는 방편이 아니듯, 용서 또한 모든 것에 사면을 허용하는 것은 아니다. 회개는 관계 회복에 대한 간절한 청원이며, 용서는 그에 대한 긍휼한 응답으로서의 용납을 의미한다. 그러나 그 죄에 해당하는 형벌까지 면제되지는 않는다. 죄를 범한 이스라엘에게 선언한 유명한 하나님의 자기소개서에는 이 둘의 관계가 명확하게 제시되어 있다.

여호와로라 여호와로라 자비롭고 은혜롭고 노하기를 더디하고 인자와 진실이 많은 하나님이로라 인자를 천대까지 베풀며 악(עָוֹן 아온)과 과실(פֶּשַׁע 페샤)과 죄(חַטָּאָה 하타)를 용서하나 형벌(פֹּקֵד עָוֹן 포페드 아온/악의 징벌) 받을 자는 결단코 면제하지 않고 아비의 악을 자손 삼사 대까지 보응하리라(출 34:6-7).

우리는 용서는 모든 것의 사면이라는 오해를 할 때가 있다. 때로 그럴 수도 있다. 그러나 '반드시'라는 말은 결코 사용할 수 없다. 용서와 벌의 관계를 하나의 비유를 들어 설명해보자. 어떤 사람이 강도와 살인을 저지르고 감옥에 들어갔다. 그가 그곳에서 예수 그리스도를 영접하고 그리스도인이 되었다. 하나님께 용납된 것이다. 하지만 그 용서와 용납이 그를 감옥에서 석방하는 것은 아니다. 그는 여전히 감옥 안에 있고, 그가 형을 마치고 출감하더라도 그는 어쩌면 죽을 때까지 자신이 저지른 일로 인해 사람들이 기피하는 인물이 될지도 모른다. 심지어 그의 자녀들까지도 늘 아버지의 범죄를 꼬리표처럼 달고 다니며 고통을 겪게 될 수도 있다. 자신이 저지른 일에 대해 인간이 어찌 자유로울 수 있겠는가? 설사 잔혹한 범죄에 대하여 형벌까지도 면제받았다 할지라도 우주의 미아가 되어 혼자 살아가지 않는 이상 인생을 살아가며 그 흔적을 짐처럼 지고 평생을 살아가는 것은 마찬가지일 것이다. 죄나 형벌이 유전이 되거나 유산처럼 대물림이 되는 것은 아니지만 그 영향력만큼은 무시할 수 없는 것이다. 이처럼 죄의 결과는 그 파급효과가 심각할 정도로 크다.[360] 만약 우리가 모든 것이 가능하며 모든 것이 값없이 용서된다는 값싼 은혜를 추구하며 따라가고 있다면 그것은 분명히 오산이다. 용서와 죄 값은 별개의 것이기 때문이다.

하나님과 함께한 세월 동안 반복되는 범죄

다윗과 밧세바 사건은 다윗 이야기의 모든 진행을 완전히 뒤틀리게 만드는 불순물이다. 다윗의 이 죄악은 과거, 현재, 미래의 모든 하나님의 사람들에게 주어지는 경고요 교훈이다. 그것은 이 사건과 에덴동산에서 벌어진 사건과의 긴밀한 신학적 연관성 속에서 이미 드러났다. 그리고 그 차후의 사건인 사무엘하 13장의 암논-압살롬 이야기와 가인-아벨 이야기가 모두 자식들 사이에서 벌어지는 관계의 파괴로 연결된다는 점도 그 증거로 들 수 있다. 다윗과 밧세바의 범죄 후에 압살롬이 암논을 죽이는 형제살해가 벌어지고, 아담과 하와가 하나님의 말씀을 거역한 후에 즉각적으로 형제간에 살인사건이 벌어지고 있다는 것이 결코 우연은 아닐 것이다. 이것은 특히 드고아에서 온 지혜로운 여인이 다윗에게 말

하는 자신의 아들 간에 벌어진 살인사건이 가인과 아벨 사건을 회상시킨다는 점에서 더욱 그렇다.[361]

> **(이 여종에게) 아들 둘이 있더니 저희가 들에서 싸우나 말려줄 사람이 아무도 없으므로 저가 이를 쳐죽인지라 온 족속이 일어나서 왕의 계집종 나를 핍박하여 말하기를 그 동생을 죽인 자를 내어놓으라 우리가 그 동생 죽인 죄를 갚아 그를 죽여 상속자 될 것을 끊겠노라… 청컨대 왕은 왕의 하나님 여호와를 기억하사 원수 갚는 자로 더 죽이지 못하게 하옵소서 내 아들을 죽일까 두렵나이다 하니 왕이 이르되 여호와께서 살아계심을 두고 맹세하노니 네 아들의 머리카락 하나라도 땅에 떨어지지 아니하리라 하니라(삼하 14:6-11).**

가인이 형제를 살해하고 사람들이 자신을 죽일 것이 두려워 구원을 호소하고, 하나님의 긍휼하신 보호의 표를 받는 사건이 이 속에 모두 투영되어 있다. 그 후의 이야기 전개 또한 용서받은 가인의 후손인 라멕이 자신의 살인을 오만하게 자랑하는 잔인한 세대로 변해 가듯이(창 4:23-24), 다윗의 용서를 받은 압살롬이 결국은 다윗을 대항하여 거대한 반역의 원흉이 된다. 이처럼 다윗이 하나님의 말씀을 업신여기는 불순종의 이야기 다음에 형제간에 살인극이 벌어지는 것을 다루고, 더욱 확장된 범죄의 이야기를 서술하고 있다는 것은 다윗과 그의 집안이 결국 태초의 가족들처럼 인류의 신앙과 삶을 대표하는 구실을 하고 있다는 사실을 다시 한 번 입증한다. 아담과 하와 이래로 인간은 늘 동일한 삶의 질문 앞에 놓여져 있는 것이다. 이것은 아담과 하와/가인과 아벨 이야기의 연쇄 구조가 동전의 양면과 같은 사건이듯이, 다윗과 밧세바/암논과 압살롬 이야기의 연결 구조 또한 동전의 양면처럼 동일한 사건의 확장이라는 점에서 입증된다.

먼저 창세기에 기록된 시조들인 아담과 하와 이야기와 그 자손들인 가인과 아벨 이야기를 비교해 보면 이들이 동전의 양면과 같이 분리될 수 없는 주제의 연결고리를 갖고 있다는 점을 쉽게 파악해 볼 수 있다. 가인과 아벨 이야기는 아담과 하와 이야기에 비교해서 흡사 부록처럼 취급되기도 하지만 그 실체에 있어서는 동일한 중요성을 가지고 있다. 한 치의 틈도 없이 연이어서 나타나는 두 이야기는 아래의 도표에서 살펴보면 여러 가지 면에서 공통점을 가지고 있음을 볼 수 있다.

	아담과 하와 이야기(창 3장)	가인과 아벨 이야기(창 4장)
1	네가 어디 있느냐?(3:9)	네 아우 아벨이 어디있느냐?(4:9a)
2	하나님의 소리를 듣고 내가 벗었으므로 두려워하여 숨었나이다(3:10)	- 내가 알지 못하나이다 내가 내 아우를 지키는 자니이까?(4:9b) 네 아우의 핏소리가 땅에서부터 내게 호소하느니라(4:10)
3	네가 어찌하여 이것을 하였느냐?(3:13)	네가 무엇을 하였느냐(4:10)
4	너는 남편을 원하고(תְּשׁוּקָה 테슈콰/동경,갈망,사모함, 열망) 남편은 너를 다스릴 것이니라(מָשַׁל 마샬/다스리다) (3:16)	죄가 너를 원하나(תְּשׁוּקָה 테슈콰/동경, 갈망,사모함, 열망) 너는 죄를 다스릴지니라(מָשַׁל 마샬/다스리다) (4:7)
5	땅은 너로 인하여 저주를 받고(3:17)	네가 땅에서 저주를 받으리니(4:11)
6	너는 종신토록 수고 하여야 그 소산을 먹을 것이요 땅이 네게 가시덤불과 엉겅퀴를 낼 것이라(3:17-18)	네가 밭 갈아도 땅이 다시는 그 효력을 네게 주지 아니할 것이요 너는 땅에서 피하며 유리하는 자가 되리라(4:12)
7	아담과 하와의 가죽옷(3:21) - 돌봄과 보호의 상징	가인의 표(אוֹת 오트) (4:15) - 구원상징
8	하나님이 그 사람을 쫓아 내시고(גָּרַשׁ 가라쉬) (3:24)	주께서 오늘 이 지면에서 나를 쫓아 내시온즉(גָּרַשׁ 가라쉬) (4:14,16)

9	이같이 하나님이 그 사람을 쫓아내시고 에덴 동산 동쪽에 그룹들과 두루 도는 불 칼을 두어 생명나무의 길을 지키게 하시니라(3:24)	가인이 여호와 앞을 떠나서 에덴 동쪽 놋 땅에 거주하더니(4:16)
10	아담과 하와는 죄를 저지른 후 무화과로 옷을 해 입음 자신을 보호하려 함(3:7)	가인은 죄에 대한 심판을 받은 후에 성을 쌓음으로 자신을 보호하려 함(4:17)

* 인간은 이처럼 죄악으로 인해 하나님께서 선물로 주신 가장 아름다운 땅 에덴으로부터 점점 더 멀어지게 된다.

이 두 이야기는 표현, 문체의 구조 그리고 이야기의 전개 방식에서 서로에게 긴밀한 영향을 주고 있음을 알 수 있다.362) 이러한 공통점을 기초로 두 이야기 속에는 뭔가 점층 되어 가는 현상이 눈에 띈다. 첫째로, 아담과 하와 이야기에서는 하나님과 인간 사이에 어떤 소원한 관계나 제사제도의 필요성도 느낄 수 없었다. 그러나 가인과 아벨 이야기에서는 하나님과 인간의 만남을 위한 특별한 도구가 필요해 보인다(제사제도). 둘째로, 하와는 하나님의 명령에 거역하라는 뱀의 유혹에 넘어갔다면, 가인은 하나님께서 직접 나타나셔서 "선을 행치 아니하면 죄가 문에 엎드리니"(4:7) 주의하라는 강권하심에도 불구하고 죄 속으로 빠져 들어가는 현상을 보인다(죄의 심각성). 죄가 흡사 아담과 하와의 관계에서 여인이 남편을 향하여 간절히 사모하듯이 그렇게 사람에게 강력한 흡착력을 가진 열망을 뿜어낸다. 남편이 아내를 다스리듯이 가인은 죄를 다스려야 할 책임이 남아있는 것이다. 셋째로, 아담과 하와 그리고 뱀 모두 하나님의 심판을 이의 없이 받아들이나 가인은 자신의 죄벌이 너무 중하다고 이의를 제기하고 있다. 넷째로, 아담과 하와가 에덴의 동쪽으로 쫓겨났다면 가인은 그 동쪽 편으로 더 멀리 추방된다(4:16). 결국 인간은 스스로의 죄악으로 인해 하나님께서 허락하신 가장 살기 좋은 그 동산으로부터 점점 더 멀어지는 불행을 겪게 되는 것이다.[363] 그리고 인간의 삶은 축복이 아닌 저주가 지배하는 고통 속에 거하게 된다. 이러한 상관관계를 기억하고 다윗과 그의 자녀들의 이야기로 들어가 보기로 하자.

다윗과 그의 자녀들이 벌이는 범죄 행각을 상세히 풀어보면 그 죄악의 동질성에 경악을 할 수밖에 없게 된다. 이 범죄 속에는 한 남자와 아름다운 여자 그리고 그 여자와 긴밀하게 연관된 또 다른 남자가 뒤얽혀 강간과 살인이 벌어진다는 점이다. 이것은 무엇을 보여주고 있는가? 다윗의 자식들이 벌이는 행각들이 다윗과 밧세바가 벌이는 간음 그리고 살해된 우리아가 뒤얽혀 만들어낸 사건을 그대로 따라가고 있는 것이 아닌가? 암논이라는 다윗의 아들이 이복동생인 다말을 강간하고, 다말의 오빠인 압살롬이 장기간에 걸쳐 치밀한 계획을 세워 다윗이 요압을 통해 우리아를 제거하듯이 자신의 수하들의 손을 빌려 암논을 살해한다. 그리고 암논에게 다말을 강간하는 것을 꾸미고 조장한 요나답(יוֹנָדָב 여호와께서 고귀하시다)이라는 간교한 자가 있었다면(삼하 13:3), 다윗에게는 요압(יוֹאָב 여호와는 아버지시다)이라는 그의 은밀한 음모를 돕는 조연이 있었다.[364]

	다윗과 밧세바 이야기(삼하 11장)	암논과 다말-압살롬 이야기(삼하 13장)
1	아름다운 밧세바(삼하 11:2)	아름다운 다말(삼하 13:1)
2	그를 차지하고픈 다윗(삼하 11:2)	그를 차지하고픈 암논(삼하 13;1)
3	다윗의 교활한 부하 요압 (삼하 11:18-21)	암논의 간교한 친구 요나답(삼하 13:3)
4	다윗이 우리아를 다른 사람을 이용해 살해(삼하 11:14-15)	압살롬이 암논을 다른 사람을 통해 살해 (삼하 13:23, 28-29)
5	다윗이 밧세바를 데려오게 하는 명령하여 동침함(삼하 11:4)	다윗이 다말에게 암논에게 갈 것을 명령하여 강간 사건 빌미 제공함(삼하 13:7)

다윗이 밧세바가 다른 남자의 아내라는 것과 우리아라는 이름을 들으면서도 간음의 죄에 빠져들었다면, 암논은 다말이 두 번씩이나 죄악에 대한 경고를 함에도 멈출 줄 모른다.

내 오라비여 나를 욕되게 말라 이런 일은 이스라엘에서 마땅히 행치 못할 것이니 이 어리석은 일을 행치 말라(삼하 13:12).

다말이 가로되 옳지 아니하다 나를 쫓아 보내는 이 큰 악은 아까 내게 행한 그 악보다 더하다(삼하 13:16).

이 두 번의 경고에 대하여 암논의 반응은 잔인할 정도로 무관심하다: "암논이 그 말을 듣지 아니하고"(삼하 13:14, 16). 이와 같이 다스려지지 않은 죄는 한 가족의 관계를 철저히 파괴시키고 만다. 아담과 하와 사건 그리고 가인과 아벨 사건이 동전의 양면과 같이 분리할 수 없는 성질의 것이라면 이제 다윗이 밧세바를 범한 사건과 암논이 다말을 강간한 사건은 실로 동일한 사건의 양면성을 가지고 있다. 각각의 양면적인 이야기에서 전자가 하나님과 사람의 관계 파괴라면 후자는 사람과 사람의 관계 파괴를 보여주는 전형적인 사건이라는 점에서 다윗 집안의 죄악은 인간의 모든 죄악성을 대표한다. 그리고 이 죄성은 사라지지 않고 더욱 확대되어 인간의 삶을 파괴한다. 인물만 바뀔 뿐 맡는 배역은 늘 동일하다. 빼앗는 자가 있고, 빼앗기는 자가 있으며, 죽이는 자가 있고 그리고 억울하게 죽임을 당하는 자가 있는 것이다. 이와 같이 태초에 인간에게 벌어진 사건들은 늘 그 다음의 이야기를 해석하는 기준을 제공해 준다.

태초의 인류에게	다윗의 집안에
혼돈의 세상에서 질서로운 세상으로: 악이 물러간 상황	혼돈의 상황에서 질서로운 세상으로: 모든 적들로부터 승리
궁창 위의 물(혼돈의 물)	사방의 모든 대적들(혼돈의 세력; 삼하 7:1)
궁창은 인간에게 맡겨주신 공간 → 안식일을 지키는 인간의 다스림 (예배하는 삶)	이스라엘 땅은 다윗과 후손에게 맡겨주신 공간 → 하나님의 뜻 듣는 다윗과 후손의 다스림(예배하는 삶) (삼하 8:15)
궁창 아래의 물(혼돈의 물)	사방의 모든 대적들(혼돈의 세력; 삼하 7:1)
아담과 하와가 먹은 선악과(창 3:6) ① 먹음직도 하고 ② 보암직도 하고 ③ 지혜롭게 할 만큼 탐스럽다 (하나님과의 관계 파괴 　- 하나님의 명령 어김) (창 3:17)	**다윗이 행한 선악과**(삼하 11:2-5) ① 동침하매 ② 심히 아름다워 보이는 지라 ③ 데려오게 하고 (하나님과의 관계 파괴 　- 하나님의 명령 어김) (삼하 12:9)
가인의 아벨 살해 * 차별(하나님의 선택과 판결의 불공정)에 대한 분노로 인해(사람과의 관계 파괴 - 형제살해) (창 4:8)	**압살롬의 암논 살해** * 여동생에 대한 복수와 더불어 차별(아버지 다윗의 선택과 판결의 불공정)에 대한 분노(사람과의 관계 파괴-형제살해) (삼하 14:6)
이후의 사건	이후의 사건
용서받은 가인의 후손인 라멕이 사람을 죽이고 오만하게 자랑함(창 4:16-24) (더욱 확장된 범죄 이야기)	용서받은 압살롬이 아버지 다윗을 향하여 칼을 겨누며, 반역을 행함 (더욱 확장된 범죄 이야기)

다윗과 그의 집안을 통해 회복을 꿈꾸셨던 하나님의 간절한 소망은 이렇게 또다시 실패라는 나락으로 떨어지고 만다. 또 다른 기회는 전적으로 하나님의 긍휼하심과 자비하심에 달려있고, 이에 대한 진실한 응답이 인간에게 요구된다. 모든 죄악으로부터 돌이켜 하나님의 자비하심을 감사함으로 받드는 것이 절대적으로 필요한 것이다. 그러기 위해서는 인간 안에 파고든 죄의 뿌리까지 도말해야만 한다. 하나님께서도 징벌의 시간을 통해 다윗을 다시 예배자로 복귀할 수 있는 길을 열어 가실 것이다.

하나님 없이 굴러가는 죄악 된 인생길

다윗의 범죄는 그에게 선악의 올바른 판단력을 흐리게 만들었고 이것은 곧 통제력의 상실로 연결된다. 하나님을 향한 신앙이 무너짐과 동시에 다윗의 속에 있는 악이 주체가 되어 그의 삶을 지배하기 시작하는 것이다. 여호와의 말씀을 벗어남으로 다윗의 속에서 통제되지 않는 폭력성은 이제 고삐 풀린 망아지처럼 그의 주변을 맴돌기 시작한다. 다윗이 하나님의 말씀을 버림으로 펼쳐진 간음과 살인이란 일회성 범죄가 그의 아들들인 암논과 압살롬에게는 제어할 수 없는 성적 방종과 형제 살해라는 폭력성으로 확장되어 가는 것이다. 이런 인과관계로 인해 암논과 압살롬은 결코 다윗과 무관한 존재들이 아니라 순종과 욕망이라는 다윗의 양면성에서 순종을 버림으로 통제되지 않는 죄악의 분출이라고 할 수 있다. 하나님의 말씀 안에 거하며 성령에 사로잡힌 사람일 때 사랑과 희락과 화평과 오래 참음과 자비와 양선과 충성과 온유와 절제라는 성령의 아홉 가지 열매가 맺히는 것을 금지할 법이 없듯이(갈 5:22-23), 이제 하나님의 말씀을 벗어난 다윗의 집안에서 벌어질 일은 결국 육체의 욕망을 따르는 삶일 것임은 자명한 일이기 때문이다.

육체의 일은 현저하니 곧 음행과 더러운 것과 호색과 우상숭배와 술수와 원수를 맺는 것과 분쟁과 시기와 분냄과 당 짓는 것과 분리함과 이단과 투기와 술 취함과 방탕함과 또 그와 같은 것들이라 전에 너희에게 경계한 것 같이 경계하노니 이런 일을 하는 자들은 하나님의 나라를 유업으로 받지 못할 것이요(갈 5:19-21).

2. 암논과 압살롬, 다윗의 욕망의 분출과 소멸(삼하 13-16장)

이제 다윗의 두 아들들인 암논과 압살롬이 뒤얽혀서 만들어 내는 이야기를 통해 다윗의 속에 숨겨져 있던 죄악의 실체를 살펴보아야 할 필요가 있다. 인간이 이 땅에서 삶을 영위하는 한 죄악이 결코 존재하지 않는 무풍지대에서 살아갈 수 없다는 것은 자명한 사실이다. 그러나 그 악이 결코 범접할 수 없는 삶이 가능하다는 것이 우리에게는 희망이다. 그 길은 오직 하나님의 말씀에 귀 기울이며, 그 뜻을 전폭적으로 따를 때 가능한 것으로 그 말씀을 벗어나는 순간 악의 지배 하에 들어가게 되는 것이다. 그 다음은 분명 죄악에 자신을 내어맡긴 다윗으로 인해 그 죄악의 영향력들이 그의 삶 전체를 송두리째 뒤집는 사건들일 것이다.

다윗의 욕망의 한 면인 암논

암논과 다말 그리고 압살롬이 뒤얽혀서 벌어지는 이야기는 다윗의 삶 속에서 몇 가지의 사건을 연상시키는 역할을 한다. 암논이 자신의 욕심을 다 채운 후에는 다말을 심히 혐오스러워 하게 되고 전에 사랑하던 그 사랑보다 더 강하게 싫어하게 되었다라고 한다. 그리고 그 감정으로 다말에게 잔혹하게 명령한다: "일어나 가라"(קוּמִי לֵכִי 쿠미 레키)(삼하 13:15). 이 말은 "일어나 꺼져버려"(Get up, get out!)라는 번역이 오히려 감정을 제대로 살린 것이라 본다. 이것은 다윗이 발디엘에게서 사울의 딸 미갈을 되찾아 올 때 발디엘이 울면서 먼 거리를 미갈과 함께 동행했던 때를 기억케 한다. 그때 다윗과의 협약을 위해 미갈을 빼앗아 오는 아브넬이 그 미갈의 남편을 향해 "돌아가라"(לֵךְ שׁוּב 레크 슈브)고 위협한다(삼하 3:16). 이 말도 "썩 꺼져버리라"(Go away, return!)는 말과 다를 바가 없다.[365]

암논에게 조언한 간악한 요나답의 지혜는 오히려 문제를 일으켰고, 심지어 다말의 입에서 나온 "이런 일은 이스라엘에서 마땅히 행하지 못할 어리석은(נְבָלָה 네발라) 일이니 행치 말라"는 아비가일 같은 지혜 여인다운 말도 철저히 묵살되고 만다(삼하 13:12). 그리고 다말이 자신을 쫓아내는 것은 더 큰 악(רָעָה 라아)을 행하는 것이라는 항변에도 암논은 "이 계집을 내게서 쫓아내버리라"고 종들에게 명령하고, 그들은 다말을 끌어내고 문빗장을 걸어버린다(삼하 13:17). 여기서 '이 계집'이라고 번역된 히브리어 단어는 여성형 지시대명사인 '조트'(זֹאת)로 그 본래의 뜻은 '이것'이라는 멸시와 혐오의 감정이 내포된 표현이다. 결국 암논은 다말의 말처럼 '이스라엘에서 어리석은 자 중에 하나'(אַחַד הַנְּבָלִים 아하드 하네발림)가 되었다(삼하 13:13). '네발림'(נְבָלִים 어리석은 자들)은 '나발'(נָבָל 어리석은 자)의 복수형이다. 결국 암논은 나발이 되어 있고, 압살롬은 그런 암논에 대하여 "잘잘못(선악)을 말하지 않았다"(삼하 13:22). 그리고 압살롬은 다윗이 악으로 선을 갚는 나발을 양털 깎는 날에 죽이려 했던 것처럼 동일한 축제의 날에 나발 같이 악한 암논을 죽이려고 계획을 세웠고, 그것을 실행에 옮기며, 다윗의 폭력성을 그대로 노출시키고 있다.

다윗의 자녀들의 삶에는 이처럼 다윗에게 들어 있는 모든 무정하고, 잔혹한 성적이며, 폭력적인 욕망들이 결코 통제되지 않는 모습으로 분출되고 있는 것이다. 다윗은 부자가 가난한 자의 암양을 빼앗았다는 그 이야기에는 심히 노하였고, 그 자리에서 즉결심판을 내렸었으나(삼하

12:5), 암논이 다말을 범한 사건의 정황을 듣고서는 심히 노하였을 뿐이며 어떤 즉각적인 심판 단행도 없다(삼하 13:21). 다윗이 누구를 향하여 노하였는지 그리고 그로 인해 차후에라도 어떤 조치를 취하였는지 조차도 결코 알 수가 없다. 집안에서 수치스런 짓을 저지른 암논을 향해서 분노한 것인지, 동일한 죄악을 저지른 자신을 향해서인지는 베일에 가려져 있다.366) 압살롬은 복수의 칼날을 휘두르고 그 길로 도망하여 그의 외할아버지인 아람의 그술 왕 달매에게로 가서 삼년을 거하였다(삼하 3:3; 13:37).

다윗은 암논의 죽음에 대해 위로를 받았고, 오히려 압살롬을 향한 그리움이 있었다. 그를 불러 올수도 있었으나 그리 하지 않았다. 이러한 다윗의 마음을 알고 그의 수족과도 같은 요압이 먼저 행동한다. 드고아의 지혜로운 여인을 다윗 앞에 세워 암논과 압살롬 사건과 같은 형제살해 사건에 대한 너그러운 선처를 요청한다. 이 여인은 다윗에게 동생을 죽인 형을 '원수 갚는 자'(גֹּאֵל 고엘)들이 죽이지 못하도록 살려달라고 간청한다(삼하 14:11). 이것은 분명 다윗에게 압살롬에 대한 생각을 나게 하였을 것이며, 그 여인은 다윗의 중재를 넘어서서 왜 "왕께서는 그 내쫓긴 자를 집으로 돌아오게 하지 아니하시나이까"라는 말로 다윗의 중심을 찌른다(삼하 14:13). 마침내 다윗은 요압을 불러 압살롬을 데려온다. 그러나 결코 압살롬을 만나지는 않는다. 압살롬은 돌아온지 이년 동안 예루살렘에 있었으나 아버지 다윗의 얼굴조차 보지 못했다. 다윗은 분명 압살롬을 진심으로 용서하지 않았음에 틀림없다. 자신의 집에서 벌어진 사건을 마음으로 받아들일 준비가 안 되어 있는 것이다. 압살롬에 대한 그리움으로 그를 불러들였으나 이미 그의 마음은 무겁게 돌아서 있다. 생각해 보면 다윗이나 압살롬이나 똑같은 죄를 저지르기는 마찬가지이다. 엄격하게 비교해 보면 오히려 압살롬의 죄질이 다윗에 비해 가볍다.

둘 다 사람을 죽였으나 압살롬은 여동생에 대한 복수심에 불타 이 일을 자행하였다. 자신의 육체적 욕망을 채우려 다른 이의 아내를 빼앗고 그 남편을 죽인 다윗 자신에 비하면 오히려 압살롬은 의로운 편이다. 무참히 죽임을 당한 암논이 바로 다윗 자신의 운명이어야 했다. 그 다윗이 하나님께 용서 받고, 용납되었다. 그러나 다윗은 압살롬을 받아들이지 못하고 외면한다. 왕은 완전할 수는 없지만 올바른 재판을 통하여 사람들 마음속에 있는 원한과 서운함을 제거해 나가고 줄여가는 사람이어야 한다. 예전에 브솔 시내에서 전리품을 분배할 때처럼 그렇게 하나님의 은혜 안에서 너그러워야 한다(삼상 30:22-25). 그리고 압살롬 또한 그 서운함을 달랠 줄 알아야 했다. 왜냐하면 그 서운함이 분열과 분파, 나뉨으로 나아가기 때문이다. 다윗이 드디어 압살롬을 불러 입을 맞추었으나 때는 많이 늦어 있었다(삼하 14:33). 압살롬의 마음이 이미 다른 곳을 향하고 있기 때문이다.

다윗의 욕망의 또 다른 한 면인 압살롬

압살롬은 이렇게 다윗의 어두운 면을 바라보게 하는 특징이 있다. 이것은 다윗이 여호와의 징계를 받는 그 모든 과정 속에 압살롬이 빠짐없이 나타나고 있다는 점에서도 입증된다. 압살롬은 다윗과 깊이 연관되어 있으면서, 다윗에게 내려진 징벌을 실행하는 자로, 때로 그 징벌 자체가 되어 다윗의 고통을 가중시키는 역할을 맡고 있는 사람이다. 압살롬, 그는 도대체 어떤 존재인가? 단지 다윗의 아들 명단(삼하 3:3)에만 들어 있던 그가 왜 이렇게도 갑작스럽게 다윗의 이야기 속을 온통 장식하는 존재가 되었을까? 사무엘하 13-20장까지는 압살롬의 등장, 살인, 반역, 죽음 그리고 그로 인해 발생하는 남과 북의 분열상까지를 쉴 틈 없이 연결시키며 펼쳐나간다. 다윗이 징벌을 받는 가장 고통스러운 순간을 그 시작부터 끝까지 함께하며 가시가 되는 존재인 것이다. 왜 압살롬인가는 그의 특징들을 풀어나갈 때 밝혀질 것이다. 먼저 압살롬의 반란과 관련되어 다윗이 받는 징벌이 어떤 신학적인 특징이 있는지를 살펴보고 압살롬의 특성들을 펼쳐나가는 것이 이해에 도움이 될 것이다.

압살롬의 반역이라는 정치적인 급박함 속에서, 다윗은 선택의 여지가 없는 도망의 길을 나서게 된다. 예루살렘을 버리고, 요단을 건너, 가나안 땅을 벗어나 광야 길을 유랑하게 된다(삼하 17:21-22). 이러한 다윗의 후퇴 과정은 신학적인 중요성을 띄고 이념적으로 채색되는데 그것은 다름 아닌 여호수아의 인도 아래 가나안 땅을 정복하기 위하여 요단을 가르고 약속의 땅을 향하여 진군하는 이스라엘의 반전을 보여주고 있다는 것이다. 먼저 다윗이 예루살렘 자신의 성을 빠져나와 기드론 시내를 건너는 장면은 여호수아의 지휘 하에 온 이스라엘이 요단강을 건너는 장면을 그대로 농축시켜 보여주고 있다. 특히 제사장들이 여호와의 언약궤를 메어오고, 모든 백성들이 시내를 건너기까지 기다리고 있었다는 표현은 이 두 사건에만 나타나는 독특한 표현이다(수 4:10-12; 삼하 15:23-24). 이것은 어느 모로 보나 요단강 도하의 패러디(parody)로 볼 수 있다.[367]

그리고 다윗과 그와 함께 한 온 이스라엘이 압살롬 편에 있는 아히도벨[368]의 계략을 두려워하여 요단강을 건너는 사건 또한 가나안 정복을 위한 요단강 도하 사건에 대한 반전을 담고 있다. 다윗은 압살롬 편의 정보를 신속히 파악하기 위해 두 정탐꾼을 세워두었다. 제사장 사독과 아비아달의 아들인 요나단과 아히마아스로 그들의 아버지들이 정보를 한 여종을 통해 알려주면 그들은 성 밖에 머물러 있다가 그 정보를 다윗에게 급히 전달하는 역할이다. 요단을 빨리 건너라는 정보를 전달하기 위해 두 정탐들이 행할 때 그것이 압살롬 편에 발각되어 쫓기게 되었다. 이 때 그들은 어떤 여인의 집에 들어갔고 그 뜰에 있는 우물에 숨었고, 그 여인은 우물을 덮고 그들이 이미 떠났다고 거짓말을 하여 수색자들이 그들을 찾지 못하게 만들었다. 이 두 사람은 다윗에게 나아가 그 정보를 알려주고, 다윗은 온 백성들과 함께 신속하게 요단강을 건넌다(삼하 17:15-22). 이것은 여호수아가 보낸 두 명의 정탐꾼과 여리고의 기생 라합의 이야기를 기억나게 한다. 그러나 다윗과 여호수아의 차이점은 현저하게 크다. 모든 이미지들이 서로를 비춰주는 거울의 역할을 하지만 여호수아의 이야기는 두 정탐꾼의 보고를 받고 믿음으로 이스라엘이 요단을 건너 약속의 땅을 정복하는 사건(Conquest)이 벌어지지만, 다윗의 이야기는 두 정탐꾼의 보고를 듣고 결국은 요단을 건너서 가나안을 벗어나 다시 광야로 나감으로 땅 정복의 반전(Anti-Conquest)이 벌어진다(삼하 17:21-22). 이것은 마치 에덴동산에서 그 죄악으로 인해 아담과 하와가 추방되는 것과도 같은 심판의 경험이다. 토라를 어기는 죄악은 이처럼 하나님께서 주신 약속을 파기시킬 수 있으며, 그 약속이 이루어지는 땅마저 상실하는 계기가 된다는 사실이 이미 다윗의 이야기 속에 내재되어 있는 것이다. 실로 다윗의 삶은 이스라엘은 물론 지금 현재를 살아가는 우리를 위한 심각한 경고를 담고 있다.

다윗의 삶에 가나안 땅 정복의 반전이 일어나는 그 중심에 압살롬이 자리하고 있다. 그는 다윗이 약속의 땅에서 견디지 못하고 도망할 수밖에 없는 요인을 제공하는 사람이다. 물론 죄는 다윗이 지었지만 압살롬은 죄에 대한 대가를 치르게 하는 형을 집행하는 자가 되는 것이다. 그리고 결국 압살롬의 죽음은 다윗이 요단강을 다시 건너 약속의 땅으로 돌아오는 계기가 된다. 압살롬의 존재여부가 다윗을 요단강을 건너 도망하게도 하고, 안심하고 돌아올 수 있는 요소가 되기도 한다. 그렇다면 압살롬과 다윗의 관계는 무엇인가? 단순히 아버지와 아들의 혈연관계라고 만 하기에는 미비한 부분이 많다. 하나님의 백성과 약속의 땅은 뗄 수 없는 상관관계가 있고, 그리고 그 땅은 죄악으로부터 구별되어야 한다. 그 땅에 존재하기를 원한다면 반드시 제거해야 할 것이 바로 인간의 죄악인 것이다(신 28:15-68). 그렇다면 압살롬은 다윗에게 아들 그 이상의 의미를 내포하고 있을 것이다. 약속의 땅을 잃느냐, 회복하느냐가 달려있는 신학적인 키를 그는 갖고 있는 것이다.

암논을 죽이는 사건 속에서 압살롬이 다윗의 폭력성을 그대로 노출시키고 있다는 점은 이미 살펴보았다. 그리고 압살롬이나 다윗이나 양을 치는 사람들이었다는 공통점이 있다. 압살롬이 암논을 살해하는 날을 양털 깎는 날로 정한 것으로 보아 꽤나 많은 양떼를 소유하고 있었던 것으로 보인다. 이에 더하여 여기서는 그가 예루살렘에 돌아온 다음부터의 정황 속에서 나타나는 특징을 통해 압살롬을 바라볼 것이다. 압살롬은 온 이스라엘 가운데서 가장 아름다운 모습이었다고 칭찬받는다(삼하 14:25). 이것은 그의 아버지 다윗이 기름 부음을 받고 이스라엘에 소개될 때 보였던 겉모습을 생각나게 한다: "빛이 붉고 눈이 빼어나고 얼굴이 아름답더라"(삼상 16:12). 이처럼 압살롬은 다윗의 젊었을 때 드러났던 아름다움을 그대로 소유한 인물이며, 어쩌면 외모적으로 다윗을 능가하는 주목을 받고 있다는 것을 강조하고 있는 것인지도 모른다. 그러나 이 겉모습이 얼마나 그 중심과 일치하느냐가 하나님께서 보시는 것이다.[369] 압살롬은 옛날에 사울이 다윗을 멀리 하듯이 그렇게 다윗으로부터 외면 당하는 고통을 감수하며 지낸다(삼하 14:28-33). 즉, 현직 왕과의 불안정한 관계를 가지고 있다는 의미이다. 그 관계의 악화가 한 사람(골리앗, 암논)을 죽인 것으로부터 연유된 것이라는 공통점 또한 가지고 있다.

압살롬은 이제 스스로의 계획을 세우고 진행해 나가는데 바로 백성들의 시시비비를 들어주며 그들의 편이 되어준다. 그는 모든 사람들의 환심을 사기 위해 "보라 네 일이 옳고 바르다"(삼하 15:3)라는 말로 위로하고 그들의 손을 들어준다. 압살롬이 선악(시비/잘잘못)을 바르게 분별한다는 말은 없다(삼하 13:22). 단지 어느 누구에게든지 '옳고, 바르다'라는 말만 한다. 그의 앞에서 절하려고 나아오면 그는 그들을 일으켜 입을 맞추고 그들의 이야기를 소상히 들어주고, 그들의 마음에 맞는 판결을 통하여 사람의 마음을 얻는다. 이것을 사무엘서는 "압살롬이 이스라엘 사람들의 마음을 훔쳤다"라고 표현한다(삼하 15:1-6). 다윗의 이야기도 결코 다르지 않다. 다른 부분이 있다면 그를 평가하는 표현이 압살롬에 비하여 거칠지 않다는 것뿐이다. 사울의 외면을 받아 그 곁을 떠나 군대장으로, 천부장으로 섬길 때에 그가 백성들 앞에서 출입하며 모든 일을 지혜롭게 행했다고 한다. 그리고 이스라엘과 유다는 다윗이 자신들 앞에 출입하며 지혜롭게 행함으로 그를 사랑하였다(삼상 18:13-16; 삼하 5:2). 물론 다윗의 경우는 선악을 바르게 분별하는 공정한 재판이 관련되어 있을 것이다(삼하 14:17). 의도적이든 아니든 아버지와 아들은 현직 왕으로부터 백성들의 마음을 돌이켜 자신들에게 향하게 한 것만큼은 틀림이 없다.

압살롬은 자신의 때가 무르익은 것을 보고 다윗 왕에게 서원제사를 드려야겠으니 헤브론으로 가게 하여 달라고 요청한다. 아무것도 모르는 다윗은 기꺼이 허락을 하고 압살롬은 정탐을 이스라엘 전국에 보내어 나팔소리와 함께 일제히 그가 헤브론에서 왕 되었음을 선포하게 하였다. 압살롬은 분명 다윗에 반대하는 불만세력들을 등에 업고 헤브론에서 왕이 되었다(삼하 15:7-10). 그의 주변으로는 다윗의 체제에 반대하는 무리들이 몰려들었을 것이다. 이것 또한 다윗의 과거를 상기시키는 구실을 한다. 다윗 또한 사울을 피하기 위하여 베들레헴에서 온 가족을 위하여 매년제를 드리기 위해 가겠노라고 요청하고, 결국은 광야로 도망을 치게 된다(삼상 20:6). 그리고 그의 주변으로 사울의 체제 밑에서 고통당하던 사람들과 불만세력들이 모여들기 시작한다(삼상 22:1-2). 그리고 마침내 다윗은 압살롬이 왕으로 기름 부음을 받은(삼하 15:10-11; 19:10) 그 동일한 헤브론에서 그보다 한 세대 앞서 기름 부음을 받고 왕으로 등극하였다(삼삼 5:1-3). 그리고 두 사람 다 반쪽짜리 왕이었다는 사실 또한 공통점을 가지고 있다.

압살롬의 이 도전을 봉기나 운동, 혹은 혁명이라는 말을 붙이지 않고 '반역'(קֶשֶׁר 꽤셰르)이라는 말을 붙이는 것은 분명 합법적인 것이 아니라는 것을 강조하기 위함으로 보인다(삼하 15:12). 다윗도 이 반역이라는 말에 연루된 적이 있다. 사울의 입을 통해서 두 번씩이나 다윗은 '반역하는 자'(קָשַׁר 꽈샤르/공모하다)라는 소리를 듣는다(삼상 22:8, 13). 이것은 사울이 다윗에게 붙은 사람들을 반대하여 사용한 것이다. 흡사 사울이 왕이었음에도 백성들의 지지를 잃고, 다윗에게로 사람들이 몰려들었다면(삼상 22:7-8; 삼하 5:2), 이제 다윗이 지지자들을 잃고 압살롬에게로 인심이 돌아가고 있는 것이다(삼하 15:12, 13).

다윗은 압살롬을 피하여 도망할 때에 그의 후궁들을 궁에 남겨두고 도피하였다. 이것은 하나님의 징계가 실현될 길을 제공하기도 한다. 여호와께서 "내가 네 눈앞에서 네 아내를 빼앗아 네 이웃(רֵעַ 레아)에게 주리니 그 사람이 네 아내들과 더불어 백주에 동침하리라"고 선고하셨다(삼하 12:11). 이제 그 이웃이 결국은 다윗 자신의 아들 압살롬이 되었다. 압살롬은 그의 수하에 들어온 모사 아히도벨의 조언에 따라 아버지 다윗의 후궁들과 동침한다: "이에 사람들이 압살롬을 위하여 옥상에 장막을 치니 압살롬이 온 이스라엘 무리의 눈앞에서 그 아버지의 후궁들과 더불어 동침하니라"(삼하 16:22). 왕의 아내를 취하는 것은 그의 왕권을 쟁취했다는 정통성을 주장하는 증거가 된다. 이러한 정통성의 탈취는 다윗에게서도 그대로 보였던 행위였다. 하나님께서 사울에게 징계를 내리실 때 사무엘을 통하여 동일한 것을 말씀하셨다: "여호와께서 오늘 이스라엘 나라를 왕에게서 떼어서 왕보다 나은 왕의 이웃(רֵעַ 레아)에게 주셨나이다"(삼상 15:28). 마침내 그 이웃은 다름 아닌 사울의 사위인 다윗이 되었다: "여호와께서 나를 통하여 말씀하신 대로 네게 행하사 나라를 네 손에서 떼어 네 이웃(רֵעַ 레아) 다윗에게 주셨느니라"(삼상 28:17). 그 실현의 증거로 사울의 아내들이 다윗의 품안으로 들어온 것이다(삼하 12:8). 하지만 압살롬과 다윗의 차이점이 있다면 하나님의 확증일 것이다. 압살롬은 자신 스스로의 지혜로 계획을 진행하며 하나님의 인도가 없었고, 다윗은 하나님께서 허락하신 길을 따랐다는 점이다. 그러나 인간 스스로의 지혜와 계획은 결국 미련한 것으로 판명되고 만다.[370]

   이 모든 것을 종합해 볼 때 압살롬은 다윗이 걸어왔던 길을 함축적으로 보여주는 길을 걸어가고 있다. 압살롬 안에는 다윗에게 숨어있는 인간적인 호전성, 정치적인 계산과 조작, 이기적인 욕구와 선전이 아무런 여과 없이 그대로 분출되는 모습을 보인다.[371] 압살롬은 다윗의 신앙적인 순수성과 이기적 욕망이라는 양면성 중에서 후자를 대표하고 있는 특징이 있다. 인간이 스스로의 욕망이라는 죄악에 자신을 내맡길 때 나타나는 현상이 바로 압살롬의 행위들일 것이다. 그러므로 어느 모로 보나 압살롬은 다윗의 또 다른 자아(alter ego)를 반영하고 있다고 할 수 있다.

비교	다윗	압살롬
동기부여 (나발 – 암논)	'나발'(נָבָל 나발/어리석은 자) (삼상 25:25)	'암논은 어리석은 자 중에 하나'(אַחַד הַנְּבָלִים 아하드 하네발림/나발의 복수형)가 되었다(삼하 13:13).
	악(רָעָה 라아)으로 선을 갚는 나발 (삼상 25:21)	다말이 자신을 쫓아내는 것은 더 큰 악(רָעָה 라아)을 행하는 것이라는 항변에도(삼하 13;16) 암논은 "이 계집을 내게서 쫓아내버리라"고 종들에게 명령하고, 그들은 다말을 끌어내고 문빗장을 걸어버린다(삼하 13:17)
폭력성	양털 깎을 때 나발을 죽이려 함 (삼상 25:7-13)	양털 깎을 때 암논을 죽임 (삼하 13:23-29)
직업	목자(삼상 16:11)	목자(삼하 13:23)
아름다움	빛이 붉고, 눈이 빼어나고, 얼굴이 아름다움(삼상 16:12)	압살롬보다 아름다움으로 칭찬받는 자가 없다(삼하 14:25).
왕과의 소원함	골리앗을 죽인 후(삼상 18:13)	암논을 죽인 후(삼하 14:28-33)
백성들을 인도	백성들이 다윗을 사랑함 (삼상 18:13-16; 삼하 5:2; 14:17)	백성들의 마음을 훔침 (삼하 15:3-6)
도피와 혁명 (헤브론 에서 반쪽 짜리 왕)	* 매년제를 드리겠다고 하며 도피(삼상 20:6) * 사람들이 다윗에게 모여듦 (삼상 22:1-2) * 헤브론에서 왕으로 등극 (삼하 2:1-4)	* 서원한 것이 있어 서원을 이루게 보내 달라 함(삼하 15:7-9; 15:10-12) * 사람들이 압살롬에게 모여듦 (삼하 15:12) * 헤브론에서 왕으로 등극(삼하 15:10)
혁명인가 반역인가	다윗의 공모로(קָשַׁר 콰샤르/반역하다) 사울이 지지자를 잃었다고 비난함(삼상 22:7-8, 13)	압살롬의 반역으로(קָשַׁר 콰샤르/공모) 다윗이 지지자를 잃음(삼하 15:12, 13)

전 왕의 아내를 취함	여호와께서 사울에게 이웃에게 모든 것을 주겠다던 그 이웃이 다윗이 되고, 사울의 아내도 차지함 삼상 15:28; 28:17; 삼하 12:8()	여호와께서 다윗에게 이웃에게 네 아내를 주겠다고 하시고, 그 이웃이 아들 압살롬이 되어 다윗의 아내들을 차지함(삼하 12:11; 16:22)

이러한 긴밀한 연관관계로 인해 어쩌면 다윗은 압살롬 안에서 자신의 모습을 보고 있는지도 모른다. 그러므로 압살롬의 죽음은 다윗의 폭력성의 죽음이요 장례라고 표현할 수도 있다. 압살롬을 향한 다윗의 애틋한 만가는 그의 아들의 죽음을 슬퍼하는 것이면서 동시에 그의 자아요, 분신인 그의 안에 숨어있는 폭력성과 잔혹성의 종말에 대한 고통의 울부짖음이요 영원한 이별식일 수 있다.

내 아들 압살롬아 내 아들 내 아들 압살롬아 차라리 내가 너를 대신하여 죽었더면, 압살롬 내 아들아 내 아들아(삼하 18:33b).

다윗의 욕망의 종말

다윗은 하나님의 징계를 받는 첫 순간에는 자신의 처지를 바르게 깨닫지 못했다. 흡사 일만 달란트의 빚을 탕감 받은 자가 자기에게 백 데나리온 빚진 자를 다 갚을 때까지 감옥에 집어넣은 것처럼(마 18:21-35) 자신의 중심으로 압살롬을 용납할 수 없었다. 자신에게 그것이 징벌이라는 사실을 자각하지 못하고, 거부하고 있었던 것이다. 설사 그가 자신의 삶 속에서 벌어진 일련의 사건들을 되돌아보며 자신이 저질렀던 일들이 그대로 집안에서 벌어지고 있음을 깨달았다 해도 그에게는 시간이 필요했을 것이다. 압살롬을 자신의 중심으로 받아들이는 그 순간이 그가 하나님의 징계를 가장 바르게 삶으로 받아들이는 진정한 시작이 되었을 것이다. 그 시점은 그가 더 이상 내려갈 수 없는 바닥으로 떨어졌을 때 이루어지기 시작했음을 직감해 볼 수 있다. 압살롬의 반란을 경험하면서 다윗의 마음은 급격히 깨달음의 길로 나아갔을 것이며, 자신이 하나님의 징계를 받고 있다는 깊은 자각을 하기 시작했을 것이라 여겨진다. 그것은 다윗과 그의 피난 행렬이 요단 강을 건널 때 명백하게 드러난다. 압살롬의 위협을 피해서 도망하는 다윗에게 베냐민 사람 시므이가 지독스런 저주를 퍼부으며 그의 피난길을 더욱 참담하게 만들었다. 다윗의 수하 장수 중 한 명인 아비새가 그 시므이를 단 칼에 목을 베겠다고 명령을 요청했으나 다윗은 묵묵히 그 저주를 자신의 몸에 받아들이며, 모두를 향하여 단호하게 말했다.

저가 저주하는 것은 여호와께서 저에게 다윗을 저주하라 하심이니 네가 어찌 그리하였느냐 할 자가 누구이겠느냐 하고…내 몸에서 난 아들도 내 생명을 해하려 하거든 하물며 이 베냐민 사람이랴 여호와께서 그에게 명령하신 것이니 그가 저주하게 버려두라(삼하 16:10-11).

흡사 속이는 자가 속임을 당하고(the deceiver deceived), 빼앗던 자가 빼앗김을 당하며(the taker taken) 인생을 배우듯이, 다윗은 자신에게 쏟아져 들어오는 징벌 앞에 서서히 마음을 집중하고 있는 것이다.[372] 그리고 하나님의 그 어떤 간섭조차 등장하지 않는 이 사건들 속에서 다윗은 하나님 앞에 서 있음을 자각하며, 하나님을 발견하기 시작했다. 하나님의 징계를 달게 받는다는 것은 이와 같이 다른 사람을 바라보고, 대하며, 반응하는 것까지 다르게 되는 것이다. 이것은 다윗이 압살롬과의 마지막 결전을 위하여 출전하는 부하장수들을 향하여 간곡하게 명령하는 것에서 더욱 밝히 드러난다. 다윗은 "나를 위하여 소년 압살롬을 너그러이 대우하라"(삼하 18:5)고 간곡하게 부탁했다. 어쩌면 압살롬이나 자신이나 결코 다를 바가 없음을 자각하였는지도 모른다. 그리고 압살롬을 있는 그대로 다 자신의 삶의 한 부분으로 받아들이고 있는 것이다. 그리고 압살롬의 죽음으로 다윗의 숨겨진 폭력성은 그 종말을 고하고 새로운 길로의 출발이 준비되는 것이다.

하나님께 반역한 다윗의 모습을 상징하는 압살롬의 반역의 시작과 그의 죽음으로 반역의 끝에 이른 이야기의 구조적인 요소를 통해 다윗의 욕망의 끝을 추측해 볼 수 있다. 압살롬의 반역은 그의 머리털에 대한 찬미와 그의 자녀들을 소개하는 구문과 함께 시작하고, 동일하게 그의 머리털로 인해 죽음에 이르게 된 사건과 자녀에 대한 이야기로 그 마감에 이른다. 화려한 아름다움을 자랑하는 외모가 죽음으로 이끄는 도구가 되고, 시작할 때는 세 명의 아들이 있었던 압살롬이 그가 죽을 때에는 아들이 하나도 없다고 보도하는 수수께끼 같은 모순을 보이고 있다.

A. 삼하 14:25-27	(위쪽 테두리) ① 압살롬의 머리털의 대단함(외모의 화려함) (삼하 14:25-26) ② 압살롬이 아들 셋과 딸 하나, 딸의 이름은 다말로 얼굴이 아름다운 여자(삼하 14:27)
B. 삼하 14:28-18:9	(중심) 압살롬의 반란
A'. 삼하 18:9-18	(아래쪽 테두리) ① 압살롬이 화려한 머리로 인해 죽음의 길로(삼하 18:9-17) ② 압살롬이 아들이 없음, 딸 다말이란 이름도 나타나지 않음 (삼하 18:18)

압살롬이 자신의 딸 이름을 깊은 상처를 안고 살아가는 여동생과 동일한 다말이라 지었다. 여기서 다말이라는 이름은 지속적으로 과거를 상기시키는 효과를 가지고 있다. 그리고 압살롬이 결코 그 아픔을 잊지 않

고 있다는 의미이기도 하다. 암논에 대한 복수는 이미 성취되었다. 그럼에도 다말이라는 이름이 계속 나오는 것은 아직 얼굴조차 보지 못하게 하는 아버지 다윗에 대한 원망과 한이 남아있다는 것을 의미할 것이다 (삼하 14:21-24). 사건의 전개가 아버지 다윗을 향한 반역으로 치닫게 된다는 것이 이를 입증하는 것이라 할 수 있다. 그런데 압살롬의 죽음과 연이어 나타나는 모순 되는 보도인 아들 셋이 있었던 압살롬에게 아들이 전혀 없다고 나타나는 이유는 무엇인가? 압살롬 자신과 아들 셋이 사라지며 거역의 모든 세월이 그 끝에 이르게 된다는 것은 무엇을 전하기 위한 의도를 가지고 있는 것인가? 압살롬이 다윗의 숨겨진 자아를 상징하는 인물이었다면 압살롬의 죽음과 그의 세 아들이 사라진 것은 다윗에게 자신의 욕망의 소멸과 더불어 숨겨진 욕망의 분출을 상징하는 세 아들의 죽음을 의미하는 것이라 할 수 있다. 지금까지 다윗 또한 세 아들을 잃었다. 숨겨진 죄악의 상징인 다윗 자신과 밧세바와의 간음으로 태어난 이름 없는 아들, 다윗의 성적 욕망의 분출을 상징하는 암논 그리고 그의 정치적 야욕과 폭력성을 상징하는 압살롬 이렇게 세 명의 아들이 죽으며 다윗의 인간적인 욕망이 그 끝에 이른 것을 상징하는 도구일 수 있다.

이처럼 압살롬은 다윗에게 십자가의 길을 예시하는 도구인지도 모른다. 형벌의 상징인 십자가는 철저하게 하나님으로부터의 소외를 경험하는 장소이다. 그리고 십자가는 그것을 받아들이는 것을 배우는 장소이다. 다윗은 자신의 죄악에 대한 징벌을 받으며 물밀듯이 쏟아져 들어오는 저주를 하나님을 바라며 견뎌낸다. 오직 인간의 음모만이 도사리고 있는 그 곳에서 하나님과 함께 하나님 앞에 서 있는 법을 배운다. 예언자 미가의 음성으로 확신 있게 선포하는 이스라엘의 믿음처럼 언젠가 하나님의 긍휼하심이 광명으로 인도하실 것을 고대하며 삶과 죽음까지도 하나님께 맡기는 사람이 되어 간다.

내가 여호와께 범죄하였으니(חָטָאתִי 하타티) 주께서 나를 위하여 심판하사 신원하시기까지는 그의 진노(חֲרִי אַף יהוה 자아프 야훼)를 당하려니와 주께서 나를 인도하사 광명에 이르게 하시리니 내가 그의 공의를 보리로다(미 7:9).

3. 욕망에서 다시 순종으로(삼하 17-20장)

회개는 형벌을 포함하고 있다(출 21:20; 레 26:41; 스 9:13; 습 3:7). 하나님 앞에 죄를 자복하는 사람은 하나님의 징벌까지도 기꺼이 받을 준비가 되어 있는 사람을 의미한다. 그러므로 하나님의 징계를 받는 자세 또한 믿음의 사람이 바르게 갖추어야 할 모습이다. 사울은 "내가 범죄하였나이다"(삼상 15:24)라는 엄숙한 회개 뒤에도 여전히 하나님의 뜻을 파괴하는 몸부림을 친다. 자신의 운명을 자신이 만들어 가려고 안간힘을 쓰는 것이다. 하나님의 기름 부은 자 다윗을 죽여서라도 하나님의 뜻을 무너뜨리려 한다. 그리고 사울은 자신에게 주어진 징벌이 결국 자신을 죽음으로까지 내모는 것을 바라보며 주어진 심판을 거스르며 죽음의 세계까지도 자신의 손아귀에 넣고 휘두르려 한다. 자신의 운명을 자신이 좌지우지 하려고 하는 것이다. 하나님께서 사무엘을 통해 이미 모든 심판의 종말에 대해 사울에게 분명하게 말씀해 주셨다. 그러나 사울은 그것을 자신이 원하는 것으로 바꾸고 싶어 한다. 죽음의 세계를 열어서라도 그 파멸을 피하고 싶은 것이다. 사울이 엔돌의 신접한 여인을 찾아 간 것은 이 때문이다.

다윗이 걸은 징계의 길

그러나 다윗은 모든 하나님의 뜻을 묵묵히 받는다. 다윗이 하나님 앞에 "내가 여호와께 범죄하였나이다"고 자복하고 엎드렸을 때 그는 하나님의 절대주권을 철저히 인정하는 사람이 되었다. 그의 죄 때문에 발생한 하나님의 징계가 그와 밧세바 사이에서 태어난 아들에게 그대로 쏟아부어지자 다윗의 절박한 간구가 시작된다. 그는 일주일 동안 금식하며 땅에 엎드려 아이의 쾌유를 위해 하나님께 간구의 기도를 올린다. 그럼에도 일주일 뒤 아이는 죽고 만다(삼하 12:15-18). 비록 죄로 인한 결과이지만 그럼에도 인간은 하나님께 구원의 간구를 올릴 수 있다. 그러나 선악간의 응답은 오직 하나님의 주권에 달려 있다. 아이가 죽은 후의 다윗의 행동은 이것을 분명하게 깨닫고 있음을 살펴 볼 수 있다. 아이의 죽음에 대한 소식을 듣자 다윗은 땅에서 일어나 몸을 씻고 기름을 바르고 의복을 갈아입고 여호와의 전에 들어가 경배하고 궁으로 돌아와 금식을 풀고 음식을 차리게 하고 먹는다(삼하 12:20).

그의 행동에 의아해하는 신하들을 향해서 다윗은 아이가 살았을 때 금식하고 운 것은 혹시 여호와께서 불쌍히 여기사 긍휼을 베푸시기를 바람이었으나 이제 죽었으니 돌이킬 수 없는 길로 갔다는 것이다. 그가 금식하고 애절하게 무릎을 꿇었던 것은 여호와의 뜻을 돌이키기 위한 강권이 아니라 측은히 여기심을 바라는 간구의 몸짓이었다. 구약성경 속에 죽은 아이를 살리는 사건이 두 번 나타난다. 엘리야가 사르밧 과부의 아들을 살리고(왕상 17:17-24), 엘리사가 수넴 여인의 아들을 살린다(왕하 4:32-37). 그러나 다윗은 아이가 죽었을 때 더 이상의 수단을 강구하지 않는다. 신접한 자를 부르지도, 능력 있는 선지자를 소환하지도 않는다. 이미 하나님의 뜻하심을 들었고 그대로 이루어졌기 때문이다: "이 일로 인하여 여호와의 원수로 크게 훼방할 거리를 얻게 하였으니 당신이 낳은 아이가 정녕 죽으리이다"(삼하 12:14). 하나님의 뜻이 하늘에서 이룬 것 같이 땅에서도 이루어졌으니 다윗은 거기에서 멈추어 선다. 다윗은 왕이었으되 절대왕정을 포기하고 하나님의 절대주권에 자신의 모든 의지를 굽힌다. 우리아를 살해함으로 인간의 삶과 죽음을 자신이 주관한다는 착각을 가졌으나, 결국 하나님의 징계에 무릎을 꿇고 삶과 죽음을 하나님의 주권으로 돌리며, 자신의 간구를 하나님의 뜻에 복종시킨다.[373] 이것이 하나님 앞에 서 있는 인간이 가져야 할 가장 근본이 되는 마음 자세이다. 이 진리를 깨달은 자는 무릎 꿇고 회개할 수 있으며, 끊임없이 솟구쳐 오르는 교만 또한 억누를 수 있는 신앙의 무게를 가질 수 있다.

예수님께서 죽은 자들을 살리시는 세 번의 사건들에서도 결코 인간의 주권은 용납될 수 없다(막 5:42-43; 눅 7:15-16; 요 11:43). 모든 것이 다 하나님의 주권이요, 하나님의 뜻을 드러내기 위해서이다. 삶과 죽음이 모두 하나님의 손 안에 있다는 믿음이 우리의 삶을 바르게 열어 갈 수 있다. 이 인식이 용서와 용납을 가치 있는 것으로 만들며 징벌까지도 달게 받는 길을 열어준다. 다윗이 고통스런 형벌을 감내하는 중에도 인간의 삶과 죽음을 자신의 손에 놓고 휘두를 수 있는 기회는 많이 있었다. 그에게는 항시 그럴만한 힘도 있었고, 그의 명령에 수족처럼 움직일 부하들도 있었다. 이것은 또한 그에게 위험요소이기도 하다.

다윗이 압살롬에게 쫓겨 피난길에 나서 예루살렘 근처의 바후림을 지날 때 사울 집안사람 중의 한 명인 시므이라는 자가 다윗을 따라오며 돌을 던져대면서 극열하게 저주하기 시작한다. 사울 집안이라는 말로도 다윗을 향한 저주가 무엇을 의미하는 지는 쉽게 짐작해 볼 수 있다. 그는 빼앗긴 왕권, 무참한 숙청작업, 계속되는 감시와 차별 등 다윗의 정치적인 행각에 대하여 날카롭게 비판하고 있다.

시므이가 저주하는 가운데 이와 같이 말하니라 피를 흘린 자여 사악한 자여 가거라 가거라 사울의 족속의 모든 피를 여호와께서 네게로

돌리셨도다 그 대신에 네가 왕이 되었으나 여호와께서 나라를 네 아들 압살롬의 손에 붙이셨도다 보라 너는 피를 흘린 자이므로 화를 자초하였느니라(삼하 16:7-8).

하지만 시므이는 다윗을 과소평가하고 있음에 틀림없다. 아무리 그가 도망하는 왕일지언정 그의 주변에는 '모든 백성과 용사들이' 호위하고 있다(삼하 16:6). 그의 명령 한 마디면 시므이의 목은 땅 바닥에 나뒹굴고 말 것이다. 스루야의 아들 아비새가 바로 이것을 증명한다. 아비새는 분노에 차서 "이 죽은 개가 어찌 내 주 왕을 저주하리이까 청하건대 내가 건너가서 그의 머리를 베게 하소서"라고 다윗에게 요청한다(삼하 16:9). 그러나 다윗은 시므이의 저주에도 불구하고 더 이상의 죽음을 만들려 하지 않는다. 삶과 죽음은 자신의 손에 놓여져 있는 것이 아니기 때문이다. 특히나 다윗이 시므이를 향해 칼을 휘두르지 않는 것은 하나님의 손길을 보았기 때문이다: "그가 저주하는 것은 여호와께서 그에게 다윗을 저주하라 하심이니 네가 어찌 그리하였느냐 할 자가 누구겠느냐"(삼하 16:10). 다윗은 참혹한 저주까지도 묵묵히 받아들이며, 하나님께서 주신 형벌의 길을 걸어간다. 그리고 다윗이 취하는 태도가 있다. 그는 더욱 비참한 모습으로 하나님 앞에 자신을 낮춘다. 이것은 그의 주변에 있는 그 어느 누구보다도 그가 하나님의 마음을 더 잘 알고 있음을 느끼게 해준다. 특히 하나님의 가장 약하신 부분을 말이다. 그의 입에서 나오는 말은 이것을 분명하게 보여준다: "혹시 여호와께서 나의 원통함을 감찰하시리니 오늘날 그 저주 까닭에 선으로 내게 갚아주시리라"(삼하 16:12).

하나님이 가장 못 견뎌하시는 것 중에 하나가 바로 자신의 백성이 고통 가운데 부르짖는 신음소리이다(출 2:23; 삿 10:16). 설사 그것이 죄의 형벌을 받는 고통의 신음일지라도 하나님은 자신의 백성이 겪는 그 곤고로 인해 마음에 근심하신다(사 10:15-16; 호 11:8). 다윗은 시므이의 저주를 그대로 묵묵히 하나님의 저주로 받아들인다. 징계를 받아들이고 있는 것이다. 받아들이되 가장 처절하게 낮아진 모습으로 하나님 앞에서 걸어간다. 그리고 자신의 손에 그럴 능이 있을 지라도 예전에 우리아를 죽였던 것처럼 결코 삶과 죽음을 주관하지 않는다. 절대주권이 하나님께 있다는 사실을 인정하는 것이다. 이에 대한 흔들림은 더 이상 없어야 한다. 혹 다윗이 비참한 지경에 처했기에 진노의 칼날을 멈춘 것이 아니냐는 의혹이 들 수 있지만, 후에 동일한 인물들이 연루된 사건에서도 다윗이 변함이 없다는 점에서 의문은 풀린다. 이번에는 피난 가는 다윗이 아니라 반란을 진압하고 가나안 땅으로 돌아오는 위상이 회복된 다윗이라는 사실이 강력한 반증이 되는 것이다.

베냐민 사람 시므이는 압살롬의 반란이 미수에 그치고 다윗이 건재하게 귀환한다는 소식을 분명 가장 먼저 접한 사람 중에 하나일 것이다. 그도 그럴 것이 자신의 목숨과 긴밀한 연관이 있기에 전쟁의 소식에 어느 누구보다 빠른 정보통을 연결시키고 있었을 것이 틀림없다. 다윗의 승리는 자신은 물론 자신의 가문 전체, 나아가서는 베냐민 지파의 생존을 위협할 수 있는 악재이기 때문이다. 그러나 시므이의 바램과는 달리 마지막 승리는 다윗에게 돌아갔다. 그는 정치적인 모사꾼답게 신속하게 움직인다. 자신의 생명을 보장받기 위해 혼자만이 아니라 급히 유다 사람과 함께 베냐민 사람들을 일천 명을 모으고, 사울의 종이었던 시바와 그 아들들 그리고 종들도 앞세우고 요단강을 건너서까지 다윗에게 나아가 머리를 조아리며 엎드린다. 그는 베냐민 지파의 후광은 물론이요, 왕의 가족들을 건네려 배까지 준비하는 치밀한 배려를 과시하며 자신의 복종을 보이려고 애쓴다. 그리고는 간청한다.

내 주여 원컨대 내게 죄 주지 마옵소서 내 주 왕께서 예루살렘에서 나오시던 날에 종의 패역한 일을 기억하지 마옵시며 왕의 마음에 두지 마옵소서 왕의 종 내가 범죄한 줄 아옵는 고로 오늘 요셉의 온 족속 중 내가 먼저 내려와서 내 주 왕을 영접하나이다(삼하 19:19-20).

다윗이 결정을 내리고 명령을 하달하기도 전에 또 나서는 사람이 있다. 역시 스루야의 아들인 아비새가 먼저 입을 뗀다. 그의 말은 시므이는 죽어 마땅하다는 판결이다. 그 이유인 즉은 "시므이가 여호와의 기름 부으신 자를 저주하였기" 때문이다(삼하 19:21). 아비새의 말대로 여호와의 기름 부으신 자를 홀대하는 것은 극악한 일이다. 그리고 전에 여호와의 기름 부음 받은 자인 사울에게 손을 댄 자를 다윗은 극형에 처하기도 하였었다. 그러나 시므이는 자신의 범죄를 자복하며 회개하고 있다. 다윗 자신이 하나님께 범죄를 회개하듯이 그렇게 시므이도 동일하게 참회한다. 하나님께서 시므이에게 저주하라 하신 일이었고, 또한 다윗은 하나님께 무릎을 꿇었다. 그리고 하나님은 다윗의 심령의 갈망을 들으시고 그에게 선을 행하사 다시 요단 강을 건너 가나안 땅으로 돌아오게 하셨다. 하나님께서 다윗을 온 이스라엘의 왕으로 받아들이신 것이다. 이제 이스라엘은 더 이상의 분열이 없어야 한다. 다윗 파, 사울 파, 압살롬 파 이 모든 분파들은 다윗이라는 왕 아래 새롭게 연합하여야 한다. 다윗은 그 소명을 바라보고 있다. 그는 아비새에게 단호하게 말한다. 이것은 아비새 뿐만 아니라 그 어떠한 분파주의도 용납하지 않겠다는 다윗의 결단을 의미한다.

스루야의 아들들아 내가 너희와 무슨 상관이 있기로 너희가 오늘 나의 대적(שׂטן 사탄/대적)이 되느냐 오늘 어찌하여 이스라엘 가운데에

서 사람을 죽이겠느냐 내가 오늘 이스라엘의 왕이 된 것을 내가 알지 못하리요(삼하 19:22).

그리고 시므이에게 "네가 죽지 아니하리라 하고 맹세하며" 응답한다(삼하 19:23). 자신의 주권을 휘둘러 사람의 삶과 죽음을 마음대로 좌지우지할 때 이스라엘은 그로 인해 분열과 고난의 길을 걸었다. 그러나 이제 다윗은 스스로 생사화복을 주관하는 자가 아님을 인정하고 하나님의 뜻에 자신의 의지를 굽힌다. 진정한 화해와 연합을 바라는 갈망을 담은 용서요 용납이다.

다스려야 할 문에 엎드려 있는 죄

하지만 다윗의 이러한 뜻에 정면으로 대적하는 존재가 있다. 바로 스루야의 아들들이다. 스루야의 아들 중의 한 명인 아비새는 이미 다윗의 주변에 죽음을 몰고 오는 원수(שטן 사탄/대적)의 기질이 다분히 있음을 충분히 보여주었다. 하지만 그보다 더 위험한 존재는 바로 그의 형 요압이다. 다윗은 이 스루야의 아들들로 인하여 극심한 압박감에 시달린다. 그들이 다윗의 왕권을 넘보지는 않지만, 다윗의 힘으로도 통제되지 않는 권력을 누리고 있음은 사실이다(삼하 3:39; 16:10; 19: 7, 22). 이것을 대물림 하지 않기 위해 다윗은 단호하게 솔로몬에게 요압을 제거하라는 비밀지령을 유언으로 남기기도 한다(왕상 2:5-6). 그 정도로 스루야의 아들들은 다윗의 왕정에 심각한 저해요소가 된다. 이들이 다윗의 활동에 무척이나 많은 도움을 주었음 또한 부인할 수 없는 사실이다. 이들은 다윗의 개인적인 치부와 음모에도 가담하였고(삼하 12:21), 그의 명예를 세우기도 하고(삼하 12:28), 그의 생명을 구하기도 한다(삼하 21:17). 하지만 다윗이 지켜야 할 가장 중요한 이념인 통일 이스라엘의 왕이라는 측면에서 이들은 치명적인 독소를 뿜어내고 있다. 이것은 사무엘하의 전체적인 구조의 측면에서 분명하게 보여주고 있다. 사무엘하 5장은 다윗이 사울의 죽음 이후 남북의 분열을 극복하고 온 이스라엘의 왕이 되는 것을 전하고 있다. 온 이스라엘의 이념은 압살롬의 반란으로 잠시 깨졌다가 압살롬이 죽고, 남북이 다시 연합하여 다윗을 이스라엘의 왕으로 모셔오는 사건으로 일단락된다(삼하 19장). 이처럼 다윗은 사무엘하 5-19장에서 온 이스라엘의 왕으로 추대된다. 그러나 이 거대한 문맥 전후로 이스라엘의 연합을 파괴하는 동일한 사건이 스루야의 아들들인 요압과 아비새에 의해서 펼쳐진다.

A. 삼하 3-4장	요압과 아비새가 사울의 아들 이스보셋의 군장 아브넬을 죽임
B. 삼하 5-19장	다윗이 온 이스라엘의 왕으로 추대되다
A'. 삼하 20장	요압과 아비새가 다윗의 아들 압살롬의 군장 아마사를 죽임

다윗은 아브넬도 아마사도 자신의 편으로 회유하려고 애쓴다. 그것은 분명 흩어져 있는 백성들의 마음을 모으려는 것이다. 다윗이라고 왜 불안감이 없었을까? 하지만 적장을 받아들이는 것은 형제간에 피를 흘리지 않고 하나로 연합할 수 있는 가장 좋은 길이기에 선택한 방법일 것이다. 다윗과 아브넬이 어떤 언약을 하였는지는 알 수 없다. 군사적인 수장의 위치를 약속하였는지 아닌지는 의문이다. 그러나 분명 그에 상응하는 약조가 오갔을 것은 짐작해 볼 수 있다. 이 연합에 치를 떠는 자가 있다. 아브넬에게 동생을 잃은 요압과 아비새다. 그들은 동생에 대한 복수심으로 아브넬을 죽인다. 요압이 나서서 인사하고 말하는 척하며 칼을

뽑아 그의 배를 찔러 죽인다(삼하 3:27). 여기서는 계속 강조되는 것처럼 이들 형제가 아무 사심 없이 동생의 복수였다고 위장할 수 있다(삼하 3:27, 30). 그러나 자신들의 위치를 빼앗기지 않으려는 음모가 들어 있음 또한 배제할 수 없는 사실이다. 다윗은 이들의 살해행각으로 곤욕을 치렀다. 연합에 자칫 금이 갈까봐 노심초사하며 최선을 다해 아브넬의 장례를 치르며 경의를 표했다. 다행히 백성들의 오해는 없었고, 온 백성들이 아브넬을 죽인 것이 왕이 아님을 알고 기뻐하였다.

스루야의 아들들이 벌이는 살해행각이 단순히 동생을 위한 복수심이 아니라는 것은 그 다음 사건에서 드러난다. 다윗은 압살롬 편에 군장을 맡았던 아마사를 자신의 회복된 왕정에 군장으로 삼으려고 한다(삼하 17:25). 다윗은 아마사에게 "너는 내 골육이 아니냐 네가 요압을 이어서 항상 내 앞에 지휘관이 되지 아니하면 하나님이 내게 벌 위에 벌을 내리시기를 바라노라"는 엄숙한 말로 맹세하며 그를 군장으로 예우한다(삼하 19:13). 분명 다윗의 의도 속에는 남북의 연합은 물론이요, 그 연합을 저해하는 원흉인 스루야의 아들들을 견제하기 위한 목적이 있었을 것이다.[374] 아마사와 요압은 이종사촌간이다. 아마사의 어머니인 아비갈은 요압과 아비새의 어머니인 스루야의 동생이다(삼하 17:25).[375] 그들의 경쟁은 이 관계처럼 치열할 수밖에 없다. 요압과 아비새는 또다시 음모를 꾸미고, 요압이 아마사를 만나 입 맞추는 다정한 인사를 하는 척하며 칼을 뽑아 아브넬을 죽이듯 동일하게 그의 배를 찔러 죽인다(삼하 20:10). 배를 찔려 죽은 비참한 아마사의 상태가 흡사 동일한 운명이 되었던 요압과 아비새의 동생인 아사헬의 죽음을 연상시킨다(삼하 2:23; 20:12). 스루야의 아들들의 이 살해 행위는 결코 정당한 복수가 아니다. 이것은 명백하게 자신들의 위치를 지키려는 정치적인 술수가 배어있다.

이들의 행위가 왕으로서의 자신의 위치를 지키려고 살인까지 마다하지 않았던 다윗의 모습을 연상시킨다. 그로 인해 다윗은 극심한 고통의 시간을 보내고 있다. 스루야의 아들들 또한 이와 동일한 길을 걸어가고 있다. 삶과 죽음을 자신들의 손에 놓고 폭력을 휘두르고 있는 것이다. 다윗은 이들의 행동에 대해 저주를 선언한 적이 있었다: "요압의 집에서 백탁병자나 나병 환자나 지팡이를 의지하는 자나 칼에 죽는 자나 양식이 떨어진 자가 끊어지지 아니할지로다"(삼하 3:29). 그리고 여호와께서 그들의 악행대로 갚아주실 것을 간구했다(삼하 3:39). 물론 다윗도 요압에게 퍼부은 저주처럼 자신의 악한대로 고통을 겪었다. 언젠가는 스루야의 아들들도 같은 고통을 겪을 것이다.[376] 어느 누구도 인간의 생사화복을 주관하는 자로 자처할 수 없다. 다윗도 스루야의 아들들도, 그 어떤 인간도 결코 아니며, 오직 하나님만이 그 특권을 가질 수 있다.

압살롬의 죽음과 더불어 기나긴 징계의 세월이 흘러갔다. 마지막 분열의 불씨였던 아마사의 죽음과 세바의 반란(삼하 20장)까지 다 진압된 다음에 다윗의 관리들의 명단이 등장한다. 이와 거의 유사한 명단이 그전에 이미 제시되었다. 다윗의 이 두 번의 행정부의 출현이 신학적인 평행구조를 보인다는 것은 의미가 깊다.

성경구절	내용	성경구절	내용
삼하 6장	여호와의 언약궤을 옮김 (순종과 불순종 갈림길)	삼하 9-10장	은총을 지킬 것에 대한 권면의 두 이야기(순종과 불순종의 갈림길)
7장	여호와의 영원한 언약(은총): 영원한 집, 나라, 왕좌	11-12장	다윗이 은총을 어기는 언약 파괴 행위
8:1-14	다윗이 어디를 가든지 이기다(든든한 집의 약속 실현)	13:1-20:22	그로 인해 다윗이 겪는 징벌들(다윗의 집이 해체되다)

8:15-18	다윗이 온 이스라엘을 다스려 다윗이 모든 백성에게 정의와 공의를 행할새 스루야의 아들 요압은 군사령관이 되고 아힐룻의 아들 여호사밧은 사관이 되고 아히둡의 아들 사독과 아비아달의 아들 아히멜렉은 제사장이 되고 스라야는 서기관이 되고 여호야다의 아들 브나야는 그렛 사람과 블렛 사람을 관할하고 다윗의 아들들은 대신들이 되니라	20:23-26	<u>요압은 이스라엘 온 군대의 지휘관이 되고</u> 여호야다의 아들 브나야는 그렛 사람과 블렛 사람의 지휘관이 되고 아도람은 감역관이 되고 아힐룻의 아들 여호사밧은 사관이 되고 스와는 서기관이 되고 사독과 아비아달은 제사장이 되고 야일 사람 이라는 다윗의 대신이 되니라

다윗이 은총을 어긴 것에 대한 모든 징벌을 통과하고 새로운 행정부를 건립하는 단계에까지 왔다는 것은 다시 처음의 그 상태로 돌아왔다는 것을 의미한다. 그렇다면 다윗의 나라는 이 모든 시련을 다 겪고 옛날의 그 언약으로 돌아갔다는 증거가 될 수 있다. 참으로 기나긴 과정을 겪으며, 수많은 징벌의 질곡을 경험하며 다윗은 출발선상으로 새롭게 돌아온 것이다. 때로 우리는 인생을 살아가며 생략해야 할 과정들이 있다. 모든 것이 우리를 성숙시키는 도구가 될 수 있지만 성숙이라는 과제를 위해서 악을 저지를 수는 없는 일이며, 심판을 자초할 필요는 없기 때문이다.

이 행정조직에서 눈여겨보아야 할 인물은 역시 요압이다. 그는 아브넬을 죽였고, 아마사를 제거했다. 자신의 위치에 해를 가할 수 있다면, 그리고 자신과 왕 사이에 간격을 벌리는 존재가 있다면 가차 없이 죽음으로 보답하는 사람이다. 다윗이 북이스라엘도 아니요, 요압도 아니요, 압살롬의 군장이었던 아마사에게 자신의 뜻을 받들고 유다지파가 자신을 보필하라는 것은 의도적으로 요압의 힘을 깨보려는 의지를 강하게 내비친 것이었다. 스루야의 아들들로 인하여 다윗은 신음했고, 자신의 치부 또한 들렸다. 모든 죄의 근원 같은 다윗의 모든 폭력성을 상징하는 요압을 제거하는 것은 새로운 시작에 무척이나 희망적인 요소일 것이다. 다윗의 삶에 압살롬은 사라졌지만 요압은 그대로 남아있다. 다윗은 요압을 통해 자신의 죄악을 가리는 수단으로 삼았다. 그러나 인간에게는 가려질지 모르나 하나님께는 결코 가려질 수 없는 것이 죄악이라는 요소이다. 그러므로 요압은 하나님 앞에서는 무용지물이다. 요압, 그는 실로 다윗의 수하이면서도 또한 가공할 위력을 지닌 정적이기도 하다. 그는 다윗의 왕권을 넘보지는 않지만 다윗의 권위에 뒤지지 않는 힘이 있다. 이것은 다윗이 압살롬의 죽음 소식을 듣고 통곡하며 슬퍼함으로 전쟁에 나가 승리한 장수들과 백성들을 부끄럽게 만들었을 때 분명하게 드러난다(삼하 18:33; 19:4). 다윗의 비통함으로 인해 군사들이 승리에도 불구하고 죄인이 된 듯이 가만히 성읍으로 들어올 때 요압은 분노하며 다윗을 향하여 무례하게 위협을 가한다.

> **왕께서 오늘 왕의 생명과 왕의 자녀의 생명과 처첩들의 생명을 구원한 모든 신복의 얼굴을 부끄럽게 하시니 이는 왕께서 미워하는 자는 사랑하시며 사랑하는 자는 미워하시고 오늘 장관들과 신복들을 멸시하심을 나타내심이라 오늘 내가 깨달으니 만일 압살롬이 살고 오늘 우리가 다 죽었더면 왕이 마땅히 여기실 뻔하였나이다 이제 곧 일어나 나가서 왕의 신복들의 마음을 위로하여 말씀하옵소서 내가 여호와를 가리켜 맹세하옵나니 왕이 만일 나가지 아니하시면 오늘 밤에 한 사람도 왕과 함께 머물지 아니할지라 그리하면 그 화가 왕의 젊었을 때부터 지금까지 당하신 모든 화보다 더욱 심하리이다(삼하 19:5-7).**

이처럼 다윗의 죄가 깊어질수록 요압의 오만은 통제할 수 없을 정도로 더 높아진다. 다윗에게 요압은 죄의 결과를 가늠할 수 있는 지표가 된다. 모든 것이 원점으로 돌아온 상황에 요압은 또다시 다윗의 행정부의 수뇌를 차지하며 핵심의 위치에 거하고 있다. 다윗은 이제 이 죄악의 요소를 잘 다스리는 수밖에 다른 도리가 없다. 죄가 문에 엎드리고, 여인의 사랑같이 달라붙듯이(창 4:7) 요압 또한 다윗에게 붙어서 떨어지지 않는 필요악으로 존재하기 때문이다.

다시 정의와 공의로

다윗이 회복되었다는 것은 모든 것이 다 그의 마음속에서 사라졌다는 것을 의미하지는 않는다. 그의 정치체제가 복권되었다는 것은 그의 상태가 또다시 회복되었다는 것이며 이것은 그가 그 전의 상태로 돌아왔으되 삶의 분명한 교훈을 가지고 돌아왔다는 것을 의미한다. 다윗이 이전에 백성들을 다스리며 하나님의 형상으로서 정의와 공의를 행할 때에는 요압은 아무리 높은 위치에 있었어도 통제 가능한 존재였다(삼하 8:15-16). 이렇게 과거와 현재의 차이가 무엇인지를 바르게 볼 줄 아는 눈이 있고, 깨닫는 마음이 있다면 새로운 역사를 쓸 수 있다. 그의 삶 속에는 여전히 동일한 것이 꿈틀거리고 있을지라도 이제 무엇을 중심으로 살아가야 하는가라는 뚜렷한 진실을 깨닫는 것이 필요하다.

이처럼 밧세바-우리아 사건 이후의 다윗의 삶은 실로 질곡의 삶이었다. 현재 형태의 사무엘서의 이야기를 면밀히 살펴볼 때 사무엘하 13-20장은 다윗이 저지른 죄에 대한 응분의 징벌을 받은 이야기들로 가득하다. 사무엘하 11장에 나타난 다윗이 밧세바를 취하고, 우리아를 죽이는 사건은 다윗의 삶을 가르는 분기점이다.[377] 그 전에는 승승장구하던 다윗이 이 사건을 기점으로 완전히 그 주도권을 상실하게 되며, 자신이 저지른 죄악에 대한 심판과 하나님의 징계를 받는 이야기들이다.

다윗 자신의 선고처럼(물론 율법의 규정; 참조, 출 22: 1) 탈취와 살인에 대해 네 배로 갚기 위해 아들 넷을 차례로 잃는 사건이 연결된다: 밧세바와의 간음에서 태어난 아들, 암논, 압살롬, 아도니야.[378] 그리고 마침내 하나님의 용서의 선물이었던 하나님의 사랑받는 자인 '여디디아' 솔로몬의 이야기가 펼쳐진다(왕상 1장).[379] 솔로몬의 출현은 다윗에게 내려졌던 일련의 징벌의 끝을 의미한다. 하지만 솔로몬이 본격적인 통치를 시작하기까지 다윗이 걸어가야 할 길이 더 남아있다. 징계로부터 회복된 다윗은 어떤 사람으로 하나님 앞에 걸어갈 것인가라는 질문이 남아있다.

4. 시편이 말하는 의인(시 32편)

시편은 결코 하나님 앞에 아무 흠이 없는 완전한 자만을 의인이라고 칭하지 않는다. 인간이 완전할 수 있다면 흠 없는 제물을 드리는 제사는 불필요한 것이 되고 말 것이다. 그러나 인간이 이 땅에 발을 딛고 살아가는 한 속죄의 제사이든 기도이든 참회와 관련된 행위는 필수불가결한 것이 될 것이다. 다윗의 교훈(마스길)이라 불리는 시편 32편은 의인의 정의를 분명하게 보여주고 있다는 점에서 가치가 크다. 의인은 허물이 없는 자만이 아니라 그 허물을 사함 받은 자이며, 죄가 없는 자만이 아니라 그 죄가 가려진 자이다.[380]

[시 32편, 다윗의 마스길]

허물의 사함을 얻고 그 죄의 가리움을 받은 자는 복이 있도다
마음에 간사가 없고 여호와께 정죄를 당치 않는 자는 복이 있도다
내가 토설치 아니할 때에 종일 신음하므로 내 뼈가 쇠하였도다

주의 손이 주야로 나를 누르시오니

내 진액이 화하여 여름 가물에 마름 같이 되었나이다(셀라)

내가 이르기를 내 허물을 여호와께 자복하리라 하고 주께 내 죄를 아뢰고

내 죄악을 숨기지 아니하였더니 곧 주께서 내 죄의 악을 사하셨나이다(셀라)

이로 인하여 무릇 경건한 자는 주를 만날 기회를 타서 주께 기도할지라

진실로 홍수가 범람할지라도 저에게 미치지 못하리이다

주는 나의 은신처이오니 환난에서 나를 보호하시고

구원의 노래로 나를 에우시리이다(셀라)

내가 너의 갈 길을 가르쳐 보이고 너를 주목하여 훈계하리로다

너희는 무지한 말이나 노새 같이 되지 말지어다

그것들은 재갈과 굴레로 단속하지 아니하면 너희에게 가까이 오지 아니하리로다

악인에게는 많은 슬픔이 있으나 여호와를 신뢰하는 자에게는 인자하심이 두르리로다

너희 의인들아 여호와를 기뻐하며 즐거워할지어다

마음이 정직한 너희들아 다 즐거이 외칠지어다

하나님 앞에 죄악을 숨긴다는 것은 죽음을 자초하는 행위와 같다. 하지만 죄를 하나님 앞에 자복하는 순간 새로운 세상이 열린다. 하나님께서 죄악을 용서하신 것이다. 그러나 회개와 용서가 선포되었다고 해서 모든 것이 말끔히 해소되는 것은 아니다. 징벌은 감당해야만 한다. 여전히 죄악의 여파로 인한 홍수의 범람은 우리 인생을 괴롭힌다. 그리고 환난은 그대로 존재한다. 그러나 한 가지 변한 것이 있다면 회개하지 않았을 때는 하나님께서 심판자가 되셔서 우리의 삶을 공격해 들어오시지만, 하나님께 죄를 자복하고 진심어린 회개를 펼치는 그 순간부터 홍수가 범람해와도 그것이 해하지 못하도록 막아주시고, 환난이 엄습해 와도 보호

해 주신다. 실로 여호와께서 적이 되시는가, 은신처가 되시는가의 차이는 막대하다. 다음의 두 구절의 비교는 그 차이를 실감나게 한다.

> **여호와는 광대하시니 우리 하나님의 성 거룩한 산에서 극진히 찬송하리로다 터가 높고 아름다워 온 세계가 즐거워함이여 큰 왕의 성 곧 북방에 있는 시온 산이 그러하도다 하나님이 그 여러 궁중에서 자기를 피난처로 알리셨도다(시 48:1-3).**

> **하나님이여 이방 나라들이 주의 기업의 땅에 들어와서 주의 성전을 더럽히고 예루살렘이 돌무더기가 되게 하였나이다 그들이 주의 종들의 시체를 공중의 새에게 밥으로 주의 성도들의 육체를 땅의 짐승에게 주며 그들의 피를 예루살렘 사방에 물 같이 흘렸으나 그들을 매장하는 자가 없었나이다(시 79:1-3).**

이처럼 뼈까지 파고드는 고통으로 종일 신음소리를 낼 것인가 아니면 기쁨으로 구원의 노래를 부르며 감사의 예배를 드릴 것인가의 차이다. 시편 32편이 노래하는 회개의 열매는 거기에서 멈추지 않고 다른 사람들을 바른 길로 이끄는데까지 나간다. 그리고 끝까지 하나님께 참회하지 않는 어리석은 동물과 같은 악인의 삶과 여호와를 신뢰하는 의인의 삶이라는 선택에서 바른 방향을 보일 수 있다. 그리고 수많은 의인들과 더불어 하나님을 향하여 감사의 찬양을 올리는 찬양 공동체로의 정체성을 회복할 수 있다.[381]

다윗의 회개의 시였던 시편 51편에는 마지막 부분에 가서 "주의 은택으로 시온에 선을 행하시고 예루살렘 성을 쌓으소서 그 때에 주께서 의로운 제사와 번제와 온전한 번제를 기뻐하시리니 저희가 수소로 주의 제단에 드리리이다"(18-19절)라고 간구하고 있다. 여기서 "시온에 선을 행하시고 예루살렘 성을 쌓아 달라"는 간구 속에 시온과 예루살렘이 이미 무너져 버린 시점을 바라볼 수 있다. 시편 속에서 시온이 어떤 장소인가? 하나님이 계심으로 결코 요동치 않는다는 확신으로 가득 찼던 장소가 아니던가?

하나님이 그 성 중에 계시매 성이 요동치 아니할 것이라 새벽에 하나님이 도우시리로다(시 46:5).

우리가 들은 대로 만군의 여호와의 성, 우리 하나님의 성에서 보았나니 하나님이 이를 영원히 견고케 하시리로다(시 48:8).

그런데 다윗의 죄로 대표되는 인간의 죄악으로 인해 결코 흔들림이 없으리라고 확신되었던 시온까지도 무너지고 만 것을 보이고 있다. 그러나 통회하고 자복하는 심령은 다시 시온이 회복되고 예루살렘 성을 쌓고, 의로운 제사와 번제, 온전한 번제가 드려짐으로 주님의 기쁨이 되는 장소가 되게 할 수 있다. 시온성의 요동치 않음과 인간의 죄악은 결코 공존할 수 없는 성질의 것이다. 이 속에는 제사가 하나님의 백성을 살리는 것이 아니라 그 예배에 걸 맞는 삶이 하나님의 백성의 존재를 가능케 한다는 것을 보이는 것이다. 그것은 자신의 죄를 자복하는 것으로부터 시작된다.

이처럼 다윗의 삶은 죄를 용서받은 자의 삶의 모습을 잘 보여주고 있다. 비록 죄인일지라도 다시 주의 구원을 체험할 수 있고, 경건한 자의 삶으로 돌아올 수 있으며, 마침내는 의인과 정직한 자들과 함께할 수 있는 사람이 될 수 있다. 올바른 회개는 이러한 회복의 길로 나아갈 수 있는 길을 열어가기 때문이다. 심지어 탈무드에는 '참회'와 '돌이킴'을 의미하는 "테슈바'(תְּשׁוּבָה)를 행한 사람이 선 자리에는 제 아무리 정결한 '짜디크'(צַדִּיק 의로운 사람)조차 감히 설 수 없다"고 기록하고 있다. 참회한 죄인이 오히려 정직함을 지키며 살아온 의로운 사람보다 더 의롭다는 말은 언뜻 보기에 모순처럼 들린다. 그러나 거기에는 나름의 이유가 있다. 잘못을 행하고 '테슈바'(참회)를 행한 사람은 오히려 다른 사람보다 더 높은 수준에 이르게 되는데, 그는 선과 악의 진정한 차이를 알게 되었기 때문이라는 것이다. 참회가 이처럼 높이 평가를 받는 만큼 결코 쉬운 일이 아니라는 점도 지적할 필요가 있을 것이다.[382]

그렇다면 악인과 의인의 차이는 그들이 죄를 지었느냐 아니냐의 차이가 아니라 진심어린 회개를 통해 다시 여호와만을 신뢰하며 그 인자하심에만 모든 희망을 두느냐 아니냐의 차이일 뿐이다. 다윗의 삶이 극악한 죄를 범한 악인의 삶에서 다시 의인의 삶으로 돌아올 수 있었던 것은 그가 징계를 받으며 감찰하시고, 보수하시며, 진노하시는 하나님께만 자신의 믿음을 두었기 때문이다. 이제 용서받은 자, 새로운 구원의 체험을 가진 자로서 다윗은 새 노래를 부를 준비가 되어있다. 감사와 찬양의 예배로 하나님의 백성 이스라엘을 이끌 수 있는 사람이 된 것이다. 이제 이 다윗을 통해 새로운 이스라엘이 일어나고 그들의 찬양과 기도와 예배가 바르게 살아날 것을 기대해 볼 수 있다. 역대기는 그 방향을 향하여 힘차게 전진한다. 삶에서 죄가 완전히 사라진 사람, 그 죄의 흔적조차 남지 않은 사람, 그 사람은 공의로우신 하나님의 진노의 형벌이 아니라 하나님께서 창조하신 목적을 그대로 이루어가는 사람이 될 것이 분명하다.

> 보라 내가 새 일을 행하리니 이제 나타낼 것이라 너희가 그것을 알지 못하겠느냐 정녕히 내가 광야에 길을 사막에 강을 내리니 장차 들짐승 곧 시랑과 타조도 나를 존경할 것은 내가 광야에 물들을 사막

에 강들을 내어 내 백성 나의 택한 자에게 마시게 할 것임이라 이 백성은 내가 나를 위하여 지었나니 나를 찬송하게 하려 함이니라(사 43:19-21).

5. 역대기에서 형벌이 예배로(대상 22-29장)

역대기에는 다윗과 밧세바 사건 자체가 사라진다. 다윗의 범죄가 완전히 씻겨나가며 그에 합당한 형벌 또한 그 자취를 감춘다. 역대기의 그 어디에서도 암논이 자신의 이복동생 다말을 강간하는 사건, 압살롬이 복수심에 불타 암논을 살해하는 행위, 압살롬의 반란, 시므이의 저주, 세바의 반란, 시바와 므비보셋의 진실성 게임 그리고 다윗의 처참한 피난의 행렬을 찾아볼 수 없다. 다윗의 범죄가 사라지며 그와 연관된 모든 일련의 치욕적이며 불행한 사건들이 그 형체를 감추어 버린다. 그렇다면 형벌이 사라진 그 자리를 무엇이 대체하고 있는 것인가? 다윗의 40년의 통치 후반부를 장식하고 있던 강간, 살인, 반란, 배신으로 가득한 파란의 세월이 사라지면 어떤 역사를 쓸 수 있을까?

다윗은 온 이스라엘의 힘을 모아 꾸준히 준비한 것이 있다. 하나님께서 주변 열방들에 대하여 계속적인 승리를 주셨을 때 다윗은 거기서 얻은 금, 은, 놋의 전리품들을 계속해서 여호와께 드린다(삼하 8:11-12; 대상 18:8-11). 그 분명한 용도는 사무엘서의 평행구절에는 나타나지 않지만(삼하 8:8), 역대기는 그 구절에 추가로 다음의 내용을 첨가하여 밝히고 있다: "다윗이…또 하닷에셀의 성읍 디브핫과 군에서 심히 많은 놋을 빼앗았더니 솔로몬이 그것으로 놋대야와 기둥과 놋그릇을 만들었더라"(대상 18:8). 이처럼 다윗은 자신의 모든 힘을 다하여 여호와를 위한 성전건축 준비에 전력을 다한다. 짐작컨대 사무엘서도 다윗이 여호와의 성전을 짓기 위한 재료로 삼기 위해 전리품을 여호와께 바쳤을 것이다. 그러나 거기서는 이러한 노력이 동강이 나고 말았다는 것이 비극이다. 밧세바-우리아 사건이 벌어지며 다윗은 더 이상의 성전건축을 위한 준비를 진행할 수조차 없는 상황에 떨어졌고, 왕국의 존립조차 불투명한 지경에 이르렀었다. 그러나 역대기에서 다윗은 성전건축 준비에 어떠한 장애도 없이 그 속도에 더욱 박차를 가하고 있다.

다윗이 진노의 징벌을 받느라고 허비하였던 그 모든 시간과 정력과 물자를 오로지 성전건축에 집중하게 된다. 내전을 치르느라 희생되었던 인력들은 전을 건축할 인부가 되고 석수가 되어 성전을 건축할 돌을 다듬고, 문짝못, 거멀못을 만들고 놋과 백향목을 다듬는 일에 전념하게 된다(대상 22:2-4). 다윗은 거기에서 멈추지 않는다. 요압을 필두로 하는 정치 행정부를 대체하는(대상 18:14-17; 비교, 삼하 8:15-18; 20:23-26) 신권통치 기구를 세운다. 바로 레위인들과 제사장으로 구성된 대규모 성전관리 조직이다. 새로운 권위를 부여받은 레위인과 제사장을 중심으로 하는 예배 공동체가 서는 것이다. 레위인들에게 여호와의 전 사무를 살피게 하고, 유사와 재판관이 되며, 성전 문지기로, 그리고 여호와를 찬송하는 직무를 맡겨 여호와의 전에서 수종들게 하였다(대상 23장). 그는 제사장들이 여호와께서 아론에게 명하신 규례대로 성소의 일을 다스리고, 하나님의 일을 행하게 하였다(대상 24장). 레위인 중에 특별히 수금과 비파와 제금을 연주하며 신령한 노래를 하며 섬기는 집안들을 세우고 그 일에 전념하게 한다(대상 25장). 또한 성전 문지기를 맡은 사람들의 반차와 성전 곳간을 맡은 레위인들의 명부를 분명히 하여 맡은 일에 차질이 없게 한다(대상 26장). 심지어 만만치 않은 힘을 과시하는 것으로 보이는 레위인들로 구성된 정치, 군사조직을 세웠다(대상 26:29-32). 이렇게 레위인들로 구성된 예배 조직에 비하면 다윗의 정치행정 조직은 비교조차 되지 못할 정도로 빈약하게 보인다(대상 27:32-34). 그 양에 있어서도 도표로 비교해 보면 다음과 같다.

레위 지파로 구성된 행정조직(대상 23-26장)	레위지파의 계보, 제사장의 반차와 일, 레위 자손의 반차와 일, 찬송을 맡은 자들, 성전 문지기, 성전 곳간을 맡은 사람들, 기타 직임들
그 외 이스라엘 지파의 행정조직(대상 27장)	이스라엘의 족장들과 각 지파 관할 자들, 왕의 재산을 맡은 자들, 다윗의 모사들
모든 행정 조직을 모으고 솔로몬에게 성전 건축 위임 (대상 28-29장)	다윗이 영감으로 받은 성전 설계도를 제시하고 성전 건축을 위임함

실제로도 이 레위계열과 아론의 후손 제사장으로 이루어진 이스라엘 예배 공동체의 웅장한 조직에 그 어떠한 정치적인 세력도 힘을 쓰지 못하고 있다. 요압은 단지 자신에게 주어진 군사적인 업무만 수행하는 다윗의 군장으로서의 위치를 벗어나지 않는다(대상 27:34). 압살롬의 반란에 가담했던 모사 아히도벨도 후새와 함께 다윗의 모사의 위치를 그대로 지키고 있다(대상 27:33-34). 요압을 선두로 한 다윗의 정치적인 행정부는 그 모든 권위를 레위인과 제사장들에게 내어주고 질서정연한 예배의 길에 동참하고 있는 것이다. 온 나라가 일사분란하게 하나님을 예배하는 행렬을 이룬다.

사무엘하 13-20장까지 숨 가쁘게 진행되었던 다윗이 징벌을 받는 이야기들은 역대상 22-29장에서 하나님의 백성 이스라엘이 성전건축 준비를 중심으로 예배 공동체가 되는 이야기로 완전히 대체되었다. 한 사람에게서 죄를 제거하면 이렇게도 다른 역사를 쓸 수가 있는 것이다. 사무엘서와 역대기서에서 수많은 공통점을 가지고 있던 이야기 전개가 이 두 부분에서는 결코 겹치는 이야기가 없다. 고작해야 세 절 정도의 다윗의 정치적인 행정부에 대한 언급 중에서도 단 한 절 정도가 요압과 연결될 뿐이다(대상 27:32-34). 그만큼 상반되는 다른 역사를 쓸 수 있다는 것이다.

사무엘서		역대기서	
삼하 11-12장	다윗의 죄와 심판 선고 (다윗-밧세바 사건)	대상 11-21장	다윗의 죄가 사라짐 (다윗-밧세바 사건 없음)
중복되는 이야기가 존재하지 않는 전적으로 상반된 이야기들			
삼하 13-20장	**다윗의 죄의 징계 이야기** "칼이 집안에, 집에 재앙을, 내 처들을 가져 다른 사람에게 줄 것"(12:10-11) ① 암논이 다말을 강간 ② 압살롬이 암논 살해 ③ 압살롬의 반역 ④ 다윗의 도망 ⑤ 압살롬의 패배 ⑥ 세바의 반역	대상 22-29장	**예배하는 공동체 확립** "다윗이 이르되 이는 여호와의 성전이요 이는 이스라엘의 번제단이라"(22:1) ① 성전 건축 준비 ② 레위 사람 계수 ③ 제사장 사역 정비 ④ 찬송을 맡은 사람들 ⑤ 성전 건축 지시 ⑥ 성전 건축에 쓸 예물

하나님의 말씀은 우리에게 지혜로운 선택을 촉구하고 있다. 죄로 인한 형벌로 가치 있게 부여받은 인생을 낭비할 것인가, 아니면 죄의 유혹조차 떨쳐버림으로 온 맘과 정성을 다하여 "주 너의 하나님만 섬기라"는 음성에 순종하여 찬양과 경배의 예배에 혼신의 힘을 다할 것인가? 죄의 노예가 되는 삶인가, 예배인가? 애굽에서 종살이 하던 이스라엘처럼 바로의 종으로 고역의 노동을 할 것인가(출 1:12; 2:23), 아니면 하나님의 종으로 섬김의 예배를 드릴 것인가(출 3:12; 8:1; 9:13)라는 질문은 끊

임없이 우리 앞에 놓여져 있는 선택의 기로이다. 역대기서는 이렇게 우리에게 하나님의 말씀으로 죄를 이김으로 모든 힘을 다하여 하나님을 예배하는 삶의 영광 가운데 거하기를 요청하고 있다.

이제 우리는 다윗의 삶에서 올바른 선택을 교란시키는 한 가지를 더 극복해야 할 순간에 와 있다. 그것은 다름 아닌 다윗이 행한 인구조사이다. 다윗은 왜 그의 말년에 이 인구조사를 감행한 것인가? 그리고 그 결과는 무엇인가? 다윗은 또 선택의 기로에 서 있다. 그리고 그와 함께 우리 또한 동일한 선택 앞에 놓여져 있는 것이다.

주석

349) Leonhard Rost, *Die Überlieferung von der Thronnachfolge Davids* (BWANT III/6; Stuttgart: W. Kohlhammer, 1926). J. W. Wesselius, "Joab's Death and the Central Theme of the Succession Narrative(2 Samuel IX-1 Kings II), VT 40 (1990), 341-43쪽. 웨셀리우스는 사무엘하 9-20장에서 열왕기상 2장까지의 문학적인 단위를 역대칭 구조(chiastic structure)로 설명하고 있다. '사울 집안에 대한 은총(므비보셋)'(삼하 9:1-13)으로 시작하여 그 반대인 동일한 사울 집안인 '시므이에 대한 저주'(왕상 2:36-46)로 끝맺고 있다. 그 안쪽 테두리는 '다윗, 밧세바, 요압, 우리아, 나단'이 얽혀 있는 이야기(삼하 10-12장)와 '다윗, 밧세바, 요압, 솔로몬, 나단'이 얽힌 이야기(와상 1:1-2:35)가 그 대칭을 이룬다. 그리고 중앙에는 압살롬의 반란과 그 후유증에 대한 이야기가 흐름을 주도하고 있는 구조이다(삼하 13-20장).

350) 브라이트, 『이스라엘 역사』, 237쪽.

351) E. H. 카(Carr), 『역사란 무엇인가(*What Is History*)』(서울: 범우사, 1996), 128, 130쪽; A. J. 토인비(Arnold J. Toynbee), 『토인비와의 대화(*Surviving the Future*)』(홍신사상신서 34; 서울: 홍신문화사, 1995), 249-250쪽.

352) J. 맥스웰 밀러(J. Maxwell Miller) & 존 H. 헤이스(John H. Hayes), 『고대 이스라엘 역사(*A History of Ancient Israel and Judah*)』(박문재 역)(서울; 크리스챤 다이제스트, 1996), 53-65, 97-98쪽.

353) Whitelam, "The Defence of David," 61-87쪽.

354) 브루거만, 『사무엘상·하』, 398쪽.

355) R. N. Whybray, *The Succession Narrative: A Study of 2Sam. 9-20 and 1Kings 1 and 2* (SBT II/9; London: SCM, 1968). 이러한 지혜적 요소와 더불어 와이브레이 또한 로스트와 같은 결론에 이르는데 이 이야기 단위는 "솔로몬을 옹호하는 정치적 선전물"(pro-Solomonic political propaganda)이라는 것이다(96-116쪽).

356) 트램퍼 롱맨 3세(T. Longman, III), 『어떻게 잠언을 읽을 것인가?(*How To Read Proverbs?*)』(서울: IVP, 2005), 17-18쪽.

357) 나발과 아비가일이야기는 그 대표적인 예라 하겠다.
358) J. W. Flanagan, "Court History or Succession Document? A Study of 2Samuel 9-20 and 1Kings 1-2," *JBL* 91 (1972), 172-81쪽; P. R. Ackroyd, "The Succession Narrative(so-called)," *Int* 35 (1981), 383-96쪽.
359) 디이트리히 본회퍼(D. Bonhoeffer), 『옥중서간: 반항과 복종(*Widerstand und Ergebung*)』(고범서 역)(서울: 대한기독교서회, 1967), 223쪽.
360) 필립 얀시, 『놀라운 하나님의 은혜』, 85-90쪽. 얀시는 4대에 걸친 한 가족의 일화를 이야기하며 동일한 고통의 행위들이 세대를 거쳐 답습되고 있는 것을 전하며 "비 은혜는 끊지 못한 사슬을 타고 전해져 내려 간다"라고 말한다.
361) Rosenberg, *King and Kin*, 162-63쪽.
362) Alan J. Hauser, "Linguistic and Thematic Links Between Genesis 4:1-16 and Genesis 2-3," *JETS* 23 (1980), 297-305쪽.
363) Hauser, "Linguistic and Thematic Links," 297-98쪽; Gordon J. Wenham, *Genesis 1-15* (WBC 1; Waco, Texas: Word Books, 1987), 99-100쪽.
364) Rosenberg, *King and Kin*, 142쪽.
365) Kessler, "Sexuality and Politics: The Motif of the Displaced Husband in the Books of Samuel," 417쪽.
366) P. Kyle McCarter, Jr., II Samuel (ABC 9; Garden City, New York: Doubleday, 1984), 315, 319-20쪽. 맥카터는 이 부분에서 70인역(LXX)의 도움을 받아 다윗이 화는 냈으나 어떤 조처도 취하지 않은 이유를 제시하고 있다: "다윗 왕이 이 모든 일을 듣고 심히 노하니라, <u>그러나 암논이 장자이라 그를 사랑했기 때문에 다윗은 그의 아들 암논을 징계하기 위한 어떤 조처도 취하지 않았다</u>"(삼하 13:21). 하지만 이런 행간의 생략은 의도성이 짙은 것으로 읽는 이와 듣는 이에게 그 틈을 메울 수 있는 기회를 제공하는 것이기도 하다. 참고, James S. Ackerman, "Knowing Good and Evil: A Literary Analysis of the Court History in 2 Samuel 9-20 and 1 Kings 1-2," *JBL* 109 (1990), 45-46쪽.
367) John van Seters, "Creative Imitation in the Hebrew Bible," *SR* 29 (2000), 405쪽.
368) 밧세바와 아히도벨의 관계는 흥미롭다. 사무엘서에 제시된 계보를 있는 그대로 이름을 따라 추적하면 밧세바는 엘리암의 딸이라 소개된다(삼하 11:3). 그

리고 다윗의 용사를 나열하는 부분에서 길로 사람 아히도벨의 아들인 엘리암을 소개하고 있다(삼하 23:34). 이 길로 사람 아히도벨은 압살롬의 반란에 가담했던 동일한 모사가 틀림없다(삼하 15:12). 두 엘리암을 동일 인물로 가정할 경우 밧세바는 아히도벨의 손녀가 되는 것이며, 아히도벨이 다윗에게 반기를 들 만한 충분한 이유가 될 수도 있다. J. W. Wesselius, "Joab's Death and the Central Theme of the Succession Narrative (2 Samuel IX-1 Kings II)," *VT* 40 (1990), 346, 349쪽.

369) Rosenberg, *King and Kin*, 156쪽.
370) 압살롬 편의 아히도벨이 반란의 그 밤에 위기에 처한 다윗을 추격해 기습하여 다윗만 제거하겠다는 계략을 내세웠다. 그러나 다윗 편의 모사인 후새가 위장 전향하여 압살롬에게 그의 아버지와 그의 추종자들은 용사라 그들은 들에 있는 곰이 새끼를 빼앗긴 것 같이 격분하였으니 온 이스라엘을 단에서부터 브엘세바까지 모아서 이슬이 땅에 내림 같이 기습하고, 만일 다윗이 성에 들어가면 밧줄로 그 성을 강으로 끌어들여 모조리 수장 시켜 버리자고 제안한다(삼하 17:8-13). 그런데 압살롬이 아히도벨의 좋은 모략을 버리고 비현실적인 후새의 모략을 취한다. 이에 아히도벨은 자기 계략이 시행되지 않음을 보고 고향으로 돌아가 집을 정리하고 스스로 목매어 죽는다(삼하 17:23). 왜일까? 잠언서의 다음 구절을 상기하면 답을 얻을 수 있다: "차라리 새끼 빼앗긴 암곰을 만날지언정 미련한 일을 행하는 미련한 자를 만나지 말 것이니라"(잠 17:12). 아히도벨에게 다윗이 새끼 빼앗긴 암곰이었다면 압살롬은 미련한 일을 행하는 미련한 자였기 때문일 것이다. 아히도벨은 이미 압살롬의 종말을 내다보았음에 틀림없다.
371) K. L. Noll, *The Faces of David* (JSOTSup. 242; Sheffield: Sheffield Academic Press, 1997), 180쪽. 놀(Noll)은 다윗의 삶에 비극은 이러한 다윗의 성향을 빼닮은 압살롬이 미래에 자신의 것이 될 수 있는 왕좌를 탈취하려다 죽었다는 사실이라고 본다.
372) Robert Alter, *The Art of Biblical Narrative* (New York: Basic Books, 1981), 10쪽.
373) 김재구, "구약에 나타난 간구의 기도,"「그 말씀」237호 (2009. 3월), 54-74쪽.
374) Rosenberg, King and Kin, 167-69쪽.
375) 역대기상 2:13-17절에는 요압, 아비새, 아사헬의 어머니 스루야와 아마사의

어머니 아비가일은 다윗의 누이들이라고 소개한다. 아마사와 요압은 다윗의 조카들인 것이다.

376) 솔로몬에게 행한 다윗의 유언에는 요압에 대한 징계가 들어가 있다: "스루야의 아들 요압이 내게 행한 일 곧 이스라엘 군대의 두 사령관 넬의 아들 아브넬과 예델의 아들 아마사에게 행한 일을 네가 알거니와 그가 그들을 죽여 태평 시대에 전쟁의 피를 흘리고 전쟁의 피를 자기의 허리에 띤 띠와 발에 신은 신에 묻혔으니 네 지혜대로 행하여 그의 백발이 평안히 스올에 내려가지 못하게 하라"(왕상 2:5-6).

377) Gunn, "In Security: The David of Biblical Narrative," 139쪽.

378) J. P. Fokkelman, *Narrative Art and Poetry in the Books of Samuel, vol. I: King David(II Sam. 9-20 & I Kings 1-2)* (Amsterdam: Van Gorcum, Assen, 1981), 411-17쪽.

379) 다윗의 아들들을 계수해 보면 헤브론에서 암논, 길르압, 압살롬, 아도니야, 스바댜, 이드르암, 이렇게 여섯 명이 태어났고(삼하 3: 2-5), 예루살렘에서 삼무아, 소밥, 나단, 솔로몬, 입할, 엘리수아, 네벡, 야비아, 엘리사마, 엘랴다, 엘리벨렛, 이렇게 열한 명이 태어났다(삼하 5: 13-16). 이 순위로 본다면 솔로몬의 왕위 계승 서열은 9위로 나타나 있다. 그러나 현재의 이야기 속에서는 흡사 솔로몬이 왕위계승 서열 4위에 있는 듯한 인상을 준다. 암논, 압살롬, 아도니야 외에는 다른 아들들의 이름이 더 이상 나타나지 않기 때문이다.

380) 매칸, 『새로운 시편여행』, 165쪽.

381) 한스-요아킴 크라우스(H.-J. Kraus), 『시편의 신학(*Theologie der Psalmen*)』 (신윤수 역)(서울: 비블리카 아카데미아, 2004).

382) 시몬 비젠탈 (S. Wiesenthal), 『해바라기(*The Sunflower*)』 (박중서 역)(서울: 뜨인돌, 2005), 242-43쪽. 해바라기는 많은 사람들의 '용서'에 대한 견해를 싣고 있는데 위의 내용은 데보라 E. 리프스태트(D. E. Lipstadt)의 글에서 인용한 것이다.

제10장 다윗이 힘의 연주를 시도하다

> 여호와께서 다시 이스라엘을 향하여 진노하사 그들을 치시려고 다윗을 격동시키사 가서 이스라엘과 유다의 인구를 조사하라 하신지라 왕이 이에 그 곁에 있는 군대 장관 요압에게 이르되 너는 이스라엘 모든 지파 가운데로 다니며 이제 단에서부터 브엘세바까지 인구를 조사하여 그 도수를 내게 알게 하라 요압이 왕께 고하되 이 백성은 얼마든지 왕의 하나님 여호와께서 백 배나 더하게 하사 내 주 왕의 눈으로 보게 하시기를 원하나이다 그런데 내 주 왕은 어찌하여 이런 일을 기뻐하시나이까 하되 왕의 명령이 요압과 군대 장관들을 재촉한지라 요압과 장관들이 이스라엘 인구를 조사하려고 왕의 앞에서 물러나서
> (사무엘하 24:1-4).

사무엘하 24장에 나타나는 다윗이 행한 이스라엘과 유다의 인구조사는 몇 가지 의문점들을 제공하고 있다. 여호와께서 이스라엘을 향하여 진노하사 저희를 치시려고 다윗을 '격동시키사'(סות 수트) 인구조사를 행하게 하신다는 점, 그리고 군대 장관 요압이 다윗의 이 명령을 철회시키려고 애쓰고 있다는 점도 이상하다. 또한 하나님께서 선지자를 보내 벌을 내리기도 전에 다윗은 곧 마음에 자책하며 "큰 죄를 범하였나이다(חטאתי 하타티)"라고 고백하고 있다. 즉, 인구조사 자체가 이미 죄악이라고 고백하는 것이다(삼하 24:10). 사무엘서의 전체 문맥 속에서 다윗의 인구조사 이야기가 바로 이 위치에 기록되어 있다는 것도 의문의 여지가 있다. 그 이유는 사무엘하 23장 1-7절까지에 이미 '다윗의 마지막 말'이라는 제목의 글이 주어지고 있음에도 다윗의 또 다른 사건이 이 문맥 바

깥에 제시되고 있다는 것이다. 그리고 이 사건과 상응하는 역대기상 21장 1절에는 그 격동의 주체가 '여호와'가 아니라 '사탄'(שָׂטָן 사탄/원수, 대적)이 일어나 이스라엘을 대적하고 다윗을 '격동하여'(סוּת 수트) 인구조사를 하게 만든다고 기록하고 있기도 하다. 시대적인 벽을 뛰어넘는 신학적인 연관성을 살펴볼 필요가 있겠다.

이러한 의문점들을 해결하는 길은 분명 현재 형태의 사무엘서 전체를 한눈에 놓고 해석해보는 방법이 필요할 것이다. 서로 다른 요소인 이질적인 자료들을 무작위로 나열했다는 식의 역사비평적인 방법이 늘 우리에게 피해갈 수 있는 가장 손쉬운 방법을 제공해 주기도 한다.[383]

그러나 현재 우리의 손 안에 있는 본문의 배열이 분명 우연은 아닐 것이기에 이 형태를 존중하는 것이 더 중요하다. 설사 그 의도를 명확하게 파악할 수 없을 때라도 좀 더 시간을 두고 인내심 있게 연구해 나가는 노력이 필요할 것이다. 결국 사무엘하 24장의 수수께끼 같은 다윗의 인구조사 이야기도 사무엘서 전체의 맥락에서 살펴볼 때 그 전하고자하는 의미를 분명하게 밝혀낼 수 있으리라 확신한다.

1. '한나의 기도'가 '다윗의 노래'가 되다(삼상 2장; 삼하 22장)

사무엘서 전체가 두 개의 시편으로 그 시작과 끝을 구성하고 있는 '고리구조'(Ring Structure)로 만들어져 있다는 것은 이미 잘 알려진 사실이다.[384] 시작은 사무엘상 2장에 나타나는 '한나의 기도'이고, 마지막은 사무엘하 22장에 기록되어 있는 '다윗의 노래'이다.

한나의 기도와 다윗의 노래의 공통점들

사무엘서의 처음과 끝부분에 나타나는 이 두 편의 시들을 비교해보면 수많은 언어적 공통점들을 발견할 수 있고 이를 통해 의도적인 문학적 평행을 통한 긴밀한 관련성을 파악해 볼 수 있다. 먼저 이 두 시편 속에 사용된 공통적인 단어들을 비교해 보면 다음과 같다.[385]

단어	삼상2장	삼하22장	단어	삼상2장	삼하22장	단어	삼상2장	삼하22장
높이다	1, 7, 10	28,47,49	힘	4	33, 40	사악한	9	22
뿔	1, 10	3	죽음	6	5, 6	어둠	9	12, 29
넓히다	1	20, 37	삶	6	47	남자	9	49
입	1	9	낮아지다	6	48	소송자	10	44
원수	1	4,18,38	스올	6	6	하늘	10	8,10,14
구원하다	1	3	올라가다	6	9	천둥치다	10	14
반석	2	3,32,47	낮추다	7	28	땅	10	8, 43
크게되다	3	36	일어나다	8	39,40,49	주다	10	14,36,41
나가다	3	20, 49	먼지	8	43	능력	10	18
하나님	3	31,32,33	세우다	8	12	그의 왕	10	51
활	4	35	세계	8	16	그의 기름부음 받은 자	10	51
용사	4	26	발	9	10,34,39
무장하다	4	40	인자하심	9	26, 51

두 시편이 보여주고 있는 이러한 밀접한 언어적인 연관성은 결코 우연이라 하기에는 과할 정도의 단어적인 중복을 가지고 있다. 그리고 단어적인 공통성뿐만 아니라 몇몇 구절들은 동일한 문장구성을 사용하여 주제적인 통일성 또한 갖추고 있음을 증거하고 있다. 그 예들은 다음과 같다.[386]

1	삼상 2:2	우리 하나님 같은 반석도 없으심이니이다 (אֵין צוּר כֵּאלֹהֵינוּ 에인 쭈르 켈로헤누)
	삼하 22:32	우리 하나님 외에 누가 반석이냐 (מִי צוּר מִבַּלְעֲדֵי אֱלֹהֵינוּ 미 쭈르 밉발아데 엘로헤누)
2	삼상 2:7	여호와는…낮추기도 하시고 높이기도 하신다 (יהוה…מַשְׁפִּיל אַף־מְרוֹמֵם 야훼…마시필 아프-메로멤)
	삼하 22:28	교만한 자를 살피사 낮추시리이다 (עֵינֶיךָ עַל־רָמִים תַּשְׁפִּיל 에네카 알-라밈 타쉬필)

3	삼상 2:10	하늘에서 우레로 그들을 치시리로다 (יַרְעֵם בַּשָּׁמַיִם עָלָיו 알라브 바샤마임 야르엠)
	삼하 22:14	여호와께서 하늘에서 우렛소리를 내시며 (יַרְעֵם מִן־שָׁמַיִם יְהוָה 야르엠 민-샤마임 야훼)
4	삼상 2:10	자기 왕에게…자기의 기름 부음을 받은 자 (לְמַלְכּוֹ…מְשִׁיחוֹ 레말코…메쉬호)
	삼하 22:51	여호와께서 그의 왕에게…기름 부음 받은 자에게 (מַלְכּוֹ…לִמְשִׁיחוֹ 말코…림쉬호)

이 같은 의도성 짙은 연관에 대해 폴진(R. Polzin)은 심지어 '한나의 기도'를 '다윗의 노래의 축소판'(an abbreviated version)이라고 표현한다.387) '한나의 기도'는 이렇게 우연이라 할 수 없는 수많은 공통적인 단어들과 동일한 표현들을 통해 '다윗의 노래'를 기대하고 있음을 살펴볼 수 있다. 한 걸음 더 나아가 '한나의 기도'는 사무엘서 전체 속에서 '다윗의 노래'가 나타나기까지의 과정을 미리 보여주는 '예시적인 기능'(proleptic function)을 하고 있기도 하다.388) 그 주요한 주제는 다음의 구절에 축약되어 있다.

> 심히 교만한 말을 다시 하지 말것이며
> 오만한 말을 너희 입에서 내지 말지어다
> 여호와는 지식의 하나님이시라
> 행동을 달아보시느니라
> ………………
> 여호와는 가난하게도 하시고 부하게도 하시며
> 낮추기도 하시고 높이기도 하시는도다(삼상 2:3, 7)

한나의 기도를 통해 본 사무엘서의 구조

교만하고 오만한 자들이 결국은 망하고, 낮은 자들을 높이시는 하나님의 권능은 사무엘서에서 여러 인물들의 삶을 뒤바꾸는 역할을 한다. 이러한 원칙에는 전혀 예외가 없다. 사무엘서 전체는 엘리 가문의 추락과 맞물려 사무엘이 상승하고, 사울의 추락과 더불어 다윗이 상승하며 또한 다윗의 교만과 죄악이 그의 추락을 몰고 오는 지그재그식의 구조를 보이며 '한나의 기도'를 반영하고 있다.[389] 엘리 가문도, 사무엘 가문도, 사울 가문도, 그리고 다윗 가문도 역시 마찬가지이다. 다음은 이러한 가문들의 흥망성쇠를 보기 쉽게 간추린 것이다. 여기에는 왕조에 대한 부정과 긍정의 입장까지도 지그재그식의 사무엘서 구조에 일조를 더하고 있다.

■ 사사시대: 엘리의 추락(B)과 사무엘의 상승(A)과 추락(B)

A. 사무엘의 출생과 봉헌(삼상 1:1-2:11) - 여호와를 섬기기 시작
    B. 엘리의 불량한 아들들(2:12-17) - 여호와 앞에서의 사악함
A. 사무엘이 세마포를 입고 여호와 앞에서 섬김, 여호와 앞에서 자람(2:18-21)
    B. 엘리의 아들들에 대한 심판 선언(2:22-36)
A. 여호와께서 사무엘을 부르심, 엘리 집의 심판 선언(3:1-21)
    B. 엘리의 아들들, 엘리, 며느리가 한날에 죽음(언약궤 이야기)(4:1-7:2)
A. 사무엘의 승리(여호와의 도우심으로 블레셋에 대한 승리를 이끎(7:3-17)
    B. 사무엘의 아들들의 타락상(8:1-3) - 사무엘 가문의 추락

■ 왕정에 대한 부정(A)과 긍정(B)의 시각: 사울의 긍정에서 부정적인 왕권으로

A. 백성들이 왕을 요구하고 사무엘의 왕정에 대한 부정적 시각(8:1-22)
    B. 사울이 사무엘을 만나다(9:1-10:16)
A. 사무엘이 백성을 모으고 여호와를 버리고 왕을 뽑는다고 책망(10:17-27)
    B. 사울이 암몬족을 무찌르고 길갈에서 왕권을 새롭게 함(11:1-15)
A. 사무엘의 고별사: 여호와가 왕이실지라도 왕을 달라 했다고 책망(12:1-25)
    - 사울의 거듭되는 실패기록(13-15장)

■ 왕정시대: 사울의 추락(B)과 다윗의 상승(A)과 추락(B)

A. 다윗의 기름부음과 여호와의 신에 크게 감동됨(16:1-13)
    B. 사울에게서 여호와의 신이 떠나고 악신이 지배(16:14-17)
A. 다윗이 수금으로 사울의 악신을 쫓아내고, 병기 드는 자가 됨(16:18-23)
    B. 사울이 블레셋 골리앗을 당해내지 못하고 두려워함(17:1-11)
A. 다윗이 골리앗을 물리치고 요나단이 자기의 입었던 겉옷, 군복, 칼, 활과 띠를 다윗에게 줌(17:12-18:5)
    B. 사울이 다윗을 시기하여 죽이려함(18:6-16)
A. 다윗이 사울의 사위가 됨(18:17-30)
    B. 사울이 다윗을 죽이려함(19:1-24)
A. 요나단이 다윗을 도움(20:1-42)
    B. 사울이 놉의 제사장들을 살해함(21-22장) – '헤렘'[390]을 실천함(22:18-19)

      – 사울이 거듭 다윗을 추적하나 다윗은 사울을 살려줌
      – 사울은 생명의 속함을 받은 후에 다윗의 왕권을 선언함(24:19-21; 26:25)

A. 다윗은 계속 하나님께 묻고 응답받음(23:2,11-12; 30:8)
    B. 사울에겐 꿈으로도, 우림으로도, 선지자로도 대답지 않으심(28:6)
      – 결국 엔돌의 신접한 여인에게로 감(28:7)
      – 사울이 전에는 신접한 자와 박수를 이 땅에서 멸절시켰으나 이제는 여호와로 맹세하며 벌을 당치 않을 것이라 위로함(28:9-10)
A. 다윗이 아말렉을 물리침(30장) (사울의 블레셋 전쟁 사이에 기록; 29장과 31장)
    B. 블레셋과의 전투에서 사울과 그의 아들들이 죽음(31장)
A. 다윗은 온 이스라엘의 왕이 되어 결국 블레셋을 물리치고 선정 베품(삼하 5-10장)
    B. 다윗과 밧세바 사건 이후 다윗과 그의 가문에 칼과 반역 등 전쟁이 끊임이 없음(삼하 11-21:14)

    이러한 운명은 심지어 이스라엘 민족 전체에게도(삼상 4:1-3), 그리고 이방인들인 블레셋 사람들에게도 적용되고 있다. '한나의 기도'에 "여호와를 대적하는 자는 산산이 깨어질 것이라 하늘 '우뢰로 그들을 치시리로다'(יַרְעֵם 야르엠)"(삼상 2:10)라고 말하고 있는데 사무엘상 7장 10절에는 실제로 여호와께서 '우뢰를 발하여'(יַרְעֵם 야르엠) 이스라엘을 치러오는 블레셋을 흩어버리신다. 또 한 가지 미래적 특징은 이스라엘에서 '기름 부음 받은 왕'(삼상 2:10)은 한 세대 이후의 일임에도 불구하고 이미 '한나의 기도'에 언급되고 있다는 점이다. 이것은 실제로 기름 부음 받은 왕들인 사울(삼상 10:1)과 다윗(삼상 16:13)에 대한 이야기를 기대하고 있으며, 사무엘서 전체가 흘러갈 방향을 미리 제시하고 있는 것이다.[391]

위에서 살펴본 사무엘서의 구조분석에서 어렴풋이 밝혀진 부분들이 이미 있지만 이 두 개의 시가 사무엘서를 감싸면서 만들어 주는 신학적인 의미를 명확히 할 필요가 있다. 이를 통해 다윗의 인구조사에 대한 의문점을 풀 수 있는 열쇠를 가질 수 있기 때문이다. '한나의 기도'(삼상 2:1-10)는 잉태치 못하던 여인이 아들을 낳음으로 기쁨으로 드리는 찬양의 내용치고는 방대하고 웅장한 내용을 담고 있다. 즉, 한 여인의 승전가라기보다는 국가적인 차원의 승리에 대한 염원이 들어가 있음을 볼 수 있다. 높은 자는 낮추시고, 낮은 자는 높이시는 하나님의 섭리와 인도가 한 여인의 차원에서 민족적인 차원으로 승화된 것을 느낄 수 있기 때문이다. 이것이 바로 신앙인이 가져야 할 시야일 것이다. 하나님의 은혜로 우신 구원의 손길이 자신의 삶을 바꾼 것처럼 동일한 하나님의 역사가 민족 전체에게 펼쳐짐으로 하나님 나라가 이 땅에 든든하게 서기를 바라는 비전으로의 확장인 것이다.

한나의 기도 속에 잉태치 못하던 자가 일곱을 낳았다라고 강조하고 있음을 볼 때 이것은 한나 자신의 이야기가 아님을 알 수 있다. 사무엘상 2장 21절에는 여호와께서 한나를 권고하사 세 아들과 두 딸을 더 낳게 하셨다고 한다. 그렇다면 사무엘까지 합하여 모두 여섯 자녀를 둔 셈이기 때문이다. 결국 한나의 기도는 칠이라는 숫자를 활용해 상황의 역전에 대한 철저함을 강조하기 위해 일반적인 숫자의 논리를 적용하고 있다. 그리고 그 역전의 마지막 단계인 적합한 '왕'을 고대하고 있음을 짐작해 볼 수 있다. 이것은 한나의 기도의 마지막 절인 사무엘상 2장 10절에 잘 나타나 있다.

여호와를 대적하는 자는 산산이 깨어질 것이라 하늘 우레로 그들을 치시리로다 여호와께서 땅 끝까지 심판을 베푸시고 자기 왕에게 힘을 주시며 자기의 기름 부음을 받은 자의 뿔을 높이시리로다

이 시편의 제목이 '한나의 노래(שירה 쉬라)'가 아니라 '한나의 기도'(תתפלל 티트팔렐/기도하다)라고 붙여진 것은 결코 우연이 아닐 것이다. 동일한 표현이 사무엘상 1장에 세 번에 걸쳐서 한나에게 사용되고 있다(1:10-11, 26, 27). 첫 번째 것은 한나의 간구에, 두 번째, 세 번째 것은 그 기도가 응답된 후에 사용된다.

한나가 마음이 괴로워서 여호와께 기도하고(תתפלל 티트팔렐) 통곡하며 서원하여 가로되 만군의 여호와여 만일 주의 여종의 고통을 돌아보시고 나를 생각하시고 주의 여종을 잊지 아니하사 아들을 주시면 내가 그의 평생에 그를 여호와께 드리고 삭도를 그 머리에 대지 아니하겠나이다(삼상 1:10-11).

한나가 가로되 나의 주여 당신의 사심으로 맹세하나이다 나는 여기서 나의 주 당신 곁에 서서 여호와께 기도하던(תתפלל 티트팔렐) 여자라 이 아이를 위하여 내가 기도하였더니(תתפלל 티트팔렐) 나의 구하여 기도한 바를 여호와께서 내게 허락하신지라(삼상 1:26-27).

이와 같이 '기도하다'(תתפלל 티트팔렐)라는 행위에는 여호와의 응답이 나타남을 볼 수 있다. 그렇다면 사무엘상 2장의 '한나의 기도' 또한 동일한 응답이 나타나야 할 것을 기대해 볼 수 있다. 이 점에서 사무엘하 22장의 '다윗의 노래'는 '한나의 기도'에 대한 최종적인 성취의 응답으로서 전혀 손색이 없다. '한나의 기도' 속에 들어 있는 모든 염원들이 사무엘서 전체를 통해 흘러가다 마침내 '다윗의 노래'를 통해 한 치의 어김도 없이 응답되었음을 확인해 볼 수 있기 때문이다.392) 그 모든 언어적인 평행은 위에서 이미 세세하게 비교 연구되었다.393) '한나의 기도'가 다윗의 삶 속에서 그대로 응답되었고, 마침내 '다윗의 노래'가 되어 울려 퍼지는 것이다.

한나의 기도의 응답인 다윗의 노래

이 '기도'와 '노래'를 테두리로 그 안에 쉬지 않으시는 하나님의 행하심이 들어가 있다. '다윗의 노래'는 이미 그 시작부터 다윗의 삶의 이야기를 그대로 반영하고 있다: "모든 대적의 손과 사울의 손에서 구원하신 그 날에"(삼하 22:1). 다윗의 전반부 삶은 사울에게 쫓기는 삶과 왕이 되어 주변의 대적들을 제압하는 승리로 장식되어 있다. 그리고 사무엘하 22장 2-3절에 하나님께 모든 영광을 돌리는 의미를 담은 하나님의 무수한 칭호들(epithets)이 나타난다.

> **여호와는 나의 반석이시요 나의 요새시요 나를 건지시는 자시요 나의 하나님이시요 나의 피할 바위시요 나의 방패시요 나의 구원의 뿔이시요 나의 높은 망대시요 나의 피난처시요 나의 구원자시라 나를 흉악에서 구원하셨도다**

하나님에 대한 이 중요한 용어들은 다윗의 여정 속에 다윗 자신의 경

힘이 되어 동일하게 나타나고 있다: '반석'(סלע 셀라) (삼상 23:25), '피할 바위'(צור 쭈르) (삼상 24:3), '피난처'(מנוס 마노스/נוס 누스) (삼상 19:10), '요새'(מצודה 메쭈다) (삼상 22:4-5; 23:14, 19; 24:1, 23; 삼하 5:7, 9, 17), 그리고 '구원의 뿔'(קרן ישעי 퀘렌 이쉬이) (뿔과 구원은 다음 구절들에서 따로 나타난다 – 삼상 16:13; 17:47; 25:26, 31, 33; 삼하 8:6, 14). 394) 다윗은 하나님의 신실하심을 자신의 삶 속에서 만났고 경험했기에 이렇게 구체적으로 고백할 수 있었다.

비록 '다윗의 노래' 안에 다윗 자신을 의인으로 부각시키며 밧세바-우리아 사건에 대해 침묵하고 있지만(삼하 22:21-27) 그것은 곧 의인의 개념에 대한 차이 때문일 것이다. 구약성경 속에서 의인은 죄가 없고 무흠한 사람을 의미하는 것이 아니라 하나님께 죄가 없다 인정받은 사람을 의미한다. 시편의 출발점인 1편은 의인과 악인의 구분을 제시하는 것으로 시작하고 있으며, 시편 전체가 의인과 악인에 대한 것이라 해도 과언이 아니다. 시편 32편 1절에서 "허물의 사함을 얻고 그 죄의 가리움을 받은 자는 복이 있다"라고 선언하고 있다. 그리고 시편 51편(제목: 다윗이 밧세바와 동침한 후 선지자 나단이 저에게 온 때에)의 회개에 대한 용서받음은 곧 의인이 완전한 인간이 아니라 바로 회개를 통해 용서받은 사람임을 알 수 있다. 매칸은 이 두 시편을 분석하며 다음과 같은 결론에 도달한다:

> 의인이 된다는 것은 어떻게든지 모든 규율을 준수하고, 죄가 없고, 도덕적으로 완벽하게 되는 것이 아니다. 사실 시편 32편과 51편이 시사하듯이, 의인의 삶에는 죄와 그 결과들이 널리 퍼져 있다. 의인이 된다는 것은 용서를 받는 것이고, 하나님의 교훈을 순순히 받아들이는 것이며, 자신보다는 하나님을 의지하며 사는 것을 말한다. 요컨대 의인이 된다는 것은 하나님의 은혜에 대한 증인이 되는 것이다. 395)

'다윗의 노래'는 다윗이 그의 삶 속에서 펼쳐졌던 여호와의 권능과 그의 구원과 은혜의 위대함을 찬양한다. 이 노래 속에 '구속,' '구원,' '구원자,' '구원하다,' '건지다'라는 단어들이 주류를 이루는 것을 볼 때 더욱 분명하다(삼하 22:1, 3, 4, 17, 18, 20, 28, 36, 42, 44, 47, 49, 51).[396] 이처럼 '한나의 기도'와 '다윗의 노래' 사이에 하나님 앞에 서 있는 한 사람 다윗의 일생이 들어가 있다. 이 속에는 모든 것이 주의 은혜임을 고백하는 찬양의 노래로 생을 마감하고자 하는 인간의 대표자의 염원이 들어가 있다. 이 노래 이후의 삶은 분명 달라져야 할 것이다. 왜냐하면 한나의 기도와 같이 여러 사람들이 오만과 교만으로 하나님의 뜻을 거역하다 무너졌고, 그 모든 과정을 거치고 마침내 다윗이 선 것이다. 이제 이후의 삶은 이러한 인간 교만과는 거리가 먼 것이어야 하며, 오직 하나님의 뜻을 받드는 예배여야 할 것이다. 미가서는 단 한 절로 그 길을 명쾌하게 제시하고 있다.

사람아 주께서 선한 것이 무엇임을 네게 보이셨나니 여호와께서 네게 구하시는 것은 오직 정의를 행하며 인자를 사랑하며 겸손하게 네 하나님과 함께 행하는 것이 아니냐(미 6:8).

그렇다면 한나의 기도(삼상 2장)와 다윗의 노래(삼하 22장)의 테두리 바깥에 위치한 인구조사는 무슨 의미를 던져주고 있는 것인가? 다윗의 전체 생을 요약하는 '노래' 다음에 다윗의 마지막 말(삼하 23장)이 나타나고, 열왕기상 1-2장은 다윗의 마지막 모습과 유언 그리고 임종이 소개된다. 한 인간의 종말이 그려지고 있는 것이다. 그런데 죽음을 눈앞에 둔 한 인간의 마지막과는 전혀 어울리지 않는 이야기가 자리를 잘못 차지한 듯이 그 사이에 끼어있다. 바로 다윗의 인구조사 이야기이다(삼하 24장). 죽음을 준비하는 과정과는 전혀 무관해 보이는 이 이야기가 다윗의 삶에, 하나님의 백성 이스라엘에게, 또 현재를 살아가는 우리들에게 어떤 의미를 던져주는가를 심각하게 고려해볼 필요가 있다.

2. 인구조사의 진실(삼하 21-24장)

여러 해석자들은 자신들의 사무엘서 주석에서 사무엘하 21-24장까지가 '교차대칭구조'(symmetrical, chiastic structure)로 배열되어 있다고 제안한다.[397]

```
첫째 이야기: 사울의 과거 폭력 – 기근과 다윗(21:1-14)
  첫째 명단: 다윗의 거인 살해자들(21:15-22)
    첫째 시편: 다윗의 노래(22:1-51)
    둘째 시편: 다윗의 마지막 말(23:1-7)
  둘째 명단: 다윗의 용사들의 명단(23:8-39)
둘째 이야기: 다윗의 현재 교만 – 전염병과 다윗(24:1-25)
```

'기근과 다윗'(21:1-14) 부분과 인구조사와 그 결과를 다루는 '전염병과 다윗'(24:1-25)은 동일한 자료에서 나왔으며 전에는 이음매 없이 같이 연결되었던 이야기일 수 있다고 보기도 한다.[398] 이것은 선지자 갓이 다윗에게 선택하게 하는 재앙의 종류를 살펴보면 논리적인 순서임을 확인해 볼 수 있다.

갓이 다윗에게 이르러 고하여 가로되 왕의 땅에 칠 년 기근이 있을 것이니이까 혹시 왕이 왕의 대적에게 쫓겨 석 달을 그 앞에서 도망

하실 것이니이까 혹시 왕의 땅에 사흘 동안 전염병이 있을 것이니이
까 왕은 생각하여 보고 나를 보내신 이에게 대답하게 하소서(삼하
24:13).

다윗의 선택과 결과

이 일련의 재앙들은 다윗이 압살롬에게 쫓기고(삼하 15-20장), 장기간의 기근을 경험하고(삼하 21장) 그리고 전염병을 겪는 것이다(삼하 24장). 이처럼 사무엘하 24장은 21장 다음에 두면 이해가 더 쉽다. 그리고 이 두 이야기는 동일한 전개 패턴을 보이고 있다는 점 또한 그 연관성을 극대화시키기도 한다. 그 내용은 다섯 가지 정도로 다윗의 시대, 죄, 재앙, 희생을 통한 재앙의 해결(사울의 후손 7명의 죽음; 이스라엘 7만인의 죽음과 소 번제), 그리고 동일한 결론으로 끝을 맺고 있는 것이다: "그 후에야 하나님(여호와)이 그 땅을 위하여 기도를 들으시매"(삼하 21:14; 24:25). 물론 전자의 재앙은 사울의 죄 때문이고 후자는 다윗의 죄 때문이라는 것에는 차이가 있다. 그럼에도 왕들의 행동이라는 면에서는 공통점이 있다 하겠다. 그리고 24장 1절의 "여호와께서 다시 이스라엘을 향하여 진노하사"에서 '다시'라는 표현은 '기근과 다윗'(21:1-14) 사건이 없이는 그 의미가 모호해진다.

다윗, 재앙, 희생을 통한 재앙해결(삼하 21장과 24장의 비교)		
원인	21:1 다윗의 시대	24:1 다윗의 시대
왕의 죄	21:1-2 사울이 기브온 주민 죽임	24:10 다윗이 인구조사를 시행함
재앙	21:1 온 땅에 삼년 기근	24:15a 온 땅에 전염병
희생	21:6 사울의 7 아들을 매달게 함	24:15 단에서 브엘세바 7만 명의 죽음
결론	21:14 그 후에야 하나님이 그 땅을 위한 기도를 들으심	24:25 이에 여호와께서 그 땅을 위한 기도를 들으심

다윗의 용사들의 이야기가 두 번째 테두리를 만들고, 가운데에는 다윗의 노래와 그의 마지막 말이 대칭을 이루고 있다. 다윗의 노래와 그의 마지막 말은 주제적인 면에서 여러 가지 공통점을 보이고 있다: '다윗의 선택'(삼하 23:1; 22:51), '다윗의 상승'(23:1; 22:34, 49[44-45]), '주의 바위 되심'(23:3; 22:2-3, 32, 47), '기름 부음 받은 자'(23:1; 22:51), 그리고 '빛과 광선'(삼하 23:4; 22:29) 등.[399] 그러나 이 두 다윗의 말들이 동일한 주제와 용어를 사용한다고 하더라도 다윗의 모습은 전혀 다르게 비쳐지고 있다. '다윗의 노래'에서의 다윗은 여호와의 구원의 은혜를 입은 자로 전사이며 경건한 모습이 강조되는 반면에, '다윗의 마지막 말'에서는 그는 정의를 실현해야 할 왕조의 미래를 선언하는 예언자의 모습이 되어 있다. 이것은 예언자적인 용어의 사용으로 더욱 확고해진다: "이는 다윗의 말이라, 이새의 아들 다윗의 선포이다"(אֵלֶּה דִבְרֵי דָוִד...נְאֻם דָּוִד בֶּן-יִשַׁי 엘레 디브레 다윗...네움 다윗 벤-이사). 전자가 이스라엘이라는 국가적인 요소가 상실된 지극히 개인적인 감사의 노래라면, 후자는 이스라엘과 야곱이 강조되는 국가적인 요소가 강하게 부각되고 있다.[400]

이 교차대칭구조는 그 자체의 완성도뿐만 아니라 사무엘서 전체의 완벽한 구조적인 틀 안에서도 그 의미를 가지고 있다는 점에서 높이 살 만한다. 얼핏 보기에는 사무엘서가 '한나의 기도'(삼상 1-2장)로 시작해서 '다윗의 노래'(삼하 22장)로 끝을 맺는다면 완벽한 신학적인 구조적인 틀을 형성하게 될 것 같아 보인다. 위에서 제시되었듯이 '한나의 기도'는 미래에 대한 기대(flash-forward)로 나아가고 '다윗의 노래'는 그 기대가 응답된 과거를 돌아보는(flash-back) 기능을 하고 있기 때문이다. 그렇다면 차라리 위의 교차대칭구조를 희생하고 다음과 같이 시작과 끝이 일치되는 '고리구조'(ring structure)가 오히려 사무엘서 전체의 신학적인 메시지를 위해서 더 나은 선택이 아닐까 의문을 가져볼 수 있다.

삼상 1-2장		삼하 9-20장	삼하 21장	삼하 24장	삼하 21:15-22장	삼하 23:8-39	삼하 22장	삼하 23:1-7
찬양,기도	-----	재앙들			용사들 명단		찬양, 기도	
한나의 기도		적에게 쫓김	기근의 재앙	인구조사와 전염병 재앙	다윗-거인 살해 용사들	다윗-용사 명단	다윗의 노래	다윗의 마지막 말

이런 구조를 가지고 있다면 한 사람의 일생이 하나님 앞에서 얼마나 아름답게 마감될 것인가? 그러나 사무엘서의 현재 형태는 결국 '다윗의 용사들의 명단'(삼하 23:8-39)과 '다윗의 인구조사와 여호와의 심판'(삼하 24장)을 '다윗의 노래' 바깥으로 밀어내며 마지막 단락을 교차대칭구조로 마감한다. 이것은 본래의 구조를 깨려는 의도가 아니라 다윗의 삶에서 벌어졌던 인구조사라는 사건의 심각성을 일깨우기 위한 것이다. 빗나간 한 행동이 삶의 모든 질서를 송두리째 무너뜨리는 심각한 결과를 가져오고 자신은 물론이요 공동체를 재난 속에 빠뜨린다는 경각심을 심어주려는 것이다. 민수기에도 두 번의 인구조사(민 1, 26장)가 등장하는데 다윗의 일탈은 그 사건들과는 질적으로 차이가 있다. 민수기의 인구조사는 하나님의 명령에 의해 실시된 것이며 그 목적은 인간의 위용이나 교만을 조장하려는 것이 아니라 믿음의 조상들에게 주신 하나님의 생육과 번성의 약속이 얼마나 신실하게 성취되고 있는지를 보여주기 위한 의도가 있는 것이다. 이를 통해 약속의 땅을 주시겠다는 그 약속도 반드시 이루어 주신다는 확신을 갖게 하여 가나안 땅 정복과 분배라는 여정을 성공리에 마치기 위한 용기를 불어넣기 위함이다. 그러나 다윗의 인구조사는 인간의 주도권이 심각하게 펴져있는 현상인 것이다. 그럼에도 이러한 인간교만을 막을 수 있는 길은 분명하게 주어져 있다. 바로 다윗의 마지막 말 속에 나타난 이념을 기억하는 것이다.

요압과 우리아 사이에서

예언자적인 미래에 대한 기대(flash-forward)인 '다윗의 마지막 말'은 은혜의 과거를 돌아보는(flash-back) '다윗의 노래'와 대칭됨으로써 역사가 하나님의 응답과 인간의 감사로 멈춰진 것이 아니라 또 다른 미래를 향하여 개방되어 있음을 보이고 있다. '다윗의 마지막 말' 속에는 하나님의 공의와 또한 그 공의가 실현되는 미래를 기대하고 있다.

> 여호와의 신이 나를 빙자하여 말씀하심이여 그 말씀이 내 혀에 있도다 이스라엘의 하나님이 말씀하시며 이스라엘의 바위가 내게 이르시기를 사람을 공의로 다스리는 자 하나님을 경외함으로 다스리는 자여 그는 돋는 해 아침 빛 같고 구름 없는 아침 같고 비 후의 광선으로 땅에서 움이 돋는 새 풀 같으니라 하시도다…그러나 사악한 자는 다 내버려질 가시나무 같으니 이는 손으로 잡을 수 없음이로다 그것들을 만지는 자는 철과 창자루를 가져야 하리니 그것들이 당장에 불사르이리로다(삼하 23:2-4, 6-7).

이것은 다윗 왕조가 정의로운 통치를 해야만 한다는 것을 강조하는 것이기도 하다. 그 행위의 기준은 이미 '한나의 기도'와 '다윗의 노래' 사이에 보이고 있는 다윗의 삶이다. '다윗의 마지막 말'은 다윗의 삶을 결론지으면서 이제 다가오게 될 미래의 역사를 준비하는 역할을 하고 있다.[402]

한나의 기도(미래지향) ⇨ **여호와의 응답** ⇦ **다윗의 노래(감사)**
다윗의 마지막 말(미래지향) ⇨ **여호와의 응답** ⇦ **다윗 왕조(어떤 반응?)**

'한나의 기도'와 '다윗의 노래'가 신학적으로 전적인 '하나님의 은혜'

즉 '하나님께서 행하신 일들'을 이야기하고 있다면 이 테두리 안에서 일어난 일들은 모두 '인간의 업적들'을 이야기하고 싶은 의도가 아니라 전적인 '하나님의 은혜'를 표현하기 위한 것임을 알 수 있다. 이것이 또한 기도의 의미이기도 하다. 하나님께서는 우리가 간구하기 전에 이미 필요한 것을 아시고 채울 준비가 되셨음에도 우리 입술의 기도를 필요로 하시는 이유는 우리 삶의 근본이 어디에 있는지를 상기시키려는 것이라 할 수 있다. 기도를 통해서 인간이 하나님 앞에서의 무능을 인정하고 하나님의 도우심과 권능의 손길을 기대하는 것이다. 이를 통해 삶 속에서 이루어지는 모든 것은 인간의 업적이 아니라 전적인 하나님의 섭리이며 은혜임을 고백하게 된다. 이것이 예배하는 길을 여는 것이다. 결국 기도를 멈춘다는 것은 하나님의 은혜를 인간의 업적으로 뒤바꾸려는 속셈임을 알 수 있다. 그곳에는 예배가 멈추고 인간의 자랑과 교만이 하늘을 찌를 것이다.

다행히도 인간의 위용을 자랑하는 '다윗의 거인 살해자들의 이야기'(삼하 21:15-22)는 이 '은혜의 테두리' 안에 위치하고 있다. 설사 그 속에 '여호와께서 이기게 하셨다'라는 표현이 없을지라도 그 일들은 모두 하나님의 간섭으로 된 것임을 고백하는 구조가 되는 것이다. 이것은 이 용사들의 이야기 속에 드러난 다윗의 허약성과 무능함(삼하 21:15-17)이 그의 위대함보다는 하나님의 은혜와 권능을 찬양하는 사무엘하 22장 쪽으로 향하는 것을 통해 증명된다.[403] 그러나 이제 미래를 바라보며 새로운 역사를 향하고 있는 '은혜의 테두리' 바깥에 위치한 또 다른 '다윗의 용사들의 명단'과 '다윗의 인구조사'는 어떤 의미를 갖는 것인가? 여기에 '이미'(already)와 '아직 아니다'(not yet)가 공존하는 위기감이 조성되고 있다.

특이하게도 '다윗의 용사들의 명단'에 다윗의 이야기에서 그 시작부터 끝까지 가장 중요한 위치를 차지했던 한 장군이 빠져 있다. 그리고 이제는 다윗의 명예를 위해서 빼버렸으면 좋을 인물의 이름이 오히려 그 자리를 차지하고 있다. 그 두 인물들은 바로 요압과 헷 사람 우리아(삼하 23:39)이다. 요압이라는 장군을 빼고 다윗을 이야기 할 수 있을까? 다윗의 모든 승리에도, 음모에도, 실패에도 그리고 군사적인 일에도, 정치적인 일에도, 혹은 다윗의 사적인 일에도 늘 동참했던 요압이다. 요압은 다윗에게 있어서 실로 없어서는 안 될 일종의 손도끼 같은 존재로써 왕의 이익을 위해서는 양심의 가책이나 어떠한 망설임도 없이 행동하는 인물이었다.[404] 요압이라는 이름은 다윗의 전 생애를 통해서 96번이나 등장하고 있다(삼상 26:6-왕상 11:21). 요압의 유명세는 그보다 못한 그의 두 동생을 소개할 때 그의 이름과 함께 소개하고 있다는 점에서 간과할 수 없다(삼하 23:18, 24). 심지어 요압의 위용은 그의 병기 잡는 자인 나하래가 두 번째 서열인 37인의 명단에 올라있다는 사실에서도 드러난다(삼하 23:37).[405] 그러나 정작 요압은 명단에서 빠져 있다. 이 이상스런 요압의 부재를 간파한 피터슨은 다음과 같이 주장한다. 세속적인 역사가에게 있어서 이것은 전체 이야기의 붕괴를 가져올 수 있을 만큼 심각하지만, 신학적인 역사가에게 있어서 그의 부재는 어떠한 영향력도 끼치지 않는다는 것이다. 그 이유는 사람들이 행하는 모든 일에는 하나님의 간섭하심이 있기 때문이라는 것이다. 요압은 스스로에게나 중요하지(self-important), 다윗에게나 하나님께는 필수불가결한 존재는 아니라는 것이다(not David-important, not God-important).[406] 이것은 이 명단에 나타나는 "여호와께서 크게 이기게 하셨더라"(삼하 23:10)와 "여호와께서 큰 구원을 이루시니라"(삼하 23:12)라는 표현 속에서도 잘 드러나고 있다. 결국 승리는 용사들의 위용과 능력에 달려 있는 것이 아니라 바로 하나님의 함께하심에 달려 있음을 강조하고 있는 것이다.

반면에 이 명단의 맨 마지막에 나타나는 우리아의 이름은 다소 우리를 당혹케 하는 요소이기도 하다(삼하 23:39). 흡사 무언가를 기억케 하려는 목적처럼 그의 이름이 제시되고 있다는 느낌을 버릴 수 없기 때문이다. 다윗의 왕국은 우리아와 같은 충직한 장군들에 의해서 지켜짐에도 불구하고 다윗은 자신의 왕좌의 정당성을 지키기 위해 우리아를 살해하고야 만다. 그렇다면 '우리아'(אוּרִיָּה 여호와의 불꽃)라는 그의 이름의 존재만으로도 많은 것을 얘기하고 있다.407) 다윗은 결코 자신의 의로움에 의지할 수 없는 인생이라는 것이 드러난다. 오직 하나님의 구원하시는 손길만이 희망이다. 그러나 여기에는 인간의 선택이 놓여있다. 사람의 힘에 의지할 것인가, 아니면 보잘 것 없는 죄인임을 고백하며 하나님의 구원의 손길에 의지할 것인가라는 질문이다.

그렇다면 이 용사들의 위용을 자랑하는 명단과 다윗의 인구조사는 어떤 관계가 있는가? 이 인구조사의 결과를 보고하는 내용에서 그 관계성을 뚜렷하게 살펴볼 수 있다.

요압이 인구 도수를 왕께 고하니 곧 이스라엘에서 칼을 빼는 담대한 자가 팔십만이요 유다 사람이 오십만 이었더라(삼하 24:9).

몇몇 주석가들은 여호와께서 이스라엘을 향하여 진노하신 일과 다윗에게 인구조사를 하도록 격동시키신 일에 대해 단지 인간이 측량할 수 없는 하나님의 주권적인 신비로 남겨 두어야 한다고 말한다.408) 그러나 문맥적인 정황을 살펴볼 때 다윗은 자신의 군사력을 알아보고자 했으며 자신의 위용(self-glorification 혹은 self-aggrandizement)을 과시하고자 했던 것을 눈치 챌 수 있다.409) 그렇다면 이러한 자신의 위용에 대한 긍지와 자부심은 23장에 나열되어 있는 용사들의 명단과 밀접한 연관이 있을 것임을 직감해 볼 수 있다. 이것은 '용사들의 위용'과 그들의 위용을 구원사에 활용하시는 '하나님의 능력' 사이에 서있는 사람의 선택이다. 인간적인 힘의 상징인 용사들인가 아니면 여호와의 능력인가? 이미 사무엘서의 시작인 '한나의 기도'에서 교만한 자를 낮추는 것이 하나님의 뜻임을 선언하고 있으며 그 증거는 사무엘서 전체를 통해서 분명히 드러나고 있다.

인간의 힘	'용사들'(גברים 기보림)(삼하 23:8)
여호와의 능력	'여호와께서 큰 구원을 이루셨다' (ותעש יהוה תשועה גדולה 와야아스 야훼 테슈아 게돌라)(삼하 23:10, 12)

이 둘 사이에서 어디에 설 것인가는 미래를 가늠하는 선택이 된다. 그러나 올바른 선택을 힘겹게 만드는 요인이 이 세상에는 존재한다. 사무엘서는 그것을 '격동하다'(סות 쑤트)라고 표현한다. 그것도 그 주체를 당당하게 '여호와'라고 밝히고 있다. 이스라엘을 향하여 진노하셔서 그들을 치시려고 다윗을 격동시키신다. 그 진노의 원인은 알 수 없다. 그러나 그 진노를 피할 수 있는 길 또한 열려져 있다는 것이 암시된다. 격동에 따라갈 것인가, 아니면 격동을 잠재울 것인가의 선택은 오롯이 격동당하는 자에게 달려있기 때문이다. 여기서는 이 격동이 무엇이며 극복할 수 있는 성질의 것인지를 규명해볼 필요가 있겠다.

격동 앞에서

지혜서 중의 한 권인 욥기에는 사무엘서에 격동시키는 주체로 등장하는 여호와와 역대기(대상 21:1)에서 격동의 주체로 등장하는 사탄이 공동으로 함께 참여하는 '격동'이 나타난다. 그런데 이 두 주체는 각기 어떤 사건을 일으킬 수 있는 능력이 있음을 보인다. 사탄은 여호와께 "그와 그 집과 그 모든 소유물을 쳐보시라"고 권유한다(욥 1:11). 그리고 여호와께서는 사탄에게 "내가 그의 소유물을 다 네 손에 붙이노라"고 선언하신다(욥 1:12). 그렇다면 사탄은 여호와의 허락 하에 욥을 공격하고 있음을 볼 수 있다. 그 공격의 강도 또한 여호와의 허락하신 정도에 따라 이루어지고 있음을 살펴볼 수 있다. 그러나 사탄이 나가서 직접 여호와의 허락을 행하는 집행자의 역할을 하였음에도 여호와께서는 "네가 나를 격동하여(סות 쑤트) 까닭 없이 그를 치게 하였다"(욥 2:3)라고 말씀하시고 계신다. 결국 하나님의 정의와 통치라는 측면에서 사탄도 그 주권이 늘 하나님의 권위 아래 있음을 분명히 볼 수 있으며 하나님의 전능성은 흔들림이 없다.

이 사실은 특히 신명기 역사신학에서 더욱더 분명하다. 선한 것과 악한 것을 동시에 자신의 역사를 위해 자유로이 활용하시는 하나님의 주권이 강조되고 있기 때문이다.[410] 기드온의 패역한 아들 아비멜렉과 세겜 사람 사이에 하나님께서 '악한 신'을 보내셔서 그 사이를 갈라지게 만든다(삿 9:23). 여호와의 부리신 악신이 사울을 번뇌케 한다(삼상 16:14, 23; 18:10). 심지어 여호와께서는 '거짓말 하는 영'이 아합의 400인의 선지자에게 거짓 예언을 하게 함으로 아합을 죽음으로 이끄시기도 하신다(왕상 22:19-23). 이 사건들을 통해서 볼 때 여호와께서 '악한 영'의 사역을 허락하실 때는 어떤 대상을 징계하거나, 제거하기 위한 목적이 있음을 살펴볼 수 있다.

이것은 출애굽기에서 바로의 '마음을 완악하게 하다'라는 주제와 다를 바가 없을 것이다. 누가 바로의 마음을 완악하게 하는가? 바로 자신인가, 아니면 여호와이신가? 그런데 열 가지 재앙의 이야기 속에는 두 가지의 표현이 병행되어 등장하고 있다. '내가 바로의 마음을 완악하게 하리라'(출 7:3)라는 그 주도권이 하나님 편에 있는 것과 '바로의 마음이 완악하여 그들을 듣지 아니하니'(출 7:13)라는 그 주도권이 바로의 편에 있는 것이다. '완악하게 하다'라는 히브리어 단어는 '하자크'(חזק), '카베드'(כבד), 그리고 '콰샤'(קשה)라는 세 가지의 용어들이 사용되는데 모두 합해 정확하게 20번이 사용되고 있다. 흥미롭게도 이 20번 중에서 정확하게 10번이 "여호와께서 바로의 마음을 완악하게 하셨다"(출 4:21; 7:3; 9:12; 10:1; 10:20, 27; 11:10; 14:4, 8, 17)라는 표현에 그리고 나머지 10번은 "바로의 마음이 완악하여 그들을 듣지 아니하니"(출 7:13, 14, 22; 8:11, 15, 28; 9:7, 34, 35; 13:15)라는 표현에 사용되고 있다.[411] 이것은 여호와께서 강제로 바로의 마음을 완악하게 하시는 것이 아니라 바로라는 인물 자체가 어떠한 고통스런 탄원에도 아랑곳하지 않는 완악하고 강퍅한 마음의 소유자라는 사실이다. 그러므로 바로의 완악한 마음을 하나님께서 자신의 목적을 이루시기 위해 적절하게 사용하신다는 것이다(잠 16:4). 그러나 바로가 선택을 놓고 여러 번 망설이는 것처럼 그 마지막 결정은 역시 당사자인 바로 자신에게 달려 있다.

이와 같이 욥의 경우를 살펴볼 때 설사 '격동시킴'이 있을지라도 그 격동에 따라 행동하느냐 혹은 거부하느냐는 역시 사람의 선택에 달려 있다는 사실이다. 욥기 2장 3절은 이것을 분명하게 보여주고 있다.

여호와께서 사단에게 이르시되 네가 내 종 욥을 유의하여 보았느냐 그와 같이 순전하고 정직하여 하나님을 경외하며 악에서 떠난 자가 세상에 없느니라 네가 나를 격동하여 (סות 쑤트) 까닭 없이 그를 치게 하였어도 그가 오히려 자기의 순전을 굳게 지켰느니라

욥이 처음에 이렇게 스스로 선한 길을 선택한 것처럼, 아비멜렉과 세겜 사람들, 사울, 아합 모두 선택은 자신들에게 달려있다. 그러나 이들은 모두 자신들의 악한 행동대로 이미 죽음의 길을 걷고 있었다.

이제 우리의 관심은 다윗이다. 그 격동의 주체가 여호와시요(사무엘서), 그 실행의 주체가 사탄(역대기)이라 할지라도 그 선택은 바로 다윗에게 달려 있는 것이다. 인구조사를 실행할 것인지 아닌지가 다윗의 선택에 달려 있는 것이다. 그리고 다윗의 선택 앞에 강력하게 반대 의사를 표현하는 한 사람이 있다. 인간적인 모든 권력욕의 상징이며 수단과 방법을 가리지 않고 자신의 위치를 지키려 했던 요압이라는 인물이다. 요압은 오히려 인간의 힘을 부추기는 사람일터인데 여기서는 역으로 인간의 힘에 의지하지 말 것과 오직 하나님만을 의지할 것을 역설하고 있다.

요압이 왕께 고하되 이 백성은 얼마든지 왕의 하나님 여호와께서 백배나 더하게 하사 내 주 왕의 눈으로 보게 하시기를 원하나이다 그런데 내 주 왕은 어찌하여 이런 일을 기뻐하시나이까 하되 (삼하 24: 3).

다윗의 인간적인 능력, 음모, 폭력, 피를 상징하는 요압, 그러나 용사들의 명단에 그의 이름이 빠져도 하나님의 구원사에는 전혀 지장이 없는 사람, 그 인물까지 나서서 다윗을 만류하고 있다. 아이러니이며 역설이다. 인간의 교만에 대한 위험성은 아무리 강조해도 지나치지 않기 때문이다. 그러나 이스라엘의 운명은 다윗이라는 대표자에게 고스란히 놓여졌다.

3. 다윗의 선택 (삼하 24장)

'한나의 기도'는 하나님께서 세우시는 한 왕을 고대하고 있다. 그리고 더불어서 한 가지를 더 강조하고 있다. 그것은 결코 교만하지 말라는 것이다: "심히 교만한 말을 다시 하지 말 것이며 오만한 말을 너희 입에서 내지 말지어다 여호와는 지식의 하나님이시라 행동을 달아 보시느니라"(삼상 2:3). 그리고 결코 용사의 힘으로 구원이 이루어지는 것이 아님을 강조하고 있기도 하다: "용사(גברים 기보림)의 활은 꺾이고 넘어진 자는 힘으로 띠를 띠도다"(삼상 2:4; 비교, 삼하 23:8). 이것은 오직 여호와만이 구원의 반석이시라는 고백이며(삼상 2:1-2), 주 외에는 아무도 없다는 확신이며, 여호와만이 죽이기도 하시고 살리기도 하시며 음부에 내리게도 하시고 올리기도 하신다는 믿음이다(삼상 2:6). 모든 절대주권이 오직 여호와께 있다.

이미 보여 진 선택의 길

'한나의 기도'는 드디어 '다윗의 노래' 속에서 모두 응답되었다는 것을 발견할 수 있다. 그리고 그 모든 응답의 실체는 '기도'와 '노래' 사이에 이야기의 형태로 주어져 있다. 이제 이후의 다윗의 행동이 관건이다. '한나의 기도'가 다윗의 삶 속에서 다 응답으로 현재화되었고 다윗이 그것에 감사하여 하나님께 신앙고백적인 '노래'를 올려드린다. 이제 그 이후의 삶은 어찌되어야 할 것인가를 보이는 것으로 사무엘서는 그 결론에 이르려고 한다. 그 이상적인 결론은 이미 사무엘상 1장에 나타난 한나의 이야기 속에 암시적으로 들어가 있다. 볼 수 있는 눈이 있고, 들을 수 있는 귀가 있다면 인간은 하나님 앞에 온전하고 신실하게 서 나갈 수 있다.

사무엘서를 시작하는 한나의 이야기는 삶의 모든 역경 가운데 사람에게 의존하지 않고 오직 여호와께만 의지하는 한 여인의 이야기이다. 그녀의 이야기는 결핍과 격동으로 시작한다. 자식이 없음으로 인해 한나의 경쟁자인 브닌나가 그녀를 심히 '격분하게 하여'(כעס 카아스) 괴롭게 한다. 그럼에도 한나가 찾는 곳은 '여호와의 전'이다(삼상 1:9). 그리고 그녀는 그곳에서 기도한다. 기도는 한나의 삶의 표현이며 그녀의 삶을 구성하는 중심이 된다(삼상 1:10, 12, 17, 26, 27). 그리고 그녀의 기도는 서원으로 연결된다.

> **한나가 마음이 괴로워서 여호와께 기도하고 통곡하며 서원하여 가로되 만일 주의 여종의 고통을 돌아보시고 나를 생각하시고 주의 여종을 잊지 아니하사 아들을 주시면 내가 그의 평생에 그를 여호와께 드리고 삭도를 그 머리에 대지 아니하겠나이다 (삼상 1: 10-11).**

기도는 결국 하나님의 계획을 쏟아내는 것으로 완성되고 있다. 그리고 한나의 이 기도는 마침내 응답되었고, 그 응답은 한나의 순종으로 완성된다.

> **한나가 가로되 나의 주여 당신의 사심으로 맹세하나이다 나는 여기서 나의 주 당신 곁에 서서 여호와께 기도하던 여자라 이 아이를 위하여 내가 기도하였더니 여호와께서 나의 구하여 기도한 바를 허락하신지라 그러므로 나도 그를 여호와께 드리되 그의 평생을 여호와께 드리나이다 하고 그 아이는 거기서 여호와께 경배하니라 (삼상 1:26-28).**

이와 같이 사무엘서의 시작은 '기도-응답-순종'의 구조를 보이고 있다. 그리고 이러한 믿음의 여인을 통해서 사무엘서 전체를 열어가는 기도가 주어지고 있다는 것은 결코 우연이 아닐 것이다. 사무엘상 2장 1절의 '한나가 기도하여 가로되'는 결국 이 기도의 '응답'을 기대하고 있고, 또한 그 응답에 걸맞은 '순종' 또한 기대하고 있음은 말할 것도 없다.

단 한 분의 주권자요 전능자이신 여호와께 교만을 멀리하고 겸손함으로 한나가 보였던 순종으로 나아가는 것, 그것이 이미 주어진 삶의 교훈이다. 사무엘서의 출발선에서부터 기대하고 있던 것이 바로 이것이다. 그러나 다윗은 안타깝게도 하나님이 아닌 용사들의 힘에 의지하는 존재, 즉 자신의 힘을 앞세우는 교만한 자가 된다.

| 삼상 1장 | 한나의 기도 (아들) ⇒ 하나님의 응답 (한나에게) ⇐ 한나의 순종 |
| 삼상 2장-삼하 24장 | 한나의 기도 (나라) ⇒ 하나님의 응답 (다윗에게) ⇐ 다윗의 불순종 |

사무엘서 전체의 구조는 사무엘상 1장의 한나의 순종이 사무엘하 24장에서 다윗의 순종으로 대단원의 막을 내리는 것이 가장 이상적이다. 그러나 현실은 그렇게 낭만적이지만은 않다. 한나의 모범적인 기도와 순종의 모습은 다윗에게서 굴절되어 버린다. 그럼에도 그 불순종으로 대단원의 막을 내리지 않는 것에 희망이 있다. 순종은 모범적인 이상이요, 불순종 또한 삶의 교훈이 될 수 있다. 그런 의미에서 브루거만의 결론은 인용할 만 하다. 그는 사무엘상 1장과 사무엘하 24장은 사무엘서 전체를 감싸는 기능을 하고 있다고 본다. 그리고 그 두 부분에서 공통적으로 간구, 믿음, 탄원, 들으심, 그리고 선물이 발견된다고 한다. 이것은 "시작에서처럼 그 끝에서도 동일하게 진정한 능력은 여호와께서 허락하시는 자비의 선물이다"(At the end as at the beginning, real power is a gracious grant from Yahweh.).[412] 제단을 쌓고 진심으로 회개하는 것으로 불순종은 교정된다. 그리고 재앙이 그치고 "여호와께서 그 땅을 위하

여 기도를 들으시는"(삼하 24:25) 화해가 이루어진다.

인간의 인구조사와 여호와의 제단의 양립 불가능성

이 사건 속에 왕조의 미래와 이스라엘의 미래가 조합되어 있다. 인구조사와 제단의 상관관계가 밀접하게 나타나는 곳이기 때문이다. 인구조사는 분명 인간의 힘을 과시하는 다방면의 효과를 가지고 있음에 틀림없다. 군사적인 역량을 과시할 목적, 조세 부과를 통한 경제력 증강의 목적, 혹은 부역을 통하여 노동력을 동원할 목적 등을 갖고 있다.[413] 하나님의 명령이 아닌 인간의 의지로 행해지는 인구조사는 이 중에 그 어떠한 것도 선한 것을 도모할 수 없다. 군사적 역량과시는 이미 하나님께서 선봉장이 되시는 '거룩한 전쟁'(聖戰 holy war)의 이념을 깨뜨린 것이며, 조세와 부역은 섬김의 통치가 아닌 지배와 억압, 수탈의 정치를 향하기 때문이다. 하나님께서 세우신 왕에게 이러한 정치는 결코 용납될 수 없는 것이다. 이것은 중대한 범죄행위에 들어간다. 다윗을 향한 여호와의 징계는 즉각적이고 신속하다. 전염병으로 칠만 명의 백성들이 목숨을 잃는다. 우리는 왕의 잘못으로 인하여 무고하게 죽어간 수많은 억울한 백성들의 운명을 접하게 된다. 이것은 결코 이들의 생명이 가치가 없다는 것을 전하려는 의도가 아니라 죄가 얼마나 심각한 파급효과를 미치는지를 뼈저리게 깨달으라는 것을 시사하고 있다.[414] 특히 지도자의 죄는 많은 사람들에게 고통을 안겨줄 수 있다는 것을 깊이 새겨야 하는 것이다.

그러나 회복은 멀리 있는 것이 아니다. 하나님의 형벌이 내려지고 있는 그 순간에 오직 "여호와의 명하신 바대로 행하는 것," 거기에 길이 있다(삼하 24:19). 그것은 다름 아닌 여호와의 제단을 쌓는 것이다. 그리고 그 곳에서 번제와 화목제가 드려진다. 마침내 하나님께서 기도를 들으시고 응답해 주신다. 이것은 무엇을 말하고 있는가? '인간의 죄'와 '시온 산성'이 공존할 수 없듯이, '인구조사'와 '여호와의 제단'은 결코 양립할 수 없는 별개의 것이라는 사실이다. 어느 쪽을 선택하든 이 둘 중의 한 가지는 반드시 파기되어야 하는 것이다. '인구조사'는 인간이 주도적으로 행동하는 것, '여호와의 제단'은 여호와의 명하신 대로 행하는 것을 의미한다. 그래서 시내 산에서의 성막건축은 어느 한 곳에서도 결코 인간의 생각이 들어갈 틈이 없이 오직 하나님께서 명하신 그대로 이루어지는 것이다(출 38:22; 39:5, 7, 21, 26, 29, 31, 32, 42, 43; 40:16, 19, 21, 23, 25, 27, 29, 32). 인간의 힘에 의지할 것인가, 아니면 하나님의 은혜에 기댈 것인가? 늘 하나님의 사람들에게 주어지는 질문이다. 이것이 다윗의 삶 속에만 등장하는 것이라면 상관이 없겠지만 다윗의 삶은 모든 이들의 삶의 모습이며 또한 모든 사람들의 삶을 위한 비교대상이다. 다윗의 인구조사와 제단은 이제 다윗의 후손들과 모든 백성들이 어디에 초점을 맞출 것인가에 따라 달라질 결과를 미리 예시해 주며 올바른 선택을 촉구하는 교훈이 된다.

당장 다윗의 아들 솔로몬의 행정부의 두 가지 기둥을 들라고 한다면, 그것은 분명 인구조사를 통한 조세와 부역(corvée 강제노역)의 의무 그리고 여호와를 위한 성전의 건축이다.[415] 그렇다면 다윗이 행한 인구조사와 하나님의 징계 그리고 회개와 용서를 위한 제단의 설립은 이 잘못된 방향을 향한 외침이 될 수 있다. 그러므로 다윗의 인구조사 이야기는 성전을 건축하는 진정한 의미가 무엇인지를 고통스런 경험을 통해 증언하며 미래를 위한 지침을 제공해 주고 있는 것이다. 들을 귀 있는 자는 들을 것이다. 그러나 그 반대가 된다면 결코 이해할 수 없을 것이다(사 6:9).

인구조사	제단(성전)
왕의 명령(24:3-4) - 인간의 주도권 ① 군사력 과시(힘의 과시) ② 세금을 부과(경제력 과시) ③ 부역을 부과(노동력 착취)	여호와의 명령(24:18-19) - 　　　　　　　　　하나님의 주도권 - 여호와께서 들으심
결과: 재앙 (24:15-16)	재앙이 그침 (24:25)
이 두 가지는 결코 양립할 수 없다. 인간의 주도적으로 행동하는 삶과 여호와의 명령 따라 살아가는 삶은 공존할 수 없는 성질의 것이기 때문이다.	
솔로몬의 길	
어디에 초점을 맞출 것인가에 따라 달라질 미래를 예시한다. 이처럼 다윗의 삶은 마지막까지 방심하지 말아야 할 것이 믿음의 길임을 전하고 있다.	
① 군사력 과시(말과 병거) ② 세금을 부과(금과 은) ③ 부역을 부과(강제노동)	성전중심

　　기근과 대적에게 쫓김과 전염병은 신명기 28장(7, 25, 21, 48절)에 제시되듯이 불순종으로 인해 받는 저주이며 결국 망국으로 가는 길이다. 스톨쯔(Stolz)는 이 세 가지 형벌은 후대 예언자들 사이에서 "칼과 기근과 전염병"이라는 간략한 공식구로 자주 표현된다는 것을 강조한다(렘 14:12; 15:2; 16:4; 겔 5:12; 6:12).[416] 이는 다윗의 경험이 결코 그 자신만의 것이 아니라는 사실과 그는 과거, 현재 그리고 미래의 모든 하나님의 백성의 대표자임을 명백하게 시사하는 것이다. 하나님을 떠난 교만은 개인과 민족에게 멸망으로 향하는 저주일 뿐이다. 그리고 여호와의 '뉘우치심'(םחנ 나함)이 없이는 결코 회복될 수 없는 것이다(삼하 24:16). 이와 같이 다윗의 인구조사에 관한 이야기는 다윗 자신을 넘어서서 미래의 후세대를 위한 살아있는 교훈이다. 다윗 왕조의 후손들과 그들을 따르는 이스라엘 백성들은 아무리 강력한 힘을 가졌다 할지라도 자신의 힘

에 의지하지 말며 하나님의 은혜에 기대어 살아가야 할 것을 강조하는 것이다. 이것은 21세기 현재를 살아가는 우리에게도 동일하다. 그리고 이것을 어기는 죄악을 저질렀을 때에라도 신속한 회개가 제단에서 이루어져야 함을 선포하고 있는 것이다. 거기에 또 다른 희망이 있기 때문이다.

제단의 의미

번제와 화목제가 드려질 제단이 서있는 성전에 대한 기대로 다윗의 이야기를 마감하는 이유가 여기에 있다. 한나가 '여호와의 집'에 올라가 자신의 모든 간구를 쏟아 놓았고, 다윗은 또 다른 장소에 '제단'을 쌓고 희생의 제사를 드림으로 자신의 죄를 용서받는다. 이제 성전은 간구가 드려지고, 회개가 이루어지는 하나님과의 관계가 살아있는 장소가 될 것이다. 이것은 솔로몬이 성전을 건축하고 제단 앞에서 올린 봉헌 기도에서 더욱더 강조되어 나타나고 있다. 그 기도 속에는 어느 곳에서든지 성전을 향하여 손을 들고 자신의 죄를 회개하면 하나님은 하늘에서 들으시고 용서해 주십사는 간청으로 가득하다(왕상 8:22-53). 이제 역사는 다윗의 마지막 회개처럼 "여호와께서 명하신 그대로 행하는" 자의 손을 들어 줄 것이다(삼하 24:19).[417]

다윗의 인구조사가 왜 큰 죄인가? 그것은 용사들의 숫자를 세는 것에 있지 않고, 그들의 힘에 의존하는 것에 있다. 하나님을 외면하고 인간의 위용에 의지하는 것이다. 이러한 인간교만에 대한 경고는 사무엘서 전체를 통해 이미 수없이 반복되었다. 다윗의 인구조사는 교만한 자를 낮추시며 겸손한 자를 높이시는 하나님께서 동일하게 왕조의 미래를 좌우하실 것에 대해 확신한다. 그리고 이 인구조사는 미래 세대들에게 생생한 교훈을 주도록 의도되었고 그들이 전적으로 하나님만 의지하도록 권면

하며 역사의 한 단락을 마감하고 있는 것이다. 하나님을 예배하는 성전이 서 있는 한 하나님의 백성은 이 진리를 결코 잊지 말아야한다. 그러므로 다윗은 과거, 현재, 미래를 살아갈 모든 하나님의 사람들에게 지금도 그 길을 비쳐주고 있다. 다윗이 회복해야 할 것은 인구조사를 뒤로하고 그가 불렀던 '감사의 노래'(삼하 22장)로 다시 돌아가는 낮아짐이다. 그 때 우리는 다윗과 함께 "주께서 곤고한 백성은 구원하시고 교만한 자를 살피사 낮추시리이다"(삼하 22:28)라고 신실하게 찬양할 수 있게 될 것이다. 이처럼 '하나님 마음에 합한 사람'은 결코 무흠한 사람을 지칭하는 표현이 아니라, 죄에 대해서 상한 심령으로 통회할 줄 아는 사람이며, 하나님의 용서의 은혜를 감사함으로 받음으로 삶을 돌이키는 사람이다.

4. 시편과 함께 다시 은혜로 돌아가기 (시 18편)

사무엘하 22장에 나타난 '다윗의 노래'는 큰 변화 없이 시편 속에 한 자리를 차지하고 있다. 사무엘서의 제목은 "여호와께서 다윗을 모든 원수의 손과 사울의 손에서 구원하신 그 날에 다윗이 이 노래의 말씀으로 여호와께 아뢰어 이르되"로 되어 있다(삼하 22:1). 그러나 시편 18편에는 좀더 보충된 제목인 "여호와의 종 다윗의 시, 인도자를 따라 부르는 노래"라는 머리말을 더 가지고 있다. 50절이나 되는 긴 시편이지만 줄여서라도 음미할 필요가 있다.

[시 18편, 여호와의 종 다윗의 시, 여호와께서 다윗을 그 모든 원수와 사울의 손에서 구원하신 날에 다윗이 이 노래의 말로 여호와께 아뢰어 가로되]

1 나의 힘이 되신 여호와여 내가 주를 사랑하나이다

여호와는 나의 반석이시요 나의 요새시요 나를 건지시는 자시요
나의 하나님이시요 나의 피할 바위시요
나의 방패시요 나의 구원의 뿔이시요 나의 산성이시로다
내가 찬송받으실 여호와께 아뢰리니 내 원수들에게서 구원을 얻으리로다
사망의 줄이 나를 얽고 불의의 창수가 나를 두렵게 하였으며
음부의 줄이 나를 두르고 사망의 올무가 내게 이르렀도다
내가 환난에서 여호와께 아뢰며 나의 하나님께 부르짖었더니
저가 그 성전에서 내 소리를 들으심이여
그 앞에서 나의 부르짖음이 그 귀에 들렸도다
7 이에 땅이 진동하고 산들의 터도 요동하였으니 그의 진노를 인함이로다

··········

13 여호와께서 하늘에서 우렛소리를 내시고
지존하신 자가 음성을 내시며 우박과 숯불을 내리도다
그 살을 날려 저희를 흩으심이여 많은 번개로 파하셨도다
이럴 때에 여호와의 꾸지람과 콧김을 인하여
물 밑이 드러나고 세상의 터가 나타났도다
저가 위에서 손을 펴사 나를 붙잡아 주심이여 많은 물에서 나를 건져내셨도다
나를 강한 원수와 미워하는 자에게서 건지셨음이여
저희는 나보다 힘이 세기 때문이로다
저희가 나의 재앙의 날에 내게 이르렀으나 여호와께서 나의 의지가 되셨도다
19 나를 또 넓은 곳으로 인도하시고 나를 기뻐하시므로 나를 구원하셨도다

··········

30 하나님의 도(דֶּרֶךְ 데레크/길)는 완전하고(תָּמִים 타밈) 여호와의 말씀은 순수하니
그는 자기에게 피하는 모든 자의 방패시로다
여호와 외에 누가 하나님이며 우리 하나님 외에 누가 반석이냐
이 하나님이 힘으로 내게 띠 띠우시며 내 길(דֶּרֶךְ 데레크/도)을 완전하게(תָּמִים 타밈) 하시며
나의 발을 암사슴 발 같게 하시며 나를 나의 높은 곳에 세우시며
내 손을 가르쳐 싸우게 하시니 내 팔이 놋활을 당기도다
또 주께서 주의 구원하는 방패를 내게 주시며
주의 오른손이 나를 붙들고 주의 온유함이 나를 크게 하셨나이다
내 걸음을 넓게 하셨고 나를 실족하지 않게 하셨나이다
37 내가 내 원수를 뒤쫓아가리니 그들이 망하기 전에는 돌아서지 아니하리이다

·····························

42 내가 그들을 바람 앞에 티끌 같이 부숴뜨리고 거리의 진흙 같이 쏟아 버렸나이다
주께서 나를 백성의 다툼에서 건지시고 여러 민족의 으뜸으로 삼으셨으니
내가 알지 못하는 백성이 나를 섬기리이다
그들이 내 소문을 들은 즉시로 내게 청종함이여 이방인들이 내게 복종하리로다
이방 자손들이 쇠잔하여 그 견고한 곳에서 떨며 나오리로다
여호와는 살아 계시니 나의 반석을 찬송하며 내 구원의 하나님을 높일지로다
이 하나님이 나를 위하여 보복해 주시고 민족들로 내게 복종케 해 주시도다
주께서 나를 내 원수들에게서 구조하시니 주께서 나를 대적하는 자

들의 위에
나를 높이 드시고 나를 포악한 자에게서 건지시나이다
여호와여 이러므로 내가 열방 중에서 주께 감사하며 주의 이름을 찬송하리이다
50 여호와께서 그 왕에게 큰 구원을 주시며
기름 부음 받은 자에게 인자를 베푸심이여 영원토록 다윗과 그 후손에게로다

이 시편은 어느 모로 보나 다윗을 통한 하나님의 승리를 감사하는 찬양이다. 하나님은 그의 적들을 다윗을 통하여 물리치시며 자신의 왕국을 이 땅에 확장해 나가신다.[418] 다윗의 원수는 하나님의 원수가 되고 다윗의 승리는 하나님의 승리가 되고, 궁극적으로 다윗의 나라는 하나님의 나라가 된다. 그리고 하나님의 왕국이 이루어진다는 것은 또 다른 왕국, 즉 사탄의 왕국이 패하고 물러가는 것을 뜻한다. 시편 18편은 이러한 세상에 대한 구약적인 사고를 분명히 밝히고 있다. 우리는 지금도 우리의 원수인 사탄과 극렬한 전쟁을 치르고 있다. 그 전쟁은 우리가 치르는 것이다. 그러나 하나님께서 그 싸움에 함께하신다. 지금으로부터 3000년 전에 다윗은 이 사실을 이미 깨달았다는 것을 주지할 필요가 있다.[419] 다윗은 하나님 앞에서, 하나님과 함께, 때로 하나님 없이, 악과의 전쟁을 치르고 있었다는 사실이다. 주 여호와께서 그의 임재와 그의 능력을 부여해 주신다. 그가 성령으로 채우시고 사탄과의 전쟁을 치르도록 우리의 육체와 마음에 모든 악을 대항할 수 있는 능력을 부여해 주신다.

이 시편의 30-37절에는 이 두 가지 요소가 공존하고 있음을 분명히 살펴볼 수 있다. 육체적으로 "힘으로 띠 띠우시고, 발을 암사슴의 발 같이 빠르게 하시고, 손을 자유롭게 다루게 하시며, 놋활도 당길 수 있는 능력을 부여하시고, 발걸음도 넓게 하셨다." 이런 육체적 능력으로 원수

를 쫓아가 그들의 마지막 한 명이 쓰러질 때까지 물러서지 않는다. 그러나 이것만으로 끝나지 않는다. 다윗의 이런 육체적인 능력과 더불어 그의 마음 또한 하나님의 마음에 맞게 변화시키신다. 힘으로 띠를 삼는 것은 그 능력으로 걷는 길을 완전하게 하기 위함이다. 하나님의 길(דֶרֶךְ 데레크/길)이 완전하심(תָּמִים 타밈) 같이 다윗의 길(דֶרֶךְ 데레크/도) 또한 완전해 진다는 것을 의미한다(תָּמִים 타밈) (시 18:32). 주의 오른손으로 붙드시고 주의 온유함으로 다윗을 크게 하신다. 발걸음을 넓게 하심은 그가 실족하지 않게 하시려는 것이다. 완전함, 온유함, 실족치 않음은 하나님의 사람이 살아가야 할 마음 자세이며, 삶의 길이다. 그것은 바로 여호와께 순종하고 신뢰하는 삶이다.

그리고 마침내 가장 중요한 하나님을 향한 진실한 신앙고백을 만들어 낸다: "여호와는 살아 계시니 나의 반석을 찬송하며 내 구원의 하나님을 높일지로다"(시 18:46). 이 고백은 세상을 향하여서는 여호와만 바라보는 배타적인 예배를 향한 강력한 선포가 되는 것이다. 이 감사와 감격의 외침은 이 시편의 신학적인 절정이라 할 수 있다. 살아계시는 하나님은 단지 생명과 죽음이라는 물리적인 상태를 상징하는 것이 아니라, 무능하고 수동적인 우상들에 반대되는 이 세상의 역사를 주관하시는 역동적인 전능자 하나님을 표현하는 것이기 때문이다.[420] 이 신앙으로의 회복이 이루어진다면 우리의 삶에서 더 이상 스스로의 힘을 모으는 인구조사를 행하는 일은 없을 것이다. 살아계신 하나님께서 "나를 위하여 보복해 주시고 민족들이 내게 복종하게 해 주실 것"을 믿기 때문이다(시 18:47).

이 시편은 다윗이 돌아가야만 하는 장소를 이야기한다. 인구조사인가 혹은 여호와의 제단인가 라는 심각한 질문 앞에서 다윗이 이 노래를 회복한다면 새로움의 길로 나설 수 있다. 다윗과 그 후손에게 베푸신 하나님의 영원한 인자는 "열방 중에서 주께 감사하며 주의 이름을 찬송하리라"는 다윗의 고백과 반드시 하나가 되어야 한다. 그러할 때 악이 물러나고 정의와 공의가 세워지는 세상이 될 것이다. 사무엘서의 다윗의 노래가 시편 18편이 된 것은 이스라엘의 그 어떤 왕이든지, 지도자든지, 아니면 백성이든지 그들이 결코 잊지 말아야 하며 회복해야 하고 돌아가야만 할 장소가 바로 이곳이기 때문일 것이다. 다윗의 이 노래를 같이 부르는 자는 그와 함께 하나님의 존전에서 감사의 제사를 올릴 수 있을 것이다. 이처럼 시편 18편은 '여호와의 종 다윗의 시'라는 제목을 통하여 실제 역사적 배경보다는 다윗의 인덕과 실수, 소망과 실의, 신뢰와 승리, 감사와 찬송 등 모든 인간을 대표하는 한 인간으로서의 다윗을 말하고자 하는 목표를 갖고 있다.[421]

5. 역대기, 인구조사를 성전으로 대체하다 (대상 21, 22-27장)

역대기에도 다윗의 인구조사는 나타난다. 이 사건은 다윗의 실수 중에서 유일하게 사라지지 않고 살아남아 역대기에도 그 이야기를 계속하고 있다. 역대기에는 동일한 이야기가 약 다섯 절 정도 더 길게 확장된다(대상 21:27-22:1). 이야기의 위치도 사무엘서와 역대기가 다르다. 사무엘서에는 다윗의 말년에 위치하고, 역대기에서는 암몬을 물리친 바로 다음에 그리고 본격적인 성전건축 준비 바로 전에 위치하고 있다. 본래 이 자리는 다윗의 삶에서 치명적인 밧세바-우리아 사건 다음에 암논과 압살롬 사건이 나타나야 할 장소인데 역대기에서는 죄와 징벌이 사라지며 성전건축 준비로 대체되는데 바로 그 전에 나타나는 것이다(대상 21장). 다윗이 성전건축 준비를 해나가는 바로 전에 발생한다는 점에서 역대기에서 인구조사는 분명 성전건축과 긴밀한 상관관계가 있을 것을 짐작해 볼 수 있다. 하나님을 향한 예배를 바르게 세우는 것이 역대기의 주 관심이라는 점을 감안한다면 새 역사를 쓰는 시점에서 다윗의 이 실패를 다시 거론하는 이유도 그 예배와의 연관성 때문일 것이라 추측해 볼 수 있기 때문이다. 역대기가 신앙의 가장 모범적인 인물로 이 사람을 따르라고 제시하는 전형적인 인물인 다윗의 잘못까지도 활용하여 보여주기를 원하는 예배는 도대체 무엇일까?

역대기의 인구조사에는 이미 거론되었듯이 사탄(שטן 원수, 대적)이 등장한다. 사탄이라는 단어는 역대기에서만 아니라 신명기 역사서인 사무엘서와 열왕기서에 오히려 더 자주 등장하는 용어이다(삼상 29:4; 삼하 19:22; 왕상 5:4; 11:14, 23, 25). 그러나 신명기 역사서의 그 어디에서도 사탄이라는 말이 하나님을 대적하는 영적 존재로서의 악의 상징으로 나타난 적은 없다. 모두다 인간적인 적들이요(솔로몬의 대적들, 왕상 11:14) 또한 동료임에도 하나님의 뜻을 분별하지 못하는 자들(스루야의 아들들, 삼하 19:22)을 지칭할 때 쓰일 뿐이다. 하지만 역대기에서 '사탄'이란 용어는 더 이상 인간적인 원수의 의미가 아닌 영적인 대적자의 의미로 사용되고 있다. 이것은 분명 욥기 1-2장 그리고 스가랴 3장 1-5절에 나타나는 여호와께서 좌정하신 천상회의(the Heavenly Council[Court])에서 고발자 역할을 하는 그 사탄의 이미지에 영향 받은 것으로 보인다.[422]

역대기에는 사무엘서처럼 하나님께서 이스라엘을 향하여 진노를 품을 이유가 없으시다(삼하 24:1). 그 진노를 펼치시려고 다윗을 격동하여 인구조사를 시키시는 것이 아니다. 모든 것이 다르다. 그러므로 역대기에서 인구조사는 하나님의 진노의 도구가 아니었다. 모든 것이 안정되고 잘 되어가는 순간에 하나님의 백성을 유혹하는 것은 다름 아닌 사탄이다. 사탄은 부지불식간에 삶의 중심을 파고들어 우리의 덜미를 잡는다.

그 존재조차 의식하지 못하는 사이에 어느새 다윗의 삶에 파고들어 왔다. 흡사 에덴동산의 뱀처럼 먹음직도 하고(육신의 정욕), 보암직도 하고(안목의 정욕), 지혜롭게 할 만큼 탐스러운 것(이생의 자랑)을 가지고 격동시키는 것이다. 인구조사는 이 모든 것을 다 과시할 수 있는 위력적인 시험이다. 위기에 직면하여 하나님의 날개 그늘에 피하기보다는 스스로 하나님처럼 되는 길을 택하는 것이다. 인생은 이처럼 하나님의 진노가 아니라도 시험은 늘 있다. 그 시험은 우리가 하나님을 예배하는 존재가 되는 길을 차단하고 우리 스스로를 과시하며 자화자찬하는 존재가 되게 만든다. 하나님을 예배하는 존재(God-server)가 아닌 자신을 섬기는 자(self-server)를 만드는 것이다.

역대기에서는 하나님의 계속되는 은혜의 나열(대상 17-20장)과 그 은혜에 대한 응답으로 성전건축을 최선을 다해서 준비하는(대상 22-29장) 사이에 사탄의 시험인 인구조사가 위치하고 있다(대상 21장). 마치 광야에서 하나님을 모시고 예배할 장소인 성막건축 지시(출 25-31장)와 성막건축 실행(출 35-40장) 사이에 금송아지 사건(출 32-34장)이 이물질처럼 끼어 있듯이 그렇게 예배를 파괴하는 인구조사가 나타난다. 그렇지만 이 뼈아픈 경험을 통해 하나님의 성전을 세운다는 것이 무슨 뜻을 내포하고 있는 지를 배운다면 그보다 더 값진 것은 없을 것이다. 이스라엘은 광야에서 하나님을 예배하는 것이 무엇인지를 배웠다. 그것은 그 무엇도, 그 누구도 아닌 은혜의 주인 되시는 여호와 하나님만을 전폭적으로 신뢰하며 섬기는 전적으로 배타적인 경배이다. 스스로 움직일 수도 없고, 역사에 그 어떤 영향력도 행사할 수 없는 죽은 우상 뒤에는 늘 인간의 욕심과 간교함이 도사리고 있다.[423] 다윗은 안타깝게도 이 시험에 실패한다. 역대상 17-20장까지 나타나는 다윗의 승승장구는 하나님의 은혜에 대한 묵상이 없이는(대상 17:8, 24)

인간적인 오만으로 손쉽게 탈바꿈할 수 있다. 다윗의 인구조사는 하나님을 벗어나 자신의 힘을 의지하고 신뢰하는 인간 교만의 소산이다. 사탄은 이처럼 다윗의 갑옷에서 파고들 수 있는 허점을 발견했다(Satan had found a chink in David's armor).[424] 그러므로 인구조사와 하나님의 성전은 결코 공존할 수 없다. 둘 중에 하나는 반드시 제거되어야만 한다. 인구조사인가? 성전인가?

다윗이 여호와의 명령대로 오르난이라는 사람의 타작마당에 제단을 세운다. 그리고 번제와 화목제를 드리고 여호와께 간구한다. 그런데 "여호와께서 하늘에서부터 번제단에 불을 내려 응답하신다"(대상 21:26). 다윗은 모세 때 광야에서 건립한 성막과 번제단이 있는 기브온 산당으로 가서 신속하게 하나님께 제사를 드릴 마음도 있었으나 여호와의 사자의 칼을 두려워하여 감히 그곳에 가서 물을 용기조차 없었다. 그러나 이제 이 장소 오르난의 타작마당에서 이렇게 하나님께서 감격스럽게 응답하시니 더 이상 무슨 필요가 있겠는가? 다윗은 감격스러움으로 그곳에서 미래의 성전을 본다: "다윗이 이르되 이는 여호와 하나님의 성전이요 이는 이스라엘의 번제단이라 하였더라"(대상 22:1).

역대기는 분명하게 선언하고 있다. 인간의 고집과 아집, 계획, 자랑, 힘과 능력이 깨어지는 그 장소가 바로 성전의 터전이며, 하나님의 집이 설 수 있는 곳이 될 수 있다는 것이다. 지금 우리 시대에도 이것은 동일할 것이다. 하나님의 교회가 바로 이런 장소에서 최고의 위력을 발휘할 것이다. 실제로 솔로몬이 성전을 건축할 때 그 성전건축의 부지가 바로 이 장소라는 것을 통해 성전의 의미를 분명히 할 수 있다: "솔로몬이 예루살렘 모리아 산에 여호와의 전 건축하기를 시작하니 그 곳은 전에 여호와께서 그의 아비 다윗에게 나타나신 곳이요 여부스 사람 오르난의 타작마당에 다윗이 정한 곳이라"(대하 3:1). 이제 다윗의 뒤를 잇는 그 어느 누구도 하나님의 집인 성전의 의미를 오해할 수 없다. 그것은 성전건축 준비를 서두르는 다윗도, 성전을 건축할 장본인인 솔로몬도 잊어서는 안 되는 교훈이다. 그러므로 성전건축 준비를 시작하는 이야기 바로 전에 다윗의 인구조사 이야기가 나타나는 이유는 이곳이 최적의 장소이기 때문이다.

이제 다윗이 할 수 있는 것은 다 하였다. 하나님께서 부여해 주시는 능력으로 주변의 열국을 평정하여 평화를 만들고, 나라의 기강을 세웠으며, 성전을 건축할 모든 재료들을 갖추었으며, 심지어 성전을 건축할 신앙적, 공간적 터전까지 마련하였다. 이제 남은 것이 있다면 이 모든 것을 후대에 물려주는 것이다. 그의 정신까지 담아낼 수 있는 사람을 세우는 것이다.

주석

383) B. S. Childs, *Introduction to the Old Testament as Scripture* (Philadelphia: Fortress Press, 1979), 263-280쪽. 이 부분에 다윗의 인구조사가 포함되어 있는 삼하 21-24장까지의 다양한 해석을 보여주고 있다.

384) James W. Watts, Psalm and Story: *Inset Hymns in Hebrew Narrative* (JSOTSup. 139; Sheffield: JSOT Press, 1992), 19-40, 99-117쪽.

385) Watts, *Psalm and Story*, 23쪽, n. 3.

386) Watts, *Psalm and Story*, 24쪽; Childs, *Introduction to the Old Testament as Scripture*, 272쪽; Robert Polzin, *Samuel and the Deuteronomist* (New York: Seabury, 1988), 33-34쪽.

387) Polzin, *Samuel and the Deuteronomist*, 31쪽.

388) P. Kyle. McCarter, Jr, *I Samuel* (AB 8; Garden City; New York: Doubleday, 1980), 76쪽.

389) W. Lee Humphreys, "The Tragedy of King Saul: A Study of the Structure of ISamuel 9-31," *JSOT* 6 (1978), 18-27쪽; idem, "The Rise and Fall of King Saul: A Study of an Ancient Narrative Stratum in 1Samuel," *JSOT* 18 (1980), 74-90쪽; idem, "From Tragic Hero to Villain: A Study of the Figure of Saul and the Development of 1Samuel," *JSOT* 22 (1982), 95-117쪽; David Jobling, "Saul's Fall and Jonathan's Rise: Tradition and Redaction in 1Samuel 14:1-46," *JBL* 95 (1976), 367-376쪽; Niels Peter Lemche, "David's Rise," *JSOT* 10 (1978), 2-25쪽.

390) '헤렘' (חרם)은 전시에 전리품을 하나도 남김없이 사람에서부터 짐승, 물건에 이르기까지 모조리 다 태워서 하나님께 올려 드리는 방식이나 혹은 개인적인 사용은 금지되고 하나님께만 구별되어 사용되어지는 물건을 뜻한다. 사울은 이방인 아말렉 족속에게는 하나님의 명령을 거역하고 '헤렘'을 실천하지 않고, 오히려 자신의 동족 제사장에게는 잔혹하게 '헤렘'을 실천하는 악행을 저지른다: "제사장들을 쳐서 그 날에 세마포 에봇을 입은 자 팔십 오인을 죽였고 제사장들

의 성읍 놉의 남녀와 아이들과 젖먹는 자들과 소와 나귀와 양을 칼로 쳤더라" (삼상 22:18-19). 이것은 사울의 추락을 더욱더 강조하는 요소가 되기도 한다.

391) Watts, *Psalm and Story*, 22-23쪽.
392) Peterson, *First and Second Samuel*, 3쪽. 피터슨은 사무엘서의 전체 이야기가 기도로 시작하고 끝나고 있다고 본다: 한나의 기도 (삼상 1-2장)와 다윗의 기도 (삼하 22-23장). 그리고 각각의 내용은 '들으시는 하나님'(a God-listening)과 '응답하시는 하나님'(a God-answering)이라고 분석한다. 그렇다면 삼하 22-23장을 "다윗의 기도"라 하기 보다는 기도에 대한 응답이므로 본래 히브리어 제목처럼 '찬양' 즉 '노래' (שירה 쉬라)라고 함이 더 올바를 것이다.
393) Watts, *Psalm and Story*, 23쪽.
394) Noll, *The Faces of David*, 132-33쪽.
395) 매칸, 『새로운 시편여행』, 165쪽.
396) 브루거만, 『사무엘상·하』, 500-508쪽.
397) Peterson, *First and Second Samuel*, 242쪽; Childs, *Introduction to the Old Testament as Scripture*, 273쪽; 브루거만, 『사무엘상·하』, 496-524쪽.
398) Henry Preserved Smith, *The Book of Samuel* (ICC; Edinburgh: T.&T. Clark, 1969), 388쪽.
399) Noll, *The Faces of David*, 156쪽.
400) Noll, *The Faces of David*, 156쪽.
401) H. W. Hertzberg, *I & II Samuel: A Commentary* (OTL; London: SCM Press, 1964), 399쪽. 헤르츠버그는 이 '다윗의 마지막 말'을 "왕조의 미래를 위한 신학적 프로그램"(the theological programme for the future of the dynasty)으로 정의하고 있다.
402) Watts, *Psalm and Story*, 170쪽.
403) Childs, *Introduction to the Old Testament as Scripture*, 274쪽.
404) 브루거만, 『사무엘상·하』, 413쪽.
405) 브루거만, 『사무엘상·하』, 514-15쪽.
406) Peterson, *First and Second Samuel*, 261쪽.
407) 브루거만, 『사무엘상·하』, 514쪽.

408) Peterson, *First and Second Samuel*, 262쪽; 브루거만, 『사무엘상·하』, 515-16쪽. 맥카터는 군대의 정결법에 관한 이론으로 다윗의 인구조사와 재앙을 설명하려 한다. 그는 군인으로 계수된 자는 이미 이 정결례에 적용이 됨으로 진을 정결케 하는 법 중에 어떤 것이라도 어길 시에는 재앙을 피할 수 없기에 내려진 재앙은 분명 이러한 법의 위반으로 보고 있다(McCarter, *I Samuel*, 514쪽.).

409) R. P. Gordon, *I and II Samuel* (Grand Rapids: Zondervan, 1986), 316쪽; D. M. Gunn and D. N. Fewell, *Narrative in the Hebrew Bible* (Oxford: University Press, 1993), 126쪽. 특히 군과 피웰은 다윗의 인구조사는 여호와의 능력을 의뢰함에서 벗어나 군사적인 위용에 잠재력을 두는 행위라고 본다. 투엘, 『역대상·하』, 134쪽. 투엘은 인구조사의 목적을 세 가지로 제시한다: 조공의 정하기 위함, 강제 노역의 규모를 파악하기 위함(대하 2:17), 그리고 군대의 징병 규모를 파악하기 위함(민 1:3; 26:2; 대하 25:5-6), 투엘은 다윗의 인구조사는 분명히 이 세 번째가 그 목적이라고 본다. 그 이유로 군대에 의해 인구조사가 실시되고 있고, 계수된 백성이 칼을 지닌 자(삼하 24: 9; 대상 21: 5)들이라는 점을 들고 있다.

410) 제 2이사야가 보여주는 여호와의 모습도 이와 다르지 않다: "나는 여호와라 다른 이가 없느니라 나는 빛도 짓고 어두움도 창조하며 나는 평안도 짓고 환난도 창조하나니 나는 여호와라 이 모든 일을 행하는 자니라"(사 45:6b-7).

411) Nahum M. Sarna, *Exodus* (JPS Torah Commentary; New York: The Jewish Publication Society, 1991), 28쪽.

412) 브루거만, 『사무엘상·하』, 521쪽.

413) G. E. Mendenhall, "The Census Lists of Numbers 1 and 26," *JBL* 77 (1958), 52-66쪽.

414) 김종윤, 『고대 유다에서 읽는 다윗 내러티브』, 168쪽. 김종윤은 사무엘하 24장의 주제가 다윗이 신의 노여움을 달랠 수 있고, 국가적 재난에 어떻게 대처해야 할 지를 잘 아는 왕이라는 점을 칭송하는 것이라 본다.그리고 다윗이라는 주요 등장인물의 영웅적인 업적을 강조하기 위해 이 무고한 희생자들은 성서기자에 의해 철저히 무시되고 있다고 주장하며, 이처럼 다윗 내러티브는 소수의 엘리트주의를 표방하고 있다고 여긴다.

415) Rosenberg, *King and Kin*, 170쪽.

416) 프리츠 스톨쯔(Fritz Stolz), 『사무엘 상.하(Das erste und zweite Buch Samuel)』 (박영옥 역) (국제성서주석; 서울: 한국신학연구소, 1991), 507-8쪽.

417) Bergen, 1, 2 Samuel, 479쪽: 삼하 24: 19절에 "다윗이 여호와께서 명하신대로 행했다"라는 표현은 신명기 역사신학에는 단 한 번 나타나는 표현으로 오경 속에는 53번에 걸쳐서 나타나며 특히 출애굽기에서 성막 건축이 완성되었을 때 18번에 걸쳐서 쏟아져 나오는 표현이다(38-40장). 여호와의 명령을 준수하는 것이 이스라엘의 제의와 밀접하게 연관되어 있음을 살펴볼 수 있다.

418) Donald M. Williams, Psalms 1-72 (The Communicator's Commentary; Waco, Texas: Word Books, 1986), 136쪽.

419) Williams, Psalms 1-72, 136, 141쪽.

420) 메이스, 『시편』, 137쪽.

421) Childs, Introduction to the Old Testament as Scripture, 522쪽.

422) Allen, 1, 2Chronicles, 139쪽.

423) J. Gerald Janzen, Exodus (Westminster Bible Com.; Louisville, Kentucky: Westminster John Knox Press, 1997), 230쪽.

424) Allen, 1, 2Chronicles, 140쪽.

제 11장 _ 다윗이 수금을 놓다: 다윗의 고별 연주

1. 다윗의 마지막 시간(왕상 1)
2. 이스라엘의 왕도와 선악을 아는 것
3. 수금을 넘겨주는 다윗(왕상 2:1-9)
4. 시편으로 끝맺는 다윗의 기도(시 72편)
5. 역대기가 꿈꾸는 다윗 왕위 계승 신학(대상 28-29장)

제 12장 _ 다윗의 수금을 들고: 미래의 오케스트라를 향하여

1. 다윗의 수금을 들다(왕상 2-왕하 23장)
2. 토라로 새 역사를 조율하다(왕하 24-25장; 창 1-15장)
3. 토라가 또 왕도를 말하다(창 44장)
4. 시편이 토라로 성도의 길을 만들다(시 78-79편)
5. 역대기, 다윗으로 민족의 정체성을 만들다(대하 1-9장)

PART 4
다윗의 수금을 이양함

kinnor
David

제11장 다윗이 수금을 놓다
: 다윗의 고별 연주

> 다윗이 죽을 날이 임박하매 그 아들 솔로몬에게 명하여 가로되 내가 이제 세상 모든 사람의 가는 길로 가게 되었노니 너는 힘써 대장부가 되고 네 하나님 여호와의 명을 지켜 그 길로 행하여 그 법률과 계명과 율례와 증거를 모세의 율법에 기록된 대로 지키라 그리하면 네가 무릇 무엇을 하든지 어디로 가든지 형통할지라 여호와께서 내 일에 대하여 말씀하시기를 만일 네 자손이 그 길을 삼가 마음을 다하고 성품을 다하여 진실히 내 앞에서 행하면 이스라엘 왕위에 오를 사람이 네게서 끊어지지 아니하리라 하신 말씀을 확실히 이루게 하시리라(왕상 2:1-4).

    세월의 흐름은 아무도 막을 수 없다. 천하를 호령하던 다윗도 시간의 흐름을 되돌릴 수 없고, 거역할 수 없다. 파란만장한 세월동안 천상과 스올을 오르내리는 숱한 경험들을 되풀이하며 지금 여기까지 이르렀다. 그의 삶은 끊임없는 선택의 연속이었으며, 결코 방심할 수 없는 것이 인생이라는 중요한 교훈을 남겼다. 이제 마지막 임종을 눈앞에 두고 다윗의 모든 능력은 풀어헤쳐진다. 다윗이 살아갔던 고대 근동의 사회에서 왕들은 대체로 정의를 유지하는데 책임이 있고 또 자신이 다스리는 사회의 정의에 관심을 둔다. 이러한 생각은 대부분의 고대의 법전들이 신들로부터 왕에게 수여된다고 이해한데서도 잘 알 수 있다.[425] 다윗은 왕으로서 이것을 잘 수행해내야만 했고, 또 마지막 순간까지 이 질서를 지켜내야 한다.

다윗, 그에게는 여호와의 율법이 주어져 있다. 이 세상에 존재한 그 어떤 법전도 하나님께서 주신 지고의 법을 따라갈 수 없다. 수많은 유사한 법조문들이 존재하지만 그럼에도 하나님의 말씀 속에 주어진 법전의 숭고한 이념을 따라갈 만한 것은 그 어디에서도 찾아볼 수 없다. 그 단적인 예로 크라우스(Kraus)는 함무라비 법전과 같은 법조문들은 법률의 실제적인 집행에 사용하기 위한 것이 아니라는 사실을 밝혀냈다. 그는 이러한 고대 근동의 법전들이 그 시대에 법률을 실행하는 데에는 관심이 없고 오히려 법률 수여자, 즉 함무라비 자신과 같은 중요한 인물들을 선전하고자 하는 의도가 짙게 깔려 있다고 본다. 그리고 함무라비 법전의 전문을 포함하여 문서의 현재 형태를 살펴보면 함무라비 법전과 같은 본문은 사법집행에 사용되기 위한 것이 아니라, 오히려 지혜롭고 정의로운 왕으로서의 함무라비의 이미지를 높이기 위한 것이었다는 사실이 분명해진다고 주장한다.[426] 이에 반해 이스라엘의 율법(토라)은 결코 인간의 위대함을 포장하려는 것이 아닌, 하나님의 지혜와 공의, 자비와 긍휼하심을 드러내려는 지고의 목표를 가지고 있다.[427] 그러나 이 지고의 법이 인간의 손에 쥐어졌다는 것은 하나의 위기를 조성할 수 있다. 다윗을 포함하여 그 어떤 인간도 완전할 수 없으며, 또한 유한하다는 사실은 인간에게나 하나님께나 당혹스러운 것임에 틀림없다. 영원하신 하나님은 인간이 가지고 있는 이 약점을 늘 극복해야만 하신다. 하나님께서는 비록 완전치는 않지만 그럼에도 자신의 마음에 맞는 사람을 찾으신다는 것은 이 법이 가장 온전하게 작용하여 정의와 공의가 실현되는 세상을 만드시기 위함이다. 그리고 다윗에게 영원한 언약을 주셨을 때 결코 다윗 한 사람에게만 약속하지 않으시고 "네 수한이 차서 네 조상들과 함께 누울 때에 내가 네 몸에서 날 네 씨를 네 뒤에 세워 그의 나라를 견고케 하리라"(삼하 7:12)고 말씀하셨다. 이것은 인간의 유한함을 염두에 두신 계획이다.

　인간이 생각하는 영원과 하나님께서 바라보시는 영원은 때로 현저한 차이가 있다. 인간은 단지 육체적인 생명의 연속을 추구하며 영원불멸에 대한 허황된 꿈을 꾼다. 그리고 자신이 영원할 것처럼 행동하는 어리석음을 드러내기도 한다. 마치 이 땅 위에서 죽음을 맛보지 않고 영원히 살 것처럼 자기의 재물을 의지하고 부유함을 자랑한다. 그리고 자신들의 집이 영원히 있고, 거처가 대대에 이르리라 확신하여 건물과 땅에 자신들의 이름을 붙이고 호령하며 살아간다. 그러나 시편 49편은 이와 같은 자들을 어리석은 자들이라고 명명한다. 땅이 세대가 흘러감에도 그대로 존재하기에 그 땅에 자신의 이름만 붙이면 자신도 그렇게 대대로 살아갈 수 있으리라 여기는 자를 지혜 있다 할 수는 없을 것이다. "한 세대는 가고 한 세대는 오되 땅은 영원히 있는 것이다"(전 1:4). 이것을 바르게 이해하는 자만이 후세대를 준비하는 지혜를 간직할 것이다.

　이제 파란만장했던 한 세대가 끝이 나려 한다. "다윗 왕이 나이가 많아 늙으니"(왕상 1:1)로 시작하는 열왕기서는 사무엘서와는 사뭇 다른 다윗의 마지막 시간을 이야기한다. 영원한 언약을 부여받은 다윗이 늙었다. 그리고 죽음의 시간을 기다리고 있다. 영원한 언약(삼하 7장)은 어찌 될 것인가? 하나님의 말씀으로 이루어진 언약은 영원하고, 다윗은 유한하다. 다윗은 영원한 언약과 생명의 유한함이라는 서로 상반되는 양극단에 부딪쳐 있다. 인간이 나이가 든다는 것은 깊은 연륜으로 모든 것을 헤아려 알 수 있는 혜안이 생긴다는 뜻도 된다. 그러나 그보다 더 멀리 임종에 가까운 나이가 된다는 것은 이 모든 것을 상실하는 단계로 나가는 것이다. 이 사실은 압살롬의 반역으로 고난을 겪는 다윗을 극진히 환대한 바르실래라는 노인의 입으로 입증된다. 다윗은 자신의 환난 때에 극진하게 후대한 바르실래의 충성에 보답하는 의미로 자신과 함께 예루살렘으로 가면 자신이 받은 그 이상으로 대접을 하겠노라고 약속한다. 그러나 바르실래는 자신의 연로함을 들어 그 제안을 정중히 거절한다.

> **내 생명의 날이 얼마나 있삽관대 어찌 왕과 함께 예루살렘으로 올라가리이까 내 나이 이제 팔십 세라 어떻게 "좋고 흉한 것을 분간할 수"**(עֵת בְּטוֹב לְרַע, 야다 벤토브 레라/선과 악을 알다) **있사오며 음식의 맛을 알 수 있사오리이까 이 종이 어떻게 다시 노래하는 남자나 여인의 소리를 알아들을 수 있사오리이까 어찌하여 내 주 왕께 아직도 누를 끼치리이까(삼하 19:34-35).**

바르실래가 차분하지만 분명한 어조로 가장 먼저 강조하는 것은 "좋고 흉한 것을 분간할 수 없다"는 것이다. 이것을 더 정확하게 원문의 음조를 살린다면 "선과 악을 바르게 판단할 수가 없다(알 수 없다)"는 것이다. 그리고 육체적인 낙조차 사라졌다는 것이다. 전도서의 마지막 부분 또한 이러한 인생의 유한함을 기막힌 비유를 들어 설명하고 있다: "또한 그런 자들은 높은 곳을 두려워할 것이며 길에서는 놀랄 것이며 살구나무에 꽃이 필 것이며 메뚜기도 짐이 될 것이며 정욕이 그치니 이는 사람이 자기의 영원한 집으로 돌아가고 조문객들이 거리로 왕래하게 됨이니라"(전 12:5).[428]

바르실래는 다윗에게 "당신의 종을 돌려보내옵소서 내가 내 고향 부모의 묘 곁에서 죽으려 하나이다"(삼하 19:37a)라고 청한다. 그리고 다윗에게 한 가지 부탁을 한다. 자기 대신 자신의 아들 김함에게 그 은총을 베풀어 달라는 것이다: "그러나 왕의 종 김함이 여기 있사오니 청하건대 그가 내 주 왕과 함께 건너가게 하옵시고 왕의 처분대로 그에게 베푸소서"(삼하 19:37b). 바르실래의 이야기는 인간이 걸어가야 할 자연스런 길을 보여주고 있다. 한 세대는 가고 한 세대는 온다. 한 세대의 죽음은 새로운 세대의 시작을 의미한다. 바르실래는 죽음이 끝이 아니라 다음 세대에게 새로운 시작을 열어주는 출발선이라는 것을 보여주고 있다.

이것은 이스라엘뿐만 아니라 이 세상 어느 누구에게나 동일한 사항이라 여겨진다. 다음은 기원전 2450년경의 것으로 추정되는 이집트의 '프타호텝의 교훈'(The Instruction of the Vizier Ptah-hotep)의 머리말의 일부분이다. 여기에도 동일한 사고가 묻어나고 있다.

> 수도의 책임자, 고관 프타호텝이 대왕 이씨시(Izezi)에게 말하였다. "대왕이시여, 소인은 너무나 나이가 들고 보니 무기력하고, 망령이 들게 되었습니다. 심장은 매일 약해지고, 눈은 어두워졌고, 귀는 먹었습니다. 마음도 약해져 기력이 사라지고 입은 닫혀져 말을 할 수 없습니다. 정신은 몽롱해져 잊어버리기도 잘하며 어제의 일도 기억하지 못합니다. 뼈마디가 쑤시기 시작하며 입맛은 잃었고, 코는 막혀 숨도 쉴 수 없게 되었습니다. 일어서고 앉는 것이 귀찮으며, 인간에게 있어서 노년기에는 모든 것이 성가신 것뿐입니다. 그러므로 대왕께서는 이 종에게 노년에 지팡이가 될 수 있게 제 아들이 제가 맡았던 자리를 대신하게 하여 주십시오. 그러면 그에게 예전에 대왕의 선조들을 섬겼던 재판관들과 지혜자들의 말을 가르치겠습니다. 그러면 대왕을 위한 동일한 일이 행해질 것이며, 백성들의 삶에서 분쟁이 사라지고, 왕국 전체가 대왕을 섬길 것입니다."[429]

그렇다. 죽음은 이 세상 어느 누구에게나 인간적인 삶의 자연적인 종말이다. 하지만 한 인간의 끝이 영원의 끝은 결코 아니다. 인간은 유한할지라도 하나님은 영원하시기 때문이다. 그래서 야곱(창 48:21), 요셉(창 50:24), 모세(신 31:2-6), 여호수아(수 23:14) 등은 동일하게 말한다: "나는 죽으나 하나님이 너희와 함께 계시사…." 다윗도 죽음을 눈앞에 두고 같은 말을 한다(왕상 2:1-4). 이러한 서술에서 알 수 있듯이 임박한 죽음은 그것이 임하는 자에게는 삶을 회고하는 시간이 되고, 또한 주어진 시간을 살아야 하는 남아 있는 사람들에게는 훈계의 동기로 작용한다. 그러므로 죽음은 동시에 후세대에 대한 인계이다.[430] 하나님 앞에 서 있었던 사람의 대표자 다윗, 그가 이 땅에서의 마지막 시간을 보내고 있다.

1. 다윗의 마지막 시간(왕상 1)

다윗의 마지막은 그의 무능력함을 선언하는 것으로 시작하고 있다. 그의 이런 무능은 여러 각도에서 조명되고 있으며 첫 번째는 그의 육체적인 무능이다. 다윗은 나이 많아 늙었고, 자신의 체온조차 유지할 수 없을 정도로 노쇠해졌다. 그의 신하들은 이런 왕을 위하여 젊은 처녀를 구하여 왕의 품에 온기를 전하게 하려 했다.

다윗의 육체적 무능과 아도니야

수넴 여인 아비삭은 이렇게 하여 다윗의 궁에 들어오게 되었고, 다윗을 모시게 되었다. 그녀의 정체성과 역할을 놓고 논란이 많다. 단지 잠자리까지 같이 하는 간병인의 역할인지, 혹은 젊은 육체의 건강과 체온을 노인에게 전달하는 고대의 접촉-마법(contactual magic)의 한 형태로서의 역할만인지, 또는 정식 후궁으로서의 지위를 누렸는지는 분명치 않다. 그러나 왕권을 노리던 아도니야가 아비삭을 아내로 맞이하고 싶다는 소망을 밧세바를 통해 솔로몬에게 내비쳤을 때 "그를 위하여 왕권도 구하옵소서"(왕상 2:22)라는 솔로몬의 극심한 분노는 분명 아비삭이 간병인 이상인 왕의 정식 후궁의 지위였을 것이라 추측해 볼 수 있다.[431] 왕의 권위와 왕의 정치적 능력이 그의 왕성한 생식력 여부와 깊은 연관이 있었던 시절이었다면 다윗과 아리따운 처녀 아비삭의 관계는 다윗의 새로운 국면을 보여주기에 충분하다.432) 사무엘하의 마지막인 24장과 열왕기상 1장의 현저한 시간차도 이러한 새 국면에 일조를 하고 있다.

다윗은 지금 심히 아름다운 처녀가 자신을 시중듦에도 그녀와 "잠자리를 같이 하지 않는다"(왕상 1:4). "잠자리를 같이 하지 않는다"는 말은 히브리어로 '로 예다아흐'(לא ידעה)로 문자적으로 "그녀를 알지 못한다"는 뜻이다. 히브리어 '야다'(ידע)라는 단어는 '알다'라는 뜻으로 그 깊이에 있어서 성적인 접촉을 통해서 속속들이 다 아는 의미까지도 내포하고 있다.433) 그러나 다윗은 동녀 아비삭을 육체적으로 "알지 못한다"(לא ידע 로 야다). 세월은 그를 육체적 무능으로 만들었으며 그의 왕으로서의 계속적인 통치에까지 의문을 던져주고 있다.

이러한 다윗의 육체적인 무능을 틈타서 그의 아들 아도니야가 왕권에 대한 야심을 드러낸다. 아도니야를 소개하는 표현들은 다윗의 육체적인 무능과 대조되는 것으로 드러나는 그의 육체적 위용이 대부분이다.

그 때에 학깃의 아들 아도니야가 스스로 높여서 이르기를 내가 왕이 되리라(מלך 말라크) 하고 자기를 위하여 병거와 기병과 호위병 오십인을 예비하니 저는 압살롬 다음에 난 자요 용모가 심히 준수한 자라 (왕상 1:5-6a).

이러한 아도니야의 육체적인 능력은 그가 다윗이 육체적으로 결코 알 수 없었던 아비삭을 아내로 맞이하려는 욕망으로 그 극에 이른다(왕상 2:17). 그는 다윗의 무능을 자신의 육체적인 유능으로 대체하려는 야심을 품고 있음에 틀림없다. 그러나 이러한 아도니야의 행동은 이미 오래전에 실패한 계획일 뿐이다. 아도니야를 소개하고 있는 곳에 나타나고 있는 또 다른 왕위 계승 후보였던 압살롬이라는 이름의 등장은 결코 우연이 아닐 것이다. 압살롬과 아도니야를 소개하는 문구들이 그 내용에 있어 세세한 일치를 보이고 있다는 것만으로도 아도니야의 운명은 이미 예고되어 있는 것과 같다.[434]

온 이스라엘 가운데에 압살롬 같이 아름다움으로 크게 칭찬 받는 자가 없었으니 그는 발바닥부터 정수리까지 흠이 없음이라(삼하 14:25).

그 후에 압살롬이 자기를 위하여 병거와 말들을 준비하고 호위병 오십 인을 그 앞에 세우니라(삼하 15:1).

이에 압살롬이 정탐을 이스라엘 모든 지파 가운데에 두루 보내 이르기를 너희는 나팔 소리를 듣거든 곧 말하기를 압살롬이 헤브론에서 왕이 되었다(יִּהָמ 말라크) 하라 하니라(삼하 15:10).

이 둘은 외양에 있어서 자신감이 넘치고, 자신들의 위력을 과시하기 위해 병거와 말 그리고 호위병들로 무장하고 있다. 그리고 분위기가 무르익었을 때에는 서슴없이 왕이 되겠다는 야욕을 공공연하게 선포한다. 이들의 이러한 행각이 아버지인 다윗이 살아 있을 때 벌어졌다는 점에서 반역이라고 할 수 있으며, 동일하게 아버지의 첩을 취함으로 자신들의 권위를 세우려 한다는 점에서 또한 공통적이다.

이 두 번의 반역이 다윗의 무능으로 인해 발생한 일이라고 한다면 왕의 무능은 결코 그 자신만의 문제로 끝나지 않으며 국가적인 재난으로 연결된다는 사실을 알 수 있다. 압살롬의 반역은 다윗이 자신의 죄로 인해 올바른 판단능력을 상실했을 때 발생했고, 아도니야 사건은 그의 육체적인 무기력으로 왕으로서의 막대한 책임을 올바로 수행할 수 없을 때 벌어진다. 다윗은 이렇게 육체적으로 급격히 쇠퇴했다.

다윗의 정치적 무능과 나단과 밧세바

그의 두 번째 무능은 통치적인 부분에서 조종능력의 상실로 나타난다. 왕이 행해야 할 중요한 일 중에 한 가지가 바로 재판이라고 한다면 선악을 바르게 아는 것이 그 중심일 것이다(삼하 14:17; 왕상 3:9). 그 올바른 판단을 통하여 정의와 공의가 온전하게 서는 질서 있는 세상을 만드는 것이다. 그러나 다윗은 이제 자신의 주변에 무슨 일이 벌어지고 있는지조차 알지 못하는 사람이 되어버렸다. 아도니야가 압살롬을 그대로 흉내 내어 스스로 높여서 병거와 기병과 호위병 50명을 앞세우고 자칭왕으로 등극했고, 다윗의 주변은 이 정치적인 급변으로 발칵 뒤집혀 있으나 정작 왕인 다윗은 아무것도 모르고 있다.

> 나단이 솔로몬의 모친 밧세바에게 고하여 가로되 학깃의 아들 아도니야가 왕이 됨을 듣지 못하였나이까 우리 주 다윗은 알지 못하시나이다(יָדַע אֹל로 야다)(왕상 1:11).

> 이제 아도니야가 왕이 되었어도 내 주 왕은 알지 못하시나이다(יָדַע אֹל로 야다) 저가 수소와 살찐 송아지와 양을 많이 잡고 왕의 모든 아들과 제사장 아비아달과 군대장관 요압을 청하였으나 왕의 종 솔로몬은 청하지 아니하였나이다(왕상 1:18-19).

이처럼 다윗은 마지막에 무슨 일이 일어나고 있는지 "알지도 못하는" 사람이 되어 있다. 그는 아비삭을 모르듯이, 지금 아도니야가 왕으로 자신을 내세우는 상황조차도 모른다. 선악을 분별하는 것은 고사하고 주변에서 일어나는 일조차 모르는 사람이 되었다. 이런 다윗을 한 마디로 표현하면 '전적무능'이라고 할 수 있을 것이다.

정치적으로 이렇게 급박한 변화에 민감하게 반응하는 사람들은 이런 시류를 알고 있는 사람들이다. 나단이 그랬고, 밧세바가 그랬다. 그러나 안타까운 것은 그들이 알고는 있지만 이것을 자신들이 유리한 방향으로 알고 있다는 것이다. 하나님께서 왕에게 원하시는 것은 "하나님의 사자 같이 선과 악을 분간하는 것"이다(삼하 14:17). 즉, 하나님의 관점에서 이루어지는 판단의 유능함인 것이다. 하지만 그렇지 않을 때는 '무지한 자'는 왕일지라도 신하인 '알고 있는 자'에게 조종되고 이용당하기 십상이기 때문이다.

나단과 밧세바는 다윗의 이러한 무지를 적극적으로 활용하는 자들이다. 선지자 나단은 먼저 밧세바를 만나 아도니야가 왕으로 나선 상황을 전한다. 그리고 밧세바에게 계책을 설명한다. 먼저 밧세바가 무지한 다윗을 찾아가서 그가 과거에 솔로몬을 후계자로 세우겠다고 맹세한 것을 일깨움과 동시에 그에 반해 아도니야가 왕이 되었다고 고하면, 나단 자신이 들어가 그 말을 확증하겠다는 것이다. 이 이야기를 읽는 독자들은 이제 의문에 빠지게 된다. 밧세바는 그렇다 치더라도 나단은 하나님이 쓰시는 선지자가 아닌가? 그리고 사무엘서 그 어디에도 다윗이 밧세바에게 솔로몬을 후계자로 세우겠다고 약속한 내용을 결코 찾아볼 수 없다.[435] 무엇이 선이고 악인지를 분간할 수 없는 혼돈의 상황이다. 왕이 판단력을 상실하면 세상은 이렇게 아비규환이 되고 말 것이다. 우리는 다음과 같은 다윗의 확증에 대해서도 동일한 의문을 제기할 수 있다.

왕이 가로되 내 생명을 모든 환난에서 구하신 여호와의 살아 계심을

두고 맹세하노라 내가 이전에 이스라엘의 하나님 여호와를 가리켜 네게 맹세하여 이르기를 네 아들 솔로몬이 정녕 나를 이어 왕이 되고 나를 대신하여 내 왕위에 앉으리라 하였으니 내가 오늘 그대로 행하리라(왕상 1:29-30).

우리가 흔히 '신명기 역사신학'이라고 부르는 여호수아-열왕기하까지의 이야기군이 이스라엘의 정경구분에서는 '전기 예언서'로 불린다. 그 이유는 이스라엘에서 역사 자체는 하나님의 이야기이며, 또한 하나님께서 말씀하신 것이 반드시 실현된다는 점에서 '예언과 성취'로 이루어지기 때문이다.[436] 그렇다면 지금 솔로몬을 왕으로 세우는 역사의 중요한 시점에서 맹세가 성취되고 있는데 정작 그 맹세는 이전에 그 어디에서도 주어진 적이 없었다. 이는 설사 맹세가 있었다손 치더라도 신적확증이 없는 인간적인 약속이었을 것이란 가능성을 추측해 볼 수 있다. 그리고 이 약속은 국가적인 차원에서 이루어진 것이 아닌 밧세바라는 여인 한 개인에게 주어진 것이라는 사실 또한 유추해 볼 수 있다. 이처럼 다윗의 통치적인 무능은 정치적인 격변과 소용돌이를 만들었고, 국가적인 분열로까지 치닫게 만들었다: 한쪽에는 '아도니야(왕)-요압(군장)-아비아달(제사장)'로 이루어진 보수파가 있고, 다른 쪽에는 나단 선지자의 후광을 입고 있는 '솔로몬(왕)-브나야(군장)-사독(제사장)'으로 이루어진 개혁파가 있다.[437] 비록 다윗이 압살롬에게 쫓길 때였을지라도 그가 그나마 하나님의 사자와 같이 선악을 분별하던 때에는 제사장 아비아달의 아들 요나단과 사독의 아들 아히마아스는 같은 목적을 놓고 달렸다(삼하 17:15-22). 그러나 정치적인 통제력을 잃어버린 아무것도 모르는 다윗 아래서 이들은 정반대의 길을 가는 분열과 대립이 일어난다(왕상 1:42).[438]

다윗과 여인들

이와 같이 다윗의 삶은 유능하고 지혜로운 단계에서 전적인 무능의 단계까지 왔다. 다윗의 삶에서 중요한 분기점마다 나타났던 네 명의 여인들과 그들에 대한 다윗의 태도에서 그의 파란 많은 인생경로를 요약적으로 볼 수 있다는 점에서 흥미롭다. 다윗의 삶 속에 자신들의 이야기를 가지고 있는 네 명의 여인들인 미갈, 아비가일, 밧세바 그리고 아비삭은 다음과 같이 다윗의 개인적인 상태와 공적인 면을 농축적으로 보여주고 있다.[439]

다윗의 여인들	다윗의 사적인 면 (the priviate stage)	다윗의 공적인 면 (the public stage)
미 갈	감정적으로 차고, 그녀를 정치적인 발판으로 삼음	차갑고, 계산적이며 권력과 통제권의 획득을 추구
아비가일	열정적이고 예의바른 응답	대중의 지지를 받는 지도자로서의 확신이 가득함(지혜로움)
밧세바	욕망적이고, 다른 이의 것까지 탈취하려는 욕구	소유와 제국의 확장에 대한 강한 야망 으로 가득함(우매함)
아비삭	무능력	왕으로서의 통제권의 상실

다윗은 이렇게 권력추구에서 권력상실로의 길을 걸어간다. 이것은 단지 다윗의 삶에 대한 이야기만이 아니라 바로 모든 인간의 정황이며 어느 누구도 예외일 수 없는 지금 우리의 이야기이기도 하다. 마지막 이 순간에 다윗이 해야 할 가장 지혜로운 일은 무엇일까?

선악을 분별할 수 없는 노년, 이제 이것을 바르게 분별할 수 있는 세대에게 위임해야 할 때이다. 바르실래가 자신에게 주어질 영광을 뒤로하고 자신의 아들을 앞세우며 위임하듯이, 다윗 그가 할 수 있는 최상의 것은 이제 마지막 힘을 다해 자신의 삶의 경험을 통해 깨달은 신앙의 곡조를 다음 세대에 전해주는 것이다. 이처럼 열왕기상 1장은 다윗의 무능과 그 후 세대의 왕위 계승에 초점이 맞춰진다. 마침내 아도니야가 추락하고 솔로몬이 왕권을 부여잡는다. 다윗이 솔로몬의 손을 들어준 것이다. 설사 아직까지 보이는 현상은 인간적인 술수로 인해 솔로몬이 왕위에 오른 듯 하고, 그의 왕권 승계에 대한 여호와의 확증이 없었다 할지라도 그의 이야기는 이제부터가 시작이다.

그렇다면 흔히들 얘기하는 '다윗 왕위 계승 이야기'(삼하 9-20; 왕상 1-2)는 솔로몬의 정통성을 옹호하기 위한 것이라고 하기 보다는 왕이 어떠해야 하는가를 이야기 형태로 제시하고 있는 것으로 볼 수 있다. 이 속에는 암논, 압살롬, 아도니야 그리고 솔로몬 등 왕위 계승 후보들의 이야기가 들어가 있지만 정작 어느 후보에게도 우호적인 편애를 제공하지 않는다. 이는 솔로몬에게도 예외가 아니다. 단지 솔로몬이 태어났을 때 여호와께서 나단 선지자를 통해 사랑하심을 뜻하는 '여디디야'라는 이름을 주신 내용이 등장할 뿐이다(삼하 12:24-25). 만약 솔로몬을 미화하려는 마음이 있었다면 솔로몬이 왕이 되기 전에 그에 관해 채색된 더 많은 이야기를 삽입했을 것이다. 그러나 정작 솔로몬의 이름은 소위 왕위 계승 이야기라고 하는 곳에서 그의 탄생 이야기(삼하 12:24-25)와 그가 나단 선지자와 어머니 밧세바의 정치적인 술수로 왕이 된 사건(왕상 1-2장)에서만 나타난다.[440]

이처럼 솔로몬이 왕이 되기까지의 이야기는 어느 곳에서도 그에 대한 긍정과 부정의 어떤 측면도 분명하게 살펴볼 수 없다. 오히려 이것이 솔로몬에게 기회가 돌아가는 이유일 수 있다. 그리고 솔로몬의 차후의 행동을 통해 그의 정통성이 입증될 것이다. 사울도, 다윗도 왕으로서 기름 부음을 받을 때 하나님의 선택을 가능케 했던 그 어떤 업적도 볼 수 없었다는 점에서 솔로몬 또한 동일한 출발을 갖고 있다. 솔로몬의 정통성은 올바른 판단에 입각하여 선악을 분별하는 정의로운 통치에 의해서 평가될 것이다. 이러한 미래상은 솔로몬이 왕이 되자마자 가장 처음으로 선포한 말 속에 암시적으로 축약되어 있다. 비록 왕위 계승에 밀려난 아도니야라는 개인에게 전한 위협적인 말이지만 왕의 소명이 적혀있다는 점에서 중요하다.

솔로몬이 가로되 저가 만일 '선한 사람'(בֶּן־חַיִל 벤-하일/충성스런 자)이 될진대 그 머리카락 하나라도 땅에 떨어지지 아니하려니와 그에게 '악한 것'(רָעָה 라아)이 보이면 죽으리라 (왕상 1:52).

'선한 사람'이라고 번역된 히브리어 '벤-하일'(בֶּן־חַיִל)은 주로 군인의 용맹과 충성을 강조할 때 사용되는 표현이다 (신 3:18; 삼상 18:17). 그리고 '악한 것'(רָעָה 라아)이라는 표현은 '벤-하일'과 더불어 불충과 배신을 뜻할 것이다.[441] 이것은 왕 앞에 서 있는 자인 아도니야에게 일방적인 의무를 제시하는 것으로 해석될 약점이 있다. 그러나 이 말이 왕으로 등극한 솔로몬의 입에서 가장 처음으로 선포된 것이며 한 생명의 삶과 죽음이 달려 있다면 왕이 행할 중요한 다스림과 긴밀하게 연관되어 있을 것이다. 이제 나라를 구성하는 백성의 삶과 죽음까지도 가름 짓는 선악의 분별은 왕인 솔로몬에게 필수적인 일이 될 것이며, 그 후 세대들에게도 동일하게 작용할 것이다. 그러므로 왕권과 직결되어 있는 '선악을 아는 것'이 어떤 의미를 가지고 있는지를 분명히 밝히는 것이 먼저 선행되어야 할 것이다.

2. 이스라엘의 왕도와 선악을 아는 것

'선악을 아는 것'에 관한 의문은 왕조사(王祖史)와 같이 출발하지 않는다. 그것은 인류사(人類史)의 시작과 함께 할 정도로 뿌리 깊은 인간의 질문이다. 인간의 죄가 선과 악을 인식하는 나무의 열매를 따 먹은 다음의 필연적인 결과라면, 우리는 여기에서 확실하게 선과 악을 아는 것이 무엇을 의미하는 것인지를 분명하게 규명하고 넘어갈 필요가 있다. 다양한 해석들이 시도될 수 있고, 실제로 시도되어 왔음 또한 부인할 수 없는 사실이다. 선악과라는 과일이 실제로 존재했느냐 아니냐는 원초적인 질문이 아니라 그 선악과라는 과일 속에 숨어있는 이스라엘 민족의 신앙과 희망을 찾아야 할 것이다. 창세기 2장과 3장에 나타난 사실만으로는 선과 악을 안다는 개념을 분명하게 밝힐 수는 없다. 이것은 구약성경 전체를 통해서 선과 악이라는 두 단어가 어떠한 상황 속에서 함께 쓰이고 있는지 그리고 어떠한 의미를 보이고 있는지를 살펴봄으로 해결되리라 본다.

선악을 아는 것의 의미

하나님의 백성에게 "선악을 안다"는 것은 광범위하게 왕의 통치권과 긴밀하게 연관되어 있으며, 또한 이스라엘 역사 속에서 하나님의 백성의 생존과 직결된 상관관계가 있었음에 틀림없다. 그 분명한 예를 이스라엘 신앙의 정수를 보여주고 있는 토라(창세기-신명기)에서 잘 살펴볼 수 있다. 토라의 출발에서는 인류의 대표자인 아담이라는 사람의 삶과 죽음이 '선악을 아는 것'(יָדַע טוֹב וָרָע 야다 토브 바라)과 긴밀하게 연관되어 있고, 나아가 하나님께서 선물로 주신 아름다운 땅 에덴동산을 지키느냐, 잃느냐가 바로 이 '선악을 아는 것'과 또한 직결되어 있다(창 2:17; 3:5,

22). 토라의 결론에 이르러서는 이스라엘의 구세대가 광야에서 다 죽고, 가나안 땅을 눈앞에 두고 있는 신세대를 향하여 모세는 과거를 회상하며 구세대에게 선포한 말씀을 다시 들려주고 있다: "또 너희가 사로잡히리라 하던 너희의 아이들과 당시에 선악을 분별하지 못하던(וְיֹדְעֵי טוֹב וָרָע 로-야다 토브 바라/선악을 알지 못한다) 너희의 자녀들도 그리로 들어갈 것이라 내가 그 땅을 그들에게 주어 산업이 되게 하리라"(신 1:39). '선악을 아는 것'의 결과로 아담과 하와는 죽음을 기다리는 존재가 되고, 하나님께서 주신 땅에서 쫓겨나는 신세가 된다. 그런데 신명기에서는 그 반대의 현상이 벌어지고 있는 것이다. 아직 선악을 알지 못한 세대만이 하나님께서 선물로 약속하신 젖과 꿀이 흐르는 아름다운 땅에 들어갈 수 있다는 선언인 것이다. 이처럼 '선악을 아는 것'은 하나님의 백성을 흥망성쇠의 길로 이끄는 위력을 가지고 있다는 사실을 짐작해 볼 수 있다.

'선악을 아는 것'이 무엇을 의미하는가에 있어서 대개 세 가지 정도로 의견이 갈라진다. 첫째는 성적인 지식습득(sexual knowledge)을 뜻하는 것이라 여기는 부류가 있고, 둘째는 모든 것을 아는 지식능력(universal knowledge)이라 주장하는 부류가 있으며, 그리고 마지막 부류는 법적이고 윤리적인 판단능력(legal and moral judgment)을 의미한다고 강조한다.[442] 먼저 '선악을 아는 것'이 '성적인 지식습득'이라고 주장하는 이유로는 '알다'라는 히브리어 단어인 '야다'(יָדַע)가 남녀의 성관계를 통한 긴밀한 관계를 뜻할 때 사용된다는 점에서 출발한다: "아담이 그의 아내와 동침하매(יָדַע 야다/알다)"(창 4:1; 참조, 창 19:5). 그리고 에덴동산에서 두 사람이 벌거벗었으나, 선악을 안 후에는 부끄러워 몸을 가렸다는 사실(창 3:7), 여인에게 임신의 고통과 남편을 향한 성적인 욕구가 표출 될 것이라는 하나님의 심판선언(창 3:16), 고대근동에서 생식력(fertility)과 깊이 연관된 뱀의 출현 그리고 여자를 '모든 산 자의 어머니'

라는 뜻의 '하와'라고 부른 것(창 3:20) 등이 성적인 지식습득의 증거로 본다.443)

하지만 아담과 하와가 '선악을 알기' 전에도 이미 하나님께서는 여인을 창조하시고 "남자가 부모를 떠나 그의 아내와 합하여 둘이 한 몸을 이룰지로다"(창 3:24)라는 선언을 통해 성적인 접촉 또한 이미 허락된 것임을 알 수 있다. 그리고 인간을 창조하시고 "생육하고 번성하여 땅에 충만하라"(창 1:28)는 명령 또한 성적인 지식을 떠나서는 성취될 수 없는 것이기도 하다.444) 이 주장이 인정될 수 없는 가장 중요한 요소로는 하나님도 이 선악을 아는 지식에 관련되어 있다는 사실이다. '선악을 아는 것'이 성적인 경험을 통한 지식을 의미한다면 하나님께서 선언한 "보라 이 사람이 선악을 아는 일에 우리 중 하나 같이 되었으니"(창 3:22)는 풀 수 없는 수수께끼가 된다. 그렇다면 하나님 또한 성적인 관계를 나눌 수 있는 여신의 존재를 필요로 하기 때문이다. 이는 이스라엘 신앙의 근본을 뒤흔드는 오류를 범할 수 있는 해석이 될 수 있다.

둘째로 '선악을 아는 것'이 세상의 모든 지식습득을 의미하는 것, 즉 '모든 것을 아는 능력'을 뜻한다는 주장으로 인간이 선악과를 먹음으로 인간의 한계를 극복하여 신과 같이 되고자 하는 열망으로 분명히 알 수 있다는 것이다.445) 이러한 주장을 설파하기 위해 가장 많이 인용되는 구절은 사무엘하 14장 17절과 20절이다.

당신의 여종이 또 스스로 말하기를 내 주 왕의 말씀이 나의 위로가 되기를 원한다 하였사오니 이는 내 주 왕께서 하나님의 사자와 같이 선과 악(הטוב והרע 하토브 베하라)을 분간하심이니이다

이는 왕의 종 요압이 이 일의 형편을 바꾸려 하여 이렇게 함이니이다

내 주 왕의 지혜는 하나님의 사자와 같아서 땅에 있는 일을 다 아시 나이다(יָדַע 야다) 하니라

이 두 구절에서 다윗은 '하나님의 사자'와 같은 능력을 소유한 자로 비치며, 그 능력의 표출은 바로 '선악을 알듯이' 이 땅의 일을 다 안다는 것이다. 이 표현 자체가 흡사 다윗이 성적인 성숙은 물론이요, 지적, 사회적 지식의 충만한 단계에 있다는 것을 뜻하는 것으로 들린다.[446] 그러나 에덴동산의 아담과 하와에게 이 사실을 적용하면 사뭇 의문스러운 결과에 도달한다. 먼저 하나님께서 인간이 모든 것을 아는 것에 대해 왜 경계하셨느냐는 질문을 할 수 있다. 하나님은 인간이 진정 낮은 단계에 머무는 질 낮은 피조물이기를 바라셨던가? 그리고 만약 선악을 아는 것이 세상의 모든 지식습득을 의미하는 것이라면 아담과 하와가 선악과를 먹었을 때 그들은 다윗처럼 '하나님의 사자' 같은 지식으로 충만했어야 한다. 그러나 현실은 그렇지 않았다. 이들은 선악을 알게 하는 나무의 열매를 먹었을 때 하나님과 같이 전지하거나(omniscience), 초월적 지식 (transcendental knowledge)을 획득한 것이 아니라 오히려 부끄러움과 자신들이 벌거벗고 있다는 것을 인식했을 뿐이다.[447] 오히려 다윗에게 있어 하나님의 사자와 같은 선악을 분별하는 능력은 이 땅에 있는 모든 일들을 바르게 깨달아서 판단하기 어려운 문제들까지도 옳은 방향으로 해결해 가는 것을 의미한다. 다윗의 경우에는 이러한 능력이 그의 아들 압살롬을 어떻게 대우할 것인가라는 복잡한 질문을 해결해야 한다는 점에서 선악을 분별하는 것이 올바른 재판능력과 깊은 상관관계가 있을 것임을 직감해 볼 수 있다.

그렇다면 마지막 제안인 '선악을 아는 것'이 올바른 것을 선택하는 '윤리적이고 법적인 판단능력'을 의미한다는 주장은 많은 점에서 지지를 받을 수 있다. 사람들은 아담과 하와가 선악과를 먹기 전에는 전적인 무지의 상태였으나 먹고 나서 비록 왜곡된 것이나마 지식을 획득한 것으로 보려는 경향이 있다.[448] 그러나 이러한 생각은 이스라엘의 하나님께서 자신이 창조한 인간이 아무것도 바르게 판단할 수 없는 무지한 백지상태에 있기를 바라지 않는다는 것으로 논박될 수 있다.[449] 그리고 에덴동산의 인간은 결코 도덕적 백지 상태로 창조되지 않았다는 사실 또한 이 주장을 거부한다. 아담은 선악과를 먹기 전 이미 하나님의 명령을 받았다: "동산 각종 나무의 열매는 네가 임의로 먹되 선악을 알게 하는 나무의 열매는 먹지 말라 네가 먹는 날에는 반드시 죽으리라"(창 2:16-17). 하나님의 명령이 어떻게 판단능력이 없는 자에게 내려질 수 있을 것인가? 분명 아담과 하와는 자신들에게 주어진 판단력으로 하나님의 명령을 해석하고 올바른 선택을 할 수 있는 결정력을 가지고 있었음에 틀림없다. 성경의 여러 곳에서 선악의 판단을 통한 선택을 강조하는 구절들이 발견된다.

> 밤에 하나님이 아람 사람 라반에게 현몽하여 가라사대 너는 삼가 야곱에게 선악간 말하지 말라 하셨더라(창 31:24; 참조, 창 31:29).

> 악을 선하다 하며 선을 악하다 하며 흑암으로 광명을 삼으며 광명으로 흑암을 삼으며 쓴 것으로 단 것을 삼으며 단 것으로 쓴 것을 삼는 그들은 화 있을진저(사 5:20; 참조, 사 5:23).

> 그가 악을 버리며 선을 택할 줄 알 때에 미처 엉긴 젖과 꿀을 먹을 것이라(사 7:15).

> 당신의 하나님 여호와께서 우리가 마땅히 갈 길과 할 일을 보이시기

를 원하나이다…우리가 당신을 우리 하나님 여호와께 보냄은 그의 목소리가 우리에게 좋든지 좋지 않든지(선악)를 막론하고 순종하려 함이라 우리가 우리 하나님 여호와의 목소리를 순종하면 우리에게 복이 있으리이다 하니라(렘 42:3, 6).

너희가 살려면 선을 구하고 악을 구하지 말지어다 만군의 하나님 여호와께서 너희의 말과 같이 너희와 함께 하시리라 너희는 악을 미워하고 선을 사랑하며 성문에서 정의를 세울지어다(암 5:14-15).

너희가 선을 미워하고 악을 기뻐하여 내 백성의 가죽을 벗기고 그 뼈에서 살을 뜯어(미 3:2).

위에 제시된 구절들은 모두 선과 악이라는 정반대의 갈림길에서 한 가지를 선택하는 것과 관련되어 있다. 그 본질적인 면에서 선을 택하고, 악을 멀리해야 하는 것은 당연한 일이다. 그러나 극히 자주 인간은 그 반대의 길을 걸어갈 때가 많다. "선을 악하다 하고 악을 선하다 하는 것" 그리고 "선을 미워하고 악을 기뻐하는 행위"는 '화 있을진저'라는 멸망의 저주로 "선을 구하고 악을 멀리하는 것"은 생명의 길로 나아간다. 결국 '선악을 아는 것'은 인간의 판단력에 의한 결정적 선택과 깊은 연관이 있고 어떤 선택을 할 것인가가 죽음과 생명의 길을 좌우한다는 것을 살펴볼 수 있다. 인간 스스로 전적인 자치권을 행사하며 제 소견에 옳은 대로 행동하며 하나님 보시기에 악(רע 라)을 행할 것인지(왕상 11:6; 14:22; 15:26; 16:25 등), 아니면 하나님이 보시기에 좋았다(טוב 토브)라는 화음이 울려 퍼지게 할 것인지가 달려 있는 것이다.[450]

선과 악을 판단하는 유일한 기준

이처럼 '선악을 아는 것'은 무엇이 선인지 악인지를 구별하는 것과 밀접한 관련이 있다. 그렇다면 선악을 바르게 알기 위해, 즉 올바른 판단과 결정을 위해 반드시 선결요건으로 주어져야 하는 것이 있다. 바로 판단기준이다. 아무런 판단기준이 없이 선과 악을 구별한다는 것은 분명 사리에 맞지 않는 것이다. 선악과가 인간의 눈에 들어오기 그 전부터 인류는 이미 그 판단기준을 부여받았다. 아담과 하와가 살았던 에덴동산을 살펴보면 이는 쉽게 밝혀질 수 있다.

에덴동산에서 선악의 요소가 어떤 특정한 나무의 형태로 제시됨으로 그 강조점이 열매가 있는 어떤 나무의 시각적인 요소에 무게중심이 쏠리는 경향이 있다. 하지만 아담에게 주신 하나님의 말씀을 살펴보면 선악과가 중요한가, 하나님의 명령이 중요한가를 놓고 시각의 전환을 갖게 한다: "선악을 알게 하는 나무의 열매는 먹지 말라 네가 먹는 날에는 반드시 죽으리라 하시니라"(창 2:17). 하나님의 이 금지명령 속에는 삶과 죽음이 갈라지는 율법적인 위력이 있음을 분명히 파악해 볼 수 있다(비교, 신 30:15).[451] 이는 아담이 그 열매를 먹고 난 다음에 나타나는 하나님의 반응을 살펴보면 원래의 강조점이 나무 자체에 있지 않음을 더 명확하게 알 수 있다. 아담과 하와가 선악과를 따 먹은 후 그 특별한 나무의 특성은 모두 사라지고 단지 "내가 너더러 먹지 말라 명한 나무의 실과"(창 3:11, 17)라는 선언으로 대체된다. 이제 분명한 초점은 인간의 순종이 요구되는 '하나님의 명령'에 전적으로 맞춰지고 있다.[452] 태초의 인간에게 '먹지 말라 명한' 하나님의 명령을 인간 스스로가 그 자신의 선택에 의해 어긴 것이다.

하나님의 명령과 선악과를 먹는 것 사이에서 갈등하는 인간의 모습은 단지 아담만의 고민은 아니다. 인간 스스로 선악을 알기를 갈망하는 것, 바로 그것은 선악과와 연관되어 나타나는 인간의 욕망과 직결된다. 창세기 3장 6절에는 선악과에 대하여 구체적으로 설명하는 표현이 나타나고 있다: "여자가 그 나무를 본즉 먹음직도 하고 보암직도 하고 지혜롭게 할 만큼 탐스럽기도 한 나무인지라." 이것은 선악과가 육체적인 면, 시각적인 면, 그리고 권력과 명예라는 인간의 자치적인 면까지 총망라하며 인간의 모든 만족을 채울 수 있고 인간이 삶을 통해 쟁취하고 싶은 모든 요소들을 갖추고 있다는 것을 강조하고 있다. 그러나 중요한 교훈은 그 모든 것들이 인간 스스로의 힘에 의해서 쟁취되는 것이 아니라 하나님께로부터 부여되는 것임을 믿는 신앙이 필요하다는 것이다. 하나님의 말씀으로 통제되지 않는 인간의 욕망이 어디로 향할 것인가만 되짚어 보아도 그 결과는 뻔한 것이다. 세상을 살리는 길이 아니라 분명 죽이는 길로 나아갈 것이다.

그러나 이스라엘 신앙에서 선악과와 동일한 영향력과 만족을 약속하는 정반대 성질의 것이 있다. 그것은 다름 아닌 '하나님의 율법'(토라)이다. 하나님의 율법은 당당하게 에덴동산의 선악과와 경쟁하며 이스라엘의 순종을 평가하는 시금석이 된다. 시편 19편의 후반부(7-17절)에는 "하나님의 율법은 영혼을 소성시키고, 우둔한 자로 지혜롭게 하고, 마음을 기쁘게 하고, 눈을 밝게 하며, 순금보다 낫고, 꿀과 송이꿀보다 더 달다"라고 율법을 극찬하고 있다.[453] 이러한 율법의 특징들은 에덴동산의 선악과가 약속했던 것들과 동일하지만 하나님의 법에 순종하는 삶을 통한 만족은 진정한 기쁨을 주며 눈을 밝게 하며 마침내는 "내 입의 말과 마음의 묵상이 주님 앞에 열납 되기를 원하는 삶"으로까지 나아간다(시 19:14). 율법의 영향력은 겉으로 드러나는 삶뿐만 아니라 사람의 속에 있는 생각까지도 하나님께서 받으심직한 것으로 변화시켜간다는 점에서 가히 위력적이라 할 수 있다. 이 율법에 순종하느냐 아니냐에 따라 약속의 땅에 하나님과 함께 거할 것인가 아니면 또다시 표류하는 삶을 살아갈 것인가는 언제 어느 시대에나 신앙의 결단으로 남아 있을 것이다. 오늘날도 하나님의 말씀은 우리의 삶을 하나님께로 바르게 이끌고 가는 역할을 한다. 이와 같이 하나님의 율법(말씀)만이 선과 악을 바르게 분별하는 유일한 기준이 되는 것이다.

후세를 위하여 남길 유언은?

이러한 이해를 통해 신명기 1장 39절의 "너희가 사로잡히리라 하던 너희의 아이들과 당시에 선악을 분별하지 못하던 너희의 자녀들도 그리로 들어갈 것이라 내가 그 땅을 그들에게 주어 산업이 되게 하리라"는 말씀도 새롭게 해석할 수 있다. 신명기 1장은 광야 40년 동안의 기간을 간략하게 요약하며 출애굽 세대들의 불순종과 그들의 반복된 거역의 선택이 결국 그들을 약속의 땅으로 들어가지 못하게 한 요인임을 밝힌다. 그러나 성년의 나이에 이르지 못했으므로 아직 자치적인 선택의 기로에 서지 못했던 신세대들(선악을 분별치 못하는) 그리고 선택의 기로에서 하나님의 약속을 믿고 순종함으로 올바른 선택을 했던 여호수아와 갈렙만이 약속의 땅에 들어갈 수 있음을 강조한다. 이 신세대들은 광야에서 이스라엘의 인구조사가 이루어졌을 때 스스로의 선택권이 인정되는 성년의 나이인 20세에 도달하지 못한 미성년자들을 의미한다(민 14:29).[454] 이들 또한 언젠가 그들 스스로의 선택의 기로에서 어떻게 선과 악을 분별할 것인가를 고민하게 될 것이다.[455] 그리고 이들이 올바른 선택을 하며 살아갈 수 있도록 모세는 신명기서에서 하나님의 법을 세세하게 알려주고 있다(신 12-26장). 이처럼 올바른 선택과 하나님의 법은 떼려야 뗄 수 없는 함수관계에 있다.

이것은 다윗에게도 역시 마찬가지이다. 다윗의 젊은 시절 사울에게 쫓길 때에 그는 선악을 바르게 분별하기 위해 애썼다. 사울은 다윗의 선을 악으로 갚으려 혈안이 되어 있었다(삼상 24:17). 그럼에도 다윗은 사울이 "여호와의 기름 부음 받은 왕"이라는 사실을 되새기며 하나님을 기억했고, "악은 악인에게서 난다"(삼상 24:13)는 선조의 속담까지 마음에 새기며 선을 택하고 악을 버리는 삶으로 일관했다. 그도 한 때 선을 악으로 갚는 또 다른 사람 나발을 향하여 악으로 악을 갚으려고 칼을 빼들었으나(삼상 25:21) 결국은 아비가일을 통해 주어진 여호와의 말씀에 순종하여 칼을 거둔다(삼상 25:26). 이와 같이 다윗에게도 악을 버리고 선을 따르는 올바른 선택을 하기 위해 반드시 필요한 것이 바로 하나님의 말씀에 대한 순종이다. 그러나 그가 하나님의 말씀을 멸시한 그 순간부터 왕으로서 선악을 올바르게 분별할 수 있어야 할 그의 판단력은 흔들리기 시작한다(삼하 12:9). 암논이 아버지 다윗에게 "다말이 와서 내가 보는 데에서 과자(לבבות 레비보트/심장 형태의 과자) 두어 개를 만들어 그의 손으로 내게 먹여 주게 하옵소서"(삼하 13:6)라고 간청할 때 그의 진의를 파악하지 못했고, 후에 강간사건이 벌어졌을 때에도 공정한 재판을 진행하지 못한다.[456] 그리고 압살롬의 모든 음모를 눈치조차 채지 못하며, 선악을 아는데 하나님의 사자와 같다고 하는 그가 정작 압살롬을 어떻게 대우해야 할지조차 몰라 무작정 방치함으로 나라를 위기에 빠뜨리기도 한다. 마침내 임종을 눈앞에 둔 다윗은 육체적으로도, 정치적으로도 아무 것도 모르는 사람이 되어 있다.

영감 있게 수금을 연주함으로 사울 왕의 악령까지도 몰아냈고, 하나님의 말씀을 중심으로 선악을 분별하며 왕좌로 나아가며 나라를 세웠던 다윗, 그러나 다윗은 이제 더 이상 수금을 들 힘조차 없다. 원욕이 그치고 메뚜기도 무거워지는 때, 이제 마지막 힘을 다 모아 영원을 연주하며 믿음의 정신을 이어갈 자에게 자신의 수금을 물려줄 준비를 해야 한다.

그의 입에서 어떤 말이 나갈 것인가 이미 짐작이 간다. 자신의 삶의 경험과 깊이를 담아 하나님의 율법의 중요성을 생생하게 증언할 것이 틀림없다. 그리고 그 후 세대는 누구이던 간에 하나님의 명령을 마음중심에 새기고 선악을 바르게 분별하며 다윗의 수금을 연주해야만 할 것이다.

3. 수금을 넘겨주는 다윗(왕상 2:1-9)

다윗이 삶으로 연주한 수금, 그 수금에는 여호와의 말씀이 여러 줄의 현으로 자리하고 있고, 다윗은 여호와의 말씀이라는 줄 위에서 춤추며 뛰었다. 때로 감격의 춤사위로 하나님의 영광을 드러냈고, 때로 그 줄 위에서 떨어지기도 했고, 때로는 스스로 뛰어 내리기도 하였던 세월이다. 그의 마지막 고별연주는 그의 생애가 고스란히 담겨져 있다. 다윗의 유언은 그렇게 마지막 무대를 장식한다. 그리고 그 파란 많은 세월을 함께한 수금을 넘겨준다.

다윗의 유언을 살펴보면 두 종류의 이질적인 자료들이 섞여 있는 듯이 보인다. 하나는 긍정적인 부분이며 생명의 길이 주를 이루고, 다른 하나는 부정적인 부분으로 죽음의 길이 가득하다.

다윗의 유언의 양면성

첫 번째의 것은 이미 예상하고 있었듯이 왕으로서 선과 악을 바르게 분별하기 위한 판단 기준을 전해 주는 것이 될 것이다. 이것은 또한 이스라엘이 따라 가야 할 정신이라고 할 수 있다.

> 너는 힘써 대장부가 되고 네 하나님 여호와의 명을 지켜 그 길로 행하여 그 법률과 계명과 율례와 증거를 모세의 율법에 기록된 대로 지

키라 그리하면 네가 무릇 무엇을 하든지 어디로 가든지 형통할지라 여호와께서 내 일에 대하여 말씀하시기를 만일 네 자손이 그 길을 삼가 마음을 다하고 성품을 다하여 진실히 내 앞에서 행하면 이스라엘 왕위에 오를 사람이 네게서 끊어지지 아니하리라 하신 말씀을 확실히 이루게 하시리라(왕상 2:3-4).

왕으로서 모든 행동의 판단기준을 제공해 주는 여호와의 율법을 그 무엇보다도 앞세우는 것은 아무리 강조해도 지나치지 않을 것이다. 그러나 그 다음에 제시되고 있는 내용이 듣는 이를 혼돈스럽게 만든다.

그것은 다름 아닌 나라의 기틀을 공고히 하기 위하여 상벌을 엄히 하여 은총을 베풀자와 숙청해야 할 자에게 행한 대로 갚아 주는 것이다. 요압을 제거하고, 바르실래에게는 은총을 베풀고, 시므이 또한 가차 없이 제거하라는 명령은 유언의 엄숙함을 고려하면 그 말을 듣는 자에게는 숙원사업이 된다. 비록 가식적일 때도 있지만 은총을 베푸는 것만이 신앙인으로서 마땅히 행해야 할 것이라고 교육받은 세대들에게는 특히나 피의 숙청은 당혹의 경지를 넘어 경악스러운 것이다.

이 두 가지는 같이 공존할 수 없는 성질의 것이라고 주장하는 포켈만(Fokkelman)의 반기도 이해할 만하다. 그는 하나님의 명령인 율법을 철저히 지켜 행하라는 권면은 다윗의 속에서 부글거리며 끓어오르는 복수심을 종교심으로 위장한 상투적인 수법이라고 일축하기도 한다.[457] 포켈만의 결론은 인간적인 복수심을 드러내 보이는 구절이 실제로 다윗의 것이며, 여호와의 율법을 운운하는 것은 다윗을 미화하기 위해 후에 삽입된 것으로 취급한다. 그도 그럴 것이 이 율법적인 조항만 뺀다면 신앙적으로는 문제가 있을지라도, 구조적으로는 오히려 온전한 교차대칭구조(chiastic structure)를 형성하고 있기 때문이다.

> A. 다윗이 죽을 날이 임박하매 그 아들 솔로몬에게 명령하여(왕상 2:1)
> **여호와의 율법을 지킬 것을 강조하는 구문**(왕상 2:2-4)
>   B. 피의 숙청: 스루야의 아들 요압에게(왕상 2:5-6)
>   - 지혜를 사용하여, 그의 백발로 평안히 스올에 내려가지 못하게 하라
>   C. 은총(חסד 헤세드)을 베풀 것: 길르앗 바르실래의 아들들에게(왕상 2:7)
>   - "그들이 네 상에서 먹는 자 중에 참예하게 하라"
>   B'. 피의 숙청: 바후림 베냐민 사람 게라의 아들 시므이에게(왕상 2:8-9)
>   - 지혜를 사용하여, 그의 백발이 피 가운데 스올로 내려가게 하라
> A'. 다윗이 그의 조상들과 함께 누워 다윗 성에 장사 됨(왕상 2:10)

다윗의 죽음이라는 역사적 분기점을 맨 가장자리 테두리로 하고, 피의 복수를 그 속껍질로 삼아, 그 가운데 은총을 베풀어야 할 책임을 제시하는 구조를 통해 전체적인 조화를 만들어 준다. 여기서 여호와의 율법을 다루는 부분은 흡사 이 자리에 없었던 것이 억지로 삽입된 듯한 어색한 느낌을 연출한다. 그러나 하나님의 명령을 따르는 것과 피의 복수를 감행하는 것 그리고 은총을 베푸는 것이 결코 이질적인 별개의 것만은 아니라는 것을 다윗의 삶 속에서 찾아볼 수 있다. 특히 이러한 조합은 다윗이 헤브론에서 왕으로 등극할 때, 그리고 후에 온 이스라엘의 왕으로 기름 부음을 받을 때에 동일하게 이루어졌던 사실을 살펴볼 때 왕도에 대해 새롭게 조명해 볼 수 있다.

양면성의 조화를 위하여

다윗은 왕으로서의 첫 출발을 하나님의 명령과 함께 시작한다. 헤브론으로 가라는 하나님의 명령에 따라 그 곳에서 유다지파의 기름 부음을 받고 유다 족속의 왕으로 등극한다(삼하 2:1). 헤브론으로 와서 기름 부음 받기 바로 전에 다윗은 하나의 피의 숙청을 단행한다. 다름 아닌 사울

을 죽였다고 다윗에게 달려와 상을 바라는 아말렉 소년을 다윗은 여호와의 기름 부음 받은 자를 죽인 그 피를 그의 머리에 돌렸다(삼하 1:1-16). 그리고 후에 솔로몬이 아도니야와 왕권 경합을 벌이듯이, 사울의 아들인 이스보셋과 다윗 또한 온 이스라엘의 왕권을 놓고 경합을 벌인다. 이 때 이스보셋의 두 군장인 바아나와 레갑이라는 형제가 이스보셋을 침실에서 살해하고 그 머리를 다윗에게 가져와 그에 걸맞은 상을 바라는 그 때도 다윗은 가차 없이 그들이 흘린 무죄한 피를 그들의 머리로 돌렸다(삼하 4:1-12). 그리고 이스보셋의 장례를 잘 치러주었다. 이 일 후에 이스라엘 모든 지파가 다윗에게 나아와 그에게 기름 부어 온 이스라엘의 왕을 삼았다. 다윗의 삶 속에서 이 두 번의 숙청작업은 결코 개인적인 피의 복수차원이 아니었으며, 왕으로서 마땅히 행해야 할 정의와 공의를 세우는 일이었다. 물론 여호와의 율법을 따르는 것이었음은 두 말할 필요도 없다. 하지만 이것이 자신의 정당함을 입증하려는 정치적인 의도를 가진 보복행위인지, 아니면 하나님의 법을 세우려는 신앙적인 의도를 가진 것인지는 그의 차후의 행동으로 밖에는 검증할 수 없다. 그의 진의를 다 캐낼 수는 없기에 어쨌든 여기까지는 왕으로서 혹은 재판권을 가진 지도자로서 해야 할 일을 한 것이다.

다윗은 여기서 멈추지 않고 이스라엘 모든 지파의 왕이 되었을 때 자신이 받은 은총(חסד 헤세드)에 보답하기 위하여 요나단의 아들을 수소문해 찾았고, 므비보셋이란 자를 찾아 그에게 은총을 베푼다(삼하 9:1-13).[458] 그리고 다윗이 므비보셋에게 베푼 은총의 실제적인 내용 또한 그가 솔로몬에게 유언한 내용과 동일한 것을 말하고 있다는 점에서 다윗 자신의 경험에서 기인한 것이라고 볼 수 있다. 그 은총의 구체적인 내용은 바로 왕자들 중의 하나처럼 "왕의 상에서 먹는 것이다"(삼하 9:7, 10, 11, 13; 왕상 2:7). 다윗은 올바른 피의 숙청을 단행함으로 왕권을 공고히 했고, 은총의 수여를 통해 연합을 모색했다. 이와 같이 다윗은 자신이 왕의 길로써 집권 초기부터 행했던 일들을 이제 막 왕이 된 그의 아들 솔로몬에게 그대로 전하고 있는 것이다.

이러한 다윗의 마지막 위임은 여호수아서에서 그 유사성을 살펴볼 수 있다. 모세가 나이 들어 파란만장한 생을 마감하고 여호수아가 이스라엘의 새로운 지도자로 위임 받을 때 하나님께서 그에게 주셨던 말씀이 다윗의 마지막 위임과 동일하다는 점에서 다윗의 유언의 무게감이 크게 다가온다.

이 율법책을 네 입에서 떠나지 말게 하며 주야로 그것을 묵상하여 그 안에 기록된 대로 다 지켜 행하라 그리하면 네 길이 평탄하게 될 것이며 네가 형통하리라(수 1:8).

그리고 여호수아 또한 이러한 하나님의 말씀을 어기고 여리고 성에서 전리품을 개인적인 욕심을 채우려고 숨겨 이스라엘을 위기에 빠뜨린 아간과 그의 가족에게 가차 없는 피의 심판을 감행한다(수 7:16-26). 그리고 후에 여호수아 또한 다윗 왕과 같이 "나이 많아 늙으니"(수 13:1; 23:1; 왕상 1:1) 역시 동일한 유언을 전하며 생을 마감한다.[459]

그러므로 너희는 크게 힘써 모세의 율법 책에 기록된 것을 다 지켜 행하라 그것을 떠나 좌로나 우로나 치우치지 말라(수 23:6).

만일 너희가 너희의 하나님 여호와께서 너희에게 명하신 언약을 범하고 가서 다른 신들을 섬겨 그에게 절하면 여호와의 진노가 너희에게 미치리니 너희에게 주신 아름다운 땅에서 너희가 속히 망하리라(수 23:16).

이러한 후세에 대한 위임은 고대근동에서도 그 유사한 예들이 존재하는 동일한 풍습이기도 하다. 특히 이집트의 지혜문서들은 교훈을 후세에 전하기 위하여 애썼던 흔적을 살펴볼 수 있다. 이집트의 '프타호텝의 교훈'(The Instruction of the Vizier Ptah-hotep)이 실제적인 삶의 교훈들을 전한다. 그리고 '아멘엠오펠의 교훈'(The Instruction of Amen-em-opet)은 왕이 죽기 전에 그의 아들에게 충고의 말을 남긴 것으로 더욱 현실감이 넘치는 내용들로 이루어져 있다.[460] 그 외에도 후세를 위한 유언형태의 교훈집들로 '메리카레 왕을 위한 교훈'(The Instruction for King Meri-ka-Re)과 '아멘엠헬 왕의 교훈'(The Instruction of King Amen-em-het)[461] 등이 있다. 그러나 이러한 근동의 교훈들과 이스라엘의 지도자들의 유언의 차이점은 그 틈을 메울 수 없을 만큼 거대하다. 고대근동의 교훈들이 결국은 왕들은 자신의 왕권을 수호하고 제왕으로서의 자신의 지위를 지키기 위한 길로, 신하들은 자신의 지위를 대물림하려는 속셈을 드러내고 있다. 정치적 야심으로 다른 사람들을 희생시키는 길인 것이다. 그러나 이스라엘 지도자의 유언은 여호와의 율법에 복속되는 섬기는 자로서의 왕도를 철저하게 강조한다는 사실이다. 그들이 추구하는 것이 제국적 야심인가? 아니면 하나님의 나라인가? 그 갈래에 따라 이스라엘적인가, 이방적인가가 구별된다.

양면성의 조화의 파괴

솔로몬이 왕위에 등극하기 전의 혼란의 상황을 보여주고 있는 열왕기상 1장은 중요한 질문으로 "누가 다윗의 왕위에 앉을 것인가?"를 제시하고 있다면(왕상 1:20, 27), 솔로몬이 왕위에 등극하고 난 다음을 이야기하는 열왕기상 2장은 그 나라는 누구의 나라일 것인가라는 질문이 심각하게 제기되고 있다(왕상 2:12, 46). 다윗이 죽고 장사되었다는 말이 떨어지자마자(왕상 2:10-11) 강조되는 것은 '나라'이다. '나라'라는 단어가 솔로몬의 처음 행적을 그대로 감싸고 있다는 것이 그 증거가 된다.

> A. 왕상 2:12 솔로몬이 그 아비 다윗의 왕위에 앉으니 그의 나라가 심히 견고하니라
> B. 왕상 2:13-45 아도니야, 요압, 시므이가 숙청되고 아비아달이 추방되다
> A'. 왕상 2:46 이에 나라가 솔로몬의 손에 견고하여지니라

이처럼 솔로몬의 첫 행적을 둘러싸고 '견고해지는 나라'가 계속해서 강조되고 있다. 누구의 나라인가? 누구의 제국인가? 견고한 나라로 둘러쳐진 그 가운데에 암시적인 해답이 들어가 있는데 음울하게도 숙청과 추방만이 숨 가쁘게 연속적으로 진행된다. 솔로몬은 아쉽게도 요압과 시므이에게 피의 복수를 감행하는 일에는 빠르지만, 정작 또 다른 중요한 한 가지 요소인 은총을 베푸는 일에는 인색하다. 솔로몬의 전체 통치를 통하여 그 어디에서도 바르실래의 아들들에게 은총을 베풀었다는 이야기는 찾아볼 수 없고, 오히려 피의 복수만이 더욱 가중되어 나타난다. 다윗의 마지막 권면 속에는 아도니야와 아비아달에 관련된 것은 없었다. 하지만 솔로몬의 통치에서 그들에 대한 숙청작업이 선두를 장식하고 있다. 은총은 사라지고, 죽음의 복수는 더욱 넘친다.[462] 솔로몬의 통치 속에도 그의 아버지 다윗과 같이 왕권의 정당성과 합법성을 주장하기 위한 정치적인 계산과 조작 그리고 하나님을 향한 순수한 신앙적인 열정이라는 양면성이 극렬하게 부딪치고 있는 것이다. 실로 솔로몬에게 남겨진 숙제는 순수한 신앙과 인간적이고 정치적인 야망을 '여호와를 향한 신앙의 순수성'으로 훌륭하게 하나로 융합하는 것이다. 그의 아버지 다윗은 신적인 은총과 국가 이데올로기를 하나로 묶는 정교한 조화를 실현해냈다.

솔로몬에게 주어진 책임 또한 이것을 바르게 이루어내는 것이다. 이

는 흡사 솔로몬의 재판과 같다(왕상 3:16-28). 여호와께서 부여해 주신 선악을 분별하여 재판하는 능력은 두 동강이 나서 결국은 죽음으로 끝날 수도 있었던 아이를 죽이지 않을 수 있었고, 하나님의 지혜가 영광스럽게 드러나는 계기가 되었다. 하지만 이 신적 지혜가 사라지면 정치적인 야심과 국가 이데올로기만 살아남고, 그 결국은 아이의 몸이 두 동강이 나듯이 나라는 두 토막으로 갈라지고 마침내 어느 쪽도 생명을 유지할 수 없는 길로 나아갈 것이다. 이러한 미래의 불행을 막기 위해서라도 다윗은 마지막 힘을 모아 왕위 계승자에게 선포하여야 한다. 다윗의 마지막 유언은 하나님의 나라를 대표하는 이 땅의 나라를 견고히 세우기 위함이다. 그러므로 이 유언은 결코 솔로몬 한 사람에게만 적용되는 것이 아니라 다윗의 뒤를 잇는 모든 왕들에게 해당되며, 그 왕들을 따르는 모든 시대의 모든 백성들에게 필수적인 것이고, 지금 이 시대를 살아가는 우리들에게도 유효하다. 그러나 말씀에 대한 순종이라는 신앙과 피의 복수라는 현실의 긴장감은 늘 위임 받은 자가 풀어야 할 숭고한 과제이다. 이것은 어느 누구도 대신해 줄 수 없는 자신만의 숙제인 것이다. 이제 다윗의 시대에서 바야흐로 새로운 인물들, 즉 새로운 다윗의 시대로 접어든 것이다.

솔로몬의 등장은 이런 점에서 기대와 의문이 교차한다.[463] 다윗의 이상을 실현할 것인가? 아니면 그 반대의 길을 걸을 것인가? 솔로몬은 물론, 그 후대의 왕들은 다윗의 이름을 놓고 자신들의 삶을 평가 받는다. 다윗이라는 인물이나 그의 삶이 완벽하기 때문이 아니라 그의 모든 왜곡과 굴절까지도 종국에는 다윗의 나라가 하나님 나라가 되는 길을 열었다는 것이다. 그럼에도 다윗이라는 인물은 실로 마지막까지도 전적으로 통제되지 않는 사람이었다. 인간적인 계산과 정치적인 술수가 완전히 제거되고 신앙적인 순수성만 남아 있는 사람이라고 결코 말할 수 없는 사람이다. 그래서 더 인간적이고 사람 냄새가 나는 사람, 바로 그가 다윗이라는 인물이다.

마지막 죽음의 순간에서도 결코 신앙과 현실의 조화를 이루기 위한 긴장을 무너뜨릴 수 없는 것이 믿음의 길이라는 것을 보여준 사람이다. 이미 얻은 것도, 온전히 이룬 것도 아니요, 아직 잡은 것도 아니고, 뒤에 있는 것은 잊어버리고, 앞에 있는 것을 잡으려고 푯대를 향하여 끊임없이 자신을 내리치며 평생을 달려가는 것이 신앙임을 너무도 확연히 보여준 사람이다(빌 3:12-14). 한 손에는 하나님께서 쥐어준 통치의 칼을 들고, 다른 손에는 하나님을 찬양하는 수금을 들고 그렇게 다윗은 자신의 생을 마감했다. 다윗, 그는 우리와 똑같은 성정을 가진 사람으로 동일한 야망, 정욕, 복수심 그리고 정의와 공감, 연민, 사랑, 열정으로 불꽃같은 삶을 살았다. 맡겨진 양 무리를 지키기 위해 불철주야 애썼던 목동으로서의 성실함, 칼을 들고 적진을 향해 뛰어드는 용맹스런 장수의 기질, 수금을 타며 아름다운 곡조로 악령의 세력을 훼파하는 영적인 탁월함, 정치적인 정적들의 죽음 앞에서도 그들을 위한 애가를 불렀던 연민은 다윗의 나라가 하나님의 나라가 되는 길을 열었던 것이다.

이와 같이 다윗이 하나님 나라를 열어갈 수 있었던 거대한 원동력을 우리는 그의 기도에서 찾아볼 수 있다. 승리의 영광 속에서도, 절망과 좌절로 가득한 혼돈 속에서도 그리고 칠흑 같은 죄악의 수렁 속에서도 하나님께 묻고 인도함을 받은 그의 삶은 후세들이 하나님의 나라를 향해 여행할 수 있는 길잡이(navigation)가 된다(삼상 23:2, 10-11; 29:8; 삼하 2:1; 5:17-25; 7:18-29; 12:16-23; 15:31; 16:12; 21:1; 24:25).

4. 시편으로 끝맺는 다윗의 기도 (시 72편)

　시편은 다윗의 삶을 바탕으로 그의 일생의 기도와 찬양을 전하고 있다. 그리고 시편의 여러 제목들은 다윗의 구체적인 삶을 배경으로 하여 읽을 것을 권하고 있다. 시편은 이처럼 다윗의 일생을 이야기가 아닌 기도와 찬양으로 전하고 있는 것이다. 그렇다면 "시편은 다윗의 마지막 위임인 그의 유언을 알고 있을까?"라는 질문이 가능할 수 있다. 이에 대해 긍정적인 대답을 기대해 볼 수 있는 근거는 이스라엘은 결코 시편의 기도와 찬양을-설사 그것이 다윗의 이름으로 되어 있을지라도-결코 한 개인의 것으로만 귀속시키지 않는다는 점이다. 시편 속에 나타난 다윗은 결코 이스라엘에서 왕으로 호령했던 그 다윗만을 의미하지 않는다. 과거에 그는 하나님의 백성인 이스라엘의 대표였다면, 현재는 하나님 앞에 서 있는 모든 인류의 대표이기도 하다. 그러므로 탄식, 간구, 부르짖음, 회개, 감사가 어우러진 그의 기도와 찬양은 이제 그 뒤를 따르는 모든 사람들이 다윗처럼 하나님 앞으로 나아갈 수 있는 통로가 되었다. 이런 점에서 우리는 시편 속에서 후세대를 위한 그의 마지막 말을 기대해 볼 수 있다.

　왈톤(Walton)이라는 학자는 시편 42-72편까지를 묶은 시편 제2권을 다윗의 생애의 후반부인 '왕위 등극에서 왕위 계승까지'를 다룬 성악곡집인 칸타타(Cantata)로 볼 수 있다고 제시하고 있다. 그 중에 마지막에 위치한 시편 72편은 다윗에게서 솔로몬으로 왕위가 이양되는 장면이라고 본다.[464] 그 구체적인 사항을 간략하게 정리해 보면 다음과 같다. 시편 45편은 '다윗의 왕으로서의 등극,' 46-47편은 '왕 다윗의 군사적인 승리,' 48편은 '예루살렘 점령과 거주,' 49-51편은 '다윗의 교만과 죄의 본질인 다윗-밧세바 사건,' 52편은 '암논 사건(삼하 13장),' 54-64편은 '압살롬의 반란(시 55:12-14, 21; 61:6; 64:3-4, 7),' 68-69편은 '베냐민 지파 세바(삼하 20장)의 반란(시 69:8),' 71편은 '다윗의 노년(시 71:9, 18),' 그리고 마지막으로 72편은 '다윗이 솔로몬에게 왕위를 계승하는 장면'으로 볼 수 있다는 것이다.

이 모든 세세한 내용을 액면 그대로 다 수용할 수는 없다 하더라도 최소한 시편 72편에 대한 평가만큼은 눈여겨볼 필요가 있다. 대부분이 다윗의 시편으로 이루어진 시편 제1-2권(1-72편)을 마감하는 시편 72편이 '솔로몬의 시'라는 사실은 우연이라기보다는 신학적 의도성이 짙게 깔려 있는 것이다. 이것은 시편 72편의 마지막 송영이 시편 각 권의 끝을 마감하는 후렴구인 "여호와를…찬송할지어다 아멘 아멘"(시 41:13; 72:19; 89:52; 106:48)에 덧붙여서 "이새의 아들 다윗의 기도가 끝나니라"(시 72:20)로 마감하고 있다는 점에서 분명해진다. 시편 제1-2권(1-72편)에서 시편 1-2편은 분명 시편 전체의 서론이 되며, 시편을 이해하는 중심 정신이 된다. 그리고 이 두 편에는 어떤 이름이나 제목도 주어지지 않으며, 정작 다윗의 이름이 제목에 등장하는 것은 시편 3편부터이다. 그렇다면 시편 전반부인 제1-2권의 구조는 '다윗의 시'(3편)로 시작해서 '솔로몬의 시'(72편)로 끝을 내며 그 시들의 본질을 통칭해서 '다윗의 기도'로 명명하고 있는 것이다.

공교롭게도 다윗의 시의 출발선인 시편 3편의 제목은 "다윗이 그의 아들 압살롬을 피할 때에 지은 시"로 되어 있다. 다윗의 기도는 왕권을 노리는 아들 압살롬에게 쫓기는 절박한 상황에서의 절규로 시작하여 다른 아들인 솔로몬이 후계자가 되어 평화로운 통치를 이루어 갈 것을 소망하며 마감된다.[465] 다윗의 왕권이 효과적으로 이양되고 있는 것이며, 그 왕위계승은 '다윗의 기도'라는 말을 통해 미래를 향한 염원과 기대가 담겨 있다는 사실을 상기해 볼 수 있다.

그렇다면 '솔로몬의 시'로 제목이 붙여진 시편 72편은 분명 다윗의 간절한 소망이 배어 있는 그의 마지막 명령(왕상 2:1-9)과 깊은 연관이 있을 것이라 추측해 볼 수 있다. 시편 71편이 '다윗의 노년'을 상징하는 것이라면 더욱 그럴 것이다: "하나님이여 내가 늙어 백발이 될 때에도 나를 버리지 마시며 내가 주의 힘을 후대에 전하고 주의 능력을 장래의 모든 사람에게 전하기까지 나를 버리지 마소서"(시 71:18). 이점에서 윌슨(Wilson)은 시편 72편의 첫 두 구절(1-2절)은 다윗이 그의 후계자를 위해서 간구한 기도로 읽혀져야 한다고 강조한다.[466]

[시편 72편 - 솔로몬의 시]

1 하나님이여 주의 판단력을 왕에게 주시고 주의 공의를 왕의 아들에게 주소서
2 저가 주의 백성을 공의로 재판하며 주의 가난한 자를 정의로 재판하리니
3 의로 인하여 산들이 백성에게 평강을 주며 작은 산들도 그리하리로다
4 저가 백성의 가난한 자를 신원하며 궁핍한 자의 자손을 구원하며 압박하는 자를 꺾으리로다
5 저희가 해가 있을 동안에 주를 두려워하며 달이 있을 동안에 대대로 그리하리로다
6 저는 벤 풀에 내리는 비 같이, 땅을 적시는 소낙비 같이 임하리니
7 저의 날에 의인이 흥왕하여 평강의 풍성함이 달이 다 할 때까지 이르리로다
8 저가 바다에서부터 바다까지와 강에서부터 땅 끝까지 다스리리니
9 광야에 거하는 자는 저의 앞에 굽히며 그의 원수들은 티끌을 핥을 것이며

10 다시스와 섬의 왕들이 조공을 바치며 스바와 시바 왕들이 예물을 드리리로다

11 만왕이 그 앞에 부복하며 열방이 다 그를 섬기리로다

12 저는 궁핍한 자가 부르짖을 때에 건지며 도움이 없는 가난한 자도 건지며

13 저는 가난한 자와 궁핍한 자를 긍휼히 여기며 궁핍한 자의 생명을 구원하며

14 저희 생명을 압박과 강포에서 구속하리니
저희 피가 그 목전에 귀하리로다

15 저희가 생존하여 스바의 금을 저에게 드리며
사람들이 저를 위하여 항상 기도하고 종일 찬송하리로다

16 산 꼭대기의 땅에도 곡식이 풍성하고 그 열매가 레바논 같이 흔들리며 성에 있는 자가 땅의 풀 같이 왕성하리로다

17 그 이름이 영구함이여 그 이름이 해와 같이 장구하리로다
사람들이 그로 인하여 복을 받으리니 열방이 다 그를 복되다 하리로다

18 홀로 기이한 일을 행하시는 여호와 하나님 곧 이스라엘의 하나님을 찬송하며

19 그 영화로운 이름을 영원히 찬송할지어다 온 땅에 그 영광이 충만할지어다 아멘 아멘

20 이새의 아들 다윗의 기도가 끝나니라

이 시편이 후계자를 위한 다윗의 유언적인 기도라면 분명 이 속에는 시편의 가장 핵심이 되는 정신이 배어 있을 것이며 나아가서는 다윗의 유언과 관련된 구약의 정신 또한 동일하게 찾아볼 수 있어야만 할 것이다. 솔로몬에게 행한 다윗의 마지막 위임 속에는 여호와의 율법을 지켜 행하면 형통의 길이 열릴 것이며, 백성들에게 바른 재판을 통해 공의와

정의를 이루어 나갈 것을 명령한다. 그러나 재판을 통해 공과 의를 행할 때에는 반드시 정치적인 책략이나 보복이 아니어야 하며 빈부의 차별을 두는 사심이 섞인 것이 아닌 하나님의 토라의 이상을 실현하는 것이어야 한다. 이러한 지식을 가지고 시편 72편에 접근해야 할 필요가 있다.

시편 72편은 크게 세 부분으로 나뉠 수 있는데 전반부는 1-7절까지로 '왕과 하나님의 백성과의 관계'를 집중적으로 다루고, 후반부인 8-17절은 '왕과 열방과의 관계'로 확대되며, 마지막 송영인 18-20절은 '하나님의 영광'을 다룬다. 다윗의 유언과도 연결되어 있는 이 시편의 논지를 정확하게 파악하려면 시편의 중심사상을 먼저 다루는 것이 그 순서일 것이다.

시편을 이해하고, 시편으로 기도하고 찬양할 수 있는 중심정신을 말하라고 한다면 어느 누구든지 시편 1편과 2편을 제시할 것이다. 시편 1편은 여호와의 율법에 전폭적인 신뢰를 둘 것을 말하며 하나님의 말씀을 순순히 받아들이는 삶을 강조하고 있다면, 2편은 누가 세상을 통치하는가라는 질문에 세상 나라들과 민족들, 군왕들이 아니라 주께서 다스리신다는 확신을 전하고 있다.[467] 의인과 악인은 여호와의 율법을 주야로 묵상하는 여부(시 1:2)로 나뉘게 되고, 결국은 의인은 형통하고 악인은 망하는 결말에 이르게 된다. 세상 나라들과 그 통치자들이 아무리 거대한 힘으로 그 위세를 떨칠지라도 그들의 흥망성쇠는 오직 하늘에 계신 여호와의 손에 달린 것(시 2:4, 8)이라는 사실을 깨닫는 자는 어떠한 여건 속에서도 당당할 수 있다. 그리고 그러한 하나님의 통치를 이 세상에 드러내야 할 자가 바로 하나님께서 기름 부어 세우신 이스라엘의 왕이라는 신념이다(시 2:6-9). 그렇다면 이 두 시편과 다윗은 어떤 관계가 있는가라는 질문을 던질 수 있다. 그 대답은 메이스가 시편과 다윗의 관계는 시편서 전체를 체계화하고 통일하는 주제인 '하나님의 나라'를 부각시키고 강조한다고 결론 내리고 있는 것에서 그 힌트를 얻을 수 있다.[468] 시편의 서론이요 정신인 시편 1-2편은 '여호와의 율법'과 '여호와의 다스리심'이라는 주제를 하나로 연합하여 '하나님 나라의 이상'을 보여주고 있다는 점에서 메이스의 결론은 적용가능하다.

시편 72편은 진실로 이러한 시편의 정신인 시편 1-2편의 이상을 그대로 실현하고자 하는 열망이 가득하다. 먼저 전반부인 1-7절에는 주의 '판단력'(מִשְׁפָּט 미쉬파트/공의)과 주의 '공의'(צְדָקָה 쩨다콰/정의)가 거듭 강조되며 올바른 재판으로 하나님의 백성들 사이에 억울함을 풀고 억압당하는 자들이 구원의 희망을 갖는 미래를 기대한다. 이러한 사항들은 모두 율법과 직결되어 있는 요소들이다. 다윗의 후계자가 여호와의 율법에 입각하여 백성들을 의와 공의로 이끌며 압박하는 악인을 꺾는다면 그의 날에 의인이 흥왕하여 평강의 풍성함이 달이 다할 때, 곧 세상 끝 날까지 이를 것이다. 이처럼 시편 72편의 전반부는 시편 1편의 이상을 그대로 실현하고 있음을 보이고 있다. 여호와의 율법의 정신인 '미쉬파트와 쩨다콰(공의와 정의)'가 바르게 실현되며 악인이 망하고, 의인이 형통하는 세상을 만드는 것이다. 다윗의 뒤를 잇는 그 어떤 왕일지라도 이러한 세상의 실현은 필수적인 임무인 것이다.

시편 72편의 후반부인 8-17절은 전반부의 이상을 더욱 확장된 모습으로 그려나가고 있다. 그의 다스림은 바다에서 바다까지 이르고, 강에서부터 땅 끝까지 이른다. 그리고 모든 원수들이 무릎 꿇고, 만왕들이 그 앞에 부복하며 열방이 다 그를 섬긴다. 이것은 어느 모로 보나 시편 2편에서 열방을 유업으로 받고 세상을 다스리는 이상이 실현된 것으로 나타난다. 이렇게 다윗의 후계자에게 이런 영광이 실현된다는 것은 자칫 하나님의 나라가 아닌 인간의 제국을 형성할 위험 요소를 제공해 줄 수 있다. 그러나 어떤 왕이든지 자신이 행하는 모든 일들이 하나님의 성품인

정의와 공의에 바탕을 두고 행한다면 결코 그러한 일은 없을 것이다.

> **하나님이여 주의 이름과 같이 찬송도 땅 끝까지 미쳤으며 주의 오른손에는 정의(צֶדֶק 쩨데크)가 충만하였나이다 주의 심판(מִשְׁפָּט 미쉬파트/공의)으로 말미암아 시온 산은 기뻐하고 유다의 딸들은 즐거워할지어다(시 48:10-11).**

> **하나님이여 주의 판단력(מִשְׁפָּט 미쉬파트/공의)을 왕에게 주시고 주의 공의(צְדָקָה 쩨다콰/정의)를 왕의 아들에게 주소서 그가 주의 백성을 공의(צֶדֶק 쩨데크/정의)로 재판하며 주의 가난한 자를 정의(מִשְׁפָּט 미쉬파트/공의)로 재판하리니 의로 인하여 산들이 백성에게 평강을 주며 작은 산들도 그리하리로다(시 72:1-3).**

이와 같이 시편 72편은 하나님의 지위와 역할이 이 땅에서 다스리는 왕의 위치와 책임과 직결되어 있음을 보이고 있다. 이러한 연결만이 왕의 이름이 영구하게 되고 사람들이 그로 인하여 복을 받고, 열방이 다 그를 복되다고 칭송하게 되는 세상을 열어갈 수 있기 때문이다. 여기서 "복되다 하리로다"(시 72:17)는 히브리어로 '아샤르'(אָשַׁר)로 시편 1편 1절의 '복 있는'과 시편 2편 12절의 "복이 있도다"에 쓰인 '아쉬레'(אַשְׁרֵי)와 같은 어원에서 유래했다. 이를 통해 시편의 정신이 하나님께서 세우신 왕을 통해 이 땅에 전달되어야 한다는 사실을 알 수 있다. 즉, 기름 부음 받은 왕은 이러한 책임을 끊임없이 되새겨야만 한다는 것이다.[469] 시편 72편은 분명 다윗의 뒤를 잇는 왕을 위해 중보하고 있지만, 명백한 것은 그의 성품은 하나님의 성품의 연장이어야 한다. 그러할 때 하나님께서는 왕을 통해서 아브라함에게 주신 원초적인 약속까지 이루어 나가며, 그 왕으로 인해 열방까지도 그 축복을 보고 하나님께 나아가 찬양하는 세상을 만드는 것이다(17절과 창 12:1-3을 비교).⁴⁷⁰⁾ 이처럼 시편 제2권의 끝에서 다윗의 후계자인 "솔로몬은 시편 1편에 제시된 참된 행복의 사람이자 시편 2편에 제시된 참된 행복을 열방에 전하는 하나님의 기름 부음 받은 중보자로서 다윗을 대체한다. 시편 1편과 2편에 제시된 프로그램은 계속 작동중이다."⁴⁷¹⁾

그러나 현실적으로 어떤 왕이라 해도 이러한 이상을 온전히 이루는 것은 쉽지 않다. 메이스(Mays)는 이러한 불가능성을 기정사실로 두고 시편 72편을 평가하기를 "이 기도는 하나님의 나라가 이 땅의 왕을 통해 임하기를 구한다. 이상적인 왕의 모습은 달성해야 할 목표라기보다는 왕에게 주는 도전이다. 만일 왕이 지녀야 할 이상적인 자질들을 문자 그대로 받아들인다면, 그들의 실패는 당연지사이다."⁴⁷²⁾ 그러나 그 이상이 높고, 성취가 힘들다고 해서 당연히 가야 할 목표를 낮출 수는 없지 않은가? 실패할 것이 뻔하기에 포기한다는 것은 있을 수 없는 일이다. '솔로몬의 시'로 명명되는 시편 72편은 이미 이루어진 것을 이야기하는 것이 아니라 이루어져야 할 것을 전하고 있다는 점에서 지금도 그 누군가를 기다리고 있다. 이는 시편 72편에 나타난 동사들이 모두 미래형으로 사용된 것을 보면 쉽게 알 수 있다. 오직 "다윗의 기도가 끝나니라"의 동사 '끝나다'만 완료형(perfect)을 사용하고 있을 뿐 그 외는 모두 미래지향적이다. 이것을 '다윗의 기도'라고 한다면 다윗 왕조의 염원과 갈망이 들어가 있는 것이며, 미래의 성취를 간절히 바라는 점이 강조된다. 역대기는 그러한 세상을 향하여 발걸음을 옮기고 있다.

5. 역대기가 꿈꾸는 다윗 왕위 계승 신학(대상 28-29장)

역대기는 다윗이 나이 많아 늙도록 부하고 존귀를 누리다가 죽었다는 화려한 문구로 다윗의 끝을 장식한다(대상 29:28). 이 표현은 삶 전체가 문제가 없고, 완전했으며, 평화스러웠다는 사실을 의미하는 것이 아니라. '꽉 찬' 한 생애가 자연스런 종말을 맞이했다는 사실을 표현하는 것이다.[473] 하지만 단순하게 "다윗이 그의 조상들과 함께 누워 다윗성에 장사되니"(왕상 2:10)라는 말로 그의 생애를 끝내고 있는 열왕기서보다는 훨씬 더 많은 것을 전하고 싶은 욕구가 있음은 분명하다. 오직 하나님을 향한 예배에 대한 일념으로 자신의 모든 힘과 능력을 모았던 사람 다윗이 죽음을 맞이했다. 역대기에서 다윗은 어떤 유언과 함께 자신의 생을 마감했을까? 역대기가 미래지향적으로 가득한 시편 72편의 기도를 알고 있다면 역사의 방향은 달라질 것이다. 시편의 이러한 기도가 응답된다면 어떤 역사를 쓸 수 있을까? 이 질문에 응답이라도 하듯이 역대기는 그 기도가 성취되면 바로 이런 역사일 것이라고 주저하지 않고 답하고 있다.

열왕기서와 역대기서는 다윗의 노년을 동일한 말로 시작하고 있다: "다윗이 나이가 많아 늙으니"(왕상 1:1; 대상 23:1). 그러나 그 다음의 내용은 현저하게 달라진다. 열왕기서에는 다윗의 늙음이 왕권투쟁으로 귀결되고 있다면, 역대기서는 다윗이 늙으니 "아들 솔로몬을 이스라엘 왕으로 삼았다"라는 분명한 승계를 밝히고 있다. 그리고 열왕기서에는 전혀 나타나지 않는 자료들을 일사분란하게 나열하고 있다. 레위 자손들과 제사장들의 체계적인 반열(대상 23:2-26:32)과 이스라엘 지도자들의 반열(대상 27장)을 질서정연하게 나열함으로 솔로몬의 왕위 계승에 대한 정통성을 입증한다. 이처럼 역대기서에는 다윗의 뒤를 잇는 왕위 계승을 놓고 어떤 갈등도 없다. 암논의 살해도, 압살롬의 반역도 그리고 아도니야의 왕권다툼도 사라진다. 그 이유는 죄의 흔적들이 사라지고, 문제나 소요를 일으킬 요소들이 제거되며, 모든 것이 선명하기 때문이다.

왕위 계승에 있어서도 하나님의 뜻과 다윗의 뜻이 확고하게 일치되어 후계자를 결정하고 있다. 먼저 다윗이 이런 노년에 이르기 전에 하나님께서 그의 후계자를 정하셨다.

한 아들이 네게서 나리니 그는 평강의 사람이라 내가 저로 사면 모든 대적에게서 평강하게(נוּחַ 누아흐) 하리라 그 이름을 솔로몬이라 하리니 이는 내가 저의 생전에 평안과 안정을 이스라엘에게 줄 것임이니라 저가 내 이름을 위하여 성전을 건축할지라 저는 내 아들이 되고 나는 저의 아비가 되어 그 나라 왕위를 이스라엘 위에 굳게 세워 영원까지 이르게 하리라 하셨나니(대상 22:9).

역대기 사가에게 있어서 솔로몬이 가져올 이스라엘의 평강(נוּחַ 누아흐)은 아직 아무도 이루지 못한 희망이요 이상이다.[474] 그 평강의 사람이 성전을 건축할 것이다. 다윗은 이 사실을 이스라엘 모든 고관들 곧 각 지파의 어른과 왕을 섬기는 반장들과 천부장들과 백부장들과 및 왕과 왕자의 모든 소유와 가축의 감독과 내시와 장사와 모든 용사를 예루살렘으로 소집하여 공적으로 발표한다(대상 28:1).

여호와께서 내게 여러 아들을 주시고 그 모든 아들 중에서 내 아들 솔로몬을 택하사 '여호와의 나라'(מַלְכוּת יהוה 말쿠트 야훼) 왕위에 앉혀 이스라엘을 다스리게 하려 하실새 내게 이르시기를 네 아들 솔로몬 그가 내 성전을 건축하고 내 여러 뜰을 만들리니 이는 내가 그를 택하여 내 아들을 삼고 나는 그 아비가 될 것임이라 저가 만일 나의 계명과 규례를 힘써 준행하기를 오늘과 같이 하면 내가 그의 나라(מַלְכוּתוֹ 말쿠토)를 영원히 견고케 하리라 하셨느니라(대상 28:5-7).

이 내용들은 어느 모로 보나 여호와께서 다윗과 영원한 언약을 맺으실 때 주셨던 말씀들을 그대로 다 포함하고 있다(삼하 7장; 대상 17장). 사무엘서의 내용과 현저히 다른 것이 있다면 그 곳에는 그 어디에도 후계자의 실명이 전혀 거론되지 않음으로 왕좌에 대한 긴장감이 조성되고 치열한 각축전이 예고되고 있다는 점이다. 그러나 역대기에는 신속하게 그 인물은 재론의 여지없이 솔로몬이며 이는 여호와께서 결정하신 일이며, 다윗 또한 기꺼이 순종한다. 즉, 솔로몬의 왕위 계승은 하나님의 뜻과 다윗의 뜻이 일치된 신인합일의 결과라는 것이다. 나아가서 다윗이 세운 모든 행정조직들(레위인들, 제사장들, 모든 지파의 지도자들) 또한 하나되어 이 뜻을 받든다(대하 23-29장). 이처럼 다윗에서 솔로몬으로의 승계는 하나님의 뜻이며, 다윗의 뜻이며, 온 이스라엘의 연합된 뜻이다. 이러한 일치가 일어날 때 위의 선언에서처럼 '여호와의 나라'와 '솔로몬의 나라'는 결코 충돌되지 않는 하나가 될 수 있을 것이다.

이스라엘 역사를 되짚어 볼 때 리더십의 승계에서 이와 같이 신인일치가 일어났던 적이 있었다. 가장 이상적인 리더십 전이가 이루어졌던 모세와 여호수아의 시대일 것이다.[475] 이 두 사람의 연속적인 사역으로 이스라엘 역사에서 가장 영광스러운 시대라 할 수 있는 하나님의 뜻이 이 땅에 그대로 실현되는 시대가 이루어졌다. 역대기는 다윗과 솔로몬의 시대가 바로 그런 시대이기를 바란다. 그 목표를 이루기 위해 다윗에서 솔로몬으로의 리더십 승계를 모세에서 여호수아로 이어지는 리더십 이양과 동일한 유비 관계로 선명하게 그리고 있다.[476] 이들의 유사점은 하나님께서 후계자를 지목하시고 선임자 또한 이를 기꺼이 인준한다는 점, 선임자가 완수하지 못한 사명이 후임자에게 연결된다는 점 그리고 그 사명이 그대로 완수되었다는 점을 들 수 있다. 그리고 이러한 예는 이스라엘 역사상 그 어디에서도 찾아볼 수 없는 이들만의 공통점들이다. 이것은 후계자인 여호수아와 솔로몬이 선임자인 모세와 다윗에게 받은 사명 위임을 비교대조 해보면 더욱 분명히 알 수 있다.

	모세와 여호수아(신명기)	다윗과 솔로몬(역대기)
온 이스라엘을 향하여	또 모세가 가서 온 이스라엘에게 이 말씀을 전하여…여호와께서 이미 말씀하신 것과 같이 네 하나님 여호와께서 너보다 먼저 건너가사 이 민족들을 네 앞에서 멸하시고 네가 그 땅을 차지하게 할 것이라…또한 여호와께서 그들을 너희 앞에 넘기시리니 너희는 내가 너희에게 명한 모든 명령대로 그들에게 행할 것이라 (신 31:1-6).	이에 다윗 왕이 일어서서 이르되 나의 형제들, 나의 백성들아 내 말을 들으라 나는 여호와의 언약궤 곧 우리 하나님의 발판을 봉안할 성전을 건축할 마음이 있어서 건축할 재료를 준비하였으나…이제 너희는 온 이스라엘 곧 여호와의 회중이 보는 데에서와 우리 하나님이 들으시는 데에서 너희 하나님 여호와의 모든 계명을 구하여 지키기로 하라 그리하면 너희가 이 아름다운 땅을 누리고 너희 후손에게 끼쳐 영원한 기업이 되게 하리라 (대상 28:1-8).
후임자를 향하여	모세가 여호수아를 불러 온 이스라엘의 목전에서 그에게 이르되 너는 <u>강하고 담대하라</u> 너는 이 백성을 거느리고 여호와께서 그들의 조상에게 주리라고 맹세하신 땅에 들어가서 그들에게 그 땅을 차지하게 하라 그리하면 여호와 그가 네 앞에서 가시며 너와 함께 하사 너를 떠나지 아니하시며 버리지 아니하시리니 너는 두려워하지 말라 놀라지 말라 (신 31:7-8).	또 그의 아들 솔로몬에게 이르되 너는 <u>강하고 담대하게</u> 이 일을 행하라 <u>두려워하지 말며 놀라지 말라</u> 네가 여호와의 성전 공사의 모든 일을 마치기까지 <u>여호와 하나님 나의 하나님이 너와 함께 계시사 네게서 떠나지 아니하시고 너를 버리지 아니하시리라</u>(대상 28:20).

모세가 여호수아를 향하여 한 말과 다윗이 솔로몬을 향해 한 말은 놀라울 정도의 일치를 보이고 있다. 역대기 기자가 분명한 의도와 목적을 가지고 다윗과 솔로몬의 이야기를 펼쳐나가고 있다는 것을 직감해 볼 수 있다. 지금 그가 쓰고 있는 새로운 역사는 결코 이 세상에 존재치 않았던 유일무이한 것이 아니다. 과거의 영광스러운 그 시대가 지금 이 순간 자신의 공동체 속에 그대로 이루어지기를 바라는 간절한 소망인 것이다.

그럼에도 이 두 리더십의 승계에는 분명한 차이점이 한 가지 존재한다. 그것은 시대상의 차이로 인한 신학적인 전환이라고 할 수 있을 것이다. 모세와 여호수아의 시대는 그 목표가 오로지 약속의 땅을 정복하는 것이었다면, 역대기의 다윗과 솔로몬은 모든 초점이 성전건축에 모아지고 있다. 성전건축에 대한 위임이 가나안 정복을 위해 하나님께서 위임하는 내용과 동일하다면, 역대기 기자에게 있어 성전 건축은 가나안 땅의 정복과 같은 신학적 무게감을 가진 것으로 볼 수 있다. 바벨론 포로에서 돌아와 성전을 재건하는 공동체에게 역동적인 성령의 힘과 활력을 불어 넣었던 학개의 예언 선포 속에도 동일한 신학이 꿈틀거리고 있다.

그러나 나 여호와가 이르노라 스룹바벨아 스스로 굳세게 할지어다 여호사닥의 아들 대제사장 여호수아야 스스로 굳세게 할지어다 나 여호와의 말이니라 이 땅 모든 백성아 스스로 굳세게 하여 일할지어다 내가 너희와 함께 하노라 만군의 여호와의 말이니라…이 성전의 나중 영광이 이전 영광보다 크리라 만군의 여호와의 말이니라 내가 이 곳에 평강을 주리라 만군의 여호와의 말이니라(학 2:4, 9).

이 권면 또한 하나님께서 가나안 정복을 눈앞에 두고 있던 여호수아에게 주셨던 위로와 동일하다(수 1:6-7,9,18; 23:6; 24:14). 그리고 새로 세워질 이 성전의 나중 영광이 이전의 그것보다 더 크리라고 말씀하시며 이 곳에 평강을 주신다고 말씀하신다.

여호수아를 통해 이루어진 약속의 땅 정복은 여호와께서 자신의 이름을 두실 장소인 성전의 터를 제공하게 된다(신 12:5, 11, 21; 14:23, 24; 16:6, 11; 26:2). 결국 땅 정복은 여호와의 성전이 서게 될 장소를 제공하게 되는 것이다. 이것은 여호수아와 이스라엘 온 회중이 가나안 땅을 정복하고 실로에 여호와의 성막을 세우는 것으로 그 성취가 시작된다(수 18:1).[477] 그러나 역대기에서는 이것이 역전된다. 땅을 차지하는 것이 성전을 지을 터를 제공하는 것이 아니라, 여호와의 성전을 건축하는 것이 약속의 땅을 정복하는 것이라는 신학이 되는 것이다.[478] 즉, 성전 건축이 그 땅을 차지하는 정복 전쟁이라는 것이다. 이것은 포로에서 해방되었음에도 여전히 페르시아의 속주 정도로 지내고 있는 역대기 공동체의 현실을 반영하고 있는 신학적 전이라고 볼 수 있다. 약속의 땅은 정치적으로는 획득할 수 없는 땅일지는 모르나, 신앙적으로 여전히 정복되어야 할 하나님의 땅인 것이다.

이처럼 포로 후기 공동체에게 성전의 회복은 하나님을 중심으로 살아가는 율법과 제의 공동체로서의 기반을 열어주었고, 그 공동체의 사명은 이 땅에서 하나님의 통치를 실현시키는 일이었다.[479] 이를 위해 성전을 중심한 정체성의 확립은 아무리 강조해도 지나치지 않다. "예루살렘에 위치한 종교적 중심지의 회복과 유대인들을 위하여 매일 드려지는 제사의 회복은, 그들이 어디에 살고 있든 상관없이 흩어진 백성을 단결시키는 정신적(영적) 수단을 제공"하기 때문이다.[480]

다윗은 모세가 성막의 양식을 하나님께 받은 그대로 백성들에게 전하듯이 성령의 영감으로 받은 모든 것 곧 여호와의 성전의 설계도를 솔로몬에게 넘겨준다(대상 28:11-12). 그리고 성막을 지을 재료들이 백성들의 자발적인 기쁨의 헌물로 차고 넘쳤듯이(출 25:1; 35:20-29;

36:2-7), 성전을 지을 재료들 또한 다윗이 준비하고 드린 기쁨의 헌물들과 더불어 지도자들과 백성들이 즐거이 드린 헌물이 넘쳐나며(대상 29:9, 14, 17) 과거의 영광이 재현된다. 여기까지가 다윗의 몫이다. 이처럼 이스라엘 땅에 다윗이라는 새로운 모세가 있었다면 새로운 여호수아 또한 절실히 필요하다. 이제 모세의 정신을 이어받은 다윗의 사명이 완수 되었으니, 역대기 시대의 여호수아인 솔로몬을 통해 이제 곧 성전의 이상이 회복될 그 날을 기대해 볼 수 있다.

주석

425) W. G. Lambert, *Babylonian Wisdom Literature* (Oxford: Clarendon Press, 1960), 97-100, 133쪽.

426) R. F. Kraus, "Ein zentrales Problem des altmesopotamischen Rechtes: Was Ist der Codex Hammu-rabi?" Genava 8 (1960), 283-96쪽. 존 H. 세일해머 (J. H. Sailhamer), 『구약신학 개론: 정경적 접근(*Introduction to Old Testament Theology: A Canonical Approach*)』(서울: 솔로몬, 2003), 443-44쪽에서 중인.

427) Rolf P. Knierim, "The Composition of the Pentateuch," in *The Task of Old Testament Theology: Method and Cases* (Grand Rapids, Michigan: Eerdmans, 1995), 369-70쪽. 크니림은 오경이 토라이기 때문에 중요한 것이 아니라, 모세의 개인적 권위로 인해 중요성을 갖고, 그의 저작권이 토라의 권위를 높인다고 본다. 그러나 오히려 모세의 권위를 세우는 이유가 토라의 권위를 높이기 위한 수단일 뿐이란 점에서 주객이 전도된 잘못된 결론일 수밖에 없다.

428) Michael A. Eaton, *Ecclesiastes: An Introduction & Commentary* (TOTC 13; Downers Grove, Illinois: Inter-Varsity Press, 1983), 147-51쪽. 늙음과 죽음에 대한 비유적인 표현들을 이해할 필요가 있다. 높은 곳을 두려워하고 길에서도 놀라는 것은 늙은 몸의 유약함을 나타내고, 살구나무에 꽃이 피는 것은 머리가 세는 것을, 메뚜기도 짐이 된다는 것은 그렇게 허약해짐을 말하는 것이다.

429) 장일선, 『구약세계의 문학』(서울: 대한기독교서회, 1981), 87쪽; James B. Pritchard, ed., *Ancient Near Eastern Texts: Relating to the Old Testament* (3rd ed.; New Jersey: Princeton Uni. Press, 1969), 412쪽.

430) 롤프 렌토르프(Rolf Rendtorff), 『구약정경신학(*Theologie des Alten Testaments*)』(하경택 역)(서울: 새물결플러스, 2009), 53쪽.

431) 존 그레이(John Gray), 『열왕기상(*1 Kings: A Commentary*)』(한국신학연구소 역)(서울: 한국신학연구소, 1992), 126-27쪽.

432) 그레이, 『열왕기상』, 127쪽.

433) J. Bergman, "ידע yāda'," in *TDOT vol. V*, 454-455쪽.

434) D. M. Gunn, *The Story of King David: Genre and Interpretation* (JSOTSup. 6; Sheffield: JSOT Press, 1978), 140쪽, n. 23.

435) A. Graeme Auld, *I & II Kings* (DSB; Louisville, Kentucky: John Knox Press, 1986), 9쪽; David Marcus, "David the Deceiver and David the Dupe," *Prooftexts* 6 (1986), 166쪽.

436) G. von Rad, Studies in Deuteronomy (London: SCM Press, 1961), 78-81쪽. 폰 라트는 열한 가지의 '예언과 성취'(prophecy and fulfillment)의 예들을 제시하고 있다: ① 삼하 7:13/왕상 8:20, ② 왕상 11:29ff/왕상 12:15b, ③ 왕상 13장/왕하 23:16-18, ④ 왕상 14:6ff/왕상 15:29, ⑤ 왕상 16:1ff/왕상 16:12, ⑥ 수 6:26/왕상 16:34, ⑦ 왕상 22:17/왕상 22:35f, ⑧ 왕상 21:21f/왕상 21:27-29, ⑨ 왕하 1:6/왕하 1:17, ⑩ 왕하 21:10ff/왕하 24:2, ⑪ 왕하 22:15ff/왕하 23:30.

437) Ackerman, "Knowing Good and Evil," 47쪽. '보수파'나 '개혁파'는 필자가 적용한 용어로 아도니야에 대한 장자 상속권을 지지하며 요압이라는 온 이스라엘 군대 지휘관과 엘리 가문의 아비아달 제사장을 등에 업었다는 면에서 현 질서를 유지하려는 보수파로 명명할 수 있다. 솔로몬이 왕위 계승 순위에서 까마득함에도(스바댜, 이드르암[삼하 3:2-5], 삼무아, 소밥, 나단[삼하 5:13-16]) 왕권으로의 도약을 지지하고, 브나야라는 이방인 그렛과 블렛 사람을 지휘하는 용병대장을 영입하고(삼하 20:23), 사독이라는 정확한 출신을 알 수 없는 제사장 가문을 영입했다는 점에서 개혁적이라 볼 수 있다.

438) Ackerman, "Knowing Good and Evil," 59-60쪽.

439) Berlin, *Poetics and Interpretation of Biblical Narrative*, 33쪽.

440) Ackerman, "Knowing Good and Evil," 59쪽. 액커만은 "전에 다윗이 밧세바를 가난한 자의 품에서 탈취한 것처럼, 이제 밧세바가 다윗의 품에서 왕권을 탈취했다"라고 한다(53쪽). Noll, The Faces of David, 64-75쪽. 놀(Noll)은 오히려 솔로몬의 비정통적인 탄생(다윗과 밧세바)과 인간적인 술수로 인한 그의 왕위 획득이 솔로몬에 대한 부정적인 인식을 심어주기 위한 목적이 있는 것이라고 본다.

441) Simon J. DeVries, *1 Kings* (WBC 12; Waco, Texas: Word Books, 1985), 20쪽.

442) Howard N. Wallace, "Tree of Knowledge and Tree of Life," D. N. Freedman (ed.),

ABD, vol. VI (New York: Doubleday, 1992), 656-60쪽; B. S. Childs, "Tree of Knowledge, Tree of Life," in *IDB*, vol. III (New York: Abingdon Press, 1962), 695-97쪽.

443) I. Engnell, "'Knowledge' and 'Life' in the Creation Story," in *Wisdom in Israel* (VTSup. III; Leiden: Brill, 1955), 103-19쪽.

444) Childs, "Tree of Knowledge, Tree of Life," 696쪽.

445) Julius Wellhausen, *Prolegomena to the History of Israel* (Georgia: Scholars Press, 1994), 301-302쪽.

446) Wallace, "Tree of Knowledge and Tree of Life," 657쪽.

447) G. J. Wenham, *Genesis 1-15* (WBC 1; Waco, Texas: Word Books, 1987), 63쪽.

448) Wallace, "Tree of Knowledge and Tree of Life," 657쪽.

449) Childs, "Tree of Knowledge, Tree of Life," 696쪽.

450) W. Malcolm Clark, "A Legal Background to the Yahwist's Use of 'Good and Evil' in Genesis 2-3," *JBL* 88 (1969), 277쪽.

451) David M. Carr, "The Politics of Textual Subversion: A Diachronic Perspective on the Garden of Eden Story," *JBL* 112 (1993), 588-89쪽.

452) Childs, "Tree of Knowledge, Tree of Life," 697쪽; Wenham, *Genesis 1-15*, 62-64쪽.

453) D. J. A. Clines, "The Tree of Knowledge and the Law of Yahweh(Psalm 19)," VT 24 (1974), 8-14쪽. Peter C. Craigie, *Psalms 1-50* (WBC 11; Waco, Texas: Word Books, 1983), 177-84쪽. 크레이기는 시편 19편 전체와 창세기 1-3장을 비교하며, 창조(시 19:1-6)에서 시작하여 점점 더 큰 강조점으로 옮겨가며 결국은 여호와의 토라와 인간 삶에서의 토라의 지대한 영향력을 찬양함으로 창세기 1-3장을 바로잡고 있다고 본다.

454) R. Gordis, "The Knowledge of Good and Evil in the Old Testament and the Qumran Scrolls," *JBL* 76 (1957), 123-38쪽. 고디스는 쿰란문서의 규칙서 중에 하나인 1QSa. 1:9-11에 나타난 "남자는 선악을 분별하는 20세에 이르기 전에는 결코 여자와 성적인 접촉을 해서는 안 된다"는 규정을 통해 성년이 되는 20세가 이스라엘 전통에서 선악을 올바르게 구별할 수 있는 적정기라고 본다는

점을 제시한다.

455) S. R. Driver, *Deuteronomy* (ICC III; New York: Charles Scribner's Sons, 1909), 28쪽; Moshe Weinfeld, *Deuteronomy 1-11* (ABC; New York: Doubleday, 1991), 151쪽; D. L. Christensen, *Deuteronomy 1-11* (WBC 6; Waco, Texas: Word Books, 1991), 31쪽.

456) Ackerman, "Knowing Good and Evil," 45-46쪽.

457) Jan P. Fokkelman, *Narrative Art and Poetry in the Books of Samuel - A Full Interpretation Based on Stylistic and Structural Analyses I: King David* (Assen, The Netherlands: Van Gorcum, 1981), 385쪽.

458) W. T. Koopmans, "The Testament of David in 1Kings II 1-10," *VT* 41 (1991), 447쪽.

459) Auld, *I & II Kings*, 8, 11-12쪽.

460) 장일선,『구약세계의 문학』, 98-122쪽.

461) J. B. Pritchard, ed., *Ancient Near Eastern Texts: Relating to the Old Testament* (Princeton, New Jersey: Princeton University Press, 1969), 412-19쪽.

462) R. D. Nelson, *First and Second Kings* (Int.; Atlanta: John Knox Press, 1987), 25쪽.

463) 다윗의 아들들을 계수해 보면 헤브론에서 암논, 길르압, 압살롬, 아도니야, 스바댜, 이드르암, 이렇게 여섯 명이 태어났고(삼하 3:2-5), 예루살렘에서 삼무아, 소밥, 나단, 솔로몬, 입할, 엘리수아, 네벡, 야비아, 엘리사마, 엘랴다, 엘리벨렛, 이렇게 열한 명이 태어났다(삼하 5:13-16). 이 순위로 본다면 솔로몬의 왕위 계승 서열은 9위로 나타나 있다. 그러나 현재의 이야기 속에서는 흡사 솔로몬이 왕위계승 서열 4위에 있는 듯한 인상을 준다. 암논, 압살롬, 아도니야 외에는 다른 아들들의 이름이 더 이상 나타나지 않기 때문이다. 이것이 신앙의 승리인지 아니면 정치적인 술수인지는 두고 볼 일이다.

464) J. H. Walton, "Psalms: A Cantata About the Davidic Covenant," *JETS* 34 (1991), 21-31쪽.

465) 마크 D. 푸타토(M. D. Futato) & 데이빗 M. 하워드(D. M. Howard),『시편을 어떻게 해석할 것인가?(*Interpreting the Psalms: An Exegetical Handbook*)』(류근상 & 류호준 역) (서울: 크리스챤출판사, 2008), 83쪽.

466) G. H. Wilson, "The Use of Royal Psalms at the 'Seams' of the Hebrew Psalter," *JSOT* 35 (1986), 88-89쪽.
467) 매칸,『새로운 시편여행』, 45, 50쪽.
468) J. L. Mays, "The David of the Psalms," *Int* 40 (1986), 155쪽.
469) 이를 위해 신명기 17장 18-20절은 다음과 같이 명령한다: "그가 왕위에 오르거든 이 율법서의 등사본을 레위 사람 제사장 앞에서 책에 기록하여 평생에 자기 옆에 두고 읽어 그의 하나님 여호와 경외하기를 배우며 이 율법의 모든 말과 이 규례를 지켜 행할 것이라 그리하면 그의 마음이 그의 형제 위에 교만하지 아니하고 이 명령에서 떠나 좌로나 우로나 치우치지 아니하리니 이스라엘 중에서 그와 그의 자손이 왕위에 있는 날이 장구하리라."
470) 메이스,『시편』, 319쪽.
471) 푸타토 & 하워드,『시편을 어떻게 해석할 것인가?』, 84-85쪽.
472) 메이스,『시편』, 319쪽.
473) 롤프 렌토르프(Rolf Rendtorff),『구약정경신학(*Theologie des Alten Testaments*)』(하경택 역)(서울: 새물결플러스, 2009), 53쪽.
474) William M. Schniedewind, "The Chronicler as an Interpreter of Scripture," in *The Chronicler as Author: Studies in Text and Textured*, M. P. Graham & S. L. McKenzie(eds.) (JSOTSup. 263; Sheffield: Sheffield Academic Press, 1999), 171-72쪽. 다음의 평행 구절을 비교하면 역대기서가 솔로몬에게만 의도적으로 평강(נוּחַ 누아흐)이라는 단어를 쓰고 있는 것을 알 수 있다: "여호와께서 주위의 모든 원수를 무찌르사 왕으로 궁에 평안히(נוּחַ 누아흐) 거하게 하신 때에 왕이 선지자 나단에 이르되"(삼하 7:1-2a)와 "다윗이 그의 궁전에 거주할 때에 다윗이 선지자 나단에게 이르되"(대상 17:1).
475) Dennis J. McCarthy, "An Installation Genre?" *JBL* 90 (1971), 31; Norbert Lohfink, "The Deuteronomistic Picture of the Transfer of Authority from Moses to Joshua: A Contribution to an Old Testament Theology of Office," in *Theology of the Pentateuch: Themes of the Priestly Narrative and Deuteronomy*, trans. Linda M. Maloney (Minneapolis: Fortress Press, 1994), 241쪽.
476) 투엘,『역대상하』, 165쪽.

477) 물론 그 최종적인 성취는 '예루살렘 성전'으로 귀결된다. 사무엘하 7장 13절 "저가 내 이름을 위하여 집을 건축할 것이요"라는 다윗에게 주신 하나님의 말씀이 열왕기상 5장 5절에 솔로몬이 "그가 내 이름을 위하여 전을 건축하리라 하신 대로 내가 내 하나님 여호와의 이름을 위하여 전을 건축하려 하오니"라고 선언함으로 기나긴 숙원사업이 이루어진다.

478) W. A. 반 게메렌(VanGemeren), 『예언서 연구(*Interpreting the Prophetic Word*)』 (김의원 & 이명철 역) (서울: 엠마오, 1993), 325쪽.

479) Walther Eichrodt, *Theology of the Old Testament*, vol. 1 (OTL; Philadelphia: Westminster Press, 1961), 467-68쪽.

480) 도널드 E. 고웬(D. E. Gowan), 『구약 예언서 신학(*Theology of the Prophetic Books*)』(차준희 역) (서울: 대한기독교서회, 2004), 386쪽.

제12장 다윗의 수금을 들고
:미래의 오케스트라를 향하여

> 기브온에서 밤에 여호와께서 솔로몬의 꿈에 나타나시니라 하나님이 이르시되 내가 네게 무엇을 줄꼬 너는 구하라…누가 주의 이 많은 백성을 재판할 수 있사오리이까 듣는 마음을 종에게 주사 주의 백성을 재판하여 선악을 분별하게 하옵소서…내가 네 말대로 하여 네게 지혜롭고 총명한 마음을 주노니 너의 전에도 너와 같은 자가 없었거니와 너의 후에도 너와 같은 자가 일어남이 없으리라 내가 또 너의 구하지 아니한 부와 영광도 네게 주노니 네 평생에 열왕 중에 너와 같은 자가 없을 것이라 네가 만일 네 아비 다윗의 행함 같이 내 길로 행하며 내 법도와 명령을 지키면 내가 또 네 날을 길게 하리라(왕상 3:5, 9, 12-14).

    이스라엘의 불멸의 지도자 모세가 죽었을 때 그는 숭배의 도구가 될 수 있는 무덤을 남긴 것이 아니라 후세가 따라가야 할 신앙의 정신을 물려주었다. 그의 삶이 보여준 신앙의 정신은 '모세의 율법'(סֵפֶר תּוֹרַת מֹשֶׁה 세페르 토라트 모세; 수 23:6)이라는 명칭으로 축약되며 하나님의 백성이라면 누구나 살아내야 할 길이 된다. 다윗, 그 또한 이스라엘에 새로운 패러다임을 제시한 삶을 살았다. 이스라엘의 왕도를 개척한 것이다. 그가 보여준 삶의 방식은 특별히 그의 뒤를 잇는 이스라엘 왕들을 평가하는 시금석이 된다. 모세의 이름이 출애굽기부터 여호수아서에 넘쳐나고 있고, 다윗의 이름은 사무엘서부터 열왕기서까지 거듭해서 나타난다는 점이 이를 입증하고 있다.[481]

    한 가지 특기할 사항은 다윗의 삶이 모세의 율법과 일체가 되어 후세대를 평가하는 기준이 되고 있다는 사실이다. 이것은 다윗의 삶은 왕도와 율법의 융합이라는 새 지평을 열었다는 것을 의미한다. 이제 이스라엘은 모세와 다윗의 조합으로 인하여 신정통치의 시대든지, 왕정통치의 시대든지 하나님 앞에서 살아갈 수 있는 길을 부여받았다. 다윗은 자신으로부터 본격화된 왕정이라는 모험적인 새 방식이 반드시 이스라엘 신앙에 독소가 되는 것만은 아님을 보였다. 그리고 그는 신정통치와 왕정통치가 이질적인 별개의 것만은 아니라는 사실을 삶으로 증거했다. 다윗, 그는 실로 인간 왕정 속에 신정통치의 조화를 구현하려 했던 선구자가 되었다. 열방과 같은 왕이 아닌 하나님의 종으로서의 왕도의 가능성을 삶으로 제시한 것이다.

이스라엘은 이러한 다윗의 삶 속에서 자신의 모습을 보았다. 다윗의 인생경로는 하나님의 백성 이스라엘의 역사를 그대로 반영하고 있기 때문이다. 다윗이 낮은 신분으로 시작했다면 이스라엘도 역시 바로의 종으로 시작한다. 다윗이 하나님의 선택을 받은 것처럼, 이스라엘도 선택과 구원을 통해 하나님의 백성이 된다. 다윗이나 이스라엘이나 거대한 약속과 함께 출발한다는 점에서 다를 바가 없다. 그리고 공히 율법 가운데 살아갈 것을 지시받으나, 거역하고 죄 가운데 빠지고 만다는 점 또한 동일하다. 본래 이들에게 죽음이 마땅하나 용서를 통해 계속적인 존재가 가능해졌다는 것도 간과할 수 없는 공통점이다. 그러나 양자 다 그로 인해 극심한 심판을 받고 약속의 땅에서 쫓겨나기까지 한다. 그럼에도 그것이 끝이 아니다. 다윗의 삶이 회개와 심판을 통과하며 회복으로 나아가듯이 이스라엘 또한 포로기라는 극렬한 심판의 용광로를 통과하며 해방이라는 미래를 기대할 수 있었다는 것이다. 이와 같이 포로기나 포로후기의 이스라엘 백성들은 다윗의 경험 속에서 자신들의 모습을 발견했을 것이며, 그의 삶에 자신들의 미래를 투영시켰음에 틀림없다. 이것은 오늘 현

재를 살아가는 우리 신앙인들에게도 동일하게 작용할 것이다.[482]

다윗은 이와 같이 한 개인에 머무르지 않는다. 매 시대는 새로운 다윗을 요구한다. 한 다윗만이 아니라 모든 백성이 다윗이 되는 시대를 갈구한다. 다윗의 수금은 이제 모든 이에게 연주의 기회가 주어진 선물이다. 다윗과 함께 발을 맞추는 자의 걸음으로 인해 수금줄은 가락을 만들어 낼 것이다. 그러나 그 걸음은 한걸음부터이며 그 첫 걸음은 솔로몬으로부터 시작된다. 그 길은 다음과 같은 "네가 만일 네 아비 다윗의 행함 같이 내 길로 행하며 내 법도와 명령을 지키면"이라는 조건으로 시작하며, 지혜, 부귀, 영광, 안정, 번영이라는 공명이 예비 되어 있다. 그리고 어느 누구든지 다윗과 함께 왕조라는 인간의 주도권과 자치권을 신정통치라는 섬김과 복종으로 올바른 균형을 이룰 수 있다면 다윗의 수금은 제 몫을 다한 것이다.

1. 다윗의 수금을 들다(왕상 2-왕하 23장)

다윗의 수금을 손에 든 솔로몬의 시작은 가히 희망적이다. 하나님께로부터 부여받은 천상의 지혜로 다윗을 통해 견고해진 이스라엘이라는 하나님 나라를 더욱 견고하게 세워나갈 길이 열린 것이다. 이것은 다윗의 실패와 솔로몬의 시작을 비교해 보면 쉽게 느낄 수 있는 기대감이다.

솔로몬의 선과 악의 길

솔로몬이 아버지 다윗으로부터 모세의 율법을 지켜 행하라는 소명을 받는 부분(왕상 2:3-4)과 신정통치의 구현을 위하여 여호와의 지혜를 간구하는 부분(왕상 3장)은 다윗의 후반부의 삶과 비교해서 새로운 희망의 시대를 예고하기에 충분하다. 여기서 "내가 네게 무엇을 줄꼬 너는 구하라"는 하나님의 말씀에 솔로몬이 "선악을 분별하게 해 달라"는 재빠른 응답이 자칫 위기감을 조성할 수도 있다. 태초에 아담과 하와가 선악을 알기를 열망했듯이, 솔로몬 또한 선악을 알기를 갈망한다는 점이 그 뿌리 깊은 악을 답습하는 것이 아닌가라는 우려 때문이다. 그러나 이 양자 사이에 현저한 차이점이 그 우려를 기우로 만들어 버린다. 아담이 스스로의 자치권으로 그것을 탈취하려 했다면, 솔로몬 그는 스스로 그것을 쟁취하려고 애쓰지 않고, 모든 것의 주인인 하나님께 그 주권을 맡기는 순종을 보인 것이다. 성경 속에서 "선악을 안다"는 것은 언제나 부정적인 의미만을 갖는 것은 아니다. 단지 그 동기와 근원이 무엇인가가 선악을 올바르게 분별하느냐 아니냐를 판가름한다는 것이 성경의 가르침이다. 아담과 같이 그 아내를 따르는 인간의 길을 따라서인가, 아니면 솔로몬과 같이 하나님께 그 주권을 돌리느냐 사이에 선악을 안다는 것이 인간을 멸망의 길로 인도하기도 하고 또한 구원의 길로 인도하기도 한다. 솔로몬이 여호와의 율법에 기초한 신적 지혜에 의지하고 다스리는 한 이스라엘은 든든히 서 나갈 것이 분명하다.

　이러한 솔로몬의 지혜로운 길은 다윗의 절정기에 우매한 선택으로 인해 초래된 모든 악한 일들이 회복의 길로 나아갈 것이라는 기대감을 갖게 하기에 충분하다. 이것은 다윗의 후반부와 솔로몬의 희망찬 시작을 비교해 보면 분명하게 알 수 있다.[483]

	삼하 11-12장(다윗)	왕상 3장(솔로몬)
선택	삼하 11:1-3 우매한 선택(밧세바와 간음)	왕상 3:3-9 지혜로운 선택(지혜 선택)

결과	삼하 11:4-27 부정한 임신, 속임수, 음모, 살인	왕상 3:10-15 지혜로운 마음, 부귀, 영화, 장수
평가	삼하 12:1-15 재판, 아이의 죽음, 온 이스라엘 앞에서 악이 다윗의 집에 난무, 여호와의 원수가 큰 비방거리 얻음(나라가 분열될 위기까지)	왕상 3:16-28 재판, 아이가 생존, 온 이스라엘이 재판을 듣고, 하나님의 지혜를 보고 백성들이 왕을 두려워함(아이가 칼로 두 동강나지 않음)

다윗의 실패는 그의 후반부의 삶을 잠식시켜버렸고, 그 세월은 그가 죄 값을 치르느라 허비된 안타까운 시간이 되었다. 그리고 나라는 계속되는 내란으로 분열의 위기로까지 내몰렸다. 그러나 다윗의 뒤를 잇는 솔로몬은 그 시작부터 하나님의 지혜로 나아가며 올바른 재판을 통해 두 동강 날 뻔한 아이를 살려낸다. 이제 솔로몬이 평생의 삶을 천상의 지혜를 통해 하나님의 말씀에 순종하는 길로 나아간다면 하나님의 나라는 열방을 이끄는 위력을 발휘할 것이다.

그러나 그 기대감에 반하여 음울한 전조가 솔로몬의 삶의 중요한 기점마다 나타난다. 그 전조는 '바로의 딸'이라는 여인의 등장이다. 솔로몬 통치의 중요한 기점마다 이 여인은 등장하며 그의 분별력을 흐려놓는다. 솔로몬이 신적 지혜를 부여받기 전에 이미 먼저 등장하고(왕상 3:1) 있고, 솔로몬의 행적에서 가장 중요한 성전 공사 때 성전의 외관공사가 끝나고 내부 기물을 제작하려는 시점에서 나타나며(7:8), 역군을 일으켜 대 공사를 하는 중에(9:16, 24), 그리고 결국은 솔로몬이 여호와를 버리게 만드는 이방 여인들의 선두(11:1)에 이렇게 이 여인은 이름도 없이 자신의 영향력을 행사하고 있다. 그녀는 이름이 없어도 그의 아버지의 권위를 상징하는 '바로'라는 암시적인 칭호만으로도 이미 제 역할을 다하고 있는 것이다. 이 점은 바로의 딸이 처음으로 등장하고 있는 위치에 대한 신학적인 분석만 해보아도 미래에 끼칠 악영향을 쉽게 파악해 볼 수 있다.

왕상 2:1-4	왕상 2:5-46	왕상 3:1	왕상 3:12	왕상 3:14
여호와의 법	인간의 지혜	바로의 딸	하나님의 지혜	여호와의 법
(3절)네 하나님 여호와의 명령을 지켜 그 길로 행하여 그 법률과 계명과 율례와 증거를 모세의 율법에 기록된 대로 지키라 그리하면 네가 무엇을 하든지 어디로 가든지 형통할지라	(6절)네 지혜대로 행하여 그의 백발이 평안히 스올에 내려가지 못하게 하라 (9절) 그러나 그를 무죄한 자로 여기지 말지어다 너는 지혜있는 사람이므로 그에게 행할 일을 알지니 그의 백발이 피 가운데 스올로 내려가게 하라 – 죽음이 일어남	솔로몬이 애굽의 왕 바로와 더불어 혼인 관계를 맺어 그의 딸을 맞이하고 다윗성에 데려다가 두고 자기의 왕궁과 여호와의 성전과 예루살렘 주위의 성의 공사가 끝나기를 기다리니라	내가 네 말대로 하여 네게 지혜롭고 총명한 마음을 주노니 네 앞에도 너와 같은 자가 없었거니와 네 뒤에도 너와 같은 자가 일어남이 없으리라 – 살림이 일어남(창기의 아들)	네가 만일 네 아버지 다윗이 행함 같이 내 길로 행하며 내 법도와 명령을 지키면 내가 또 네 날을 길게 하리라

여호와의 율법을 바깥 테두리로 하여 군림의 통치로 나아갈 수 있는 인간의 지혜와 하나님의 공의로운 다스림을 가능케 하는 신적 지혜가 대립하는 그 가운데 '바로의 딸'이 위치하고 있다. 솔로몬이 모든 것을 감싸 안을 수 있는 테두리를 택할 것인가, 아니면 자신의 유익만을 가져다 줄 가운데를 택할 것인가에 따라 죽음으로 갈 것인지, 살림의 길로 갈 것인

지가 결정된다. 그의 아버지 다윗이나, 그 뒤를 잇는 솔로몬이나 조건은 늘 똑같다. 다윗에게 하나님의 지혜를 상징하는 아비가일이 있었고, 우매를 뜻하는 밧세바가 있었다면, 솔로몬에게도 현명한 여인을 뜻하는 신적 '지혜'(חָכְמָה 호크마)와 우매를 뜻하는 '바로의 딸'이라는 동일한 선택이 존재한다.[484]

그러나 "죄가 너를 원하니 너는 죄를 다스릴지니라(מָשַׁל 마샬)"(창 4:7)는 강력한 죄의 흡착력에 대한 경고가 태초부터 있었듯이 솔로몬 또한 죄의 위력에 무너지고 만다. 솔로몬이 완전한 여호와의 율법을 버리고 미련해져서 결국은 죽음의 길인 바로의 딸을 선택한 것이다.[485]

솔로몬이 바로의 딸 외에 이방의 많은 여인을 사랑하였으니 곧 모압과 암몬과 에돔과 시돈과 헷 여인이라(왕상 11:1).

'지혜'가 한 여인을 지칭하는 표현이 아닌 하나님의 성품을 대변하는 인자, 성실, 공의, 정의를 뜻하듯이 '바로의 딸' 또한 이집트의 일개 한 공주만을 의미하는 것은 아니다. '바로의 딸'은 이집트의 모든 것인 정치, 종교, 사회, 문화, 풍습, 사고체계까지를 상징한다. 즉, 이집트의 모든 것을 받아들였다는 의미가 되는 것이다. 그렇다면, 바로의 딸을 따라가는 솔로몬을 통해 이스라엘이 겪게 될 수난은 이미 짐작이 가고도 남는다.[486]

바로가 이스라엘을 '강제노역'(מַס 마쓰)을 시키고 그들 위에 '감독관'(שָׂרֵי מִסִּים 싸레이 미씸)을 세워 억압한 것 같이 솔로몬 또한 동일한 '강제노역'(מַס 마쓰)을 이스라엘 사람들에게 부과하고 그들 '위에 감독관'(עַל־הַמַּס 알-함마쓰)을 세워 관리하게 했다(출 1:11; 왕상 4:6-7; 5:13-14). 그리고 '노역'이라는 말은 두 이야기에서 동일한 단어인 '씨브라/씹발'(סֵבֶל/סִבְלָה)(출 1:11; 2:11; 5:4, 5; 6:6, 7; 왕상 5:15, 11:28)이 사용된다. 바로를 위하여 강제로 '국고성을 짓던'(וַיִּבֶן עָרֵי מִסְכְּנוֹת 와이벤 아레 미쓰케노트) 이스라엘은 이제 솔로몬을 위하여 동일한 것을 짓는(וַיִּבֶן...עָרֵי הַמִּסְכְּנוֹת 와이벤 아레 함미쓰케노트/국고성을…짓다) 노예가 되어버렸다(출 1:11; 왕상 9:17-19).[487] 이 모든 단어들이 이스라엘 역사 속에서 오직 출애굽기의 바로와 열왕기의 솔로몬과만 연결되어 나타난다는 것이 그 심각성을 더해준다. 이스라엘은 이제 자신이 세운 왕에 의해 고역에 시달리는 노예가 되었고, 약속의 땅은 점점 이집트 땅이 되어간다. 열왕기상 9장 15-22절에는 밀로 성 건축의 강제노동에 이스라엘인이 아닌 가나안 잔류민들만을 동원했다고 기록하고 있지만 그 후로 보여지는 열왕기상 11장 26-28절에는 여로보암이 밀로 성 건축을 위한 요셉 족속의 '강제노동'(סֵבֶל 쎄벨)을 감독했다고 기록하고 있다. 그리고 자신의 왕궁의 물품과 수많은 말들에게 먹일 풀들을 조달하기 위해 유다지파는 제외하고 북이스라엘 지역을 12행정 구역으로 분할하고 과중한 짐을 지웠다(왕상 4:7-19). 더 나아가 솔로몬은 두로 왕 히람에게 수많은 건축 물품과 자신의 향락비용을 조달하기 위해 약속의 땅의 한 부분인 북쪽 갈릴리 지역의 성읍 20개를 팔아 치우기도 한다(왕상 9:10-14). 이와 같이 기대는 절망으로 끝나버렸고, 결국 솔로몬의 사후에 남과 북은 더 이상 관계회복이 불가능한 상태가 되어 분열되고 만다. 신적 지혜로 인해 두 동강 날 운명을 피한 어린 아이(유아기의 이스라엘을 상징)는 결국 여호와 경외하기를 버리고 인간적 지혜에 의존한 솔로몬에 의해 가차 없이 둘로 쪼개져 버린다. 다윗의 수금이 그 음색을 회복할 수 없으리만치 처절하게 두 토막이 나버린 것이다.

여로보암과 북 이스라엘의 길

토막난 어린 아이가 그 생명을 결코 유지할 수 없음에도 불구하고 하나님께서는 다윗의 길을 벗어난 남유다보다 북이스라엘 여로보암을 택하여 그에게 새로운 희망을 거시고 동강난 수금의 절반을 넘겨준다.

내가 너를 취하리니 너는 무릇 네 마음에 원하는 대로 다스려 이스라엘 위에 왕이 되되 네가 만일 내가 명령한 모든 일에 순종하고 내 길로 행하며 내 눈에 합당한 일을 하며 내 종 다윗이 행함 같이 내 율례와 명령을 지키면 내가 너와 함께 있어 내가 다윗을 위하여 세운 것 같이 너를 위하여 견고한 집을 세우고 이스라엘을 네게 주리라(왕상 11:37-38).

그러나 여로보암은 이미 출애굽시절에 폐기된 우상인 금송아지 숭배로 이스라엘을 몰아가며 나라를 악의 길로 치닫게 만드는 원흉이 된다: "너는 내 종 다윗이 나의 명령을 지켜 전심으로 나를 좇으며 나 보기에 정직한 일만 행하였음과 같지 아니하고 너의 이전 사람보다도 악을 행하고"(왕상 14:8-9). 다윗을 흉내조차 내지 못하는 후계자들로 인해 수금의 소리가 뒤틀리듯 역사가 뒤틀린다. 결국 북이스라엘은 단 한 명의 왕도 이 악의 흐름에서 빠져 나오지 못하고 대부분이 다 초대왕인 여로보암과 같은 평가를 받고 만다: "＿＿ 왕이 여호와 보시기에 악을 행하되 여로보암의 길로 행하며 그가 이스라엘에게 범하게 한 그 죄 중에 행하였더라"(15:26, 34; 16:19, 25, 30; 왕하 13:2, 11; 14:24; 15:9, 18, 24, 28; 17:2). 이처럼 북이스라엘에는 하나님 마음에 합하게 행한 다윗이 왕들을 평가하는 기준이 아니라, 악으로 향하여 나간 여로보암이 평가의 기준이 된다. 다윗의 수금은 결코 북이스라엘의 어느 누구를 통해서도 제대로 연주된 적이 없다. 종국에 북이스라엘은 앗시리아에 의해 뿔뿔이 흩어지고 역사 속에서 사라져 버린다.

그 이후 남 유다의 길

반쪽자리 수금을 든 남유다의 왕들 또한 대부분 여호와 보시기에 악을 행하는 과오를 저지르며 다윗의 뒤를 따르지 않았음에도(왕하 14:3; 16:2), 간간이 다윗의 정신을 잇는 왕들과 그들을 통하여 일어난 대대적인 개혁의 물결이 북이스라엘보다는 좀더 긴 생명을 유지하는 길을 열었다(왕상 15:11; 왕하 18:3; 22:2). 그러나 그들의 죽음은 다윗의 죽음으로, 그 후세들에게 수금의 소리가 연결되지 못하는 불운을 맞이한다. 마침내 열왕기하의 끝은 유다의 운명 또한 바벨론의 침공으로 인해 포로가 되고 그나마 약속의 땅에 남아있던 모든 대소백성들은 자진하여 이집트로 내려가는 결말을 보도하며 역사를 마감한다(왕하 25:22-26). 솔로몬으로부터 시작된 이집트의 위력은 결국 신명기의 저주의 완성인 이집트로 돌아가는 것으로 마감된 것이다(신 28:68). 이상은 높지만 현실의 벽은 이다지도 두텁다. 하지만 역사가 이대로 끝날 것인가라는 질문은 여전히 남아있다.

2. 토라로 새 역사를 조율하다(왕하 24-25장; 창 1-15장)

창세기로부터 출발한 인류사가 열왕기하에서 이스라엘 역사가 종결됨으로 그 막을 내린다. 분명 아직도 인류는 남아 있는데 역사가 끝난 것이다. 이처럼 하나님의 백성의 운명은 인류사의 시종을 가늠할 만큼 중차대한 열쇠를 쥐고 있다. 분명 시작이 있었고 끝에 이르렀다. 모든 것이 끝난 것인가? 정답은 강력한 "아니다!"이다. 다윗에게 주셨던 하나님의 영원한 약속은 계속된다. 모든 것이 끝장난 지금, 이제 "어떻게?"라는 질문에 응답해야 할 차례이다.

인간의 끝은 하나님의 시작이 된다

이스라엘 역사의 끝을 전하고 있는 열왕기하의 결론부분에 나타난 유다의 마지막 운명이 창세기의 시작부분과 주제와 신학, 그리고 문학적인 구조에서 밀접한 연관을 갖는 다는 것은 흥미로운 사실이다. 철저한 파괴와 수치스런 포로라는 절망적인 상황이 희망적인 변혁이 물결치는 새 창조의 날과 만난다는 것은 사망에서 생명으로 옮겨지는 기적이 일어나는 것이기 때문이다. 브루거만(Brueggemann)은 천지창조 이야기(창 1:1-2:4a)를 신화적인 색채를 띤 현실의 '정치-역사적 상황'이라고 본다. 그는 창세기 1장 2절의 무질서한 상태인 '혼돈과 공허'(והבו תהו 토후 봐보후)를 땅을 잃은 포로기의 상황과 동일시한다.[488] 그의 주장이 정당성을 발휘할 수 있는 이유는 이 동일한 두 단어의 조합이 예레미야 4장 23-26절에 한 번 더 나타나는데 창조의 파괴는 물론이요, 그 파괴가 북쪽에서 내려오는 가공할 적(바벨론)에 의해 이루어 질 이스라엘의 파멸을 묘사하고 있기 때문이다.[489]

> 내가 땅을 본즉 혼돈하고 공허하며 (והבו תהו 토후 봐보후) 하늘들을 우러른즉 거기 빛이 없으며 내가 산들을 본즉 다 진동하며 작은 산들도 요동하며 내가 본즉 사람이 없으며 공중의 새가 다 날아갔으며 내가 본즉 좋은 땅이 황무지가 되엇으며 그 모든 성읍이 여호와의 앞 그 맹렬한 진노 앞에 무너졌으니 (렘 4:23-26).

그러나 창세기는 동일하신 하나님께서 명령하시니 황폐한 파괴적 상황이 점점 희망적인 회복과 창조적인 질서에 그 길을 내어주고 있다.

창세기 1장 28절에 나타난 인간을 향한 하나님의 축복이 땅을 잃은 포로기의 상태를 뒤집는 땅 정복 언어를 포함하고 있다는 사실 또한 중요한 의미를 던져준다: "땅을 정복하라(כבש 카바쉬)." '정복하다'를 뜻하는 '카바쉬'라는 단어는 창세기에는 더 이상 나타나지 않으며, 민수기 32장 29절과 여호수아 18장 1절에 다시 나타나고 있는데 항상 약속의 땅을 정복하는 것과 연관되어 있다.[490] 그리고 안식일 제정과 함께 천지창조가 마감되는 것은 세계 창조의 목표는 하나님의 백성들이 모여서 안식일을 기념하는 거룩한 성전의 존재를 고대하고 있음을 추측해 볼 수 있다.[491] 열왕기에서 반복적으로 나타나 결국은 이스라엘을 망국으로 이끌었던 "여호와 보시기에 악(רע 라)을 행하여"(왕하 23:37; 24:9, 19)는 천지창조에서 "하나님이 보시기에 심히 좋았더라(טוב 토브/선)"로 변했다(창 1:4, 10, 12, 18, 21, 25, 31). 끊임없이 벌어진 인간의 악이 마침내 하나님의 선으로 바뀐 세상을 보는 것이다.

에덴으로의 복귀

아담과 하와 그리고 가인과 아벨의 이야기도 역시 열왕기하의 끝부분을 연결시키는 역할을 한다. 이 두 이야기들은 죄에 대한 심판을 보여주고 있으며, 그 심판의 결과는 땅에서의 추방이다. 아담과 하와가 에덴동산에서 추방되고, 가인이 에덴의 동쪽으로 유리하는 자가 된다. 이것은 이 이야기를 읽는 독자들이 어떠한 상태에 있는지를 추측해 볼 수 있으며, 그것은 곧 바벨론 포로의 상황이 바로 그들의 현실일 것이라는 결론을 내릴 수 있다.[492] 아담과 하와, 가인 그리고 이스라엘 백성은 모두 자신들이 살던 땅의 동쪽으로 추방되었다는 것은 의미가 있다. 가나안 땅의 동쪽이 바로 바벨론의 메소포타미아 갈대아 우르 땅이기 때문이다. 그러므로 죄의 형벌을 끝내고, 포로에서 풀려난 이스라엘이 약속의 땅으로 귀향하는 것이 낙원인 에덴동산으로의 복귀처럼 그려지는 것은 결코

우연이 아닐 것이다(겔 47:1-12).⁴⁹³⁾

이렇게 창세기를 읽어 내려가다 보면 아브라함이 갈대아 우르(כשדים אור 우르 카스딤)에서 부름 받은 사건 또한 새로운 의미를 던져준다. 갈대아인(כשדים 카스딤)이라는 단어는 창세기부터 열왕기하까지의 역사서술에서 창세기에서 아브라함 이야기와 역사의 끝인 열왕기하의 유다의 멸망 이야기에만 나타나는 의외로 희귀한 용어이다(창 11:28, 31; 15:7; 왕하 24:2; 25:4, 45, 10, 13, 14, 25, 26). 이 연관관계는 우연이 아니라 역사의 마지막을 다시 시작으로 돌리려는 의도가 있었음이 분명하다. 아브라함을 바벨론의 갈대아로부터 불러내신 하나님은 약 1500년 뒤에 동일한 장소에 갇힌 아브라함의 후손들을 또다시 약속의 땅으로 부르실 것이라는 희망을 보여주고 있는 것이다.⁴⁹⁴⁾

밴 시터스(Van Seters)는 창세기 15장 7절의 갈대아 우르에서의 부르심과 출애굽기 20장 2절의 애굽 땅에서의 구원의 연관 관계를 밝히며 아브라함의 우르에서의 탈출은 아브라함의 후손들에게 제2의 출애굽으로 비쳐지고 있다고 본다.

> **또 그에게 이르시되 나는 이 땅을 네게 주어 소유를 삼게 하려고 너를 갈대아인의 우르에서 이끌어 낸 여호와니라(창 15:7).**

> **나는 너를 애굽 땅 종 되었던 집에서 인도하여 낸 네 하나님 여호와니라(출 20:2).**

그리고 그는 출애굽의 선언이 원형이었다면 바벨론 포로에서의 해방의 이미지가 새롭게 아브라함에게 부여된 것이라 주장한다.⁴⁹⁵⁾ 그리고 이 두 사건에 대한 신학적인 재해석은 예레미야서에 잘 연합되어 나타나고 있다(렘 16:14-15; 23:7-8).

> **보라 날이 이르리니 다시는 이스라엘 자손을 애굽 땅에서 인도하여 내신 여호와의 사심으로 맹세하지 아니하고 이스라엘 자손을 북방 땅과 그 모든 쫓겨났던 나라에서 인도하여 내신 여호와의 사심으로 맹세하리라 내가 그들을 그 열조에게 준 그들의 땅으로 인도하여 들이리라(렘 16:14-15.**

이 주장은 창세기 15장 13, 16절에 나타난 시간적인 모순에도 그대로 드러난다. 애굽에서의 고생이 400년 동안이라고 서술하고서는 아브라함의 자손이 사대 만에 약속의 땅으로 돌아온다는 예언이 주어진다. 이 사대는 400년이라는 거대한 숫자보다는 오히려 예레미야가 주창한 70년간의 바벨론 포로기간과 잘 맞아 떨어진다(렘 29:7). 그리고 이 기간은 아내를 취해 자녀를 낳고, 그 자녀들이 결혼을 해 자녀를 낳는 기간에 해당된다(렘 29:4-6). 즉 이 70년 기간동안 3-4대의 세대가 공존하게 되는 것이다. 이것은 또한 "죄를 갚되 자손의 삼, 사대까지 이르게 한다"는 율법의 선언에서처럼 죄악을 사하는 기간과 일치점을 갖는다(출 20:5; 34:7; 민 14:18; 신 5:9). 이는 원래의 출애굽 사건이 바벨론의 포로지에 있는 아브라함의 후손들에게 미래를 향한 희망적인 약속이 되어 새로운 출애굽으로 재형성되었을 것이라 여겨진다.[496] 이제 아브라함의 믿음과 순종의 이야기는 포로지에 있는 후손들에게는 자신들이 저지른 모든 죄를 해결하고 다시 하나님의 약속을 성취하는 길을 제시해 주는 모범이 되고 있다.[497]

그렇다면 역사의 최종점을 생생하게 증언하고 있는 열왕기하 25장에 유다의 왕 여호야긴이 바벨론의 감옥에서 풀려나 왕의 직위를 회복했다는 마지막 보고는 분명 새로운 시작에 대한 갈망과 밀접하게 연결될 것이 틀림없다(27-30절). 그리고 그 회복과 새로운 출발은 왕조에 대한 반성과 직결되어 있을 것을 직감해 볼 수 있다. 다윗의 수금을 든 자들의 잘못된 연주를 깨닫지 못한다면 새로운 시작은 무의미하기 때문이다. 창세기에서 새로운 시작을 가져온 아브라함의 후손들인 족장들의 이야기는 그 사실을 살펴볼 수 있는 좋은 장소가 될 것이다.

다시 쓰는 역사

창세기에서 하나님의 백성에게 이스라엘이라는 이름의 효시가 된 야곱과 그의 열두 아들들의 이야기는 마치 다윗과 그의 아들들의 이야기를 새롭게 쓰고 있는 듯이 보인다. 유다가 야곱의 권위를 이어받는 과정이 솔로몬이 다윗의 왕권을 물려받는 과정과 유사하기 때문이다. 유다는 야곱의 네 번째 아들이며, 그의 앞에 족장의 권위를 놓고 경쟁해야 할 세 명의 형들(르우벤, 시므온, 레위)이 있었던 것처럼, 솔로몬도 네 번째 아들은 아니었지만 왕권 순위는 네 번째로 나타난다(암논, 압살롬, 아도니야). 그리고 이 두 경우 모두 앞 순위에 있는 세 명의 형들이 아버지의 권위를 계승할 자격을 상실하며 제거되는 과정이 동일한 사건들로 이루어진다는 점에서 그 의도적인 연관성을 추측해 볼 수 있다.

첫째로, 르우벤이 장자권의 서열에서 제외되는 이유는 아버지의 하체를 범하는 근친상간의 범죄를 저질렀기 때문이다: "이스라엘이 그 땅에 거주할 때에 르우벤이 가서 그 '아버지의 첩'(פִילֶגֶשׁ אָבִיו 필레게쉬 아비브) 빌하와 동침하매 이스라엘(야곱)이 이를 들었더라(שְׁמַע יִשְׂרָאֵל 바이쉬마 이스라엘)"(창 35:22). 이것은 열두 아들을 향한 야곱의 마지막 유언과도 같은 선언에서도 르우벤이 장자권을 상실하는 이유로 제시되고 있다(창 49:3-4). 이와 동일한 범죄를 저지른 자가 바로 다윗에게 반역의 기치를 높이 든 아들 압살롬이다: "남겨두어 왕궁을 지키게 한 '아버지의 첩들'(פִלַגְשֵׁי אָבִיךָ 필라그세 아비카)과 동침하소서…온 이스라엘이 들으리니(וְשָׁמַע כָּל־יִשְׂרָאֵל 쉐샤마 콜-이스라엘)…압살롬이 온 이스라엘 무리의 눈앞에서 그 아버지의 후궁들과 더불어 동침하니라"(삼하 16:21-22). 이 두 이야기의 연관에서 야곱의 이름이 민족적인 의미를 내포하고 있는 이스라엘로 거듭 불리는 것이 결코 우연은 아닐 것이다.

둘째로, 시므온과 레위가 장자권을 상실하는 원인은 여동생 디나의 강간 사건으로 인해 행한 과도한 살육의 복수로 인한 것이다(창 34장; 49:5-7). 시므온과 레위가 연루된 그들의 여동생 디나가 히위 족속 세겜에게 강간을 당하는 사건(창 34장)은, 암논과 압살롬이 연루된 압살롬의 친여동생 다말이 암논에게 강간당하는 사건(삼하 13장)과 평행을 이룬다. 특히 이 두 이야기 속에는 완전히 일치되는 여러 개의 평행구들이 의도적인 연결성을 살펴보기에 충분하다.[498]

창 34장	2절	세겜이 그를 보고 끌어들여 강간하여(וַיִּשְׁכַּב אֹתָהּ 와이쉬카브 오타흐) 욕되게 하고(וַיְעַנֶּהָ 봐이아네하)
	7절	야곱의 아들들은 이를 듣고(שָׁמַע 샤마) 그들 모두가 근심하고 심히 노하였으니(וַיִּחַר לָהֶם מְאֹד 봐이하르 라헴 메오드)
	7절	이는 세겜이 야곱의 딸을 강간하여 이스라엘에 부끄러운 일 곧 행치 못할 일을 행하였음이더라(כִּי־נְבָלָה עָשָׂה בְיִשְׂרָאֵל...וְכֵן לֹא יֵעָשֶׂה 키-네발라 베이스라엘...붸켄 로 예아세)

삼하 13장	14절	암논이 그 말을 듣지 않고 다말보다 힘이 세므로 억지로 강간하여 (וַיְעַנֶּהָ 봐이아네하) 그와 동침하니라 (וַיִּשְׁכַּב אֹתָהּ 봐이쉬카브 오타흐)
	21절	다윗 왕이 이 모든 일을 듣고 (שָׁמַע 샤마) 심히 노하니라 (וַיִּחַר לוֹ מְאֹד 봐이하르 로 메오드)
	12절	내 오라비여 나를 욕되게 하지 말라 이런 일은 이스라엘에서 마땅히 행치 못할 것이니 이 어리석은 일을 행하지 말라 (כִּי לֹא־יֵעָשֶׂה כֵן בְּיִשְׂרָאֵל אַל־תַּעֲשֵׂה אֶת־הַנְּבָלָה הַזֹּאת 키 로-예아세 켄 베이스라엘 알-타아세 에트-한네발라 하조트)

야곱의 딸 디나의 사건에서 또 시대착오적인 나라와 민족의 개념인 '이스라엘'(창 34:7)이 등장하며 두 사건의 연관성을 나타낸다. 나라와 민족의 의미로서 '이스라엘'이라는 용어는 창세기 보다는 오히려 사무엘서에 더 어울리는 표현이기도 하다. 왜냐하면 창세기에는 야곱이 이스라엘이라는 이름은 부여받았지만, 아직 이스라엘이라는 나라가 형성되기 전이기 때문이다. 이 두 사건이 결국은 이러한 일을 저지른 사람에 대한 친오빠(들)의 복수의 살육으로 그 막을 내린다. 시므온과 레위는 할례를 행하면 같이 결혼동맹을 맺겠다는 거짓 맹세의 음모를 꾸며 세겜과 그의 가족은 물론이요 그 부족들을 모두 살해한다. 압살롬은 양털을 깎는 잔칫날에 음모를 꾸미고 암논을 초대하여 살해해 버린다. 이 폭력은 결국 이들 모두의 운명을 뒤바꾼다. 시므온과 레위는 르우벤 다음 차례의 장자권에서 제외되고(창 49:5-7), 압살롬은 결국 아버지를 대항하는 반역으로 나아가며, 마침내는 아버지의 첩들을 범하고 그마저도 전쟁에서 죽임을 당하고 만다.

셋째로, 마지막 남은 솔로몬의 왕위 경쟁자인 아도니야 또한 아버지 다윗의 동녀였던 수넴 여인 아비삭을 자신의 아내로 삼으려다 죽임을 당하고 만다. 아도니야가 정말 아비삭을 순수하게 좋아한 것이었는지 아니면 다윗의 첩을 취함으로 자신의 왕권을 은근히 드러내려 했었는지에 대해서는 분명치 않게 기록되어 있다. 그러나 다윗의 경우 죽은 사울 왕의 처첩을 차지하는 것(삼하 12:7-8)이 그리고 압살롬의 경우 아버지의 첩들과 동침하는 것이 왕권의 정통성에 대한 전시효과가 분명히 있었음을 살펴볼 때 아도니야의 의도가 순수치 않음을 파악해 볼 수 있다. 솔로몬도 이것을 자신의 왕좌를 노리는 것으로 읽었다. 결국 아도니야도 압살롬이나 르우벤이 갔던 길을 걸으려 했고, 그 시초부터 덜미가 잡혀 죽음에 이르게 된 것이다.

이와 같이 야곱의 세 아들들인 르우벤, 시므온, 레위와 다윗의 세 아들인 암논, 압살롬, 아도니야는 모두 아버지의 첩과 동침하거나 취하려는 근친상간, 여동생과 연루된 강간행위와 이로 인한 잔혹한 폭력적인 살해행위로 인해 장자로서의 권위를 상실한다. 이제 남은 사람은 그 다음 차례인 유다와 솔로몬이다. 이들이 족장의 권위와 왕권을 차지할 수 있을 만큼 합당한 인물들인지가 그 다음 역사의 관건이다. 이처럼 창세기를 그 출발선으로 하는 토라는 모든 것이 끝난 시점에서 새로운 역사를 향하여 다윗의 수금을 조율하는 기본음이 된다. 어쩌면 조율의 차원을 넘어서 두 토막 나버린 다윗의 수금을 하나로 연합하여 새 역사를 쓰려는 것인지도 모른다. 토라는 어느 시대, 어느 세대든지 삶으로 연주해야 할 악보집이기 때문이다.

3. 토라가 또 왕도를 말하다(창 44장)

솔로몬의 통치는 희망적인 시작으로 출발했지만 자신의 이기적인 사욕과 누림을 위해 점점 더 동료 이스라엘 백성들을 억압하고 착취하는 노예화 정책으로 이스라엘이 탈출한 이집트 제국같이 변해버렸다. 그 희생은 고스란히 북쪽 지파들의 몫이었고, 결국은 남과 북이 분리되어 다른 길을 걸어가는 분단국가가 되게 했고, 마침내는 양쪽 다 약소국으로 전락하여 망국의 한을 겪게 되었다.[499]

다시 쓰는 역사의 뒤틀림

이제 다시 쓰는 역사에서는 이러한 비극은 더 이상 반복되어서는 안 된다. 하지만 야곱의 열두 아들들의 이야기 또한 그 시작은 절망스럽다. 세 명의 상위 형제들은 성적인 범죄와 포학한 살육으로 장자권을 상실하고, 형제들의 리더로 부상한 유다는 시기심에 주동이 되어 잔혹하게 요셉을 이집트로 팔아치운다. 이유는 하나님으로부터 왕권으로의 꿈을 부여받은 요셉이 그것을 떠벌리며 자랑하고 오만한 속내를 드러냈으며, 유다는 이제 자신의 차지가 된 장자권을 지키려는 속셈이 있었기 때문이다.

이 두 형제의 갈등 속에는 남(유다)과 북(요셉/에브라임)이 주도권을 놓고 벌이는 왕권 경쟁이 극명하게 드러나고 있다. 초반에 나타나는 왕권의 모형은 수단과 방법을 가리지 않고 권력추구에 혈안이 된 열방의 그것과 다름이 없는 지배와 통치, 군림, 억압의 모형을 갖는다. 그러나 거기에서 멈추지 않고, 나아가야 할 올바른 이상을 제시하는 것으로 결론에 이른다는 점이 희망적이다.

뒤틀린 역사의 새로운 조율

기나긴 세월의 우여곡절 끝에 마침내 남쪽의 유다도 그리고 북쪽의 요셉도 가장 이상적인 왕도(kingship)를 보인다. 유다는 변화되어 형제인 베냐민을 대신하여 그 자신이 기꺼이 이집트에 종으로 남기를 자청한다(창 44:14-34). 군림이 아닌 다른 사람을 위해 종이 되겠다는 희생의 자세가 마침내 요셉의 마음을 움직였고 형제들 간의 화해와 연합이 이루어진다. 서로 주도권을 놓고 유다와 요셉이 경쟁할 때에는 화해와 연합은 찾아볼 수 없고, 시기와 질투, 그리고 분노만이 형제들을 주도했다. 그러나 반대로 자신이 종이 되겠다는 자세는 화해와 연합을 불러온다. 월트키(Waltke)는 이렇게 변화된 유다에 대해 왕권에 적합한 인물이라고 단언하며, 다음과 같이 부연설명하고 있다:

야곱은 유다에게 왕권을 부여할 것이다. 왜냐하면 유다는 왕이 백성을 섬기는 것이지 결코 그 반대가 아니라는 이스라엘 왕권에 대한 하나님의 이상에 따라 다스리기에 적합한 인물이라는 것을 보였기 때문이다. 유다는 처음에는 그의 동생을 노예로 파는 자였지만 마침내 그의 동생을 위해서 기꺼이 노예가 되기를 자청하는 자가 된다. 이 행동으로 그는 이스라엘의 이상적인 왕권을 모범적으로 보여주고 있다.[500]

북쪽을 대표하는 요셉 또한 이상적인 왕도에서 벗어나지 않는다. 그는 그의 힘을 결코 복수를 위한 도구로 사용하지 않는다. 그에게는 형제들을 단 칼에 처단할 힘도, 노예로 만들어 버릴 권력도 손에 쥐고 있다. 그러나 그는 자신의 현재의 위치가 하나님의 전적인 섭리로 인한 것이며, 지배와 군림을 위해서가 아니라 형제들을 위해 식물을 공급하는 책임을 감당케 하기 위해 하나님께서 맡기신 사명임을 깨달았다(창 45:5-8; 50:19-21).[501] 이와 같이 유다와 요셉은 '그의 형제를 지키는 자'가 된다.[502] 한걸음 더 나아가 이들의 사명은 '그의 형제를 지키는 자'에서 그치지 않고, '그의 나라를 지키는 자'로 확장된다. 왜냐하면 남쪽을 대표하는 유다와 북쪽을 대표하는 요셉을 주축으로 열두 형제의 연합은 새로운 이스라엘을 만들기에 충분하기 때문이다. 이것은 유다와 요셉이 주축이 된 형제들의 연합은 과거 오점들을 깨끗이 청산했기에 가능하다. 솔로몬은 약속의 땅마저 악명 높은 이집트로 만들어 버렸으나, 유다와 요셉, 그리고 그 형제들은 정작 이집트에 거주하면서도, 전혀 이집트의 영향을 받지 않으며, 오히려 이집트가 이들로 인해 생명을 얻고 여호와의 은혜를 체험한다. 솔로몬처럼 요셉도 이집트 여인과 결혼하지만 결코 여호와 신앙에 흔들림이 없으며, 형제들의 결속은 더 강해진다.

새 역사를 연주할 준비

이들의 이러한 든든한 연합은 이집트에서의 탈출과 가나안 땅으로의 전진을 기대하고 있다: "하나님이 당신들을 돌보시고 당신들을 이 땅에서 인도하여 내사 아브라함과 이삭과 야곱에게 맹세하신 땅에 이르게 하시리라"(창 50:24). 이처럼 특별한 권위로의 부르심은 특권이 아니라 책임이라는 것이 이스라엘 왕권이 자각해야 할 부분이다. 왕이 백성을 위하여 존재하는 것이지 백성이 왕을 위하여 존재하는 것이 아니라는 신학이다. 유다와 요셉은 하나님의 백성을 보호하고 지키기 위한 소명으로 부름 받은 것이다. 이런 점에서 역사의 마지막인 열왕기하의 끝에 기록되어 있는 유다지파의 왕 여호야긴의 석방은 분명 한 개인의 해방이 아니라 이스라엘의 회복을 상징하며 다시 한 번 남과 북이 새롭게 시작할 시점이라는 강조가 들어가 있을 것이 분명하다.[503]

이와 같이 토라의 출발선인 창세기는 사무엘서부터 열왕기서까지 나타난 왕들의 이야기 속에서 민족과 나라를 망국으로 가게 만든 원인들을 파악하고 바로잡기 위한 의도가 들어가 있다. 이것이 바로 이 양자간에 평행, 대조되는 많은 이야기들이 존재하는 이유일 것이다. 이 양쪽의 이야기들은 서로를 비쳐주며 새로운 시작으로의 발돋움을 기대하고 있다. 그러므로 토라를 새 출발의 책이라고 부르는 것은 지극히 합당하며, 역사의 끝은 다시 시작과 만나게 된다. 단순히 우연으로 몰아붙일 수 없는 수많은 연결고리들이 새로운 방향을 가리키고 있으며 토라가 말하는 왕도에 귀를 기울이게 한다. 그리고 이 왕도는 새로운 미래를 위하여 아무리 반복해도 지나치지 않다.

> 왕 된 자는 말을 많이 두지 말 것이요 말을 많이 얻으려고 그 백성을 애굽으로 돌아가게 말 것이니 이는 여호와께서 너희에게 이르시기를 너희가 이 후에는 그 길로 다시 돌아가지 말 것이라 하셨음이며 아내를 많이 두어서 그 마음이 미혹되게 말 것이며 은금을 자기를 위하여 많이 쌓지 말 것이니라 그가 왕위에 오르거든 이 율법서를 레위 사람 제사장 앞에서 책에 기록하여 평생에 자기 옆에 두고 읽어서 그의 하나님 여호와 경외하기를 배우며 이 율법의 모든 말과 이 규례를 지켜 행할 것이라 그리하면 그의 마음이 그의 형제 위에 교만하지 아니하고 이 명령에서 떠나 좌로나 우로나 치우치지 아니하리니 이스라엘 중에서 그와 그의 자손이 왕위에 있는 날이 장구하리라(신 17:16-20).

왕이 백성들과 동일한 한 사람이 되고, 백성들이 왕과 같은 권위를 갖는 세상이 만들어 진다면 하나님 나라는 바로 그 안에 있을 것이다. 토라는 이렇게 새 세상을 위한 왕도를 제시하고 있다. 다윗이 백성이 되고 백성이 다윗이 되는 세상이다.

4. 시편이 토라로 성도의 길을 만들다(시 78-79편)

이새의 아들 다윗의 기도로 마감을 했던 시편 제2권(42-72편)의 끝인 72편은 전 장에서 이미 살펴보았듯이 솔로몬으로 연결되는 왕조와 나라를 위한 다윗의 간절한 기도라 하여도 손색이 없다. 이 속에는 하나님, 왕, 백성, 정의와 공의, 평강, 구원, 풍성, 영광, 열방, 찬송, 영원이라는 시편의 핵심 주제들이 아름다운 조화를 이루며 그의 후손들이 이루어 내야 할 미래로 투영되어 있기 때문이다. 그러나 안타깝게도 정작 다윗의 뒤를 이은 솔로몬의 시대도 이러한 이상은 이루어 내지 못했다. 그 시대가 비록 물질적으로 풍성한 시대이기는 했으나 분명 가난하고, 궁핍하고, 억압받던 자들까지 평등을 누린 시대는 아니었다. 부익부 빈익빈의 불평등은 물론이요 권력층과 특권층이 모든 것을 차지하고 호령하는 시대였기도 했다. 열방이 이스라엘을 섬기기보다는 결혼동맹 정책으로 명맥상의 평화를 유지하던 신앙적 위기의 시기이기도 했다. 열방이 여호와를 경외하며 섬기는 일은 없었다는 것이다.

솔로몬으로 인해 분열의 길을 걸어간 두 왕국의 운명은 시편 속에서도 역력히 드러나고 있다. 특히 시편의 제3권(73-89편)은 이스라엘 역사의 이러한 파국을 생생하게 보도하며 탄식하고 있다(74, 78, 79, 80, 83, 89). 특히 시편 78편과 79편을 연결하여 읽으면 솔로몬 이후로 북이스라엘과 남유다가 걸어간 패역의 길이 요약적으로 제시되며 망국의 원인을 드러내고 있다.

[시편 78:55-72 아삽의 마스길]
>또 열방을 저희 앞에서 쫓아내시며 줄로 저희 기업을 분배하시고
>이스라엘 지파로 그 장막에 거하게 하셨도다
>그럴지라도 저희가 지존하신 하나님을 시험하고 반항하여 그의 증거를 지키지 아니하며
>저희 열조 같이 배반하고 거짓을 행하여 속이는 활 같이 빗나가서
>자기 산당들로 그 노를 격동하며 저희 조각한 우상으로 그를 진노케 하였으매

하나님이 들으시고 분내어 이스라엘을 크게 미워하사

실로의 성막 곧 인간에 세우신 장막을 떠나시고

그가 그의 능력을 포로에게 붙이시며 그의 영광을 대적의 손에 붙이시고

그 백성을 또 칼에 붙이사 그의 기업에게 분내셨으니

저희 청년은 불에 살라지고 저희 처녀들은 혼인 노래를 들을 수 없었으며

저희 제사장들은 칼에 엎드러지고 저희 과부들은 애곡도 하지 못하였도다

때에 주께서 잠에서 깨어난 것처럼, 포도주를 마시고 고함치는 용사처럼
일어나사

그 대적을 쳐 물리쳐서 길이 욕되게 하시고

또 요셉의 장막을 싫어 버리시며 에브라임 지파를 택하지 아니하시고

오직 유다 지파와 그 사랑하시는 시온 산을 택하시며

그 성소를 산의 높음 같이, 영원히 두신 땅 같이 지으셨으며

또 그의 종 다윗을 택하시되 양의 우리에서 취하시며

젖 양을 지키는 중에서 저희를 이끌어 내사 그 백성인 야곱,

그 기업인 이스라엘을 기르게 하셨더니

이에 저가 그들을 자기 마음의 완전함으로 기르고

그의 손의 능숙함으로 그들을 지도하였도다

[시편 79:1-5 아삽의 시]

하나님이여 열방이 주의 기업의 땅에 들어와서

주의 성전을 더럽히고 예루살렘으로 돌무더기가 되게 하였나이다

저희가 주의 종들의 시체를 공중의 새에게 밥으로,

주의 성도들의 육체를 땅의 짐승에게 주며

그들의 피를 예루살렘 사면에 물 같이 흘렸으나

그들을 매장하는 자가 없었나이다

우리는 우리 이웃에게 비방 거리가 되며

우리를 에운 자에게 조소와 조롱거리가 되었나이다

**여호와여 어느 때까지니이까 영원히 노하시리이까
주의 질투가 불붙듯 하시리이까**

시편 78편은 '요셉-에브라임'으로 대표되는 북이스라엘에 먼저 하나님께서 기회를 제공하셨으나 그들이 그 기회를 바르게 살리지 못하고 하나님 앞에 패역함으로 결국은 망국의 길로 가게 된 역사를 전한다. 북이스라엘의 대표적인 성소인 실로 성소의 파괴는 하나님께서 그 마음자리를 옮기시는 주요한 이야기로 제시되고 있다. 그러나 그것으로 모든 역사가 끝난 것은 아니었다. 시편 78편의 끝에는 비록 요셉(북이스라엘)의 장막은 사라졌지만, 이제 유다 지파와 시온 산성을 택하셔서 끊어진 역사를 이으시려 하신다. 그 대표적인 인물이 다윗이며 또한 그의 정신을 이어가는 후손들을 통해 하나님의 백성을 이끌게 하셨다.

그러나 시편 79편으로의 급박한 연결은 하나님의 모든 기대가 일시에 허물어지는 탄식으로 그 끝에 이른다. 시온 산성과 예루살렘이 파괴되어 돌무더기가 되고, 왕과 제사장들을 비롯한 하나님의 종들과 그의 백성인 성도들이 무참히 살육되고 들짐승의 밥이 되었으며, 유다는 포로가 되며 열방의 조롱거리로 전락해 버렸다. 그리고 다윗의 수금은 승리의 영광송이 아닌 탄식의 신음이 되어 바벨론의 버드나무에 걸려있다: "우리가 바벨론의 여러 강변 거기에 앉아서 시온을 기억하며 울었도다 그 중의 버드나무에 우리가 우리의 수금을 걸었나니…우리가 이방 땅에서 어찌 여호와의 노래를 부를까"(시 137:1-4).

시편에서도 역사가 이렇게 끝이 났다. 그러나 "여호와여 어느 때까지니이까 영원히 노하시리이까"(시 79:5)라는 간구는 그럼에도 기대할 미래가 있다는 것을 보여준다. 어떤 미래인가? 시편 78-79편이 연결성을 가지며 북이스라엘과 남유다가 차례로 무너지는 것을 보이고 있다면 이 속에 그 패망의 이유가 제시될 법도 하다. 시편 78편의 출발점을 살펴보면 그 이유가 정확하게 드러난다.

[시 78:1-8 아삽의 마스길]

내 백성이여, 내 율법(הרות 토라)을 들으며 내 입의 말에 귀를 기울일지어다
내가 입을 열고 비유로 베풀어서 옛 비밀한 말을 발표하리니
이는 우리가 들은 바요 아는 바요 우리 열조가 우리에게 전한 바라
우리가 이를 그 자손에게 숨기지 아니하고
여호와의 영예와 그 능력과 그가 행하신 기이한 사적을 후대에 전하리로다
여호와께서 증거를 야곱에게 세우시며 법도(הרות 토라)를 이스라엘에게 정하시고
우리 열조에게 명하사 저희 자손에게 알게 하라 하셨으니
이는 저희로 후대 곧 태어날 자손에게 이를 알게 하고
그들은 일어나 그들의 자손에게 일러서 저희로 그 소망을 하나님께 두며
하나님의 행하신 일을 잊지 아니하고 오직 그 계명을 지켜서
그 열조 곧 완고하고 패역하여 그 마음이 정직하지 못하며
그 심령은 하나님께 충성치 아니한 세대와 같지 않게 하려 하심이로다

북이스라엘과 남유다의 역사를 노래로 나열하기 전에 이 시편은 역사를 살아가는 방법과 평가하는 관점을 이미 제시하고 있다. 그것은 다름 아닌 '토라'이다. 이 시편은 특별히 토라가 자손 대대로 전해지고 가르쳐져야만 하는 이유까지 분명하게 보이고 있다는 점에서 교육적이며 교훈적이다. 고로, '지혜로운 교훈'을 뜻할 수 있는 '마스길'(משכיל 총명, 슬기로움, 분별력)이라는 제목은 적합한 것이다.

토라교육은 다음과 같은 분명한 목적이 있다.

첫째, 소망을 하나님께만 두며,
둘째, 이를 위해 하나님께서 행하신 일을 기억하고,
셋째, 계명을 지켜 조상들의 죄악에 빠지지 않고,
넷째, 이를 통해 조상 세대와 같지 않기 위함이다.

그러나 하나님의 백성들은 한통속이 되어 "그의 율법(תורה 토라) 준행하기를 거절하고, 여호와께서 행하신 것과 그들에게 보이신 그의 기이한 일을 잊었다"(시 78:10-11). 결국 그 운명이 약속의 땅을 밟아 보지도 못하고 광야에서 사라져간 조상들과 같이 되고 말았다. 약속의 땅에서 쫓겨나 유리, 방랑하는 삶이다. 그렇다면 열방에 흩어져 그들의 힘에 눌려 조롱과 비웃음 속에 살아가는 하나님의 백성이 선택할 가장 현명한 길은 어디에 있는 것인가? 시편 또한 토라에서 그 해답을 찾고 있다. 망국의 이유로 제시된 토라는 역으로 하나님의 백성이 바라볼 희망이기도 하다. 새 마음으로 토라에 대한 충성으로 돌아갈 때 미래를 기대할 수 있다는 것이다.[504]

    시편의 출발선인 시편 1편이 '여호와의 율법을 주야로 묵상하는 사람'으로부터 시작하는 이유가 바로 여기에 있다. 한 민족의 첫 시작은 물론이요, 새로운 시작 또한 그 곳에 달려있기 때문이다. 시편 1편에는 율법을 묵상함이 의인과 악인을 가르는 분기점이 되며 시편 2편으로 가면 "분노하는 이방 나라들, 헛된 것을 묵상하는 민족들, 여호와와 여호와의 기름 부음 받은 자를 대적하는 세상의 군왕들과 관원들을" 격파할 수 있는 무기도 된다. 토라를 묵상하며 지켜 행하는 삶 속에 열방의 힘을 결박하는 권능이 있다는 신념이다. 이러한 서론적인 시편 1-2편의 토라에 대한 확신은 시편 전체를 보는 눈을 조율하게 한다.

    이 토라를 삶의 모습으로 만들면 어떤 일이 벌어질까? 우리는 시편의 흐름 속에서 마침내 토라가 자신의 삶임을 고백하는 한 시편을 만나게 된다. 바로 시편 119편이다. 히브리어 알파벳 22개를 각각 8번씩 사용하여 176절을 만들었다. 알렙(א-히브리 알파벳의 첫 글자)부터 타우(ת-히브리 알파벳의 마지막 글자)까지 하나도 빠진 것이 없으며 하나님의 법을 지칭하는 8개의 단어들(법, 법도, 율례, 계명, 말씀, 규례, 약속, 증거)을 총동원한다. 이 모든 용어들은 토라라는 단어로 대체될 수 있다. 시작(알파)부터 끝까지(오메가) 인간의 모든 삶을 온전하게 이끄는 것이 토라라는 것을 증거하며, 그 토라로만 살겠다는 결단을 고백하는 것이다.505) 토라에 대한 열정을 보이는 대표적인 구절로 "내가 주의 법을 어찌 그리 사랑하는지요 내가 그것을 종일 작은 소리로 읊조리나이다"(119:97)를 들 수 있다.

이렇게 토라가 온전히 삶 전체를 이끌 때 우리는 다음과 같은 시편의 결론을 기대해 볼 수 있다.

[시 149:6-9]

할렐루야 새 노래로 여호와께 노래하며 성도의 모임 가운데에서 찬양할지어다
이스라엘은 자기를 지으신 이로 말미암아 즐거워하며
시온의 주민은 그들의 왕으로 말미암아 즐거워할지어다
춤추며 그의 이름을 찬양하며 소고와 수금으로 그를 찬양할지어다
여호와께서는 자기 백성을 기뻐하시며 겸손한 자를 구원으로 아름답게 하심이로다
성도들은 영광 중에 즐거워하며 그들의 침상에서 기쁨으로 노래할지어다
그들의 입에는 하나님에 대한 찬양이 있고 그들의 손에는 두 날 가진 칼이 있도다

이것으로 뭇 나라에 보수하며 민족들을 벌하며
그들의 왕들은 사슬로, 그들의 귀인은 철고랑으로 결박하고
기록한 판결대로 그들에게 시행할지로다
이런 영광은 그의 모든 성도에게 있도다 할렐루야

시편 149편은 이스라엘의 찬양의 유일한 주제인 여호와의 놀라운 구원을 입술의 찬양으로 삼고 수중에 두 날 가진 칼을 들고 행함으로 나아간다. 그리고 그 결론에 이르러 시편 2편과의 의도적인 연결성이 드러나고 있는데 시편 2편이 여호와께서 시온에 세운 왕에 의해 이루어질 미래의 질서를 기대하고 있다면, 149편은 공통된 주제들이 나타나고 있음에도 그 주체가 성도라는 점에서 차이가 있다. 칼과 수금을 들고 찬양했던 다윗처럼(삼하 22:35, 50), 이젠 성도들이 동일한 일을 행한다.

A. 시 2:1-3 어찌하여 이방 나라들이 분노하며, 민족들이 헛된 일을 꾸미는가
세상의 군왕들이 나서며 관원들이 서로 꾀하여...
우리가 그들의 맨 것을 끊고 그의 결박을 벗어버리자 하도다

B. 시 2:6 내가 나의 왕을 내 거룩한 산 시온에 세웠다 하시리로다

B'. 시 149:2 시온의 주민은 그들의 왕으로 말미암아 즐거워할지어다

A'. 시 149:7-9a 이것으로 뭇 나라에 보수하며 민족들을 벌하며
그들의 왕들은 사슬로, 그들의 귀인은 철고랑으로 결박하고
기록한 판결대로 그들에게 시행할지로다

그리고 시편 149편은 "이런 영광은 그의 모든 성도에게 있도다 할렐

루야"(9b절)로 마감하고 있다. 이처럼 시편의 결론부에 와서는 여호와의 토라를 삶의 중심으로 삼는 성도들에 의해 세상의 질서가 이루어짐을 보인다.506) 시편 2편은 토라를 '묵상하는 것'(הגה 하가; 시 1:2)이 아니라 헛된 일을 '꾸미는'(הגה 하가; 시 2:1) 민족들과 나라들과 군왕들로 인하여 발생하는 무질서를 보이고 있다. '묵상하다'와 '꾸미다'가 같은 히브리어 단어를 사용하고 있다는 것은 어떤 것을 묵상하느냐에 따라 정반대의 길을 갈 수 있음을 강조하기에 충분하다. 하나님께서 기름 부어 세우신 왕이 토라로 다스리는 신정통치(theocracy)에 반하여 세상의 군왕들은 그것을 굴레로 생각하여 이를 끊어버리고 자신들의 욕망대로 통치하는 인간왕정(monarchism/imperialism)을 추구한다. 이것이 바로 인간 사회가 겪고 있는 대극적 긴장의 현실이다.507) 그러나 이 속에 신앙적 타협이란 존재하지 않는다. 비록 세상의 힘과 권력이 강해 보일지라도 "하늘에 계신 이가 저희를 비웃으신다"(시 2:4)는 믿음으로 그의 토라를 지키는 삶을 사는 것이다.

마침내 시편 149편에 이르러서 토라를 벗어남으로 하나님의 백성을 억압했던 열방들이 하나님의 토라를 따라 살아가는 성도들에 의해 결박되어 힘을 쓰지 못하게 되는 그 순간까지 달려가는 것이다. 이젠 성도들이 기름 부음 받은 이 시대의 다윗이 되는 것이며, 모두가 다 다윗의 후손이 되는 것이다. 이를 통해 다윗이라는 제왕적인 고유명사가 모든 성도를 위한 보통명사가 된다(비교, 사 55:3). 다윗은 모든 성도의 대표이며, 모든 성도들은 이제 새로운 다윗이 되어 하나님의 뜻을 이루어 가는 것이다. 다윗의 찬양과 기도가 우리의 것이 되는 것이다.

이런 세상이 만들어 질 때 우리는 드디어 시편 150편과 같은 결론으로 찬양을 끝마칠 수 있다. "호흡이 있는 자마다 여호와를 찬양할지어다 할렐루야"(6절). 창세기 1장의 천지창조에서 '사람'(האדם 하아담)이 드디어 시편에서 하나님의 지고의 성품인 '인자하심'(חֶסֶד 헤세드)을 그대로 본받아 이 땅에 그것을 실현하는 '성도'(חֲסִידִים 하시딤)가 되고(시 149:1, 5), 마침내는 의인과 악인의 갈라짐이 없는 모든 호흡 있는 자가 찬양하는 세상을 기대하고 있다(시 150:6).

천지창조(창 1:1-2:4)	시편으로 완성하는 창조신학
궁창 위의 물(혼돈의 물)	민족, 나라, 군왕, 귀인 결박(세상을 상징)
궁창은 인간에게 맡겨주신 공간 → 안식일 예배를 지키는 인간의 다스림을 통해	온 세상(궁창)은 성도들에게 맡겨주신 공간 → 율법과 찬양, 기도의 예배를 통한 다스림
궁창 아래의 물(혼돈의 물)	민족, 나라, 군왕, 귀인 결박(세상을 상징)

그렇다면 다윗의 유언의 기도와 연결될 수 있는 평강과 정의가 넘치고 열방의 왕들이 무릎 꿇는 세상을 그리고 있는 시편 72편은 이미 이루어진 것에 대한 감사 찬양의 차원에만 머무르는 것이 아니라, 미래에 이루어져야 할 것에 대한 기대가 될 수 있다. 이것이 "다윗의 기도가 끝나니라"의 진정한 의미일 것이다. 이러한 이상을 이루어 내고 싶다는 열망이 집결되어 있는 장소가 바로 시편 72편이 된다. 그러므로 시대를 초월하여 신앙인에게 이 시편은 하나님의 나라가 속히 임하기를 바라는 기도가 되는 것이다.[508] 그 이상의 성취는 하나님의 성품을 그대로 이어받는 하나님이 중심이 되는 삶을 통해서만 가능한 것이다. 즉, 토라로 다시 돌아가는 삶이 새로운 시작을 가능하게 하는 것이라는 신학이 시편 속에서도 동일하게 울려 퍼지고 있는 것이다. 이러한 시편의 간절한 열망은 새

로운 세상을 향한 기도가 되며, '에스라-느헤미야-역대상·하'로 연결되는 신학의 전이가 일어난다.

5. 역대기, 다윗으로 민족의 정체성을 만들다(대하 1-9장)

우리는 이미 열왕기서에서 다윗의 뒤를 잇는 솔로몬의 이야기를 익히 잘 알고 있다. 그에게 주어진 현명한 여인을 뜻하는 신적 지혜와 우매 여인인 '바로의 딸'의 대결은 결국 '바로의 딸'의 승리로 끝이 나고 나라는 분열의 길을 걸었으며, 마침내는 망국으로 치닫게 되었다. 그로 인해 치욕스런 포로기를 경험한 백성이 다시 쓰는 역사는 달라야 한다. 정의와 공의, 평강의 풍성함이 넘쳐나며, 이방의 열왕들이 고개 숙이는 이상이 꿈틀거리는 시편 72편의 간절한 기도가 현실이 되는 세상을 만들어야 하는 숙제가 남겨져 있다. 이를 통해 주의 성도들이 다윗의 길을 이어감으로 세상의 모든 호흡 있는 자들이 여호와를 찬양하는 세상을 이루는 것이다.

역대상 11-29장에서 다윗의 일생이 새로워진 것처럼 솔로몬 또한 그 길을 걸어야만 한다. 역대기에서 솔로몬의 이야기는 역대하 1-9장까지 펼쳐지는데, 시작인 1장과 끝인 8-9장을 제외하고 2-7장까지의 여섯 장이 모조리 성전건축 이야기에 할애된다. 역대기에서 가히 솔로몬은 오직 '성전건축을 위해서 태어난 사람'(born to be the Temple-builder)이라 불려도 좋은 삶을 살았다.[509]

그는 이 기나긴 과정 중에 이스라엘 자손을 결코 노예로 만들지 않았다(대하 2:17-18; 8:9). 그리고 문제 많던 여인인 '바로의 딸'은 다윗성에서부터 그녀를 위하여 건축한 왕궁으로 격리된다. 그 이유는 '바로의 딸'은 다윗의 왕궁에 거할 수 없는데, 이는 여호와의 궤가 이른 곳은 다

거룩하기 때문이다(대하 8:11). 이처럼 솔로몬은 결코 하나님 중심의 삶에서 흔들린 적이 없다. 그리고 그의 말년에도 그의 신적 지혜는 흔들림 없이 여전히 이스라엘뿐만 아니라 천하 열왕들의 경외의 대상으로 남아 있다(대하 2:11-12; 9:23). 이것을 열왕기서의 솔로몬의 행적과 비교하면 다음과 같은 차이점이 현저하게 눈에 띈다.510)

솔로몬 통치	열왕기상 3-11장	역대하 1-9장
시작	주의 백성을 잘 다스리고 선악을 잘 분별하는 재판할 수 있는 듣는 마음을 간구하고, 여호와께서 지혜롭고 총명한 마음을 주심(왕상 3:1-9)	주의 백성을 재판할 수 있는 능력을 구하고 여호와께서 지혜와 지식으로 채워주심(대하 1:1-13)
중반	여호와의 성전과 바로의 딸의 공존 (왕상 7:1-12)	여호와의 성전건축을 향한 일념 (대하 2-8장)과 바로의 딸의 격리 (대하 8:11)
종반	솔로몬이 바로의 딸을 선택하고, 그에게서 선은 사라지고 악을 행하는 것만 남음(왕상 11:1, 6)	솔로몬 왕의 지혜가 그대로 빛을 발하고, 나라는 더욱 부강하고, 든든해짐(대하 9:3, 5, 6, 7, 22, 23)

역대기에서 솔로몬은 이와 같이 하나님의 성전을 자신의 삶과 이스라엘 민족의 삶의 중심으로 옮겨 놓았다. 그 흔들리지 않는 중심으로 인하여 이스라엘은 공평(מִשְׁפָּט 미쉬파트)과 정의(צְדָקָה 쩨다콰) (대하 9:8; 시 72:2), 평안(שָׁלוֹם 샬롬)과 안정(대상 22:9; 시 72:7) 그리고 풍요로운 축복이 가득하고, 심지어 그는 유브라데 강에서부터 블레셋 땅과 스바를 포함한 애굽 지경까지의 모든 왕을 다스렸다(대하 9:1, 26-27; 시 72:8-10).511) 이러한 솔로몬의 영광과 부는 하나님을 예배하는 자리에 달려 있고, 하나님의 성전의 위엄을 보장하는 도구가 된다.512) 시편 72편

에서 다윗이 삶의 마지막 힘을 모아 기도한 내용이 솔로몬의 통치를 통해 실현되고 있는 것이다.

이는 또한 다윗이 이루고자 했던 성전건축의 이상이 그의 최선을 다한 성심의 준비를 통하여 마침내 솔로몬에게서 영광스럽게 열매 맺게 된 것이다. 그리고 그 어디에서도 여호와의 질책인 "네가 내 언약과 내가 네게 명령한 법도를 지키지 아니하였으니 내가 반드시 이 나라를 네게서 빼앗아 네 신하에게 주리라"(왕상 11:11)는 소리는 들리지 않는다. 오히려 확신과 자신감에 넘쳐서 다윗에게 행한 하나님의 약속을 지키실 것을 강청하는 기도만이 넘쳐난다(대하 6:16; 비교, 왕상 8:25). 그렇다면 포로 후기 공동체에게 다윗과 솔로몬은 어떤 의미를 가진 것일까? 왜 이들은 이렇게도 완전하게 자신들의 사명을 완수하며 흠도 오점도 없는 인물들로 거듭나는 것일까? 그 대답은 역대기의 신학을 밝히는 것을 통해 해결될 수 있다.

역대기 공동체는 자신의 정체성을 제2성전을 중심으로 신정통치의 이념을 이루어야 하는 회복된 하나님의 백성으로 인식한다. 창세기부터 신명기까지 그리고 여호수아의 땅 정복까지의 창조, 출애굽, 가나안 정복의 영광스러운 역사가 바벨론에서 해방된 자신들에 의해서 새롭게 약속의 땅에서 열려지고 있기 때문이다. 모세와 여호수아가 출애굽과 땅 정복의 역사를 이끌었다면, 역대기도 아담부터 모든 역사를 다시 시작하지만 새로운 역사의 이상적인 인물로 다윗과 솔로몬을 제시한다. 이 두 사람은 제왕의 위치라기보다는 포로 후기 공동체가 따라야 할 하나님의 백성의 본을 보여주고 있다.

그 구체적인 내용은 소위 '역대기 역사서'라 불리는 히브리 성경의 순서를 살펴보면 잘 알 수 있다. 히브리 성경을 제외한 대부분의 세계 언어의 번역본들이 그 순서에 있어 헬라어 구약 성경인 '70인역'(LXX;

Septuaginta)을 따른다. 한글번역도 역시 마찬가지이다. 한글번역의 '역대기 역사 신학'의 순서는 '역대상·하–에스라–느헤미야'의 순이다. 그러나 히브리 성경은 '에스라–느헤미야–역대상·하'의 순서로 이루어져 있고, 또한 히브리 성경의 맨 마지막 부분에 위치하고 있다. 한글 성경은 말라기서가 구약성경의 끝이지만, 히브리어 성경은 역대기서가 끝인 것이다. 역사적인 전개와 논리적인 면에서 히브리어 성경보다 다른 번역본들의 순서가 오히려 더 합리적으로 보인다. 그러나 이것은 겉으로 드러나는 면에서일 뿐이지 제2성전 공동체의 정체성 확립이라는 면에 있어서는 히브리 성경의 순서가 더욱 논리적이라 하겠다.

포로 후기 공동체로서 역대기 시대 공동체의 회복은 여러 가지 면에서 진행되었을 것이다. 그 순서에서 우선 '에스라–느헤미야서'를 살펴보면 다음과 같은 진행을 갖는다: ① 해방(스 1장), ② 성전건축(스 2–6장), ③ 성전 기능인과 거룩성 회복 강조(스 7–10장), ④ 성벽건축(느 1–7장), 그리고 ⑤ 율법(토라)수여와 새 언약 체결(느 8–13장).[513] 이러한 회복은 공동체가 하나님의 백성으로 기능할 수 있는 외양을 다 갖출 수 있는 것으로 스룹바벨, 에스라 그리고 느헤미야의 귀환으로 인해 이루어졌다. 그런데 정작 가장 중요한 것은 하나님의 백성으로서의 외양(하드웨어) 보다도 이를 바탕으로 살아가는 내용(소프트웨어)이다. 본질적인 내용이 없으면 외양은 겉치장에 지나지 않으며, 결국 외식하는 자라는 비난밖에는 들을 것이 없다. 아무리 화려한 성전과 든든한 성채 그리고 완벽한 법조문을 가졌다 한들 그것이 올바른 정신으로 기능하지 않는다면 오히려 사람을 구속하는 족쇄로 전락하고 말 것이다. 이제 이 정신을 어디로부터 공급받을 것인가라는 질문을 가지고, 순서적으로 맨 뒤에 위치한 역대기서로 눈을 돌릴 필요가 있다.

외양(하드웨어)과 내용(소프트웨어)의 관계는 역대기에서 솔로몬성전의 실제건축 부분과 성전봉헌식의 관계 속에서 비교될 수 있다. 성전 외양 건축은 의외로 짧고 간략하게 기록되고(대하 3-4장의 총 39절이며), 성전의 정신을 강조하는 봉헌식 장면이 오히려 길게 제시되며(대하 5-7장), 그 중에 솔로몬의 봉헌기도와 여호와의 응답이 중심으로 자리잡는다(대하 6-7장의 총 64절이다). 즉, 성전외양보다는 솔로몬의 봉헌기도와 여호와의 응답이 핵심적인 주제가 되며 차후의 역사를 평가하는 '헌장'(charter), 즉 속 내용인 알맹이의 역할을 하는 것이다.[514]

(솔로몬의 봉헌기도)

A. 이스라엘의 하나님 여호와여 주께서 주의 종 내 아비 다윗에게 말씀하시기를 네 자손이 자기 길을 삼가서 네가 내 앞에서 행한 것 같이 내 율법(תּוֹרָה 토라)대로 행하기만 하면 네게로부터 나서 이스라엘 왕위에 앉을 사람이 내 앞에서 끊어지지 아니하리라 하셨사오니 이제 다윗을 위하여 그 허하신 말씀을 지키시옵소서(대하 6:16).

B. 주의 종과 주의 백성 이스라엘이 이 곳을 향하여 기도할 때에 주는 그 간구함을 들으시되 주께서 계신 곳 하늘에서 들으시고 들으시사 사하여 주옵소서(대하 6:21).

여호와의 응답

B'. 내 이름으로 일컫는 내 백성이 그 악한 길에서 떠나 스스로 겸비하고 기도하여 내 얼굴을 찾으면 내가 하늘에서 듣고 그 죄를 사하고 그 땅을 고칠지라(대하 7:14).

A'. 네가 만일 내 앞에서 행하기를 네 아비 다윗이 행한 것과 같이 하여 내가 네게 명령한 모든 것을 행하여 내 율례와 법규를 지키면 내가 네 나라 왕위를 견고하게 하되 전에 내가 네 아버지 다윗과 언약하기를 이스라엘을 다스릴 자가 네게서 끊어지지 아니하리라 한대로 하리라(대하 7:17-18).

솔로몬의 봉헌기도와 여호와의 응답 속에는 성전의 기능이 명시되어 있다. 그 곳은 하나님을 향하여 기도하는 장소이며, 기도가 올려지는 장소이다. 그러나 그 기도는 반드시 토라를 지키는 삶과 직결되어 있어야만 한다. 이것이 외양을 능가하는 본질적인 내용이다. 그렇다면 역대기서는 바로 이러한 본질적인 내용이 무엇인가라는 질문에 응답하고 있는 것이다. 즉, 제2성전 공동체가 새 언약의 백성으로서 살아가야 할 삶의 길을 제공해 주며, 전형적이고 모범적인 인물로 다윗과 솔로몬을 제시하고 있다. 이 두 사람은 과거의 죄가 사라졌고, 성전과 레위인을 중심으로 토라를 지키는 삶을 통해 포로 후기 공동체의 이상을 충분히 만족시켜 주고 있기 때문이다. 그러므로 히브리 성경의 역대기 역사신학의 순서만으로도 이미 제2성전 공동체는 다윗과 솔로몬을 제왕으로서의 위치보다는 자신들이 따라야 할 믿음의 본으로 여기고 있음을 직감해 볼 수 있다.

이는 다윗과 솔로몬이 회복 공동체에게 정치적인 위용이 아닌 성전과의 연관성에서만 그 중요성이 부각된다는 점에서 입증된다. 다윗 왕조에 대한 관심이 역대기에 계속해서 나올 듯하지만 역사의 종점에서 유다가 멸망했을 때 열왕기하의 끝은 여호야긴의 회복으로 역사를 마감하는 반면에 역대기하는 그의 회복에는 전혀 관심을 보이지 않는다. 오히려 페르시아 왕 고레스의 칙령으로 마무리 짓고 있는데 거기도 성전재건에 대한 명령은 담겨 있으나 다윗 왕조 재건에 대한 언급은 전혀 나타나지 않는다(대하 36:22-23).[515]

바사 왕 고레스가 이렇게 말하노니 하늘의 신 여호와께서 세상 만국으로 내게 주셨고 나를 명하여 유다 예루살렘에 성전을 건축하라 하셨나니 너희 중에 무릇 그의 백성 된 자는 다 올라갈지어다 너희 하나님 여호와께서 함께 하시기를 원하노라 하였더라(23절).

이처럼 다윗과 솔로몬의 중요성은 성전과 관련해서이다. 성전이 없으면 다윗도 솔로몬도 없다.516) 그러므로 역대기서는 포로에서 돌아와 우여곡절 끝에 성전을 재건한 포로 후기 공동체가 정치적으로는 아직 끝나지 않은 포로기(페르시아) 안에서 어떤 정체성을 가지고 어떻게 살아야 할지를 제시하기 위하여 다윗과 솔로몬 시대의 과거를 이상적 신앙으로 재조명하여, 현재의 삶을 정립하고, 미래를 제시하려는 목적이 있다.517) 역대상·하 전체 65장중에 거의 절반에 가까운 28장이 이 두 사람의 이야기를 전하는 것에 할애되는 것만 보아도 알 수 있다. 그러므로 다윗과 솔로몬은 시편이 기다리는 세상을 평정해 나가야 할 성도들(חסידים 하시딤)의 모범적인 상을 전해 주고 있다 해도 과언이 아니다(시 149:9; 대하 6:41). 다윗과 솔로몬이 결코 여호와의 율법의 권위를 넘어서지 않고 성전을 중심한 예배를 세운 것처럼, 포로 후기 공동체는 제2성전을 중심으로 예배하며 율법을 지키는 자가 참된 이스라엘이며, 거룩한 하나님 나라의 구성원이라는 의식을 품고 있었음에 틀림없다.

하지만 그 권위에 있어서 다윗은 솔로몬을 능가한다. 먼저 역대기의 분량에 있어서 다윗의 독보적인 중요성은 아무리 강조해도 지나치지 않다. 솔로몬의 이야기가 9장(대하 1-9장)이라면 다윗의 이야기는 19장(대상 11-29장)에 걸쳐 이루어진다. 그리고 다윗이 이스라엘 신앙과 성전제의의 선구적인 설립자라는 면이 강하게 부각되는 반면, 솔로몬은 아버지 다윗의 유지를 그대로 받들며 그 권위 아래 있다는 점이 이것을 입증한다. 그리고 후대의 선한 왕들인 히스기야(대하 29-31장)와 요시야(대하 35장)의 종교개혁이 모두 솔로몬과 같이 다윗이 제정한 성전제의 규정들을 재정비하는 차원들이었음을 살펴볼 때 다윗의 권위를 충분히 짐작해 볼 수 있다.518)

많은 사람들은 이러한 다윗 중심적인 역대기의 흐름을 통해 다양한 의도를 뽑아낸다. 먼저 다윗의 모습에서 미래의 메시아 상(messianic)을 발견하기도 하고, 언젠가는 실현되어야 할 종말론적인 비전 (eschatological vision)을 보기도 하며, 신정통치의 이상적인 상(the ideal of theocratic authority)으로서 언제든 따라야 할 신앙의 본을 발견하고, 혹은 학개와 스가랴 시대의 좌절된 정치적 회복의 대안적인 선전물(propaganda)로 보기도 한다. 심지어 모세가 아닌 다윗 이상론을 전개하는 것은 모세가 제사장 중심의 성전제의 주창자였다면 이제 변화된 세계상 속에서 레위인의 위상이 현저히 달라진 현재 그 변화상을 옹호해줄 권위가 필요했고 다윗을 모세화 하여 그의 입에 레위 인들에 대한 상승된 규정을 넣음으로 레위계열의 정통성확립을 꾀했다는 주장도 있다.[519]

그러나 역대기는 다윗과 더불어 성전제의, 제의기능인인 제사장과 레위인, 축제들을 밀접하게 연관시키지만 그것이 다가 아니라 다윗이 이 모든 것을 하나로 통합하여 가장 완벽한 조화를 만들어 낸 인물이라는 점을 강조하고 있다. 어느 한 단체의 권익만을 위해 모든 초점이 맞춰지는 삶이 아니라는 것이다. 다윗의 삶은 실로 위에 제시된 모든 양상을 일부분씩 포함하고 있다. 그러므로 포로 후기 공동체에게 다윗의 삶은 지도자(왕)든지, 제사장이든지, 레위인이든지 그리고 백성이든지에 구별 없이 어느 누구에게든지 토라와 성전 중심의 여호와 신앙을 전해주는 최고의 모델이 된다. 다윗은 실로 '하나님 마음에 합한 사람'으로 모든 세대, 모든 사람을 위한 삶의 한 증인이 되는 것이다.

주석

481) Auld, *Kings Without Privilege*, 132-33쪽.

482) Kessler, "Sexuality and Politics: The Motif of the Displaced Husband in the Books of Samuel," 423쪽.

483) Carole Fontaine, "The Bearing of Wisdom on the Shape of 2Samuel 11-12 and 1Kings 3," *JSOT* 34 (1986), 71쪽.

484) '지혜'를 뜻하는 히브리어 '호크마'(חָכְמָה)는 여성형으로 잠언서에서는 인격적인 여성으로 등장하고 있다(잠 4:6; 7:4; 8:1; 9:1).

485) 시편 19편은 "여호와의 율법은 완전하여 영혼을 소성시키며 여호와의 증거는 확실하여 우둔한 자를 지혜롭게 한다"라고 율법예찬을 한다(7절). 그리고 "또 주의 종에게 고의로 죄를 짓지 말게 하사 그 죄가 나를 주장하지(מָשַׁל 마샬) 못하게 하소서 그리하면 내가 정직하여 큰 죄과에서 벗어나겠나이다"라고 간구한다(13절). 여기서 이 시인은 죄의 다스림을 피하고 오히려 다스릴 수 있는 길을 '완전한 율법'을 지키는 삶에 두고 있다.

486) John W. Olley, "Pharaoh's Daughter, Solomon's Palace, and the Temple: Another Look at the Structure of 1Kings 1-11," *JSOT* 27 (2003), 355-69쪽.

487) Michael D. Oblath, "Of Pharaohs and Kings-Whence the Exodus?" *JSOT* 87 (2000), 25쪽; Amos Frisch, "The Exodus Motif in 1Kings 1-14," *JSOT* 87 (2000), 14쪽.

488) Walter Brueggemann, "The Kerygma of the Priestly Writers," W. Brueggemann(ed), *The Vitality of Old Testament Traditions* (Atlanta: John Knox Press, 1975), 110-11쪽.

489) P. C. Craigie, P. H. Kelley and J. F. Drinkard, *Jeremiah 1-25* (WBC; Waco, Texas: Word Books, 1991), 83-84.

490) Brueggemann, 윗글, 108쪽; A. Graeme Auld, *Joshua Retold: Synoptic Perspective*, (OTS; Edinburgh: T&T Clark, 1998), 64-65쪽.

491) Klaas A. D. Smelik, "The Creation of the Sabbath(Gen. 1:1-2:3)," J. W. Dyk et

al(eds), *Unless some one Guide me...Festschrift for Karel A. Deurloo* (ACSup 2; Maastricht: Uitgeverij Shaker Publishing, 2001), 11쪽. 스멜릭은 천지창조는 전 인류를 위해 쓰여진 우주적인 관점이 아니라 하나님께서 하셨던 것처럼 안식일 을 준수하는 이스라엘 백성을 의도한 것이라고 주장한다.

492) D. N. Freedman, *The Unity of the Hebrew Bible* (Ann Arbor: University of Michigan Press, 1993), 13쪽.

493) M. Emmrich, "The Temptation Narrative of Genesis 3:1-6: A Prelude to the Pentateuch and the History of Israel," *EvQ* 73 (2001), 5쪽.

494) D. N. Freedman, "Pentateuch," IDB, vol. 3 (Nashville: Abingdon Press 1962), 713쪽; idem, *The Unity of the Bible*, 9쪽; T. L. Brodie, *Genesis as Dialogue: A Literary, Historical, and Theological Community* (Oxford: Oxford University Press, 2001), 44쪽.

495) John van Seters, "Confessional Reformulation in the Exilic Period," VT 22 (1972), 455쪽; 참조, R. N. Whybray, *The Making of the Pentateuch: A Methodological Study* (JSOTSup. 53; Sheffield: Sheffield Academic Press, 1987), 239쪽.

496) Michael Fishbane, "The 'Exodus' Motif/The Paradigm of Historical Renewal," (ed.), *Text and Texture: Close Reading of Selected Biblical Texts* (New York: Schocken Books, 1979), 130쪽.

497) Victor P. Hamilton, *The Book of Genesis 1-17* (NICOT; Grand Rapids, Michigan: W. B. Eerdmans Publishing Company, 1990), 11쪽; G. W. Coats, "The God of Death: Power and Obedience in the Primeval History," *Int* 29 (1975), 227-239쪽.

498) Yair Zakovitch, "Assimilation in Biblical Narrative," Jeffrey H. Tigay(ed), *Empirical Models for Biblical Criticism* (Philadelphia: University of Pennsylvania, 1985), 189-90쪽.

499) J. David Pleins, "Murderous Fathers, Manipulative Mothers, and Rivalrous Siblings: Rethinking the Architecture of Genesis-Kings," A. B. Beck et al.(eds), *Fortunate the Eyes That See: Essays in Honor of D. N. Freedman in Celebration of His Seventieth Birthday* (Grand Rapids: Eerdmans, 1995), 135쪽.

500) Bruce Waltke, *Genesis: A Commentary* (Grand Rapids, Michigan: Zondervan,

2001), 567쪽. 다음도 참고하시오: Moshe Weinfeld, "The King as the Servant of the People: the Source of the Idea," *JJS* 33 (1982), 189-94쪽.

501) David M. Carr, *Reading the Fractures of Genesis: Historical and Literary Approaches* (Louisville, KY: Westminster/John Knox Press, 1996), 276-277쪽.

502) P. J. Berlyn, "His Brothers' Keeper," *JBQ* 26 (1998), 73쪽.

503) T. D. Alexander, "From Adam to Judah: The Significance of the Family Tree in Genesis," *EvQ* 61 (1989), 5-19쪽.

504) 매칸,『새로운 시편여행』, 19-45쪽. 이 책의 영어제목인 *A Theological Introduction to the Book of Psalms: The Psalms as Torah*(시편의 신학적 개론: 토라로서의 시편)를 살펴볼 때 매칸은 시편을 토라 교육의 연장으로 보고 있음을 알 수 있다.

505) 월터 브루그만,『브루그만의 시편사색』(서울: 솔로몬, 2007), 69-74쪽.

506) 박경철, "한 권으로 읽는 시편,"『시편: 우리 영혼의 해부학』(서울: 한들출판사, 2006), 23쪽.

507) 김이곤,『시편 시문학 신학』, 178-82쪽.

508) 메이스,『시편』, 320쪽.

509) R. L. Braun, "Solomon, the Chosen Temple Builder: The Significance of 1 Chronicles 22, 28 and 29 for the Theology of Chronicles," *JBL* 95 (1976), 581-90쪽.

510) R. B. Dillard, "The Literary Structure of the Chronicler's Solomon Narrative," *JSOT* 30 (1984), 85-93. 딜라드는 역대상 1-9장에 나타난 솔로몬 이야기의 역대칭 구조(chiasm)를 상세히 제시하고 있다.

A 솔로몬의 부와 지혜(1:1-17)	A' 솔로몬의 부와 지혜(9:13-28)
B 이방인의로부터의 명성/히람과의 관계(2:1-16)	B' 이방인으로부터의 명성/히람과의 관계(8:17-9:12)
C 성전건축실행/이방인만을 동원(2:17-5:1)	C' 다른 건축공사/이방인만 동원(8:1-16)
D 성전봉헌식(5:2-7:10)	D' 하나님의 응답(7:11-22)

511) 이러한 내용들이 열왕기상 3-11장에도 나타나지만 역대기와의 차이점이라면 역대기는 이런 움직임이 시종일관 흔들림 없이 지속되는 영원성에 있다면, 열

왕기서는 솔로몬의 신앙적인 배교로 인하여 이 모든 것들이 빛바랜 과거의 향수로 남는다는 것이다.

512) 투엘,『역대상·하』, 182쪽.
513) 마크 A. 트론베이트(M. A. Throntveit),『에스라-느헤미야(Ezra-Nehemiah)』(차종순 역) (서울: 한국장로교출판사, 2001).
514) Dillard, "The Literary Structure of the Chronicler's Solomon Narrative," 90쪽.
515) 최종진, "역대기 저자의 신학,"「구약논단」 27 (2008), 148쪽.
516) R. L. Braun, "The Message of Chronicles: Rally Round the Temple," *CTM* 42 (1971), 502-14쪽; H. G. M. Williamson, "The Accession of Solomon in the Books of Chronicles," *VT* 26 (1976), 351-61쪽.
517) 최종진, "역대기 저자의 신학," 156쪽.
518) S. J. De Vries, "Moses and David as Cult Founders in Chronicles," *JBL* 107 (1988), 631-33쪽.
519) De Vries, "Moses and David as Cult Founders in Chronicles," 636-39쪽. 이 부분에 다윗에 대한 이런 다양한 견해가 요약, 비평되어 있다. 레위 옹호자로서의 다윗 상이 드 브리스의 견해이다.

나가는 말

다윗의 이야기는 아직도 끝나지 않았다. 기나긴 시간, 다양한 주제를 펼치며 한 사람 다윗을 추적했다. 그의 모습은 실로 방대하게 엮어진 세 권의 책인 사무엘, 시편 그리고 역대기 속에 결집되어 있다. 만약 그 외의 책들에 흩어져 있는 그의 이름을 다 모은다면 족히 또 한 권의 책을 쓸 수 있을 만큼의 주제를 뽑아 낼 수 있을 것이다. 그의 이름이 나타나는 횟수만 해도 구약성경에서만 무려 825번이다. 이 횟수는 모세라는 이름이 713번 정도인 것을 고려하면 아마도 구약성경 전체의 인물들 중에서 단연 최고의 빈도수를 자랑하고 있다할 것이다. 이는 이스라엘이 다윗을 회상하며 그의 이야기를 이렇게 다양한 시각으로 전개하는 것을 통해 이루고자 하는 목표가 진실로 컸다는 것을 입증해 주는 단적인 증거가 된다.

다윗의 이름이 처음으로 등장하는 곳은 사무엘상 16장 13절로 그가 사무엘에게 기름 부음을 받을 때였다. 그러나 그의 존재는 비록 그의 이름이 전혀 등장하지 않을지라도 왕을 간절히 기다리는 사사기의 곳곳에서 갈망의 대상이 된다. 왕이라는 직책을 상징하는 용어가 다윗이라는 이름으로 대체되기까지 긴 시간이 소요되며, 많은 인물들이 교차되었다. 여러 명의 사사들, 엘리가문, 사무엘가문, 사울가문이 흥망성쇠를 거듭하며 하나님께서 기다리는 그 인물상을 놓고 경쟁한다. 결국 다윗에 다다라서야 그 기다림의 끝을 보게 되었고, 마침내 그의 이미지는 후세를 위한 인간상이 된다.

사무엘서에서 전개되는 이야기는 복잡하면서도 복합적인 다윗이라는 한 인물을 제시한다. 그는 패기와 야심 가득한 청년으로, 미래가 불투명한 기름 부음 받은 자로, 요나단의 사랑과 지지를 받는 자로, 사울의 왕위를 찬탈하는 자로, 미갈과 아비가일의 배경을 교묘하게 이용하는 자로, 가나안과 아람의 정복자로, 밧세바를 탈취하고 그 남편 우리아를 살해하는 자로, 암논과 다말 사건에 올바로 대처하지 못한 실패한 아버지로, 아들의 난을 피해 도피하는 절망적인 군주로 그리고 여호와의 법궤를 향한 열정의 사람으로, 주의 은혜를 성심껏 찬양하는 자로, 여호와의 불가해한 섭리를 전하는 예언자(삼하 23:1b-7)라는 다양한 얼굴을 갖는다.[520] 그의 다양한 모습은 여호와의 종으로서의 순수한 신앙적 열정인 순종과 군왕으로서의 정치적 야심인 인간적 주권이란 양극단을 동시에 향하고 있다. 그는 이 양극을 수시로 넘나들며 때로 영광의 찬양을 때로 절망의 탄식을 뿜어내며, 결국은 좌로나 우로나 치우치지 않는 길이 무엇인지를 배운다. 하지만 사무엘서는 다윗을 통해 결코 완전한 인간, 모든 것에서 자유로운 인간을 제시하지 않는다. 오히려 다윗의 삶은 마지막 순간까지도 신앙적 순수성과 인간적인 계산, 정치적인 술수가 공존하는 모습으로 비치며, 신앙과 현실의 조화를 이루기 위한 긴장을 늦출 수 없는 것이 믿음의 길임을 제시한다. 이처럼 사무엘서에서 우리는 긍정과 부정이 교차하는 이 세상 어디에서나 만날 수 있는 인간 다윗과 부딪친다. 그는 거울 속에 비쳐진 일그러진 인간의 초상 같은 존재이다.

그러나 그는 그러한 모든 고통 속에서도 결코 일그러진 모습으로 인생을 끝내지 않는다. 그에게는 하나님을 향한 간절한 소망이 사라진 적이 없기에 그 소망은 기도가 되어 하늘을 향한 여정이 회복되기 때문이다. 다윗이 쏟아 부은 시편의 간구는 그의 삶의 구석구석을 관통하며 하나님께서 역사하시는 도구가 된다. 이렇게 하나님을 향한 소망이 살아 있고, 기도가 살아 있는 사람은 결코 마땅히 가야 할 길을 중단하는 법이 없다. 다윗의 기도가 만들어갈 미래의 변화는 역대기에 고스란히 담겨진다.

역대기에서 다윗의 이야기는 19장에 걸쳐 이루어진다. 여기서 다윗은 삶의 오점들이 모두 사라진 통일 이스라엘을 다스리는 왕으로서의 역할, 법궤 이송 때 제의집행과 축복선언(대상 16:1-3) 그리고 제사장과 레위인의 반열과 그들의 세세한 임무부여까지 행하며(대상 23-26장) 흡사 제사장 그룹의 수장으로서의 역할 그리고 모세의 뒤를 이어 토라적 소명으로 백성을 이끄는 예언자적 역할(대상 28:1-10)까지 포괄하는 복합적인 역할을 수행한다. 이처럼 역대기는 다윗을 아무도 실현할 수 없을 것 같은 이상적인 메시아적 왕권으로까지 확장될 수 있는 완전에 가까운 인물로 묘사하기를 주저하지 않는다. 우리는 다윗 안에서 "피조물이 간절히 고대하는 바인 하나님의 아들의 나타남"(대상 17:13; 롬 8:19)을 보았고, "썩어짐의 종노릇한데서 해방된 하나님의 아들의 영광스런 자유"(롬 8:21)가 무엇인지를 그를 통해 미리 맛볼 수 있다. 물론 하나님의 형상의 완전한 원형은 그의 계보를 통해서 이 땅에 오신 예수 그리스도를 통해 실현될 것이다. 그럼에도 역대기의 다윗은 "주 앞에서

나가는 말 667

점도 없고 흠도 없이 평강 가운데서"(벧후 3:14) 주의 뜻을 받든 이 땅에 흔치않은 그러나 우리가 반드시 삶을 통해 이루어야 할 하나님의 형상의 인간적 모범 같은 존재로 제시된다.

이처럼 시편을 가운데 두고 사무엘서와 역대기는 두 개의 다른 다윗 상을 제시한다. 역대기는 사무엘서 속에 드러난 다윗의 오류들을 제거하며 오직 신앙의 열정으로만 똘똘 뭉친 성전 중심의 한 인간을 제시한다. 이것은 자칫 오해를 불러일으킬 수 있다. 한 성경 속에 두개의 다른 이념(idealogy)이 존재하기 때문이다. 이러한 두 다윗 상은 서로 경쟁하는 것(competing)을 보이기 위함인가, 아니면 대조(contrasting)를 강조하려는 것인가, 이도 저도 아니면 교정과 보완(correcting and supplementing)을 그 목적으로 하는 것인가? 아니면 경쟁, 대조, 보완 이 모든 것을 의도적으로 통합하기 위한 목표를 가지고 있는 것인가?[521] 우리는 이처럼 다윗에 관해 수많은 질문을 일으킬 수 있다. 성경전체의 통일성을 주창하는 정경적인 접근(canonical approach)[522]에 따라 성경 개개의 낱권이 통일성을 가지고 있으며, 나아가 성경 전체가 거대한 화음을 이룬다는 주장에 무게를 실어 준다면 세 권의 책에 나타난 다윗의 이야기는 때로 경쟁으로, 때로 극명한 대조로, 때로 보완으로 분명 서로를 이해할 수 있는 키를 제공할 것이다.

다윗의 삶을 세 방향에서 조명하며 비교함으로 이 주장이 신빙성 있게 응답되었으리라 확신한다. 그리고 다윗의 이야기를 담고 있는 세 권의 책들이 서로 거울처럼 비쳐주는 역할을 한다는 사실이 이미 충분히 논의되기도 했다. 만약 사무엘서 없이 시편과 역대기만 존재한다면 처절한 절망 가운데 절규하는 시편 속 다윗의 모습은 삶의 정황이 사라진 본문처럼 이상스럽기 그지없을 것이다. 시편과 역대기는 서로 같은 선상에 서 있을 수 없는 극적인 대조를 이루기 때문이다. 또한 사무엘서가 없이는 역대기의 다윗은 이해할 수조차 없다. 역대기에서 그가 하나님 앞에서(Coram Deo) 그렇게 완벽한 왕이요 인간으로 그려진다면 다윗을 어찌 믿음의 본이라고 할 수 있겠는가? 신앙의 기준이 너무 높아 아무도 흉내조차 낼 수 없는 본이라면 절망만이 넘칠 것이 분명하기 때문이다. 또한 역대기가 존재하지 않는다면 사무엘서의 다윗은 날기를 포기할 수밖에 없는 날개 꺾인 새로 전락하고 만다. 날아가야 할 방향과 목적지를 상실했기에 부러진 날개를 고칠 의욕도 없을 것이다. 그렇다면 이 세 권의 관계는 사무엘서는 출발선을, 역대기는 목적지를 그리고 시편은 여행을 위한 에너지를 공급한다고 할 수 있다.

만약 이 세 권의 책이 서로 경쟁하고 대립하기만 한다면 다윗을 그렇게 완전하게 채색한 역대기서로 인하여 지금 우리가 가지고 있는 성경의 여러 부분을 도려내야만 한다. 최소한 사무엘서의 다윗-밧세바 사건과 시편 51편은 구약정경에서 그 위치를 상실하고 말 것이다. 그리고 역대기에 거의 완벽에 가깝게 변화된 다윗의 모습이 어느 한 지파(레위)의 이권을 보장하기 위해 채색된 정치 이데올로기라면,[523] 굳이 이미 어느 누구나 잘 알고 있는 다윗의 오점들까지 의도적으로 지워버림으로 완벽한 인물로 묘사할 이유는 없을 것이다. 정말 그것만이 목적이었다면 레위지파의 공과 의를 더욱 부각시킬 수 있는 더 나은 길이 있었을 것이기 때문이다. 그러나 그것보다는 다윗이라는 인물을 믿음의 이상적인 존재로 강조하는 길을 택했다. 분명 그를 통해 하나님을 섬기며 예배하는 이상적인 인간상을 제시하려는 목표가 더 컸을 것이란 사실에 오히려 무게감을 둘 수 있다.

사무엘서는 다윗의 이름으로 그의 절망적인 과거를 숨김없이 그리고 있다. 하지만 역대기는 이런 절망을 일으키는 모든 요소들이 제거되며 다윗의 삶을 가히 최고의 이상으로까지 부각시켜 놓는다. 이런 변화의 중심에 시편이 서있다. 과거의 절망적 사건들이 새로운 옷을 입기 위해 시편은 다윗의 이름으로 탄식을 시작하며, 그의 내면의 갈등과 고뇌, 회개, 용서, 회복, 감사, 찬양의 과정을 거쳐 간다. 과거는 결코 바뀌지 않는다. 과거는 그 오점들까지 지울 수 없게 금강석 심이 달린 철필로 이미 사람들의 마음판과 심지어 제단 뿔에까지 새겨져 있다(렘 17:1). 그러나 현재를 어떻게 만드느냐에 따라 과거의 의미를 달리 할 수 있기에 다윗은 기도한다. 탄식이 찬양으로 돌아서기까지 기나긴 시간을 고뇌하며 오직 여호와의 율법을 주야로 묵상하며 지켜 행하는 삶이 무엇인지를 새롭게 배운다.

다윗의 이름으로 주어진 시편들은 그의 탄식과 감사, 찬양의 기도가 묻어난다. 다윗은 기도한다. 어떤 여건 속에서도, 상황이 악할 때든지 선할 때든지 그는 기도한다. 그리고 그러한 삶이 변화를 만들 수 있다는 것을 보여준다. 시편은 다윗의 개인적인 죄를 회개하며 회복을 간구한다. 또한 시편은 다윗 언약을 중심하여 이스라엘 역사를 바라보며 유다의 죄로 인해 이 언약이 파기되고 하나님의 백성이 포로가 된 상황에서도 부르짖고 기도하고 있다. 시편은 하나님께 이전에 다윗에게 맹세한 인자와 성실하심을 기억하실 것을 또한 간구한다. 그 다윗은 다름 아닌 하나님께서 택하셔서 열방의 으뜸으로 세우신 주의 종인 것이다(시 89:19-37). 이처럼 다윗이 시편으로 기도하고, 그를 따르는 사람들은 시편으로 기도한 다윗과 함께 그의 이름을 앞세우며 하나님께 간구한다.[524]

- 시 89:49 주여 주의 성실하심으로 다윗에게 맹세하신 그 전의 인자하심이 어디 있나이까
- 시 132:10 주의 종 다윗을 위하여 주의 기름 부음 받은 자의 얼굴을 외면하지 마옵소서
- 시 144:10 주는 왕들에게 구원을 베푸시는 자시요 그의 종 다윗을 그 해하려는 칼에서 구하시는 자시니이다

시편으로 노래하고 기도하는 공동체는 하나님께서 다윗에게 이루어 주셨고, 약속하셨던 것을 자신에게, 자신의 공동체에게, 나아가서 자신의 민족에게 다윗의 이름으로 이행해주시기를 간구하고 있는 것이다. 다윗이라는 한 개인의 기도가 이스라엘 공동체의 간구가 된다. 여기서 다윗은 단지 이스라엘의 통일 왕국을 이끌었던 그 왕인 다윗만을 의미하는 것이 아니라 하나님의 백성으로 새롭게 선 모든 사람들의 대표자가 된다. 이제 어느 누구든지 이 다윗과 함께 다윗의 하나님께 다윗의 이름을 앞세우며 기도하는 간구를 통해 하나님 나라가 펼쳐질 미래를 기대할 수 있게 된다. 시편이 추구하는 이런 내면의 회복과 결단, 감사와 찬양이 새롭게 삶으로 성육신 될 때 역대기의 예배하는 다윗상이 탄생하는 것이다. 역대기가 성전을 향한 다윗의 열정을 그 무엇보다도 강조하고 있다는 것은 어느 누구나 따라가야 할 신앙의 길이기 때문이다.

그러므로 다윗은 지금으로부터 삼천여년 전에 살았던 그 한 사람만을 의미하지 않는다. 다윗은 고유명사의 차원을 넘어서 이제는 어느 누구나 살아가야 할 보통명사가 되었다.[525] 우리는 사무엘서를 통해 그의 과거에 얽힌 모든 상황을 이해할 필요가 있다. 그러나 결코 그 과거에 머물러서는 안 되며, 현재의 기도를 통해 새로운 전진이 필요하다. 현재가 바뀌면 우리는 예언자들의 선포처럼 영광스런 미래를 기대할 수 있다 (사 1:18-20; 2:1-4; 렘 3:12-18; 겔 11:14-21). 다윗의 삶은 그의 뒤를 잇는 인물들에 의해 신속하게 재현되지 않았다는 점에서 그의 삶은 또한 온전한 실현을 기대하는 종말론적이며 메시아적인 것이 되기도 하였다. 그러므로 역대기의 다윗은 우리가 이루어야 할 미래의 이상향이 된다.

이제 우리는 다윗을 통하여 어떤 시간이든지 살아갈 수 있는 용기를 얻는다. 때로 통제할 수 없는 힘에 눌려 절망의 탄식을 쏟아 부으며 원치 않는 광야를 떠돌 때에도, 영광스러운 왕좌에서 세상을 통치할 때에도, 스스로의 죄악으로 하늘 꼭대기에서 떨어져 잿더미에서 뒹굴 때에도, 하나님께서 얼굴을 가리시고 응답조차 없는 그 순간에도 그것이 끝이 아니라는 사실을 배우는 것이다. 여호와의 말씀으로 돌아가 그 말씀의 신실함을 믿고 그 곳에서 무릎 꿇고 그 분의 뜻을 기리며 잠잠히 참아 기다리며 기도할 때, 탄식이 찬양이 되고 절망이 예배가 되는 세상을 열어가는 것이다. 즉 '죄인 중에 괴수'(삼하 12:13; 딤전 1:15)가 "나를 본받는 자가 되라"(대상 28:7, 9; 고전 11:1)고 담대히 외치는 예배자의 전형이 되는 삶으로 탈바꿈 되는 것이다. 그리고 자신이 서 있는 그 곳을 오직 한 분 하나님을 예배하는 세상으로 만들어 가는 것이다.

　이스라엘은 다윗의 삶으로 자신들의 역사를 평가하며(사무엘서), 다윗을 통하여 하나님께 기도하고(시편), 다윗과 함께 하나님을 예배하는 온전한 미래를 기대한다(역대기). 다윗의 수금은 이렇게 과거, 현재, 미래를 조율하며 연주함으로 아름다운 화음의 삼중주를 이루고, 하나님의 은혜와 만나 사중주로 거듭나며, 이미 살았고, 살고 있으며, 살아갈 다윗의 수금을 든 매 시대의 다윗들과 함께 웅장한 오케스트라를 이룰 그 날을 기대하고 있다. 그의 이야기가 우리의 이야기가 될 때까지 다윗은 우리가 바라보아야 할 인간상을 제시해 줄 것이다.

　끝으로 이러한 다윗의 삼중주를 이해할 때 메시아이신 예수 그리스도의 오심의 의미가 더욱 분명하게 드러날 것이며, 예수님과 함께, 하늘 아버지께, 예수님의 이름으로 기도한다는 것이 어떤 의미인지도 선명하게 알게 될 것이다. 그것은 곧 역대기와 같은 예배하는 공동체의 탄생이며, 이러한 공동체의 확장이 곧 예수님의 오심의 목적인 하나님 나라의 실현이 되는 것이다. 이제 우리 그리스도인들에게 사무엘서는 우리의 과거의 죄악을 드러내는 역할을 하고, 시편은 우리의 죄를 대신해 생명을 내어주신 우리 구주 예수 그리스도의 죄 사함의 고통스런 탄식과 절규이면서 우리의 회개를 의미하며, 역대기는 죄 사함 받은 이후의 삶으로 이루어야 할 사명의 길을 제시하는 것과도 같다. 그러므로 역대기의 미래상은 다윗에서 예수 그리스도로 연결되어 아직도 진행 중인 것이다. 이렇게 인간 다윗, 탄식하는 다윗, 메시아 상을 제공하는 다윗, 그는 마침내 예수 그리스도의 오실 통로가 되고, 예수 그리스도를 통하여 성도로 거듭나 모든 무릎이 예수님 앞에 무릎 꿇는 그 날을 기대케 하는 비전을 더욱 강하게 고취시키는 역할을 수행하고 있다.

주석

520) Noll, *The Faces of David*, 181쪽.

521) Diana Edelman, "The Deuteronomist's David and the Chronicler's David: Competing or Contrasting Ideologies?" in *The Future of the Deuteronimistic History*, T. Romer (ed.), (Leuven: Leuven University Press, 2000), 67-83쪽. 에델만은 사무엘서와 역대기의 내용 중 여러 가지 차이점들을 비교하며 '대조적인 이념'(contrasting ideology)을 보이고 있다고 주장한다.

522) B. S. Childs, "The Old Testament as Scripture of the Church," *Concordia Theology Monthly* 43 (1972), 709-22쪽; idem, *Introduction to the Old Testament as Scripture* (Philadelphia: Fortress Press, 1979); idem, *Old Testament Theology in a Canonical Context* (Philadelphia: Fortress Press, 1985).

523) 그 반대 의견은 다음을 참조하시오. De Vries, "Moses and David as Cult Founders in Chronicles," 619-39쪽.

524) 메이스,『시편』, 558-59쪽. 메이스는 시편 144편을 백성들이 다윗처럼 기도하는 기도문으로 본다. 그리고 "구약의 문맥 안에서 이 시편은 '예수 이름으로' 기도하며, '그리스도 안에' 거하는 장차 실현될 신비를 예견하고 있다"는 크라우스(Kraus)의 말을 인용하며 끝맺는다. Hans-Joachim Kraus, *Psalms 60-150: A Commentary* (Minneapolis: Augsburg Publishing House, 1989), 544쪽.

525) 엄원식, "다윗의 전기(傳記)에 대한 분석적 비판: 전투적 메시아니즘을 중심으로," 111-12쪽. 이 논문은 마리 문서에 나타난 단어들을 비교하며 다윗이란 인물의 특성을 제시한다. 마리 문서에는 '야민의 아들들' 즉, '벤야민 족'이 등장하며 이들은 마리 왕들에게 적대적인 강력한 유목민으로 '다위둠'(Da-wi-du-um)이란 지휘관에 의해 통솔된다. '다위둠'(Da-wi-du-um)은 '다위담'(Da-wi-da-am), '다위다스누'(Da-wi-da-su-nu) 그리고 '다위딤'(Da-wi-di-im) 등과 더불어 명사의 격 어미를 떼면 원형인 '다윋'(Dawid)이 된다. 학자들은 이 '다윋'이 성경의 '다윗'(David)이란 이름의 원형으로 보고 있다. 이 명칭은 사람의 이름을 뜻하는 고유명사가 아니라 '사령관, 군 지휘관' 등의 의미가 있는

보통명사라는 것이다. 결국 다윗이란 이름도 그가 용병대장으로 있는 동안 붙여진 칭호로 나중에는 그 사람의 이름으로 고유명사화 된 것으로 본다. 그러나 이 책에서는 세 권의 책을 비교하며 오히려 다윗의 이름은 그 반대로 '고유명사'에서 다시 '보통명사'화 되었다는 것이 중심 주장이다. 그러할 때 특권은 책임이 되고, 군림은 섬김이 되며, 착취는 희생으로 바뀔 수 있다.

참 고 문 헌

강승일, "솔로몬 성전 이스라엘의 거룩한 공간," 「구약논단」 34 (2009): 126-43쪽.
김승학, 『떨기나무』 (서울: 두란노, 2007).
김덕중, "구약 성서의 음식법(dietary law) 연구 – 레위기(11장)와 신명기(14장)를 중심으로," 「국제신학」 7 (2005), 324-349쪽.
김이곤, 『시편 시문학의 신학』 (서울: 한들출판사, 2006).
김영진, "하나님의 손의 신학적 의미," 「구약논단」 15 (2003): 241-259쪽.
김정철, "시편 109편의 תום에 대한 연구," 『시편: 우리 영혼의 해부학』 (서울: 한들출판사, 2006): 217-243쪽.
김재구, "여성 아브라함들," 「구약논단」 30 (2008): 31-51쪽.
_____, "입다의 딸, 누구를 위한 희생인가?" 「한국기독교신학논총」 64 (2009): 29-51쪽.
_____, "구약에 나타난 간구의 기도," 「그말씀」 237 (2009. 3월): 54-74쪽.
_____, "창세기에 나타난 믿음," 「그말씀」 240 (2009년 6월): 6-29쪽.
_____, 『리더모세: 하나님의 종』 (인천: 홍림, 2015).
김지은, 『포로와 토지소유: 토지소유와 포로기 이후의 유다사회』 (서울: 한들출판사, 2005).
김종윤, 『고대 유다에서 읽는 다윗 내러티브』 (서울: 성광문화사, 2004).
김창대, "주의 문맥에서 본 시편 46편의 시온 신학," 「구약논단」 32 (2009): 63-82쪽.
권혁승, "여호와 경외로서의 언약," 「구약논단」 22 (2006): 27-44쪽.
그레이, 존(Gray, John), 『열왕기상(1 Kings: A Commentary)』 (한국신학연구소역) (서울: 한국신학연구소, 1992).
고웬, 도널드 E.(Gowan, D. E.), 『구약 예언서 신학(Theology of the Prophetic Books)』 (차준희 역) (서울: 대한기독교서회, 2004).
드보, R.(De Vaux, R.), 『구약시대의 생활풍속(Das Alte Testament und seine Lebensordnungen)』 (이양구 역)(서울: 대한기독교출판사, 1992).
롱맨, 트램퍼(Longman, Tremper), 『어떻게 시편을 읽을 것인가?(How to Read the

    Psalms)』(한화룡 역)(서울: IVP, 1989).

_____, 『어떻게 잠언을 읽을 것인가?(*How To Read Proverbs?*)』(서울: IVP, 2005).

루이스, C. S.(Lewis, C. S.), 『시편사색(*Reflections on the Psalms*)』(이종태 역)(서울: 홍성사, 2005).

루터, 마틴(Luther, Martin), "일곱 편의 참회 시편 강해," 『루터선집 제 2권(*Luther's Works*)』(서울: 컨콜디아사, 1993): 113-200쪽.

렌토르프, 롤프(Rendtorff, Rolf), 『구약정경신학(*Theologie des Alten Testaments*)』(하경택 역)(서울: 새물결플러스, 2009).

민영진, "구약성서의 경전, 본문, 사본, 역본," 『구약성서개론』(서울: 대한기독교서회, 2004): 119-152쪽.

밀러, J. 맥스웰(Miller, J. Maxwell) & 존 H. 헤이스(John H. Hayes), 『고대 이스라엘 역사(*A History of Ancient Israel and Judah*)』(박문재 역)(서울; 크리스챤다이제스트, 1996).

매칸, J. 클린튼(McCann, J. C. Jr.), 『새로운 시편여행』(김영일 역) (서울: 은성, 2000). 원제는 J. Clinton McCann, *A Theological Introduction to the Book of Psalms: The Psalms as Torah* (Nashville: Abingdon Press, 1993).

메이스, 제임스 L.(Mays, James L.), 『시편(*Psalms*)』(신정균 역)(Interpretation; 서울: 한국장로교출판사, 2002).

메츠거, B. M.(Metzger, Bruce M.), 『외경이란 무엇인가(*An Introduction to the Apocrypha*)』(민영진 역)(서울: 컨콜디아사, 1992).

문희석, "순례의 시," 『오늘의 시편연구』(문희석 편)(서울: 대한기독교서회1974): 296-313쪽.

박경철, "한 권으로 읽는 시편," 『시편: 우리 영혼의 해부학』(서울: 한들출판사, 2006): 11-57쪽.

박종수, 『이스라엘 종교와 제사장 신탁: 제비뽑기의 신비』(서울: 한들, 1997).

박준서, 『구약세계의 이해』(서울: 한들출판사, 2001).

반 게메렌, W. A.(VanGemeren, W. A.), 『예언서 연구(*Interpreting the Prophetic Word*)』(김의원 & 이명철 역) (서울: 엠마오, 1993).

브라이트, 존(Bright, John), 『이스라엘 역사(*A History of Israel*)』(엄성옥 역)(제 4판; 서울: 은성, 2002).

브루거만, 월터(Brueggemann, W.), 『예언자적 상상력(*The Prophetic Imagination*)』 (김쾌상 역)(서울: 대한기독교출판사, 1981).

_____, 『사무엘상·하(*First and Second Samuel*)』 (차종순 역)(Int.; 서울: 한국장로교출판사, 2000).

_____, 『시편의 기도(*Praying the Psalms*)』 (김선길 역)(서울: CLC, 2003).

_____, 『브루그만의 시편사색』 (조호진 역)(서울: 솔로몬, 2007).

본회퍼, 디이트리히(Bonhoeffer, D.), 『옥중서간: 반항과 복종(*Widerstand und Ergebung*)』 (고범서 역)(서울: 대한기독교서회, 1967).

비젠탈, 시몬(Wiesenthal, S.), 『해바라기(*The Sunflower*)』 (박중서 역)(서울: 뜨인돌, 2005).

서명수, "구약성서 ידע(야레)의 의미,"「구약논단」 22 (2006): 10-26쪽.

세일해머, 존 H.(Sailhamer, J. H.), 『구약신학 개론: 정경적 접근(*Introduction to Old Testament Theology: A Canonical Approach*)』 (서울: 솔로몬, 2003).

셰익스피어, 윌리엄(Shakespeare, William), 『베니스의 상인(*The Merchant of Venice*)』 (전명옥 역)(서울: 전예원, 1989).

스톨쯔, F(Stolz, F.), 『사무엘 상.하 (국제성서주석)』 (박 영옥 역), (서울: 한국신학연구소, 1991). 원제는 Fritz Stolz, *Das erste und zweite Buch Samuel* (Zürcher Bibelkommentare AT 9), (Zürich: Theologicher Verlag, 1981).

송병현, 『사무엘상』 (엑스포지멘터리; 서울: 국제제자훈련원, 2012).

아하로니, 요하난(Aharoni, Y) & 미카엘 아비요나(M. Avi-Yonah), 『아가페 성서지도(*The Agape Bible Atlas*)』 (서울: 아가페, 1988).

올브라이트, 윌리엄 F.(Albright, William F.), 『간추린 이스라엘 역사(*The Biblical Period From Abraham to Ezra*)』 (김정훈 역)(서울: 기독교문서선교회, 1998).

얀시, 필립(Yancey, Philip), 『놀라운 하나님의 은혜(*What's So Amazing About Grace?*)』 (서울: IVP, 1999).

_____, "하나님은 부사를 좋아하신다(God Loveth Adverbs)," 『오늘의 양식(*Our Daily Bread*)』 (성남: 한국오늘의양식사, 2010): 14-15쪽.

엄원식, "Atonism을 통해 본 다윗의 Yahwism,"「구약논단」 1 (1995): 154-80쪽.

_____, "다윗의 전기에 대한 분석적 비판-전투적 메시아니즘을 중심으로,"「구약논

단」 9 (2000): 109-33쪽.

이은애, "시 93-100편의 야훼-왕 찬양시편의 구조와 역할," 「구약논단」 33 (2009): 67-86쪽.

이재철, 『인간의 일생』 (서울: 홍성사, 2004).

장일선, 『구약세계의 문학』 (서울: 대한기독교출판사, 1981).

조관호, 『영웅으로 살았던 사람들 1, 2』 (서울: 그리심, 2006).

정석규, "왕의 법(신 17:14-20)의 이중적 기능," 「구약논단」 34 (2009): 30-50쪽.

카(Carr), E. H., 『역사란 무엇인가(*What Is History*)』 (서울: 범우사, 1996).

킹, 마틴 루터(King, Martin Luther, Jr.), 『나에게는 꿈이 있습니다(*I Have a Dream*)』 (채규철 & 김태복 역)(서울: 한터, 1989).

크라우스, 한스-요아킴(Kraus, H.-J.), 『시편의 신학(*Theologie der Psalmen*)』 (신윤수 역)(서울: 비블리카 아카데미아, 2004).

크렌쇼, 제임스 L.(Crenshaw, J. L.), 『구약지혜문학의 이해(*Old Testament Wisdom: An Introduction*)』 (강성열 역)(서울: 한국장로교출판사, 1993).

트론베이트, 마크 A. (Throntveit, M. A.), 『에스라-느헤미야(*Ezra-Nehemiah*)』 (차종순 역) (서울: 한국장로교출판사, 2001).

토인비, A. J.(Toynbee, Arnold J.), 『토인비와의 대화(*Surviving the Future*)』 (홍신사상신서 34; 서울: 홍신문화사, 1995).

투엘, 스티븐 S.(Tuell, Steven S.), 『역대상•하(*First and Second Chronicles*)』 (배희숙 역)(Interpretation; 서울: 한국장로교출판사, 2007).

텔루슈킨, 조셉 (Telushkin, Joseph), 『승자의 율법(*Jewish Wisdom*)』 (김무겸 역) (서울: 북스넛, 2010).

피터슨, 유진(Peterson, Eugene H.), 『다윗: 현실에 뿌리박은 영성(*Leap Over a Wall: Earthy Spirituality for Everyday Christians*)』 (이종태 역)(서울: IVP, 1999).

_____, 『한길 가는 순례자(*A Long Obedience in the Same Direction*)』 (김유리 역)(서울: IVP, 2001).

_____, 『묵시: 현실을 새롭게 하는 영성(*Reversed Thunder: The Revelation of John & the Praying Imagination*)』 (홍병룡 역)(서울: IVP, 2002).

_____, 『응답하는 기도(*Answering God: The Psalms as Tools for Prayer*)』 (서울: IVP, 2003).

푸타토, 마크 D.(Futato, M. D.) & 데이빗 M. 하워드(D. M. Howard), 『시편을 어떻게 해석할 것인가?(*Interpreting the Psalms: An Exegetical Handbook*)』 (류근상 & 류호준 역) (서울: 크리스챤출판사, 2008).

최종진, "역대기 저자의 신학," 「구약논단」 27 (2008): 138-58쪽.

휘틀럼, 키스 W.(Whitelam, K. W.), 『고대 이스라엘의 발명: 침묵당한 팔레스타인의 역사(*The Invention of Ancient Israel: The Silencing of Palestinian History*)』 (김문호 역)(서울: 이산, 2003).

Ackerman, James S., "Knowing Good and Evil: A Literary Analysis of the Court History in 2 Samuel 9-20 and 1 Kings 1-2," *JBL* 109 (1990): 41-64쪽.

Ackroyd, Peter R., *The First Book of Samuel* (CBC; Cambridge: Cambridge University Press, 1971).

_____, *The Second Book of Samuel* (CBC; Cambridge: Cambridge University Press, 1977).

_____, "The Succession Narrative(so-called)," *Int* 35 (1981), 383-96쪽.

Ages, Arnold, "Why Didn't Joseph Call Home?" *BR* 9 (1993): 42-46쪽.

Allen, Leslie C., *Psalms 101-150* (WBC 21; Waco, Texas: Word Books, 1983).

_____, *1, 2 Chronicles* (The Communicator's Commentary 10; Waco, Texas: Word Books, 1987).

_____, *Ezekiel 20-48* (WBC 29; Dallas, Texas: Word Books, 1990).

Allison, Dale C. Jr., *The New Moses: A Matthean Typology* (Minneapolis: Fortress Press, 1993).

Alter, R., *The Art of Biblical Narrative* (New York: Basic Books, 1981).

Alexander, T. D., "From Adam to Judah: The Significance of the Family Tree in Genesis," *EvQ* 61 (1989): 5-19쪽.

Anderson, A. A., *2 Samuel* (WBC 11; Dallas, Texas: Word Books, 1989).

Archer, G. L., "Who Killed Goliath-David or Elhanan?" *Encyclopedia of Bible Difficulties* (Grand Repids, MI; Zondervan, 1982): 178-79쪽.

Auld, A. Graeme, *I & II Kings* (DSB; Louisville, Kentucky: John Knox Press, 1986).

_____, *Kings Without Privilege: David and Moses in the Story of the Bible's Kings* (Edinburgh: T&T Clark, 1994).

_____, *Joshua Retold: Synoptic Perspective*, (OTS; Edinburgh: T&T Clark, 1998).

Avalos, Hector. "ZAPHON, MOUNT(PLACE)," D. N. Freedman ed. *Anchor Bible Dictionary*, vol. 6. New York: Doubleday, 1992. 1040-41.

Baldwin, Joyce, *1 & 2 Samuel: An Introduction and Commentary* (TOTC 8; Leicester: InterVarsity, 1988).

Barton, J. "Covenant(in the Old Testament)," M. C. Tenney et al (eds.), *Zondervan Pictorial Encyclopedia of the Bible*, vol. 1 (Grand Rapids, Michigan: Zondervan, 1975).

Bass, Barnard M., *Leadership and Performance Beyond Expectations* (New York: Free Press, 1985).

Bassett, F. W., "Noah's Nakedness and the Curse of Canaan: A Case of Incest?" *VT* 21 (1971): 232-37쪽.

Bellinger, W. H. Jr., *Psalms: Reading and Studying the Book of Praises* (Peabody, Massachusetts: Hendrickson, 1990).

Bentzen, Aage, "The Cultic Use of the Story of the Ark in Samuel," *JBL* 67 (1948): 37-54쪽.

Bergen, Robert D., *1, 2 Samuel* (NAC; Nashville, Tenn.: Broadman & Holman Publishers, 1996).

Bergman, J., "יָדַע yāḏaʿ," in *TDOT vol. V*, 454-455쪽.

Berlin, Adele, *Poetics and Interpretation of Biblical Narrative* (Winona Lake, IN: Eisenbrauns, 1994).

Berlyn, P. J. "His Brothers' Keeper," *JBQ* 26 (1998): 73-83쪽.

Blenkinsopp, Joseph, "The Sturcture of P," *CBQ* 38 (1976): 275-292쪽.

Bluedorn, Wolfgang, *Yahweh versus Baalism: A Theological Reading of the Gideon-Abimelech Narrative* (JSOTSup. 329; Sheffield: Sheffield Academic Press, 2001).

Boling, R. G., *Judges* (AB; Garden City, NY: Doubleday, 1975).

Bourke, Joseph, "Samuel and the Ark: A Study in Contrasts," *DS* 7 (1954): 73-103쪽.

Braun, Roddy L., "The Message of Chronicles: Rally Round the Temple," *CTM* 42 (1971): 502-14쪽.

_____, "Solomon, the Chosen Temple Builder: The Significance of 1

Chronicles 22, 28 and 29 for the Theology of Chronicles," *JBL* 95 (1976): 581–90쪽.

_____, *1Chronicles* (WBC 14; Waco, Texas: Word Books, 1986).

Brodie, Thomas L., *Genesis as Dialogue: A Literary, Historical, & theological Commentary*, (Oxford: Oxford University Press, 2001).

Brueggemann, Walter, "David and His Theologian," *CBQ* 30 (1968): 156–181쪽.

_____, *In Man We Trust: The Neglected Side of Biblical Faith* (Atlanta: John Knox Press, 1972).

_____, "The Kerygma of the Priestly Writers," W. Brueggemann(ed), *The Vitality of Old Testament Traditions* (Atlanta: John Knox Press, 1975): 101–13쪽.

_____, *The Message of the Psalms* (Minneapolis: Augsburg Press, 1984).

_____, *First and Second Samuel* (Int.; Louisville: John Knox Press, 1990).

Buber, Martin, *Moses: The Revelation and the Covenant* (New York: Harper & Brothers, 1958).

Carr, David M., "The Politics of Textual Subversion: A Diachronic Perspective on the Garden of Eden Story," *JBL* 112 (1993): 577–95쪽.

_____, *Reading the Fractures of Genesis: Historical and Literary Approaches* (Louisville, KY: Westminster/John Knox Press, 1996).

Childs, Brevard S., *Memory and Tradition in Israel* (London: SCM Press, 1962).

_____, "Tree of Knowledge, Tree of Life," in *IDB*, vol. III (New York: Abingdon Press, 1962): 695–97쪽.

_____, "The Old Testament as Scripture of the Church," *CTM* 43 (1972): 709–22쪽.

_____, *Introduction to the Old Testament as Scripture* (Philadelphia: Fortress Press, 1979).

_____, *Old Testament Theology in a Canonical Context* (Philadelphia: Fortress Press, 1985).

Christensen, D. L., *Deuteronomy 1–11* (WBC 6; Waco, Texas: Word Books, 1991).

Clark, W. Malcolm, "A Legal Background to the Yahwist's Use of 'Good and Evil' in Genesis 2-3," *JBL* 88 (1969): 266-78쪽.

Clines, D. J. A., "X, X Ben Y, Ben Y: Personal Names in Hebrew Narrative Style," *VT* 22 (1972): 266-87쪽.

_____, "The Tree of Knowledge and the Law of Yahweh(Psalm 19)," *VT* 24 (1974): 8-14쪽.

Coats, George W., "Redactional Unity in Gen. 37-50," *JBL* 93 (1974): 15-21쪽.

_____, "Moses versus Amalek: Aetiology and Legend in Exod. xvii 8-16," *Congress Volume* (VTSup. 28; Leiden: Brill, 1975): 29-41쪽.

_____, "The God of Death: Power and Obedience in the Primeval History," *Interpretation* 29 (1975): 227-239쪽.

Conrad, J., "*qāšar; qešer; qiššurîm*," G. J. Botterweck et al. (eds.), *TDOT*, vol. 13 (Grand Rapids, Michigan: Eerdmans, 2004): 196-201쪽.

Coogan, Michael David(ed. & trans.), *Stories from Ancient Canaan* (Louisville: Westminster Press, 1978).

Cooper, Alan and Bernard R. Goldstein, "The Cult of the Dead and the Theme of Entry into the Land" *BI* 1 (1993): 285-303쪽.

Craigie, Peter C., *Psalms 1-50* (WBC 19; Waco, Texas: Word Books, 1983).

Craigie, P. C., P. H. Kelley & J. F. Drinkard, *Jeremiah 1-25* (WBC; Waco, Texas: Word Books, 1991).

Cross, Frank Moor, *Canaanite Myth and Hebrew Epic* (Cambridge: Harvard University Press, 1973).

Cundall, A. E., "Judges-An Apology for the Monarchy?" *ExpTim* 81 (1969-70): 178-81쪽.

Curtis, E. L., *The Books of Chronicles* (ICC VII; Edinburgh: T&T Clark, 1910).

Dahlberg, Bruce T., "On Recognizing the Unity of Genesis," *TD* 24 (1976): 360-67쪽.

Damrosch, David, *The Narrative Covenant: Transformations of Genre in the Growth of Biblical Literature* (Ithaca, New York: Cornell University, 1987).

Davies, G. I., "Wilderness Wanderings," in *ABC*, vol. 6 (New York: Doubleday, 1992): 912-14쪽.

Day, John, "BAAL(DEITY)[Heb ba'al]," D. N. Freedman (ed.), *ABD*, vol. 1 (New

York: Doubleday, 1992): 545-49쪽.

DeVries, Simon J., *1 Kings* (WBC 12; Waco, Texas: Word Books, 1985).

──────────, "Moses and David as Cult Founders in Chronicles," *JBL* 107 (1988): 613-39쪽.

Deurloo, Karel A., "Because You Have Hearkened To My Voice(Genesis 22)," K. A. Deurloo (ed.), *Voices From Amsterdam: A Modern Tradition of Reading Biblical Narrative* (Georgia: Scholars Press, 1994): 113-30쪽.

Dillard, R. B., "The Literary Structure of the Chronicler's Solomon Narrative," *JSOT* 30 (1984): 85-93쪽.

Dorsey, D. A., *The Literary Structure of the Old Testament: A Commentary on Genesis-Malachi* (Grand Rapids, Michigan: Baker Books, 1999).

Driver, S. R., *Deuteronomy* (ICC III; New York: Charles Scribner's Sons, 1909).

Dumbrell, W. J., "'In Those Days There was no King in Israel: Every Man Did What was Right in his own Eyes,' The Purpose of the Book of Judges Reconsidered," *JSOT* 25 (1983): 23-33쪽.

Eaton, Michael A., *Ecclesiastes: An Introduction & Commentary* (TOTC 13; Downers Grove, Illinois: Inter-Varsity Press, 1983).

Edelman, Diana V., "Authority of 2 Sam. 1.26 in the Lament over Saul and Jonathan," *SJOT* 1 (1988): 66-75쪽.

──────────, *King Saul in the Historiography of Judah* (JSOTSup. 121; Sheffield: JSOT Press, 1991).

──────────, "The Deuteronomist's David and the Chronicler's David: Competing or Contrasting Ideologies?" in *The Future of the Deuteronimistic History*, T. Romer (ed.), (Leuven: Leuven University Press, 2000): 67-83쪽.

Eichrodt, Walther, *Theology of the Old Testament*, vol. 1 (OTL; Philadelphia: Westminster Press, 1961).

Emmrich, M., "The Temptation Narrative of Genesis 3:1-6: A Prelude to the Pentateuch and the History of Israel," *EvQ* 73 (2001): 3-20쪽.

Engnell, I., "'Knowledge' and 'Life' in the Creation Story," in *Wisdom in Israel* (VTSup. III; Leiden: Brill, 1955): 103-19쪽.

Exum, J. Cheryl, "The Center Cannot Hold: Thematic and Textual Instabilities in

Judges," *CBQ* 52 (1990): 410-31쪽.

Fabry, Heinz-Josef, "תּוֹרָה *tôrâ*," G. J. Botterweck et al. (eds.), TDOT, vol. 15 (Grand Rapids, Michigan: Eerdmans, 2006): 609-46쪽.

Fishbane, Michael, "The 'Exodus' Motif/The Paradigm of Historical Renewal," M. Fishbane(ed.), *Text and Texture: Close Reading of Selected Biblical Texts* (New York: Schocken Books, 1979): 121-40쪽.

Flanagan, James W., "Social Transformation and Ritual in 2Samuel 6," C. L. Meyers and M. O'Connor (eds.), *The Word of the Lord Shall Go Forth* (Winona Lake, Ind.: Eisenbrauns, 1983): 361-72쪽.

_____, "Court History or Succession Document? A Study of 2Samuel 9-20 and 1Kings 1-2," *JBL* 91 (1972): 172-81쪽.

Fokkelman, J. P., *Narrative Art and Poetry in the Books of Samuel-A Full Interpretation Based on Stylistic and Structural Analyses, vol. I: King David(II Sam. 9-20 & I Kings 1-2)* (Amsterdam: Van Gorcum, Assen, 1981).

Fontaine, Carole, "The Bearing of Wisdom on the Shape of 2Samuel 11-12 and 1Kings 3," *JSOT* 34 (1986): 61-77쪽.

Frankfort, H., *Kingship and the Gods* (Chicago: University of Chicago, 1978).

Freedman, David N., "Pentateuch," (*IDB* 3; Nashville: Abingdon Press 1962): 711-27쪽.

_____, "Divine Commitment and Human Obligation," *Int* 18 (1964): 419-31쪽.

_____, *The Unity of the Hebrew Bible* (Ann Arbor: University of Michigan Press, 1993).

Frisch, Amos, "'For I Feared the People, and I Yielded to Them' (1Sam 15,24)-Is Saul's Guilt Attenuated or Intensified?" *ZAW* 108 (1996): 98-104쪽.

_____, "The Exodus Motif in 1Kings 1-14," *JSOT* 87 (2000): 3-21쪽.

Frye, Northrop, *The Great Code: The Bible and Literature* (New York: Harcourt Brace Jovanovich, 1981).

Gamberoni, J., "בָּרָא *bārā'*," *TDOT*, vol. II (Grand Rapids, Michigan: W. B. Eerdmans, 1975): 242-53쪽.

Gammie, John G., *Holiness in Israel* (OBT; Minneapolis: Fortress Press, 1989).

Garsiel, Moshe, *The First Book of Samuel: A Literary Study of Comparative Structures, Analogies and Parallels* (Ramat-Gan: Revivim Publishing House, 1985).

Globe, Alexander, "'Enemies Round About': Disintegrative Structure in the Book of Judges," V. L. Tollers & J. Maier (eds.), *Mappings of the Biblical Terrain: The Bible as Texts* (BucR 33; Lewisburg: Bucknell University Press, 1990): 233-51쪽.

Gooding, D. W., "The Composition of the Book of Judges," *EI* 16 (1982): 70-79쪽.

Gordis, R., "The Knowledge of Good and Evil in the Old Testament and the Qumran Scrolls," *JBL* 76 (1957), 123-38쪽.

Gordon, R. P., *I and II Samuel* (Grand Rapids: Zondervan, 1986).

Gros Louis, K. R. R., "The Difficulty of Ruling Well: King David and Israel," *Semeia* 8 (1977): 15-33쪽.

Gunn, David M., "David and the Gift of the Kingdom(2Sam. 2-4, 9-20; 1Kgs. 1-2)," *Semeia* 3 (1975): 14-45쪽.

_____, *The Story of King David: Genre and Interpretation* (JSOTSup. 6; Sheffield: JSOT Press, 1978).

Gunn, D. M. and D. N. Fewell, *Narrative in the Hebrew Bible* (Oxford: University Press, 1993).

Hamilton, Victor P., *The Book of Genesis 1-17* (NICOT; Grand Rapids, Michigan: W. B. Eerdmans, 1990).

_____, *The Book of Genesis: Chapter 18-50* (Grand Rapids, Michigan: Eerdmans, 1995).

Harpern, B., *The Constitution of the Monarchy in Israel* (HSM 25; Chico, Calif.: Scholars Press, 1981).

Harvey, John E., "Tendenz and Textual Criticism in 1Samuel 2-10," *JSOT* 96 (2001): 71-81쪽.

Hauser, Alan J. "Linguistic and Thematic Links Between Genesis 4:1-16 and Genesis 2-3," *JETS* 23 (1980): 297-305쪽.

Hertzberg, H. W., *I & II Samuel: A Commentary* (OTL; London: SCM Press, 1964).

Hudson, Don Michael, "Living in a Land of Epithets: Anonymity in Judges 19-21,"

JSOT 62 (1994): 49-66쪽.

Humphreys, W. Lee, "The Tragedy of King Saul: A Study of the Structure of I Samuel 9-31," *JSOT* 6 (1978): 18-27쪽.

_____, "The Rise and Fall of King Saul: A Study of an Ancient Narrative Stratum in 1Samuel," *JSOT* 18 (1980): 74-90쪽.

_____, "From Tragic Hero to Villain: A Study of the Figure of Saul and the Development of 1Samuel," *JSOT* 22 (1982): 95-117쪽.

_____, *The Tragic Vision and the Hebrew Tradition* (OBT 18; Philadelphia: Frotress Press, 1985).

Ishida, T., *The Royal Dynasties in Ancient Israel* (BZAW 142; Berlin: de Gruyter, 1977).

Isbell, Charles D., *The Function of Exodus Motifs in Biblical Narrative: Theological Didactic Drama* (SBEC 52; New York: Edwin Mellen Press, 2002).

Jacob, Benno, *The First Book of the Bible: Genesis* (New York: KTAV Publishing House, 1974).

Janzen, J. Gerald, *Exodus* (Westminster Bible Com.; Louisville, Kentucky: Westminster John Knox Press, 1997).

Jobling, David, "Saul's Fall and Jonathan's Rise: Tradition and Redaction in 1Samuel 14:1-46," *JBL* 95 (1976): 367-376쪽.

Josephus, *The Antiquity of the Jews*, 7.81.

Kessler, John, "Sexuality and Politics: The Motif of the Displaced Husband in the Books of Samuel," *CBQ* 62 (2000): 409-23쪽.

Kim, Jae Gu, *The Primary History(Genesis-Kings): A Two-Part Deuteronomistic Historiography* (Seoul: Emerging Books, 2008).

Klein, Ralph W., *1 Samuel* (WBC 10; Waco, Texas: Word Books, 1983).

_____, *Israel in Exile: A Theological Interpretation* (Mifflintown, PA: Sigler Press, 2000).

Knierim, Rolf P., "The Composition of the Pentateuch," in *The Task of Old Testament Theology: Method and Cases* (Grand Rapids, Michigan: Eerdmans, 1995): 351-79쪽.

Koopmans, W. T., "The Testament of David in 1Kings II 1-10," *VT* 41 (1991): 429-

49쪽.

Krašovec, Jože, "Two Types of Unconditional Covenant," *HBT* 18 (1996): 55-77쪽.

Kraus, H. J., Psalms 1-59: A Commentary (Minneapolis: Augsburg Publishing House, 1988).

_____, *Psalms 60-150: A Commentary* (Minneapolis: Augsburg Publishing House, 1989).

Kraus, R. F., "Ein zentrales Problem des altmesopotamischen Rechtes: Was Ist der Codex Hammu-rabi?" *Genava* 8 (1960), 283-96쪽.

Lambert, W. G., *Babylonian Wisdom Literature* (Oxford: Clarendon Press, 1960).

Lasine, Stuart, "Guest and Host in Judges 19: Lot's Hospitality in an Inverted World," *JSOT* 29 (1984): 37-59쪽.

Lawton, Robert B., "Saul, Jonathan and the 'Son of Jesse'," *JSOT* 58 (1993): 35-46쪽.

Leithart, Peter J., "Nabal and His Wine," *JBL* 120 (2001): 525-27쪽.

Lemche, Niels Peter, "David's Rise," *JSOT* 10 (1978): 2-25쪽.

Levenson, Jon D., "Who Inserted the Book of Torah," *HTR* 68 (1975): 203-33쪽.

_____, "The Davidic Covenant and Its Modern Interpreters," *CBQ* 41 (1979): 205-19쪽.

_____, "1Samuel 25 as Literature and History," K. R. R. Gros Louis (ed.), *Literary Interpretations of Biblical Narratives*, vol. II (Nashville: Abingdon, 1982): 220-42쪽.

_____, *Sinai & Zion: An Entry into the Jewish Bible* (New York: HarperCollins, 1987).

_____, *Creation and the Persistence of Evil: The Jewish Drama of Divine Omnipotence* (New Jersey: Princeton University Press, 1988).

_____, "Zion Traditions," D. N. Freedman (ed.), *ABD*, vol. VI (New York: Doubleday, 1992): 1098-1102쪽.

Lilley, J. P. U., "A Literary Appreciation of the Book of Judges," *TynBul* 18(1967): 94-102쪽.

Marcus, David, "David the Deceiver and David the Dupe," *Prooftexts* 6 (1986): 163-83쪽.

Mare, W. Harold, "Zion," D. N. Freedman (ed.), *ABD*, vol. VI (New York: Doubleday,

1992): 1096-97쪽.

Matthews, V. H., "Hospitality and Hostility in Gen. 19 and Judg. 19," *BTB* 22 (1992): 3-11쪽.

Mays, J. L., "The David of the Psalms," *Int* 40 (1986): 143-155쪽.

McCarter, P. Kyle. Jr., *I Samuel* (AB 8; Garden City; New York: Doubleday, 1980).

_____, *II Samuel* (AB 9; Garden City, New York: Doubleday, 1984).

McCarthy, Dennis J., "II Samuel 7 and the Structure of the Deuteronomic History," *JBL* 84 (1965): 131-38쪽.

_____, "An Installation Genre?" *JBL* 90 (1971): 31-41쪽.

_____, *Old Testament Covenant: A Survey of Current Opinions* (Richmond, VA: John Knox Press, 1972).

_____, "Hero and Anti-Hero in 1 Sam 13,2-14,46," D. J. McCarthy (ed.), *Institution and Narrative: Collected Essays* (Rome: Biblical Institute, 1985).

McKenzie, John L., "The Four Samuels," *BibRes* 7 (1962): 3-18쪽.

Mendenhall, G. E., "The Census Lists of Numbers 1 and 26," *JBL* 77 (1958): 52-66쪽.

Mendenhall, G. E. & G. A. Herion, "Covenant," in *ABD*, vol. 1 (New York: Doubleday, 1992): 1179-1202쪽.

Meyers, Carol "David as Temple Builder," P. D. Miller et al (eds.), *Ancient Israelite Religion: Essays in Honor of Frank Moore Cross* (Philadelphia: Fortress Press, 1987): 357-76쪽.

Miller, Patrick D., *Interpreting the Psalms* (Philadelphia: Fortress Press, 1986).

_____, *Deuteronomy* (Interpretation; Louisville: John Knox Press, 1990).

Miller, Patrick D. and J. J. M. Roberts, *The Hand of the Lord: A Reassessment of the "Ark Narrative" of 1Samuel* (Baltimore/London: Johns Hopkins University Press, 1977).

Miscall, Peter, "Moses and David: Myth and Monarchy," J. C. Exum and D. J. A. Clines (eds.), *The New Literary Criticism and the Hebrew Bible* (Pennsylvania: Trinity Press, 1993): 184-200쪽.

Murray, Donald F., *Divine Prerogative and Royal Pretention: Pragmatics, Poetics and Polemics in a Narrative Sequence about David(2 Samuel 5.17-7.29)* (JSOTSup.

264; Sheffield: Sheffield Academic Press, 1998).

Nelson, R. D., *First and Second Kings* (Int.; Atlanta: John Knox Press, 1987).

Niditch, Susan, "The Wronged Woman Righted: An Analysis of Genesis 38," *HTR* 72 (1979): 143-149쪽.

_____, "The 'Sodomite' Theme in Judges 19-20: Family, Community, and Social Disintegration," *CBQ* 44 (1982): 365-78쪽.

Lohfink, Norbert F., "The Deuteronomistic Picture of the Transfer of Authority from Moses to Joshua: A Contribution to an Old Testament Theology of Office," in *Theology of the Pentateuch: Themes of the Priestly Narrative and Deuteronomy*, trans. Linda M. Maloney (Minneapolis: Fortress Press, 1994): 234-47쪽.

Nohrnberg, James, *Like Unto Moses: The Constituting of an Interpretation* (Bloomington & Indianapolis: Indiana University Press, 1995).

Noll, K. L., *The Faces of David* (JSOTSup. 242; Sheffield: Sheffield Academic Press, 1997).

Noth, Martin, *The Deuteronomistic History* (JSOTSup. 15; Sheffield: Sheffield Academic Press, 1981).

Oblath, Michael D., "Of Pharaohs and Kings-Whence the Exodus?" *JSOT* 87 (2000): 23-42쪽.

O'Brien, Mark A., *The Deuteronomistic History* Hypothesis: A Reassessment, (Freiburg: Universitätsverlag, 1989).

O'Connell, R. H., *The Rhetoric of the Book of Judges* (VTSup. 63; Leiden: Brill, 1996).

Olley, John W., "Pharaoh's Daughter, Solomon's Palace, and the Temple: Another Look at the Structure of 1Kings 1-11," *JSOT* 27 (2003): 355-69쪽.

Ota, M., "A Note on 2Sam 7," H. N. Bream et al (eds.), *A Light Unto My Path* (Gettysburg Theological Studies 4; Philadelphia: Temple University Press, 1974).

Peckham, Brian, "Writing and Editing," in *Fortunate the Eyes that See: Essays in Honor of David Noel Freedman in Celebration of His Seventieth Birthday*, eds. A. B. Beck, A. H. Bartelt, P. R. Raabe and C. A. Franke (Grand Rapids, Michigan: W. B. Eerdmans Publishing Co., 1995): 364-83쪽.

Peterson, Eugene H., *First and Second Samuel* (Westminster Bible Companion), (Louisville, Kentucky: Westminster John Knox Press, 1999).

Pleins, J. David, "Murderous Fathers, Manipulative Mothers, and Rivalrous Siblings: Rethinking the Architecture of Genesis-Kings," A. B. Beck et al.(eds), *Fortunate the Eyes That See: Essays in Honor of D. N. Freedman in Celebration of His Seventieth Birthday* (Grand Rapids: Eerdmans, 1995): 121-36쪽.

Polzin, Robert, *Samuel and the Deuteronomist* (New York: Seabury, 1988).

Preston, Thomas R., "The Heroism of Saul: Patterns of Meaning in the Narrative of the Early Kingship," *JSOT* 24 (1982): 27-46쪽.

Pritchard, J. B.(ed.), *Ancient Near Eastern Texts: Relating to the Old Testament* (Princeton, New Jersey: Princeton University Press, 1969).

Propp, William H. C., *Exodus 1-18* (ABC; New York: Doubleday, 1999).

Rabe, V. W., "Israelite Opposition to the Temple," *CBQ* 29 (1967).

Ramsey, George W., "SAMUEL(Person)," *ABC*, vol. 5 (New York: Doubleday, 1992): 954-57쪽.

Rendsburg, G. A., *The Redaction of Genesis* (Winona Lake, Indiana: Eisenbrauns, 1986).

Rendtorff, Rolf, "The Birth of the Deliverer: 'The Childhood of Samuel' Story in Its Lireary Framework," *Canon and Theology: Overtures to an Old Testament Theology* (Edinburgh: T&T Clark, 1993): 135-45쪽.

Robinson, B. P., "Israel and Amalek: The Context of Exodus 17:8-16," *JSOT* 32 (1985): 15-22쪽.

Rogers, Cleon L. Jr.,, "The Covenant with Abraham and Its Historical Setting," *BS* 127 (1970): 241-56쪽.

Rosenberg, Joel, *King and Kin: Political Allegory in the Hebrew Bible* (Bloomington & Indianapolis: Indiana University Press, 1986).

Rosenstock-Hussey, Eugene, *I Am an Impure Thinker* (Norwich, VT: Argo Books, 1970).

Rost, Leonhard, *Die Überlieferung von der Thronnachfolge Davids* (BWANT III/6), (Stuttgart: W. Kohlhammer, 1926).

Sarna, Nahum M., *Exodus* (JPS Torah Commentary) (New York: The Jewish Publication Society, 1991).

Schniedewind, William M., "The Chronicler as an Interpreter of Scripture," in *The*

Chronicler as Author: Studies in Text and Textured, M. P. Graham & S. L. McKenzie (eds.) (JSOTSup. 263; Sheffield: Sheffield Academic Press, 1999): 158-80쪽.

Seow, C. L., "Ark of the Covenant," D. N. Freedman (ed.), *ABD*, vol. 1 (New York: Doubleday, 1992): 386-93쪽.

Simon, U., "The Poor Man's Ewe-Lamb: An Example of Juridical Parable," *Bib* 48 (1967): 207-42쪽.

Smedes, Lewis B., *Forgive and Forget* (San Francisco: Harper & Row, 1984).

Smelik, Klass A. D., "Hidden Messages in the Ark Narrative: An Analysis of ISamuel iv-vi," K. A. D. Smelik (ed.), *Coverting the Past: Studies in Ancient Israelite and Moabite Historiography* (Leiden: Brill, 1992).

_____, "The Creation of the Sabbath(Gen. 1:1-2:3)," J. W. Dyk et al(eds), *Unless some one Guide me...Festschrift for Karel A. Deurloo* (ACSup. 2) (Maastricht: Uitgeverij Shaker Publishing, 2001): 9-11쪽.

Smith, Henry Preserved, *The Book of Samuel* (ICC; Edinburgh: T.&T. Clark, 1969).

Soggin, J. A., "The Davidic-Solomonic Kingdom," J. H. Hayes and J. M. Miller (eds.), *Israelite and Judaean History* (Philadelphia: Westminster Press, 1997).

Speiser, E. A., *Genesis* (AB 1; New York: Doubleday, 1982).

Spina, Frank Anthony, "A Prophet's 'Pregnant Pause': Samuel's Silence in the Ark Narrative(1Sam. 4:1-7:2)," *HBT* 13 (1991): 59-73쪽.

Stone, Ken *Sex, Honor and Power in the Deuteronomistic History* (JSOTSup. 234; Sheffield: Sheffield Academic Press, 1996).

Talmon, S., "מִדְבָּר miḏār; עֲרָבָה ʿarāḇâ," G. J. Botterweck et al. (eds.), *TDOT*, vol. 8 (Grand Rapids, Michigan: Eerdmans, 1997): 87-118쪽.

Tate, Marvin E., *Psalms 51-100* (WBC 20; Dallas, Texas: Word Books, 1990).

Tsevat, Matitiahu, "Studies in the Book of Samuel: II. The Steadfast House: What Was David Promised in II Sam. 7:11b-16?" *HUCA* 34 (1963): 191-216쪽.

Van der Toorn, Karel and Cees Houtman, "David and the Ark," *JBL* 113 (1994): 209-31쪽.

Van Seters, John, "Confessional Reformulation in the Exilic Period," *VT* 22 (1972): 448-59쪽.

_____, "Creative Imitation in the Hebrew Bible," *SR* 29 (2000): 395-409
쪽.

Von Rad, G., *Genesis: A Commentary* (Philadelphia: Westminster, 1972).

_____, *Studies in Deuteronomy* (London: SCM Press, 1961).

Wallace, Howard N., "Tree of Knowledge and Tree of Life," in *ABD*, vol. VI (New York: Doubleday, 1992): 656-60쪽.

Waltke, B. K., *Genesis: A Commentary* (Grand Rapids, Michigan: Zondervan, 2001).

Walton, J. H., "Psalms: A Cantata About the Davidic Covenant," *JETS* 34 (1991): 21-31쪽.

Watts, James W., *Psalm and Story: Inset Hymns in Hebrew Narrative* (JSOTSup. 139; Sheffield: JSOT Press, 1992).

Webb, Barry G., *The Book of the Judges: An Integrated Reading* (JSOTSup. 46; Sheffield: JSOT Press, 1987).

Weinfeld, M., "The Covenant of Grant in the Old Testament and in the Ancient Near East," *JAOS* 90 (1970): 184-203쪽.

_____, "בְּרִית berîth," G. J. Botterweck and H. Ringgren (eds.), *Theological Dictionary of the Old Testament*, vol. II (Grand Rapids, Michigan: Eerdmans, 1975): 253-79쪽.

_____, "Sabbath, Temple and the Enthronement of the Lord—The Problem of the Sitz im Leben of Genesis 1:1-2:3," in *Mélanges bibliques et orientaux en l'honneur de M. Henri Cazelles*, eds. A. Caquot & M. Delcor (Neukirchen: Neukirchener Verlag, 1981): 501-12쪽.

_____, "The King as the Servant of the People: the Source of the Idea," *JJS* 33 (1982): 189-94쪽.

_____, "Zion and Jerusalem as Religious and Political Capital: Ideology and Utopia," R. E. Friedman (ed.), *The Poet and the Historian: Essays in Literary and Historical Biblical Criticism* (Havard Semitic Studies 26; Chico, Calif.: Scholars Press, 1983).

_____, *Deuteronomy 1-11* (AB; New York: Doubleday, 1991).

_____, *The Promise of the Land: The Inheritance of the Land of Canaan by the Israelites* (Berkeley: University of California Press, 1993).

Wellhausen, Julius, *Prolegomena to the History of Israel* (Georgia: Scholars Press, 1994).

Wenham, G. J., *Genesis 1-15* (WBC; Waco, Texas: Word Books, 1978).

_____, *Story as Torah: Reading the Old Testament Ethically* (Edinburgh: T&T Clark, 2000).

Wesselius, J. W., "Joab's Death and the Central Theme of the Succession Narrative(2 Samuel IX-1 Kings II), *VT* 40 (1990): 336-51쪽.

Wharton, James A., "A Plausible Tale: Story and Theology in II Samuel 9-20, 1 Kings 1-2," *Int* 35 (1981): 341-54쪽.

Whitelam, Keith W., "The Defence of David," *JSOT* 29 (1984): 61-87쪽.

Whybray, R. N., *The Succession Narrative: A Study of 2Sam. 9-20 and 1Kings 1 and 2* (SBT II/9; London: SCM, 1968).

_____, *The Making of the Pentateuch: A Methodological Study* (JSOTSup. 53; Sheffield: Sheffield Academic Press, 1987).

Williams, Donald M., *Psalms 1-72* (The Communicator's Commentary; Waco, Texas: Word Books, 1986).

Williamson, H. G. M., "The Accession of Solomon in the Books of Chronicles," *VT* 26 (1976): 351-61쪽.

Willis, John T., "Anti-Elide Narrative Tradition from a Prophetic Circle at the Ramah Sanctuary," *JBL* 90 (1971): 288-308쪽.

_____, "Cultic Elements in the Story of Samuel's Birth and Dedication," *ST* 26(1972): 40-54쪽.

_____, "Samuel versus Eli," *TZ* 13 (1979): 201-12쪽.

Wilson, G. H., "The Use of Royal Psalms at the 'Seams' of the Hebrew Psalter," *JSOT* 35 (1986): 85-94쪽.

Wilson, R. R., *Genealogy and History in the Biblical World* (New Haven: Yale University Press, 1977).

Youngblood, Ronald, "The Abrahamic Covenant: Conditional or Unconditional?" M. Inch and R. Youngblood (eds.), *The Living and Active Word of God: Studies in Honor of Samuel J. Schultz* (Winona Lake, Indiana: Eisenbrauns, 1983).

_____, *1, 2 Samuel*, (Expositor's Bible Commentary 3; Grand Rapids:

Zondervan, 1992).

Zakovitch, Yair, "Assimilation in Biblical Narrative," Jeffrey H. Tigay(ed), *Empirical Models for Biblical Criticism* (Philadelphia: University of Pennsylvania, 1985): 175-96쪽.

_____, *"And you shall tell your son…" The Concept of the Exodus in the Bible* (Jerusalem: The Magnes Press, 1991).

Zvi Brettler, Marc, "The Book of Judges: Literature as Politics," *JBL* 108 (1989): 395-418쪽.

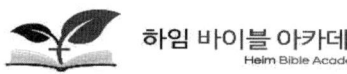

하임 (Heim)
한글로는 '하나님의 임재'의 줄임말이며
히브리어로는 '생명'이라는 뜻입니다.
말씀을 통해 하나님의 임재를 누리고 생명의 길로
나아간다는 의미를 가지고 있습니다.

하임 바이블 아카데미 센터는 위의 로고에서 설명하고 있듯이 '하임'이라는 이름이 품고 있는 뜻을 이루기 위해 구약과 신약 66권을 하나님께서 의도하신 바대로 연구하여 깨닫고, 깨달은 말씀을 삶으로 살며 전하는 장소입니다. 이를 통해 이 시대에 안타깝게 공허한 말로 변해버린 말씀을 다시 육신이 되게 하여 이 땅에 삼위일체 하나님께서 꿈꾸셨던 하나님 나라가 임하게 하는 사명을 감당하는 것입니다.

⊙ 원　장 : 김재구 목사
⊙ 주　소 : 경기도 부천시 오정구 고강동 304 우정빌딩 402호
⊙ 이메일 : heimbibleacademy@naver.com